REFORMA TRIBUTÁRIA

PERSPECTIVAS E IMPACTOS JURÍDICOS

REFORMA TRIBUTÁRIA

PERSPECTIVAS E IMPACTOS JURÍDICOS

COORDENADORES

Ives Gandra da Silva Martins

Daniel Moreti

Talita P. Félix

AUTORES

Aldo de Paula Junior
Alessandra Okuma
Alex Sandro Kuhn
André Felix Ricotta de Oliveira
Angela Vidal Gandra da Silva Martins
Ângelo de Angelis
Antonio Carlos Freitas de Medeiros Junior
Antônio Machado Guedes Alcoforado
Breno Ferreira Martins Vasconcelos
Camila Abrunhosa Tapias
Camila Campos Vergueiro
Carlos Alberto de Moraes Ramos Filho
Cristiano de Souza Corrêa
Daniel Corrêa Szelbracikowski
Daniel Moreti
Daniela Floriano
Danilo Monteiro de Castro
Eduardo Tedesco Silva
Frederico Martins de Figueiredo de Paiva Britto
Gabriel Correa
Hamilton Dias de Souza
Ives Gandra da Silva Martins
Jacqueline Mayer Da Costa Ude Braz
Jonathan Barros Vita
José Barroso Tostes Neto
Lana Borges
Larissa Sampaio
Laura Romano Campedelli
Lina Braga Santin Cooke
Luciana Moscardi Grillo
Luciano de Almeida Pereira
Luciano Garcia Miguel
Manoel Tavares de Menezes Netto
Marcelo Diniz
Maria Rita Ferragut
Mariana Cardoso Martins
Marina Vieira de Figueiredo
Mateus Benato Pontalti
Melissa Guimarães Castello
Michell Przepiorka
Milena Martinelli
Nathalia Reis
Osvaldo Santos de Carvalho
Paula Luiza Germano Santos
Priscila de Souza
Renata Elaine Silva Ricetti Marques
Renato Lopes Becho
Rodrigo Frota da Silveira
Sara Mendes Carcará
Saulo Medeiros da Costa Silva
Tais Capitanio
Tárek Moysés Moussallem
Tatiana Midori Migiyama
Thais Romero Veiga Shingai
Walter Erich Piekny
Wanessa Felix de Almeida

manole
editora

Produção editorial: Sônia Midori Fujiyoshi
Projeto gráfico: Departamento Editorial da Editora Manole
Diagramação: Deborah Sayuri Takaishi
Capa e imagem de capa: Iuri Guião

CIP-BRASIL. CATALOGAÇÃO NA PUBLICAÇÃO
SINDICATO NACIONAL DOS EDITORES DE LIVROS, RJ

R257

Reforma tributária : perspectivas e impactos jurídicos / coordenação Ives Gandra da Silva Martins, Talita Pimenta Felix, Daniel Moreti. - 1. ed. - Barueri [SP] : Manole, 2025.

Inclui bibliografia e índice
ISBN 9788520469828

1. Direito tributário - Brasil. 2. Reforma tributária - Brasil. I. Martins, Ives Gandra da Silva, 1935-. II. Felix, Talita Pimenta. III. Moreti, Daniel.

25-101707.0 CDU: 34:351.713(81)

Meri Gleice Rodrigues de Souza - Bibliotecária - CRB-7/6439

Edição – 2025

Editora Manole Ltda.
Alameda Rio Negro, 967 – cj. 717 – Alphaville
06454-000 – Barueri – SP – Brasil
Fone: (11) 4196-6000
www.manole.com.br | https://atendimento.manole.com.br/

Impresso no Brasil
Printed in Brazil

Sobre os coordenadores

Ives Gandra da Silva Martins

Professor Emérito da Universidade Presbiteriana Mackenzie, da Universidade Paulista (Unip), do Centro Universitário Fieo (Unifieo), do Centro Universitário das Faculdades Metropolitanas Unidas (UNIFMU), do Centro de Integração Empresa-Escola do Estado de São Paulo (CIEE/SP), da Escola de Comando e Estado-Maior do Exército (Eceme), da Escola Superior de Guerra (ESG) e da Escola de Magistratura do Tribunal Regional Federal – 1ª Região. Professor Honorário das Universidades Austral (Argentina), San Martín de Porres (Peru) e Vasile Goldis (Romênia). *Doutor Honoris Causa* da Universidade de Craiova (Romênia) e da Pontifícia Universidade Católica do Paraná e do Rio Grande do Sul (respectivamente, PUC/PR e PUC/RS). Catedrático da Universidade do Minho (Portugal). Presidente do Conselho Superior de Direito da Fecomercio-SP. Ex-Presidente da Academia Paulista de Letras (APL) e do Instituto dos Advogados de São Paulo (Iasp).

Daniel Moreti

Doutor e Mestre em Direito Tributário pela Pontifícia Universidade Católica de São Paulo (PUC/SP). Professor de Direito Tributário. Coordenador dos Cursos de Pós-Graduação em Direito do Instituto Brasileiro de Mercado de Capitais (IBMEC/SP). Advogado. Juiz do Tribunal de Impostos e Taxas do Estado de São Paulo (TIT/SP). Ex-Conselheiro Julgador do Conselho Municipal de Tributos (CMT/SP). Membro da Comissão de Direito Tributário da Ordem dos Advogados de São Paulo (OAB/SP).

Talita P. Félix

Advogada. Mestre e Doutora em Direito pela Pontifícia Universidade Católica de São Paulo (PUC/SP), com mais de 15 anos de experiência em Direito Tributário. Atuo em palestras, *webinars* e mentorias. Coordenadora do Instituto Brasileiro de Estudos Tributários (Ibet)/Gyn.

Sobre os autores

Aldo de Paula Junior

Mestre e doutor em Direito Tributário pela Pontifícia Universidade Católica de São Paulo (PUC/SP). Professor da Fundação Getulio Vargas (FGV) Direito/SP. Sócio fundador do Escritório APJ Advogados.

Alessandra Okuma

Doutora e mestre em Direito Tributário pela Pontifícia Universidade Católica de São Paulo (PUC/SP). Professora de cursos de pós-graduação. Advogada. Presidente da Tax & Women.

Alex Sandro Kuhn

Auditor Fiscal da Receita Estadual do Estado de São Paulo, formado em Matemática pela Universidade Federal do Paraná (UFPR), com maestria em Administração Tributária pela UNED-Espanha. Membro da Comissão Técnica da Associação Nacional de Fiscais de Tributos Estaduais e Distrital (Febrafite).

André Felix Ricotta de Oliveira

Mestre e Doutor em Direito Tributário pela Pontifícia Universidade Católica de São Paulo (PUC/SP). Coordenador do Instituto Brasileiro de Estudos Tributários (Ibet) de São José dos Campos. Coordenador do Curso Tributação sobre o Consumo do Ibet. Representante das Federações no Comitê de Acompanhamento, Seleção e Avaliação de Conselheiros do Conselho Administrativo de Recursos Fiscais (Carf). Ex-Juiz no Tribunal de Impostos e Taxas do Estado de São Paulo (TIT/SP). Advogado.

Angela Vidal Gandra da Silva Martins

Doutora em Filosofia do Direito pela Universidade Federal do Rio Grande do Sul (UFRGS). Professora de Filosofia do Direito na Universidade Presbiteriana Mackenzie de Brasília. Professora visitante e pesquisadora em Antropologia Filosófico-Jurídica na Harvard University. Advogada em São Paulo.

Ângelo de Angelis

Ex-auditor fiscal da Receita Estadual do Estado de São Paulo. Economista com mestrado pela Universidade Estadual de Campinas (Unicamp). Consultor e pesquisador do Núcleo de Estudos Fiscais da Fundação Getulio Vargas (FGV).

Antonio Carlos Freitas de Medeiros Junior

Especialista em Direito Tributário pelo Instituto Brasileiro de Estudos Tributários (Ibet). Mestre em Direito, Sociedade e Tecnologia pelas Faculdades Londrina. Professor e Advogado.

Antônio Machado Guedes Alcoforado

Doutor em Direito Tributário pela Pontifícia Universidade Católica de São Paulo (PUC/SP). Professor nas pós-graduações do Instituto Brasileiro de Estudos Tributários (Ibet), da Universidade Federal de Pernambuco (UFPE) e da Faculdade Brasileira de Tributação (FBT), onde coordena um MBA em Reforma Tributária. Auditor Fiscal da Secretaria da Fazenda do Estado de Pernambuco. Representante do Comitê Nacional de Secretários de Fazenda, Finanças, Receita ou Tributação dos Estados e do Distrito Federal (Comsefaz) nos grupos de trabalho de combustíveis e demais regimes específicos no Programa de Assessoramento Técnico à Implementação da Reforma da Tributação sobre o Consumo (PAT/RTC), que elaborou a minuta da Lei Complementar n. 214/2025. Coordenador do grupo de trabalho dos regimes específicos e diferenciados do Imposto sobre Bens e Serviços (IBS) no Pré-Comitê Gestor do IBS, que está elaborando o regulamento. Pesquisador no Núcleo de Estudos Fiscais da Fundação Getulio Vargas – Direito/São Paulo (NEF-FGV-Direito SP). Atuou no Centro de Cidadania Fiscal (CciF) na época da concepção da Emenda Constitucional n. 132/2023.

Breno Ferreira Martins Vasconcelos

Doutor em Direito e Desenvolvimento pela Fundação Getulio Vargas (FGV) – Direito/São Paulo. Pesquisador do Núcleo de Pesquisas em Tributação do Insper e do Núcleo de Estudos Fiscais da FGV. Sócio em Mannrich e Vasconcelos Advogados.

Camila Abrunhosa Tapias

Advogada. Doutoranda em Direito Tributário pela Pontifícia Universidade Católica de São Paulo (PUC/SP), na linha de pesquisa de efetividade do direito público e limitações da intervenção estatal. Mestre em Direito Tributário pela Fundação Getulio Vargas (FGV/SP). Pós-graduada em Direito Tributário pela PUC/SP. Graduada em Direito pela Faculdade de Direito de São Bernardo do Campo (FDSBC).

Camila Campos Vergueiro
Advogada. Mestre pela Pontifícia Universidade Católica de São Paulo (PUC/SP). Doutora pela Universidade de Marília (Unimar). Professora no programa de pós-graduação de Mestrado e Doutorado da Unimar. Professora em cursos de pós-graduação *lato sensu* do Instituto Brasileiro de Estudos Tributários (Ibet), da PUC/Cogeae-SP, do FGV LAW e do Complexo Damásio de Jesus. Coordenadora do Grupo de Estudos de Processo Tributário Analítico do Ibet. Coordenadora do Curso de Extensão em Processo Tributário Analítico do Ibet. Coordenadora do Curso de Extensão em Reforma Constitucional Tributária do Ibet.

Carlos Alberto de Moraes Ramos Filho
Doutor em Direito Tributário pela Pontifícia Universidade Católica de São Paulo (PUC/SP). Mestre em Direito pela Universidade Federal de Pernambuco (UFPE) e pela Universidade Federal de Santa Catarina (UFSC). Professor da Faculdade de Direito e do Programa de Pós-Graduação em Direito (PPGDir) da Universidade Federal do Amazonas (UFAM). Procurador do Estado do Amazonas. Advogado. Coordenador-Geral de Comissões da Ordem dos Advogados do Brasil – Seccional Amazonas (OAB/AM). Diretor da Escola Superior de Advocacia (ESA) da OAB/AM. Membro do Conselho Científico da Academia Brasileira de Direito Tributário (ABDT). Membro do Conselho Científico da Associação Paulista de Estudos Tributários (Apet).

Cristiano de Souza Corrêa
Graduado e Mestre em Ciências Contábeis e Financeiras pela Pontifícia Universidade Católica de São Paulo (PUC/SP). Professor dos cursos de graduação e pós-graduação do Instituto Brasileiro de Mercado de Capitais (IBMEC/São Paulo) e do Centro Universitário São Camilo. Coordenador dos cursos de pós-graduação em negócios no IBMEC/São Paulo. Foi sócio-diretor em empresas industriais, além de atuar como docente em inúmeros treinamentos corporativos.

Daniel Corrêa Szelbracikowski
Advogado sócio no escritório Advocacia Dias de Souza (DF), Mestre em Direito Constitucional pelo Instituto Brasiliense de Direito Público (IDP) e Especialista em Direito Tributário pelo Instituto Brasileiro de Estudos Tributários (Ibet), onde lecionou.

Daniel Moreti
Doutor e Mestre em Direito Tributário pela Pontifícia Universidade Católica de São Paulo (PUC/SP). Professor de Direito Tributário. Coordenador dos Cursos de Pós-Graduação em Direito do Instituto Brasileiro de Mercado de Capitais (IBMEC/SP). Advogado. Juiz do Tribunal de Impostos e Taxas do Estado de São Paulo (TIT/SP). Ex-Conselheiro Julgador do Conselho Municipal de Tributos (CMT/SP). Membro da Comissão de Direito Tributário da Ordem dos Advogados de São Paulo (OAB/SP).

Daniela Floriano

Doutoranda pela Universidade Federal de Minas Gerais (UFMG). Mestre pela Pontifícia Universidade Católica de São Paulo (PUC/SP). Especialista pelo Instituto Brasileiro de Estudos Tributários (Ibet) e pela Fundação Instituto de Administração da Universidade de São Paulo (FIA/USP). Professora nos cursos de extensão e pós-graduação do Ibet, do Instituto Brasileiro de Direito Tributário (IBDT), da Fundação Instituto de Pesquisas Contábeis, Atuariais e Financeiras (Fipecafi), da PUC/Minas, da Associação Paulista de Estudos Tributários (Apet), entre outros. Pesquisadora do Núcleo de Estudos "Aduana do Século XXI" da Fundação Getulio Vargas (FGV/SP), do Grupo de Estudos de Direito Aduaneiro da UFMG e do Grupo de Estudos Perspectivas e Desafios do Direito Aduaneiro no Brasil da Universidade Católica de Brasília (UCB). Membro da International Network of Customs Universities (INCU) e Conselheira no Comitê de Relações Internacionais da Fecomercio/SP. Sócia de DFloriano Advogados.

Danilo Monteiro de Castro

Doutor e Mestre em Direito Tributário pela Pontifícia Universidade Católica de São Paulo (PUC/SP). Professor do Instituto Brasileiro de Estudos Tributários (Ibet) e da PUC-Cogeae. Juiz do Tribunal de Impostos e Taxas de São Paulo (TIT/SP). Advogado.

Eduardo Tedesco Silva

Advogado, sócio da área tributária do escritório Urbano Vitalino Advogados. Mestrando em Direito Tributário pela Pontifícia Universidade Católica de São Paulo (PUC/SP). Pós-graduado em Direito Tributário pelo Instituto Brasileiro de Estudos Tributários (Ibet/RS).

Frederico Martins de Figueiredo de Paiva Britto

Mestrando em Direito Econômico, Financeiro e Tributário na Universidade de São Paulo. LLM em Direito Internacional Privado pela Steinbeis, Alemanha, 2017. Procurador do Município de Vitória/ES.

Gabriel Correa

Advogado. LLM em Direito Tributário e Contabilidade Tributária pelo Instituto Brasileiro de Mercado de Capitais (IBMEC/SP). Membro da Comissão de Direito Tributário da Ordem dos Advogados do Brasil (OAB), Subseção de Pinheiros/SP.

Hamilton Dias de Souza

Advogado fundador dos escritórios Advocacia Dias de Souza (DF) e Dias de Souza Advogados Associados (SP). Mestre e especialista em Direito Tributário pela Universidade de São Paulo (USP), onde lecionou.

Ives Gandra da Silva Martins

Professor Emérito da Universidade Presbiteriana Mackenzie, da Universidade Paulista (Unip), do Centro Universitário Fieo (Unifieo), do Centro Universitário das Faculdades Metropolitanas Unidas (UNIFMU), do Centro de Integração Empresa-Escola do Estado de São Paulo (CIEE/SP), da Escola de Comando e Estado-Maior do Exército (Eceme), da Escola Superior de Guerra (ESG) e da Escola de Magistratura do Tribunal Regional Federal – 1ª Região. Professor Honorário das Universidades Austral (Argentina), San Martín de Porres (Peru) e Vasile Goldis (Romênia). *Doutor Honoris Causa* da Universidade de Craiova (Romênia) e da Pontifícia Universidade Católica do Paraná e do Rio Grande do Sul (respectivamente, PUC/PR e PUC/RS). Catedrático da Universidade do Minho (Portugal). Presidente do Conselho Superior de Direito da Fecomercio-SP. Ex-Presidente da Academia Paulista de Letras (APL) e do Instituto dos Advogados de São Paulo (Iasp).

Jacqueline Mayer Da Costa Ude Braz
Pós-doutora, doutora e mestre em Direito Tributário pela Universidade de São Paulo (USP). Especialista em Direito Tributário pela Fundação Getulio Vargas (FGV) e pelo Instituto Brasileiro de Estudos Tributários (Ibet). Pesquisadora do Grupo Tributação e Gênero da FGV. Professora e advogada.

Jonathan Barros Vita
Advogado, consultor jurídico e contador. Especialista em Direito Tributário pelo Instituto Brasileiro de Estudos Tributários (Ibet/SP). Mestre e doutor em Direito pela Pontifícia Universidade Católica de São Paulo (PUC/SP) e mestre em Segundo Nível em Direito Tributário da Empresa pela Universidade Comercial Luigi Bocconi em Milão, Itália. Estágio de pós-doutorado como *Senior visiting research fellow* na WU (Wirtschaftsuniversität Wien) – Viena, Áustria. Coordenador e professor titular do Mestrado e Doutorado em Direito da Unimar. Professor de diversos cursos de pós-graduação no Brasil e no exterior. Conselheiro do Conselho Municipal de Tributos de São Paulo. Ex-conselheiro do Conselho Administrativo de Recursos Fiscais (Carf). Ex-juiz do Tribunal de Impostos e Taxas do Estado de São Paulo. Ex-secretário da Comissão Especial de Direito Tributário do Conselho Federal da Ordem dos Advogados do Brasil (OAB). Diretor da Associação Brasileira de Direito Financeiro (ABDF). Conselheiro do Ministério do Desenvolvimento Agrário (MDA).

José Barroso Tostes Neto
Foi Auditor Fiscal da Receita Federal, Superintendente Regional, Coordenador de Administração Aduaneira e Secretário Especial da Receita Federal do Brasil. Também foi Secretário de Fazenda do Pará e Presidente do Comitê Nacional de Secretários de Fazenda, Finanças, Receita ou Tributação dos Estados e do Distrito Federal (Comsefaz). Especialista em Gestão Fiscal do Banco Interamericano de Desenvolvimento (BID). Consultor do Fundo Monetário Internacional (FMI). Atualmente é Consultor Tributário.

Lana Borges

Mestra em Direito e Políticas Públicas pelo Centro Universitário de Brasília (Uniceub). Advogada. Ex-Procuradora da Fazenda Nacional com atuação nos Tribunais Superiores. Ex-assessora no Supremo Tribunal Federal. Autora do livro *Tributação e gênero*: políticas públicas de extrafiscalidade e a luta pela igualdade.

Larissa Sampaio

Pós-graduanda em Direito Tributário pelo Instituto Brasileiro de Estudos Tributários (Ibet). Especialista em Direito Aduaneiro e Tributação do Comércio Internacional pelo Instituto Brasileiro de Direito Tributário (IBDT). Advogada graduada pela Universidade Federal de Minas Gerais (UFMG). Sócia de DFloriano Advogados.

Laura Romano Campedelli

Mestra e doutora em Direito e Desenvolvimento pela Fundação Getulio Vargas (FGV) – Direito/SP. Coordenadora do do Núcleo de Estudos Fiscais (NEF) da FGV. Advogada associada ao Escritório APJ Advogados.

Lina Braga Santin Cooke

Doutoranda em Direito Tributário pela Pontifícia Universidade Católica de São Paulo (PUC-SP). Mestre em Direito Tributário pela Fundação Getulio Vargas – Escola de Direito de São Paulo (FGV/Direito/SP). Cursou LLM em Direito Tributário no Insper. Bacharel em Direito pela Universidade Presbiteriana Mackenzie (Mack/SP). Coordenadora e Pesquisadora de grupos de trabalho do Núcleo de Estudos Fiscais (NEF/FGV), Diretora do Movimento de Defesa da Advocacia (MDA) e Presidente da Comissão de Reforma Tributária do Instituto dos Advogados de São Paulo (Iasp). Professora e advogada, sócia de Salusse Marangoni Parente e Jabur.

Luciana Moscardi Grillo

Auditora Fiscal da Receita Estadual. Graduada em Engenheira Civil e em Direito. Máster internacional em Fazenda Pública, Gestão e Administração Tributária pela Universidade Nacional de Educação a Distância da Espanha. Membro da Comissão Técnica da Associação Nacional de Fiscais de Tributos Estaduais (Febrafite). Diretora Técnica e Jurídica da Associação dos Auditores Fiscais da Receita Estadual de São Paulo (Afresp).

Luciano de Almeida Pereira

Pós-doutor em Direito Financeiro e Tributário pela Universidade do Estado do Rio de Janeiro (UERJ). Pós-doutorando em Direito Público pela Universade de São Paulo (USP). Doutor e mestre em Direito Tributário pela Pontifícia Universidade Católica de São Paulo (PUC/SP). Juiz do Tribunal de Impostos e Taxas de São Paulo (TIT/SP). Advogado.

Luciano Garcia Miguel
Graduado em Direito pela Faculdade de Direito da Universidade de São Paulo. Mestre e doutor em Direito Tributário pela Pontifícia Universidade Católica de São Paulo. Diretor-Geral Consultivo e de Contencioso da Secretaria da Fazenda e Planejamento do Estado de São Paulo.

Manoel Tavares de Menezes Netto
Doutorando em Direito do IDP/DF, Mestre em Administração Pública pela Fundação Getulio Vargas (FGV/RJ). Economista. Vice-Presidente e *Head of Litigation* da Siguler Guff & Company. Foi Procurador da Fazenda Nacional. Membro do Comitê de Apoio Técnico da Comissão de Juristas do Supremo Tribunal Federal (STF)/Senado para Reforma do Processo Tributário. Membro do Comitê de Acompanhamento e Monitoramento de Riscos Fiscais Judiciais da Advocacia-Geral da União (AGU). Membro do Grupo de Análise Jurídica do Programa de Assessoramento Técnico da Reforma Tributária sobre o Consumo do Ministério da Fazenda (GAJ-PAT-RTC).

Marcelo Diniz
Doutor em Direito Tributário pela Pontifícia Universidade Católica de São Paulo (PUC/SP). Coordenador em Londrina do Curso de Especialização em Direito Tributário do Instituto Brasileiro de Estudos Tributários (Ibet). Professor e advogado.

Maria Rita Ferragut
Livre-docente em Direito Tributário pela Universidade de São Paulo (USP). Mestre e Doutora pela Pontifícia Universidade Católica de São Paulo (PUC/SP). Professora e advogada.

Mariana Cardoso Martins
Mestranda em Direito Tributário na Pontifícia Universidade Católica de São Paulo (PUC/SP). MBA em Gestão Tributária pela Fipecafi. Especialista em Direito Empresarial pela PUC-Rio. Graduada em Direito pela Universidade Federal do Rio de Janeiro (UFRJ). Fundadora e Presidente do Centro de Consensualidade em Matéria Tributária (CCMT). Professora e advogada em São Paulo.

Marina Vieira de Figueiredo
Mestre e Doutora em Direito Tributário pela Pontifícia Universidade Católica de São Paulo (PUC/SP). Vice-coordenadora do curso de especialização em Direito Tributário da PUC/Cogeae. Professora do Mestrado do Instituto Brasileiro de Estudos Tributários (Ibet). Conselheira no Conselho Municipal de Tributos do Município de São Paulo (CMT/SP). Juíza no Tribunal de Impostos e Taxas do Estado de São Paulo (TIT/SP). Advogada.

Mateus Benato Pontalti
Mestre em Direito Tributário e Juiz Federal. Professor de diversos cursos preparatórios para concursos jurídicos e conferencista do Instituto Brasileiro de Direito Tributário (Ibet).

Melissa Guimarães Castello
Doutora em Direito pela Pontifícia Universidade Católica do Rio Grande do Sul (PUCRS). Mestre em Direito pela University of Oxford (revalidado pela UFRGS). Procuradora do Estado do Rio Grande do Sul. Professora da PUC/RS. Presidente da Fundação Escola Superior de Direito Tributário.

Michell Przepiorka
Mestre e Especialista em Direito Tributário Internacional pelo Instituto Brasileiro de Direito Tributário (IBDT). MBA em IFRS pela Fipecafi. Julgador no Conselho Municipal de Tributos de São Paulo (CMT/SP). Sócio de Takano | Przepiorka Advogados. Fundador da Blink.

Milena Martinelli
Mestre em Direito Tributário pelo Instituto Brasileiro de Direito Tributário (Ibet/SP). Professora do Ibet e da Pontifícia Universidade Católica de São Paulo (PUC/Cogeae). Pesquisadora da Universidade do Estado do Rio de Janeiro (UERJ). Advogada.

Nathalia Reis
Advogada. Atuante no contencioso e consultivo tributário do escritório FF Law. Pós-graduanda em Direito Tributário pela Fundação Getulio Vargas (FGV). Ex-assessora tributária na Ernst Young Brasil (EY). Diretora de diversidade do Tax & Women. Cofundadora da BASE_Mulheres que movem.

Osvaldo Santos de Carvalho
Advogado e consultor na área tributária. Doutor e mestre em Direito Tributário pela Pontifícia Universidade Católica de São Paulo (PUC/SP). Graduado em Direito e Ciências Contábeis. Professor dos cursos de mestrado, especialização e extensão do Instituto Brasileiro de Estudos Tributários (Ibet). Professor convidado da PUC/Cogeae e de diversos outros cursos de pós-graduação em matéria tributária. Consultor-colaborador da Fundação Instituto de Pesquisas Econômicas (Fipe).

Paula Luiza Germano Santos
Advogada, mestranda na Universidade Federal de Minas Gerais (UFMG). Especialista em Gestão com ênfase em Finanças Corporativas e Mercado de Capitais pela Fundação Dom Cabral.

Priscila de Souza
Advogada. Mestre e Doutora pela Pontifícia Universidade Católica de São Paulo (PUC/SP). Coordenadora-Geral do Instituto Brasileiro de Estudos Tributários

(Ibet). Professora nos cursos de pós-graduação *lato sensu* do Ibet e da PUC/Cogeae/SP. Coordenadora do Curso de Extensão em Reforma Constitucional Tributária do Ibet.

Renata Elaine Silva Ricetti Marques

Pós-Doutora em Direito Tributário pela Universidade de São Paulo (USP). Doutora e Mestre em Direito Tributário pela Pontifícia Universidade Católica de São Paulo (PUC/SP). Especialista pelo Instituto Brasileiro de Estudos Tributários (Ibet). Coordenadora e professora do curso de pós-graduação *lato sensu* em Direito Tributário da Escola Paulista de Direito (EPD). Presidente do Instituto Acadêmico de Direito Tributário e Empresarial (Iadte). Membro da Comissão de Direito Constitucional e Tributário da Ordem dos Advogados do Brasil – Subseção de Pinheiros. Sócia Fundadora do Renata Elaine Ricetti Advogados.

Renato Lopes Becho

Mestre, doutor e professor de Direito Tributário na Pontifícia Universidade Católica de São Paulo (PUC/SP). Livre-docente em Direito Tributário pela Universidade de São Paulo (USP). Pesquisador visitante (pós-doutorado) no King's College, Londres. Desembargador Federal no Tribunal Regional Federal da 3ª Região (TRF/3R).

Rodrigo Frota da Silveira

Auditor Fiscal da Receita Estadual. Professor. Graduado em Administração e em Direito. Mestre pela Faculdade de Economia e Administração da Universidade de São Paulo (FEA-USP). Especialista em Política e Técnica Tributária pelo Centro Interamericano de Administrações Tributárias (Ciat). Membro da comissão técnica da Febrafite. Pesquisador do Núcleo de Estudos Fiscais da Fundação Getulio Vargas – São Paulo (NEF/FGV-SP).

Sara Mendes Carcará

Doutoranda em Direito pela Universidade Federal de Minas Gerais (UFMG). Mestre em Direito, Estado e Constituição pela Universidade de Brasília (UnB). Procuradora da Fazenda Nacional. Membro do Comitê de Acompanhamento e Monitoramento de Riscos Fiscais Judiciais da Advocacia-Geral da União (AGU). Membro do Grupo de Análise Jurídica do Programa de Assessoramento Técnico da Reforma Tributária sobre o Consumo do Ministério da Fazenda (GAJ-PAT-RTC).

Saulo Medeiros da Costa Silva

Advogado. Doutorando em Direito pela Unimar/SP. Mestre em Contabilidade pela Fucape/ES. Mestre em Desenvolvimento Regional e bacharel em Ciências Jurídicas pela Universidade Estadual da Paraíba (UEPB/PB). Especialista em Direito Tributário pelo IESP/PB. Jurista suplente do Tribunal Regional Eleitoral (TRE/PB) (2022-2024). Ex-Presidente do Instituto Paraibano de Direito Tributário (IPBET) e Presidente Fundador da Comissão de Recuperação Judicial e Falência da OAB/PB. Membro da Academia Paraibana de Letras Jurídicas.

Tais Capitanio
Advogada. Especializada em Direito Tributário pelo Insper. Graduada em Direito pela Faculdade de Direito de São Bernardo do Campo (FDSBC).

Tárek Moysés Moussallem
Mestre e Doutor pela Pontifícia Universidade Católica de São Paulo (PUC/SP). Professor da Universidade Federal do Espírito Santo (UFES) e do Instituto Brasileiro de Estudos Tributários (Ibet). Procurador-Geral do Município de Vitória/ES.

Tatiana Midori Migiyama
Bacharel em Ciências Contábeis pela Faculdade de Economia e Administração da Universidade de São Paulo (FEA-USP). Bacharel em Direito pelas Faculdades Metropolitanas Unidas. Pós-graduada em Direito Tributário pelo Instituto Brasileiro de Estudos Tributários da USP (Ibet-USP) e em Conciliação, Mediação e Arbitragem pela Fundação Getulio Vargas (FGV). Especialista em Tributação no Mercado Financeiro e de Capitais. Contadora. Advogada. Ex-Conselheira Titular da 3ª Turma da Câmara Superior de Recursos Fiscais do Conselho de Administração de Recursos Fiscais (Carf). Diretora de Entidades Fechadas de Previdência Complementar. Certificada pelo Instituto de Certificação em Seguridade Social (ICSS). Presidente da Comissão Tributária do Instituto Brasileiro de Executivos de Finanças de São Paulo (Ibef). Membro, Vice-Presidente da Reforma Tributária e Consultora Tributária da Associação Brasileira das Companhias Abertas (Abrasca). Diretora do Tax & Women. Professora em cursos de pós-graduação *lato sensu* em Direito Tributário e Direito Contábil. Consultora tributária.

Thais Romero Veiga Shingai
Doutoranda e mestre pela Faculdade de Economia, Administração, Contabilidade e Atuária da Universidade de São Paulo (FEA-USP), programa de controladoria e contabilidade. Pesquisadora no Insper. Professora no Insper e na Fipecafi. Sócia em Mannrich e Vasconcelos Advogados.

Walter Erich Piekny
Professor da Graduação em Direito na Universidade Nove de Julho. Advogado em São Paulo. Graduado em Direito pela Faculdade de Direito da Universidade de São Paulo (USP), com dupla-graduação pela Université de Lyon. Pós-graduado em Direito Tributário Internacional (IBDT). Pós-graduado em Direito Tributário Brasileiro pelo IBDT. Mestrando em Direito Tributário Internacional pelo IBDT. Vencedor do Prêmio Alcides Jorge Costa.

Wanessa Felix de Almeida
Mestre em Direito Tributário pelo Instituto Brasileiro de Estudos Tributários (Ibet). Especialista em Direito Tributário pelo Ibet. Especialista em Direito Público pela Escola Paulista de Direito (EPD). Professora assistente no mestrado da Pontifícia Universidade Católica de São Paulo (PUC/SP) e no Ibet. Professora seminarista e tutora da especialização no Ibet. Advogada.

Sumário

Apresentação. xxi

1. Preocupações com a Reforma Tributária do consumo 1
Ives Gandra da Silva Martins

2. O novo federalismo brasileiro 8
Hamilton Dias de Souza, Daniel Corrêa Szelbracikowski

3. O núcleo essencial do pacto federativo brasileiro e o vetor cooperativista perante a Emenda Constitucional n. 132/2023 23
Lina Braga Santin Cooke

4. Reflexões sobre os princípios incluídos na reforma tributária (EC n. 132/2023 e LC n. 214/2025) 38
Renato Lopes Becho

5. O princípio do destino e sua aplicação no IBS e na CBS: entre virtudes e incoerências 57
Tárek Moysés Moussallem, Frederico Martins de Figueiredo de Paiva Britto

6. O princípio do destino no IBS e o novo ideal de legitimação democrática do gasto público 68
Melissa Guimarães Castello

7. Sujeição passiva do IBS e da CBS e os novos critérios para atribuição de responsabilidade tributária 79
Maria Rita Ferragut

8. Alíquotas do IBS e da CBS: uma análise sob o princípio da neutralidade. 95
Eduardo Tedesco Silva, Mateus Benato Pontalti

9. *Split payment* e os desafios para sua implementação 104
Alex Sandro Kuhn, Ângelo de Angelis

10. Avaliação quinquenal da eficiência tributária e seus impactos em relação às (des)igualdades de gênero, raça e classe..........................125
Lana Borges, Nathalia Reis

11. Regime diferenciado de tributação 135
Marina Vieira de Figueiredo, André Felix Ricotta de Oliveira

12. Notas sobre a natureza jurídica dos redutores de ajuste e social no regime específico de operações com bens imóveis do Imposto sobre Bens e Serviços 145
Marcelo Diniz, Antonio Carlos Freitas de Medeiros Junior

13. A inclusão de normas de combate à desigualdade de gênero e raça na reforma tributária do consumo 156
Jacqueline Mayer Da Costa Ude Braz

14. Reforma tributária no setor financeiro: o impacto do IVA Dual no *spread* 171
Tatiana Midori Migiyama, Paula Luiza Germano Santos

15. O Simples Nacional na reforma tributária..........................189
Luciana Moscardi Grillo, Rodrigo Frota da Silveira

16. Tributação de novas tecnologias e reforma tributária: segurança jurídica? 202
Michell Przepiorka

17. Zonas de Processamento de Exportação: estratégia de desenvolvimento econômico do Brasil e os impactos da reforma tributária do consumo 212
Daniela Floriano, Larissa Sampaio

18. O regime favorecido da Zona Franca de Manaus na reforma tributária (EC n. 132/2023 e LC n. 214/2025) 233
Carlos Alberto de Moraes Ramos Filho

19. Aspectos relevantes do regime específico de combustíveis e lubrificantes do IBS e da CBS 248
Antônio Machado Guedes Alcoforado

20. Extinção dos benefícios fiscais do ICMS: fim da guerra fiscal ou possível início de uma nova batalha fiscal? 262
Osvaldo Santos de Carvalho, Wanessa Felix de Almeida

21. Paralelo entre os benefícios fiscais do ICMS e do IBS 276
Luciano Garcia Miguel

22. A reforma da tributação sobre o consumo promovida pela Emenda Constitucional n. 132/2023 e os desafios da regulamentação do período de transição..285
Aldo de Paula Junior, Laura Romano Campedelli

23. Reforma tributária e os saldos credores de ICMS................... 304
Daniel Moreti, Gabriel Correa

24. O Comitê Gestor do Imposto sobre Bens e Serviços na reforma tributária: inovação, estrutura e desafios federativos.................318
José Barroso Tostes Neto

25. As competências do Comitê Gestor do IBS à luz da teoria das classes ..333
Mariana Cardoso Martins

26. Fiscalização e lançamento 346
Renata Elaine Silva Ricetti Marques

27. Os deveres instrumentais do IBS e da CBS 360
Luciano de Almeida Pereira

28. A transação tributária como instrumento de promoção da segurança jurídica na transição para a reforma tributária sobre o consumo 378
Sara Mendes Carcará, Manoel Tavares de Menezes Netto

29. Perspectiva extrajudicial da cobrança do IBS e sugestões ao aprimoramento do texto do PLP n. 108/2024 387
Danilo Monteiro de Castro, Milena Martinelli

30. É possível falar em novo processo tributário no contexto da CBS e do IBS? 397
Camila Campos Vergueiro, Priscila de Souza

31. Aspectos contábeis na reforma tributária 408
Cristiano de Souza Corrêa

32. O novo perfil constitucional do ITCMD 420
Camila Abrunhosa Tapias, Tais Capitanio

33. O art. 136 do ADCT e o estranho caso da contribuição ao FET do Estado do Tocantins...431
Alessandra Okuma

34. Reforma tributária e meio ambiente: a inconstitucionalidade da imposição do Imposto Seletivo sobre carros elétricos......................... 445
Angela Vidal Gandra da Silva Martins, Walter Erich Piekny

35. Imposto seletivo sobre bebidas alcoólicas 454
Breno Ferreira Martins Vasconcelos, Thais Romero Veiga Shingai

36. Complexidade sistêmica da tributação, do meio ambiente e do desenvolvimento na República Federativa do Brasil em um cenário pós-reforma tributária do consumo 463
Jonathan Barros Vita, Saulo Medeiros da Costa Silva

Índice remissivo 480

Apresentação

Sob a coordenação de Daniel Moreti, Talita Pimenta Félix e eu, a Editora Manole lança este atualíssimo livro a respeito da reforma tributária.

A qualidade dos autores – da qual me excluo por me conhecer – e a larga experiência são reconhecidas nacional e internacionalmente, sendo, talvez, das mais atuais e melhores coletâneas de estudos sobre a reforma tributária que começará, em parte, a vigorar no início de 2026.

Dúvidas remanescem sobre a EC n. 132/2023, com aproximadamente três vezes mais disposições constitucionais que no atual sistema e cujos três projetos de lei complementar – o primeiro já transformado na LC n. 214/2025, o segundo em fase final de discussão e o terceiro ainda não apresentado –, levam a crer que teremos em torno de um milhar de artigos a serem interpretados por acadêmicos, governos e magistrados.

Tais dúvidas serão objeto de ampla discussão nos próximos anos, principalmente aquelas sobre se teremos, realmente, um sistema sobre o consumo mais simples ou muito mais complexo; se haverá o enfraquecimento da Federação com a concentração em Brasília no Comitê Gestor da administração do IBS com a perda de relevância das Secretarias Estaduais e Municipais da Fazenda e Finanças; se será realmente possível compensar estados e municípios médios e grandes, que perderão receitas, na medida de suas reais necessidades, além de saber se haverá um aumento da carga tributária para as empresas e, indiretamente, para o povo, prevendo-se que as divergências hermenêuticas não serão rapidamente solucionados pela Justiça, além de remanescerem outras questões.

Creio que, como mostro em meu capítulo, a Federação será enfraquecida, as divergências serão muitas e haverá aumento da carga tributária.

Muitas dessas questões estão brilhantemente expostas neste livro e considero que, pela qualidade dos autores, muitas soluções hermenêuticas apresentadas poderão ser úteis aos Erários federal, estadual e municipal, que estarão representados no Comitê Gestor.

Todo livro de estudos deve ser claro no discorrer das ideias, objetivo no diagnóstico e criativo na busca de soluções, requisitos todos constantes da presente obra.

Bem haja!

Ives Gandra da Silva Martins

Capítulo **1**

Preocupações com a Reforma Tributária do consumo

Ives Gandra da Silva Martins

A reforma tributária em andamento, constitucionalmente aprovada sob a Emenda Constitucional (EC) n. 132/2023 e regulamentada pela LC n. 214/2025, mas sujeita ainda à aprovação legislativa do Projeto de Lei Complementar (PLP) n. 108/2024, tem provocado, por parte dos especialistas, permanente preocupação sobre seu impacto no pacto federativo, sobre o nível da alíquota e da carga sobre os setores de serviços, agro e comércio, que enfrentarão um aumento tributário setorial, sobre a compensação das perdas dos médios e grandes estados e municípios, que as terão elevadas, por serem exportadores líquidos de serviços e mercadorias e pelo acréscimo de serviços burocráticos internos das empresas até 2032, com a permanência simultânea de dois regimes distintos de imposição.

Sobre cada um desses pontos, quero trazer minhas reflexões e minhas indagações sobre o desenho de uma "reforma simplificadora" a respeito da tributação circulatória dos tributos incidentes sobre o consumo com esse monumental acréscimo de dispositivos, cuja relação ainda não foi completada.

Começo pelo amesquinhamento do pacto federativo.

É cediça, no exame do federalismo, a opinião consolidada de que são três os alicerces da autonomia federativa. A autonomia política, para que se permita a escolha, na entidade, de seus dirigentes pelo povo; a autonomia administrativa, para que crie o governo suas estruturas burocráticas; e a autonomia financeira, para que possa gerar e gerir seus tributos e receitas para se sustentar como parte da Federação.

É interessante notar que o país teve uma origem centralizada, cuja história remonta ao distante ano de 1128, quando Afonso Henriques, perto da Cidade de Guimarães, ganhou dos espanhóis a batalha de São Mamede, dando início ao que seria o Condado Portucalense e, a partir de 1143, a Portugal, com o reconhecimento, após vencer os mouros, em Lisboa, em 1140, por tratado com reinos espanhóis.

Com pequena população, desde o início da monarquia portuguesa, sua realidade política foi de um rei forte e nobres dependentes, senhores estes leais e alinhados com o soberano para a sobrevivência do novo Estado.

Tal fenômeno contrastava com a realidade medieval europeia, em que os senhores feudais eram, muitas vezes, mais fortes que os monarcas, provocando não poucos problemas ao rei, como no episódio de João Sem-Terra e os barões ou da beligerância de reinados espanhóis, ou ainda da fragilidade monárquica francesa e em diversas outras regiões, como na Itália e Alemanha, ainda pulverizadas em diversos grupos governantes.

A consolidação com a Dinastia de Aviz e a aventura oceânica propiciada pela Escola de Sagres para garantir uma nação de reduzida população – ainda hoje com população menor que a da Cidade de São Paulo – levou a uma concentração de poder central da qual o Brasil não se desvinculou, seja no período colonial, seja na vinda da família real em 1808, seja ainda na sua Independência com Dom Pedro I e depois II, tendo suas unidades regionais denominadas províncias, com reduzida autonomia.

A Proclamação da República, em que Deodoro pensou estar derrubando o Gabinete Ouro Preto e não o próprio imperador, levou Ruy Barbosa, sempre impressionado pela democracia americana, a influenciar a redação da Constituição de 1891, numa pretendida cópia no hemisfério sul do que acontecera de 1776 a 1787 nos Estados Unidos, quando, para elaborarem a Constituição de 1787, as 13 Colônias vitoriosas, por seus representantes, discutiram se deveriam ser um país com 13 estados ou uma Confederação de 13 países.

O problema, de rigor, só foi solucionado com a criação de um sistema federativo bicameral, em que as colônias do Sul, menos populosas e utilizando-se da escravidão, receosas da abolição desejada pelas do Norte, passaram a ter no Senado o mesmo número de representantes por unidade que os Estados Unidos. A criação do Senado norte-americano atrasou em 80 anos a abolição da escravatura no país, mesmo assim só realizada após sangrenta guerra intestina.

Ora, as províncias brasileiras transformadas em estados nada tinham de semelhante. Assim é que, de 1891 a 1930, São Paulo e Minas dominaram o cenário político brasileiro, de 1930 a 1945 houve a ditadura Vargas, de 1946 a 1964, uma tentativa de fortalecer a Federação, novamente fragilizada com o regime de exceção de 1964 a 1985, e só em 1988 passamos a, realmente, buscar a concretização federativa, com a importância dos arts. 18, *caput*, e correlatos, e do art. 60, § 4º, I, cuja redação transcrevo:

> Art. 18. A organização político-administrativa da República Federativa do Brasil compreende a União, os Estados, o Distrito Federal e os Municípios, todos autônomos, nos termos desta Constituição.
> Art. 60. A Constituição poderá ser emendada mediante proposta:

> [...] § 4º Não será objeto de deliberação a proposta de emenda tendente a abolir:
> I – a forma federativa de Estado;

É essa nova tentativa de fortalecimento da Federação que está amesquinhada pela EC n. 132/2023 e, até o presente, pelos dois projetos de lei complementar dos três necessários em discussão no Congresso.

Desapareceu na EC n. 132/2023 a autonomia financeira de estados e municípios.

Com efeito, o Comitê Gestor cuidará de todas as operações interestaduais e municipais, recebendo, distribuindo os recursos do IBS, cujo regime jurídico é rigorosamente igual ao da CBS, julgando e decidindo as controvérsias entre os contribuintes e estados e municípios e utilizando-se de agentes fiscais e procuradores estaduais e municipais para arrecadar, dividir e redistribuir o IBS.

Não temos, ainda, o formato das redistribuições e compensações nas perdas, dependente de um projeto de lei complementar a ser enviado e que, a meu ver, não o foi porque será a pá do enterro do federalismo, visto que o órgão centralizador terá mais força, nas compensações de perdas, que qualquer Secretaria da Fazenda estadual ou de finanças municipais.

Essas secretarias perderão relevância perante o Comitê Gestor, sendo que em contenciosos administrativos estaduais e municipais serão órgãos de tertúlias acadêmicas para discussão de imposições muito menores.

Como o ICMS hoje representa 88% da arrecadação tributária média de todos os estados e o ISS, 44% dos municípios, à evidência, a autonomia financeira, a meu ver, deixou de existir.

Essa é a minha primeira preocupação e tenho, como modesto professor de província, a impressão de que é de manifesta inconstitucionalidade.

Vejamos o segundo ponto.

Creio que teremos considerável aumento da carga tributária. Já se fala em uma alíquota de IBS, o IVA brasileiro, de 28%. Será a maior do mundo, ultrapassando até mesmo a Hungria, cuja alíquota é de 27%. E poderá ser ainda maior, dependendo das exceções a serem criadas.

No momento, o setor agropecuário tem sobre a tributação circulatória de seus produtos uma média de imposição entre 4,5% e 5%. Mesmo com o redutor de 60%, uma alíquota de 28% implicará uma alíquota para o setor da agropecuária de 11,2%. Um aumento de mais de dobro da tributação.

O setor de serviços excepcionados, como o da advocacia e profissões regulamentadas, terá um aumento considerável.

Excluindo aqueles setores incorporados ao simples na advocacia, por exemplo, a tributação circulatória hoje é de 3,65% de Cofins/PIS cumulativos e uma alíquota fixa para o ano inteiro no ISS. Não chega a 4%. Mesmo com o redutor de 30%, teremos uma alíquota prevista, se for de 28%, se excepcionada, de 19,6%. Um aumento de quase 5 vezes.

O setor não excepcionado de serviços hoje paga, no máximo, 3,65% de PIS/Cofins e 5% de ISS, o que vale um máximo de 8,65%. Irá para 28%. Um aumento de mais de 3 vezes.

O certo é que o agro, que tem salvo o governo na balança comercial, e os serviços serão pesadamente tributados.

O comércio terá um aumento menor. Paga, hoje, em torno de 18% de ICMS e 9,3% de PIS/Cofins não cumulativos, sendo o próprio ICMS cumulativo. O total é de 27,25%, sendo que deverá ir para 28%.

A indústria será aliviada do IPI, mas o alargamento do denominado imposto do pecado, em que até bateria de carro elétrico está sendo considerada para integrar o rol dos sujeitos ao tributo seletivo, poderá acrescentar uma lista insuspeitada de incidências.

O certo, portanto, é que teremos um aumento da carga tributária, por mais que os arautos da reforma simplificadora diga que não haverá. A própria alíquota mais elevada do mundo programada, decididamente, não é uma boa sinalização.

O terceiro aspecto é que a reforma simplificadora complicará o sistema.

Quando participei de uma das primeiras audiências públicas da Assembleia Nacional Constituinte, fui o único a falar naquele dia. Presidida por Francisco Dornelles, e sob a relatoria de Fernando Bezerra e a assessoria do agente fiscal e grande tributarista Accioly Patury, expus minha opinião sobre o sistema, de rigor, introduzido por Rubens Gomes de Sousa, os especialistas do IBDF e Aliomar Baleeiro no Brasil em 1965 com a Emenda n. 18 e em 1966 com o Código Tributário Nacional.

Durante 6 horas (das 10 às 16 horas), fui sabatinado, após exposição para parlamentares como Roberto Campos e José Serra, tendo, a partir daquela exposição, e até a aprovação do texto da Subcomissão, mantido contato quase semanal com o presidente, o Senador Francisco Dornelles.

Quando Dornelles enviou-me o texto final em que o futuro art. 146 da CF seria dedicado à lei complementar – por fax, visto que à época não havia *e-mail* –, ao analisar os textos, alertei-o que estaria a redação final incinerando do campo próprio da lei complementar parte considerável do Código Tributário Nacional. Perguntou-me: "Por quê?". Disse-lhe que o fato de tornar as hipóteses de lei complementar "*numerus clausus*", tudo o que não estivesse no dispositivo previsto poderia ser modificado por lei ordinária. Sugeri-lhe, então, incluir o advérbio "especialmente", de modo que onde estava escrito "disporá", passasse a prever "disporá, especialmente". Disse-me, então, que o texto já fora aprovado, ao que retruquei: "Diga que a alteração foi de revisão gramatical, pois não fora intenção da ANC eliminar parte do CTN das competências pertinentes aos legisladores da lei complementar". Concordou e salvamos o CTN.

Aprovada a Constituição, os especialistas atribuíram ao texto do sistema tributário na Lei Suprema um dos pontos altos da deliberação constituinte.

À evidência, de 1988 para cá, o sistema sofreu uma notável "contribuição de pioria", em face de a burocracia esclerosada exigir cada vez mais recursos e uma real reforma administrativa, na busca de uma burocracia profissionalizada, jamais sair do papel.

Ora, apesar de no grupo criado pelo Presidente Sarney, quando na direção do Senado, constituído por 13 especialistas, termos apresentado, a meu ver, excelentes e objetivos projetos de emendas constitucionais, leis complementares, ordinárias e resoluções do Senado, corrigindo as distorções do sistema criadas após a promulgação, por força da sanha arrecadatória dos governos federativos, a alteração do sistema não saiu da mera contribuição acadêmica sem qualquer outro impacto.

Assim, na Comissão denominada, para nosso desconforto, "Notáveis" participaram da presidência Nelson Jobim, da relatoria Everardo Maciel e professores e ex-Ministros como João Paulo Reis Velloso, Paulo de Barros Carvalho, Luís Roberto Barroso, Bernardo Appy e outros de igual nível, do qual me excluo como modesto professor de província. Fizemos, pois, um belíssimo trabalho de rigorosa inutilidade.

Todos os anteprojetos devem repousar serenamente na gaveta de alguns dos gabinetes senatoriais.

A primeira tentativa de Bernardo Appy de retomar uma reforma tributária no Governo Dilma não foi bem-sucedida pelas inúmeras objeções criadas, a ponto de não ser retomada nem no Governo Temer, nem no Governo Bolsonaro.

Lula reiniciou o projeto, agora com forte apoio da indústria, que seria a mais beneficiada pela eliminação do IPI e a equiparação com os outros segmentos. De rigor, será a melhor situação, pois poderá, pela não cumulatividade, tudo compensar na alíquota básica de 28%, algo que o setor de serviços não excepcionados não poderá fazer, à falta de operações anteriores tributadas.

Ora, para a implantação do novo sistema simplificador, a EC n. 132/2023 mais do que triplicou as disposições constitucionais, o que sugere futuras e estressantes discussões na Suprema Corte. Lembro que o STF levou mais de vinte anos para definir apenas três palavras do ICMS (operação, circulação e mercadoria).

Toda a disposição constitucional implica, por seu aspecto de abrangência, discussões prolongadas e com múltiplas interpretações.

Ora, a reforma simplificadora praticamente criou uma nova Constituição dentro da Constituição para apenas três tributos (CBS/IBS seletivo e transmissão).

Acresce-se que para regular, por lei complementar, as normas gerais e de imposição da CBS e do IBS, o governo enviou dois projetos de lei (ns. 68/2024 e 108/2024), o primeiro convertido na Lei Complementar n. 214/2025 com 544 artigos e o segundo aguardando aprovação com 197 artigos, faltando um terceiro, talvez o mais polêmico, ainda não enviado, a meu ver, para não prejudicar a aprovação dos dois primeiros, já que atingirá, na forma de compensação e relacionamento, toda a Federação Brasileira.

Custa-me crer que para simplificar tenhamos tantas disposições que exigirão, certamente, interpretações e provocarão conflitos. Em outras palavras, tenho dificuldade para entender como se pode simplificar complicando, lembrando que o CTN, que tem eficácia de lei complementar, para todos os tributos brasileiros, embora só de normas gerais, tem apenas 218 artigos.

Um quarto ponto me preocupa, mas de natureza federativa. Todos os estados "exportadores líquidos" de mercadorias e os municípios de serviços, que perderão receitas – os estados 2/3 do que enviarem a mais para os estados do atual ICMS e os municípios de 100% do ISS –, terão que ser compensados pela União, talvez através do Comitê Gestor com aporte federal, o que implicará uma dependência permanente da União, e se seus dirigentes forem politicamente contrários ao Governo Federal, com uma subserviência para que as compensações se deem, independentemente de discussões judiciais. Há de se lembrar que as compensações da União aos estados no ICMS, decorrentes da Lei Complementar n. 87/96, até hoje são objeto de discussão judicial.

Vejo, pois, um projeto de poder concentrado na União, considerando que dificilmente os 60 milhões de reais anuais aprovados serão suficientes para compensar as perdas dos médios e grandes municípios e estados. Haverá necessidade de muito mais a ser retirado dos contribuintes e/ou do aumento do endividamento público.

O quinto ponto da preocupação é a convivência dos dois sistemas (anterior e atual) a partir de 2026 até 2032 com acréscimo considerável de despesas burocráticas internas para as empresas.

O sistema atual, apesar de ser considerado caótico, mas mais de três vezes menor em número de disposições, continuará até 2032, se não for prorrogado, com alíquotas decrescentes, e o novo com alíquotas crescentes começará em 2026 para a CBS e em 2029 para o IBS.

A partir de 2025, todas as empresas terão que acrescentar, até 2032, ao custo operacional do sistema atual, o custo adicional de preparar-se, já no próximo ano, para o novo sistema, sobrecarregando seu trabalho, ao acrescentar nova equipe. Dessa forma, a reforma simplificadora onerará todas as empresas para o cumprimento de suas obrigações tributárias com a manutenção de dois sistemas, a saber, o caótico atual e o desconhecido futuro.

Se não houver prorrogação em 2032 por não estar o sistema funcionando como queriam, teremos oito anos de uma complicação burocrática, mas que para os teóricos governamentais criadores será uma "complicação simplificadora". É o que me pergunto; será?

Por fim, como sexto ponto preocupante, teremos algumas dezenas de anos para o ajuste definitivo das perdas e compensações, em projeto de lei complementar ainda não enviado ao Congresso quando redijo estas breves considerações.

Como percebem os que as estão lendo, não me considero senão um modesto professor universitário, embora lecionando em universidades há 60 anos. Por quê? Percebem os senhores as dúvidas que mantenho, algo que os brilhantes parlamentares da Câmara dos Deputados e do Senado, profundos conhecedores da imposição tributária, não tiveram, pois aprovaram, na Casa do Povo, em apenas alguns dias, o novo sistema e, em tempo um pouco maior, a reforma simplificadora do sistema, que com o novo PLC deverá, em legislação complementar, chegar a quase mil artigos, além do número três vezes maior de disposições constitucionais que o do sistema atual.

Apenas para concluir, lembro episódio supostamente ocorrido entre Hegel, que fora o pai do idealismo na Filosofia, e um discípulo seu, que lhe disse: "Mestre, vejo um conflito permanente entre suas ideias e os fatos conhecidos", a que, olimpicamente, ele teria respondido: "Pior para os fatos".

Tenho a nítida sensação de que os formuladores da reforma tributária herdaram a onisciência de Hegel e estão afirmando aos brasileiros algo semelhante. Como sou, todavia, um modesto professor provinciano, ainda com dúvidas, sem o brilho e conhecimento tributário de todos os parlamentares que, em poucos dias, com convicção, aprovaram a EC n. 132/2023 e a LC n. 214/2025 e estão aprovando o PLP n. 108, espero, para o bem do Brasil, que eles tenham razão e não este idoso mestre de priscas eras, nos seus 89 anos, apesar de seus 45 títulos universitários no Brasil, na América e na Europa e livros e estudos publicados em 21 países.

Capítulo **2**

O novo federalismo brasileiro

Hamilton Dias de Souza
Daniel Corrêa Szelbracikowski

INTRODUÇÃO

A Constituição Federal de 1988 assenta no art. 18 que "a organização político-administrativa da República Federativa do Brasil compreende a União, os Estados, o Distrito Federal e os Municípios, *todos autônomos*, nos termos desta Constituição" (grifo nosso). A Constituição é quem cria, no mesmo átimo de tempo e espaço, todos os entes da Federação (União, estados e municípios) e estabelece suas autonomias administrativa, financeira e política,[1,2] sistema que remonta desde a Constituição da Primeira República de 1891.[3]

Com a pandemia de covid-19, verificou-se a importância da forma federativa adotada pelo País,[4,5] que supõe tenham os entes subnacionais (estados e municípios) a possibilidade de administração de recursos oriundos de tributos próprios, essenciais para a sustentabilidade e realização de políticas públicas de forma descentralizada.[6,7]

---

1 FERRAZ, Anna Candida da Cunha. Poder constituinte do estado-membro, 1979, p. 53.

2 BERCOVICI, Gilberto. Dilemas do Estado federal brasileiro, 2004, p. 13 e 54.

3 SOUZA *et al.* Desafios federativos da reforma tributária. *Revista Consultor Jurídico*, 31 de agosto de 2023.

4 STF, ADPF-MC n. 672, j. 04.04.2020, ADI-MC n. 6.341, j. 24.03.2020, entre outras.

5 STF, ACO n. 3.451 (MC), rel. Min. Ricardo Lewandowski, *DJ* 18.12.2020.

6 SALDANHA, Nelson; REIS, Palhares Moreira; HORTA, Raul Machado. Formas simétrica e assimétrica do federalismo no Estado moderno, 2000, p. 260.

7 STF, ADI n. 2.024/DF, Pleno, rel. Min. Sepúlveda Pertence, j. 03.05.2007; STF, RE n. 591.033, Pleno, rel. Min. Ellen Gracie, j. 17.11.2010; STF, ADI n. 4.228/DF, Pleno, rel. Min. Alexandre de Moraes, j. 01.08.2018; e STF, ADO n. 25/DF, Pleno, rel. Min. Gilmar Mendes, j. 30.11.2016.

Historicamente, estados e municípios detêm *competência* e *capacidade* tributárias sobre seus próprios tributos. Relativamente aos impostos sobre consumo, referidos entes federativos dispunham de poder legislativo e autonomia para instituir, arrecadar, fiscalizar, interpretar, julgar e formular políticas públicas relativamente ao ICMS e ao ISS.

No final de 2023, o Congresso Nacional aprovou a EC n. 132, que previu a criação do IBS e da CBS, tributos incidentes sobre o consumo de bens e serviços de titularidade, respectivamente, de estados/municípios e da União Federal, cujos contornos serão regrados por legislação complementar federal. De acordo com o previsto nos projetos em curso para a instituição e regulação do IBS (PLP n. 108/2024 e LC n. 214/2025), a harmonização entre o IBS, cuja gestão é compartilhada entre estados e municípios, e a CBS, de competência exclusiva da União, será realizada pelo Comitê de Harmonização e pelo Fórum de Harmonização, nos quais a União detém 50% dos votos e qualquer decisão depende de unanimidade.

Tais características suscitam questões sobre competência e capacidade tributárias dos entes subnacionais, centralização, equilíbrio federativo e equidade no processo decisório. Este capítulo examinará esse fenômeno à luz dos sistemas de tributação do consumo existentes em outras federações democráticas e Estados unitários descentralizados, de sorte a verificar para qual direção caminha o modelo de Estado brasileiro.

COMPETÊNCIA TRIBUTÁRIA E REFORMA TRIBUTÁRIA

A competência tributária é o poder conferido constitucionalmente a um ente federado para instituir, regulamentar e arrecadar tributos dentro de seus respectivos âmbitos de atuação.[8] Trata-se de parcela da soberania estatal atribuída diretamente pela Constituição para viabilizar a realização das atividades públicas sob responsabilidade de cada entidade parcial de poder. As caracterís-

8 "Competência é norma constitucional, atributiva de poder legislativo a pessoa estatal, para criar, regular e instituir tributos. E de fato o é. Trata-se de norma originária (pois tem sede na Constituição), indelegável e de plena eficácia (nesse sentido, vigentes e adequados ao atual momento constitucional, os arts. 6º e 7º do CTN e as lições do professor Aliomar Baleeiro, retro)" (BALEEIRO, Aliomar de Andrade. *Direito tributário brasileiro*, 2003, p. 79-80). "Competência tributária é a possibilidade de criar, *in abstracto*, tributos, descrevendo, legislativamente, suas hipóteses de incidência, seus ativos, seus sujeitos passivos, suas bases de cálculo e suas alíquotas. Como corolário disso, exercitar a competência tributária é dar nascimento, no plano abstrato, a tributos" (CARRAZZA, Roque Antônio. *Curso de direito constitucional tributário*, 1999, p. 329).

ticas gerais da competência tributária, no Brasil, são *privatividade*,[9] *inalienabilidade*,[10] *imprescritibilidade*,[11] *irrenunciabilidade*,[12] *indelegabilidade*[13] e *limitabilidade* constitucional.[14] A competência tributária está ligada à autonomia para legislar materialmente sobre o tributo, definindo seus aspectos estruturais, como fato gerador, base de cálculo, alíquota e sujeitos passivos. Sem essa autonomia, não há exercício pleno da competência tributária.

No modelo até então em vigor no Brasil, estados e municípios exerciam competência tributária plena sobre o ICMS e o ISS. Essa autonomia legislativa atualmente *lhes permite criar, alterar ou revogar tributos*, conforme as necessidades regionais ou locais, respeitando-se os limites constitucionais.

A reforma tributária proposta pela EC n. 132/2023, ao introduzir o Imposto sobre Bens e Serviços (IBS), transforma substancialmente essa dinâmica. Isso porque o modelo do IBS, embora denominado "subnacional", será *instituído por lei complementar federal*, elaborada pelo Congresso Nacional – *órgão legislativo da União*. Assim, os elementos essenciais do tributo, como fato gerador, base de cálculo, sujeição passiva, infrações etc., serão *efetivamente criados por lei complementar federal*, cuja função nunca foi instituir tributos e sim estabelecer normas gerais em matéria tributária, dispor sobre conflitos de competência e regular as limitações constitucionais ao poder de tributar, nos termos do art. 146 da Constituição Federal.

À exceção de um poder marginal – quase formal – quanto às alíquotas[15] (que, para outros tributos, tais como IOF, II e IPI, podem ser alteradas até mes-

---

9 Significa que cada ente federativo tem exclusividade para instituir os tributos que a Constituição lhe atribui, salvo exceções como a competência cumulativa do Distrito Federal e a possibilidade de delegação de funções administrativas.

10 Significa que a competência tributária é intransferível, ou seja, o ente que a detém não pode cedê-la a outro.

11 Significa que a competência tributária não se perde com o decurso do tempo, mesmo que não seja exercida.

12 Significa que o ente federativo não pode abdicar do exercício de sua competência tributária.

13 Significa que a competência legislativa tributária não pode ser delegada, mas atos administrativos relacionados à cobrança e fiscalização dos tributos podem ser delegados.

14 Significa que a competência tributária está limitada por princípios constitucionais, como legalidade, isonomia e capacidade contributiva.

15 "A alteração de alíquotas locais só seria possível após o Senado estabelecer a alíquota inicial (de referência) do IBS. E, ainda assim, seria de difícil aplicação prática, já que as isenções e reduções seriam taxativas e os eventuais aumentos ou diminuições teriam de ser feitos para todos os itens. Nesse caso, a 'margem' para calibração seria restrita, já que majorações na alíquota padrão podem desestimular o consumo local e decréscimos podem comprometer a arrecadação do ente" (SOUZA, Hamilton Dias *et al.* Desafios federativos e reforma tributária. *Revista Consultor Jurídico*, 31 de agosto de 2023).

mo por ato do Poder Executivo), a reforma tributária decorrente da EC n. 132 expurga quase completamente a competência legislativa dos entes subnacionais e concentra na União o poder de legislar, por intermédio de lei complementar, sobre tributos correspondentes a 91,57% da arrecadação nacional.[16]

De fato, antes da reforma, *cada estado ou município legislava exclusivamente sobre seus tributos*, responsáveis, respectivamente, por 88% da arrecadação estadual e 43% da arrecadação municipal.[17] Portanto, os entes subnacionais *poderiam, autonomamente, instituir suas próprias políticas tributárias*, sendo inúmeros, aliás, os casos de políticas tributárias realizadas com o ICMS e o ISS que mudaram o patamar de desenvolvimento de regiões, estados[18] e municípios.[19]

Após a reforma, porém, *a competência tributária deixa de ser exclusiva e passa a ser exercida por meio de lei federal* para todos os estados e municípios, que, no plano infralegal, terão de *deliberar conjuntamente* sobre os elementos estruturais do IBS, por meio do Comitê Gestor composto por representantes de estados e municípios que *não necessariamente possuem os mesmos interesses* ou *nível de desenvolvimento* econômico e social.

A perda de competência legislativa plena, substituída por um modelo de legislação federal e decisão infralegal condominial, representa uma profunda alteração no pacto federativo brasileiro e parece contrariar a lógica de descentralização fiscal própria de federações democráticas.

CAPACIDADE ATIVA E REFORMA TRIBUTÁRIA

A capacidade tributária ativa constitui a aptidão para figurar como sujeito ativo da obrigação tributária, o que inclui cobrar, fiscalizar, julgar e arrecadar tributos.[20] Essa capacidade pode ser delegada, como ocorre em casos de entida-

---

16 Tesouro Nacional, 2023.

17 *Vide* dados do Tesouro Nacional citados no parecer de admissibilidade da PEC n. 45/2019, apresentado pelo Deputado Federal João Roma à CCJ/CD.

18 *Vide* exemplos dos estados de Goiás, do Paraná, de Minas Gerais, Bahia, Espírito Santo, Distrito Federal e Santa Catarina em: SZELBRACIKOWSKI, Daniel Corrêa; FUNARO, Hugo. *ICMS e guerra fiscal*: da LC 24/1975 à LC 160/2017, 2022.

19 AZEVEDO, Thaciano Rodrigues de. *Benefício fiscal de ISS como indutor do desenvolvimento científico e tecnológico*: estudo de caso do polo extremotec do município de João Pessoa, 2023.

20 "É consectário da competência poder cobrar, arrecadar e exigir o cumprimento da obrigação, isto é, exercer a capacidade tributária ativa. Igualmente, é ponto pacífico que, embora a competência (faculdade de legislar, instituindo o tributo) seja indelegável, a pessoa estatal pode conferir a outra as funções de cobrar, arrecadar e fiscalizar tributos, portanto, a sua

des da administração indireta que exercem funções arrecadatórias ou fiscalizatórias, sem se tornar titular da competência tributária.

Do ponto de vista das relações *horizontais* (entre entes subnacionais), verifica-se que a capacidade tributária ativa dos estados e municípios, até então exercida de forma independente, *será alterada* pela *centralização administrativa* trazida pela reforma tributária. Isso, em razão da outorga ao Comitê Gestor do IBS, composto por representantes de estados e municípios, de responsabilidades que incluem a edição de regulamento, a interpretação, a aplicação da legislação tributária, o julgamento das impugnações administrativas, a arrecadação e partilha de receitas, além da definição de diretrizes para fiscalização e cobrança do IBS.

Portanto, antes da reforma, os 27 estados e Distrito Federal e os mais de 5.570 municípios possuíam *procedimento de fiscalização, sistema de arrecadação, órgão de julgamento administrativo* e *representação* judicial *próprios*. Ou seja, cada estado e cada município exercia, com autonomia, a administração de seus tributos, o que envolvia o poder de decidir se o tributo é cobrável ou não, se houve ou não incidência, quais seriam os prazos de pagamento, como se daria a fiscalização e arrecadação do imposto, como seriam formados os seus tribunais administrativos, como seria uniformizada sua jurisprudência etc.

Depois da reforma, todas essas atividades *deixam de ser titularizadas pelas entidades parciais de poder* e *passam a ser centralizadas* em uma *espécie de condomínio tributário*, por meio de um comitê que representará uma pluralidade de interesses, nem sempre convergentes.

Do ponto de vista das relações verticais (entre entes subnacionais e a União), a reforma tributária supõe a harmonização do IBS com a CBS,[21] sob pena de ferir a "simplicidade" propalada durante a tramitação da EC n. 132 e inserida como princípio fundante do sistema tributário no § 3º do art. 145 da Constituição Federal.[22] De fato, o § 6º do art. 156-B da Constituição Federal determinou expressamente que União e o Comitê Gestor atuem "com vistas a harmonizar normas, interpretações, obrigações acessórias e procedimentos".

Embora a União não participe do comitê gestor, ela deve participar do comitê e do fórum de harmonização, com representação, em ambos, de 50%

---

capacidade tributária ativa" (BALEEIRO, *op. cit.*, 2003, p. 718). *Vide* também: CARRAZZA, Roque Antônio. *Curso de direito constitucional tributário*, 1999, p. 418.

21 "§ 6º O Comitê Gestor do Imposto sobre Bens e Serviços, a administração tributária da União e a Procuradoria-Geral da Fazenda Nacional compartilharão informações fiscais relacionadas aos tributos previstos nos arts. 156-A e 195, V, e atuarão com vistas a harmonizar normas, interpretações, obrigações acessórias e procedimentos a eles relativos" (parágrafo acrescentado pela EC n. 132/2023).

22 "§ 3º O Sistema Tributário Nacional deve observar os princípios da simplicidade, da transparência, da justiça tributária, da cooperação e da defesa do meio ambiente" (parágrafo acrescentado pela EC n. 132/2023).

(quatro representantes), nos termos dos projetos de lei complementar em discussão para regular o IBS (PLP n. 108/2024 e LC n. 214/2025).

Ocorre que a distribuição de poder dentro do comitê e do fórum de uniformização pode, na prática, sequestrar o poder dos entes subnacionais por haver representação indireta dos estados e municípios, representação desigual em relação à União, falta de convergência dos interesses subnacionais e exigência de unanimidade. A representação dos interesses próprios dos estados e municípios será *indireta*, mediante *eleição* de *dois* representantes *para votarem em nome de 27 estados e o Distrito Federal* e de outros *dois* representantes para *votarem em nome de mais de 5.570 municípios*. A formação desses colegiados, que são fundamentais para definir as regras comuns do IBS/CBS e acomodar os interesses da União, dos estados e dos municípios, *difere bastante da estrutura de um órgão federativo clássico*,[23] no qual há representação direta dos interesses de todos os entes subnacionais na União, o que indica uma diminuição do poder de estados e municípios na capacidade de interferir na uniformização e harmonização de imposto de sua própria titularidade.

A representação nesses colegiados também é desigual. Isso porque, enquanto a União forma um bloco monolítico, com interesses claramente alinhados e representação de 50% nesses comitês (quatro representantes), os 27 estados e o DF (dois representantes – 25%) e os mais de 5.570 municípios (dois representantes – 25%), que possuem uma pluralidade de interesses regionais/locais, eventualmente até antagônicos entre si, respondem, juntos, pelos demais 50%. Portanto, os *entes subnacionais nem sequer possuem maioria* na representação de seus interesses nos comitês, ao contrário do que ocorre, por exemplo, nas deliberações em torno do GST na Índia, em que estados possuem 2/3 dos votos (maioria) e a decisões exigem uma maioria de 75% dos votos, o que garante que nenhuma das partes possa impor sua vontade unilateralmente (conforme se verificará na sequência).

Quanto à falta de convergência nos interesses subnacionais, a diversidade de interesses entre os estados e municípios torna improvável a formação de um bloco homogêneo de votação no CG-IBS. Eventualmente, um representante do Norte ou Nordeste pode ter prioridades distintas de um representante do Cen-

---

23 Tratando da forma de constituição do Senado Federal, os federalistas assentaram que "É igualmente desnecessário insistir muito na nomeação dos senadores pelas legislaturas particulares. Das diferentes maneiras de constituir esse ramo do governo, a que a Convenção escolheu é provavelmente a mais conforme à opinião pública: pelo menos tem a vantagem indisputável de favorecer uma escolha mais ilustrada e dá, ao mesmo tempo, aos Estados uma influência sobre a formação do governo federal, que procurará segurança de autoridade aos seus governos e formará entre os dois sistemas um laço útil" (MADISON, HAMILTON e JAY. *O federalismo*, 2003, p. 375).

tro-Sul, o que pode fragmentar a capacidade de atuação dos entes subnacionais. Nesse cenário, a União, com seus quatro representantes agindo de forma coesa e grande poder de negociação (político e financeiro), possivelmente terá maior facilidade para influenciar e direcionar as deliberações, consolidando sua preponderância no comitê.

A LC n. 214/2025 estabelece, ainda, que as decisões das instâncias de harmonização, como o Comitê de Harmonização das Administrações Tributárias e o Fórum de Harmonização Jurídica das Procuradorias, devam ser tomadas por unanimidade. A exigência de unanimidade nas instâncias de harmonização torna a questão mais complexa e cria a possibilidade de paralisia do sistema.

A experiência histórica da exigência de unanimidade nas deliberações do Conselho Nacional de Política Fazendária (Confaz), relativamente ao ICMS, demonstra que esse quórum permite a qualquer ente federativo, por razões estratégicas ou interesse próprio, vetar a adoção de determinadas políticas tributárias, mesmo que estas sejam necessárias para equilibrar disparidades regionais ou econômicas. Isso resulta em bloqueio deliberado que pode favorecer práticas individuais em detrimento do consenso cooperativo.[24] Foi esse tipo de quórum que inviabilizou acordos no âmbito do Confaz e levou os estados a concederem benefícios fiscais de forma unilateral, a denominada "guerra fiscal".

Em uma situação de bloqueio, porém, a União poderá continuar operando a CBS, pois esta depende de lei ordinária para ser instituída, sendo titularizada exclusivamente pela União. É provável, portanto, que a lei da CBS seja editada antes da edição das leis complementares alusivas ao IBS. Assim, se a exigência de unanimidade bloquear decisões, isso possivelmente favorecerá a posição da União, que possui autonomia legislativa plena sobre a CBS e não depende diretamente do CG-IBS para regular o imposto e implementar suas políticas fiscais.

Em suma, o novo modelo de tributação centraliza o poder no CG-IBS e enfraquece significativamente a autonomia tributária de estados e municípios, pois o que antes era decidido de forma independente por esses entes federativos agora depende de consenso em um sistema colegiado, em que as funções administrativas relacionadas ao imposto são concentradas, o que reduz a margem de atuação subnacional. Além disso, há predominância dos interesses da União nos comitês de harmonização do IBS com a CBS, em que a estrutura de representação do colegiado é desigual, com a União detendo 50% dos votos contra apenas 25% para estados e 25% para municípios, o que torna mais difícil a defesa de interesses locais, frequentemente fragmentados e divergentes. A exigência de unanimidade nas decisões do CG-IBS tende a paralisar o sistema, como verificado em experiências no Confaz, enquanto a União mantém autonomia

24 A propósito, *vide*: SZELBRACIKOWSKI e FUNARO, *op. cit.*, 2022.

para implementar suas políticas fiscais por meio da CBS, independentemente das deliberações colegiadas. Esse modelo indica um desequilíbrio federativo, ao concentrar poder na União e distanciar-se de sistemas de tributação do consumo adotados em outras federações democráticas, onde há maior equilíbrio entre as esferas de poder, conforme adiante se verificará.

EXAME COMPARATIVO DOS SISTEMAS DE FEDERAÇÕES DEMOCRÁTICAS E PAÍSES UNITÁRIOS DESCENTRALIZADOS

Canadá: federalismo fiscal com autonomia optativa

A reforma tributária sobre o consumo no Canadá constitui um processo complexo, de mais de 25 anos de debates. Em 1989, propôs-se a substituição dos tributos federais e provinciais por um imposto sobre valor agregado (IVA) amplo, não cumulativo e com uma carga tributária equivalente à vigente. Essa iniciativa foi frustrada, uma vez que as províncias resistiram à ideia de abdicar de sua autonomia para definir tanto a forma quanto a intensidade da tributação sobre as vendas. Diante disso, na reforma de 1991, o governo federal implementou o *Goods and Services Tax* (GST), optando por postergar discussões sobre uma eventual harmonização com os impostos provinciais.

A província de Quebec, que inicialmente demonstrou resistência ao modelo proposto, aceitou, em 1992, implementar um IVA semelhante ao GST, sob a condição negociada com a União de que, em seu território, tanto o GST quanto o *Québec Sales Tax* (QST) fossem legislados, administrados, arrecadados e fiscalizados pelas autoridades locais, que posteriormente transfeririam à União os valores arrecadados. Ou seja, além da administração, Quebec possui competência tributária para, por meio de sua Assembleia, legislar sobre as regras, alíquotas e especificidades do QST, embora o imposto seja estruturalmente semelhante ao GST. Essa estrutura harmônica permite que Quebec mantenha controle sobre sua política fiscal, enquanto coordena a administração dos impostos federal e provincial.[25,26,27]

---

25 SOUZA, Hamilton Dias; CARRAZZA, Roque Antonio; ÁVILA, Humberto. A reforma tributária de que o Brasil precisa. *Polifonia – Revista Internacional da Academia Paulista de Direito*, n. 3, p. 284-305.

26 BOADWAY, Robin; WATTS, Ronald. *Fiscal federalism in Canada*, jul./2000, p. 82-5.

27 BIRD, Richard. The GST/HST: creating an integrated sales tax in a federal country, abr./2013, p. 2-14.

Em 1997, as províncias de Nova Escócia, Nova Brunswick e Terra Nova e Labrador[28] aderiram ao GST e, em 2010, a província de Ontário, a mais próspera do país, integrou-se ao sistema harmonizado. Algumas províncias, tais como Colúmbia Britânica, Saskatchewan e Manitoba, permanecem fora desse arranjo até os dias atuais, com ou sem a existência de tributos próprios sobre vendas.[29]

Quóruns e deliberação

A adesão ao sistema harmonizado é voluntária e depende de negociações bilaterais entre o governo federal e cada província. Não há exigências de unanimidade ou quóruns rígidos para as províncias participarem do HST. Cada província negocia individualmente os termos de sua integração, respeitando sua autonomia e interesses.

Preservação da autonomia e, eventualmente, da competência das províncias

Mesmo dentro do sistema harmonizado, as províncias mantêm influência sobre as alíquotas e a administração do imposto, garantindo um equilíbrio entre uniformidade e particularidades regionais. O governo central define o GST, mas as províncias podem decidir harmonizar-se (HST) ou manter sistemas próprios, como o *Quebec Sales Tax* (QST). Essa flexibilidade preserva a capacidade legislativa e administrativa subnacional, sendo uma característica de uma federação descentralizada.

Brasil *vs.* Canadá: no modelo brasileiro, os estados e municípios não têm a opção de decidir sobre sua adesão ao IBS; são obrigados a se submeter à lei complementar (federal) e à uniformização nacional definida pelo CG-IBS, com ampla ingerência da União nos assuntos relacionados à uniformização com a CBS.

Índia: competência dual com maioria estadual no conselho do GST

Similarmente ao ocorrido no Canadá, o processo de reforma tributária na Índia foi longo, estendendo-se por mais de quinze anos desde a proposição inicial do *Goods and Services Tax* (GST), em 1999,[30] até a aprovação da 101ª Emenda à Constituição Indiana, em setembro de 2016. A reforma indiana introduziu o GST, em suas versões central (CGST) e estadual (SGST) a partir de

---

28 CANADÁ. Excise tax act, parte IX e item 277.1 e segs.

29 Ernst & Young. Worldwide VAT, GST and Sales Tax Guide, 2019.

30 Durante o governo do Primeiro-Ministro Atal Bihari Vajpayee.

julho de 2017.[31] A estrutura dual do GST assegura que tanto o governo central quanto os estados tenham alguma competência para legislar e arrecadar o imposto, garantindo a coexistência de ambos os níveis de administração tributária. A competência legislativa sobre o GST é compartilhada, mas regulamentada pelo GST Council, órgão criado para coordenar e harmonizar a legislação tributária entre os entes federativos. Apesar disso, os estados podem legislar sobre aspectos administrativos e regulamentares do GST dentro de suas fronteiras (SGST), seguindo os parâmetros gerais estabelecidos no modelo nacional. O IGST, incidente sobre as transações interestaduais e internacionais, é legislado e administrado exclusivamente pela União.

O modelo atual, portanto, confere *competência concorrente* à União e aos estados para tributar essas bases. Dada a complexidade dos interesses envolvidos, essa alteração constitucional seguiu um rito específico, exigindo aprovação por maioria qualificada nas duas Casas do Parlamento e *ratificação por, no mínimo, metade das assembleias legislativas estaduais*. Tal mecanismo imprimiu um caráter federativo à realocação das competências tributárias, pois esta não resulta de imposição unilateral do poder central, mas de um consenso relevante entre os estados. Além disso, certos impostos permaneceram sob a titularidade exclusiva dos estados, tais como os incidentes sobre álcool, produtos derivados de petróleo e eletricidade.

Composição e votação

O Conselho do GST, responsável pela harmonização do GST (CGST, SGST e IGST), assegura a predominância dos estados no processo decisório. Com efeito, o Conselho do GST é composto por representantes do governo central (1/3 dos votos) e dos governos estaduais (2/3 dos votos). Cada estado tem um voto igualitário, independentemente de sua população ou contribuição econômica. As decisões exigem uma maioria de 75% dos votos, garantindo que nenhuma das partes possa impor sua vontade unilateralmente.

Brasil *vs.* Índia: no Brasil, a legislação do IBS é federal, o CG-IBS tem composição que favorece a União, e os estados e municípios estão fragmentados, dificultando a formação de blocos coesos. A exigência de unanimidade no CG-IBS cria um sistema potencialmente disfuncional, bastante diferente do modelo indiano, que promove maior equilíbrio federativo ao estabelecer que os estados tenham maioria no Conselho do GST. Além disso, a participação dos estados indianos na ratificação da reforma, por meio de suas assembleias legislativas, difere substan-

---

31 Governo da Índia. *GST - concept and status*. Relatório oficial do Comitê de Tributos Indiretos e Aduaneiros, da Receita Federal/Ministério das Finanças da Índia, abril/2019.

cialmente do que ocorreu no Brasil, em que a reforma foi realizada "de cima para baixo", mediante emenda constitucional e legislação complementar editadas pelo Congresso Nacional, sem participação direta dos entes subnacionais.

Estados Unidos: federalismo descentralizado com ampla autonomia estadual

Nos Estados Unidos, uma federação historicamente construída por um movimento centrípeto dos estados, os entes subnacionais possuem ampla liberdade para legislar e administrar tributos sobre consumo. O governo federal não interfere diretamente na definição ou gestão desses tributos, o que permite aos estados adaptar suas políticas fiscais às suas realidades. De fato, estados como Nova York possuem impostos sobre vendas robustos, enquanto estados como Oregon optam por não tributar o consumo, demonstrando a amplitude da autonomia estadual.

Brasil *vs.* Estados Unidos: enquanto os estados brasileiros perderão a capacidade de legislar e administrar independentemente o IBS, os estados norte-americanos mantêm controle total sobre seus impostos.

Alemanha: cooperação fiscal com poder significativo dos Länder

Na Alemanha, o sistema de tributação sobre o consumo é baseado no Imposto sobre o Valor Acrescentado (*Mehrwertsteuer* – MwSt), amplamente harmonizado com as diretrizes da União Europeia. O IVA é regido por uma legislação federal aplicável uniformemente em todos os estados (*Länder*), porém a arrecadação do IVA é dividida entre o governo federal, os estados e os municípios, conforme regras específicas de distribuição previstas na Constituição Alemã (*Grundgesetz*).

Apesar de a legislação do imposto ser federal, observa-se que o *Bundesrat* (Conselho Federal) é a principal instância de deliberação entre os estados e o governo federal. Os representantes no *Bundesrat* são *indicados diretamente pelos governos* estaduais. Se um representante no *Bundesrat* eventualmente não seguir a orientação de seu governo estadual, o voto do estado pode ser anulado, comprometendo sua validade no processo legislativo. Qualquer desalinhamento pode ocasionar sanções políticas e, em casos mais graves, a substituição do representante que não seguiu as instruções do governo estadual.

Quóruns e votação

As decisões ordinárias exigem maioria absoluta, enquanto mudanças constitucionais e medidas que impactam a autonomia dos estados demandam maioria qualificada de dois terços.

Preservação da autonomia

Os *Länder* não apenas participam ativamente da formulação de políticas nacionais, mas também *controlam a administração e arrecadação de tributos compartilhados*, mantendo significativa *autonomia operacional*. Ou seja, além de os estados descentralizados serem titulares de quase a metade da arrecadação do IVA, eles participam diretamente do processo legislativo atinente ao tributo, pois o "Senado", que tem o poder de impedir (ou não) alterações relacionadas ao tributo, é composto por representantes diretos dos estados, livremente escolhidos e demitidos a qualquer tempo por estes.

Brasil *vs.* Alemanha: no Brasil, o poder de legislar e administrar o IBS é centralizado no Congresso Nacional e no CG-IBS. Diferentemente da Alemanha, no Brasil não há representação direta e paritária dos representantes dos estados brasileiros, muito menos dos municípios. Os senadores, assim como os deputados, são eleitos e não necessariamente representam os interesses dos governos locais. Além disso, as decisões de uniformização terão de ser tomadas por unanimidade no comitê e no fórum de harmonização, diferentemente dos quóruns previstos na Alemanha de maioria simples e de 2/3 em casos mais sensíveis. Assim, os entes federativos subnacionais brasileiros terão autonomia limitada em comparação com os *Länder* alemães na administração do imposto.

Breve comparativo com sistemas de países unitários descentralizados

Em países unitários descentralizados, a estrutura tributária é caracterizada por uma legislação centralizada, podendo haver, no entanto, variações na distribuição da capacidade administrativa entre o governo central e as regiões.

Na Espanha, as comunidades autônomas não possuem competência legislativa sobre o IVA. O imposto é regido exclusivamente por normas nacionais e deve obedecer aos limites impostos pela legislação da União Europeia. A administração do IVA, incluindo registro, fiscalização e arrecadação, é responsabilidade da AEAT, que opera em todo o território nacional, com exceção de certas regiões autônomas especiais, como o País Basco e Navarra. O IVA nessas regiões é administrado localmente pelas respectivas autoridades fiscais (os Órgãos Forais), o que denota capacidade tributária dessas localidades. Essas regiões negociam diretamente com o governo central o volume de receitas a serem transferidas, embora não possuam liberdade para alterar o imposto.

Na Itália, o IVA é regulamentado e administrado pelo governo central, assegurando consistência nacional e alinhamento com a legislação da União Europeia, especialmente a Diretiva n. 2006/112/CE do Conselho, que estabelece o sistema comum de IVA nos estados-membros. Assim, as regiões italianas (*regioni*) não têm competência para legislar sobre o IVA, nem para fixar alíquotas ou criar regulamentações específicas. As regras tributárias são uniformes em todo o território nacional. Embora as regiões não administrem diretamente o IVA, elas recebem uma parte das receitas arrecadadas pelo governo central como forma de redistribuição fiscal, especialmente para financiar serviços públicos essenciais, como saúde e transporte. Além disso, as províncias autônomas de Trento e Bolzano, situadas na região do Trentino-Alto Ádige, possuem autonomia fiscal. Elas negociam diretamente com o governo central a repartição de receitas, incluindo as provenientes do IVA, que são devolvidas, em grande parte, para esses territórios em conformidade com o Estatuto de Autonomia do Trentino-Alto Ádige.

Nos países unitários descentralizados, há, portanto, uma centralização da legislação e da administração dos impostos sobre consumo no governo central. Ainda assim, há algum espaço para que algumas regiões específicas administrem os impostos ou negociem diretamente o nível de receitas repassadas ou mantidas em seus territórios.

CONCLUSÃO

A análise dos sistemas tributários em grandes federações democráticas revela que a preservação da autonomia subnacional é fundamental para o equilíbrio federativo, o que não foi devidamente considerado na reforma tributária em curso no Brasil, que, na prática, enfraqueceu significativamente o poder dos entes federados.

De fato, nas grandes federações democráticas do mundo, ainda que haja esforços de coordenação para uniformizar os tributos sobre consumo, os entes subnacionais mantêm poderes legislativos (competência tributária) e administrativos (capacidade tributária) essenciais e participam, efetivamente, de qualquer processo de reforma que envolva tributos de sua titularidade. No Canadá, as províncias têm ampla autonomia para aderir ou não ao sistema, instituir e gerir tributos, incluindo o direito de administrar seu próprio IVA, com algumas províncias optando por harmonizar sua legislação com a federal. Na Alemanha, apesar da forte coordenação tributária, os estados (*Länder*) mantêm participação relevante na formulação e administração das políticas tributárias por meio de sua representação direta no Senado. Nos Estados Unidos, os estados possuem total liberdade para instituir impostos sobre consumo (como o imposto sobre vendas), resultando em um sistema descentralizado, e na Índia, a introdução do GST (*Goods and Services Tax*) centralizou certos aspectos da tributação sobre consumo, mas preservou um espaço significativo para os estados na definição de alíquotas e administração por meio do Comitê Gestor do tributo no âmbito do qual esses entes federativos possuem maioria (2/3) de votos e possibilidade de decidir a questão por maioria, não por unanimidade.

Já nos países unitários descentralizados, como Itália e Espanha, há uma centralização da competência e da administração tributária sobre consumo (IVA), e algumas regiões possuem certo grau de autonomia local, como a possibilidade de administrar o imposto e negociar diretamente com o governo central o repasse de receitas.

A reforma tributária em curso no Brasil centraliza tanto as competências legislativas quanto as administrativas do IBS, imposto que substituirá os principais tributos sobre consumo no País (ICMS e ISS), o que subordina estados e municípios a uma estrutura centralizada que não parece encontrar paralelo nas federações clássicas. Estados e municípios, que antes exerciam suas prerrogativas de forma autônoma, agora dependem de um sistema centralizado e compartilhado, no qual suas decisões estão subordinadas a uma legislação federal uniforme e a decisões colegiadas. Além disso, a estrutura dos comitês e fóruns de harmonização entre o IBS e a CBS cria uma concentração de poder favorável à União. Enquanto a União pode agir de forma coesa e tem representação direta, estados e municípios apresentam uma pluralidade de interesses regionais, eventualmente até divergentes, e são representados de forma indireta. Isso, aliado à exigência de unanimidade e à representação desigual (50% da União × 25% estado + 25% municípios), aponta um enfraquecimento da capacidade decisória dos entes subnacionais, comprometendo sua autonomia frente ao poder central.

Em suma, pode-se concluir que, no Brasil, os entes subnacionais carecem tanto de competência tributária quanto de capacidade ativa autônoma, o que abala fortemente a federação. Além disso, a análise das demais federações democráticas revelou que todas apresentam um nível de autonomia inexistente no modelo brasileiro pós-reforma. Por fim, a comparação entre os sistemas indica que o Brasil pode estar mais próximo de um modelo de estado unitário descentralizado, como é o caso da Espanha, do que de uma federação plena.

BIBLIOGRAFIA

AZEVEDO, Thaciano Rodrigues de. *Benefício fiscal de ISS como indutor do desenvolvimento científico e tecnológico*: estudo de caso do polo extremotec do município de João Pessoa. Brasília, Instituto Brasileiro Ensino, Desenvolvimento e Pesquisa, 2023.

BALEEIRO, Aliomar de Andrade. *Direito tributário brasileiro.* 11.ed. Rio de Janeiro, Forense, 2003.

BERCOVICI, Gilberto. *Dilemas do Estado federal brasileiro.* Porto Alegre, Livraria do Advogado, 2004.

BIRD, Richard. *The GST/HST*: creating an integrated sales tax in a federal country. Georgia State University, Atlanta, abr./2013.

BOADWAY, Robin; WATTS, Ronald. *Fiscal federalism in Canada*. Queen's University, Ontario, jul./2000.

CANADÁ. Excise tax act, parte IX e item 277.1 e segs.

CARRAZZA, Roque Antônio. *Curso de direito constitucional tributário*. 12.ed. São Paulo, Malheiros, 1999.

ERNST & YOUNG. Worldwide VAT, GST and Sales Tax Guide, 2019. Disponível em: https://www.ey.com/content/dam/ey-unified-site/ey-com/en-gl/technical/tax/documents/ey-2019-worldwide-vat-gst-and-sales-tax-guide.pdf. Acesso em: 29 out. 2025.

FERRAZ, Anna Candida da Cunha. *Poder constituinte do estado-membro*. São Paulo, Revista dos Tribunais, 1979.

GOVERNO DA ÍNDIA. GST – concept and status. Relatório oficial do Comitê de Tributos Indiretos e Aduaneiros, da Receita Federal/Ministério das Finanças da Índia. Abr./2019.

MADISON, James; HAMILTON, Alexander; JAY, John. *O federalista*. Brasília, Universidade de Brasília, 2003.

SALDANHA, Nelson; REIS, Palhares Moreira; HORTA, Raul Machado. Formas simétrica e assimétrica do federalismo no Estado Moderno. *In*: *Estudos jurídicos, políticos e sociais em homenagem a Glaucio Veiga*. Curitiba, Juruá, 2000.

SOUZA; ÁVILA; MARTINS; CASTRO; CARRAZZA. Desafios federativos da reforma tributária. *Revista Consultor Jurídico*, 31 ago. 2023.

SOUZA, Hamilton Dias *et al*. Desafios federativos e reforma tributária. *Revista Consultor Jurídico*, 31 ago. 2023.

SOUZA, Hamilton Dias; CARRAZZA, Roque Antonio; ÁVILA, Humberto. A reforma tributária de que o Brasil precisa. *Polifonia – Revista Internacional da Academia Paulista de Direito*, n. 3, p. 284-305. Disponível em: https://apd.org.br/a-reforma-tributaria-de-que-o-brasil-precisa/. Acesso em 29 out. 2025.

SZELBRACIKOWSKI, Daniel Corrêa; FUNARO, Hugo. *ICMS e guerra fiscal*: da LC 24/1975 à LC 160/2017. São Paulo, Amanuense, 2022.

Capítulo **3**

O núcleo essencial do pacto federativo brasileiro e o vetor cooperativista perante a Emenda Constitucional n. 132/2023

Lina Braga Santin Cooke

INTRODUÇÃO: O SURGIMENTO DA FORMA FEDERATIVA DE ESTADO

A forma federativa de Estado é caracterizada pela descentralização geográfica e funcional do exercício do poder político, dividido entre as unidades federativas e a União, em oposição ao modelo de Estado unitário, dotado de apenas um centro de poder. Trata-se de forma de organização do Estado e não de governo.

O surgimento do federalismo é contemporâneo ao constitucionalismo – influenciado pelos ideais iluministas[1] e do sistema mercantilista – e também à implementação em maior escala da separação horizontal das três esferas de Poder (Executivo, Legislativo e Judiciário), marcando o rompimento com a era de absolutismo monárquico.

A Federação consiste na união de dois ou mais estados, na qual cada um conserva a autonomia interna e transfere a soberania externa a um organismo central. É uma organização formada com base na divisão de poderes entre (i) o Estado Federal, que mantém a soberania em relação a quaisquer outros poderes, seja no plano interno ou externo; e (ii) as unidades federativas, entidades providas de autonomia política interna, limitada a seu território.

O Estado Federal como é hoje conhecido tem sua origem histórica na Constituição dos Estados Unidos da América (EUA), de 1787.[2] À época, as 13

---

1 Especialmente pela teoria da separação dos poderes, referida na obra de Montesquieu (1979).

2 ZIMMERMANN, Augusto. *Teoria geral do federalismo democrático*, 1999, p. 241.

colônias inglesas,[3] que detinham autonomia e independência,[4] constituíram uma união confederal perpétua, de modo que cada unidade assegurou sua liberdade correspondente.[5]

Tratou-se de um modelo bastante inovador como forma de organização do Estado, que serviu de fonte de inspiração para diversos países.[6] É a experiência dos EUA que inaugura um paradigma de ideologia federativa, que se prestaria a evitar a segregação de estados e a limitar o poder central estatal, buscando equilibrar eficiência, autonomia e liberdade.

No exemplo norte-americano, o Estado Federal teve sua formação marcada por um movimento de agregação. As colônias preexistentes e então recém-libertas se reuniram para consubstanciar uma Federação una. Nas palavras de Regis Fernandes de Oliveira,[7] trata-se de união decorrente de força centrípeta: os corpos localizados nos arredores de um círculo são impulsionados e direcionados para o centro.

É como se as unidades independentes, ao se unirem formando um círculo, fossem atraídas por uma força central, capaz de mantê-las unidas, sempre nessa direção.

O NASCIMENTO DO ESTADO FEDERATIVO BRASILEIRO

Durante todo o período pré-República – em que o Brasil passou de colônia portuguesa para Império –, manteve-se o unitarismo do poder centralizado. Com a Proclamação da República, por meio do Decreto n. 1, de 15 de novembro de 1889, expedido pelo Marechal Manuel Deodoro da Fonseca, instituiu-se a

---

3 Segundo Fernando Luiz Abrucio (2001), a Federação nasceu na América a partir de duas preocupações dos convencionais de Filadélfia: procurava-se (i) um mecanismo de defesa do país contra possíveis invasões e guerras externas e mesmo divergências entre os próprios Estados americanos (o que seria a "preocupação hobbesiana" em relação à segurança da sociedade); e (ii) a preservação da autonomia e da independência recém-conquistadas pelas ex-colônias britânicas (o que seria a "preocupação madsoniana"). Para esse autor, a nova instituição que nascia nos Estados Unidos "era uma forma de organização política em que o princípio da independência deveria conviver com o da interdependência entre as esferas de poder" (ABRUCIO, F. L. A Reconstrução das Funções Governamentais no Federalismo Brasileiro, 2001, v. 1).

4 CONTI, José Maurício. *Federalismo Fiscal e Fundos de Participação*, 2001, p. 10.

5 ZIMMERMANN, Augusto. *Teoria geral do federalismo democrático*, 1999, p. 54.

6 SOARES, Esther Bueno. Origem e evolução do Estado Federal, 2013, p. 35.

7 OLIVEIRA, Regis Fernandes de. *Curso de Direito Financeiro*, 2016, p. 106.

federação como forma de governo, estabelecendo as normas pelas quais os Estados Federados seriam regidos.[8]

O Estado brasileiro, que até esse momento era unitário, foi descentralizado, convertendo-se então províncias em Estados autônomos, cujos presidentes foram transformados em governadores. Observa-se, portanto, que o federalismo brasileiro nasceu de um processo inverso ao ocorrido nos Estados Unidos, pois não se formou por meio de agregação de Estados independentes, mas pelo contrário: o poder até então centralizado dividiu-se e espalhou-se para os diversos entes recém-independentes, indo do centro à periferia, por meio de um movimento de força centrífuga.[9]

As razões históricas e funcionais demonstram que a adoção da forma federativa no Brasil e sua importância vão muito além da mera imitação do modelo americano. As próprias características geográficas do Brasil, com sua imensa extensão territorial, fazem com que o país tenha vocação especial para o federalismo, o que de fato não parece combinar com sua unitariedade anterior.[10] Mas foi inspirado no modelo americano que o federalismo brasileiro se consagrou na primeira Constituição Republicana de 1891, que deferiu amplo rol de competências aos Estados: descentralizou-se, garantindo o equacionamento das oligarquias regionais, para manter a unificação.

A unidade da Federação do país deixou de ser motivo de preocupação no início do século XX, e o passar dos anos acabou promovendo a concentração de poder no Governo Federal, até que, no final da Primeira República (1891-1930), "o federalismo dualista do texto constitucional já se havia tornado ideal distante", de acordo com Raul Machado Horta.[11]

Com as revoluções sociais do século XX e o desenvolvimento do Estado moderno, o modelo brasileiro evoluiu para um sistema de federalismo complexo, por vezes misto e finalmente cooperativo. Ao longo desse período, o país promulgou algumas Constituições que tiveram variações de conteúdo significativas, oscilando períodos de autoritarismo e democracia. E isso, claro, refletiu no federalismo brasileiro, que assumiu contornos diversos.[12]

No período de 1930 a 1945, o federalismo tornou-se apenas nominal, especialmente após 1937, exercendo o Governo Central amplo controle sobre os Estados-membros, então transformados, nas palavras de Horta, em "coletivi-

---

8 ZIMMERMANN, Augusto. *Teoria geral do federalismo democrático*, 1999, p. 297-8.

9 OLIVEIRA, Regis Fernandes de. *Curso de direito financeiro*, 2016, p. 106.

10 A unidade do Estado brasileiro foi alvo de diversos movimentos separatistas durante toda a sua história.

11 HORTA, Raul Machado. Problemas do federalismo, 1958, p. 14-5.

12 SCAFF, Fernando Facury; ROCHA, Francisco Sergio Silva. Princípios, elementos e conceito do Estado Federal, 2013, p. 68.

dades territoriais descentralizadas".[13] A Constituição de 1946 buscou retomar e expandir os contornos constitucionais anteriormente delineados na Constituição de 1934, que foram pouco ou nada implementados devido a sua curta vigência. É nessa época que, em substituição à forma dualista original de 1891, o federalismo se torna cooperativo, dispensando "aos Estados-membros ajuda financeira abundante, assinalando a primazia do federalismo financeiro nas relações intergovernamentais", conforme Horta.[14]

Depois, com a quebra institucional de 1964 e a outorga da Constituição de 1967, complementada pela Emenda Constitucional n. 1, de 1969, novamente, a exemplo do período de 1930 a 1945, estabeleceu-se forte tendência à centralização do poder, limitando-se a autonomia dos governos subnacionais.[15]

A seguir veremos como o texto da CF/88 buscou não apenas manter a forma federativa de governo como também aprimorar o ideal de federalismo cooperativo iniciado pela Carta de 1946.

CONSTITUIÇÃO FEDERAL DE 1988: FEDERALISMO COOPERATIVO E DESCENTRALIZAÇÃO ADMINISTRATIVA

Com a promulgação da Constituição Federal de 1988 (CF/88), o Estado Federal brasileiro passou a ser constituído pela união indissolúvel da União, estados, Distrito Federal e municípios, todos autônomos, nos termos dos arts. 1º e 18 da CF/88.[16] A União representa a figura do poder central e exerce a soberania e a integração nacional, conforme competências privativas, definidas nos arts. 21 e 22 da CF/88. Por sua vez, os estados, o Distrito Federal e os municípios simbolizam as entidades descentralizadas dotadas de autonomia, com competências delimitadas e definidas na Constituição Federal,[17] conforme seus arts. 25 e 30. A CF/88 prevê, ainda, diversos mecanismos de cooperação e coordenação de esforços, com o estabelecimento de competências compartilhadas e concorrentes entre as três esferas, conforme os arts. 23 e 24.

---

13 HORTA, Raul M. Problemas do federalismo, 1958, p. 26.

14 HORTA, Raul M. Problemas do federalismo, 1958, p. 29.

15 VELLOSO, Carlos Mário da Silva. *Temas de direito público*, 1994, p. 367-368.

16 Art. 1º da CF/88: "A República Federativa do Brasil, formada pela união indissolúvel dos Estados e Municípios e do Distrito Federal, constitui-se em Estado Democrático de Direito e tem como fundamentos [...]". Art. 18, CF/88: "A organização político-administrativa da República Federativa do Brasil compreende a União, os Estados, o Distrito Federal e os Municípios, todos autônomos, nos termos desta Constituição".

17 SCAFF; ROCHA, *op. cit.*, 2013, p. 69.

Não obstante as competências privativas de cada ente, a análise conjunta do texto da CF/88 demonstra que o caráter cooperativo[18] é importante vetor interpretativo que deve reger as relações federativas no Brasil: a República é formada pela união indissolúvel entre seus entes federativos (art. 1°), que juntos devem atuar em prol do desenvolvimento nacional (art. 3°, II), com competências comuns relevantes, tais como políticas de saúde, acesso à educação, proteção do meio ambiente e do patrimônio público, saneamento básico, dentre outras (art. 23). O parágrafo único do art. 23 da CF/88 é expresso ao determinar a fixação de "normas para a cooperação entre a União e os estados, o Distrito Federal e os municípios, tendo em vista o equilíbrio do desenvolvimento e do bem-estar em âmbito nacional".

Federalismo cooperativo não significa a desconsideração da autonomia dos entes federativos em prol do eixo central de poder, a União. O desejável é que haja autogoverno e colaboração em graus adequados e saudáveis: o primeiro, servindo como impulso para o aprimoramento da ação estatal e como forma de controle mútuo dos entes federativos e a cooperação, funcionando como forma de racionalização de ações estatais, diminuição de custos, compensação das desigualdades regionais e sociais e valorizando a parceria, o compromisso e a tolerância entre os entes federativos.[19]

Diversas outras passagens do texto constitucional[20] implicam um padrão de relações intergovernamentais entre as pessoas políticas das três esferas de

---

18 Carlos Mário da Silva Velloso (1994, p. 361-362) identifica três tipos de federalismo: (i) o federalismo clássico (também conhecido como "de equilíbrio" ou "dual"), caracterizado "pela existência de dois campos de poder, ou melhor, dois governos independentes e soberanos: o da União e os dos Estados", tal como concebido originalmente nos Estados Unidos; (ii) o federalismo neoclássico ou **cooperativo**, voltado ao "desenvolvimento de atividades nacionais, em que a União e os Estados colaboram entre si, planejam juntos a solução de problemas econômicos e sociais", em que se verifica um gradativo aumento dos poderes da União perante os Estados-membros, no qual se enquadra o federalismo brasileiro; e (iii) o federalismo racionalizado ou hegemônico, ocorrente, na Alemanha, Áustria, Canadá, Índia e ex-URSS.

19 COSTA, Valeriano. Federalismo, p. 211-24.

20 Como exemplos de ações coordenadas e conjuntas instituídas pela CF/88 podemos citar: (i) previsão de cooperação técnica e financeira da União e do Estado aos Municípios para a manutenção de serviços de educação e de saúde, no âmbito de sua competência (art. 30, VI e VII); (ii) determinação de incorporação e compatibilização dos planos nacionais e regionais de desenvolvimento (§ 1º do art. 174); (iii) incentivo às micro e pequenas empresas e ao turismo, por todas entidades estatais (arts. 179 e 180); (iv) o Sistema Único de Saúde será descentralizado, "com direção única em cada esfera de governo", conforme "os critérios de rateio dos recursos" da União, repassados aos demais entes e dos Estados aos Municípios, "objetivando a progressiva redução das disparidades regionais" (art. 198, I e II, § 3º); (v) a União deverá prestar assistência técnica e financeira aos Estados, Distrito Federal

poder, buscando equilibrar e harmonizar as ações estatais e políticas públicas no âmbito da Federação. Tem-se um conjunto amplo de diretivas de organização e planejamento da ação estatal, conforme relações intergovernamentais institucionalizadas tanto entre a União e os governos subnacionais (relações verticais) como entre estes (relações horizontais), por meio de mecanismo de cooperação, como o estabelecimento de órgãos regionais de desenvolvimento.[21]

Além de estabelecer a cooperação como padrão da Federação brasileira, a CF/88 descentralizou a implantação das políticas sociais. Conforme demonstra Marta Arretche,[22] a União vem transferindo gradualmente atribuições de gestão aos níveis estadual e municipal. Ressalta a autora que "A análise de sistemas descentralizados mostra que o desempenho dos governos locais é, em grande parte, resultado do desenho institucional dos sistemas nacionais". Em princípio, estados e municípios gozam de autonomia para a condução de suas políticas, mas eles não têm como realizar políticas consistentes sem o apoio do Governo Federal, por isso é essencial a existência de estratégias que induzam à adesão e ao comprometimento dos governos locais com a política em execução.

Nesse sentido, buscando garantir receita a todos os entes federados, a CF/88 desenhou um federalismo fiscal bastante rígido, conforme destaca José Maurício Conti,[23] por meio de (i) competências tributárias exclusivas para todas as pessoas jurídicas de direito público interno; (ii) transferências constitucionais mandatórias (conforme os arts. 157 a 162); (iii) transferências verticais voluntárias para os fins mais diversos, a exemplo dos fundos de desenvolvimento regional; (iv) determinações *a priori* de destinações orçamentárias por todos os entes, a exemplo do que ocorre com a educação; e (v) autonomia financeira e orçamentária para os entes federativos, relativizada com a Lei de Responsabilidade Fiscal.

Ainda como característica de nosso federalismo, podemos acrescentar que compete às normas gerais o papel de uniformização da legislação que deve ser observada pelos entes locais. Para o Imposto sobre Circulação de Mercadorias e Serviços (ICMS) e para o Imposto sobre Serviços de Qualquer Natureza (ISS)

---

e Municípios, para "garantir equalização de oportunidades educacionais e padrão mínimo de qualidade do ensino" (art. 211, § 1º); (vi) consórcios públicos e convênios de cooperação institucional, "autorizando a gestão associada de serviços públicos, bem como a transferência total ou parcial de encargos, serviços, pessoal e bens essenciais à continuidade dos serviços transferidos" (art. 241).

21 CONTI, José Maurício (org.). *Federalismo fiscal*, 2004, p. 9.

22 ARRETCHE, Marta T. S. Estado federativo e políticas sociais: determinantes da descentralização, 2000, p. 302.

23 CONTI, *op. cit.*, 2004, p. 28.

esse papel é fundamental e condiciona o próprio exercício da competência pelo ente federado.

Assim, cada unidade federada dispõe de recursos próprios (orçamento) obtidos pelo exercício da competência impositiva, bem como de recursos advindos dos repasses da União e dos Estados, conforme previsto constitucionalmente, para fazer jus a suas atribuições.

CONVIVÊNCIA HARMÔNICA E AUTÔNOMA DOS ENTES FEDERADOS COMO NÚCLEO ESSENCIAL DO PACTO FEDERATIVO BRASILEIRO

A forma federativa do Estado brasileiro está expressa no próprio nome do Estado (República Federativa do Brasil), além de implícita e explicitamente em diversas partes do texto da Constituição, com destaque ao art. 60, § 4º, I,[24] que estabelece "a forma federativa de Estado" como princípio intangível, alçado à condição de cláusula pétrea. Em outras palavras, qualquer proposta de emenda tendente a abolir a forma federativa de Estado não será objeto de deliberação.

Apesar da aparente clareza do dispositivo, cabe ressaltar que os limites materiais ao constituinte derivado são, nas palavras do Ministro Sepúlveda Pertence em sede da **Ação Direta de Inconstitucionalidade (ADI) n. 2.024**, "o núcleo essencial dos princípios e institutos cuja preservação nelas [futuras emendas à Constituição] se protege".[25] Nesse aspecto, cumpre-nos explorar com maior precisão os "princípios e institutos" do "núcleo essencial" que buscou preservar o pacto federativo brasileiro.

O Estado Federal, apesar de exigir algumas características para sua concretização,[26] não contempla um modelo pronto e acabado de descentralização: cada Estado Federal é dotado de atributos e traços próprios. A partilha do poder político, a repartição das competências, o número de entes federados, dentre outras características, varia conforme as peculiaridades da sociedade federada.

---

24 "Art. 60. A Constituição poderá ser emendada mediante proposta: [...] § 4º Não será objeto de deliberação a proposta de emenda tendente a abolir: **I – a forma federativa de Estado;** II – o voto direto, secreto, universal e periódico; III – a separação dos Poderes; IV – os direitos e garantias individuais."

25 ADI n. 2.024, rel. Min. Sepúlveda Pertence, j. 03.05.2007, *DJ* 22.06.2007.

26 José Maurício Conti (2001) destaca seis características intrínsecas à formação e organização de um Estado segundo a forma federativa: (i) existência de pelo menos duas esferas de governo; (ii) autonomia das entidades descentralizadas, que compreende autonomia política, administrativa e financeira; (iii) organização do Estado expressa em uma Constituição; (iv) repartição de competências entre as entidades descentralizadas; (v) participação das entidades descentralizadas na formação da vontade nacional; (vi) indissolubilidade (CONTI, José Maurício, *op. cit.*, 2001).

Daí a afirmação, muito bem ponderada, de Fernando Facury Scaff e Francisco Sérgio Silva Rocha, no sentido de que "não existe uma forma de Estado Federal, senão formas de Estado Federal".[27]

Sampaio Dória acrescenta que o conceito de Federação não é estático, cristalizado, mas "sensível a flutuações nas estruturas políticas e econômicas de cada nação, modelando o grau das autonomias recíprocas e a extensão de suas competências segundo variáveis ocorrentes em cada etapa de sua história".[28]

A consumação de um Estado Federal, sedimentado na existência de níveis verticais de governo, pressupõe a autonomia dos entes federados que o integram.[29] A rigor, existe um poder central, dotado de soberania, e existem as entidades descentralizadas autônomas, que, apesar de abdicarem de parte de seu poder em prol do poder soberano, não são absolutamente submetidas a tal poder.[30]

No Brasil, a União representa a figura do poder central e exerce a soberania privativamente. Por sua vez, os estados, o Distrito Federal e os municípios simbolizam as entidades descentralizadas dotadas de autonomia, com competências delimitadas e definidas na Constituição Federal.[31] O exercício descentralizado do poder, a maior facilidade de participação política dos cidadãos governados em razão da maior proximidade com os centros de poder, bem como a possibilidade de preservação das características próprias de cada região, coadunam-se com os ideais do Estado Democrático de Direito brasileiro, reforçados pela CF/88.

Importante ressaltar que a autonomia e a soberania são conceitos que não se confundem: a soberania é a ausência de subordinação de um ente, enquanto a autonomia denota espécie de liberdade e independência no âmbito das matérias e do território no qual lhe foi concedido poder pela ordem central. Ou seja, a autonomia, conquanto plena, é limitada mediante a atribuição de competência materiais e territoriais.[32]

Uma Federação pressupõe não apenas a autonomia dos entes federados, mas também, e com igual importância, a convivência harmônica entre eles. Assim, para que se preserve o federalismo, o conceito de "plena autonomia" não pode sobressair ao conceito de coexistência harmônica, sob pena de se formar

---

27 SCAFF, Fernando Facury; ROCHA, Francisco Sergio Silva. Princípios, elementos e conceito do Estado Federal. *In*: RAMOS, Dircêo Torrecillas (coord.), 2013, p. 68.

28 SAMPAIO DÓRIA, Antônio Roberto Sampaio. *Discriminação de rendas tributárias*, 1972, p. 10.

29 BERTI, Flávio de Azambuja. *Direito tributário e princípio federativo*, 2007, p. 36-7.

30 CONTI, José Maurício. *Federalismo fiscal e fundos de participação*, 2001, p. 11.

31 SCAFF, Fernando Facury; ROCHA, Francisco Sergio Silva. Princípios, elementos e conceito do Estado Federal, 2013, p. 69.

32 FERREIRA FILHO, Manoel Gonçalves, 1971, p. 66-8.

uma Federação fraca ou, de fato, inexistente. Em outras palavras, na estrutura federativa o que deve sobressair é a necessidade de boa convivência entre os dois valores que compõem o seu cerne: a autonomia das partes e a integridade do todo; independência e, ao mesmo tempo, interdependência. Para que o sistema federativo tenha êxito, ele "precisa compatibilizar a autonomia responsável dos níveis de governo com a presença de relações intergovernamentais cooperativas".[33]

A chave para a boa coordenação e organização federativa está na adoção de discursos e práticas viabilizadoras da "unidade na diversidade", compatibilizando autonomia e interdependência das unidades federativas com a combinação adequada entre cooperação e competição.[34]

ELEMENTOS ESSENCIAIS À AUTONOMIA DOS ENTES FEDERADOS E O PRESSUPOSTO DA AUTONOMIA FINANCEIRA

Para o Supremo Tribunal Federal (STF):

> a ideia de Federação – que tem, na autonomia dos Estados-membros, um de seus *cornerstones* – revela-se elemento cujo sentido de fundamentalidade a torna imune, em sede de revisão constitucional, à própria ação reformadora do Congresso Nacional, por representar categoria política inalcançável, até mesmo, pelo exercício do poder constituinte derivado (CF, art. 60, § 4º, I).[35]

Em consonância com o entendimento do STF, esse é o aspecto central que queremos explorar neste capítulo: quais são os instrumentos essenciais para a manutenção da autonomia dos entes federados e que, portanto, não são passíveis de reforma?

José Afonso da Silva (1992, p. 61), sobre o art. 60, § 4º, I, da CF/88, pontua:

> É claro que o texto não proíbe apenas emendas que expressamente declarem: "fica abolida a Federação ou a forma federativa de Estado" [...] A vedação atinge a pretensão de modificar qualquer elemento conceitual da Federação [...]. Assim, p. ex., a autonomia dos Estados federados assenta na capacidade de auto-organização, de autogoverno e de autoadministração. Emenda que retire deles parcela dessas capacidades, por mínima que seja, indica tendência a abolir a forma federativa de Estado.

33 ABRUCIO, *op. cit.*, 2001

34 ABRUCIO, *op. cit.*, 2001.

35 STF, *HC* n. 80.511, voto do rel. Min. Celso de Mello, j. 21.08.2001, 2ª T., *DJ* 14.09.2001.

Acerca da autonomia dos entes federados, José Maurício Conti[36] pondera que ela engloba três categorias: (i) a autonomia política; (ii) a autonomia administrativa; e (iii) a autonomia financeira. A autonomia política se evidencia pela demarcação dos poderes da entidade descentralizada e pela definição da competência para legislar sobre esses assuntos previamente delimitados. Já a autonomia administrativa equivale à capacidade de auto-organização, significando a possibilidade de estabelecer e criar órgãos, meios e formas para o cumprimento das tarefas que lhe foram imputadas. Por fim, a autonomia financeira significa assegurar que a entidade descentralizada terá meios para dispor de recursos para realizar suas obrigações constitucionalmente previstas.

De forma geral, podemos decompor a autonomia dos entes federados nestes três pilares: (i) administrativa, na auto-organização de sua estrutura interna; (ii) política, na independência ao legislar sobre assuntos de competência própria; e (iii) financeira, que se desdobraria (iii.a) no desempenho de atividade financeira (arrecadação, gestão e gasto) livre da interferência dos demais entes federados e (iii.b) na possibilidade de dispor de recursos próprios e suficientes para fazer frente às competências impostas pelo texto constitucional – próprios porque o ente deve poder se manter sem depender da boa vontade dos outros e suficientes. Trata-se da "tríplice capacidade que caracteriza a autonomia: capacidade de auto-organização – incluindo-se a autolegislação –, de autogoverno e de autoadministração".[37]

Entendemos que a Constituição Federal de 1988 assegurou – ou ao menos tentou assegurar – a autonomia política, administrativa e financeira dos entes federados: (i) os arts. 21 a 24 da CF/88 instituem a repartição de competência executiva e legislativa para os entes federados, garantindo-lhes a autonomia política; (ii) os arts. 25 e 29 proporcionam aos Estados e aos Municípios capacidade de auto-organização, ou seja, autonomia administrativa; e (iii) a repartição da competência tributária nos arts. 153, 155 e 156, cumulada com a repartição das receitas tributárias previstas nos arts. 157 a 162, promove a autonomia financeira dos entes federados.

Não obstante a importância de cada uma dessas autonomias, a autonomia financeira é pressuposto das outras, já que sem ela é impossível exercer as demais outorgas de competência, o que esvazia as demais autonomias e, por conseguinte, compromete a própria forma federativa de Estado. Dalmo de Abreu Dallari[38] ressalta:

---

36 CONTI, José Maurício. *Federalismo fiscal e fundos de participação*, 2001, p. 11-6.

37 TAVARES, André Ramos, 2015, p. 854-5.

38 DALLARI, Dalmo de Abreu. *Elementos de Teoria Geral do Estado*, 2015, p. 259-60.

> A cada esfera de competências se atribui renda própria. [...] Como a experiência demonstrou, e é óbvio isso, dar-se competência é o mesmo que atribuir encargos. É indispensável, portanto, que se assegure a quem tem os encargos uma fonte de rendas suficientes, pois do contrário, a autonomia política se torna apenas nominal, pois não pode agir, e agir com independência, quem não dispõe de recursos próprios.

A conclusão, portanto, é simples: o exercício de competências depende de recursos financeiros, ou seja, **pressupõe a autonomia financeira**. Se esta lhe falta, perde-se a autonomia política e administrativa, instaurando-se a dependência de terceiros para exercê-las. Sem a autonomia financeira não há qualquer autonomia, por isso entendemos que esse é o núcleo essencial e imutável do pacto federativo.

De acordo com Correia Neto,[39] a Constituição de 1988 se valeu basicamente de três estratégias de divisão das rendas tributárias: (i) distribuição ou divisão de competências tributárias; (ii) divisão do produto da arrecadação; e (iii) centralização de competência e distribuição de capacidade tributária ativa. Como este último é excepcional (p. ex., art. 158, II, da CF/88, que prevê a possibilidade de o município optar por cobrar o Imposto Territorial Rural - ITR -, no lugar da União), pois a tradição é que o ente instituidor seja também o cobrador, trabalharemos apenas a divisão de competência tributária e a divisão do produto da arrecadação como formas efetivas utilizadas pelo constituinte para promoção da autonomia financeira dos entes federados.

Cabe adiantar que o próprio sistema de repartição de competências tributárias da forma como feita pelo constituinte originário, por si só, não garante os recursos necessários para que o ente federado possa financiar suas próprias atividades – seja pela dificuldade em estabelecer critérios de diferenciação entre competências ou pelo fato de que um mesmo tributo pode resultar em diferentes valores de arrecadação em distintas unidades federativas, como ressalta José Maurício Conti.[40]

Justamente por essa razão é que o constituinte originário viu a necessidade de criar mecanismos de participação direta ou indireta na arrecadação, que visam corrigir as desigualdades existentes entre cada ente da Federação, a exemplo do Fundo de Participação dos Estados e Distrito Federal e do Fundo

---

39 CORREIA NETO, C. de B. Repartição das receitas tributárias e transferências intergovernamentais, 2010.

40 CONTI, José Maurício; CARVALHO, P. B. Federalismo fiscal e reforma tributária: utopia ou realidade?, 2008, v. 1, p. 908

de Participação dos Municípios (CF, art. 159, I, *a* e *b*),[41] cujo funcionamento será adiante analisado.

A EMENDA CONSTITUCIONAL N. 132/2023: O COOPERATIVISMO COMO PRINCÍPIO DO SISTEMA TRIBUTÁRIO

Ainda que se tivesse adotado um modelo de Imposto sobre Valor Agregado (IVA) único nacional (no lugar do IVA dual escolhido), a atuação cooperativa dos entes seria mandatória. A adoção do IVA dual – que se pretende idêntico – pressupõe ainda melhor e maior integração e cooperação das autoridades administrativas de todas as esferas.

Nesse sentido, Richard Bird leciona que a experiência do Canadá sugere que uma lei uniforme e uma única administração central são mais efetivas e eficientes, mas a existência de uma boa administração tributária em todos os níveis, bem como um alto grau de cooperação intergovernamental, poderá suprimir essa necessidade de uniformidade total.[42] No modelo do IVA dual, adotado também pela Índia e pelo Canadá, é recomendável que exista maior cooperação e integração de todas as esferas, especialmente em um país como o Brasil, com enormes desigualdades regionais e diversas administrações públicas carentes.

O art. 156-B da Constituição Federal institui o Comitê Gestor do Imposto sobre Bens e Serviços, entidade pública sob regime especial que terá independência técnica, administrativa, orçamentária e financeira, por meio da qual estados, Distrito Federal e municípios exercerão de forma integrada as seguintes competências administrativas relativas ao Imposto sobre Bens e Serviços (IBS): (i) editar regulamento único e uniformizar a interpretação e a aplicação da legislação do imposto; (ii) arrecadar o imposto, efetuar as compensações e distribuir o produto da arrecadação entre estados, Distrito Federal e municípios; e (iii) decidir o contencioso administrativo.

Ficou atribuída à lei complementar tratar da representação paritária dos entes, alternância na presidência, bem como a delegação ou compartilhamento de competências para fiscalização, lançamento, cobrança, representação administrativa e representação judicial relativos ao IBS.

O art. 12 da EC n. 132/2023 institui o Fundo de Compensação de Benefícios Fiscais ou Financeiro-Fiscais com vistas a compensar beneficiários de isenções,

---

41 CONTI, José Maurício; CARVALHO, P. B. Federalismo fiscal e reforma tributária: utopia ou realidade?, 2008, v. 1, p

42 BIRD, Richard M. Decentralizing Value Added Taxes in Federations and Common Markets, 2013, p. 655.

incentivos e benefícios fiscais ou financeiro-fiscais do ICMS, concedidos por prazo certo e sob condição, cujos recursos serão entregues pela União.

Ainda, o art. 132 do Ato das Disposições Constitucionais Transitórias (ADCT) prevê que será retido montante correspondente a 5% de toda arrecadação do IBS para distribuição aos entes com vistas a amenizar eventuais perdas arrecadatórias em razão da mudança da arrecadação do critério origem para o critério destino.

CONCLUSÃO: AUTONOMIA FINANCEIRA COMO PRESSUPOSTO DO PACTO FEDERATIVO, POR MEIO DA COMPETÊNCIA IMPOSITIVA E DO COMPARTILHAMENTO DE RECEITAS ARRECADADAS, PAUTADA PELO VETOR COOPERATIVISTA, AGORA REFORÇADO PELA EC N. 132/2023

O pacto federativo brasileiro centra-se na manutenção da união indissolúvel do Estado Federal, constituído por União, estados, Distrito Federal e municípios, e na autonomia individual de cada ente. Para que se concretize a autonomia dos entes federados, a autonomia financeira se impõe como pressuposto para a realização das demais autonomias, política e administrativa, por meio da disposição de recursos suficientes para exercer as competências que lhes foram outorgadas, ou seja, pela capacidade de o ente federado fazer face a seus compromissos (competências constitucionalmente outorgadas). Sem recursos próprios, não há qualquer autonomia: os entes federados somente exercerão suas próprias competências se tiverem recursos financeiros suficientes para tanto.[43]

Observa-se que o modelo atual do sistema tributário brasileiro buscou garantir recursos próprios aos entes por meio de dois mecanismos distintos e complementares: a divisão de competências impositivas e a partilha de receitas do produto arrecadado. Verifica-se que o texto constitucional não faz distinção entre receitas de arrecadação direta ou repassadas e não estabelece parâmetros quantitativos máximos ou mínimos que cada um desses mecanismos deve representar na receita final total do ente subnacional.

Da análise dos julgados do STF, a autonomia financeira dos entes é ressaltada como elemento essencial para manutenção das demais autonomias política e administrativa e, consequentemente, para garantia do pacto federativo. Também fica claro que, no entendimento do STF, o exercício impositivo de competências tributárias, por si só, não garante a autonomia financeira dos

43 DALLARI, *op. cit.*, 2015, p. 259-60.

entes, bem como o compartilhamento de receitas muitas vezes é prejudicado pela própria competência impositiva legítima do ente maior.

Nesse sentido, desde que resguardada a autonomia financeira dos entes, não há no texto constitucional e sequer na jurisprudência pátria qualquer óbice para alteração da competência impositiva e dos repasses do produto arrecadado, conforme estrutura original arquitetada pelo legislador constituinte.

Em outras palavras, a divisão de competências para instituição de tributos e os repasses do produto arrecadado conforme constam do texto constitucional não é imutável: os arranjos são passíveis de inúmeras possibilidades; o que é imutável no pacto federativo brasileiro é a garantia de autonomia e união dos entes federados. E o que garante a autonomia e, portanto, o pacto federativo é a capacidade de utilizar recursos próprios para satisfazer, por meio do orçamento próprio, a necessidade de bens e serviços públicos, conforme competências e encargos atribuídos a cada ente.

Ressalte-se ainda que, no nosso entender, sob a ótica da autonomia financeira como pressuposto para manutenção do pacto federativo, as competências impositivas (arts. 153 a 156 da CF/88) e os repasses constitucionais (arts. 157 a 159 da CF/88) são meramente subsidiários e podem ser instituídos por uma questão de conveniência e eficiência do ponto de vista arrecadatório: o que realmente importa não é quem – qual ente – arrecada, mas sim a qual ente é destinado o produto da arrecadação, pois é a existência de recurso em caixa que garante a autonomia protegida pelo pacto federativo.

A EC n. 132/2023 respeita o pacto federativo, e sua implementação tem o potencial de fortalecê-lo, pois elimina os conflitos de competência e interesses antagônicos dos entes ao promover a unificação da base tributária sobre o consumo por meio do IVA dual, composto de Contribuição sobre Bens e Serviços (CBS) e IBS, que se pretendem idênticos, bem como reforça a necessidade de integração das administrações tributárias de todos as esferas da Federação ao instituir expressamente o princípio da cooperação como diretriz do sistema tributário nacional.

BIBLIOGRAFIA

ABRUCIO, Fernando Luiz. A reconstrução das funções governamentais no federalismo brasileiro. *In*: HOFMEISTER, Wilhelm; CARNEIRO, José Mário Brasiliense (org.). *Federalismo na Alemanha e no Brasil*. São Paulo: Fundação Konrad Adenauer, 2001. v. 1.

ARRETCHE, Marta T. S. *Estado federativo e políticas sociais*: determinantes da descentralização. Rio de Janeiro: Revan; São Paulo: Faesp, 2000.

AVELAR, Lúcia; CINTRA, Antônio Octávio (org.). *Sistema político brasileiro*: uma introdução. Rio de Janeiro: Fundação Konrad-Adenauer Stiftung; São Paulo: Fundação Unesp, 2007.

BERTI, Flávio de Azambuja. *Direito tributário e princípio federativo*. São Paulo: Quartier Latin, 2007.

BIRD, Richard M. Decentralizing value added taxes in federations and common markets. *Bulletin for International Taxation*, v. 67, n. 12, p. 655, nov. 2013.

CONTI, José Maurício. *Federalismo fiscal e fundos de participação*. São Paulo: Juarez de Oliveira, 2001.

CONTI, José Maurício (org.). *Federalismo fiscal*. Barueri: Manole, 2004.

CONTI, José Maurício; CARVALHO, P. B. Federalismo fiscal e reforma tributária: utopia ou realidade? *In*: SCHOUERI, Luis Eduardo (org.). *Direito tributário*: homenagem a Paulo de Barros Carvalho. São Paulo: Quartier Latin, 2008.

CORREIA NETO, Celso de Barros. Repartição das receitas tributárias e transferências intergovernamentais. *In*: CONTI, José Maurício; SCAFF, Fernando Facury; BRAGA, Carlos Eduardo Faraco (org.). *Federalismo fiscal e questões contemporâneas*. Florianópolis: Conceito, 2010.

CORREIA NETO, Paulo Roberto. Federalismo fiscal brasileiro. *Revista de Direito Tributário*, v. 114, n. 3, 2018.

COSTA, Valeriano. Federalismo. *In*: AVELAR, Lúcia; CINTRA, Antônio Octávio (org.). *Sistema político brasileiro*: uma introdução. Rio de Janeiro: Fundação Konrad-Adenauer Stiftung; São Paulo: Fundação Unesp, 2007.

DALLARI, Dalmo de Abreu. *Elementos de teoria geral do Estado*. 33. ed. São Paulo: Saraiva, 2015.

FERREIRA FILHO, Manoel Gonçalves. *Curso de direito constitucional*. 3. ed. São Paulo: Saraiva, 1971.

HORTA, Raul Machado. Problemas do federalismo. *In*: *Perspectivas do federalismo brasileiro*: estudos sociais e políticos 2. Rio de Janeiro: Edições de Revista Brasileira de Estudos Políticos da Universidade de Minas Gerais, 1958.

MONTESQUIEU, Charles Louis de Secondat, Baron de la. *Do espírito das leis*. São Paulo: Abril Cultural, 1979.

OLIVEIRA, Regis Fernandes de. *Curso de direito financeiro*. 7. ed. São Paulo: Revista dos Tribunais, 2016.

RAMOS, Dircêo Torrecillas (coord.). *O Federalista atual*: teoria do federalismo. Belo Horizonte: Arraes Editores, 2013.

SAMPAIO DÓRIA, Antônio Roberto. *Discriminação de rendas tributárias*. São Paulo: José Bushatsky, 1972.

SCAFF, Fernando Facury; ROCHA, Francisco Sergio Silva. Princípios, elementos e conceito do Estado Federal. *In*: RAMOS, Dircêo Torrecillas (coord.). *O Federalista atual*: teoria do federalismo. Belo Horizonte: Arraes Editores, 2013.

SILVA, José Afonso da. *Curso de direito constitucional positivo*. 9. ed. São Paulo: Malheiros, 1992.

SOARES, Esther Bueno. Origem e evolução do Estado Federal. *In*: RAMOS, Dircêo Torrecillas (coord.). *O Federalista atual*: teoria do federalismo. Belo Horizonte: Arraes Editores, 2013.

TAVARES, André Ramos. *Curso de direito constitucional*. 13. ed. São Paulo: Saraiva, 2015.

VELLOSO, Carlos Mário da Silva. *Temas de direito público*. Belo Horizonte: Del Rey, 1994.

ZIMMERMANN, Augusto. *Teoria geral do federalismo democrático*. Rio de Janeiro: Lumen Juris, 1999.

Capítulo **4**

Reflexões sobre os princípios incluídos na reforma tributária (EC n. 132/2023 e LC n. 214/2025)

Renato Lopes Becho

INTRODUÇÃO

A reforma tributária veiculada pela Emenda Constitucional (EC) n. 132/2023 alterou diversos pontos do sistema insculpido na Constituição Federal de 1988 (CF/88). Foram constitucionalizados novos princípios, criados tributos e extintos outros; diversas exações tradicionais receberam alterações, imunidades foram ampliadas e mudanças de foco estipuladas, como de benefícios tributários concedidos serem substituídos por fundos de financiamento, deslocando o assunto para o direito financeiro.

Os impactos de maior dimensão são a previsão de novos tributos (Imposto sobre Bens e Serviços – IBS, Contribuição sobre Bens e Serviços – CBS e Imposto Seletivo – IS) e a extinção do Imposto sobre Circulação de Mercadorias e Serviços (ICMS), do Imposto Sobre Serviços (ISS), da Contribuição para o Programa de Integração Social (PIS), da Contribuição para o Financiamento da Seguridade Social (Cofins) e do Imposto sobre Produtos Industrializados (IPI).

A EC n. 132/2023 é tão extensa que a comunidade jurídica demorará muito tempo para assimilar todos os seus comandos. A título de ilustração de sua dimensão, ela tem aproximadamente 14.300 palavras. A Constituição Federal norte-americana, com todas as suas emendas, possui aproximadamente 7.600 palavras; somente o texto original, contando com as assinaturas dos constituintes daquele país, soma 4.400 palavras.[1]

---

1 De acordo com o site *ConstitutionFacts.com*. Disponível em: https://www.constitutionfacts.com/us-constitution-amendments/fascinating-facts/#:~:text=The%20Constitution%20contains%204%2C543%20words,words%20including%20the%2027%20amendments. Acesso em: 10 jan. 2024.

Outro indício da complexidade da EC n. 132/2023 é encontrável na Portaria n. 34 do Ministério da Fazenda, de 11 de janeiro de 2024, que instituiu o "Programa de Assessoramento Técnico à Implementação da Reforma da Tributação sobre o Consumo – PAT-RTC", que é composto por uma Comissão de Sistematização, um Grupo de Análise Jurídica e por 19 grupos técnicos.[2] O PAT-RTC contou com representantes de diversas entidades das administrações tributárias e da advocacia pública da União, dos estados, do Distrito Federal e dos municípios. Seu primeiro grande resultado foi a Proposta de Lei Complementar enviada pelo Presidente da República à Câmara dos Deputados em 24 de abril de 2024, em prazo inferior ao estipulado na EC n. 132/2023, que o previa para o final de junho do ano referido.[3] Na Câmara dos Deputados, a Proposta recebeu o registro de PLP n. 68/2024. Foi obra de fôlego e de centenas

---

2 O art. 6º previu os seguintes grupos técnicos: "I – Grupos Técnicos voltados à regulamentação e à administração do Imposto sobre Bens e Serviços – IBS e da Contribuição sobre Bens e Serviços – CBS: a) GT 1 – importação e regimes aduaneiros especiais; b) GT 2 – imunidades; c) GT 3 – regime específico de serviços financeiros; d) GT 4 – regime específico de operações com bens imóveis; e) GT 5 – regime específico de combustíveis e biocombustíveis; f) GT 6 – demais regimes específicos; g) GT 7 – operações com bens e serviços submetidos a alíquota reduzida; h) GT 8 – reequilíbrio de contratos de longo prazo; i) GT 9 – transição para o IBS e a CBS, inclusive critérios para a fixação das alíquotas de referência e ressarcimento de saldos credores dos tributos atuais; j) GT 10 – tratamento tributário da Zona Franca de Manaus e das áreas de livre comércio; k) GT 11 – coordenação da fiscalização do IBS e da CBS; l) GT 12 – contencioso administrativo do IBS e da CBS; m) GT 13 – cesta básica e devolução do IBS e da CBS a pessoas físicas (*Cashback*); n) GT 14 – modelo operacional de administração do IBS e da CBS; o) GT 15 – coordenação da regulamentação e da interpretação da legislação do IBS e da CBS; II – Grupo Técnico destinado à regulamentação da distribuição dos recursos do Imposto sobre Bens e Serviços, inclusive durante o período de transição (GT 16); III – Grupo Técnico destinado à regulamentação do Fundo de Sustentabilidade e Diversificação do Estado do Amazonas e do Fundo de Desenvolvimento Sustentável dos Estados da Amazônia Ocidental e do Amapá (GT 17); IV – Grupo Técnico destinado à regulamentação do Comitê Gestor do Imposto sobre Bens e Serviços (GT 18); e V – Grupo Técnico destinado à regulamentação do Imposto Seletivo (GT 19)".

3 EC n. 132/2023: "Art. 18. O Poder Executivo deverá encaminhar ao Congresso Nacional: I – em até 90 (noventa) dias após a promulgação desta Emenda Constitucional, projeto de lei que reforme a tributação da renda, acompanhado das correspondentes estimativas e estudos de impactos orçamentários e financeiros; II – em até 180 (cento e oitenta) dias após a promulgação desta Emenda Constitucional, os projetos de lei referidos nesta Emenda Constitucional; III – em até 90 (noventa) dias após a promulgação desta Emenda Constitucional, projeto de lei que reforme a tributação da folha de salários. Parágrafo único. Eventual arrecadação adicional da União decorrente da aprovação da medida de que trata o inciso I do *caput* deste artigo poderá ser considerada como fonte de compensação para redução da tributação incidente sobre a folha de pagamentos e sobre o consumo de bens e serviços".

de profissionais. A exposição de motivos tomou 289 parágrafos numerados, enquanto o texto do projeto de lei complementar propriamente dito foi dividido em três livros, vários títulos e dezenas de capítulos, para organizar seus 499 artigos. Havia expectativa para sua aprovação, provavelmente modificada, ainda em 2024. O PLP n. 68/2024 foi sancionado pelo Presidente da República em 16 de janeiro de 2025, e publicado como a Lei Complementar (LC) n. 214, com 544 artigos.

Muitos assuntos tratados pela EC n. 132/2023 não são propriamente *tributários*. Diversos são de natureza financeira, disciplinando a partilha de receitas e instituindo fundos compensatórios frente à redução das áreas de manobras (as inconstitucionais *guerras fiscais*), por exemplo.

O projeto de lei que reformará a tributação da renda, previsto em até 90 dias a partir da promulgação da EC n. 132/2023, por seu art. 18, *salvo melhor juízo*, não foi apresentado (ao menos, até 27 de janeiro de 2025).

Neste momento, deteremos nossa atenção nos princípios tributários acrescentados pela *reforma*.

A INCLUSÃO DE NOVOS PRINCÍPIOS CONSTITUCIONAIS TRIBUTÁRIOS

A EC n. 132/2023 incluiu novos princípios a serem observados pelo sistema tributário nacional, quais sejam: "da simplicidade, da transparência, da justiça tributária, da cooperação e da defesa do meio ambiente". Há a determinação, também, para que se busquem atenuar os efeitos regressivos do atual sistema tributário, o que não é em si um princípio; porém, ele está ligado diretamente ao princípio da capacidade contributiva. Deixamos apenas seu registro, para desenvolvimento em outra oportunidade.

Vejamos esses assuntos, começando por registrar algumas de nossas considerações prévias sobre os princípios constitucionais tributários.

Teoria dos princípios

Vemos o direito como o conjunto de comandos vigentes em uma dada sociedade e em uma certa época, com a força de serem cumpridos pelos órgãos estatais. Tais comandos são compostos por normas jurídicas, prescrições dirigidas à conduta dos membros do grupo social, com força suficiente para serem executados por agentes do Estado. No contexto em que estamos nos referindo, tanto normas de conduta como normas de comportamento têm o seu espaço.

Externa e formalmente, todas as normas jurídicas são iguais: são estruturas mentais formadas pelos intérpretes. Na composição dos elementos normativos, podemos – e iremos – encontrar textos legais que possuem diferenças acentuadas, sendo alguns catalogados como princípios e outros como regras jurídicas, por exemplo, tema de nossa atenção em outras oportunidades.[4]

Anotamos, de imediato, que os princípios são uma decorrência lógica do sistema de conhecimento de que fazem parte. Com essa afirmação, queremos destacar que a razão nos leva a reconhecer os princípios como pontos cardeais, iniciais, referenciais. Os princípios são, pois, imprescindíveis para a compreensão de uma ordem, de uma sistematização. Negá-los é, consequentemente, uma tarefa que, se não é impossível, *desorganiza* o sistema jurídico, torna-o um plexo caótico de regras, inclusive conflitantes entre si.

Os princípios são identificados desde os primórdios do conhecimento ocidental. Eles remontam aos gregos da Antiguidade, tanto que Aristóteles sistematizou as várias acepções para o vocábulo "princípio":

> *Princípio* significa (a) a parte de uma coisa a partir da qual pode-se empreender o primeiro movimento [...]; (b) o ponto a partir do qual é possível que cada coisa seja, do melhor modo, originada [...]; (c) aquilo cuja presença determina em primeira instância o surgimento de alguma coisa [...]; (d) aquilo a partir de que, ainda que não imanente à coisa, algo nasce e de que o movimento e a transformação procedem primordialmente [...]; (e) aquilo em conformidade com cuja escolha deliberada, o que é movido é *movido*, e o que é transformado é *transformado* [...]; (f) as artes também são chamadas de *princípios* [...]; (g) aquilo a partir de que uma coisa começa a ser compreensível também é chamado de *princípio* da coisa, por exemplo as hipóteses das demonstrações. [os destaques são do original].[5]

Vários desses múltiplos significados podem ser considerados na compreensão do direito. Destacamos a acepção *b*, pois os princípios podem ser colocados no primeiro ponto a partir do qual seja possível verificar a origem do direito. Também a letra *c* identifica uma possibilidade para os princípios jurídicos: a partir deles, as regras jurídicas são construídas. Os princípios, nesse sentido, precedem (acepção *b*) e determinam (acepção *c*) as regras jurídicas. Também a acepção *g* é útil para entendermos os princípios jurídicos, levando-se em conta que os princípios exercem a importante função de serem instrumentos de compreensão do fenômeno jurídico. Conhecendo os princípios, é possível construir intelectualmente as normas jurídicas e verificar, pois, se as regras ou se os textos legais, as decisões judiciais, os atos administrativos, os contratos parti-

---

4 BECHO, Renato Lopes. *Tributação das cooperativas*, 2019, cap. 1.

5 *Metafísica*, 2006, p. 129.

culares e outras exteriorizações de vontade das pessoas estão de acordo com os fundamentos do sistema jurídico.

Dentre as várias acepções atribuídas por Aristóteles aos princípios, destacam-se, portanto, aquelas que situam os princípios no início, no ponto de partida de onde "uma coisa ou é, ou *vem a ser* ou torna-se conhecida". Para Aristóteles, existem princípios imanentes às coisas, enquanto outros não o são. Transportando esse dado para o universo jurídico, podemos afirmar que existem princípios que são imanentes ao sistema jurídico: estes são os princípios essenciais, fundamentais, fundantes, estruturais. Outros princípios, contudo, podem ser construídos ou decididos sem, contudo, serem da mesma natureza daqueles, sem exercerem o papel fundamental dos princípios que, naturalmente, são identificados no âmago do ordenamento jurídico. Nas palavras de Aristóteles: "Portanto, a natureza (de uma coisa) é um princípio, o sendo também o elemento (de uma coisa), bem como o entendimento e a escolha, a substância e a causa final [...]".[6]

Os princípios jurídicos *por natureza* são os princípios da acepção *b*, acima descritas; é dizer: os princípios que estão no núcleo, no ápice ou na fundação do direito. Não importa onde (núcleo, ápice, fundação) o intérprete os localize, desde que seja no local de maior relevância para a compreensão de todo o sistema.

Outros princípios, entretanto, não são princípios *por natureza*. São princípios construídos por escolhas, por atos de vontade e de decisão, mas que, ao serem elaborados, comprometem as regras que os sucederem.

Desde Aristóteles se reconhecem os princípios ligados ao que hoje chamamos por *direito* em uma de suas acepções, a justiça. O princípio da justiça foi apresentado por Aristóteles nas seguintes palavras:

> O princípio da justiça distributiva, portanto, é a conjugação do primeiro termo de uma proporção com o terceiro, e do segundo com o quarto, e o justo nesta acepção é o meio-termo entre dois extremos desproporcionais, já que o proporcional é um meio-termo, e o justo é o proporcional.[7]

É de importância capital, para a compreensão de nosso pensamento, a identificação entre princípios jurídicos *por natureza*, fundamentais ou essenciais, e princípios jurídicos *por decisão*, que comprometem as regras a serem formuladas a partir dessas decisões, sem serem, contudo, essenciais. Em tais casos, eles não são encontráveis em todos os sistemas jurídicos, não são aceitos por

6 *Op. cit.*, 2006, p. 130.
7 Ética a Nicômaco, 1996, p. 198-9.

todos. Como será visto no momento oportuno, o próprio princípio da justiça não é reconhecido universalmente como parte da *natureza* das ordens jurídicas (registramos, desde logo, que essa visão não é a nossa, não é um pensamento com o qual concordamos).

S. Tomás de Aquino laborou sobre os princípios e a divisão entre os princípios jurídicos por natureza e os princípios jurídicos por decisão. Confira-se:

> Deve-se, porém, saber que, de dois modos, pode ser a derivação da lei natural: como conclusões derivadas dos princípios, ou como determinações de certos princípios gerais. Ora, o primeiro modo é semelhante ao por que, nas ciências, derivam-se, dos princípios, conclusões demonstrativas. O segundo é semelhante ao que se dá com as artes, em que formas gerais se determinam em algo especial.[8]

Para o direito, acreditamos que a separação em princípios *por natureza* e princípios *por decisão* é deveras importante. A ciência do direito poderá ditar princípios por natureza, eventualmente não explicitados pelos parlamentares eleitos para escrever (tomar decisões) a Carta Constitucional, que fundamenta todo o edifício jurídico. Um exemplo, nesse sentido, pode ser o princípio da segurança jurídica. Por outro lado, a partir de decisões tomadas pelos constituintes originários, é possível extrairmos princípios *por decisão*, como nos parece ser o caso do princípio da não cumulatividade tributária e os incluídos na Carta pela EC n. 132/2023.

Os princípios tributários incluídos no Texto Constitucional por obra do constituinte derivado, evidentemente, são da categoria dos *por decisão*, tanto que não contidos no texto original, não sendo fundamentais para o Estado. Se a sociedade optar por ter – no caso, por manter – um sistema tributário complexo, opaco, injusto, baseado na desconfiança e no conflito e que não proteja o meio ambiente, é uma escolha logicamente válida, ainda que socialmente reprovável. A aprovação da EC n. 132/2023 é um forte registro de que não foi essa a escolha dos constituintes derivados.

A teorização dos princípios, conforme expusemos alhures,[9] passa por diversos temas, como as técnicas de distinção entre regras e princípios, seus conceitos, a hierarquia entre princípios, o reconhecimento da distinção entre princípios implícitos e explícitos, a relação entre eles e os valores e outras que tais. Para os fins do presente estudo, gostaríamos apenas de destacar alguns

---

8 *Suma teológica*, v. IX, 1936, p. 78.

9 BECHO, Renato Lopes. *Lições de direito tributário*, 2015, capítulo XIV.

pontos, como a importância deles para o sistema jurídico, citando Geraldo Ataliba, para quem:

> [...] um princípio jurídico não existe isolado, mas acha-se em íntima conexão com outros princípios. O direito objetivo, de fato, não é um aglomerado caótico de disposições, mas um organismo jurídico, um sistema de preceitos coordenados e subordinados, no qual cada um deles tem um lugar próprio.[10]

Os princípios, então, organizam plexos caóticos, não apenas no direito, mas em vários segmentos do conhecimento humano, permitindo sua sistematização.

Completando essas pequenas notas, consignamos que os princípios possuem uma fundamental importância interpretativa, apontando os rumos para os quais o sistema jurídico deve ir. Eles são, portanto, vetores interpretativos. O caminho que o jurista deve trilhar, leciona Roque Carrazza (2010, p. 28), parte dos princípios maiores, os princípios gerais, para os textos mais particulares, "caminhando, na medida do possível, do conhecido para o desconhecido".[11] Tal caminho é possível porque o direito é sistematizado, sendo suas normas interligadas por coordenação e subordinação.

Ataliba ressaltava que mesmo as regras constitucionais são interpretadas e possuem eficácia condicionada pelos princípios, que se harmonizam pela hierarquia existente entre eles, assegurando a coerência interna do sistema.[12]

É essa lição que temos retido ao partir para a análise dos princípios que informam o direito tributário, os quais cumprem e bem seu papel de vetores interpretativos.

Sobre a força limitadora do direito

É imprescindível registrar a juridicidade dos princípios, posto que foi superada a fase em que eram apenas *normas programáticas*, conforme explicado por Paulo Bonavides:

> A inserção constitucional dos princípios ultrapassa, de último, a fase hermenêutica das chamadas normas programáticas. Eles operam nos textos constitucionais da segunda metade deste século (século XX, esclarecemos) uma re-

---

10 *República e Constituição*, 1985, p. 6.

11 *Curso de direito constitucional tributário*, 2010, p. 28.

12 *Op. cit.*, 1985, p. 5-6.

volução de juridicidade sem precedente nos anais do constitucionalismo. De princípios gerais se transformam, já, em princípios constitucionais.[13]

Assim, os princípios incluídos no sistema tributário brasileiro pela EC n. 132/2023 possuem reconhecida eficácia normativa.

Todavia, sua força para alterar a realidade social é limitada por outros fatores, como qualquer outro texto legislativo. Contudo, como os princípios se sobressaem dentro do universo normativo, a ausência de sua efetivação amplia a frustração social.

Conforme mencionado na introdução deste texto, o art. 18 da EC n. 132/2023 previu um *projeto de lei de reforma da tributação sobre a renda*, que seria apresentado em até noventa dias, a serem contados a partir da promulgação da Emenda, ocorrida em 20 de dezembro de 2023. Buscando a informação em *sites* oficiais, encontramos material indicando a relevância do assunto; porém, desacompanhada de qualquer indicação de proposta de legislação a respeito.[14] Segundo notícia na mídia, espera-se para 2025 o envio de referida proposta.[15]

A motivação para primeiro ser alterada a tributação sobre a renda era para permitir até mesmo uma redução na tributação sobre a produção e o consumo de bens e serviços e sobre a folha de salários, como asseverado pelo constituinte derivado no parágrafo único do indigitado art. 18.[16] Com isso, temos que a *regra* constitucional do art. 18 da EC n. 132/2023 não foi capaz de alterar a conduta de quem quer que seja. Ela é um exemplo da referência popular a *letra morta*.

---

13 *Curso de direito constitucional*, 1994, p. 231-2.

14 Confira-se em: https://www.gov.br/gestao/pt-br/acesso-a-informacao/acoes-e-programas/programas-projetos-acoes-obras-e-atividades/reforma-tributaria/imposto-de-renda. Acesso em: 21 jan. 2025.

15 Confira-se em: https://valor.globo.com/brasil/noticia/2025/01/04/governo-tem-desafio-de-enviar-proposta-de-reforma-do-imposto-de-renda-em-2025.ghtml. Acesso em: 21 jan. 2025.

16 EC n. 132/2023: "Art. 18. O Poder Executivo deverá encaminhar ao Congresso Nacional: I – em até 90 (noventa) dias após a promulgação desta Emenda Constitucional, projeto de lei que reforme a tributação da renda, acompanhado das correspondentes estimativas e estudos de impactos orçamentários e financeiros; II – em até 180 (cento e oitenta) dias após a promulgação desta Emenda Constitucional, os projetos de lei referidos nesta Emenda Constitucional; III – em até 90 (noventa) dias após a promulgação desta Emenda Constitucional, projeto de lei que reforme a tributação da folha de salários. Parágrafo único. Eventual arrecadação adicional da União decorrente da aprovação da medida de que trata o inciso I do *caput* deste artigo poderá ser considerada como fonte de compensação para redução da tributação incidente sobre a folha de pagamentos e sobre o consumo de bens e serviços". Disponível em: https://www.planalto.gov.br/ccivil_03/constituicao/emendas/emc/emc132.htm. Acesso em: 21 jan. 2025.

Com o exemplo dado, queremos indicar que o descumprimento dos princípios não é fruto de qualquer deficiência normativa que tenham. O direito, seus princípios e suas regras precisam da *conduta humana* para gerarem efeitos além do campo meramente acadêmico. E a realidade brasileira indica para uma profusão de textos legais, inclusive pelos novos princípios que iremos comentar, porém desacompanhados de mudanças sociais.

OS NOVOS PRINCÍPIOS CONSTITUCIONAIS TRIBUTÁRIOS

O art. 145 da Constituição Federal, que abre o capítulo do sistema tributário nacional, autoriza a União, os estados, o Distrito Federal e os municípios a instituírem três tipos de tributos: os impostos; as "taxas, em razão do exercício do poder de polícia ou pela utilização, efetiva ou potencial, de serviços públicos específicos e divisíveis, prestados ao contribuinte ou postos a sua disposição"; e a "contribuição de melhoria, decorrente de obras públicas".

Em seguida, o constituinte especificou o princípio de regência dos impostos: a capacidade contributiva.[17] E o fez nos seguintes termos:

> § 1º Sempre que possível, os impostos terão caráter pessoal e serão graduados segundo a capacidade econômica do contribuinte, facultado à administração tributária, especialmente para conferir efetividade a esses objetivos, identificar, respeitados os direitos individuais e nos termos da lei, o patrimônio, os rendimentos e as atividades econômicas do contribuinte.

O constituinte, na redação originária, também fixou uma essencial distinção entre impostos e taxas: a necessidade de terem bases de cálculo distintas. Confira-se: "§ 2º As taxas não poderão ter base de cálculo própria de impostos".

Agora, via EC n. 132/2023, novos princípios foram erigidos ao elevado patamar constitucional: "§ 3º O Sistema Tributário Nacional deve observar os princípios da simplicidade, da transparência, da justiça tributária, da cooperação e da defesa do meio ambiente". Vejamos algumas notas a respeito de cada um deles.

O **princípio da simplicidade** é um norte importante, posto que temos, atualmente, um sistema tributário nacional altamente complexo (talvez o mais complexo do mundo). Ele nasceu simples, compatível com sua época, em 1965,

---

17 Há diversos outros princípios explícitos na Constituição Federal direcionados à tributação, como o da estrita legalidade (art. 150, I). Aqui, mencionamos apenas o da capacidade contributiva no intuito de abordar, ainda que a *passos largos*, o contido no artigo constitucional ampliado.

data da EC n. 18 à Constituição então vigente, de 1946. Logo em seu art. 1º, a EC n. 18 estipulou que os tributos seriam três: os impostos, as taxas e a contribuição de melhoria. Logo em seguida, as *contribuições em geral* foram lembradas, fazendo com que surgisse a dúvida – que divide a doutrina até os dias que correm – de quantos tributos temos no nosso ordenamento jurídico.

Mais importante do que discussões acadêmicas, o sistema foi ficando complexo, com múltiplas incidências sobre a mesma base (como o Imposto sobre a Renda da Pessoa Jurídica e a *Contribuição* Social sobre o Lucro Líquido); a União compensando perdas de competência na Constituição de 1988 (perdeu os *impostos únicos* sobre minerais e energia elétrica, por exemplo, que foram incorporados ao ICMS) com novas *contribuições* ou ampliando as já existentes (como o PIS, ampliado, e a Cofins, criada após a CF/88). Inconstitucionalidades foram superadas com outras *contribuições* (como a inconstitucionalidade da taxa municipal de iluminação pública, substituída pela *Contribuição* sobre a Iluminação Pública).

Na divisão das competências tributárias, em meados do século passado fazia sentido a União tributar a indústria, os estados o comércio e os municípios os serviços. No mais das vezes, era razoavelmente fácil identificar o que era um processo transformador, industrial; o que era a comercialização de mercadorias; os serviços prestados eram os tradicionais, como de medicina, arquitetura, advocacia, limpeza, corte e costura etc. A sociedade evoluiu, a tecnologia deu saltos inacreditáveis e nosso sistema tributário ficou amarrado, constitucionalmente, ao passado. Se antes era fácil identificar o processo de industrialização de objetos para a reprodução de músicas, como *LP*s ou *CD*s, os meios de sua comercialização e a prestação de serviço para veiculá-los por ondas de rádio, atualmente tais referenciais deixaram, em grande parte, de existir, substituídos por *acessos a plataformas digitais*. O país foi se desindustrializando.

A própria base da *reforma da tributação sobre a produção e o consumo*, levada a efeito pela EC n. 132/2023, é um exemplo significativo da complexidade do sistema. Não fossem barreiras políticas, o ICMS, o ISS, o IPI, o PIS e a Cofins poderiam ter sido substituídos exclusivamente por um imposto sobre bens e serviços nacional, que tivesse sua arrecadação repartida entre a União, os estados, o Distrito Federal e os municípios. Quando muito, ele seria acompanhado pelo Imposto Seletivo (IS). Mas a criação do IBS e da CBS, com todos os esforços normativos para serem *iguais*, indica quão difícil é a transposição do princípio da simplicidade do Texto Constitucional para a realidade nacional.

Outro aspecto que tornou nosso sistema tributário altamente complexo foi o caminho adotado para distinguir *detalhadamente* processos de produção, de bens de consumo e de serviços, distinguindo-os uns dos outros à exaustão, não raras vezes acompanhados por alíquotas diferentes, regimes especiais e isenções. É como se o aplicador das regras tributárias, diante de uma simples mesa posta, destacasse cada objeto. Assim, copos de vidro, de cristal ou de plástico passaram a ter um código próprio e uma alíquota específica, diferentes uns dos outros. E os exemplos poderiam ser dados passando por toalhas brancas submetidas a regras diferentes de toalhas estampadas, até chegarmos ao açucareiro, ao saleiro e ao pimenteiro, cada qual com seu código, sua alíquota e até sua sistemática de declaração e recolhimento próprios.

Por outro lado, a simplicidade pode colidir com outros princípios, inclusive trazidos pela própria EC n. 132/2023. Observe-se, nesse contexto, as atuais alíquotas do Imposto de Renda da Pessoa Física (IRPF). Nos termos da Lei n. 14.663/2023, art. 5º, as atuais alíquotas do IRPF são 0%, 7,5%, 15%, 22,5% e 27,5%. Naturalmente, as faixas salariais, remuneratórias e de incidência do imposto são muito mais diversificadas do que apenas as cinco fixadas por lei. Pode-se alegar, com propriedade, que tributar quem ganha acima de R$ 4.664,68 apenas com a alíquota máxima de 27,5%, ainda que a pessoa receba renda tributável de, suponha-se, 4 milhões de reais, é medida de simplificação. Porém, ela não é justa. Assim, o princípio da simplicidade pode ser contrastável com o princípio da justiça fiscal.

Lembremos que existem *relações entre os princípios*. Esse é um conhecimento de fundamental importância, até porque podem confundir o intérprete desavisado. O sistema deve buscar equilíbrio entre os novos – assim como entre os antigos – princípios. Uma única alíquota de Imposto sobre a Renda ou para o Imposto sobre Bens e Serviços é simplificadora; porém, pode gerar injustiças, ao menos do ponto de vista subjetivo, como mencionaremos em breve.

Um terreno fértil para o princípio da simplicidade tributária, entre nós, está no campo das obrigações acessórias. Elas, nos termos como veiculado pelo art. 113, § 2º, do Código Tributário Nacional (CTN), decorrem "da legislação tributária e tem por objeto as prestações, positivas ou negativas, nela previstas no interesse da arrecadação ou da fiscalização dos tributos". Em outras palavras, são os deveres de escrituração contábil, de emissão de documentos fiscais, de prestações de declarações aos diversos fiscos existentes no Brasil. Nesse contexto, a redução de tributos estipulada na EC n. 132/2023, aliada à unificação proposta para o IBS e a CBS, tem espaço amplo para a simplificação.

Da mesma forma, o compartilhamento de informações fiscais, autorizado pelo art. 199 do CTN, tem potencial para simplificar as obrigações acessórias. Confira-se:

> Art. 199. A Fazenda Pública da União e as dos Estados, do Distrito Federal e dos Municípios prestar-se-ão mutuamente assistência para a fiscalização dos tributos respectivos e permuta de informações, na forma estabelecida, em caráter geral ou específico, por lei ou convênio.

Relembrando que o país já foi considerado o mais difícil do mundo no quesito de tempo dedicado ao cumprimento dos deveres fiscais, há amplo espaço para simplificação entre nós.

O princípio em comento pode levar a discussões sobre cada nova obrigação acessória, a cada novo dever instrumental, criado pela legislação e pelas autoridades tributárias, no campo de suas competências. Elas são compatíveis com os objetivos maiores do sistema? Se não forem, hão de serem retiradas do sistema por quem de direito.

Por outro lado, as divisões dentro do IBS/CBS entre o regime geral, regimes diferenciados e regimes especiais, nos termos da LC n. 214/2025, reforçam os limites efetivos para o novel princípio entre nós.

A previsão, no *Projeto de Lei Complementar n. 108/2024*, em tramitação no Congresso Nacional, ao estabelecer que o contencioso administrativo terá, no segundo grau, câmaras e turmas de julgamento com *nove* membros, não parece atender ao princípio da simplicidade.[18] No âmbito do Tribunal Regional Federal da 3ª Região, tomado como exemplo, as apelações criminais (competência da 4ª Seção) são submetidas, também no segundo grau, por *quatro* desembargadores federais,[19] sendo que se colhe, em regra, os votos de três deles.

---

18 PLP n. 108/2024: "Art. 106. A segunda instância será composta por vinte e sete Câmaras de Julgamento virtuais, integradas, de forma colegiada e paritária, por servidores de carreira do Estado e dos seus respectivos Municípios, ou do Distrito Federal, com competência para a realização do lançamento tributário ou julgamento tributário, e por representantes dos contribuintes. § 1º As Câmaras a que se refere o *caput* poderão ser compostas por Turmas de Julgamento, nos termos estabelecidos em ato do CG-IBS. § 2º Compete a cada uma das Câmaras de Julgamento referidas no *caput* o julgamento do recurso interposto contra a decisão de primeira instância relativa ao lançamento realizado exclusivamente pela Administração Tributária de um dos Estados, bem como pelas Administrações Tributárias dos seus respectivos Municípios, ou do Distrito Federal. § 3º As Câmaras de Julgamento de segunda instância e, se for o caso, as suas respectivas Turmas de Julgamento, serão integradas, na forma prevista em ato do CG-IBS: I – por dois servidores indicados pela Administração Tributária do Estado em favor do qual o lançamento tenha sido realizado; II – por dois servidores indicados pelas Administrações Tributárias dos Municípios integrantes do Estado a que se refere o inciso I; III – por quatro representantes dos contribuintes; e IV – pelo Presidente, que votará apenas em caso de empate". Disponível em: https://www.camara.leg.br/proposicoesWeb/prop_mostrarintegra?codteor=2433204&filename=PLP%20108/2024. Acesso em: 22 jan. 2025.

19 Regimento Interno do Tribunal Regional Federal da 3ª Região: "Art. 2º O Tribunal funciona: I – em Plenário; II – em Órgão Especial; III – em Seções Especializadas; IV – em Turmas Especializadas; [...] § 4º Há, no Tribunal, onze Turmas: a Primeira, constituída por 5 membros, e a Segunda, constituída por 4 membros, formando a Primeira Seção; a Terceira, a Quarta e a Sexta, constituídas por 5 membros cada, formando a Segunda Seção; a Sétima, a Oitava, a Nona e a Décima, constituídas por 5 membros cada, formando a Terceira Seção; e a Quinta e a Décima Primeira, constituídas por 4 membros cada, formando a

O **princípio da transparência** veio como um reconhecimento constitucional de que atualmente temos um sistema tributário opaco, nebuloso, com regras pouco claras, escondidas. No seu lugar, o constituinte derivado indica que, a partir de 2024, vigerá entre nós a transparência em termos fiscais.

Como o princípio será efetivado, ainda não se sabe. Porém, há amplo espaço para seu cumprimento. A começar pela aplicação das regras da própria EC n. 132/2023. Por exemplo, pela efetivação do art. 156-A, § 1º, XIII, onde consta que, "sempre que possível, [o IBS] terá seu valor informado, de forma específica, no respectivo documento fiscal". Também se espera que a CBS seja informada ao contribuinte, pelo comando do art. 195, § 16, que remete ao citado texto.

É de se esperar, assim, algum avanço na transparência em matéria tributária, a culminar quando o contribuinte e o consumidor tiverem ampla e fácil identificação de quanto recolhem de tributos aos cofres públicos das três esferas públicas. Por outro lado, será um grande desafio levar a transparência não apenas à tributação sobre o consumo. Quem será o responsável por informar toda a sociedade a respeito de benefícios fiscais? Será o sujeito passivo (a pessoa física ou jurídica que desenvolve atividade tributável) ou a administração tributária? Caso seja o primeiro, como deverá fazê-lo? Indicando no rótulo de produtos ou em documentos fiscais que aquela pessoa jurídica é beneficiária de vantagens tributárias? Se for a administração tributária, será por listagem publicada em sítios na internet? Há comprometimento de direito à privacidade? Enfim, diversas dúvidas podem ser colocadas nesse momento, sem que tenhamos respostas. Porém, o que estamos levantando é que a sociedade passa a ter o direito de ter maior clareza e transparência na tributação como um todo, que vai das incidências às não incidências, passando por benefícios fiscais. Será possível, dentro desse ambiente, que as pessoas jurídicas que venham a usufruir de benefícios tributários sejam obrigadas a informar dados como o número de empregos antes e depois do benefício? Ou também que informem os lucros distribuídos ou, ao menos, o montante de tributos recolhidos? Novamente, teremos que aguardar as providências que serão tomadas no futuro, nesse campo em que proliferam, atualmente, opacidade e dúvida.

Veja-se, nesse âmbito, as dificuldades com a *lista de devedores da Procuradoria-Geral da Fazenda Nacional*, instituída pela Portaria n. 636, de 9 de janei-

---

Quarta Seção. O Presidente da Turma terá mandato bienal e será escolhido em rodízio, por antiguidade, na Turma, começando-se pelo Desembargador Federal mais antigo, observado o interstício de 2 (dois) anos de exercício no Tribunal, salvo se não houver, na Turma, quem preencha esse requisito". Disponível em: https://www.trf3.jus.br/revista/regimento-interno-1#c14037. Acesso em: 22 jan. 2025.

ro de 2020.[20] O sítio da internet exige que o interessado coloque alguns dados que vão além do simples nome da pessoa devedora, o que, de fato, parece razoável até para a correta identificação de quem se está procurando. Por outro lado, dificulta a pesquisa.

O comando constitucional, de qualquer forma, é muito bem-vindo e há grande espaço para ele ser cumprido, levando luz às relações tributárias. Mas a própria EC n. 132/2023 se desdisse, por exemplo quando manteve a Contribuição de Iluminação Pública (Cosip), ampliada com novos serviços que pode abranger, e deixou sua cobrança para a conta de luz, ao invés de em um documento fiscal, como ocorre com o lançamento do IPTU. Também diversas outras contribuições e seus desvirtuamentos, como ocorre com as *Contribuições de Intervenção no Domínio Econômico* (CIDEs), por exemplo, que perderam relação com os fundamentos de direito econômico de sua criação, poderão ser objeto de mais clareza.

Como se observa, o que estamos propondo é que haja transparência jurídica e econômica, ampliando o escopo do novo comando constitucional.

O **princípio da justiça tributária** já estaria, para quem quisesse ver, logo nos primeiros artigos do Texto Constitucional. Assim, a declaração de que nossa república tem como fundamento "a dignidade da pessoa humana" e "os valores sociais do trabalho e da livre iniciativa" (art. 1º) já indicariam a necessidade de termos um sistema tributário justo.

Assim, também colhemos que é objetivo fundamental (art. 3º) de nossa nação, "construir uma sociedade [...] justa e solidária", "erradicar a pobreza [...] e reduzir as desigualdades sociais [...]", todos eles com a marca e o peso da necessidade da justiça tributária.

No sistema tributário, o princípio da justiça tributária já estava contido no princípio da capacidade contributiva (CF, art. 145, § 1º). Porém, não foi suficiente para fazer com que a tributação incida com mais força naqueles que detêm maiores condições econômicas para arcar com o peso dos tributos.

Reconhecemos, nesse princípio, o labor do constituinte derivado na própria Emenda para melhorar a justiça tributária, ao fazer incidir o Imposto sobre a Propriedade de Veículos Automotores (IPVA) sobre iates e jatos particulares, por exemplo, que, antes da EC n. 132/2023 não sofriam a incidência do referido imposto. Porém, todas as demais exceções (imunidades específicas) atendem ao indigitado princípio?[21] A resposta, à evidência, dividirá opiniões, o que é da

---

20 Disponível em: http://normas.receita.fazenda.gov.br/sijut2consulta/link.action?visao=anotado&idAto=120969. Acesso em: 20 fev. 2024.

21 "Art. 155. Compete aos Estados e ao Distrito Federal instituir impostos sobre: [...] III – propriedade de veículos automotores. [...] § 6º O imposto previsto no inciso III: [...] III – incidirá sobre a propriedade de veículos automotores terrestres, aquáticos e aéreos, ex-

natureza do conceito de justiça, posto que atrai para si subjetivismos e ideologias divergentes.

Também o sistema de devolução do IBS e da CBS em dinheiro para consumidores de baixa renda (sistema de *cashback*) é corolário da justiça tributária na própria *reforma*. Para o imposto, a devolução está prevista na Constituição Federal, art. 156-A, § 5º, VIII ("as hipóteses de devolução do imposto a pessoas físicas, inclusive os limites e os beneficiários, com o objetivo de reduzir as desigualdades de renda"), a ser disciplinado em lei complementar. Para a *contribuição*, ordem semelhante, a cargo também de lei complementar, está contida no § 18 do art. 195 da Carta da República.[22] A devolução será, nos termos do art. 112 da LC n. 214, de 16.01.2025, "para pessoas físicas que forem integrantes de famílias de baixa renda". Conforme o art. 118, II, em regra a devolução será de 20%, podendo o percentual ser ampliado pelo legislador.[23] Mas a questão central, para nós, nesse momento, é saber se a devolução de um quinto dos tributos atende como *medida geral* a justiça tributária. Esses 20% são *a medida de justiça* ou uma decisão meramente política? Parece-nos ser a segunda hipótese.

Olhando-se a carga tributária como um todo, nosso sistema está, evidentemente, *injusto*. Atualmente, separando a sociedade entre pobres e ricos, quem

---

cetuados: [acrescentado pela EC n. 132/2023] *a)* aeronaves agrícolas e de operador certificado para prestar serviços aéreos a terceiros; [acrescentada pela EC n. 132/2023] *b)* embarcações de pessoa jurídica que detenha outorga para prestar serviços de transporte aquaviário ou de pessoa física ou jurídica que pratique pesca industrial, artesanal, científica ou de subsistência; [acrescentada pela EC n. 132/2023] *c)* plataformas suscetíveis de se locomoverem na água por meios próprios, inclusive aquelas cuja finalidade principal seja a exploração de atividades econômicas em águas territoriais e na zona econômica exclusiva e embarcações que tenham essa mesma finalidade principal; [acrescentada pela EC n. 132/2023] *d)* tratores e máquinas agrícolas [acrescentada pela EC n. 132/2023]."

22 "Art. 195. A seguridade social será financiada por toda a sociedade, de forma direta e indireta, nos termos da lei, mediante recursos provenientes dos orçamentos da União, dos Estados, do Distrito Federal e dos Municípios, e das seguintes contribuições sociais: [...] V – sobre bens e serviços, nos termos de lei complementar. [...] § 18. Lei estabelecerá as hipóteses de devolução da contribuição prevista no inciso V do *caput* a pessoas físicas, inclusive em relação a limites e beneficiários, com o objetivo de reduzir as desigualdades de renda [acrescentado pela EC n. 132/2023]."

23 "Art. 118. O percentual a ser aplicado nos termos do art. 117 desta Lei Complementar será de: I – 100% (cem por cento) para a CBS e 20% (vinte por cento) para o IBS na aquisição de botijão de até 13 kg (treze quilogramas) de gás liquefeito de petróleo, nas operações de fornecimento domiciliar de energia elétrica, abastecimento de água, esgotamento sanitário e gás canalizado e nas operações de fornecimento de telecomunicações; e II – 20% (vinte por cento) para a CBS e para o IBS, nos demais casos. § 1º A União, os Estados, o Distrito Federal e os Municípios poderão, por lei específica, fixar percentuais de devolução da sua parcela da CBS ou do IBS superiores aos previstos nos incisos I e II do *caput*, os quais poderão ser diferenciados [...]."

paga mais tributos? De acordo com levantamento a cargo do Instituto de Pesquisa Econômica Aplicada (IPEA), que é uma fundação pública federal vinculada ao Ministério do Planejamento e Orçamento, "a carga total da faixa de menor renda é de 24,3%, em contraposição à de maior renda, que paga 18,7%".[24] Há muito espaço, então, para se trabalhar a justiça tributária em nosso país, ajustando a tributação das demais faixas de renda.

O **princípio da cooperação** é o enfrentamento de nossa realidade de confronto. Ela está presente na altíssima litigiosidade, que faz do Brasil o campeão mundial em ações judiciais. De acordo com o professor britânico Richard Susskind, temos a maior litigiosidade mundial, com a média de 80 milhões de ações em andamento, seguidos pela Índia.[25] Dados indicam que o *país continente indiano* possui 50 milhões de ações judiciais,[26] para uma população de 1 bilhão e 425,8 milhões de habitantes, enquanto o Brasil possui um contingente de 215,3 milhões de pessoas.[27] Temos, portanto, aproximadamente, um processo para cada 2,7 pessoas, enquanto na Índia a proporção é de, em números aproximados, um processo para cada 28,5 habitantes.

Mas não somente temos uma enorme litigiosidade, que aponta para a ausência de cooperação. Em assuntos propriamente tributários, temos uma equivocada cultura difundida nas administrações tributárias de que *todo contribuinte é um sonegador*; na confusão entre *grandes contribuintes e grandes devedores*, nas *guerras fiscais*, na deficiente conversa entre órgãos públicos etc.

O **princípio tributário de defesa do meio ambiente**, desafio premente, contido em vários pontos da *reforma tributária* veiculada pela EC n. 132/2023, tem em poderosos *lobbies* favoráveis e contrários barreiras talvez intransponíveis.

O princípio em comento merece encômios, posto que atualiza o sistema tributário brasileiro em uma área que, confirmando prognósticos de cientistas da natureza, o planeta passou a reagir à era industrial, com efeitos sobre a camada de ozônio, o que hoje é fato notório. Há condutas que, nesse contexto, atuam prejudicando o clima do planeta. Assim, é de se esperar a tributação mais elevada de certos agentes poluentes, como a própria instituição do Imposto Seletivo.

---

24 BRASIL. *Carta de Conjuntura* n. 60, nota de conjuntura 1 – 3º trimestre de 2023. Resp. técnico João Maria de Oliveira, p. 5.

25 Online Courts and the future of justice with Richard Susskind, 2020.

26 Veja-se a reportagem no jornal *The New York Times* 'A lifelong nightmare': seeking justice in India's overwhelmed Courts: with 50 million criminal and civil cases pending, it would take 300 years to clear the country's judicial backlog. Disponível em: https://www.nytimes.com/2024/01/13/world/asia/india-judicial-backlog.html. Acesso em: 11 fev. 2024.

27 Os maiores países do mundo. Disponível em: https://www.dadosmundiais.com/maiores-paises.php. Acesso em: 11 fev. 2024.

A NEUTRALIDADE TRIBUTÁRIA NO IBS E NA CBS

O constituinte derivado determinou que o Imposto sobre Bens e Serviços (IBS) seja "informado pelo princípio da neutralidade" (CF, art. 156-A, § 1º), o mesmo se dando com a *Contribuição* sobre Bens e Serviços (CBS) (CF, art. 195, V), pela extensão contida no § 16 do art. 195, que determina aplicar-lhe "o disposto no art. 156-A, § 1º, I a VI [...]".

A neutralidade tributária é um princípio econômico que não fazia parte do sistema brasileiro. De acordo com Bernard Appy, tributo neutro é aquele "cuja incidência independe da forma como está organizada a produção".[28] Nos exemplos do economista, se a incidência do tributo destoa, a depender se a cadeia produtiva é longa ou curta, a exação não é neutra.

Para Tercio Sampaio Ferraz Júnior, o princípio da neutralidade inibe "[...] a interferência estatal que impossibilite, juridicamente ou de fato, a criação ou a continuidade de empresas dedicadas a atividades lícitas".[29]

De nossa parte, não víamos a neutralidade tributária no Texto Constitucional, notadamente incidindo, como princípio, na tributação sobre bens e serviços, ainda que fosse plenamente defensável, do ponto de vista dogmático, sua presença na Constituição anterior à reforma pela EC n. 132/2023. De qualquer modo, na pragmática de nosso sistema tributário, a guerra fiscal, que se inicia com a desatenção dos entes tributantes frente às regras constitucionais de competência, se disseminou entre nós justamente pelo caráter *não neutro* do ICMS e do ISS. Do modo mais claro e direto possível, considerando que a incidência típica de tais impostos não aumentaria a atividade econômica em uma dada região, em um certo estado, em um determinado município, suas autoridades visaram conceder benefícios fiscais com tais impostos, ao arrepio do que consta na Constituição Federal, visando atrair pessoas físicas e jurídicas que, de outro modo, não instalariam seus negócios naquela área.

As *guerras fiscais* entre estados, usando o ICMS, e entre municípios, valendo-se do ISS, são provas de que tais exações não são neutras, possuindo a capacidade de serem distorcidas. As guerras fiscais, frise-se, são justamente o oferecimento de vantagens tributárias indevidas para que contribuintes vejam atratividade em instalar negócios onde, excluídos os benefícios fiscais, não o fariam. Podem estar longe dos centros consumidores e/ou de fornecedores;

---

28 Por que o sistema tributário brasileiro precisa ser reformado, 2016, p. 2. Disponível em: https://edisciplinas.usp.br/pluginfile.php/5594808/mod_resource/content/1/LS%2002.%20APPY%2C%20Bernard.%20Por%20que%20o%20sistema%20tribut%C3%A1rio%20brasileiro%20precisa%20ser%20reformado.pdf. Acesso em: 26 jan. 2025.

29 Obrigação tributária acessória e limites de imposição: razoabilidade e neutralidade concorrencial do Estado, 2005, p. 732.

podem não ser atrativos por questões de logística, com estradas ou outros meios de escoamento inadequados; podem não ter mão de obra qualificada etc. Os agentes políticos, por razões que não cabem aqui desenvolver, mas que nos permitem levantar alguns exemplos (incapacidade de ampliar o conjunto de consumidores locais; dificuldades de melhorar as infraestruturas físicas da região; desatenção com melhorias educacionais), diante das barreiras mencionadas, optam por atrair empreendimentos ou empreendedores oferecendo vantagens tributárias que superam o aumento dos custos envolvidos no deslocamento para áreas economicamente inadequadas.

Ao oferecer vantagens tributárias competitivas, ainda que contrariando as regras constitucionais e legais a respeito, tais agentes políticos impedem que a atividade econômica seja instalada ou permaneça onde está por sua viabilidade econômica natural, empobrecendo a outra unidade da federação que eles veem como *concorrente*.

Agora, pela forma como a EC n. 132/2023 reorganizou a tributação sobre bens e serviços, o IBS e a CBS não poderão ser objeto de barganha com os empresários. As deficiências locais precisarão ser enfrentadas com medidas financeiras, não tributárias. Daí a *neutralidade tributária* das duas exações.

Registramos que, anteriormente, nos valemos da noção de neutralidade para auxiliar na compreensão do que seja, em termos amplos, o *adequado tratamento tributário ao ato cooperativo praticado pelas sociedades cooperativas.* Em brevíssima síntese, seria que a tributação ali envolvida não fosse diferente se a cooperativa existisse ou se suas atividades fossem desempenhadas diretamente pelo cooperado, o que foi mencionado pelo egrégio Supremo Tribunal Federal, sem extrair toda a potencialidade de nossa afirmação.[30]

A TÍTULO DE CONCLUSÃO

À guisa de conclusão, gostaríamos de registrar que o constituinte derivado acrescentou novos princípios ao sistema tributário brasileiro, a saber: da simplicidade, da transparência, da justiça tributária, da cooperação e da defesa do meio ambiente; além do princípio da neutralidade do IBS e da CBS.

Todos eles podem ser vistos como uma crítica ao sistema. Temos uma tributação complexa, opaca, injusta, de conflito e que não prima pela defesa do meio ambiente. O ICMS e o ISS são, como comprovam as *guerras fiscais*, impostos não neutros; é dizer, impostos que possuem a capacidade de serem uti-

30 BECHO, *op. cit.*, 2019, p. 257.

lizados para distorcer a economia, notadamente pelo uso abusivo de concessão de benefícios fiscais ao arrepio do direito vigente.

Superamos a fase em que os princípios eram vistos como programáticos, como uma intenção para o futuro, sem força cogente. Para além do universo político, sua inclusão na seara jurídica dá-lhes efeitos normativos. Contudo, há que se reconhecer que a sociedade brasileira não tem sido pródiga em ver o direito alterando a realidade. É muito mais fácil incluir um texto na Constituição Federal, quer seja uma regra, quer seja um princípio, do que conferir-lhe vigência efetiva, aquela observável no campo do *ser*, não apenas do *dever-ser*.

Com isso, conclamamos os operadores do direito, em todas as esferas e campos de atuação, para que atuem no sentido norteador dos princípios acrescidos ao Texto Constitucional, conferindo-lhe aplicabilidade real.

BIBLIOGRAFIA

APPY, Bernard. Por que o sistema tributário brasileiro precisa ser reformado. 2016. Disponível em: https://edisciplinas.usp.br/pluginfile.php/5594808/mod_resource/content/1/LS%2002.%20APPY%2C%20Bernard.%20Por%20que%20o%20sistema%20tribut%C3%A1rio%20brasileiro%20precisa%20ser%20reformado.pdf. Acesso em: 26 jan. 2025.

AQUINO, S. Tomás de. *Suma teológica*. v. IX. Trad. Alexandre Correia. São Paulo: Odeon, 1936.

ARISTÓTELES. *Metafísica*. Trad. Edson Bini. São Paulo, Edipro, 2006.

ARISTÓTELES. *Ética a Nicômaco*. Trad. Editora Universidade de Brasília. São Paulo: Nova Cultural, 1996.

ATALIBA, Geraldo. *República e Constituição*. São Paulo: Revista dos Tribunais, 1985.

BECHO, Renato Lopes. *Tributação das cooperativas*. 4.ed. São Paulo: Revista dos Tribunais, 2019.

BECHO, Renato Lopes. *Lições de direito tributário*. 3.ed. São Paulo: Saraiva, 2015.

BONAVIDES, Paulo. *Curso de direito constitucional*. 5.ed. rev. e ampl. São Paulo: Malheiros, 1994.

CARRAZZA. Roque. *Curso de direito constitucional tributário*. 26.ed. rev., ampl. e atual. até a EC n. 64/2010. São Paulo: Malheiros, 2010.

FERRAZ JUNIOR, Tercio Sampaio. Obrigação tributária acessória e limites de imposição: razoabilidade e neutralidade concorrencial do Estado. *In*: FERRAZ, Sérgio (coord.). *Princípios e limites da tributação*. São Paulo: Quartier Latin, 2005.

SUSSKIND, Richard. Online Courts and the future of justice with Richard Susskind. Harvard Law School. Center on the Legal Profession. Disponível em: https://www.youtube.com/watch?v=-QOS4LRf-zes. 2020. Acesso em: 26 jan. 2025.

Capítulo **5**

O princípio do destino e sua aplicação no IBS e na CBS: entre virtudes e incoerências

Tárek Moysés Moussallem
Frederico Martins de Figueiredo de Paiva Britto

INTRODUÇÃO

Tendo em vista os enunciados prescritivos constitucionais, o presente capítulo se propõe a abordar **três questões**: (i) delinear os impactos da adoção do "princípio do destino", isto é, as consequências de sua implementação na lógica de arrecadação e partilha de receitas do Imposto sobre Bens e Serviços (IBS); (ii) analisar, a grandes rasgos, a configuração constitucional do **princípio do destino**, ou seja, quais são os elementos definitórios do conceito "tributar no destino" pela perspectiva do constituinte; (iii) examinar dois aspectos específicos dessa configuração constitucional do princípio do destino: primeiro, as consequências das **regras de transição** assimétricas para contribuintes e Fisco; e, segundo, os critérios de partilha da quota-parte do IBS destinada aos municípios.

Ao inserir o art. 149-B, I, no texto constitucional,[1] o constituinte instaurou uma simetria entre o IBS e a Contribuição sobre Bens e Serviços (CBS), configurando-os por assim dizer como **gêmeos bivitelinos**, diferenciados apenas pelas alíquotas e destinação das receitas.[2] Por isso, as premissas doravante firmadas são aplicáveis a ambas as espécies tributárias, ressalvadas as particularidades tratadas neste estudo no que se refere à divisão das receitas do IBS.

Retenha-se, dessarte, que, pelo corte metodológico adotado neste capítulo, o conceito de **tributar no destino** será examinado exclusivamente à luz dos enunciados constitucionais. Por essa razão, a novel Lei Complementar (LC) n.

1 Constituição Federal de 1988 (CF/88): "Art. 149-B. Os tributos previstos nos arts. 156-A e 195, V, observarão as mesmas regras em relação a: I – fatos geradores, bases de cálculo, hipóteses de não incidência e sujeitos passivos".

2 GAETA, Flávia H. *Comentários à EC 132/2023*: reforma tributária, 2024, p. 120.

214/2025[3] – que regula o IBS e o princípio do destino – não integra o espectro desta análise, sendo considerados apenas os efeitos **constitucionais** que sobre ela se projetam.

Embora sejam múltiplas as complexidades a serem exploradas em relação ao princípio do destino, em respeito à **cisão metodológica**, o estudo se limita à análise de sua **configuração constitucional**, e fá-lo no estrito campo das questões demarcadas anteriormente.

Com os cortes metodológicos devidamente delineados passa-se às discussões propostas.

ESTRUTURA CONSTITUCIONAL DO PRINCÍPIO DO DESTINO: IMPACTOS NA COMPETÊNCIA, CARGA TRIBUTÁRIA E REPARTIÇÃO DE RECEITAS

A escolha entre tributar **na origem** ou **no destino** suscita amplas discussões no estudo do critério espacial, seja devido a elementos insuficientemente elaborados e carentes de especificação[4] seja por impactar diretamente a legitimidade para a cobrança de tributos (sujeição ativa) e a correlata identificação do sujeito passivo.

As disputas em torno do critério espacial e sobre a dicotomia origem-destino são longevas. No Imposto sobre Serviços de Qualquer Natureza (ISS), nas chamadas **operações intermunicipais**, desde o Decreto-lei n. 406/68, o critério espacial adotado era considerado "falso"[5] e "esdrúxulo".[6] O cenário não mudou com LC n. 116/2003, criticada pela inconstitucionalidade e por ter "ampliado o caos já imperante",[7] ao manter-se a regra de primazia ao estabelecimento prestador (origem). Assim, é de longa data o estorvo para responder a uma questão aparentemente simples: o Município competente é o do domicílio do tomador ou do prestador do serviço?

No Imposto sobre Circulação de Mercadorias e Serviços (ICMS), as **operações interestaduais** também levantaram disputas entre estados produtores (origem) e consumidores (destino). Embora a Emenda Constitucional (EC) n. 87/2015, ao conferir nova redação ao art. 155, § 2º, VII e VIII, da CF/88, tenha

---

3 BRASIL. Lei Complementar n. 214, de 16 de janeiro de 2025. Institui o Imposto sobre Bens e Serviços (IBS), a Contribuição Social sobre Bens e Serviços (CBS) e o Imposto Seletivo (IS); cria o Comitê Gestor do IBS e altera a legislação tributária. Disponível em: https://www.planalto.gov.br/ccivil_03/leis/lcp/lcp214.htm. Acesso em: 2 fev. 2025.

4 CARVALHO, Paulo de Barros. *Direito tributário*: linguagem e método, 2021, p. 470.

5 MELO, José Eduardo Soares de. *ISS*: teoria e prática, 2023, p. 326.

6 BARRETO, Aires F; BARRETO, Paulo Ayres. *ISS na Constituição e na lei*, 2018, p. 527.

7 *Op. cit.*, p. 527.

reforçado o "princípio do destino" ao ampliar o Diferencial de Alíquota (Difal), o ICMS continuou a ser palco de intensas guerras fiscais, exacerbadas por incentivos fiscais concedidos unilateralmente à revelia do Conselho Nacional de Política Fazendária (Confaz) e pela dificuldade de regulamentação e implementação do Difal, como evidenciado no julgamento do Recurso Extraordinário (RE) n. 1.287.019 (Tema n. 1.093 de Repercussão Geral), no qual o STF determinou que a cobrança do Difal só poderia ocorrer a partir de 2023.[8]

À guisa de resolver as guerras fiscais e as disputas federativas pela arrecadação, a reforma tributária criou o Imposto sobre Bens e Serviços (IBS), cuja base ampla abarca as bases materiais do ICMS e do ISS, incidindo sobre qualquer estrutura negocial que implique circulação de riqueza,[9] e adotou a diretriz de distribuir o produto da arrecadação ao ente federativo de destino, conforme o art. 156-A, § 4º, II, da CF/88.[10]

Assim, a importância de uma análise do "princípio do destino" emerge de sua própria tessitura constitucional, cujos efeitos irradiarão as seguintes **consequências** estruturais no IBS e na CBS: (i) na identificação do **sujeito ativo**, condicionada pelos parâmetros que delimitam o conceito de "local de destino"; (ii) na **carga tributária**, influenciando as alíquotas, dado que cada ente federativo estabelecerá sua alíquota específica por meio de lei própria (art. 156-A, § 1º, V[11]), em consonância com o princípio do destino (art. 156-A, § 1º, VII[12]); (iii) na **repartição** das receitas tributárias (art. 156-A, § 4º, II).

Nessa trilha, qual seria o possível alcance semântico da expressão "tributar no destino" pela configuração dada pelo constituinte? Eis o próximo passo.

---

8 BRASIL. Supremo Tribunal Federal. Recurso Extraordinário n. 1.287.019, Tema n. 1.093 de Repercussão Geral. Relator: Min. Dias Toffoli. Brasília, DF, julgado em 24 fev. 2021. Disponível em: www.stf.jus.br. Acesso em: 9 nov. 2024.

9 CASTELLO, Melissa Guimarães. O IBS e a CBS na Constituição, 2024, p. 182.

10 CF/88, art. 156-A, § 4º, II: "Distribuirá o produto da arrecadação do imposto, deduzida a retenção de que trata o inciso I deste parágrafo, ao ente federativo de destino das operações que não tenham gerado creditamento".

11 CF/88, art. 156-A, § 1º, V: "O imposto previsto no *caput* será informado pelo princípio da neutralidade e atenderá ao seguinte: cada ente federativo fixará sua alíquota própria por lei específica".

12 CF/88, art. 156-A, § 1º, VII: "O imposto previsto no *caput* será informado pelo princípio da neutralidade e atenderá ao seguinte: será cobrado pelo somatório das alíquotas do Estado e do Município de destino da operação".

CONFIGURAÇÃO CONSTITUCIONAL: QUAIS SÃO OS POSSÍVEIS CRITÉRIOS DEFINITÓRIOS DA EXPRESSÃO "TRIBUTAR NO DESTINO"?

A EC n. 132/2023 introduziu o IBS no ordenamento jurídico brasileiro, estabelecendo suas diretrizes fundamentais sob os aspectos material, espacial e temporal. Ao texto constitucional foram incorporados os arts. 156-A e 156-B, que dispõem, respectivamente, sobre a competência para a instituição do IBS e sobre a estrutura e o funcionamento do Comitê Gestor do Imposto sobre Bens e Serviços, entidade responsável por viabilizar o exercício compartilhado da nova competência conferida.

Nos estritos lindes deste estudo, destaca-se, como primeira observação, uma peculiaridade: diferentemente do ISS e do ICMS (nos quais "critério espacial" opera como elemento definidor da "competência tributária" atribuída a municípios e estados), no IBS a jurisdição tributária é centralizada sob a égide de um Comitê Gestor nacional.

Esse aspecto evidencia uma **característica peculiar** da inédita "competência compartilhada" do IBS.

Em **regra**, quando reduzida a seu mínimo deôntico, a norma atributiva de competência tributária revela uma dualidade. De um lado, por meio de um **functor** de permissão, confere a determinado ente federativo o direito de instituir tributos específicos. De outro, por intermédio de uma prescrição negativa, estabelece aos demais entes a obrigação de abstenção,[13] de tal sorte que, onde um tributa, aos outros é vedado fazê-lo.[14]

É justamente aqui que incide uma exceção ou uma particularidade na arquitetura constitucional do IBS. A "competência compartilhada" entre estados, Distrito Federal e municípios parece subverter a interconectividade entre ação e delimitação espacial, dado que um mesmo tributo estará sujeito a ordens jurídicas parciais distintas, que **coexistem** sem a exclusividade da "competência tradicional", por assim dizer.

Não obstante, essa "competência compartilhada" apresenta uma **virtude** digna de nota: a capacidade de mitigar as dúvidas dos contribuintes quanto "a quem" (qual município?) o recolhimento deve ser direcionado e "qual" imposto (ISS ou ICMS?) deve ser recolhido. Isso se explica pelo fato de que, enquanto os entes se veem desprovidos de uma competência tributária exclusiva e da correlata perda do poder de arrecadação direta, incumbe a uma entidade nacional, o Comitê Gestor do Imposto sobre Bens e Serviços, centralizar a arre-

---

13 MOUSSALLEM, *Fontes do direito tributário*, 2006, p. 82.

14 OLIVEIRA, Regis Fernandes. *Curso de direito financeiro*, 2014, p. 110.

cadação e redistribuir os recursos, ainda que isso implique limitação na autonomia financeira das unidades.[15]

Voltemos, então, os olhos ao ponto fulcral, a saber: qual seria o alcance da expressão "tributar no destino"? Quais elementos de conexão aderem a tal conceito?

A análise passa pelo art. 156-A, § 5º, IV, da CF/88, cuja prescrição é a seguinte:

> Art. 156-A. Lei complementar instituirá imposto sobre bens e serviços de competência compartilhada entre Estados, Distrito Federal e Municípios.
> [...]
> § 5º Lei complementar disporá sobre:
> [...]
> IV – os critérios para a definição do destino da operação, que poderá ser, inclusive, o local da entrega, da disponibilização ou da localização do bem, o da prestação ou da disponibilização do serviço ou o do domicílio ou da localização do adquirente ou destinatário do bem ou serviço, admitidas diferenciações em razão das características da operação; [...]

De início, é preciso que o óbvio seja dito: não existe limitação ao "local do consumo". Nem poderia haver. Nesse sentido, há muito, Alfredo Augusto Becker já delineara a "ficção do consumo", demonstrando que o consumo pode ser juridicamente considerado antes mesmo de ocorrer materialmente. Tal construção demonstra como as presunções e ficções jurídicas conferem fundamento de validade para a praticabilidade em matéria tributária. Ou seja, o direito criando sua própria realidade.

No entanto, ao analisar a arquitetura constitucional, embora não se construa um parâmetro único para determinar o "local de destino da operação", o texto arrola critérios que poderão (*rectius:* **deverão**) ser seguidos pelo legislador infraconstitucional ao regulamentar o IBS pela via complementar (art. 156-A, § 5º, IV). Esses **elementos de conexão** são: (i) o local da entrega; (ii) o local da disponibilização ou da localização do bem; (iii) o local da prestação ou da disponibilização do serviço; (iv) o local de domicílio do adquirente; e (v) a localização do adquirente ou destinatário do bem ou serviço.

Nesse contexto, a qualificação da **tributação no destino** enquanto "princípio" (ainda que não se enverede pela densa análise que poderia perquirir se é **princípio** ou **regra**) confere aos elementos de conexão previstos no dispositivo

---

15 PADILHA, Giovanni. É preciso refletir sobre a centralização da arrecadação do IBS, 2023.

constitucional o caráter de **mandamentos de otimização**, caracterizados pela possibilidade de que venham a ser atendidos em diferentes graus.[16]

Dessa forma, **não se exige que os elementos de conexão estejam exclusivamente limitados ao "local de consumo"**, ainda que este se mantenha como paradigma, norte e prioridade. Essa primazia decorre da própria ideia subjacente aos tributos indiretos, os quais visam alcançar a capacidade contributiva que se manifestará *in concreto* no momento do consumo.[17]

Nesse sentido, pode-se traçar, em linhas gerais, as **conexões verbais** essenciais: **produzir = origem** e **consumir = destino**. Assim, os vetores axiológicos do "princípio do destino", com ênfase no lugar do "ato de consumo", permeiam e saturam a composição da mensagem deôntica, culminando na seguinte conclusão: "O legislador infraconstitucional adotou o princípio do destino, cujos elementos de conexão devem priorizar o local de consumo, ressalvando-se a possibilidade de adotar outros critérios, desde que justificáveis por razões de praticabilidade fiscal".

À guisa de conclusão, a definição de tributação no destino parece estruturar-se em uma concatenação de **elementos de conexão prioritários** que atribuem o **espectro semântico** das terminologias constitucionais do "**princípio do destino**":

(i) Nas operações envolvendo bens materiais, o local da entrega (tradição) ou da disponibilização do bem figura como o critério de conexão mais coerente. Rebecca Millar[18] defende essa linha em relação aos *proxies* tangíveis.

(ii) Nas operações relacionadas a imóveis, a localização do próprio imóvel desponta como o elemento mais adequado.

(iii) No âmbito da prestação de serviços, o elemento de conexão normalmente se parametriza pelo local onde o serviço é efetivamente prestado (*place of performance*) ou fruído pelo cliente (similar à regra *use or enjoyment*, aplicada no IVA europeu[19]).

(iv) No que diz respeito aos intangíveis, adota-se, como regra, o domicílio do destinatário como elemento de conexão viável, em razão da "desmaterialização, desterritorialização e desintermediação"[20] dessas operações.

---

16 ALEXY, Robert. *Teoria dos direitos fundamentais*, 2011, p. 90-1.

17 SCHOUERI, Luís Eduardo. *Direito tributário*, 2021, p. 427.

18 MILLAR, Rebecca. Echoes of source and residence in VAT jurisdictional rules, 2009, p.17.

19 UNIÃO EUROPEIA. *Diretiva 2006/112/CE do Conselho, de 28 de novembro de 2006*: relativa ao sistema comum do Imposto sobre o Valor Acrescentado. Artigo 58. Disponível em: https://eur-lex.europa.eu/legal-content/PT/TXT/?uri=CELEX:32006L0112. Acesso em: 10 out. 2025.

20 GRECO, Marco Aurélio. Tributação e notas tecnologias: reformular as incidências ou o modo de arrecadar? Um "simples" informático, 2018, p. 788.

Esses são, em linhas gerais, os possíveis elementos de conexão. Há, contudo, operações envolvendo bens materiais, imateriais ou serviços que apresentam particularidades por forma de execução ou consumo, assim como situações em que coexistem múltiplos elementos de conexão que escapam às regras. Essas questões, no entanto, **não** serão tratadas neste estudo, em razão dos limites cognitivos estabelecidos pelo viés estritamente constitucional.

PONTO CRÍTICO: "O PRINCÍPIO DO DESTINO" É REALMENTE UM "VALOR"? EM QUE MEDIDA E PARA QUEM?

A adoção do princípio do destino no direito interno, particularmente no âmbito das operações domésticas, suscita discussões profundas relacionadas aos tributos indiretos e ao federalismo fiscal, temas que transcendem os limites cognitivos deste estudo.

O enfoque recairá sobre **duas incoerências** do princípio do destino, especialmente quando apresentado como um "valor" estrutural do IBS: (i) as regras de transição; e (ii) os critérios de partilha de receitas aos municípios.

A **primeira incoerência** diz respeito às **regras de transição** e parte da seguinte **indagação**: como justificar que o princípio do destino foi verdadeiramente implementado diante de duas regras de transição com repercussões financeiras tão discrepantes? Para os contribuintes, a transição ocorrerá de 2026 a 2033, ano em que serão extintos o ICMS e ISS,[21] enquanto para os entes subnacionais se estenderá de 2029 a 2077.[22] Além disso, se durante cinco décadas a repartição das receitas permanecerá vinculada às médias arrecadatórias do ICMS e do ISS, ou seja, baseadas no critério da "origem",[23] como afirmar que o princípio do destino é um "valor"? A norma dirige-se "a quem" e em que "sentido"?

Lourival Vilanova, ao refletir sobre a estrutura lógica e contínua do sistema jurídico, explica que hipóteses e consequências jurídicas ocupam posições sintáticas relativas, sendo interdependentes no ordenamento normativo. Essa relação confere ao sistema uma **homogeneidade sintática**, assegurando sua coe-

---

21 Emenda Constitucional n. 132/2023, art. 129 do ADCT: "Ficam extintos, a partir de 2033, os impostos previstos nos arts. 155, II, e 156, III, da Constituição Federal".

22 EC n. 132/2023, art. 131, *caput*, do ADCT: "De 2029 a 2077, o produto da arrecadação dos Estados, do Distrito Federal e dos Municípios com o imposto de que trata o art. 156-A da Constituição Federal será distribuído a esses entes federativos conforme o disposto neste artigo".

23 EC n. 132/2023, art. 131, § 2º, do ADCT: "Na forma estabelecida em lei complementar, o montante retido nos termos do § 1º será distribuído entre os Estados, o Distrito Federal e os Municípios proporcionalmente à receita média de cada ente federativo, devendo ser consideradas".

rência e capacidade de absorver novas realidades sociais sem romper com sua **composição interna.**[24]

As regras de transição da reforma tributária parecem mitigar o "princípio do destino", uma vez que criam mecanismos discrepantes em termos de efeitos financeiros e temporais mitigando sua força prescritiva tendo em vista a "colcha de retalhos" normativa.

Para os contribuintes, o período de transição trará a coexistência de dois sistemas tributários até 2033, o que acarretará aumento na carga tributária, complexidade nos custos de conformidade e insegurança jurídica.

De outra mão, os entes subnacionais contarão com uma transição prolongada de 50 anos acompanhada de um "seguro-receita" que compensará integralmente suas perdas nos primeiros 20 anos e gradualmente será reduzido até 2077. Durante esse período, a arrecadação continuará a ser distribuída com base nas médias de 2019 a 2026, isto é, com base na tributação na origem.

Essa discrepância temporal expõe uma regra assimétrica, que impõe aos contribuintes adaptações imediatas, enquanto posterga para os entes subnacionais, até 2078, a plena implementação do princípio do destino como critério definitivo de repartição de receitas. Resta, então, o questionamento: para "quem", de fato, o princípio do destino é um "pilar"?

A **segunda incoerência** diz respeito à **partilha de** receitas entre os municípios, conforme o art. 158, § 2º, da Constituição Federal.[25]

O referido dispositivo estabelece que 80% das receitas municipais serão distribuídas proporcionalmente à população, enquanto os demais percentuais se baseiam em indicadores educacionais, ambientais e montantes iguais para todos os municípios do estado. Esse critério suscita questionamentos: como justificar a **omissão** do princípio do destino e dos indicadores associados ao "consumo" na partilha municipal? Por que a distribuição do IBS entre os municípios recorre preponderantemente à população, e não ao consumo, que é o núcleo e a *ratio* da tributação no destino?

Embora a população seja um critério relevante, ela não reflete o *consumo* enquanto manifestação de riqueza a ser onerada pelo IBS. Essa escolha gera

---

24 VILANOVA, Lourival. *As estruturas lógicas e o sistema do direito positivo*, 2006, p. 56.

25 CF/88: "Art. 158. Pertencem aos Municípios: [...] § 2º As parcelas de receita pertencentes aos Municípios mencionadas no inciso IV, *b*, serão creditadas conforme os seguintes critérios: I – 80% (oitenta por cento) na proporção da população; II – 10% (dez por cento) com base em indicadores de melhoria nos resultados de aprendizagem e de aumento da equidade, considerado o nível socioeconômico dos educandos, de acordo com o que dispuser lei estadual; III – 5% (cinco por cento) com base em indicadores de preservação ambiental, de acordo com o que dispuser lei estadual; IV – 5% (cinco por cento) em montantes iguais para todos os Municípios do Estado".

distorções, penalizando municípios com alta circulação de bens e serviços, mas com populações reduzidas. Além disso, a ausência de critérios vinculados ao consumo na distribuição das receitas municipais fragiliza a **coerência interna** dos dispositivos constitucionais que regem o IBS.

Essa diferenciação no tratamento dos municípios e dos estados para o mesmo tributo contraria o art. 151, I, da CF, que veda distinções ou preferências entre os entes federados. Invocam-se, neste ponto, as lições de Humberto Ávila, para quem as normas gerais tributárias devem assegurar uniformidade e coerência entre os entes subnacionais, resguardando o equilíbrio federativo.[26]

Por fim, não nos parece factível que o princípio do destino seja fundamental para a definição de alíquotas (art. 156-A, § 1º, V) e para a distribuição de receitas entre os estados (art. 156-A, § 4º, II), mas seja completamente desconsiderado na partilha de receitas entre os municípios.

CONCLUSÃO

O capítulo se dedicou ao estudo do "princípio do destino", nos limites dos enunciados constitucionais que lhe conformam. Nesse âmbito, foram defendidas três premissas que operam como alicerces dos argumentos defendidos em relação a sua moldura constitucional.

A **primeira** premissa, ainda que permeada por certa clareza, destaca que a arquitetura constitucional do "princípio do destino" tem *primo ictu oculi* a virtude de mitigar as incertezas dos contribuintes quanto "a quem" (isto é, a qual ente federativo) o recolhimento deve ser direcionado. Isso se dá em razão do amplo plexo de atribuições do Comitê Gestor, mitigando problemas vivenciados no âmbito do ISS durante décadas: os contribuintes frequentemente recolhiam o tributo ao "Município A", sem que isso os desonerasse de serem cobrados, com juros e multa, pelo "Município B".

A **segunda** premissa defende que o "princípio do destino", elevado à condição de norma constitucional e caracterizado como um mandamento de otimização, exerce uma força atrativa sobre os elementos de conexão vinculados ao "local de consumo". Tal primazia é intrinsecamente relacionada ao funcionamento da tributação indireta, que visa tributar a manifestação concreta de riqueza materializada no consumo. Entretanto, reconhece-se que razões de praticabilidade fiscal ou as peculiaridades inerentes à execução e ao consumo de bens imateriais ou serviços podem justificar a eleição de elementos de

26 ÁVILA, Humberto Bergmann. Limitações constitucionais para uma reforma tributária: o federalismo e a cassação legiferante dos Estados-Membros e dos municípios, 2019, p. 180.

conexão distintos do local de efetivo consumo, com base em presunções ou ficções legais, sem que isso desnature sua densidade constitucional e principiológica.

A **terceira** premissa evidencia as incongruências nas regras de transição e nos critérios de partilha de receitas, que fragilizam o princípio do destino enquanto "valor" da reforma tributária. Tais efemeridades se manifestam tanto nas regras de transição assimétricas entre contribuintes e entes subnacionais quanto na ausência de congruência que decorre do fato de o princípio do destino ser erigido como critério central para a arrecadação do IBS pelos estados, mas não ser adotado como critério para a distribuição de receitas aos Municípios.

Portanto, entre as virtudes aqui destacadas e a perspectiva de que tais incongruências possam ser resolvidas, espera-se que o princípio do destino se consolide no cumprimento de sua função precípua, para a qual o critério espacial da tributação está vocacionado: conferir segurança aos contribuintes sobre a quem recolher os tributos e assegurar equidade fiscal entre os entes federativos na partilha da arrecadação.

BIBLIOGRAFIA

ALEXY, Robert. *Teoria dos direitos fundamentais*. Tradução Virgílio Afonso da Silva. 2. ed. São Paulo: Malheiros, 2011.

ÁVILA, Humberto Bergmann. Limitações constitucionais para uma reforma tributária: o federalismo e a cassação legiferante dos Estados-Membros e dos Municípios. *In*: DERZI, Misabel de Abreu Machado; BATISTA JÚNIOR, Onofre Alves; SILVA, José Afonso Bicalho Beltrão da (orgs.). *Federalismo, ICMS e tendências*: segundo relatório ao governador do Estado de Minas Gerais. Belo Horizonte: Letramento, 2019.

BARRETO, Aires F.; BARRETO, Paulo Ayres. *ISS na Constituição e na lei*. 4. ed. São Paulo: Noeses, 2018.

BRASIL. *Constituição Federal de 1988*. Disponível em: https://www.planalto.gov.br/ccivil_03/constituicao/constituicao.htm. Acesso em: 2 fev. 2025

BRASIL. *Emenda Constitucional n. 132, de 20 de dezembro de 2023*. Altera o Sistema Tributário Nacional. Disponível em: https://www.planalto.gov.br/ccivil_03/constituicao/emendas/emc/emc132.htm. Acesso em: 10 out. 2025.

BRASIL. *Lei Complementar n. 214, de 30 de outubro de 2023*. Institui o Imposto sobre Bens e Serviços e dispõe sobre normas gerais aplicáveis à tributação sobre o consumo. Disponível em: https://www.planalto.gov.br/ccivil_03/leis/lcp/lcp214.htm. Acesso em: 2 fev. 2025.

BRASIL. Supremo Tribunal Federal. Recurso Extraordinário n. 1.287.019, Tema n. 1.093 de Repercussão Geral. Relator: Min. Dias Toffoli. Brasília, DF, julgado em 24 fev. 2021. Disponível em: www.stf.jus.br. Acesso em: 9 nov. 2024.

CARVALHO, Paulo de Barros. *Direito tributário*: linguagem e método. 8. ed. São Paulo: Noeses, 2021.

CASTELLO, Melissa Guimarães. O IBS e a CBS na Constituição. *In*: CALIENDO, Paulo; CASTELLO, Melissa Guimarães; KOCH, Mariana Porto (coords.). *Tributação na economia digital*. Rio de Janeiro: Lumen Juris, 2024.

GAETA, Flávia Holanda (coord.). *Comentários à EC 132/2023*: reforma tributária. São Paulo: Thomson Reuters Brasil, 2024.

GRECO, Marco Aurélio. Tributação e novas tecnologias: reformular as incidências ou o modo de arrecadar? Um "simples" informático. *In*: FARIA, Renato Vilela; SILVEIRA, Ricardo Maitto; MONTEIRO, Alexandre (coords.). *Tributação da economia digital*: desafios no Brasil, experiência internacional e novas perspectivas. São Paulo: Saraiva Educação, 2018.

MELO, José Eduardo Soares de. *ISS*: teoria e prática. 7. ed. São Paulo: Malheiros, 2023.

MILLAR, Rebecca. Echoes of source and residence in VAT jurisdictional rules. *In*: LANG, Michael; MELZ, Peter; KRISTOFFERSON, Eleonor (eds.). *Value added tax and direct taxation*: similarities and differences. The Netherlands: IBFD, 2009.

MOUSSALLEM, Tárek Moysés. *Fontes do direito tributário*. 2. ed. São Paulo: Noeses, 2006.

OLIVEIRA, Regis Fernandes. *Curso de direito financeiro*. 6. ed. São Paulo: RT, 2014.

PADILHA, Giovanni. É preciso refletir sobre a centralização da arrecadação do IBS. *JOTA*, 2023. Disponível em: https://www.jota.info/opiniao-e-analise/artigos/e-preciso-refletir-sobre-a-centralizacao-da-arrecadacao-do-ibs-21092023. Acesso em: 10 out. 2025.

SCHOUERI, Luís Eduardo. *Direito tributário*. 10. ed. São Paulo: Saraiva Educação, 2021.

SENADO FEDERAL. Reforma tributária de ponta a ponta. *Portal de Notícias do Senado*, 8 nov. 2023. Disponível em: https://www12.senado.leg.br/noticias/materias/2023/11/08/reforma-tributaria-de-ponta-a-ponta. Acesso em: 10 out. 2025.

UNIÃO EUROPEIA. *Diretiva 2006/112/CE do Conselho, de 28 de novembro de 2006: relativa ao sistema comum do Imposto sobre o Valor Acrescentado*. Artigo 58. Disponível em: https://eur-lex.europa.eu/legal-content/PT/TXT/?uri=CELEX:32006L0112. Acesso em: 10 out. 2025.

VILANOVA, Lourival. *As estruturas lógicas e o sistema do direito positivo*. 5. ed. São Paulo: Noeses, 2006.

Capítulo **6**

O princípio do destino no IBS e o novo ideal de legitimação democrática do gasto público

Melissa Guimarães Castello

INTRODUÇÃO

A reforma da tributação do consumo tem três eixos estruturantes, que impactarão de forma extraordinária o modelo de Estado brasileiro: a simplificação da legislação tributária, a garantia de não cumulatividade ampla e a migração do local de incidência dos tributos, que passarão a ser devidos no estado e no município de destino. Muito já se escreveu sobre os dois primeiros eixos, questionando-se se a simplificação será tão ampla como originalmente pretendido, e se há amarras jurídicas suficientemente robustas para garantir a desejada não cumulatividade.

Por outro lado, o estudo dos impactos da tributação no destino tem sido mais tímido, ainda que essa migração vá reestruturar todo o equilíbrio financeiro do país. E é exatamente por essa maior timidez que este artigo vai se dedicar à tributação no destino, principiando pela definição do que deve ser compreendido como princípio do destino.

Como também será abordado no artigo, as especificidades do imposto sobre valor agregado dual, que foi criado pela Emenda à Constituição (EC) n. 132/2023, tornam a delimitação do local de incidência do tributo muito mais complexa no Brasil do que no restante dos países que utilizam tributos no estilo Imposto sobre Valor Agregado (IVA). Estabelecidas essas diretrizes estruturantes da tributação no destino, este tópico se dedicará a analisar o detalhamento dos critérios de definição do local do fato gerador, que foi feito no art. 11 da Lei Complementar (LC) n. 214/2025. Como será demonstrado, o nível de detalhamento desses critérios gera complexidade e torna essencial o trabalho de um intermediário, que fique responsável por arrecadar de forma centralizada o tributo, repartindo a receita entre estados e municípios. Esse é o papel do

Comitê Gestor do Imposto sobre Bens e Serviços (IBS), previsto no art. 156-B da Constituição.

Por outro lado, a migração da incidência na origem para a incidência no destino, tal como prevista no art. 156-A, § 1º, VII, da Constituição, representa um ganho de poder democrático para todos os consumidores, que, ao fim e ao cabo, são os reais contribuintes de impostos sobre o consumo. Essa é a conclusão a que se chega no tópico "O novo ideal de legitimação democrática do IBS brasileiro".

A RELEVÂNCIA DOS CRITÉRIOS DE ORIGEM E DESTINO PARA A MODELAGEM DE TRIBUTOS DO TIPO IVA

Internacionalmente, analisar se um tributo deve ser cobrado na origem ou no destino é matéria que diz respeito às operações de importação e exportação. O debate de fundo deste tema passa pela definição do local de ocorrência do fato imponível dos IVA – se na origem, onde está estabelecido o fornecedor, ou no destino, onde reside o adquirente do bem ou do serviço. Como a maioria dos países que cobram tributos no modelo sobre o valor agregado definem esse tributo como sendo de competência do ente federal e/ou governo central, nas operações internas não há que se falar em origem e destino, mas nas exportações esse é um critério de delimitação de competência relevante.

No Brasil, é assim que vai ocorrer na Contribuição sobre Bens e Serviços (CBS): como a receita da CBS acaba nos cofres da União, nas operações internas pouco importa se o tributo é devido na origem ou no destino, pois o resultado prático é o mesmo. Para a CBS, o debate origem x destino é um debate de importação e exportação, sendo certo que as exportações são desoneradas, onerando-se as importações com carga de CBS equivalente à que incide sobre o produto similar nacional.

Mas no IBS é diferente: quando se está diante de tributos de competência estadual ou municipal, o critério origem ou destino muda tudo também na operação interna, pois, a depender do critério adotado, o sistema tributário beneficiará estados e municípios produtores ou estados e municípios consumidores. Ao fim e ao cabo, é uma opção política. E essa escolha foi modificada no Brasil após a EC n. 132/2023, como será detalhado no tópico seguinte.

Tanto em operações internacionais quanto em operações internas entre entes federados, a incidência na origem ou no destino modifica a própria estrutura de um IVA. Se a tributação ocorrer no destino, todos os fornecedores terão as mesmas condições de competitividade para acessar determinado consumidor; e, se a tributação ocorrer na origem, serão os consumidores que estarão em posição de igualdade, pois podem escolher consumir no local em que a tributação for menor.[1]

Ocorre que os próprios conceitos de "origem" e "destino" não são tão claros quanto aparentam ser a um primeiro olhar. Nesse sentido, Ebrill *et al.*[2] afirmam que, enquanto há certo consenso sobre o significado do princípio do destino – o IVA deve ser cobrado no local onde está o adquirente –, o significado do princípio da origem é menos claro. Na União Europeia, por exemplo, classifica-se a tributação como "na origem" mesmo nos casos em que o país de origem se limita a arrecadar o IVA, e redistribuir o produto da arrecadação para o país de destino.[3] Esse critério é distinto daquele adotado pela maioria dos autores, que usualmente classificam a tributação como "na origem" quando os recursos decorrentes da arrecadação pertencem ao Estado onde está estabelecido o fornecedor.[4] Para essa linha teórica, o tributo arrecadado pelo país de origem (onde está estabelecido o fornecedor), mas entregue ao país de destino (onde reside o adquirente), seria um tributo no destino, pois o impacto financeiro é no destino, ao contrário do que é considerado pela União Europeia.

Como se viu ao longo da tramitação do Projeto de Lei Complementar n. 68/2024, que deu origem à LC n. 214/2025 (e como será abordado ao longo do tópico seguinte), o critério de destino também pode gerar dúvidas: nos casos em que o adquirente compra o bem ou o serviço, mas define que sua entrega deve ser feita para um terceiro, residente ou estabelecido em localidade diversa daquela em que está o adquirente, o tributo deve ser recolhido aos cofres públicos do ente em que estabelecido o adquirente ou do local em que está o destinatário do bem ou do serviço? Essa simples pergunta deixa claro que o critério de destino também pode suscitar dúvidas e questionamentos.

Seja como for, e como bem esclarece Guimarães,[5] IVA são tributos que incidem sobre o consumo, devendo ser arrecadados para o local em que ocorre o consumo. Por isso se torna tão relevante a adoção do princípio do destino. Nas operações internacionais, a possibilidade de adoção do princípio do destino costuma ser vista como uma grande vantagem dos IVA, desonerando as exportações e permitindo a incidência tributária sobre produtos importados, quando do desembaraço aduaneiro.[6] Contudo, essa facilidade de implementação do princípio do destino costuma ficar restrita à circulação dos bens tangíveis. A

1 OECD, *International VAT/GST Guidelines*, 2017, p. 15.
2 EBRILL, Liam *et al. The modern VAT*, 2001, p. 176.
3 EBRILL, Liam *et al., op. cit.*, p. 176.
4 EBRILL, Liam *et al., op. cit.*, p. 176-7.
5 GUIMARÃES, Vasco Branco. A tributação do consumo no Brasil: uma visão europeia, 2007, p. 41.
6 CNOSSEN, Sijbren. Global trends and issues in value added taxation, 1998, p. 411.

circulação de serviços e bens intangíveis não se submete ao controle alfandegário, dada sua falta de materialidade, o que traz complexidade para a implementação do princípio do destino até mesmo nas operações internacionais. Esse tema, que foge ao escopo do presente capítulo, foi adequadamente abordado pelo novo IVA brasileiro, por meio da responsabilização do intermediário digital.[7]

Mas o debate entre tributação na origem e no destino se torna ainda mais complexo em mercados onde o IVA é cobrado por entes federados, tais como o Brasil. Nesse caso, Guilherme Della Garza Ronzani[8] afirma que os preceitos constitucionais que determinam a tributação na origem e/ou no destino compõem o arcabouço do princípio federativo, motivo pelo qual a definição entre origem e destino está intrinsecamente associada ao modelo de integração pretendido pelo constituinte. Em síntese, emerge a dúvida: queremos privilegiar fornecedores ou consumidores?

Essa pergunta norteia os IVA de âmbito nacional, onde o problema do critério origem × destino se limita à definição do aspecto financeiro da arrecadação. Uma vez definido qual é o país que tem competência tributária, a ele compete exigir a exação, bem como impor todas as obrigações acessórias. Nos IVA subnacionais, por outro lado, o problema do critério espacial se subdivide: deve ser analisado não só o aspecto financeiro da arrecadação (qual estado ou município tem direito de receber os recursos oriundos do IVA), mas também as obrigações acessórias impostas ao contribuinte (para qual estado ele deve declarar e pagar o imposto). O modelo de integração pretendido será severamente impactado pela escolha do local em que deve ocorrer a tributação.

Em relação ao aspecto financeiro, a tributação na origem era defendida como modelo que resguardava os interesses do estado produtor, na medida em que o produto da arrecadação é mantido no estado ou município que tem maior produção econômica. Não obstante, Aliomar Baleeiro[9] já apontava a iniquidade desse modelo: os cidadãos do local de destino acabam pagando tributos para a manutenção de serviços públicos no estado e no município de origem, serviços estes que eles nunca utilizarão.

Por outro lado, a adoção pura e simples do critério do destino em IVA duais gera uma complexidade praticamente intransponível: considerando que o tributo deve reverter aos cofres públicos do local em que está estabelecido ou é residente o consumidor de bens e serviços, a adoção pura e simples do critério do destino demanda que os fornecedores arrecadem tributos para todas as lo-

---

7 Sobre a responsabilidade tributária de plataformas, *vide* CASTELLO, Melissa Guimarães. *Um novo IVA?*, 2021, p. 215 e seg.

8 RONZANI, Guilherme Della Garza. Princípios da tributação na origem e da tributação no destino no contexto da "guerra fiscal", 2008, p. 190.

9 BALEEIRO, Aliomar. *Uma introdução à ciência das finanças*, 2012, p. 489.

calidades onde estiverem seus consumidores. Na prática, uma empresa com penetração nacional precisaria arrecadar o IBS, de forma separada, para todos os municípios brasileiros. É evidente que impor tal obrigação aos contribuintes não seria razoável, motivo pelo qual a EC n. 132/2023 adotou solução distinta, centralizando a arrecadação do IBS no Comitê Gestor de que trata o art. 156-B da Constituição, o qual ficará responsável por dividir o produto da arrecadação entre os entes da Federação.

Assim, o país conjugou a facilidade administrativa de permitir que o contribuinte pague o imposto de forma centralizada – para o Comitê Gestor do Imposto sobre Bens e Serviços (IBS) – com a implementação do princípio do destino não só nas operações internacionais, como também nas internas. De acordo com o art. 156-B, II, da Constituição, compete ao Comitê Gestor assegurar a observância do princípio do destino, já que ele fica responsável por "efetuar as compensações e distribuir o produto da arrecadação entre Estados, Distrito Federal e Municípios". Essa sua competência é essencial para a implementação do princípio do destino em um IVA dual, como será demonstrado a seguir.

O IBS BRASILEIRO E AS ESPECIFICIDADES DO PRINCÍPIO DO DESTINO EM UM IVA DUAL

Como visto anteriormente, o princípio do destino é de fácil implementação na esfera internacional, quando bens tangíveis circulam entre fronteiras de estados soberanos. Contudo, ele apresenta alguns desafios no que toca à circulação de serviços e de bens intangíveis, e se torna ainda mais complexo quando aplicado em um cenário de mercado integrado, tal como o brasileiro, que prevê receitas do IVA dual para as três esferas da Federação. Tanto é assim que Ebrill *et al.*[10] já anteviam que as questões mais controvertidas sobre o *design* dos IVA seriam precisamente aquelas decorrentes da intensificação da integração econômica.

De fato, para cobrar um imposto sobre o consumo em mercados integrados, é necessário um rígido controle da circulação de bens e serviços, definindo-se exatamente de onde eles saem, e para onde eles vão. Ao contrário das operações internacionais com bens tangíveis – que têm no desembaraço aduaneiro um ponto claro de controle da implementação do princípio do destino –, as vendas em mercados integrados, as interestaduais ou as intermunicipais não passam por controle alfandegário. De fato, beiraria o absurdo imaginar o controle físi-

---

10 EBRILL, Liam *et al.*, *op. cit.*, 2001, p. 176.

co de circulação de bens e serviços entre dois municípios de um mesmo estado, por exemplo.

O problema se agrava quando rememoramos que nas operações internacionais usualmente é o adquirente, na condição de destinatário do bem, que deve arcar com o imposto devido na operação.[11] Isso porque o Estado de destino tem *jus imperii* somente sobre o adquirente, e não sobre o alienante. Transpondo esse modelo para o nível subnacional, seria natural atribuir ao adquirente a responsabilidade pelo pagamento do imposto (tal como é feito no ICMS, que atribui ao adquirente o pagamento do imposto devido nas operações interestaduais, quando este for contribuinte do tributo, na forma do art. 155, § 2º, VIII, *a*, da Constituição).

Mas essa técnica acaba por criar certa barreira ao comércio, por atribuir trâmites burocráticos distintos quando se está diante de operação interna (em que somente o fornecedor faz parte da relação Fisco-contribuinte) ou operação interestadual (em que o fornecedor tem obrigações tributárias perante a autoridade fiscal do estado de origem, e o adquirente tem obrigações tributárias perante a autoridade do estado de destino). Essa limitação à livre circulação de bens e serviços no âmbito do território nacional é absolutamente inadmissível nos tempos atuais, em que compras *online* passaram a representar significativa parcela do consumo brasileiro. Portanto, para bem funcionar, o IBS precisava se desvencilhar dessa amarra.

E, como dito anteriormente, a forma de se desvencilhar foi exatamente por meio da criação do Comitê Gestor do IBS. Com o Comitê Gestor, foi possível reunir a praticidade da tributação na origem (pois o contribuinte mantém relação com uma única autoridade para realizar o pagamento do tributo) com a legitimação democrática da tributação no destino (pois o consumidor final vê o resultado do pagamento de tributos, por meio de investimento público no local de sua residência).

Não obstante, é necessário pontuar que a função de centralizador da arrecadação tributária, atribuída ao Comitê Gestor, gera críticas no sentido de que se estaria violando o pacto federativo brasileiro, por superposição do Comitê Gestor sobre os entes da Federação.[12] Contudo, considerando que a EC n. 132/2023 previu a transferência imediata dos recursos arrecadados de IBS para estados e

---

11 Essa regra está prevista para o IBS e a CBS, conforme o art. 21, III, da LC n. 214/2025, e também é a regra para os atuais tributos sobre o consumo. Contudo, há exceções expressamente previstas no projeto de lei complementar, tais como a responsabilização das plataformas digitais, na condição de intermediárias na operação de importação, ou do próprio fornecedor estrangeiro (arts. 22 e 23 da LC n. 214/2025).

12 MENDONÇA, Mauritânia Elvira de Sousa. As competências do Comitê Gestor do IBS, 2024, p. 463-4.

municípios,[13] é possível constatar que houve a adequada preservação da autonomia dos entes da Federação.

Partindo da premissa de que não há supressão da autonomia federativa de estados e municípios, o Comitê Gestor, após arrecadar o IBS, terá que destinar as receitas para o estado e o município corretos. Mais uma vez, essa problemática é menos tormentosa na circulação de bens tangíveis do que na circulação de serviços ou intangíveis, os quais demandam maior detalhamento por parte do legislador.

É disso que trata o art. 11 da LC n. 214/2025, que traz como regra que o local da operação, na circulação de **bem móvel** material, é o local da entrega ou disponibilização do bem ao destinatário (art. 11, I, da LC n. 214/2025). Esse critério é suficientemente objetivo para não deixar margem a dúvidas. Onde o bem material for entregue, incidirá o tributo. Contudo, aqui é pertinente uma pequena observação: por opção do legislador complementar, o local da operação é o local de entrega **ao destinatário**, mesmo quando o adquirente estiver em outra localidade. Ainda no que diz respeito ao fornecimento de bens móveis, é pertinente destacar o previsto no art. 11, § 1º, II, que se afasta da regra geral ao definir que, nas operações com veículos automotores, o local da operação é o do domicílio principal do destinatário, mesmo quando a aquisição ocorrer em outra localidade.

Outra regra do art. 11 que não demanda maiores digressões é a de seu inciso II, de acordo com o qual os **bens imóveis** atraem a competência tributária para sua localidade. Dessa forma, quando houver operação com bem imóvel; com bem móvel imaterial, inclusive direito, relacionado a bem imóvel; com serviço prestado fisicamente sobre bem imóvel; ou com serviço de administração e intermediação de bem imóvel, o IBS será devido ao estado e ao município em que localizado o imóvel.

No que toca aos serviços, por outro lado, a definição do local da operação se torna um pouco mais tormentosa. Em um primeiro bloco, temos os **serviços prestados presencialmente**. Para essas situações, o local da operação será o local da prestação (art. 11, III, IV e V). A mesma lógica se aplica para os serviços de telefonia fixa e demais serviços de comunicação prestados por meio de cabos etc., caso em que o local da operação é o de instalação do terminal (art. 11, IX).

Em um segundo bloco, temos os **serviços de transporte**, que trazem regras distintas de acordo com o objeto de transporte. No caso de transporte de passageiros, o local da operação será o local de seu início (art. 11, VI). Aqui, é pertinente esclarecer a razão dessa regra, que em um primeiro momento pode parecer contrária ao princípio do destino: o local de início do serviço de trans-

13 MENDONÇA, *op. cit.*, p. 464.

porte pode ser objetivamente definido entre os envolvidos na operação, ao passo que o local de término nem sempre é conhecido (imagine-se a situação de transporte intermunicipal, em que o passageiro pode descer do ônibus ou metrô em qualquer das paradas, atravessando diversos municípios e pagando a mesma tarifa). Por outro lado, o serviço de transporte de carga tem como local da operação o local da entrega da carga, uma vez que esse local é conhecido de todos os envolvidos (art. 11, VII). Ainda no bloco de serviços de transporte, a regra do inciso VIII do art. 11 determina que os serviços de exploração de via pagarão IBS *pro rata*, de acordo com a extensão da via em cada município ou estado. Essa regra, que pode parecer de difícil implementação, já existe para definir a incidência de ISS sobre o mesmo serviço (LC n. 116/2003, art. 3º, § 2º).

Por fim, o inciso X do art. 11 traz a regra aplicável aos **demais serviços ou bens imateriais**. Nesse caso, na ausência de uma prestação presencial, presume-se que o local da operação é o domicílio do adquirente, no caso de operações onerosas; ou do destinatário, no caso de operações não onerosas. Essa regra deve ser lida em conjunto com o § 3º do art. 11, que detalha os critérios para definição do domicílio do adquirente ou do destinatário. Como regra, estes se consideram domiciliados no local constante do cadastro com identificação única de que trata o art. 59 da LC n. 214/2025, que adotará por base os dados dos cadastros de CPF e CNPJ.

Ao enumerar as diversas espécies de operações com bens e serviços, que demandam do legislador um esforço para adequadamente definir o local da operação, percebe-se a complexidade de estabelecer um IVA subnacional: na ausência de controle de fronteira, a lei deve estabelecer claramente onde ocorre a operação, sob pena de gerar conflitos de competência entre estados e municípios. A LC n. 214/2025 entra em minúcias nessa regulamentação,[14] atendendo ao anseio de pacificação de conflitos.

Contudo, sempre subsiste a pergunta: não seria melhor tributar na origem, evitando toda essa complexa regulamentação? A resposta é negativa, pelos motivos apresentados a seguir.

O NOVO IDEAL DE LEGITIMAÇÃO DEMOCRÁTICA DO IBS BRASILEIRO

Como visto ao longo dos dois tópicos anteriores, com a introdução do IBS no sistema tributário nacional vamos mudar de um critério de tributação misto, mas majoritariamente na origem (uma vez que a receita do ICMS nas ope-

---

14 O art. 11 vai além do que foi apresentado neste capítulo, prevendo outras definições específicas em seus parágrafos, motivo pelo qual se recomenda a leitura na íntegra do artigo.

rações interestaduais é dividida entre estados de origem e destino, e que o ISS tem como regra a tributação exclusivamente na origem e como exceção situações em que o imposto é devido no destino, a depender do serviço prestado), para uma tributação unicamente no destino. Finalmente, os consumidores brasileiros se beneficiarão dos serviços públicos que eles ajudaram a custear, por meio do consumo de cada um de nós, tal como há muito tempo já defendido por Baleeiro.[15]

Outro ponto relevante no que toca à implementação do princípio do destino diz respeito ao fato de que o IBS terá a alíquota definida por lei estadual ou municipal de cada ente da Federação. Conforme o art. 156-A, § 1º, V, c/c o art. 14, II e III, da LC n. 214/2025, essa é a única competência que foi resguardada para os estados e municípios de forma autônoma: cada um pode definir o valor que pretende cobrar de imposto em seu território, por lei de iniciativa do chefe do Poder Executivo, regularmente aprovada pelas Câmaras Municipais ou Assembleias Legislativas. Como bem destaca Larissa Lacks,[16] a alíquota definida por estados e municípios será única, aplicável a todos os bens e serviços, impactando, inclusive, as alíquotas reduzidas (cujos redutores serão calculados sobre a alíquota estadual ou municipal).

Nesse ponto, o vínculo entre política tributária e legitimação democrática se torna evidente. Com o critério hoje adotado na tributação sobre o consumo – critério misto, com primazia de incidência na origem –, o processo decisório na estruturação da política tributária passa pelo resguardo dos interesses dos produtores, que sabidamente pressionam a classe política por vantagens tributárias, em troca de estabelecer seus empreendimentos em determinado estado ou município. Essas vantagens são pouco transparentes, e geralmente concedidas por decreto do Poder Executivo, sem passar pelo controle legislativo inerente à inclusão no orçamento público.[17] Essa é, de forma extremamente simplificada, a origem de um dos principais problemas identificados no ICMS: a chamada guerra fiscal.

Adotando-se o critério do destino, por outro lado, a pressão política se altera drasticamente. A classe política não tem mais como oferecer vantagens tributárias para atrair investimento para seus estados e municípios, já que o produto da arrecadação tributária não permanece no local onde os bens ou serviços são produzidos. Em outras palavras, com a alteração do princípio da origem para o do destino, o sistema tributário deixa de estimular a guerra fiscal.

---

15 BALEEIRO, *op. cit.*, 2012, p. 489.

16 LACKS, Larissa. As alíquotas do IBS, 2024, p. 199.

17 LACKS, *op. cit.*, p. 201-2.

Pelo mesmo motivo, a alteração dá ao consumidor maior poder no processo decisório: como dito anteriomente, os parlamentos estaduais e municipais têm a competência para definir a alíquota que será cobrada de IBS nos respectivos territórios. E, por se tratar de um tributo sobre o consumo, a alíquota do IBS impacta diretamente no custo dos bens e serviços consumidos naquele ente da Federação. Consumidores bem informados pressionarão seus parlamentos para que a alíquota seja mantida em níveis módicos, proporcionais aos serviços públicos prestados por cada ente.

Por consequência, com a reforma tributária os consumidores não só usufruirão diretamente dos benefícios sociais decorrentes da arrecadação tributária do IBS, que será reinvestido no ente da Federação onde cada consumidor consome (de acordo com os parâmetros estatuídos no art. 11 da LC n. 214/2025), como também terão condições de exercer maior controle social sobre a modicidade da alíquota efetivamente cobrada por seu estado e seu município. Isso porque, caso os parlamentos estaduais e municipais definam as alíquotas de IBS em percentuais considerados exacerbados pela população, inevitavelmente os consumidores – na posição de eleitores – pressionarão por mudanças políticas, bem exercendo a legitimação democrática que lhes é atribuída pelo art. 1º, parágrafo único, da Constituição.

Nota-se que, com a reforma, migramos de um modelo que estimulava a classe política a conceder benefícios tributários pontuais, para determinados produtores instalarem seus estabelecimentos no território de cada ente tributante, para um modelo que estimula o controle social da carga tributária, por meio da decisão de cada consumidor, que é, ao fim e ao cabo, o eleitor.

Com a mudança, temos um novo desafio: para que o ideal de legitimação democrática do sistema tributário se torne realidade, temos de municiar o consumidor/eleitor/cidadão com informações claras e transparentes sobre o sistema tributário. Só assim ele poderá decidir – nas urnas – se o IBS que lhe é exigido vale o quanto pesa.

BIBLIOGRAFIA

BALEEIRO, Aliomar. *Uma introdução à ciência das finanças*. 18. ed. Rio de Janeiro: Forense, 2012.

CALIENDO, Paulo; CASTELLO, Melissa Guimarães; KOCH, Mariana Porto. *O IBS e a CBS na Constituição*. Rio de Janeiro: Lumen Juris, 2024.

CASTELLO, Melissa Guimarães. *Um novo IVA?* Os tributos sobre o consumo e a economia digital. São Paulo: Noeses, 2021.

CNOSSEN, Sijbren. Global trends and issues in value added taxation. *International Tax and Public Finance*, Netherlands: Kluwer, n. 5, p. 399-428, 1998.

EBRILL, Liam *et al*. *The modern VAT*. Washington: IMF, 2001.

GUIMARÃES, Vasco Branco. A tributação do consumo no Brasil: uma visão europeia. *In*: SARAIVA FILHO, Oswaldo Othon de Pontes; VASQUES, Sérgio; GUIMARÃES, Vasco Branco. *IVA para o Brasil:* contributos para a reforma da tributação do consumo. Belo Horizonte: Fórum, 2007.

LACKS, Larissa. As alíquotas do IBS. *In*: CALIENDO, Paulo; CASTELLO, Melissa Guimarães; KOCH, Mariana Porto. *O IBS e a CBS na Constituição*. Rio de Janeiro: Lumen Juris, 2024. p. 187-206.

MENDONÇA, Mauritânia Elvira de Sousa. As competências do Comitê Gestor do IBS. *In*: CALIENDO, Paulo; CASTELLO, Melissa Guimarães; KOCH, Mariana Porto. *O IBS e a CBS na Constituição*. Rio de Janeiro: Lumen Juris, 2024. p. 455-75.

ORGANIZATION FOR ECONOMIC CO-OPERATION AND DEVELOPMENT (OECD). *International VAT/GST Guidelines*. Paris: OECD, 2017.

RONZANI, Guilherme Della Garza. Princípios da tributação na origem e da tributação no destino no contexto da "guerra fiscal". *In:* SILVA, Paulo Roberto Coimbra; BERNARDES, Flávio Couto; FONSECA, Maria Juliana. *Tributação sobre o consumo*. São Paulo: Quartier Latin, 2008.

Capítulo **7**

Sujeição passiva do IBS e da CBS e os novos critérios para atribuição de responsabilidade tributária

Maria Rita Ferragut

INTRODUÇÃO

Dentre as diversas inovações normativas contempladas na Lei Complementar n. 214/2025 (LC n. 214/2025), destacamos as novas hipóteses de responsabilidade tributária. Neste capítulo trataremos do **art. 24, V, *a* e *b***, que dispõem sobre a solidariedade do terceiro que **concorre**, ativa ou passivamente, para o descumprimento de obrigações tributárias, bem como do **art. 22, I e II e parágrafos**, que respectivamente dispõem sobre a substituição e a solidariedade tributárias das plataformas digitais, pelo recolhimento do Imposto sobre Bens e Serviços (IBS) e da Contribuição sobre Bens e Serviços (CBS) relativos às operações realizadas por seu intermédio, em substituição ao fornecedor, caso este seja residente ou domiciliado no exterior, e solidariamente com o contribuinte, caso este seja residente ou domiciliado no Brasil e não tenha se inscrito nos cadastros da CBS e do IBS, ou não registre a operação em documento fiscal eletrônico.

As novas regras, desde que operacionalizadas dentro de alguns limites, são bem-vindas. Não vivemos mais o mesmo mundo de antes: a dinâmica dos negócios, o acesso à informação e a conformidade fiscal mudaram.

Atribuir responsabilidade tributária a terceiros que concorrem para o ilícito é medida que se faz necessária e chega tardia. Se há anos vimos defendendo que o interesse comum do art. 124, I, do Código Tributário Nacional (CTN) não poderia ser utilizado como salvaguarda para toda e qualquer responsabilização de terceiros – dada a evidente ausência de autorização legal apta a responsabilizá-los em diversas situações –, essa indesejável lacuna normativa, ao menos para o IBS e a CBS, pode estar com os dias contados com a LC n. 214/2025.

Ademais, atribuir responsabilidade às plataformas digitais, além de alinhar o Brasil às práticas internacionalmente adotadas, transfere a fiscalização de inúmeros pequenos contribuintes a poucas e grandes empresas de tecnologia, de forma a contribuir para o adimplemento das obrigações tributárias e simplificar sobremaneira a fiscalização.

Questão que se coloca é se existem limites para tais atribuições de responsabilidade, já que terceiros não podem ser obrigados a substituir o Estado na fiscalização, e tampouco lhes ser criado um complexo e oneroso rol de controles tributários necessários à conformidade fiscal própria e de terceiros, clientes e fornecedores.

É o que trataremos neste capítulo.

SUJEIÇÃO PASSIVA NO IBS E NA CBS

Sujeito passivo da obrigação tributária é a pessoa física ou jurídica, privada ou pública, detentora de personalidade, e de quem juridicamente se exige o cumprimento da prestação. Consta, obrigatoriamente, do polo passivo de uma relação jurídica, única forma que o direito reconhece de obrigar alguém a cumprir determinada conduta.

Os incisos I e II do parágrafo único do art. 121 do CTN elegem duas espécies de sujeitos passivos para a relação jurídica tributária: o contribuinte, identificado como a pessoa que tem relação direta e pessoal com o fato jurídico, e o responsável, a pessoa que, embora não tenha relação direta e pessoal com o fato, é eleita pela lei para satisfazer a obrigação tributária.

Ao analisarmos as novas hipóteses de sujeição passiva contempladas no contexto da reforma tributária, é imperioso iniciarmos com o art. 156-A, § 3º, da Constituição, introduzido pela Emenda Constitucional (EC) n. 132/2023, que prevê que "lei complementar poderá estabelecer como sujeito passivo do IBS e da CBS pessoa que concorrer para a realização, execução ou o pagamento da operação, ainda que residente ou domiciliada no exterior".

Portanto, encontra-se constitucionalmente prevista a possibilidade de a legislação complementar introduzir novas regras de responsabilidade tributária, cabendo-nos analisar se a LC n. 214/2025, ao ser cotejado com o enunciado constitucional e demais normas gerais previstas no CTN, resiste ao teste de validade.

Contribuintes

A LC n. 214/2025 enumera, em seu art. 21, os contribuintes do IBS e da CBS, quais sejam:

- O **fornecedor** que realizar operações (i) no desenvolvimento de atividade econômica; (ii) de modo habitual ou em volume que caracterize atividade econômica e (iii) de forma profissional, ainda que a profissão não seja regulamentada.

- O adquirente, ainda que não enquadrado no inciso I do art. 21, na aquisição de bem: a) apreendido ou abandonado, em licitação promovida pelo poder público; ou b) em leilão judicial. O importador e aquele previsto expressamente em outras hipóteses na LC n. 214/2025.

Já os optantes pelo Simples Nacional ou pelo MEI – Microempreendedor Individual ficam sujeitos às regras desses respectivos regimes, salvo se decidirem apurar e recolher a CBS e o IBS pelo regime regular, hipótese em que se sujeitarão à LC n. 214/2025.

Responsáveis tributários

Em que pese o disposto no art. 156-A, § 3º, da Constituição, a Carta Magna não prescreve quem deva ser o sujeito passivo das relações jurídicas tributárias, deixando para o legislador infraconstitucional essa atribuição. Mas será que qualquer pessoa pode ser colocada, pela lei, na posição de sujeito passivo, ou existe algum limite à definição legal da responsabilidade tributária?

Entendemos que o legislador ordinário é livre para eleger qualquer pessoa como responsável, dentre aquelas pertencentes ao conjunto de indivíduos que estejam indiretamente vinculadas ao fato jurídico tributário, ou direta ou indiretamente vinculadas ao sujeito que o praticou, e desde que tal prescrição não viole as demais normas já previstas no CTN (como o art. 135).

Assim, além do art. 156-A, § 3º, referido, as novas hipóteses de responsabilidade aqui tratadas encontram fundamento de validade no art. 128 do CTN, que prescreve que

> a lei pode atribuir de modo expresso a responsabilidade pelo crédito tributário a terceira pessoa, vinculada ao fato gerador da respectiva obrigação, excluindo a responsabilidade do contribuinte ou atribuindo-a a este em caráter supletivo do cumprimento total ou parcial da referida obrigação.

Estar "vinculado ao fato gerador da respectiva obrigação", para fins de subsunção das novas regras ao art. 128 do CTN, significa manter relação indireta com o fato, de forma que o terceiro não pode ser o realizador do fato jurídico (pois se o fosse seria alçado à condição de contribuinte), e tampouco não ter qualquer relação com ele.

A relação indireta com o fato significa transacionar com o realizador do fato jurídico (fornecedor), estabelecido ou não no exterior; ou figurar como intermediária entre fornecedores e adquirentes de operações realizadas de forma não presencial ou por meio eletrônico, ou, ainda, controlar a cobrança ou o pagamento das operações tributáveis. E também concorrer para o ilícito tributário praticado diretamente por outrem.

Segundo decidiu o Supremo Tribunal Federal (STF) na Ação Direta de Inconstitucionalidade (ADI) n. 4.845 e no Recurso Extraordinário (RE) n. 562.276 – este último julgado em sede de repercussão geral –, não estaria autorizado

> o legislador a criar novos casos de responsabilidade tributária sem a observância dos requisitos exigidos pelo art. 128 do CTN, tampouco a desconsiderar as regras matrizes de responsabilidade de terceiros estabelecidas em caráter geral pelos arts. 134 e 135 do mesmo diploma.[1]

Esses limites são aplicáveis com a finalidade de assegurar que a cobrança do tributo não seja confiscatória e atenda à capacidade contributiva, pois se qualquer pessoa pudesse ser obrigada a pagar tributos por conta de fatos praticados por terceiros, com quem não detivessem qualquer espécie de vínculo (com a pessoa ou com o fato), o tributo teria grandes chances de se tornar confiscatório, já que poderia incidir sobre o patrimônio do obrigado e não sobre a manifestação de riqueza ínsita ao fato constitucionalmente previsto. Se o vínculo existir, torna-se possível a preservação do direito de propriedade e do não confisco.

Por fim, no que diz respeito ao inciso II do art. 23, indaga-se se as novas regras também devem estar de acordo com o art. 124, I, do CTN, posto tratar-se de solidariedade.

Entendemos que não, dado que o art. 128 permite a criação de regras que, apesar de não poderem dispor contra os enunciados já existentes – ou seja, devem estar de acordo com o art. 124, I, do CTN –, podem perfeitamente ir além, ao disciplinar situações até aqui não reguladas pelo Código, como ocorre no caso concreto. Nesse sentido, não é necessário que a nova norma requeira a demonstração do interesse comum.

FRAUDES TRIBUTÁRIAS, LC N. 214/2025 E SOLIDARIEDADE

O art. 24 da LC n. 214/2025 contempla diversas hipóteses de solidariedade tributária para a CBS e o IBS, nos termos a seguir:

> Art. 24. Sem prejuízo das demais hipóteses previstas na Lei n. 5.172, de 25 de outubro de 1966 (Código Tributário Nacional) e na legislação civil, são solidariamente responsáveis pelo pagamento do IBS e da CBS:

---

1 Trecho do voto condutor proferido no RE n. 562.276 e reiterado na ADI n. 4.845.

I – a pessoa ou entidade sem personalidade jurídica que, a qualquer título, adquire, importa, recebe, dá entrada ou saída ou mantém em depósito bem, ou toma serviço, não acobertado por documento fiscal idôneo;
II – o transportador, inclusive empresa de serviço postal ou entrega expressa:
a) em relação a bem transportado desacobertado de documento fiscal idôneo;
b) quando efetuar a entrega de bem em local distinto daquele indicado no documento fiscal;
III – o leiloeiro, pelo IBS e pela CBS devidos na operação realizada em leilão;
IV – os desenvolvedores ou fornecedores de programas ou aplicativos utilizados para registro de operações com bens ou com serviços que contenham funções ou comandos inseridos com a finalidade de descumprir a legislação tributária;
V – qualquer pessoa física, pessoa jurídica ou entidade sem personalidade jurídica que concorra por seus atos e omissões para o descumprimento de obrigações tributárias, por meio de:
a) ocultação da ocorrência ou do valor da operação; ou
b) abuso da personalidade jurídica, caracterizado pelo desvio de finalidade ou pela confusão patrimonial; e
VI – o entreposto aduaneiro, o recinto alfandegado ou estabelecimento a ele equiparado, o depositário ou o despachante, em relação ao bem:
a) destinado para o exterior sem documentação fiscal correspondente;
b) recebido para exportação e não exportado;
c) destinado a pessoa ou entidade sem personalidade jurídica diversa daquela que o tiver importado ou arrematado; ou
d) importado e entregue sem a devida autorização das administrações tributárias competentes.
§ 1º A imunidade de que trata o § 1º do art. 9º desta Lei Complementar não exime a empresa pública prestadora de serviço postal da responsabilidade solidária nas hipóteses previstas no inciso II do caput deste artigo.
§ 2º A responsabilidade a que se refere a alínea *a* do inciso V do *caput* deste artigo restringe-se ao valor ocultado da operação.
§ 3º Não enseja responsabilidade solidária a mera existência de grupo econômico quando inexistente qualquer ação ou omissão que se enquadre no disposto no inciso V do caput deste artigo.
§ 4º Os rerrefinadores ou coletores autorizados pela Agência Nacional do Petróleo, Gás Natural e Biocombustíveis (ANP) são solidariamente responsáveis pelo pagamento do IBS e da CBS incidentes na aquisição de óleo lubrificante usado ou contaminado de contribuinte sujeito ao regime regular.
§ 5º Na hipótese do § 4º, a emissão do documento fiscal eletrônico relativo à operação será efetuada pelos rerrefinadores ou coletores, na forma estabelecida em regulamento, que poderá prever, inclusive, que a emissão ocorra de forma periódica, englobando as operações realizadas no período.

A inovação legislativa já provoca discussões acerca da ilegalidade da eventual transferência do dever de coibir fraudes, da desproporcionalidade dessa obrigação e da violação à capacidade contributiva e à razoabilidade. Em que pese as justificadas preocupações, há que distinguir os deveres de colaborar e não concorrer para fraudes, da obrigação de fiscalizar propriamente dita; de situações de ação ou omissão conscientes por meio das quais se contribui para a ocultação da ocorrência ou do valor da operação e do abuso da personalidade jurídica, daquelas em que os responsáveis tributários nada sabiam e que, portanto, não poderiam ser responsabilizados.

Por isso, antes de tratarmos de cada um dos fatos típicos previstos na LC n. 214/2025, é necessário identificar se o dolo é elemento caracterizador do tipo, ou se a mera culpa já seria suficiente para autorizar a atribuição da responsabilidade aqui tratada, tendo em vista a importância dessa definição para a interpretação dos fatos típicos autorizadores da solidariedade.

Imprescindibilidade do dolo?

A responsabilidade e o dever de vigilância não são ilimitados nem autorizam que o responsável solidário responda por ato que não tenha qualquer conhecimento e ingerência. Isso seria inconstitucional e ilegal. Ocorre que a norma – ao dispor que são solidariamente responsáveis pelo pagamento do IBS e da CBS qualquer pessoa física ou jurídica que **concorra** por seus atos e omissões para o descumprimento de obrigações tributárias, por meio de ocultação da ocorrência ou do valor da operação ou abuso da personalidade jurídica, caracterizado pelo desvio de finalidade ou pela confusão patrimonial – não transferiu aos particulares o dever de fiscalizar e tampouco a obrigação de denunciar, mas apenas e tão somente contemplou o dever de não **concorrer** para a prática de fraudes, como se elas fossem fatos alheios a quem contrata ou toma o serviço, adquire ou vende um bem ou direito etc., sob pena da responsabilidade solidária pelos ilícitos fiscais.

Assim, para que reconheçamos a recepção do art. 24, V, pela ordem constitucional de 1988, é indispensável a aplicação de seu preceito em fiel harmonia com a necessidade de uma conduta dolosa, de modo que a solidariedade não atinja aqueles que não concorreram para a fraude de forma consciente. O dolo – provado inclusive pela desídia consciente e injustificada do terceiro – é fundamental.

A imprescindibilidade do dolo para certas hipóteses de responsabilidade tributária alinha-se com o entendimento da Receita Federal do Brasil, ao afirmar, no Parecer Normativo Cosit/RFB n. 4/2018, que "não é qualquer ilícito que pode ensejar a responsabilidade solidária. Ela deve conter um elemento doloso a fim de manipular o fato vinculado ao fato jurídico tributário (*vide* item 'Materialidades autorizadoras da responsabilidade tributária')".

O elemento subjetivo, aqui, significa que a responsabilidade nasce somente se o terceiro agir intencionalmente com o *animus* de contribuir para que a conduta típica ilícita se perfaça, mesmo sabendo que o ordenamento jurídico proíbe tal comportamento (do terceiro e do devedor originário).

Ainda que a norma não disponha expressamente sobre a necessidade do dolo, a culpa não é elemento suficiente para a caracterização do tipo, pois a separação das personalidades, o direito constitucional à propriedade e o princípio da não utilização do tributo com efeitos confiscatórios vedam que terceiros que firmam relações comerciais ordinárias e independentes seja responsável por ato não doloso. A intenção de fraudar, de agir de má-fé, de omitir-se quando sabidamente poderia não ter havido o envolvimento direto ou indireto do terceiro, é fundamental.

É a partir desse prisma que a responsabilidade prevista no art. 24, V, da LC n. 214/2025 deve ser interpretada. Caso contrário, a intervenção no patrimônio particular e na liberdade será injurídica e totalmente incompatível com as garantias que a Constituição defere a todos, a título de direitos fundamentais.

Portanto, a comprovação da consciência do ilícito praticado por clientes e fornecedores – ilícito esse que só pôde ser concretizado por ação ou omissão concorrente do responsável solidário – é o grande cuidado que as administrações tributárias precisarão ter, a fim de não se exigir dos particulares conduta descabida e desproporcional, e tampouco transformar a responsabilidade tributária em instrumento inidôneo para o aumento de arrecadação.

Por outro lado, assumindo que a dinâmica dos negócios, o acesso à informação e a conformidade fiscal mudaram com o avanço tecnológico, para as hipóteses em que as fraudes somente puderam ocorrer por conta da contribuição consciente do solidário – ativa ou omissiva, direta ou indireta –, a ausência de responsabilidade seria um atraso diante do interesse coletivo de uma sociedade mais íntegra e justa.

Isso posto, passamos agora a analisar tanto a autoria quanto as materialidades previstas na lei complementar, mediante a transcrição de cada um dos enunciados objeto de análise.

Art. 24, V – qualquer pessoa física, pessoa jurídica ou entidade sem personalidade jurídica que concorra por seus atos e omissões para o descumprimento de obrigações tributárias

De acordo com o inciso V do art. 24 da LC 214/2025, o elemento pessoal da hipótese de solidariedade diz respeito a qualquer pessoa física, pessoa jurídica ou entidade sem personalidade jurídica que concorra para o descumprimento da obrigação tributária. Concorrer, aqui, significa que o terceiro contribuiu para a prática da materialidade com participação minimamente relevante, de forma que, sem esse envolvimento ou omissão, a obrigação tributária, ou sua respectiva inadimplência, teriam outros contornos.

A autoria não se limita àquele que interage diretamente com o devedor originário. Infrator é toda pessoa que tem o dever legal de adotar determinada conduta mas a descumpre, sujeitando-se à sanção legalmente prevista. Não é apenas o executor material do ilícito, mas também aquele que com o fato se envolveu, seja como partícipe ou mandante. Partícipe é o agente que auxilia na realização do ilícito; não pratica os atos executórios da infração, mas, de alguma forma, concorre para sua realização. Já o mandante é a pessoa que ordena ou autoriza a prática do ilícito, o agente intelectual.

Por outro lado, não deverão ser incluídas no rol de pessoas passíveis de responsabilização aquelas sem poderes de decisão acerca de fatos e omissões ou, se com poderes, em relação a quem no caso concreto não houver provas de que tiveram qualquer participação consciente no ilícito.

Portanto, a produção probatória é imprescindível e o lançamento deverá descrever e provar adequadamente tais condutas típicas, inclusive as omissões, cuja demonstração é mais difícil e não pode ser apenas alegada. Deve-se provar a autoria e demonstrar o nexo causal entre omissão/descumprimento da obrigação tributária. Por isso, a lei complementar não é um cheque em branco a favor do Fisco.

Assim, deverá ser provado que o terceiro concorreu mediante meio fraudulento, utilização de documento falso, de escrituração falsa, de omissão (tais como omitir informação ou prestar declaração falsa à autoridade fazendária; fraudar a fiscalização tributária, inserindo elementos inexatos ou omitindo operação de qualquer natureza, em documento ou livro exigido pela lei fiscal; falsificar ou alterar nota fiscal, fatura, duplicata, nota de venda, ou qualquer outro documento relativo à operação tributável). Além disso, podemos também citar a simulação da existência da pessoa jurídica, o conluio para a obtenção de benefício fiscal ou para conferir aparência de legalidade a uma operação fictícia.

Ademais, o terceiro pode ou não ter tido proveito econômico com o ilícito. Embora o mais comum seja a existência de proveito (ainda que indireto, como fechamento de negócio por valor inferior ao que seria não fosse o ganho tributário), essa não é uma condição necessária.

Os fatos típicos a ensejar a solidariedade dizem respeito a "concorrer para o descumprimento da obrigação tributária". Basta que terceiro contribua deliberadamente para a ocultação em análise e que sua conduta seja compatível e proporcional com o não cumprimento da obrigação (ou seja, eventual desconformidade, se fraca para implicar a infração tributária, não será apta a autorizar a solidariedade. Deverá ser demonstrada a gravidade, precisão e concordância dos fatos indiciários trazidos e que demonstram em que medida houve a concorrência para a fraude). Havendo compatibilidade, a solidariedade é legal.

Alínea *a* do art. 24, V – ocultação da ocorrência ou do valor da operação

Valor ocultado deve ser entendido de forma ampla, a fim de contemplar tanto o montante parcialmente omitido quanto a integralidade do crédito tributário na hipótese de o fato gerador ter sido dissimulado e nenhum montante oferecido à tributação, ou mesmo oferecido em valor inferior à devida.

Além disso, o valor que o terceiro deverá suportar limita-se ao tributo não pago, sendo irrelevante a existência de outros débitos em nome do devedor originário. Caso fatos geradores sejam de trato continuado, outros lançamentos deverão ser lavrados e novas provas produzidas, admitindo-se a prova emprestada, sempre sujeita à ampla defesa.

Alínea *b* do art. 24, V – abuso da personalidade jurídica, caracterizado pelo desvio de finalidade ou pela confusão patrimonial

A LC n. 214/2025 trouxe para a legislação tributária a referência ao abuso de personalidade jurídica, consistente no desvio de finalidade ou na confusão patrimonial, e cujas materialidades já estão previstas no art. 50 do Código Civil (CC), até aqui aplicado de forma subsidiária. Com a introdução da nova regra, a autoridade administrativa terá permissão para desconsiderar os contornos de atos jurídicos praticados, atingindo-se indistintamente os bens particulares das empresas que compõem ou não um grupo econômico. Será ignorada apenas provisoriamente a separação societária, tratando o patrimônio como uma unidade para fins de satisfação das obrigações, de forma a estender os efeitos de certas e determinadas relações jurídicas aos bens das demais sociedades.

Embora exista coincidência de materialidades entre a LC n. 214/2025 e o art. 50 do CC, a desconsideração da personalidade jurídica para fins exclusivos da CBS e do IBS não é ato privativo do juiz de direito. Com a LC n. 214/2025, a atribuição da solidariedade na hipótese de ilícitos não mais dependerá da interpretação extensiva – e em nosso entender incorreta – do art. 124, I, do CTN.

Assim, deverá ser comprovado o **abuso de personalidade**, assim definido pelo cometimento de desvio de finalidade ou confusão patrimonial.

O **desvio** é a utilização dolosa da pessoa jurídica com o propósito de lesar credores e para a prática de atos de qualquer natureza. Tal conceito foi introduzido no art. 50 do CC por meio da Medida Provisória (MP) n. 881/2019, e sua definição é por nós adotada inclusive para os fins da lei complementar.

Já a **confusão patrimonial** consiste na impossibilidade de fixação de limite entre os patrimônios da pessoa jurídica e o dos sócios e acionistas, tamanha a mistura (confusão) que se estabelece entre ambos. Trata-se da concepção objetiva da desconsideração, que não toma como premissa a fraude e o abuso, de caráter eminentemente subjetivo e de difícil comprovação. A prova, na confusão patrimonial, tende a ser mais simples e objetiva.

A confusão patrimonial resta configurada, por exemplo, quando a sociedade paga dívida do sócio, quando os registros contábeis evidenciam vultosos empréstimos entre as sociedades e quando há bens também de sócio registrados em nome da sociedade e vice-versa, não havendo suficiente distinção, no plano patrimonial, entre as pessoas – o que pode ser verificado pela escrituração contábil e pela movimentação financeira.

Por outro lado, não há confusão patrimonial quando (i) for perfeitamente identificável, divisível e segregável o patrimônio e as operações das pessoas envolvidas, (ii) houver contabilidade regular das sociedades, não contestada pelo Fisco, (iii) não for constatado receita omitida e/ou despesas indevidamente apropriadas pelas pessoas jurídicas e (iv) não forem identificados pagamentos de dívidas e empréstimos a favor do grupo econômico.

Sem dúvida alguma, a confusão patrimonial é eloquente indício de fraude. Mas só pode ser entendida e aplicada **como confusão patrimonial**, e não como qualquer outro conjunto probatório que justifique, finalisticamente, a garantia do crédito tributário mediante a atribuição de responsabilidade patrimonial a terceiros. Para a garantia do crédito, a autoridade pública dispõe de outros meios legítimos.

Art. 24, V e § 3º – A responsabilidade a que se refere a alínea *a* do inciso V do *caput* se restringe ao valor ocultado da operação

Como vimos, o § 3º do art. 24 da LC n. 214/2025 prescreve que qualquer pessoa que concorra para o descumprimento de obrigações tributárias, mediante ocultação da ocorrência ou do valor da operação, é solidariamente responsável pelo pagamento da CBS e do IBS, **restringindo-se tal responsabilidade ao valor ocultado da operação**.

Duas importantes dúvidas surgem a partir da redação do enunciado: Valor ocultado da operação e operação ocultada se equivalem? Uma vez identificada a hipótese de incidência para determinada operação, tal consequência jurídica pode ser expandida para outros fatos geradores, respondendo o solidário por passivo fiscal não relacionado ao caso concreto e às mesmas partes (por exemplo, poderia ocorrer com grupos econômicos irregulares)?

Primeiramente, a redação da LC n. 214/2025 requer cuidado na construção do sentido do enunciado, podendo compreender tanto a operação integralmente ocultada quanto a declarada a menor, de forma a não se limitar a uma base de cálculo parcialmente omitida.

Entendemos que "valor ocultado" deve ser entendido da forma ampla, ou seja, deve compreender as duas hipóteses, já que necessariamente no caso de ocultação do fato gerador teremos valores não constituídos e submetidos à tributação. Portanto, para fins de interpretação do § 3º do art. 24 da LC n. 214/2025, valor ocultado da operação e operação ocultada devem ser equivalentes para a atribuição da solidariedade.

No que diz respeito ao segundo questionamento, entendemos que o montante a ser suportado pelo terceiro limita-se ao tributo decorrente do fato gerador ou da base de cálculo ocultados na operação em análise, e não outros débitos porventura existentes em nome do devedor originário. Em que pese sermos da opinião de que a redação normativa poderia ter ido além justamente para dar fundamento de validade a situações de prática reiterada de ilícitos, nossa conclusão decorre da vinculação à escolha legislativa em análise.

Não obstante, igualmente entendemos que, a depender do caso concreto – necessariamente considerando a dinâmica em que os fatos se deram, o peso do envolvimento do terceiro para a concretização da fraude, reiteração de conduta, os elementos comprobatórios da consciência do ilícito etc. –, não desconsideramos como válida a possibilidade de a norma de atribuição de responsabilidade ser utilizada para atingir outras operações, embora a aplicação da norma nessa circunstância deva ser excepcional e profundamente motivada a fim de preservar a legalidade do ato de aplicação, que aparentemente pode estar em desacordo com a autorização normativa (limitada à operação, e não ao passivo do devedor originário e/ou de integrantes do grupo econômico irregular).

PLATAFORMAS DIGITAIS E A LC N. 214/2025

O art. 22, I e II, e parágrafos da LC n. 214/2025 cria as seguintes regras para a responsabilidade das plataformas digitais:

> Art. 22. As plataformas digitais, ainda que domiciliadas no exterior, são responsáveis pelo pagamento do IBS e da CBS relativos às operações e importações realizadas por seu intermédio, nas seguintes hipóteses:
> I – solidariamente com o adquirente ou destinatário e em substituição ao fornecedor, caso este seja residente ou domiciliado no exterior; e
> II – solidariamente com o fornecedor, caso este:
> *a)* seja residente ou domiciliado no País;
> *b)* seja contribuinte, ainda que não inscrito nos termos do § 1º do art. 21 desta Lei Complementar; e
> *c)* não registre a operação em documento fiscal eletrônico.
> § 1º Considera-se plataforma digital aquela que:

I – atua como intermediária entre fornecedores e adquirentes nas operações e importações realizadas de forma não presencial ou por meio eletrônico; e
II – controla um ou mais dos seguintes elementos essenciais à operação:
a) cobrança;
b) pagamento;
c) definição dos termos e condições; ou
d) entrega.
§ 2º Não é considerada plataforma digital aquela que executa somente uma das seguintes atividades:
I – fornecimento de acesso à internet;
II – serviços de pagamentos prestados por instituições autorizadas a funcionar pelo Banco Central do Brasil;
III – publicidade; ou
IV – busca ou comparação de fornecedores, desde que não cobre pelo serviço com base nas vendas realizadas.
§ 3º Na hipótese de que trata o inciso I do *caput* deste artigo, o fornecedor residente ou domiciliado no exterior fica dispensado da inscrição de que trata o § 2º do art. 21 desta Lei Complementar se realizar operações exclusivamente por meio de plataforma digital inscrita no cadastro do IBS e da CBS no regime regular.
§ 4º Para fins de aplicação do disposto no inciso II do *caput* deste artigo, compete ao Comitê Gestor do IBS e à Secretaria Especial da Receita Federal do Brasil (RFB) informar à plataforma digital a condição de contribuinte do fornecedor residente ou domiciliado no País que não esteja inscrito no cadastro.
§ 5º A plataforma digital apresentará ao Comitê Gestor do IBS e à RFB, na forma do regulamento, informações sobre as operações e importações com bens ou com serviços realizadas por seu intermédio, inclusive identificando o fornecedor, ainda que não seja contribuinte.
§ 6º Na hipótese em que o processo de pagamento da operação ou importação seja iniciado pela plataforma digital, esta deverá apresentar as informações necessárias para a segregação e o recolhimento dos valores do IBS e da CBS devidos pelo fornecedor na liquidação financeira da operação (*split payment*), quando disponível, inclusive no procedimento simplificado, nos termos dos arts. 31 a 35 desta Lei Complementar.
§ 7º A plataforma digital que cumprir o disposto nos §§ 5º e 6º deste artigo não será responsável pelo pagamento de eventuais diferenças entre os valores do IBS e da CBS recolhidos e aqueles devidos na operação pelo fornecedor residente ou domiciliado no País.
§ 8º Na hipótese em que o fornecedor seja residente ou domiciliado no País e o processo de pagamento da operação não seja iniciado pela plataforma digital, esta não será responsável tributária caso cumpra o disposto no § 5º e o forne-

cedor emita documento fiscal eletrônico pelo valor da operação realizada por meio da plataforma.

§ 9º Aplica-se o disposto no § 8º, também, caso o processo de pagamento da operação seja iniciado pela plataforma digital e não seja realizado o *split payment*.

§ 10. Nas hipóteses em que a plataforma digital for responsável, nos termos dos incisos I e II do *caput* deste artigo:

I – a plataforma será responsável solidária pelos débitos de IBS e de CBS do fornecedor relativos à operação, de acordo com as regras tributárias a ele aplicáveis, caso o fornecedor seja residente ou domiciliado no País e esteja inscrito como contribuinte do IBS e da CBS, no regime regular ou em regime favorecido; e

II – nos demais casos, os débitos de IBS e de CBS serão calculados pelas regras do regime regular, inclusive quanto às alíquotas, regimes diferenciados e regimes específicos aplicáveis aos bens e serviços.

§ 11. A plataforma digital não será responsável tributária em relação às operações em que ela não controle nenhum dos elementos essenciais, nos termos do inciso II do § 1º deste artigo.

§ 12. A plataforma digital poderá optar, com anuência do fornecedor residente ou domiciliado no País, observados os critérios estabelecidos no regulamento:

I – por emitir documentos fiscais eletrônicos em nome do fornecedor, inclusive de forma consolidada; e

II – por pagar o IBS e a CBS, com base no valor e nas demais informações da operação intermediada pela plataforma, mantida a obrigação do fornecedor em relação a eventuais diferenças.

Nesse sentido, para os fins da LC n. 214/2025, considera-se plataforma digital aquela que (i) atua como intermediária entre fornecedores e adquirentes nas operações, realizadas de forma não presencial ou por meio eletrônico, e (ii) controla um ou mais dos seguintes elementos essenciais à operação, quais sejam, cobrança, pagamento, definição dos termos e condições ou entrega. Como exemplos, as seguintes empresas: Mercado Livre, iFood, Facebook, YouTube, WhatsApp, Instagram, TikTok e LinkedIn.

Por outro lado, não é considerada plataforma digital aquela que executa somente uma das seguintes atividades: fornecimento de acesso à internet, processamento de pagamentos e publicidade e busca ou comparação de fornecedores, desde que não cobre pelo serviço com base nas vendas realizadas.

Isso posto, passaremos a tratar dos limites para a atribuição de responsabilidade no caso concreto.

O primeiro ponto a considerar é que os deveres impostos às plataformas digitais, para tornar viável o controle do cumprimento das obrigações de seus clientes e evitar a responsabilização, não podem ser desproporcionais ao fim pretendido e tampouco às remunerações por elas recebidas pela intermediação dos negócios, evitando-se a necessidade de um *compliance* tributário tão oneroso a ponto de tornar-se inviável ou de impactar fortemente o preço suportado pelo consumidor final. Sobre a pertinência e proporcionalidade das obrigações acessórias já se manifestou o STF no RE n. 603.191, ao decidir que os deveres instrumentais não podem ser "inviáveis, excessivamente onerosos, desnecessários ou ineficazes".

O segundo e não menos relevante critério diz respeito à necessidade de verificar se as plataformas digitais detêm posição de ascendência apta a exigir o cumprimento das obrigações tributárias dos vendedores, de forma a exigir das primeiras o dever de controlar a emissão de documentos fiscais de seus clientes, sob pena de responsabilizar-se pelo não cumprimento do dever de fiscalização.

Por fim, tais agentes econômicos normalmente têm acesso aos valores sobre os quais a CBS e o IBS incidirão – tal como ocorre quando recebem o dinheiro relativo às operações que intermedeiam, repassando, após a retenção das respectivas comissões, o saldo devedor aos fornecedores – de forma que a capacidade contributiva terá sido respeitada, já que a parcela arrecadada não terá como origem o patrimônio das plataformas, e sim dos vendedores (realizadores do fato jurídico tributário).

Materialidades autorizadoras da responsabilidade tributária

Passemos agora a analisar cada uma das materialidades previstas no art. 22 da LC n. 214/2025.

Responsabilidade em substituição ao fornecedor, caso este seja residente ou domiciliado no exterior

Trata-se de previsão de substituição tributária que visa à praticidade da arrecadação. Uma vez que o fornecedor dos bens e serviços encontra-se domiciliado no exterior, torna-se mais eficaz e menos oneroso às Administrações Tributárias fiscalizarem e eventualmente executarem o substituto.

A causa mais difundida para a criação das normas de responsabilidade é a arrecadatória. Por razões de conveniência e necessidade, a lei elege um terceiro para ser o responsável pelo pagamento do tributo. E é o que ocorre no caso ora analisado, em que as plataformas foram eleitas pela lei como substitutas tributárias, desonerando o fornecedor da obrigação de se inscrever no regime regular do IBS e da CBS uma vez realizadas operações exclusivamente por meio de plataforma digital, bem como de recolher os tributos, já que somente a empresa substituta encontra-se obrigacionalmente vinculada com o sujeito ativo credor. E, considerando o perfil dos substitutos em análise – grandes empresas de tecnologia – somado à possibilidade de serem efetivamente ressarcidos, a chance de inadimplemento revela-se baixa, o que é certamente desejável.

Por isso, não vemos qualquer inconstitucionalidade ou ilegalidade na atribuição da responsabilidade nesse formato, posto que a eficiência da arrecadação tributária é objetivo legítimo a ser perseguido, não violando qualquer direito de terceiro se lhe for assegurado o ressarcimento do tributo pago ou a retenção na fonte, dado que a manifestação de riqueza do fato não terá sido decorrente de evento por ele (substituto) praticado.

Por fim, no caso da substituição tributária não há que se falar em dever descumprido pelas plataformas digitais, ou qualquer hipótese de ilícito concorrente a ensejar a responsabilidade, mas tão somente o fato de o fornecedor ser residente ou domiciliado no exterior.

Responsabilidade solidária caso o contribuinte seja residente ou domiciliado no País e não tenha se inscrito nos cadastros relativos ao IBS e à CBS

A segunda hipótese trata de situação fática em que o contribuinte é residente ou domiciliado no País e não se inscreveu nos cadastros relativos ao IBS e à CBS. Com isso, o descumprimento de um dever que competia ao fornecedor ensejará a responsabilidade solidária das plataformas digitais, de forma que tanto elas quanto o contribuinte responderão integralmente pelo passivo fiscal.

Sendo assim, com a LC n. 214/2025, competirá às plataformas exigir de seus parceiros comerciais a prova de que estão corretamente inscritos nos cadastros dos respectivos tributos, sob pena de responderem solidariamente pelo passivo de tais empresas. A solidariedade funcionará como sanção ao não controle da conformidade fiscal desses parceiros, fiscalização essa que, embora seja de competência das Administrações Tributárias, não chega a impor às plataformas obrigação excessiva, de difícil execução ou impertinente para a fiscalização e arrecadação, uma vez que, dada as características dos envolvidos, pressupõe-se uma relativa facilidade na exigência da comprovação de tais cadastros.

Ademais, havendo solidariedade, o credor poderá escolher o devedor que desejar, ou mesmo todos, para o cumprimento da obrigação, acionando-os em litisconsórcio ou isoladamente, e sem que perca a prerrogativa de demandar contra os demais caso não consiga receber o valor daquele contra quem interpôs eventual ação, nos termos do parágrafo único do art. 124 do CTN.

Além disso, o pagamento efetuado por um aproveita a todos os solidários, a interrupção da prescrição em favor ou contra um dos obrigados gera efeitos comuns, e a isenção ou remissão de crédito exonera todos os obrigados quando não for pessoal (art. 125 do CTN).

Responsabilidade solidária caso o contribuinte não registre a operação em documento fiscal eletrônico

Também aqui estamos diante de hipótese de solidariedade tributária decorrente do fato de o fornecedor estabelecido ou domiciliado no Brasil não registrar a operação em documento fiscal eletrônico. Tal descumprimento do dever instrumental do fornecedor gerará para a plataforma digital a obrigação de responder solidariamente pelo passivo fiscal, já que o pressuposto normativo é de que essas empresas, por figurarem como intermediadoras dos negócios entre fornecedores e adquirentes dos bens ou serviços, ou mesmo responsáveis pela cobrança, pagamento ou entrega, têm plenas condições de exigir que o fornecedor não deixe de registrar a operação no documento fiscal eletrônico, podendo inclusive não transacionar com determinada empresa caso ela se recuse a cumprir a obrigação acessória aqui tratada.

Novos deveres instrumentais introduzidos pela LC n. 214/2025

Por fim, a LC n. 214/2025 introduziu novso deveres nos §§ 4º e 5º ao art. 22.

O primeiro enunciado estabelece que a plataforma digital apresentará ao Comitê Gestor do IBS e à RFB, na forma do regulamento, informações sobre as operações com bens e serviços realizadas por seu intermédio, inclusive identificando o fornecedor, seja ele contribuinte ou não, de forma a municiar as Administrações Tributárias com dados a serem contrapostos com os prestados diretamente pelos fornecedores, propiciando significativa eficácia à fiscalização.

Já o § 4º prescreve que compete ao Comitê Gestor e à RFB informar à plataforma digital a condição de contribuinte do fornecedor, ainda que não esteja inscrito no cadastro, para fins de aplicação do disposto no inciso II do *caput,* ou seja, da solidariedade.

Capítulo **8**

Alíquotas do IBS e da CBS: uma análise sob o princípio da neutralidade

Eduardo Tedesco Silva
Mateus Benato Pontalti

INTRODUÇÃO

A Emenda Constitucional (EC) n. 132/2023 promoveu uma transformação estrutural no sistema tributário brasileiro ao estabelecer as bases para a criação do Imposto sobre Bens e Serviços (IBS) e da Contribuição Social sobre Bens e Serviços (CBS). Esses tributos, ainda em fase de regulamentação infraconstitucional,[1] **são projetados para substituir modelos tributários anteriores, marcados por cumulatividade, fragmentação normativa e complexidade operacional.**

Inspirada nas melhores práticas internacionais de tributação sobre o consumo, a reforma visa aproximar o sistema tributário brasileiro de parâmetros internacionais.

Entre os pilares estruturantes da reforma, destaca-se o princípio da neutralidade tributária, positivado no § 1º do art. 156-A da Constituição Federal (CF).[2] A legislação complementar, por meio do art. 2º da Lei Complementar (LC) n. 214/2025, reforça essa diretriz ao determinar que "O IBS e a CBS são informados pelo princípio da neutralidade, segundo o qual esses tributos devem evitar distorcer as decisões de consumo e de organização da atividade econômica, observadas as exceções previstas na Constituição Federal e nesta Lei Complementar".

---

1 Cumpre esclarecer que este capítulo foi inicialmente elaborado com fundamento no Projeto de Lei Complementar n. 68/2024, então pendente de aprovação. Contudo, com a posterior promulgação da Lei Complementar n. 214/2025, promoveu-se a revisão e adequação do conteúdo, de modo a refletir a regulamentação vigente sobre o IBS e a CBS.

2 "Art. 156-A. Lei complementar instituirá imposto sobre bens e serviços de competência compartilhada entre Estados, Distrito Federal e Municípios. § 1º O imposto previsto no *caput* será informado pelo princípio da neutralidade e atenderá ao seguinte: [...]"

Esse princípio busca assegurar que a tributação não interfira diretamente nas decisões dos agentes econômicos. Isso implica que as decisões econômicas são tomadas sem levar em conta os efeitos tributários, pois a carga tributária será a mesma independentemente da opção escolhida. Conforme exemplifica Coelho (2023):

> Um imposto é dito neutro quando ele não altera decisões dos agentes econômicos. As famílias não mudam, em razão do imposto, nem a composição nem as quantidades de bens e serviços que adquirem. A existência do imposto neutro não leva as empresas a mudarem os métodos de produção ou comercialização, nem a decisão de comprar localmente ou importar, nem a escolha entre produzir ou terceirizar, nem as decisões sobre o uso de mão de obra. O imposto neutro gera receita sem distorcer as decisões econômicas

Ademais, Schoueri[3] propõe que a neutralidade tributária seja interpretada sob a ótica da livre concorrência, argumentando que alcançar uma neutralidade absoluta é inviável. Para ele, o termo "eficiência econômica" descreve de forma mais precisa o objetivo perseguido pela neutralidade, pois trata-se de evitar que a tributação interfira na competição entre agentes econômicos em condições semelhantes.

Nessa ótica, Gallardo[4] aduz que a neutralidade repercute diretamente em diversos outros mandamentos jurídicos, entre os quais se encontra a não discriminação entre contribuintes.

É relevante notar que a EC n. 132/2023 não conferiu ao legislador infraconstitucional a prerrogativa de limitar o princípio da neutralidade tributária, salvo em situações específicas expressamente previstas no art. 9º da EC. Isso significa que qualquer diferenciação na tributação deve ocorrer estritamente dentro dos limites estabelecidos pela Constituição, permitindo reduções de alíquotas apenas para determinados grupos de bens e serviços

Um exemplo ilustrativo de desafio à neutralidade tributária encontra-se nas listas de redução de alíquotas. Ao incluir certos produtos ou serviços nessas listas, torna-se fundamental justificar por que itens similares foram excluídos. A inclusão seletiva pode levar a distorções de mercado, uma vez que produtos ou serviços semelhantes estariam sujeitos a cargas tributárias diferentes sem qualquer justificativa constitucional clara.

Por exemplo, se os leites de origem animal estão incluídos na cesta básica (item 2 do Anexo I da LC n. 214/2025) e, por conseguinte, usufruirão de alíquo-

---

3 SCHOUERI, *Direito tributário*, 2019, p. 47.

4 GALLARDO, IVA e neutralidade na União Europeia, 2023, p. 29.

ta zero (art. 125 da LC), não há justificativa plausível para excluir os leites de origem vegetal dessa mesma categoria tributária. Ambos os produtos cumprem o mesmo propósito alimentar, apresentam composição nutricional semelhante, têm apresentações comerciais similares e são ofertados nos mesmos pontos de venda, frequentemente na mesma gôndola dos supermercados. Inclusive, têm aparência física semelhante aos olhos do consumidor. Considerando que uma parcela significativa da população apresenta algum grau de intolerância à lactose e, portanto, não pode consumir leite de origem animal, aplicar uma carga tributária elevada aos leites vegetais (que pode chegar a 28%) viola o princípio da neutralidade.

Portanto, a análise de como está sendo estruturada a calibragem das alíquotas do IBS e da CBS, conforme disposto na LC n. 214/2025, é essencial para assegurar a efetividade do princípio da neutralidade tributária, pilar central do novo sistema tributário brasileiro. Essa calibragem deve garantir que a tributação seja aplicada de maneira equitativa, evitando não apenas prejuízos a setores específicos, mas também distorções significativas nos preços que possam influenciar indevidamente as decisões econômicas de consumo e produção.

Diante desse cenário, este capítulo propõe-se a examinar a regulamentação das alíquotas do IBS e da CBS sob o prisma da neutralidade tributária, conforme atualmente estabelecido pela LC n. 214/2025. Com especial atenção aos regimes diferenciados que autorizam reduções de alíquota, buscaremos refletir sobre a possibilidade de tais medidas comprometerem a neutralidade tributária e instaurarem distorções de mercado ou conflitos jurídicos.

PANORAMA GERAL E A CALIBRAGEM DAS ALÍQUOTAS DO IBS E DA CBS

Para compreender os desafios envolvidos na calibragem das alíquotas e na garantia da neutralidade tributária, é fundamental apresentar um panorama geral sobre os tributos IBS e CBS e os diferentes regimes tributários estabelecidos pela LC n. 214/2025.

Os tributos IBS e CBS foram idealizados para unificar e simplificar a tributação sobre o consumo no Brasil, substituindo tributos fragmentados como Imposto sobre Circulação de Mercadorias e Serviços (ICMS), Imposto sobre Serviços de Qualquer Natureza (ISS), Programa de Integração Social (PIS) e Contribuição para o Financiamento da Seguridade Social (Cofins). Inspirados no modelo de Imposto sobre Valor Agregado (IVA), amplamente adotado internacionalmente, esses tributos buscam eliminar a cumulatividade e a sobreposição de bases de cálculo.

Como estabelecido nos arts. 156-A, § 1º, VIII,[5] e 195, § 16,[6] da CF, ambos operarão sob o regime de não cumulatividade plena, assegurando que os créditos tributários sejam apropriados e compensados ao longo da cadeia produtiva, reduzindo a incidência de tributos em cascata.

A definição das alíquotas do IBS e da CBS segue a disciplina estabelecida pela LC n. 214/2025, que confere competência normativa a cada ente federativo para fixá-las mediante lei específica.

Embora não haja uma previsão explícita de preservação da carga tributária setorial na EC n. 132/2023, o contexto da reforma tributária sugere a necessidade de calibragem das alíquotas com vistas a evitar distorções econômicas e preservar a competitividade de setores historicamente mais onerosos, como o de serviços. Esse entendimento decorre da busca por um sistema neutro, que minimize os impactos da transição entre o regime anterior e o novo modelo tributário.

Nesse contexto, a neutralidade tributária apresenta-se como um princípio orientador central no novo sistema tributário. Mais do que eliminar a cumulatividade, a neutralidade exige que a tributação seja estruturada de forma a preservar os preços, assegurando que a incidência tributária não interfira artificialmente nas decisões de consumo, produção ou investimento.

Assim, a calibragem das alíquotas deve ser cuidadosamente definida para evitar benefícios ou prejuízos desproporcionais a setores específicos, de modo a garantir um ambiente econômico equilibrado.

Para viabilizar esses objetivos e compatibilizar a neutralidade com as especificidades econômicas, a reforma tributária, por meio da LC n. 214/2025, estrutura a tributação em diferentes regimes:

1. **Regime geral:** será a regra para tributação de bens e serviços materiais e imateriais. Aplicável à maior parte das operações econômicas, o regime geral adota bases de cálculo amplas e uniformes, com alíquotas a serem definidas de forma a respeitar a carga tributária setorial vigente. A não cumulatividade plena assegura, em tese, que os tributos incidirão apenas sobre o valor adicionado em cada etapa da cadeia produtiva.

---

5 "Art. 156-A. Lei complementar instituirá imposto sobre bens e serviços de competência compartilhada entre Estados, Distrito Federal e Municípios. § 1º O imposto previsto no *caput* será informado pelo princípio da neutralidade e atenderá ao seguinte: [...] VIII – será não cumulativo, compensando-se o imposto devido pelo contribuinte com o montante cobrado sobre todas as operações nas quais seja adquirente de bem material ou imaterial, inclusive direito, ou de serviço, excetuadas exclusivamente as consideradas de uso ou consumo pessoal especificadas em lei complementar e as hipóteses previstas nesta Constituição; [...]"

6 "§ 16. Aplica-se à contribuição prevista no inciso V do *caput* o disposto no art. 156-A, § 1º, I a VI, VIII, X a XIII, § 3º, § 5º, II a VI e IX, e §§ 6º a 11 e 13."

2. **Regime específico:** destinado a setores com características econômicas ou operacionais distintas, como o financeiro, o imobiliário, o de combustíveis e lubrificantes, o de telecomunicações, o de transporte. Esses setores são enquadrados no regime específico devido às peculiaridades de suas atividades, que demandam ajustes na aplicação de suas bases de cálculo e alíquotas para evitar distorções.

Por exemplo, no setor imobiliário, operações envolvendo bens imóveis realizadas por contribuintes sujeitos ao regime regular do IBS e da CBS são enquadradas no regime específico disposto no Capítulo V da LC n. 214/2025. Essas operações têm bases de cálculo diferenciadas, de acordo com o tipo de operação (arts. 255 e segs.), e as alíquotas do IBS e da CBS ficam reduzidas em 50%, conforme determina o art. 261 da referida lei. Já as operações de locação, cessão onerosa e arrendamento de bens imóveis contam com uma redução ainda maior, de 70%, nos termos do parágrafo único do mesmo artigo.

No caso do setor financeiro, os serviços prestados são submetidos a um regime específico de incidência do IBS e da CBS, conforme disposto no Capítulo II da LC n. 214/2025 (arts. 181 e segs.). A base de cálculo desses tributos será composta pelas receitas das operações, admitindo-se as deduções expressamente previstas na legislação, desde que se refiram a operações autorizadas por órgão governamental, vedada a dedução de despesas administrativas (arts. 185 a 187). Consideram-se serviços financeiros, para os fins desse regime, um conjunto abrangente de operações, como crédito, câmbio, valores mobiliários, seguros, resseguros, previdência privada, capitalização, arranjos de pagamento, entre outros (art. 182). As alíquotas incidentes sobre os serviços financeiros seguirão as regras estabelecidas no art. 189, sendo nacionalmente uniformes, com a previsão de aplicação escalonada: de 2027 a 2033, conforme fixadas pelo art. 233, e, a partir de 2034, estabilizadas nas mesmas alíquotas aplicadas em 2033.

Enfim, no regime específico, certos setores ou operações foram aquinhoados com diferenças que podem envolver as alíquotas e outros aspectos, tais como particularidades na apuração da base de cálculo, forma de recolhimento etc.

3. **Regime diferenciado:** esse regime, que será detalhado no tópico seguinte, permite redução de alíquotas do IBS e da CBS em percentuais como 100% (previsão disposta no art. 9º, § 3º, II, da EC n. 132/2023), 60% (art. 9º, § 1º, da EC n. 132/2023) ou 30% (art. 9º, § 12, da EC n. 132/2023).
4. **Regime favorecido:** voltado, por exemplo, para micro e pequenas empresas, conforme o art. 146, III, *d*, da CF. Empresas enquadradas no Simples Nacional poderão optar por apurar e recolher o IBS e a CBS segundo as regras do próprio Simples, hipótese em que poderão transferir créditos correspondentes ao que foi efetivamente recolhido nesse regime; ou, de forma alternativa,

poderão optar por apurar e recolher o IBS e a CBS pelo regime normal de apuração, caso em que poderão apropriar e transferir créditos integralmente, mantendo-se, contudo, no Simples relativamente aos demais tributos.

Adicionalmente, produtos fabricados na Zona Franca de Manaus, conforme as disposições previstas nos arts. 439 e seguintes da LC n. 214/2025 também serão beneficiados com um tratamento tributário favorecido, preservando, assim, os incentivos destinados ao desenvolvimento econômico da região.

Na seção subsequente, aprofundaremos nossa análise sobre o modo como a LC n. 214/2025 disciplina a tributação de algumas atividades inseridas nos regimes diferenciados, mencionando os critérios quantitativos de redução estabelecidos no texto, voltados à compatibilização do sistema à neutralidade tributária e às particularidades setoriais.

TRIBUTAÇÃO NOS REGIMES DIFERENCIADOS: ALÍQUOTAS E IMPACTOS SETORIAIS

Antes de analisarmos a regulamentação dos regimes diferenciados previstos na LC n. 214/2025, é fundamental compreender como se dá a fixação das alíquotas do IBS e da CBS. Conforme disposto no art. 14 da LC n. 214/2025, as alíquotas desses tributos serão estabelecidas por lei específica do respectivo ente federativo: a União será responsável pela definição da alíquota da CBS, enquanto cada estado e cada município fixará, respectivamente, suas alíquotas do IBS. O Distrito Federal exercerá cumulativamente as competências estadual e municipal.

Na ausência de legislação específica, será aplicada a alíquota de referência definida para a respectiva esfera federativa.

Explica-se, ainda, que a alíquota do IBS incidente sobre cada operação corresponderá à soma das alíquotas fixadas pelo estado e pelo município de destino da operação, ou, quando for o caso, à alíquota do Distrito Federal, conforme estabelece o art. 15 da LC n. 214/2025.

O Título IV da LC n. 214/2025 institui os regimes diferenciados de tributação do IBS e da CBS como instrumentos para adaptar o sistema tributário às peculiaridades de setores mais complexos e estratégicos, conforme sinalizado no texto constitucional. Regulamentados a partir do art. 126, esses regimes buscam alinhar-se aos princípios constitucionais, como o da neutralidade tributária, calibrando a carga fiscal por meio de reduções de alíquotas ou da concessão de créditos presumidos, assegurados os respectivos ajustes nas alíquotas de referência, conforme determina o *caput* do art. 126.

Entre os segmentos contemplados pelos regimes diferenciados, destaca-se a **redução de 30%** das alíquotas do IBS e da CBS para a prestação de serviços por profissionais que exerçam atividades intelectuais de natureza científica, literária ou artística, submetidas à fiscalização por conselho profissional. Conforme estabelece o art. 127,[7] a redução aplica-se, por exemplo, a advogados, engenheiros, arquitetos, entre outros. Essa medida parece ter como objetivo ajustar a carga tributária sobre atividades de alto valor agregado e intensivas em capital humano, além de compatibilizar os novos tributos com a vigente sistemática da tributação das sociedades de profissionais, tradicionalmente submetidas a alíquotas fixas do ISS, conforme o § 3º do art. 9º do Decreto-lei n. 406/68.

O art. 128 da LC n. 214/2025[8] prevê a **redução de 60%** das alíquotas do IBS e da CBS para um rol de atividades e setores considerados estratégicos e essenciais, evidenciando a intenção do legislador de aliar a política tributária a objetivos extrafiscais. A medida contempla operações com: (i) serviços de educação; (ii) serviços de saúde; (iii) dispositivos médicos; (iv) dispositivos de acessibilidade para pessoas com deficiência; (v) medicamentos; (vi) alimentos para consumo humano; (vii) produtos de higiene pessoal e limpeza majoritariamente consumidos por famílias de baixa renda; (viii) produtos agropecuários e aquícolas *in natura*; (ix) insumos agropecuários e aquícolas; (x) produções nacionais artísticas e culturais; (xi) comunicação institucional; (xii) atividades desportivas; e (xiii) bens e serviços relacionados à soberania e segurança nacional.

Por sua vez, o Capítulo IV do Título IV estabelece a redução a zero das alíquotas do IBS e da CBS sobre operações com determinados bens e serviços

---

7 "Art. 127. Ficam reduzidas em 30% (trinta por cento) as alíquotas do IBS e da CBS incidentes sobre a prestação de serviços pelos seguintes profissionais, que exercerem atividades intelectuais de natureza científica, literária ou artística, submetidas à fiscalização por conselho profissional: I – administradores; II – advogados; III – arquitetos e urbanistas; IV – assistentes sociais; V – bibliotecários; VI – biólogos; VII – contabilistas; VIII – economistas; IX – economistas domésticos; X – profissionais de educação física; XI – engenheiros e agrônomos; XII – estatísticos; XIII – médicos veterinários e zootecnistas; XIV – museólogos; XV – químicos; XVI – profissionais de relações públicas; XVII – técnicos industriais; e XVIII – técnicos agrícolas."

8 "Art. 128. Desde que observadas as definições e demais disposições deste Capítulo, ficam reduzidas em 60% (sessenta por cento) as alíquotas do IBS e da CBS incidentes sobre operações com: I – serviços de educação; II – serviços de saúde; III – dispositivos médicos; IV – dispositivos de acessibilidade próprios para pessoas com deficiência; V – medicamentos; VI – alimentos destinados ao consumo humano; VII – produtos de higiene pessoal e limpeza majoritariamente consumidos por famílias de baixa renda; VIII – produtos agropecuários, aquícolas,,pesqueiros, florestais e extrativistas vegetais *in natura*; IX – insumos agropecuários e aquícolas; X – produções nacionais artísticas, culturais, de eventos, jornalísticas e audiovisuais; XI – comunicação institucional; XII – atividades desportivas; e XIII – bens e serviços relacionados à soberania e à segurança nacional, à segurança da informação e à segurança cibernética."

de alta relevância social e econômica, conforme os termos do art. 143. Entre os itens contemplados, destacam-se: (i) dispositivos médicos; (ii) dispositivos de acessibilidade para pessoas com deficiência; (iii) medicamentos; (iv) produtos de cuidados básicos à saúde menstrual; (v) produtos hortícolas, frutas e ovos; (vi) automóveis adquiridos por pessoas com deficiência ou com transtorno do espectro autista; (vii) automóveis adquiridos por motoristas profissionais para uso na categoria de aluguel (táxi); e (viii) serviços prestados por Instituições Científicas, Tecnológicas e de Inovação (ICT) sem fins lucrativos.

Neste capítulo, não pretendemos criticar as atividades e os produtos que foram contemplados com percentuais de redução de alíquota. Pelo contrário, muitas dessas inclusões são dignas de elogios, pois atendem a necessidades sociais prementes e, indiscutivelmente, promoverão o bem-estar da população.

Não obstante, não podemos deixar de observar que determinados serviços e itens semelhantes aos contemplados com a benesse, mas que não se encontram abarcados, poderão gerar um contencioso volumoso. Essas discussões judiciais girarão em torno de eventuais falhas no sistema, que deveria se pautar pelo primado da neutralidade tributária.

O exemplo do leite de origem animal *versus* o leite de origem vegetal apresentado na introdução deste capítulo é somente um dos possíveis casos que poderão ser alvo de controvérsias.

É crucial avaliar, especialmente enquanto o sistema ainda está em fase de regulamentação, se as reduções previstas na LC n. 214/2025 poderão comprometer o princípio da neutralidade tributária, ao criar vantagens competitivas indevidas para determinados setores ou produtos, em detrimento de outros, resultando em distorções de mercado e impactando indevidamente as decisões de consumo e produção.

A concessão de redução de alíquotas a alguns produtos e segmentos, sem a devida inclusão de itens similares, inegavelmente resultará em distorções de mercado, interferindo nas decisões de consumo e produção e afrontando, por consequência, o princípio da neutralidade.

CONCLUSÃO

A reforma tributária promovida pela EC n. 132/2023 e regulamentada pela LC n. 214/2025 representa um avanço significativo na busca por um sistema tributário mais eficiente e alinhado às práticas internacionais. O princípio da neutralidade tributária, alçado ao *status* constitucional, emerge como fundamento essencial para garantir que a tributação não interfira indevidamente nas decisões econômicas dos agentes e na livre concorrência.

Neste capítulo, examinamos a calibragem das alíquotas do IBS e da CBS sob o prisma da neutralidade tributária, com foco nos regimes diferenciados que autorizam reduções de alíquota. Identificamos que, embora muitas das reduções previstas sejam louváveis por atenderem a necessidades sociais prementes, sinalizamos que a exclusão de produtos ou serviços similares pode comprometer a neutralidade sistêmica e, assim, inaugurar a formação de um contencioso significativo.

Diante desse cenário, é imperativo que a regulamentação infraconstitucional seja conduzida com rigor técnico e transparência, assegurando que a concessão de reduções de alíquota esteja embasada em critérios objetivos e alinhada ao princípio da neutralidade tributária. A inclusão ou exclusão de itens nos regimes diferenciados deve evitar discriminações injustificadas e promover tratamento tributário isonômico a produtos e serviços similares.

BIBLIOGRAFIA

BRASIL. Emenda Constitucional n. 132, de 20 de dezembro de 2023. Altera o Sistema Tributário Nacional. *Diário Oficial da União*, seção 1, Brasília, DF, 21 dez. 2023. Disponível em: https://www.planalto.gov.br/ccivil_03/constituicao/emendas/emc/emc132.htm. Acesso em: 24 nov. 2024.

BRASIL. Lei Complementar n. 214, de 16 de janeiro de 2025. Institui o Imposto sobre Bens e Serviços (IBS), a Contribuição Social sobre Bens e Serviços (CBS) e o Imposto Seletivo (IS); cria o Comitê Gestor do IBS e altera a legislação tributária. *Diário Oficial da União*, 16 jan. 2025. Disponível em: https://www.planalto.gov.br/ccivil_03/leis/lcp/lcp214.htm. Acesso em: 27 maio 2025.

BRASIL. *Projeto de Lei Complementar n. 68, de 2024*. Institui o Imposto sobre Bens e Serviços (IBS) e a Contribuição sobre Bens e Serviços (CBS). Disponível em: https://www.camara.leg.br/. Acesso em: 24 nov. 2024.

COELHO, Isaías. Neutralidade e não cumulatividade do IVA (IBS/CBS). *In*: SANTI, Eurico Marcos Diniz de; COELHO Isaías *et al*. *Reforma tributária e neutralidade do IVA*. São Paulo: Max Limonad, 2023.

GALLARDO, Francisco Javier Sánchez. IVA e neutralidade na União Europeia. *In*: SANTI, Eurico Marcos Diniz *et al*. *Reforma tributária e neutralidade do IVA*. São Paulo: Max Limonad, 2023.

SCHOUERI, Luís Eduardo. *Direito tributário*. 9. ed. São Paulo: Saraiva, 2019.

Capítulo **9**

Split payment e os desafios para sua implementação

Alex Sandro Kuhn
Ângelo de Angelis[1]

INTRODUÇÃO

O que é *split payment*? Em livre tradução, significa "pagamento dividido". No contexto da reforma tributária, é uma das modalidades de extinção do crédito tributário prevista no inciso III do art. 27 da Lei Complementar n. 214, de 2025 (LC n. 214/2025). Consiste em separar o valor dos tributos faturados do valor dos bens e serviços fornecidos quando da liquidação financeira da operação. Assim, a instituição financeira, ao receber o valor total da fatura, o divide em três depósitos: a) o valor dos bens e serviços, depositando-o à conta do fornecedor; b) o valor faturado do Imposto sobre Bens e Serviços (IBS), depositando-o à conta do Comitê Gestor do IBS;[2] e c) o valor faturado da Contribuição sobre Bens e Serviços (CBS), depositando-o à conta do Governo Federal (ou da Receita Federal do Brasil).

O objetivo desse sistema é a garantia do crédito tributário por coibir a inadimplência e a sonegação. Trata-se de evitar, no desenho concebido para IBS/CBS, problemas que atualmente ocorrem com o ICMS, notadamente o derrame

---

1 Este autor agradece aos seus colegas auditores fiscais do Estado de São Paulo Alex Sandro Kuhn e Rodrigo Frota da Silveira pelas ricas discussões para a construção deste tema e também à consultora e professora Melina Rocha pelo constante estímulo e troca de ideias, bem como, e pelos mesmos motivos, aos dirigentes do Centro de Cidadania Fiscal, o CCiF, Eurico Marcos Diniz de Santi e Nelson Machado.

2 Posteriormente, o Comitê Gestor efetua a alocação da receita arrecadada aos estados, Distrito Federal e municípios conforme arts. 120 a 147 do PLP n. 108/2024.

de créditos frios gerados a partir de documentos fiscais inidôneos, uma verdadeira indústria que cresceu muito após o advento da nota fiscal eletrônica.[3]

Desse modo, o *split payment* proposto na LC n. 214/2025 fortalece o crédito tributário do IBS e da CBS, reforçando a não cumulatividade plena (isto é, livre de créditos inidôneos) e garantindo a sua certeira liquidez para distribuição da receita arrecadada aos entes federados, além do processamento mais célere das devoluções dos créditos acumulados às empresas e do *cashback* à população de baixa renda como meio de mitigar a regressividade a que todo tributo indireto está sujeito.[4]

No entanto, o *split payment*, como modalidade de extinção do crédito tributário, se insere em um sistema operacional mais amplo de registro e apuração do IBS e da CBS, em que a espinhal dorsal é o direito ao crédito condicionado ao seu efetivo pagamento. O *split payment* é uma das maneiras de operacionalizar esse direito. As demais compreendem a compensação de débitos por créditos (pagos), o pagamento do saldo devedor pelo fornecedor, o pagamento antecipado pelo adquirente e o pagamento por terceiros a quem a lei complementar determinar.[5] Todas elas deverão se articular em um sistema operacional de registro e apuração do IVA dual integrado aos sistemas dos prestadores de serviços de pagamento eletrônico e das instituições operadoras de sistemas de pagamentos, os chamados arranjos de pagamentos.[6]

Portanto, compreender o sistema operacional do IBS e da CBS, pelo menos em suas linhas gerais, precede a compreensão do próprio sistema de *split payment*. Esse é o ponto de partida que nos remete aos desafios para sua implementação.

---

3 Antes do advento da nota fiscal eletrônica, o maior problema da sonegação era mercadoria desacompanhada de documento fiscal. Após, ocorreu o contrário, hoje há excesso de documentos fiscais (frios) em relação à circulação de mercadorias. Por esse motivo, diz-se que, antes, os auditores fiscais corriam atrás de caminhão sem nota fiscal e, hoje, correm atrás de nota fiscal sem caminhão (Rodrigo Frota da Silveira).

4 *Cashback* é a devolução personalizada do IBS e da CBS pagos a pessoas físicas integrantes de famílias de baixa renda relativos às suas aquisições de bens e serviços sujeitos a esses tributos. O *cashback* está regulamentado nos arts. 112 a 124 da LC n. 214/2025.

5 Art. 27 da LC n. 214/2025.

6 Arranjos de pagamentos são estruturas que permitem a prestação de serviços de pagamento, envolvendo regras, procedimentos e operações que possibilitam a transferência de valores entre seus participantes, de forma eletrônica ou não. De maneira prática, os arranjos de pagamento são sistemas que permitem o uso de instrumentos de pagamento como cartões, boletos, PIX, DREX e transferências bancárias para a liquidação de operações financeiras entre pagadores e recebedores. A regulamentação está contida na Lei n. 12.865/2013 e nas circulares e resoluções do Banco Central.

Este capítulo se propõe a demonstrar a organização geral do sistema operacional do IBS e da CBS para explicar como o *split payment* se insere nesse contexto mais amplo.

O SISTEMA OPERACIONAL

A implementação do sistema de *split payment* previsto na LC n. 214/2025 se apoia em um sistema operacional todo informatizado e integrado entre contribuintes, administração tributária e prestadores de serviços de pagamento eletrônico e instituições operadoras de sistemas de pagamentos. É um sistema concebido sob o conceito de plataforma eletrônica de dados concentrados em um único ecossistema nacional contendo todas as informações cadastrais e outras oriundas de documentos fiscais eletrônicos, declarações e dos pagamentos dos tributos. É um modelo inédito, um novo paradigma em que todo o processo de registro e apuração, hoje distribuído pelos diversos estabelecimentos e entes federados, se integram e interagem com o contribuinte em um só lugar: a plataforma eletrônica unificada, com gestão compartilhada entre o Comitê Gestor do IBS e a RFB.[7]

Como o IBS é um imposto de competência compartilhada entre estados, Distrito Federal e municípios, fez-se necessária a constituição do Comitê Gestor do IBS para, dentre outras funções, gerir toda a arrecadação do imposto em escala nacional, evitando as atuais fragmentações dos procedimentos de apuração e pagamento das diversas receitas estaduais e municipais. Nesse ambiente, o contribuinte pode, por exemplo, efetuar uma única declaração do IBS e um único pagamento ao invés de preencher diversas guias de ICMS e ISS por unidade da Federação. Além disso, com a arrecadação centralizada no Comitê Gestor do IBS, a devolução dos créditos acumulados às empresas se torna mais célere e harmonizada, não mais dependendo dos prazos e critérios das diversas secretarias de fazenda estaduais. Há quem diga que a medida fere a autonomia financeira dos estados, o que não será tratado neste capítulo; aqui apenas será considerado o aspecto específico do crédito acumulado que não é recurso do estado. É, isto sim, arrecadação antecipada e direito do contribuinte que no fundo financia o estado com seu próprio capital de giro. Além disso, a não devolução de saldos credores acumulados ou o seu retardo por longos prazos, como ocorre atualmente no ICMS e também com alguns tributos federais, introduzem alto grau de cumulatividade no sistema, ferindo o princípio constitucional da não cumulatividade. Quando o gestor público procura controlar a

7 Art. 58 da LC n. 214/2025.

arrecadação retendo ou retardando a devolução do crédito acumulado está, em última instância, provocando mais cumulatividade. A medida de centralizar a devolução dos créditos acumulados de IBS no Comitê Gestor, ainda que passível de eventual e pontual auditoria pela fiscalização dos entes subnacionais, vem corrigir essa distorção hoje existente nos tributos a serem sucedidos pelo IBS e pela CBS.

A Figura 1 a seguir ilustra o modelo geral da LC n. 214/2025 em seu ciclo completo.

A começar pelo cadastro dos contribuintes. Estes ficarão obrigados a se registrar no cadastro com identificação única[8] para compor o Domicílio Tributário Eletrônico (DTE). Trata-se de um "sistema de comunicação eletrônica, com governança compartilhada, a ser atribuído como DTE, que será utilizado pela RFB e pelas administrações tributárias dos estados, do Distrito Federal e dos municípios, para fins de notificação, intimação ou avisos previstos nas legislações da CBS e do IBS" (art. 333 da LC n. 214/2025, *verbis*). Ou seja, o modelo prevê acessos compartilhados do cadastro de contribuintes pelos entes federados. O importante aqui é destacar que os registros dos contribuintes no cadastro unificado em ambiente nacional de dados serão automaticamente concatenados com os dados do CNPJ ou CPF assinalados nos documentos fiscais eletrônicos emitidos pelos contribuintes. É a partir dessa concatenação que os sistemas do Comitê Gestor do IBS e a Receita Federal do Brasil (CG IBS e RFB) poderão alimentar o sistema de apuração que, como veremos, possuirá chaves que o ligam aos sistemas dos arranjos de pagamentos. A partir dessas chaves, os sistemas de apuração efetuarão o registro e posterior checagem sobre a condição do crédito tributário, se pago ou não.

A emissão dos documentos fiscais eletrônicos pelos contribuintes a cada operação será registrada nesse ambiente nacional de dados. Os atuais modelos desses documentos passarão por ajustes de leiaute e inclusão de novos campos para comportarem as informações relativas ao IBS e à CBS.[9] Na emissão desses documentos, seus dados serão automaticamente registrados em plataforma eletrônica unificada, com gestão compartilhada entre o CG IBS e RFB.[10]

---

8 *Vide* art. 59 da LC n. 214/2025. O cadastro com identificação única congregará os diversos cadastros hoje existentes, o Cadastro de Pessoas Físicas (CPF), o Cadastro Nacional de Pessoas Jurídicas (CNPJ) e o Cadastro Imobiliário Brasileiro (CIB). O ambiente nacional de compartilhamento e integração das informações cadastrais terá gestão compartilhada por meio do Comitê para Gestão da Rede Nacional para Simplificação do Registro e da Legalização de Empresas e Negócios (CGSIM).

9 *Vide* Ajuste Sinief n. 24/2024.

10 *Vide* § 1º do art. 58 da LC n. 214/2025.

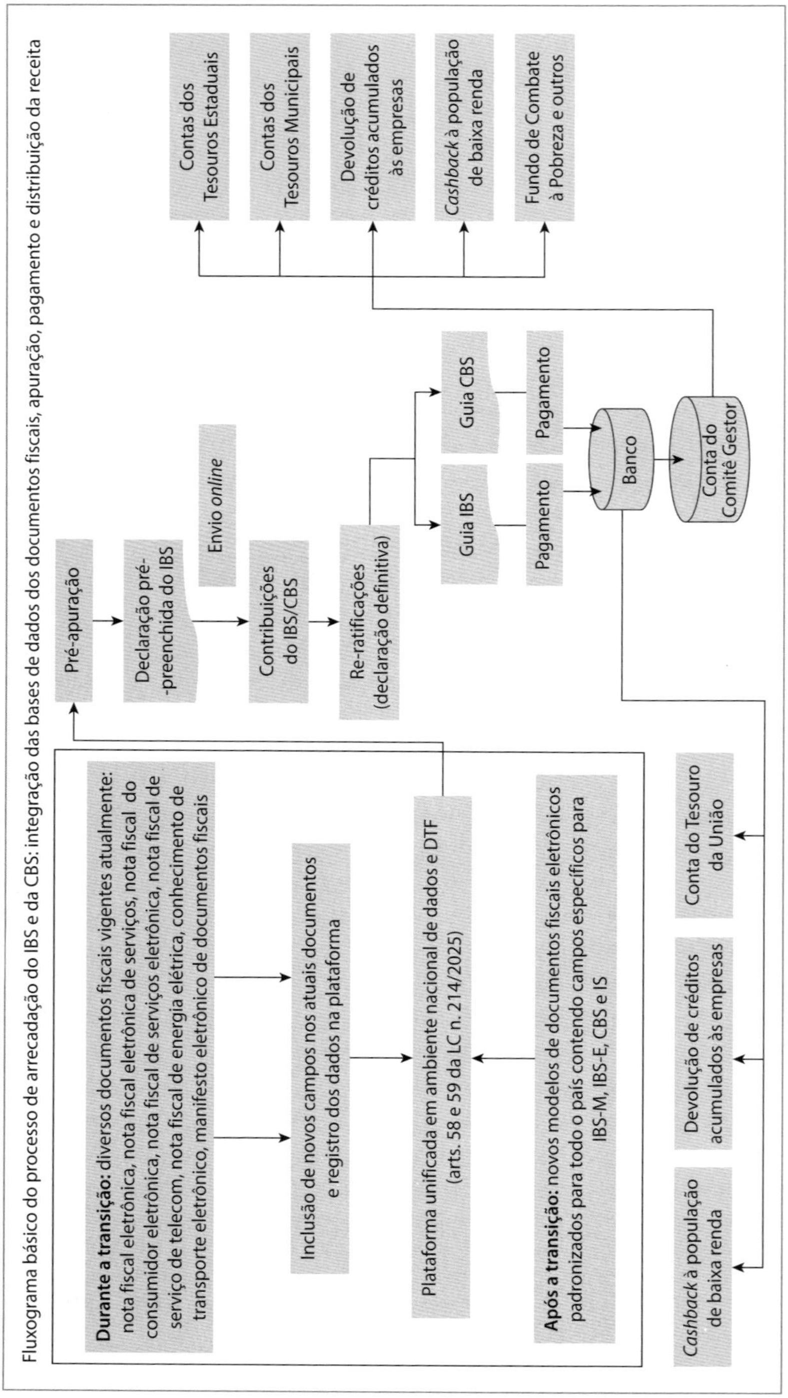

Figura 1 Fluxograma do processo de arrecadação e distribuição da receita do IBS/CBS.

Uma vez recepcionados esses dados, os sistemas do CG IBS e RFB hospedados nessa plataforma deverão alimentar os sistemas de conta-corrente fiscal dos entes federados e dos contribuintes. Para os primeiros, a conta-corrente fiscal deverá ser um extrato da alocação dos tributos IBS e CBS a débito e a crédito de cada ente federado em plano de contas (contábeis) a ser criado para cada ente. Essa alocação será feita com base nos dados de origem e de destino consignados nos documentos fiscais eletrônicos, por exemplo, os CEPs do local da operação.[11] Os registros nas contas fiscais dos entes federados também passarão por apuração a cada período, para que os sistemas do CG IBS e RFB possam identificar a alocação das receitas pela parcela do destino pertencente a cada ente.

Para os segundos, os dados dos tributos serão igualmente alocados a cada contribuinte para que os sistemas do CG IBS e RFB possam efetuar a apuração assistida[12] de cada um, disponibilizando-a *online* ao contribuinte por meio da plataforma eletrônica unificada para que ele possa efetuar sua conciliação. Uma vez conciliada a apuração com os possíveis ajustes efetuados pelos contribuintes (re-ratificação), eles poderão confirmá-la, gerando, assim, a declaração definitiva. A apuração assistida apurará o saldo devedor ou credor dos contribuintes com base nos dados dos documentos fiscais eletrônicos hospedados na plataforma e também com base nos dados de pagamentos dos respectivos tributos registrados a partir das informações prestadas pelos arranjos de pagamentos, além de "outras informações prestadas pelo contribuinte ou a ele relativas".[13]

Após a confirmação das apurações de IBS e CBS pelo contribuinte, o sistema poderá gerar automaticamente as guias de pagamento de ambos os tributos, cabendo ao contribuinte pagá-las junto à rede bancária credenciada pelo CG IBS e RFB. Haverá também a opção pelo pagamento automático *online* sem emissão da guia física.[14]

O próximo passo é o recebimento da receita pela rede bancária. Nota-se que, nesse caso, é o recebimento dos diversos saldos devedores dos contribuintes que entrará nas contas do Comitê Gestor do IBS (pagamento do IBS) e na conta da RFB (CBS). Esses órgãos informarão à instituição recebedora quais

11 Na prática, a experiência nos mostra que em muitos casos os dados de origem e, principalmente, de destino não são precisos ou até mesmo omissos. No entanto, isso não representa o grosso dos documentos emitidos, mas uma parte residual. Nesses casos, há regras para o Fisco imputar os dados de origem e destino.

12 A apuração assistida é uma opção do contribuinte e está prevista no art. 46 da LC n. 214/2025.

13 *Vide* art. 46, III, da LC n. 214/2025.

14 *Vide* art. 30 da LC n. 214/2025.

valores serão distribuídos às contas de cada ente federado, devolução do crédito acumulado às empresas, devolução do *cashback* às pessoas físicas e, onde houver, o Fundo de Combate à Pobreza.

Esse é o ciclo operacional geral. Nota-se que os pagamentos por *split payment* e pagamentos antecipados entram como outros fluxos no sistema geral de arrecadação juntamente com o pagamento do saldo devedor pelos contribuintes, evidenciando que o *split payment* é uma das modalidades de pagamento dos tributos IBS e CBS.

O PAGAMENTO DOS TRIBUTOS IBS E CBS

A compreensão de como o IBS e a CBS serão pagos ou extintos também antecede à compreensão do mecanismo do *split payment*, que é uma daquelas modalidades. A matéria está disciplinada no art. 27 da LC n. 214/2025, *caput*:

> **Art. 27.** Os débitos do IBS e da CBS decorrentes da incidência sobre operações com bens ou com serviços serão extintos mediante as seguintes modalidades:
> I – compensação com créditos, respectivamente, de IBS e de CBS apropriados pelo contribuinte, nos termos dos arts. 47 a 57 e das demais disposições desta Lei Complementar;
> II – pagamento pelo contribuinte;
> III – recolhimento na liquidação financeira da operação (*split payment*), nos termos dos arts. 31 a 35 desta Lei Complementar;
> IV – recolhimento pelo adquirente, nos termos do art. 36 desta Lei Complementar; ou
> V – pagamento por aquele a quem esta Lei Complementar atribuir responsabilidade.

A primeira forma de extinção do crédito tributário é a clássica compensação com créditos, lembrando-se que no modelo aqui proposto os créditos que entrarão na apuração serão apenas os créditos já pagos.[15] O sistema de apuração prevê que os créditos por aquisição extinguirão os débitos na sua ordem cronológica. Assim, os débitos vão sendo cronologicamente amortizados (pagos ou extintos), ficando concomitantemente disponíveis para a apropriação pelo adquirente. É a partir dos registros dessas informações que os sistemas do CG IBS e RFB vão computando a compensação na conta fiscal do contribuinte.

---

15 *Vide* § 2º, I, do art. 47 da LC n. 214/2025. Segundo o inciso II desse mesmo dispositivo, os créditos presumidos previstos em lei complementar também poderão ser apropriados.

O inciso II do referido artigo prevê a extinção do crédito tributário por meio do pagamento pelo contribuinte. Essa modalidade nada mais é do que o pagamento do seu saldo devedor no seu vencimento relativo a todos os débitos ainda não pagos pela compensação ou pelas demais formas no intervalo do período de apuração. Uma vez efetuado o pagamento do saldo devedor, todos os débitos ainda não compensados, ou pagos de outra forma, também já ficarão disponíveis para o creditamento à conta do adquirente. Os sistemas integrados do CG IBS e RFB receberão do banco ou de outra instituição recebedora as informações relativas à quitação do saldo devedor. De posse dessa informação, os sistemas do CG IBS e RFB computarão automaticamente os créditos respectivos na conta fiscal do adquirente. Lembrando que cada guia paga possui uma chave que a vincula ao período de apuração do contribuinte. A partir dessa informação, o sistema identifica quais débitos ainda não foram compensados ou pagos de outra forma para poderem ser alocados na conta-corrente fiscal do adquirente depois que o fornecedor pagar o saldo devedor.

A terceira forma é o *split payment*, objeto deste capítulo. Esse recolhimento se dá na liquidação financeira da operação e será vinculado a cada uma delas. Mais à frente veremos essa modalidade em mais detalhes.

A quarta forma é o recolhimento pelo adquirente também vinculado a cada operação. Trata-se de uma forma de exceção para a garantia do crédito, por exemplo, nas compras em que não há liquidação financeira eletrônica da transação como pagamentos em dinheiro ou por meio de contratos de mútuo. Outra possibilidade para o uso dessa modalidade poderá ocorrer em situações em que o fornecedor entre em situação de inadimplência e o adquirente, para garantir o seu crédito, em vez de pagar os tributos na fatura do fornecedor, opte pelo pagamento por meio de uma guia avulsa. É semelhante aos antigos regimes de diferimento do ICMS incidente sobre as mercadorias fornecidas por produtores rurais, em que a cooperativa ou o armazém emitiam nota fiscal de entrada quando do recebimento da produção e recolhiam por guia avulsa todo o imposto da operação na condição de substitutos tributários. Assim, uma vez pago pelo adquirente, o imposto já poderá ser por ele apropriado como crédito. O CG IBS e RFB "estabelecerão mecanismo para acompanhamento, pelo fornecedor, do recolhimento pelo adquirente".[16] Ou seja, o fornecedor poderá consultar na plataforma unificada de dados se o adquirente pagou os tributos da operação.

Sempre lembrando que nas hipóteses previstas nos incisos III (*split payment*) e IV (pagamento pelo adquirente), o sujeito passivo é sempre o fornecedor. Tanto é que se este incorrer em inadimplência do seu saldo devedor, e as moda-

16 Art. 36, § 4º, da LC n. 214/2025.

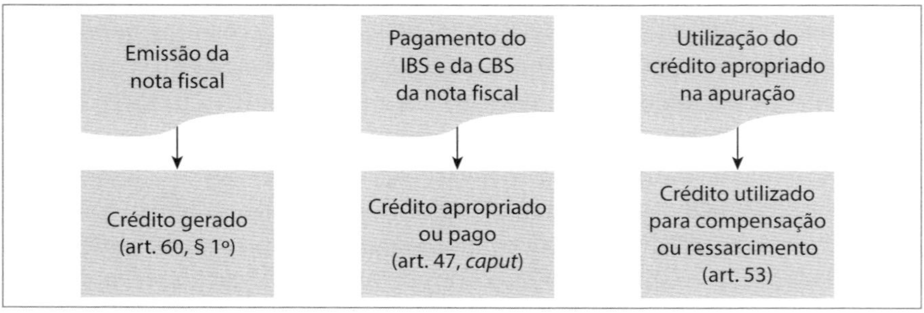

Figura 2 *Status* dos créditos de IBS e CBS na LC n. 214/2025.

lidades III e IV ocorrerem após o vencimento da obrigação principal inadimplida, quem arcará com os encargos moratórios (juros e multa) será o fornecedor.[17]

Por fim, o inciso V prevê o pagamento por responsabilidade de terceiros, aplicando-se ao responsável as mesmas regras operacionais imputadas ao pagamento pelo adquirente.[18]

Para finalizar este tópico, importante destacar que o sistema operacional foi projetado pelas regras da LC n. 214/2025 para que os dados das notas fiscais eletrônicas fiquem registrados em um único ambiente nacional, a plataforma unificada, possibilitando inserções automáticas a débito e a crédito (pago) na apuração de cada contribuinte. Isso lhe possibilita efetuar consultas *online* e eventuais ajustes. Outro ponto importante é que os sistemas da plataforma unificada de dados "conversarão" com os sistemas dos arranjos de pagamentos, possibilitando a identificação automática acerca dos créditos pagos por qualquer um dos meios elencados no art. 27 da LC n. 214/2025: compensação, pagamento do saldo devedor pelo contribuinte, *split payment*, pagamento pelo adquirente e pagamento por terceiro responsável. Isso nos remete à conclusão de que o sistema de apuração por créditos pagos pode funcionar sem o *split payment*, mas sua adoção representa importante avanço tecnológico capaz de melhorar substancialmente a eficiência operacional do sistema.

O SISTEMA DE *SPLIT PAYMENT*

Vejamos mais de perto a operacionalidade do *split payment* segundo as normas a serem instituídas pela LC n. 214/2025.

---

17 *Vide* art. 34, IV, da LC n. 214/2025.

18 Art. 37 da LC n. 214/2025.

Em primeiro lugar, é preciso compreender a natureza do crédito tributário no decorrer do processo, desde seu nascimento até sua extinção e apropriação.

O crédito tributário (ao qual as apurações se referem como "débito") nasce na emissão do documento fiscal eletrônico como um ato declaratório conforme o texto do § 1º do art. 60 da LC n. 214/2025, *verbis*: "As informações prestadas pelo sujeito passivo nos termos deste artigo possuem caráter declaratório [...]". Nesse primeiro estágio, IBS e CBS ainda não geram créditos, mesmo que lançados em documento fiscal eletrônico. A partir do momento em que esse débito for extinto por uma das modalidades previstas nos incisos do art. 27 da LC n. 214/2025, ele habilita ao adquirente a apropriação de um crédito em sua apuração (art. 47, *caput*, da LC n. 214/2025) para ser utilizado na extinção, pela via da compensação, de seus próprios débitos gerados em razão de seus fornecimentos (art. 53, *caput*, da LC n. 214/2025). A partir desse momento, todos os débitos compensados por esse crédito, oriundo de suas aquisições, passam à condição de créditos apropriados para o próximo adquirente da cadeia, e assim sucessivamente.

Da mesma forma, o pagamento do saldo devedor do fornecedor no prazo habilita todos os seus débitos ainda não compensados a serem apropriados como créditos pelos seus adquirentes. A partir do momento em que o adquirente usa esses créditos em sua apuração, eles assumem a condição de créditos utilizados. Nesse interregno, se alguma operação computada no período de apuração sofrer o *split payment*, o crédito assim pago sofrerá o mesmo tratamento na apuração do adquirente. O mesmo se aplica para as demais modalidades de extinção do crédito tributário, que são o pagamento antecipado por guia avulsa pelo adquirente e o pagamento por terceiro responsável.

Uma vez compreendida a condição do crédito, passemos a avaliar como se processa o *split payment* e, em seguida, como ele se insere no sistema de apuração do contribuinte em regime de crédito pago.

Como visto, no contexto da reforma tributária, o *split payment* é uma modalidade de pagamento do crédito tributário em que a liquidação financeira da operação se processa por meios eletrônicos de pagamento. Ou seja, não se aplica para liquidações financeiras em espécie ou por outro meio não eletrônico, por exemplo, compensações de contas, entrega de bens para pagamento, contratos de mútuo e outros. Para o primeiro caso, os prestadores de serviços de pagamentos, ou, simplesmente, meios de pagamento, deverão preparar seus sistemas para processar o *split payment*. Eles "conversarão" com os sistemas da plataforma do CG IBS e RFB, doravante, simplesmente plataforma (*vide* Figura 1).

A Figura 3 a seguir ilustra como esses sistemas "conversam". O elo principal dessa "conversa" é a chave do documento fiscal eletrônico que ficará vinculada ao respectivo meio de pagamento, por exemplo, duplicata, boleto, TED,

PIX, DREX ou outro meio eletrônico. Essa vinculação se processa pela inserção da chave da nota fiscal eletrônica ao respectivo meio de pagamento, de forma a concatenar eletronicamente o documento fiscal à respectiva transação de pagamento.[19]

A Figura 3 também ilustra como se compõe o ecossistema do *split payment*: Administração Tributária, esta, por sua vez, composta pela gestão compartilhada da plataforma pelo CG IBS e RFB; pelas empresas fornecedoras de bens e serviços, pelas empresas adquirentes desses mesmos bens e serviços e pela intermediação financeira, composta pelos arranjos de pagamentos ou prestadores de serviços de pagamentos.

O modelo da Figura 3 demonstra o ecossistema do *split payment* para as operações entre empresas comumente denominadas B2B (*business to business*). As operações entre empresas e não contribuintes ou consumidores pessoas físicas serão tratadas em tópico próprio.

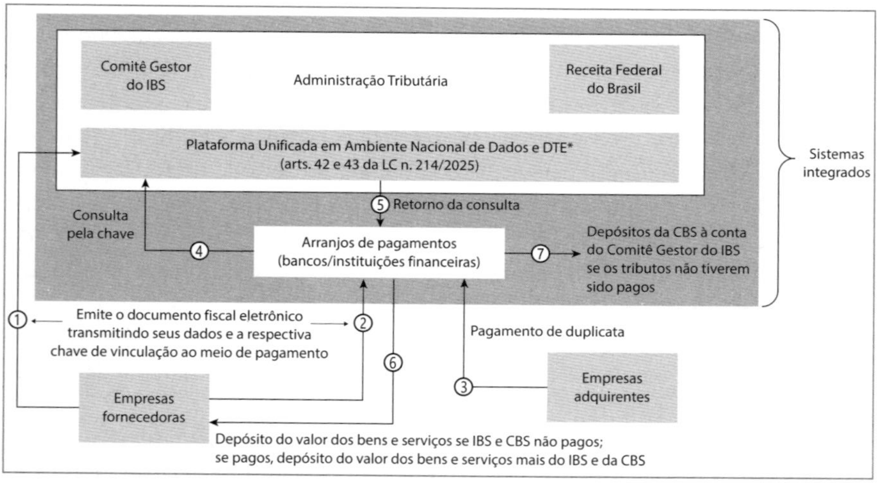

Figura 3 Visão geral do sistema de integração dos arranjos de pagamento à plataforma do Comitê Gestor do IBS e da RFB.

Fonte: Ângelo de Angelis

*Domicílio Tributário Eletrônico

Para melhor compreensão da Figura 3, descrevemos o passo a passo desse diagrama.

1. Quando a empresa fornecedora emite o documento fiscal eletrônico, o próprio sistema emissor se encarrega de transmitir seus dados à plataforma

19 Arts. 31, § 1º, e 32, § 1º, ambos da LC n. 214/2025.

unificada para que os sistemas do CG IBS e da RFB possam inseri-los à conta fiscal corrente de cada contribuinte.

2. Ao mesmo tempo, a empresa fornecedora transmite os dados relativos à vinculação das operações com a transação de pagamento (chave), bem como a identificação dos débitos do IBS e da CBS incidentes sobre as operações aos prestadores de serviços de pagamentos (arranjos de pagamentos).[20]
3. O prestador de serviços de pagamentos recebe do adquirente o valor relativo ao pagamento da respectiva duplicata.
4. Antes de processar a liquidação financeira da operação, o prestador de serviços de pagamentos, por meio da respectiva chave do documento fiscal vinculado ao meio de pagamento (duplicata), consulta a plataforma para verificar se os tributos IBS e CBS já foram pagos ou não por uma das demais modalidades previstas nos incisos do *caput* do art. 27 da LC n. 214/2025.[21]
5. No retorno da consulta, o prestador de serviços de pagamentos recebe do Comitê Gestor e da RFB a informação sobre o pagamento ou não dos respectivos tributos.
6. Se os tributos já tiverem sido pagos por uma das modalidades previstas nos incisos do *caput* do art. 27 da LC n. 214/2025, efetua os depósitos conforme a condição dos débitos de IBS e de CBS da operação.
7. Se já pagos, credita o valor de bens e serviços mais os tributos faturados IBS e CBS à conta do fornecedor. Assim, automaticamente, IBS e CBS são estornados da apuração do fornecedor caso já tenham sidos lançados *ex ante* a débito. Nesse caso, os créditos respectivos já terão sido tomados pelo adquirente quando de seu pagamento em momento anterior.
8. Se os tributos da operação não tiverem sido pagos, o prestador de serviços de pagamentos deposita o valor dos bens e serviços à conta do fornecedor, o valor do IBS à conta do Comitê Gestor e o valor da CBS à conta da RFB. **É aqui que se processa o *split payment*.**

Se no momento da consulta houver alguma intercorrência que impossibilite a realização da consulta à plataforma, o prestador de serviços de pagamentos deverá processar o *split payment* automaticamente na liquidação financeira da operação. Se os tributos já tiverem sido pagos, o CG IBS e RFB devolverão as parcelas já pagas de IBS e CBS ao fornecedor em até três dias úteis. Caso ainda não tenham sido pagos, mantém o *split payment*.

20 Art. 32, §§ 1º e 2º, da LC n. 214/2025.
21 Art. 32, § 3º, da LC n. 214/2025.

SPLIT PAYMENT SIMPLIFICADO

A LC n. 214/2025, em seu art. 33, disciplina o *split payment* para o caso de vendas massificadas a não contribuintes, normalmente empresas varejistas que vendem a milhares de pessoas físicas. Para essas operações, o fornecedor, normalmente o lojista, tem a opção pelo *split payment* simplificado, que consiste em dividir os valores de cada venda individual por meio de um percentual médio sobre o valor da operação. Esse percentual é calculado pelo próprio CG IBS e RFB e informado ao optante pelo regime simplificado de *split payment*. Ele reflete um valor médio de recolhimentos líquidos pela diferença entre débitos e créditos sobre as vendas do lojista. Esse percentual é utilizado para toda operação ocorrida no período de apuração. Ao final desse período, o CG IBS e RFB procedem à apuração normal pelo regime de débitos e créditos, disponibilizando-a na plataforma para acesso da empresa vendedora fazer eventuais ajustes e assinar. Se houver pagamento a maior, o CG-IBS/RFB devolve os valores em até três dias úteis. Caso contrário, eventuais pagamentos a menor serão captados pela apuração do mês seguinte e entrarão automaticamente no ajuste para pagamento da diferença.

A APURAÇÃO DO CONTRIBUINTE COM *SPLIT PAYMENT*

A apuração do IBS e da CBS está regulamentada nos arts. 41 a 46 da LC n. 214/2025, que definem o período de apuração, que será mensal, e remetem ao prazo de conclusão e data de vencimento da obrigação principal para o regulamento.

Além disso, introduzem a apuração centralizada por empresa para fins de pagamento do saldo devedor e também dos ressarcimentos de créditos. Os saldos de IBS e CBS deverão ser apurados separadamente, ou seja, ainda que a interface com o contribuinte seja unificada, de rigor, as apurações de IBS e CBS são independentes.

Destaca-se neste ponto o art. 45 da LC n. 214/2025, que diz que IBS e CBS serão apurados pela diferença entre débitos e créditos lançados no período de apuração e, importante este ponto, somente os créditos apropriados, isto é, pagos, entrarão nessa apuração.[22] Ou seja, enquanto o débito fiscal do fornecedor não for extinto (*vide* Figura 2), não poderá o adquirente se apropriar do respectivo crédito na sua apuração. Uma vez pagos por uma das modalidades

---

22 Art. 45, II, da LC n. 214/2025.

previstas nos incisos do art. 27, poderão ser utilizados para amortizar os débitos do período de apuração.

Assim, os valores pagos por *split payment* referentes ao período de apuração serão deduzidos do saldo devedor se já tiverem sido lançados na conta-corrente fiscal do fornecedor e não tiverem sido ainda compensados. Ao mesmo tempo, os débitos do fornecedor assim pagos serão apropriados como créditos por aquisição e utilizados na conta fiscal do adquirente para compensação com os débitos gerados por seus próprios fornecimentos.

Outra regra introduzida pelo art. 27, parágrafo único, I, é a cronologia dos lançamentos a débito pela data da emissão do documento fiscal. Por outro lado, não há menção à cronologia dos lançamentos dos créditos que, por dedução lógica, deva ser a do pagamento do crédito. No entanto, a ausência dessa menção explícita, ainda que adstrita ao período de apuração, os créditos ou eventuais saldos credores poderão ser utilizados para quitar débitos de períodos anteriores (inciso I do art. 53), do próprio período (inciso II do art. 53) ou posteriores (inciso III do art. 53). Essa regra, em que créditos de determinado período de apuração possam ser aproveitados em outros períodos para quitação de débitos, favorece a cobrança administrativa de eventuais inadimplências desde que o débito não esteja inscrito em dívida ativa.

Mas o ponto central nesse tópico é o lançamento dos créditos na apuração do contribuinte. Somente os créditos com lastro em débitos pagos serão utilizados na apuração. E como o adquirente vai saber se o crédito de sua aquisição está com o respectivo débito pago ou não? Terá ele de fiscalizar o seu fornecedor? A resposta é não. A condição do crédito tributário fica registrada na conta-corrente fiscal do contribuinte, e essa informação é inserida no sistema de apuração pela própria administração tributária, que detém o controle do pagamento dos tributos pela vinculação do documento fiscal eletrônico ao meio de pagamento e pela prestação dessa informação pelos arranjos de pagamento ao CG IBS e RFB. O mesmo ocorre quando do pagamento do saldo devedor. A guia de recolhimento estará vinculada ao próprio período de apuração, permitindo aos sistemas do CG IBS e RFB a identificação dos documentos fiscais eletrônicos que estão inseridos naquele saldo. Uma vez identificados, os débitos respectivos já ficam quitados (pagos) e habilitados a se transformarem em créditos apropriados pelos seus adquirentes.

Assim, o CG IBS e RFB terão o controle do *status* do crédito (Figura 2), inserindo na conta-corrente fiscal do contribuinte apenas os créditos de suas aquisições apropriados em razão de débitos extintos por qualquer um dos meios previstos no art. 27 e seus incisos:

a) Pelo inciso I, o crédito por aquisição apropriado amortiza débitos não pagos.
b) Pelo inciso II, os débitos ainda não amortizados pelo inciso I passam à condição de pagos, podendo ser apropriados pelos seus adquirentes.

c) Pelo inciso III, o crédito será pago por *split payment* somente nos casos em que ele ainda não estiver sido pago por nenhuma das demais modalidades, sendo, nesse caso, estornado o respectivo débito da conta-corrente fiscal do fornecedor para que não haja pagamento em duplicidade e levado automaticamente a crédito na conta fiscal do adquirente.
d) Pelo inciso IV, o adquirente pode optar por pagar o crédito por guia avulsa antes mesmo que o fornecedor ou responsável o faça. Da mesma forma que no item anterior, o débito respectivo é estornado da conta fiscal corrente do fornecedor e levado automaticamente a crédito na conta fiscal do adquirente.
e) Pelo inciso V, o pagamento por responsável remete às mesmas regras descritas nos itens anteriores.

A Figura 4 a seguir ilustra como as informações dos documentos fiscais eletrônicos fluem para a plataforma do CG IBS e RFB, que processa a condição dos créditos (Figura 2). Ao efetuar esse processamento, insere automaticamente os débitos na conta fiscal corrente do fornecedor quando da emissão do documento fiscal eletrônico e a crédito na conta fiscal do adquirente após seu pagamento.

A Figura 5 ilustra como se processa a apuração do fornecedor com a inserção de débitos pagos em sua conta-corrente fiscal habilitando-os a se transformarem em créditos apropriados pelos respectivos adquirentes.

COMPRAS PARCELADAS E ADIANTAMENTOS A FORNECEDORES

As compras parceladas e os adiantamentos a fornecedores são alguns dos pontos mais incompreendidos do *split payment* previsto na LC n. 214/2025, em seu art. 34, respectivamente em seus incisos II e III.[23]

A redação do inciso II do art. 34 nos leva a entender que nas compras parceladas, o crédito só será apropriado e utilizado após o pagamento de cada parcela, levando o sistema de crédito para o regime de caixa.

23 "Art. 34. Deverão ser observadas ainda as seguintes regras para o *split payment*: [...] I – nas operações com bens ou com serviços com pagamento parcelado pelo fornecedor, a segregação e o recolhimento do IBS e da CBS deverão ser efetuados, de forma proporcional, na liquidação financeira de todas as parcelas; III – a liquidação antecipada de recebíveis não altera a obrigação de segregação e de recolhimento do IBS e da CBS na forma dos incisos I e II deste *caput*; [...]."

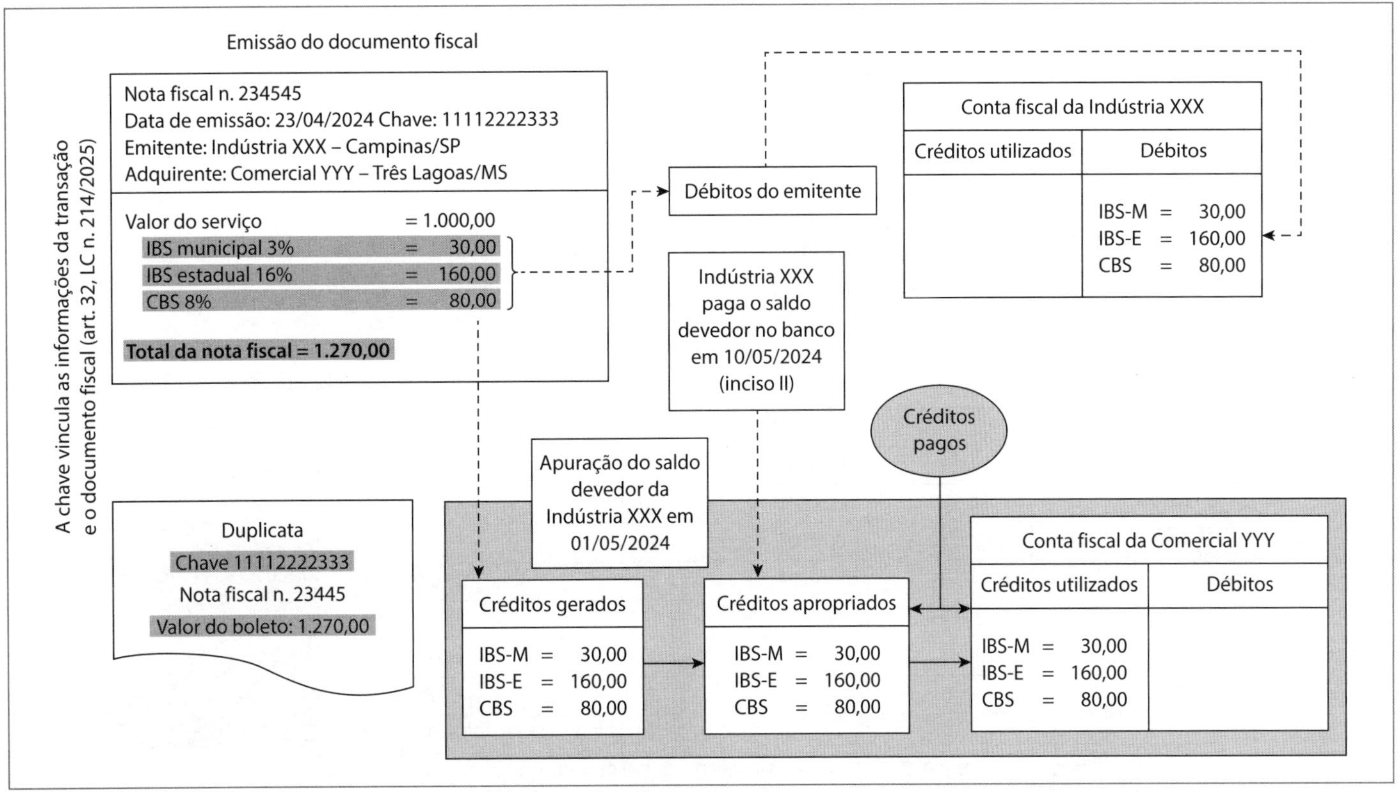

Figura 4 Fluxograma da apropriação de créditos pelo pagamento do saldo devedor conforme o inciso II do art. 27 da LC n. 214/2025.

Fonte: Ângelo de Angelis.

Créditos pagos por:

- Compensação (inciso I)
- Sujeito passivo (inciso II)
- *Split payment* (inciso III)
- Adquirente (inciso IV)

Apuração da empresa X

Data	Crédito do IBS	Débitos do IBS	Saldo	D/C
Saldo do período anterior transportado			0	
01/02/2033	3.000,00		3.000,00	C
02/02/2033	2.400,00	4.000,00	1.400,00	C
03/02/2033	2.000,00	8.000,00	-4.600,00	D
15/02/2033	3.100,00	3.000,00	-4.500,00	D
18/02/2033	4.000,00	7.000,00	-7.500,00	D
21/02/2033	5.000,00	8.000,00	-10.500,00	D
25/02/2033	9.000,00	2.500,00	-4.000,00	D
26/02/2033		2.100,00	-6.100,00	D
28/02/2033		1.800,00	-7.900,00	D

Débitos habilitados para apropriação como créditos pagos nas contas fiscais dos adquirentes

Já entram como créditos pagos na apuração da empresa

O pagamento do saldo devedor pelo sujeito passivo (art. 27, II) habilita todos os débitos ainda não pagos por compensação de suas notas fiscais imputados na ordem cronológica na sua apuração

Figura 5 Apuração do IBS e da CBS segundo a LC n. 214/2025.

No entanto, esse inciso precisa ser interpretado em conjunto com o disposto no § 3º do art. 32,[24] que estabelece que o prestador do serviço de pagamento ou a instituição operadora do sistema de pagamento, antes de efetuar o *split payment*, deverá consultar os sistemas do CG IBS e RFB para checar se os tributos já foram pagos por uma das demais modalidades previstas nos incisos do art. 27 da LC n. 214/2025. Assim, no pagamento de cada parcela, se os tributos da transação já tiverem sido pagos por compensação ou pelo pagamento do saldo devedor do fornecedor, o crédito já terá sido apropriado pelo adquirente normalmente antes do pagamento da primeira parcela. Nesse caso, a cada parcela paga, o sistema não efetuará o *split payment*, depositando o valor total da parcela na conta do fornecedor, ou, se no momento do pagamento da parcela a instituição recebedora não conseguir efetuar a consulta por alguma intercorrência do sistema, o *split payment* é efetuado, mas os valores dos tributos serão ressarcidos ao fornecedor em até três dias úteis.

Mas, por outro lado, se o fornecedor ficar inadimplente com o seu saldo devedor e os tributos da operação não tiverem sido compensados por créditos pagos, nesse caso, sim, o *split payment* será efetuado na liquidação financeira de cada parcela e os créditos passarão a ser aproveitados pelo regime de caixa até que o fornecedor quite seu saldo devedor. Importante destacar que a responsabilidade pelo pagamento do saldo devedor é sempre do sujeito passivo, o fornecedor, cabendo a ele arcar com os encargos moratórios por sua inadimplência (art. 34, IV, da LC n. 214/2025).

Sobre os pagamentos antecipados, por exemplo, adiantamentos a fornecedores ou pagamento de sinal, a LC n. 214/2025 estabelece em seu art. 34, III, tão somente que sua ocorrência não altera a obrigação de segregação e de recolhimento do IBS e da CBS (*split payment*) na data da liquidação financeira, ou seja, no momento do seu pagamento. Nesse caso não há emissão do documento fiscal eletrônico *ex ante*. Embora a lei complementar não o mencione expressamente, acreditamos que para os pagamentos antecipados, a chave deverá ser igualmente gerada pelo meio de pagamento para ser vinculada ao documento fiscal eletrônico quando de sua emissão futura, concatenando, destarte, a liquidação financeira antecipada à operação. Nesse caso, não há previsão legal para a

---

24 "Art. 32. O procedimento padrão do *split payment* obedecerá ao disposto neste artigo. [...] § 3º Antes da disponibilização dos recursos ao fornecedor, o prestador de serviço de pagamento ou a instituição operadora do sistema de pagamento deverá, com base nas informações recebidas, consultar sistema do Comitê Gestor do IBS e da RFB sobre os valores a serem segregados e recolhidos, que corresponderão à diferença positiva entre: I – os valores dos débitos do IBS e da CBS incidentes sobre a operação, destacados no documento fiscal eletrônico; e II – as parcelas dos débitos referidos no inciso I deste parágrafo já extintas por quaisquer das modalidades previstas no art. 27 desta Lei Complementar."

apropriação do crédito no pagamento antecipado, mas tão somente após a ocorrência do fato gerador.

CONCLUSÃO

O sistema de apuração com base em créditos por aquisição condicionados ao pagamento dos respectivos débitos representa a principal inovação trazida pela LC n. 214/2025. No entanto, esse sistema pode funcionar sem o *split payment* desde que haja a integração entre os sistemas do CG IBS e RFB com os sistemas das instituições prestadoras de serviços de pagamentos. Nesse contexto, o *split payment* apresenta-se como um *plus*, uma solução tecnológica capaz de melhorar substancialmente a praticidade operacional do sistema automatizando o recolhimento quando não ocorrer o pagamento dos tributos IBS e CBS por compensação, pagamento do saldo devedor ou outro meio. Porém, sua implementação não vem sozinha e sim inserida em um contexto mais amplo, em que o *core* do sistema é o crédito vinculado ao seu efetivo pagamento. Isso significa uma verdadeira reengenharia do Fisco, com a instauração de novos processos e sistemas que deverão se articular com os sistemas antigos. Um desafio que requer muito planejamento, plano diretor, capacitação (inclusive gerencial) e gestão integrada entre as diversas administrações tributárias dos entes federados por meio do CG IBS e RFB e também com os prestadores de serviços de pagamentos.

Do ponto de vista das empresas, os desafios maiores estão na adaptação dos seus ERPs[25] e desenvolvimento de sistemas de conciliação de sua escrita fiscal com os sistemas de apuração assistida do CG IBS e RFB. Além disso, deverão repensar suas estratégias de gestão financeira, pois podem ter seus fluxos de caixa afetados a depender de como se estruturam seus prazos médios comerciais e financeiros. Nesse quesito outros elementos deverão ser levados em conta nessa análise, por exemplo, a temporalidade do crédito na apuração (a partir da compensação), o uso mais restrito da substituição tributária, a apuração centralizada e a devolução de créditos acumulados. Tudo isso pode trazer melhoras significativas no fluxo de caixa empresarial.

Outro ponto a ser lembrado é que o sistema de *split payment* projetado pela LC n. 214/2025 é todo estruturado a partir da digitalização dos documentos

---

25 *Enterprise Resource Planning* (ou Planejamento de Recursos Empresariais, em português). Trata-se de sistemas de gestão empresarial que integram os principais processos de uma empresa em uma plataforma centralizada. O objetivo do ERP é facilitar o fluxo de informações entre as diversas áreas de uma organização, promovendo automação integrada de tarefas, maior eficiência, eliminação de custos e de retrabalho, controle e visibilidade das operações cujas informações podem ser disponibilizadas *online* por meio de *dashboards*.

fiscais para praticamente a totalidade de documentos emitidos e da integração dos sistemas do Fisco com os sistemas dos arranjos de pagamentos. A plataforma unificada de dados com gestão compartilhada entre o CG IBS e a RFB é que confere a gestão integrada de todo o sistema em escala nacional. Por esse motivo, as comparações com os mecanismos de *split payment* relatados pela Deloitte[26] para os países europeus não servem de comparação com o previsto na LC n. 214/2025. Por lá, os alegados aumentos de custos de conformidade e de efeitos negativos no capital de giro das empresas decorrem justamente pela ausência de digitalização de documentos fiscais em escala relevante e pela falta de um sistema de arrecadação centralizado capaz de efetuar checagens automáticas acerca da condição do crédito, se pago ou não e, destarte, alocá-los nas contas fiscais dos respectivos contribuintes. São sistemas completamente diferentes, sem base de comparação.

BIBLIOGRAFIA

ASSOCIAÇÃO NACIONAL DE FISCAIS ESTADUAIS (Febrafite). Nota técnica Febrafite e Movimento VIVA: O modelo operacional do IBS. Março de 2024. Disponível em: www.febrafite.org.br/wp-content/uploads/2020/06/Nota-Tecnica-MODELO-OPERACIONAL-APURACAO-IBS-vf-1.pdf. Acesso em: 10 nov. 2024.

BRASIL. Câmara dos Deputados. Audiência pública. Tema: *split payment* e creditamento condicionado ao pagamento do tributo. 12 jun. 2024. Disponível em: www.youtube.com/watch?v=cBoNAl69XRQ&list=PL-WFfk0AoowDC5R-fCJEwIxgf-BUiD0Ug&index=19. Acesso em: 10 nov. 2024.

BRASIL. Emenda Constitucional n. 132/2024. Disponível em: www.planalto.gov.br/ccivil_03/////// Constituicao/Emendas/Emc/emc132.htm. Acesso em: 10 nov. 2024.

BRASIL. Projeto de Lei Complementar n. 68/2024. Disponível em: www.planalto.gov.br/CCIVIL_03/Projetos/Ato_2023_2026/2024/PLP/plp-068.htm. Acesso em: 10 nov. 2024.

BRASIL. Lei Complementar n. 214/2025. Disponível em: https://www.in.gov.br/en/web/dou/-/lei-complementar-n-214-de-16-de-janeiro-de-2025-607430757. Acesso em: 29 out. 2025.

CENTRO DE CIDADANIA FISCAL (CCiF). Nota técnica: IBS não cumulativo e a garantia de devolução dos saldos credores. Disponível em: ccif.com.br/wp-content/uploads/2020/07/NT-

26 A consultoria Deloitte elaborou ampla pesquisa sobre o uso dos regimes de *split payment* aplicados no IVA dos países europeus. A pesquisa foi divulgada pela European Comission em 2017. As conclusões principais dessa pesquisa são que os regimes de *split payment* promoveram substanciais incrementos de arrecadação nos diversos países analisados, mas às custas de grande aumento dos custos de conformidade para os contribuintes com impactos negativos em seu capital de giro e aumento de custos para a Administração Tributária. Por outro lado, o relatório da consultoria também aconselha nova avaliação caso as condições tecnológicas permitam diminuir os custos gerados pelos sistemas atuais de *split payment*. Parece ser esse o caso do *split payment* previsto na LC n. 214/2025. *Vide* Bibliografia.

-IBS_nao_cumulativo_e_a_garantia_de_devolucao_dos_saldos_credores.pdf. Acesso em: 8 nov. 2024.

EUROPEAN COMISSION. Analysis of the impact of the split payment mechanism as an alternative VAT collection method. Bruxelas: Deloitte, 2017. Disponível em: https://op.europa.eu/en/publication-detail/-/publication/b87224ad-fcce-11e7-b8f5-01aa75ed71a1/language-en. Acesso em: 5 nov. 2024.

ROCHA, Melina. Modelos internacionais de *split payment*. Palestra, 2021. Disponível em: https://ccif.com.br/modelos-internacionais-de-split-payment/. Acesso em: 5 nov. 2024.

SANTI, Eurico Marcos Diniz de; SILVEIRA, Rodrigo Frota da. Portal da Reforma Tributária: CBS/IBS, comitê gestor e fluxo de caixa com Rodrigo Frota. Disponível em: www.youtube.com/watch?v=ohMYfGvThok&t=78s. Acesso em: 10 nov. 2024.

TEIXEIRA, Alexandre Alkmim. *To split or not to split*: o *split payment* como mecanismo de recolhimento de IVA e seus potenciais impactos no Brasil. *Revista Direito Tributário Atual*, *[S. l.]*, n. 50, p. 27-46, 2022. Disponível em: https://revista.ibdt.org.br/index.php/RDTA/article/view/2139. Acesso em: 5 nov. 2024.

Capítulo **10**

Avaliação quinquenal da eficiência tributária e seus impactos em relação às (des)igualdades de gênero, raça e classe

> "[...] o 'matriarcado da miséria' é feito de exclusão, racismo, sexismo e, apesar disso, de resistências no cotidiano e na ação política coletiva" (Biroli, 2018, p. 110).

Lana Borges
Nathalia Reis

INTRODUÇÃO – TRIBUTAÇÃO, DESIGUALDADES ESTRUTURAIS E A INOVAÇÃO DA LEI COMPLEMENTAR N. 214/2025

A construção histórica do gênero feminino, marcada por exclusões econômicas e políticas, produziu uma realidade em que mais da metade da população permanece alijada dos espaços de poder, de decisão e de distribuição de riqueza. Há um enorme problema para nós, mulheres. Nascemos menores e piores. Crescemos acreditando sermos menos capazes, menos inteligentes. Recebemos menos e trabalhamos mais. Definitivamente não somos convidadas para as festas do domínio, para nos sentar à mesa do poder, para participar dos espaços de decisões.[1]

Tal configuração, que exclui metade da população quando se trata de gênero e mais da metade quando se trata de raça, fortemente influenciada por estruturas de sexismo e racismo, exigiu do Estado respostas que fossem além do discurso de igualdade formal e promovessem, de fato, a equidade. No campo tributário, isso implica reconhecer que a tributação não é neutra, como já afirmou o Ministro Gilmar Mendes na Ação Direta de Inconstitucionalidade (ADI) n. 5.422/DF (Brasil, 2022); ao incidir mais sobre diferentes grupos sociais, de maneira desigual, ela pode tanto produzir quanto mitigar disparidades de gênero, raça e classe.

Há, no Brasil, um grupo de mulheres tributaristas, entre elas procuradoras, que se manifestam como pesquisadoras, professoras e advogadas, denominado

---

1 BORGES, Lana. Tributação, gênero e o Supremo Tribunal Federal: políticas públicas materializadas e a transformação da realidade das mulheres, 2025.

Tributação e Gênero, cujas atividades foram iniciadas em abril de 2020.[2] As pesquisas desse grupo demonstraram que, por mais marcantes e profundos que fossem os contrastes de gênero no Brasil, explicitados por pesquisas, relatórios e dados, não havia, no entanto, em todos esses anos e nas propostas de alteração do sistema tributário nacional, uma só menção a essa anomalia social e econômica que segrega e diferencia a realidade econômica de mulheres e homens, de pessoas brancas e pretas. A força e os trabalhos acadêmicos, em sua grande maioria publicados por mulheres, mudaram, felizmente, esse cenário.

E, nesse panorama, a Emenda Constitucional (EC) n. 132/2023, regulamentada pela Lei Complementar (LC) n. 214/2025, inaugurou uma nova etapa da política fiscal no Brasil. O sistema tributário nacional passa, pela primeira vez em sua história, a contar com dispositivos constitucionais que vinculam expressamente a tributação à promoção da igualdade entre homens e mulheres, à equidade étnico-racial e à redução das desigualdades socioeconômicas. Em especial o art. 475 da LC n. 214/2025 estabelece que o Poder Executivo da União e o Comitê Gestor do Imposto sobre Bens e Serviços (IBS) e da Contribuição sobre Bens e Serviços (CBS) realizem avaliação quinquenal da eficiência, eficácia e efetividade das normas tributárias, considerando, entre outros aspectos, seus impactos sobre essas desigualdades.

A previsão normativa, embora promissora, suscita uma série de preocupações quanto a sua efetividade prática. Ainda que se trate de um comando com força constitucional, a ausência de parâmetros claros para sua implementação ameaça reduzir essa avaliação a uma formalidade burocrática, esvaziando seu potencial transformador. Quais indicadores serão utilizados? Haverá escuta ativa das mulheres e de outros grupos vulnerabilizados? Como assegurar que os efeitos regressivos da carga tributária sejam efetivamente corrigidos?

Este capítulo tem por finalidade propor uma reflexão crítica sobre esses desafios, a partir da análise do art. 475 da LC n. 214/2025, e busca evidenciar como a avaliação quinquenal, se adequadamente estruturada, pode se constituir em uma ferramenta concreta de justiça fiscal interseccional. Em diálogo com experiências internacionais e com a crescente produção acadêmica nacional sobre tributação com perspectiva de gênero, argumenta-se que a implementação dessa avaliação é parte indispensável de um processo mais amplo de responsabilização do Estado diante das desigualdades históricas que marcaram – e ainda marcam – o acesso das mulheres e de grupos racializados aos direitos e à cidadania.

---

2 FGV/SP, *Reforma tributária e desigualdade de gênero*: contextualização e propostas, 2020.

TRIBUTAÇÃO COM PERSPECTIVA DE GÊNERO – FUNDAMENTOS HISTÓRICOS E DESAFIOS CONTEMPORÂNEOS

A revolução do sistema tributário, sob a ótica de gênero, não se limita à saúde menstrual ou a regimes diferenciados de tributação. Os avanços são muito maiores. As alterações do sistema normativo tributário identificam e descrevem a situação de mulheres – especialmente mulheres negras – que enfrentam pobreza extrema e exclusão social em contextos marcados por racismo e sexismo estruturais.

Embora o debate entre tributação e gênero ainda seja incipiente no Brasil, internacionalmente ele já está consolidado. Suas origens remontam ao movimento sufragista, que já denunciava a tributação sem representação. A ausência de voto feminino implicava ilegitimidade para cobrança de tributos, refletindo o princípio "*no taxation without representation*". Importa sempre o devido destaque "à origem dos vínculos entre tributação e gênero vindos do movimento sufragista, da luta pela igualdade e a negativa do pagamento de tributos pelas mulheres".[3]

Com o tempo, a discussão passou a considerar a carga tributária regressiva – que recai mais fortemente sobre o consumo – um fator de desigualdade de gênero, já que mulheres gastam proporcionalmente mais com bens essenciais. A isso se soma a constatação do chamado "*pink tax*", que, embora não seja um tributo formal, revela o sobrepreço de produtos voltados ao público feminino, ampliando os ônus econômicos impostos às mulheres.[4]

A denominada regressividade da tributação brasileira é indiscutivelmente criticada, de forma uníssona, e reconhecida como sistemática da qual se denota o pagamento de mais tributos por quem menos possui renda.[5] "O Brasil é um paraíso tributário para os super-ricos".[6] A necessidade de sistemas tributários progressivos, que tornem real a obrigação de não discriminar, tem sido amplamente destacada.[7]

E, no âmbito da sociedade brasileira, quem são os mais impactados? Toda a população é impactada pela regressividade da tributação. Entretanto, aquelas que recebem os menores salários são as mulheres, e, dentre elas, as mulheres

---

3 BORGES, Lana. *Tributação e gênero*: políticas públicas de extrafiscalidade e a luta pela igualdade, 2023, p. 120.

4 FGV/SP, *op. cit.*, 2020.

5 PISCITELLI, Tathiane. *Curso de direito tributário*, 2021, p. 127.

6 MELO, Luciana Grassano de Gouvêa. *Justiça fiscal*: estudos críticos de problemas atuais, 2020, p. 33.

7 TAVARES, Nathalia de Andrade Medeiros. *Desigualdades sociais patrimoniais*: como a tributação pode reduzi-las?, 2017, p. 161.

negras são as mais afetadas, como ressaltado nas estatísticas e nos estudos realizados por entidades governamentais e por aquelas que integram a sociedade civil.[8] Consoante divulgado pelos referidos estudos, mulheres brancas ganham 76% da remuneração dos homens brancos (IBGE, 2019). E as mulheres negras (pretas e pardas), apenas 44,4% do salário de um homem branco, em média.[9]

A EC n. 132/2023 traz, de modo explícito, duas menções a questões que são mais diretamente ligadas às mulheres. A primeira delas, indicada mais frequentemente por aquelas pessoas que traçam uma vinculação entre gênero e a reforma, o art. 9º, que contém a previsão de um regime diferenciado de tributação tanto do imposto de que trata o art. 156-A, Imposto sobre Bens e Serviços (IBS), quanto da contribuição de que trata o art. 195, V, Contribuição sobre Bens e Serviços (CBS). Nos termos do referido artigo, a lei complementar que instituir o IBS e a CBS poderá prever os regimes diferenciados de tributação, desde que sejam uniformes em todo o território nacional e sejam realizados os respectivos ajustes nas alíquotas de referência com vistas a reequilibrar a arrecadação da esfera federativa.

A transformação do sistema tributário no que diz respeito a gênero não se resume, no entanto, a esses dois pontos que se referem explícita e predominantemente a mulheres e igualdade de gênero. Há pelo menos mais cinco temáticas de transformação social e relacionadas a gênero contidas no texto da EC n. 132/2023. De início, essas proposições inovadoras não são percebidas e estudadas de pronto diante da vinculação das matérias tributação e gênero. Todavia, a análise crítica do texto da emenda constitucional dá conta de que esses conteúdos da reforma tributária precisam ser apontados, estudados a fundo, criticados, para que sejam concretas as cobranças futuras a serem feitas pela comunidade jurídica e pela sociedade civil.

A LC n. 214/2025 também introduziu mecanismos relevantes, como a definição da cesta básica nacional, a devolução de tributos a pessoas físicas de baixa renda (*cashback*) e a previsão de atenuação dos efeitos regressivos do sistema, todos inseridos em um contexto mais amplo de justiça fiscal.

AVALIAÇÃO QUINQUENAL – A ANÁLISE DO ART. 475 DA LC N. 214/2025

O art. 475 da LC n. 214/2025, que regulamentou a EC n. 132/2023, estabelece que a avaliação quinquenal de diversas alterações no sistema tributário

---

8 BORGES, *op. cit.*, 2023, p. 108.

9 INSPER. Diferenciais salariais por raça e gênero para formados em escolas públicas ou privadas, 2020.

nacional deve considerar a eficiência, a eficácia e a efetividade das políticas tributárias sob diversas perspectivas – social, ambiental e de desenvolvimento econômico –, incluindo, expressamente, os impactos na promoção da igualdade de gênero e étnico-racial, bem como na redução das desigualdades de renda.

Trata-se de um comando normativo com força constitucional. A lei afirma que o regime de tributação diferenciado "deverá" observar os impactos na promoção da isonomia de gênero, raça e classe. Deverá, e não poderá. Essa redação apresenta uma mudança significativa, pois determina que, a cada cinco anos, a estruturação do regime diferenciado seja reavaliada e demonstre ter promovido maior igualdade entre homens e mulheres.

Apesar da previsão legal, a ausência de clareza sobre como será realizada essa avaliação preocupa. Quais indicadores serão realizados? Quem fará parte da equipe avaliadora? Haverá escuta ativa de mulheres – especialmente daquelas em maior vulnerabilidade social? As pessoas de minorias étnicas e as pessoas pretas serão ouvidas? Como as políticas serão submetidas à avaliação?

O desafio está em não permitir que a omissão do Poder Executivo ou do Comitê Gestor transforme o dispositivo em mera formalidade, esvaziando seu potencial transformador. É imprescindível que a avaliação envolva perspectivas interseccionais, considerando gênero, raça e classe de maneira integrada.

A crítica feminista à democracia formal, como a desenvolvida por Flávia Biroli,[10] ajuda a compreender a importância de mecanismos como o art. 475. Para a autora, as desigualdades de gênero não são marginais, mas estruturantes da exclusão política e econômica vivenciada por mulheres e outros grupos historicamente oprimidos. Assim, políticas públicas que desconsiderem essa dimensão reforçam a assimetria de poder e aprofundam a injustiça tributária.

Premissas legais e objetivos da avaliação quinquenal

A avaliação quinquenal prevista no art. 475 da LC n. 214/2025 tem como premissa central a necessidade de tornar a tributação brasileira um instrumento efetivo de combate às desigualdades sociais, de gênero e étnico-raciais. Esse comando não surge de maneira isolada: está diretamente conectado aos princípios constitucionais da igualdade substancial e da promoção dos direitos humanos, reafirmados pela EC n. 132/2023.

O legislador, ao determinar a realização da avaliação periódica, parte do reconhecimento de que sistemas tributários – ainda que reformados – não são naturalmente neutros e podem, se não monitorados e corrigidos, perpetuar ou até intensificar injustiças estruturais. Assim, a avaliação quinquenal busca (i)

10 BIROLI, Flávia. *Gênero e desigualdades*: limites da democracia do Brasil, 2018, p. 110.

medir a eficiência – grau de otimização dos recursos arrecadados para fins de desenvolvimento social e sua adequada destinação; (ii) medir a eficácia – nível de alcance dos objetivos propostos pelas normas tributárias, como justiça fiscal e equidade; e (iii) medir a efetividade – o impacto real das normas sobre a vida das pessoas, especialmente no que tange à igualdade de gênero, raça e classe.

Ademais, os objetivos específicos da avaliação incluem: (i) identificar efeitos regressivos ou discriminatórios das normas tributárias; (ii) propor ajustes normativos e administrativos que maximizem o potencial redistributivo da tributação; (iii) garantir a responsabilidade do Estado perante a sociedade civil; e (iv) criar um ciclo contínuo de aperfeiçoamento da política fiscal com base em dados empíricos e escuta ativa de populações historicamente marginalizadas.

Desse modo, a avaliação quinquenal deve ser compreendida como uma ferramenta normativa voltada não apenas à mensuração, mas à transformação concreta do sistema tributário em direção a uma justiça fiscal interseccional e substancial.

Ausência de diretrizes claras e riscos de ineficácia

Apesar da importância e da inovação representada pela previsão da avaliação quinquenal, o art. 475 da LC n. 214/2025 padece de uma limitação grave: a ausência de diretrizes claras para sua implementação.

Não estão definidos, por exemplo: (i) quais indicadores de desigualdade serão utilizados; (ii) quais serão os critérios metodológicos para medir eficiência, eficácia e efetividade sob a ótica da equidade de gênero, raça e classe; (iii) como se dará a participação social, especialmente de mulheres, pessoas negras, indígenas, pessoas com deficiência e outros grupos vulnerabilizados; (iv) quem serão os atores institucionais responsáveis pela realização da avaliação e sua revisão crítica; e (v) quais serão as consequências práticas no caso de a avaliação constatar ineficácia ou impactos discriminatórios das normas.

Sem esses parâmetros mínimos, há o sério risco de que a avaliação se transforme em mera formalidade administrativa, produzindo relatórios genéricos, sem capacidade de alterar efetivamente o desenho tributário ou corrigir distorções. A incerteza quanto à governança do processo fragiliza ainda mais sua potencialidade, especialmente diante do histórico de baixa prioridade que as pautas de gênero e raça costumam ter nas estruturas estatais.

O risco de ineficácia normativa é, assim, real e imediato. Sem mecanismos de transparência, participação social qualificada e obrigatoriedade de revisão de políticas com base nos resultados das avaliações, o dispositivo legal pode tornar-se apenas um enunciado simbólico, incapaz de produzir mudanças estruturais. A consequência seria a perpetuação das desigualdades que a própria EC n. 132/2023 e a LC n. 214/2025 pretendem combater.

Referências internacionais e boas práticas na avaliação fiscal com perspectiva de gênero

A Organização para a Cooperação e Desenvolvimento Econômico (OCDE) também realizou estudos abrangentes com 43 países, destacando como a tributação da renda pessoal tem sido reformada com o objetivo de reduzir desigualdades de gênero.[11] O relatório *Tax policy and gender equality: a stocktake of country approaches* apresenta uma visão geral de como os países consideram a igualdade de gênero em seus sistemas tributários, com foco em como ela é incorporada ao processo de formulação de políticas tributárias. O texto aponta ainda as principais fontes de viés implícito e explícito. A busca pelo combate aos vieses que orientam os sistemas tributários é de suma importância e há algum tempo vem sendo objeto de pesquisas acadêmicas.[12]

Nos termos do relatório, em relação às abordagens nacionais para a política fiscal e a equidade de gênero, 22 dos 43 países (51% dos entrevistados) indicaram que políticas ou reformas fiscais foram implementadas, tendo em conta o fato de a equidade de gênero ser estruturante e uma das principais justificativas para a decisão política. Alguns deles iniciaram as alterações tributárias ainda nos anos de 2016 e 2017. Dezessete países indicaram que as reformas não foram implementadas tendo a equidade de gênero como foco, entre eles o Brasil. E quatro países não responderam a essa pergunta. Dois países, México e Uruguai, observaram diversas vias pelas quais a combinação de impostos pode ter um impacto diferenciado por gênero, enfatizando também que o *design* de cada imposto é importante para essa determinação.[13]

Como bem destacado no mencionado relatório da OCDE, melhorar a igualdade de gênero não é apenas uma questão de justiça, mas também pode gerar um dividendo econômico significativo. O objetivo de melhorar a igualdade de gênero é uma prioridade internacional, notadamente como Objetivo de Desenvolvimento Sustentável 5 (ODS 5), que conclama os países a alcançarem a igualdade de gênero. A política tributária é com certeza uma ferramenta para contribuir para esse objetivo, com diversas considerações de concepção que têm o potencial de aumentar a igualdade de gênero.

Diversas experiências internacionais oferecem referências importantes. Canadá, Finlândia, Islândia e Dinamarca, por exemplo, têm implementado práticas de avaliação fiscal com foco em igualdade de gênero. O Canadá, espe-

11 OCDE. *Tax policy and gender equality*: a stocktake of country approaches, 2022.

12 TOTSKY, Janet G. *Gender bias in tax systems*, 1996.

13 OCDE, *op. cit.*, 2022, p. 16.

cificamente, adota uma abordagem interseccional, incorporando gênero, etnia e renda em suas avaliações de impacto.[14]

A estrutura institucional brasileira, agora respaldada pela LC n. 214/2025, oferece um ponto de partida promissor, mas, sem planejamento técnico, orçamento específico e participação social qualificada, o art. 475 corre o risco de tornar-se letra morta. O momento exige mobilização de pesquisadoras, movimentos sociais e órgãos públicos comprometidos com a construção de uma justiça fiscal feminista e interseccional.

CONCLUSÃO – DA PREVISÃO NORMATIVA À EFETIVIDADE: CAMINHOS PARA A JUSTIÇA FISCAL INTERSECCIONAL

A reforma tributária, que contou com estudos e trabalho de convencimento de várias mulheres, é resultado de avanços quanto às pesquisas que associam tributação e gênero. Há resposta quanto à necessidade de o sistema tributário nacional atender às demandas de minimização das desigualdades de gênero no texto da EC n. 132/2023. E essas respostas ultrapassam, como mencionado nas linhas anteriores, a inclusão dos produtos relacionados à saúde menstrual e a avaliação quinquenal dos regimes diferenciados de tributação para aferição de maior aproximação das realidades socioeconômicas de homens e mulheres, como previsto no art. 9º, § 1º, VI, e nos §§ 10 e 11 desse mesmo artigo, respectivamente.[15]

Discussões sobre a criação da cesta básica, cuja alíquota foi constitucionalmente fixada em zero, a devolução de tributos a pessoas físicas de baixa renda (*cashback*), a busca pela não regressividade dos tributos e a categorização como princípio tributário da justiça fiscal são trilhas de evolução do texto constitucional e respostas às demandas e às análises acadêmicas do sistema tributário nacional e seu distanciamento das perspectivas de gênero. São alterações de rota. São manifestações estatais às demandas das mulheres há séculos desconsideradas e silenciadas. São progressão no estado civilizatório brasileiro.

Todavia, há muitas críticas a serem feitas, com o intuito máximo de provocar mais reflexões e futuras combinações legislativas que gerem equidade entre homens e mulheres como resultado do sistema tributário nacional. Há perguntas como: por que, para além da simplicidade, da transparência, da justiça tributária, da cooperação, da defesa do meio ambiente e da justiça tri-

---

14 OCDE, *op. cit.*, 2022.

15 BORGES, Lana. A reforma tributária do consumo sob uma perspectiva de gênero, 2024.

butária não foi agregado ao texto constitucional o princípio da igualdade de gênero? Por que razão os absorventes não tiveram de pronto sua alíquota fixada em zero, como foi feito com a cesta básica e outros produtos? Por que outros produtos de uso majoritariamente feminino, como bomba de amamentação, anticoncepcionais, medicamentos de reposição hormonal, não tiveram a alíquota minorada ou também zerada?

Ainda que os dispositivos da LC n. 214/2025 estejam longe da completude ideal, o reconhecimento expresso da necessidade de avaliação quinquenal dos impactos tributários sobre igualdade de gênero, raça e classe representa um marco histórico.

O desafio está em tornar esse dispositivo efetivo. Para isso, será fundamental garantir a transparência da avaliação, a participação social qualificada e a responsabilização institucional. Apenas assim a tributação poderá deixar de reproduzir desigualdades e passar a ser uma ferramenta concreta de justiça social.

BIBLIOGRAFIA

BIROLI, Flávia. *Gênero e desigualdades*: limites da democracia do Brasil. São Paulo: Boitempo, 2018.

BORGES, Lana. A reforma tributária do consumo sob uma perspectiva de gênero. *Revista de Direito Tributário da APET*, [*s. l.*], n. 50, p. 115-39, 2024.

BORGES, Lana. *Tributação e gênero*: políticas públicas de extrafiscalidade e a luta pela igualdade. Belo Horizonte: Fórum, 2023.

BORGES, Lana. Tributação, gênero e o Supremo Tribunal Federal: políticas públicas materializadas e a transformação da realidade das mulheres. *In*: PAULA, Fernanda de; PENCAK, Nina (coord.). *Tributação, liberdade e igualdade*: as contribuições do Ministro Luís Roberto Barroso. Belo Horizonte: Fórum, 2025. p. 637-57.

BRASIL. Instituto Brasileiro de Geografia e Estatística (IBGE). *Rendimento de todas as fontes 2019*. Disponível em: https://biblioteca.ibge.gov.br/visualizacao/livros/liv101709_informativo.pdf. Acesso em: 26 abr. 2025.

BRASIL. Lei Complementar n. 214, de 16 de janeiro de 2025. Institui o Imposto sobre Bens e Serviços (IBS), a Contribuição sobre Bens e Serviços (CBS) e dispõe sobre o Comitê Gestor do IBS. *Diário Oficial da União*: seção 1, Brasília, DF, 16 jan. 2025. Disponível em: https://www.planalto.gov.br/ccivil_03/leis/lcp/lcp214.htm. Acesso em: 24 abr. 2025.

BRASIL. Supremo Tribunal Federal (Tribunal Pleno). *Ação Direta de Inconstitucionalidade 5.422/DF*. Relator: Min. Dias Toffoli, julgada em 6 de junho de 2022. Disponível em: https://redir.stf.jus.br/paginadorpub/paginador.jsp?docTP=TP&docID=762441882. Acesso em: 23 set. 2022.

FUNDAÇÃO GETULIO VARGAS – SÃO PAULO (FGV/SP). *Reforma tributária e desigualdade de gênero*: contextualização e propostas. São Paulo, nov. 2020. Disponível em: https://direitosp.fgv.br/sites/default/files/2021-09/reforma_e_genero_-_final_1.pdf. Acesso em: 25 abr. 2025.

IMPACT ASSESSMENT AGENCY OF CANADA. 2022-2023 *Departmental results report*: gender-based analysis plus. Disponível em: https://www.canada.ca/en/impact-assessment-agency/corporate/transparency/accountability-performance-financial-reporting/2022-2023-departmental-results-report/gender-based-analysis-plus.html. Acesso em: 22 abr. 2025.

INSTITUTO BRASILEIRO DE GEOGRAFIA E ESTATÍSTICA (IBGE). *Rendimento de todas as fontes 2019.* Disponível em: https://biblioteca.ibge.gov.br/visualizacao/livros/liv101709_informativo.pdf. Acesso em: 22 set. 2022.

INSTITUTO DE ENSINO E PESQUISA (INSPER). Diferenciais salariais por raça e gênero para formados em escolas públicas ou privadas. *Policy Paper*, Centro de Gestão e Políticas Públicas, n. 45, jul. 2020. Disponível em: https://www.insper.edu.br/wp-content/uploads/2020/07/Policy-Paper-45.pdf. Acesso em: 26 abr. 2025.

MELO, Luciana Grassano de Gouvêa. Para entender o papel da tributação na desigualdade. *In*: MELO, Luciana Grassano de Gouvêa. *Justiça fiscal*: estudos críticos de problemas atuais. Belo Horizonte: Casa do Direito, 2020. p. 21-35.

MENEZES, Luiza Machado de O. Memória, afeto e esperança: nossa história de luta pela inclusão da perspectiva de gênero na Reforma Tributária (Emenda Constitucional n. 132/2023). *Revista Direito Tributário Atual*, São Paulo, n. 56, p. 731-751, 2024. Disponível em: https://doi.org/10.46801/2595-6280.56.32.2024.2535. Acesso em: 22 abr. 2025.

ORGANIZAÇÃO PARA A COOPERAÇÃO E DESENVOLVIMENTO ECONÔMICO (OCDE). *Tax policy and gender equality*: a stocktake of country approaches. Paris: OECD, 2022. Disponível em: https://www.oecd.org/en/publications/2022/02/tax-policy-and-gender-equality_a675e93f.html. Acesso em: 22 abr. 2025.

PISCITELLI, Tathiane. *Curso de direito tributário*. São Paulo: Thompson Reuters Brasil, 2021.

PISCITELLI, Tathiane. Tributação de gênero no Brasil. *Valor Econômico*, Fio da Meada, 27 ago. 2019. Disponível em: https://valor.globo.com/legislacao/fio-da-meada/post/2019/08/tributacao-de-genero-no-brasil.ghtml. Acesso em: 23 abr. 2025.

TAVARES, Nathalia de Andrade Medeiros. *Desigualdades sociais patrimoniais*: como a tributação pode reduzi-las? Rio de Janeiro: Lumen Juris, 2017.

TOTSKY, Janet G. *Gender bias in tax systems*. International Monetary Fund. Washington. 1996. Disponível em: https://www.elibrary.imf.org/view/journals/001/1996/099/article-A001-en.xml. Acesso em: 26 abr. 2025.

Capítulo **11**

Regime diferenciado de tributação

Marina Vieira de Figueiredo
André Felix Ricotta de Oliveira

INTRODUÇÃO – CBS E IBS: NATUREZA JURÍDICA E REGIMES DIFERENCIADOS

A Emenda Constitucional (EC) n. 132/2023, como se sabe, promoveu alterações significativas no sistema tributário nacional, em especial ao autorizar a instituição de dois tributos sobre o consumo – Imposto sobre Bens e Serviços (IBS) e Contribuição sobre Bens e Serviços (CBS) – em substituição ao ICMS, ao ISS, à Contribuição ao PIS e à Cofins.

Analisando o Texto Constitucional, chama especial atenção o fato de que tanto o IBS quanto a CBS devem, em regra, ser uniformes. Em outras palavras: todos os acontecimentos devem ser tributados da mesma forma, com base nas mesmas alíquotas, salvo nas hipóteses expressamente previstas na Constituição.

Era de supor que, dada a pretensão de simplificar a tributação sobre o consumo, fossem poucas as exceções. Essa conclusão, no entanto, é afastada pelo próprio constituinte derivado quando, no art. 149-B[1] da Constituição de 1988 (CF/88), estatui que o IBS e a CBS observarão as mesmas regras no que diz respeito aos "regimes específicos, diferenciados ou favorecidos de tributação". Ora, tal prescrição deixa claro que existirão ao menos três espécies de regimes excepcionais, sujeitos a regras distintas.

No que diz respeito, especificamente, aos regimes diferenciados – que são objeto do presente capítulo –, a EC n. 132/2023 prescreve, em seu art. 9º, que estes serão "uniformes em todo o território nacional".[2] Isso, porém, em nada

1 "Art. 149-B. Os tributos previstos nos arts. 156-A e 195, V, observarão as mesmas regras em relação a: [...] III – regimes específicos, diferenciados ou favorecidos de tributação."

2 "Art. 9º A lei complementar que instituir o imposto de que trata o art. 156-A e a contribuição de que trata o art. 195, V, ambos da Constituição Federal, poderá prever os regimes

altera o fato de que inúmeras serão as situações sujeitas a regras diferentes quanto a esses tributos.

Importante ressaltar, a propósito, que o IBS e a CBS têm natureza jurídica de um IVA – imposto sobre valor agregado – e seguem os princípios norteadores desse tributo sobre consumo, em especial o da tributação no destino, ou seja, no local que está situado o consumidor final da mercadoria ou do serviço, e da neutralidade fiscal, previsto expressamente no art. 156-A, § 1º, da CF.

O princípio da neutralidade fiscal advém da aplicação da não cumulatividade do imposto, tendo em vista que incide sobre todas as operações e transações na cadeia produtiva e que o consumidor final arca com todo ônus financeiro do imposto. A neutralidade fiscal é o princípio norteador do IBS e da CBS, sendo um imposto neutro aquele que é repassado ou flutua por toda a cadeia produtiva até chegar ao consumidor final

Durante o processo ou cadeia produtiva, o imposto é exigido de forma fraccionada, sobre o valor acrescentado em cada operação ou transação, deduzindo o que foi pago na operação ou prestação anterior. Com isso, o valor final da incidência do imposto ao consumidor final equivale à soma de todos os valores recolhidos a título do imposto durante a cadeia produtiva.

Para a neutralidade ocorrer **é necessário que o imposto seja exigido de forma igualitária e uniforme para todos os contribuintes e setores,** sem diferenças de tratamento entre sujeitos passivos concorrentes e aplicando-se o princípio da não cumulatividade de forma plena, sem distorções ou restrições ao crédito, para garantir a dedução integral do IBS e da CBS pagos pelos sujeitos passivos.

A neutralidade fiscal tem como objetivo evitar discriminações tributárias tanto na perspectiva do mercado interno como na do mercado externo e somente é alcançada com o exercício da não cumulatividade de forma plena, com direito a dedução ou compensação de todos os créditos do imposto com os débitos e observando o princípio da igualdade, para que todas as etapas da cadeia produtiva e todos os atos de consumo sejam tributados de maneira igualitária até o consumidor final.

O princípio da neutralidade fiscal deve ser interpretado conjuntamente com o princípio da igualdade tributária, ou seja: bens, serviços e contribuintes em situações semelhantes devem ter o mesmo tratamento tributário, não podendo ter tratamento diferenciado.

---

diferenciados de tributação de que trata este artigo, desde que sejam uniformes em todo o território nacional e sejam realizados os respectivos ajustes nas alíquotas de referência com vistas a reequilibrar a arrecadação da esfera federativa."

É da estrutura do tributo sobre valor agregado que se evite tratamento tributário distinto entre contribuintes, setores, bens e serviços na mesma situação ou em situação semelhante. Não existe neutralidade fiscal sem o princípio da igualdade, sendo corolário para a eficácia do IVA e para que o imposto flua sobre a cadeia produtiva até o consumidor final a igualdade de tratamento. Não é isso, porém, o que se verifica no caso do IBS e da CBS.

Para os fins deste capítulo, vamos examinar as situações de redução das alíquotas em 30 e 60%. Vamos a elas.

REGIMES DIFERENCIADOS PARA OPERAÇÕES COM REDUÇÃO DE 60% DAS ALÍQUOTAS

Conforme salientado, isenções, benefícios fiscais, regimes específicos, favorecidos e diferenciados não combinam com a natura jurídica de tributo sobre o valor agregado na tributação sobre o consumo, por não estar em consonância com o princípio da neutralidade. Assim, devem ser evitados para que não ocorram interrupções na fluidez do imposto na cadeia produtiva até chegar ao consumidor final, para que essas interrupções não gerem imposto oculto ou custo para os fornecedores que estão na cadeia produtiva ou de consumo.

Contudo, não iremos questionar os regimes diferenciados previstos para o IBS e a CBS, mas sim analisar a finalidade, as razões de ordem jurídica, social e técnica para sua implementação.

Primeiramente, a EC n. 132/2023 estabeleceu, em seu art. 9º, §§ 10 e 11, que os regimes diferenciados serão submetidos a avaliação quinquenal de custo-benefício, podendo a lei fixar regime de transição para a alíquota padrão, garantidos os respectivos ajustes nas alíquotas de referência, e a avaliação deverá examinar o impacto da legislação do IBS e da CBS na promoção da igualdade entre homens e mulheres.

Regime diferenciado, no âmbito da reforma tributária do IBS e da CBS, é o tratamento com redução de alíquota para determinados setores da economia, e nesse sentido o art. 9º, § 1º, da EC n. 132/2023 estabeleceu que cabe à lei complementar definir as operações beneficiadas com redução de 60% das alíquotas do IBS e da CBS relativas aos seguintes bens e serviços:

I – serviços de educação;
II – serviços de saúde;
III – dispositivos médicos;
IV – dispositivos de acessibilidade para pessoas com deficiência;
V – medicamentos;
VI – produtos de cuidados básicos à saúde menstrual;

VII – serviços de transporte público coletivo de passageiros rodoviário e metroviário de caráter urbano, semiurbano e metropolitano;
VIII – alimentos destinados ao consumo humano;
IX – produtos de higiene pessoal e limpeza majoritariamente consumidos por famílias de baixa renda;
X – serviços de transporte público coletivo de passageiros rodoviário e metroviário de caráter urbano, semiurbano e metropolitano;
XI – produtos agropecuários, aquícolas, pesqueiros, florestais e extrativistas vegetais *in natura*;
XII – insumos agropecuários e aquícolas;
XIII – produções artísticas, culturais, de eventos, jornalísticas e audiovisuais nacionais, atividades desportivas e comunicação institucional;
XIV – bens e serviços relacionados a soberania e segurança nacional, segurança da informação e segurança cibernética.

Analisando os bens e serviços relacionados anteriomente que poderão ser beneficiados com regime diferenciado pelo legislador complementar, poderemos separar e classificar por grupos:

- **Grupo 1 – Da saúde e bem-estar:** serviços de saúde e dispositivos médicos, medicamentos e produtos de cuidados básicos à saúde menstrual e produtos de higiene e limpeza.
- **Grupo 2 – Da educação e acessibilidade:** serviços de educação e dispositivos de acessibilidade para pessoas com deficiência.
- **Grupo 3 – Da alimentação e agricultura:** alimentos para consumo humano, produtos agropecuários e insumos aquícolas.
- **Grupo 4 – Do transporte e mobilidade:** serviços de transporte público coletivo.
- **Grupo 5 – Da cultura e comunicação:** produções artísticas, culturais, eventos, comunicação institucional e jornalística.
- **Grupo 6 – Da segurança e soberania:** bens e serviços relacionados à soberania e segurança nacional.

O regime diferenciado direcionado para esses setores prevê o recolhimento de apenas 40% das alíquotas do IBS e da CBS e beneficiará áreas e itens essenciais à população. Esse regime poderá ter um significativo impacto no bem-estar social e está em consonância com o art. 6º da CF, que determina: "são direitos sociais a educação, a saúde, a alimentação, o trabalho, a moradia, o transporte, o lazer, a segurança, a previdência social, a proteção à maternidade e à infância, a assistência aos desamparados, na forma desta Constituição".

Basicamente, esses setores privilegiados com o regime diferenciado foram escolhidos pela necessidade de tornar bens e serviços essenciais mais acessíveis, promovendo o bem-estar social, a inclusão, a segurança e o desenvolvimento econômico sustentável.

Ocorre que o art. 9º, § 3º, da EC n. 132/2023[3] dispõe que lei complementar poderá prever hipóteses de isenção para serviços de transporte público coletivo de passageiros rodoviários e metroviários de caráter urbano, semiurbano e metropolitano e redução em 100% das alíquotas dos dispositivos médicos, de acessibilidade para pessoas com deficiência, medicamentos, produtos de cuidados básicos à saúde menstrual, ou seja, bens e serviços que já têm previsão de regime diferenciado.

Desse modo, além do regime diferenciado, a lei complementar preverá hipóteses de isenção e alíquota zero, porém não estabelece quais condições e princípios constitucionais devem ser seguidos e respeitados, concedendo ao legislador complementar liberalidade e discricionariedade para tanto.

REGIMES DIFERENCIADOS PARA OPERAÇÕES COM REDUÇÃO DE 30% DAS ALÍQUOTAS

A prestação de serviços intelectuais – comumente atribuída a médicos, engenheiros, jornalistas, advogados, economistas etc. – compreende todas aquelas atividades cuja execução envolve o emprego de conhecimento especializado. Em outras palavras: a execução desses serviços está vinculada a qualidades pessoais do prestador; justamente por isso, eles são em regra realizados em caráter personalíssimo.

Isso, no entanto, não quer dizer que o exercício dessa atividade não possa se dar por meio de uma pessoa jurídica. Os serviços intelectuais podem ser prestados por um indivíduo, mediante vínculo empregatício ou como trabalhador autônomo, ou pelo indivíduo enquanto integrante de uma sociedade prestadora de serviços.

Quando a prestação se dá por meio de uma pessoa jurídica, esta deverá ser tratada da mesma forma que outras sociedades, inclusive no que diz respeito à

---

3 "§ 3º A lei complementar a que se refere o *caput* preverá hipóteses de: I – isenção, em relação aos serviços de que trata o § 1º, VII; II – redução em 100% (cem por cento) das alíquotas dos tributos referidos no *caput* para: *a)* bens de que trata o § 1º, III a VI."

incidência de tributos (art. 129[4] da Lei n. 11.196/2005[5]). Em regra, portanto, a tributação do consumo de serviços intelectuais prestados por pessoas jurídicas deveria ser idêntica àquela incidente no consumo de outros serviços executados por essas pessoas. Historicamente, contudo, não é isso o que se verifica.

Ao examinar o Decreto-lei n. 406/68, verifica-se que as sociedades que se dedicam à prestação de serviços sob a forma de trabalho pessoal de seus integrantes estão sujeitas à tributação diferenciada relativamente ao ISS (art. 9º, §§ 1º e 3º):

> Art. 9º A base de cálculo do imposto é o preço do serviço.
> § 1º Quando se tratar de prestação de serviços sob a forma de trabalho pessoal do próprio contribuinte, o imposto será calculado, por meio de alíquotas fixas ou variáveis, em função da natureza do serviço ou de outros fatores pertinentes, nestes não compreendida a importância paga a título de remuneração do próprio trabalho. [...]
> § 3° Quando os serviços a que se referem os itens 1, 4, 8, 25, 52, 88, 89, 90, 91 e 92 da lista anexa forem prestados por sociedades, estas ficarão sujeitas ao imposto na forma do § 1°, calculado em relação a cada profissional habilitado, sócio, empregado ou não, que preste serviços em nome da sociedade, embora assumindo responsabilidade pessoal, nos termos da lei aplicável. (Redação dada pela LC n. 56, de 1987)

Como se nota, o tributo municipal, nesses casos, não incide sobre o preço do serviço, sendo calculado sobre o número de profissionais habilitados a prestar o serviço em nome da sociedade, o que reduz significativamente o impacto

---

4 "Art. 129. Para fins fiscais e previdenciários, a prestação de serviços intelectuais, inclusive os de natureza científica, artística ou cultural, em caráter personalíssimo ou não, com ou sem a designação de quaisquer obrigações a sócios ou empregados da sociedade prestadora de serviços, quando por esta realizada, se sujeita tão somente à legislação aplicável às pessoas jurídicas, sem prejuízo da observância do disposto no art. 50 da Lei n. 10.406, de 10 de janeiro de 2002 – Código Civil."

5 O Supremo Tribunal Federal, ao julgar a Ação Declaratória de Constitucionalidade (ADC) n. 66, decidiu pela constitucionalidade desse enunciado. A decisão foi assim ementada: "Ação declaratória de constitucionalidade. Regime jurídico fiscal e previdenciário aplicável a pessoas jurídicas prestadoras de serviços intelectuais, incluindo os de natureza científica, artística e cultural. Compatibilidade constitucional. Livre-iniciativa e valorização do trabalho. Liberdade econômica na definição da organização empresarial. Ação julgada procedente. 1. A comprovação da existência de controvérsia judicial prevista no art. 14 da Lei n. 9.868/1999 demanda o cotejo de decisões judiciais antagônicas sobre a validade constitucional na norma legal. Precedentes. 2. É constitucional a norma inscrita no art. 129 da Lei n. 11.196/2005" (STF, ADC n. 66, Tribunal Pleno, rel. Min. Cármen Lúcia, j. 21.12.2020).

da tributação dessas sociedades se comparadas aos demais prestadores de serviços. Tem-se, pois, o tratamento diferenciado e mais benéfico para essas sociedades unicamente em razão dos serviços por elas prestados.

Pois bem. Um dos objetivos da reforma da tributação sobre o consumo de bens e serviços era justamente a tributação uniforme, ou seja, sem quaisquer distinções, dado o entendimento de que regimes especiais de tributação não seriam "bons instrumentos para implementação de políticas públicas". Vejamos, a propósito, trecho do Parecer Preliminar de Plenário elaborado pelo Deputado Aguinaldo Ribeiro:

> Salvo raras exceções, regimes especiais de tributação não consistem em bons instrumentos para implementação de políticas públicas. Isso porque os efeitos pretendidos pela concessão desses benefícios geralmente podem ser alcançados por outros mecanismos, econômicos ou sociais, de modo mais eficiente e menos dispendioso.
>
> Por várias décadas, a tributação no País foi desvirtuada de suas funções precípuas e utilizada para concretização de políticas públicas de cunho social ou de estímulo à atividade econômica. Influenciada por questões alheias às melhores práticas fiscais, a legislação tributária nacional é um amontoado de exceções ao que deveria ser a regra. [...]
>
> Torna-se claro, portanto, que alguma regra de hierarquia superior deve ser estabelecida para frear o impulso de trilhar o caminho mais simples, porém inadequado, porque ineficaz e dispendioso, da concessão indiscriminada de regimes especiais e benefícios fiscais. Essa limitação precisa ser insculpida em pedra constitucional, sob o risco de, caso ausente, enfrentarmos problemas semelhantes aos apresentados atualmente, em breve.
>
> Nesse sentido, cuidamos de traçar todas as hipóteses de fuga à regra de incidência geral do IBS e da CBS na Constituição Federal e apenas para os casos em que o tratamento especial se faz absolutamente necessário. Dessa forma, prevemos hipóteses restritas de regimes de tributação diferenciados, específicos e favorecidos.[6]

Como é possível perceber, o Senado Federal, na tentativa de evitar a proliferação de regimes distintos de tributação, procurou delimitar, no Texto Constitucional, todas as hipóteses em que, no seu entender, justificar-se-ia o trata-

6 Parecer de Plenário pela Comissão Especial Destinada a Proferir Parecer à Proposta de Emenda à Constituição nº 45-a, de 2019. Proposta de Emenda à Constituição n. 45-A, de 2019. Autor: Deputado Baleia Rossi e outros. Relator: Deputado Aguinaldo Ribeiro. 2023. Disponível em: https://www.camara.leg.br/proposicoesWeb/prop_mostrarintegra?codteor=2297250&filename=Tramitacao-PEC%2045/2019. Acesso em: 15 out. 2025.

mento diferenciado. E entre essas situações encontra-se justamente a prestação de serviços intelectuais, cuja tributação diferenciada está prevista no art. 9º, § 12, da EC n. 132/2023, que assim dispõe:

> Art. 9º A lei complementar que instituir o imposto de que trata o art. 156-A e a contribuição de que trata o art. 195, V, ambos da Constituição Federal, poderá prever os regimes diferenciados de tributação de que trata este artigo, desde que sejam uniformes em todo o território nacional e sejam realizados os respectivos ajustes nas alíquotas de referência com vistas a reequilibrar a arrecadação da esfera federativa.
> [...]
> § 12. A lei complementar estabelecerá as operações beneficiadas com redução de 30% (trinta por cento) das alíquotas dos tributos de que trata o *caput* **relativas à prestação de serviços de profissão intelectual, de natureza científica, literária ou artística, desde que sejam submetidas a fiscalização por conselho profissional** [grifamos].

Como é possível perceber, o dispositivo prevê a redução em 30% das alíquotas do IBS e da CBS nessas hipóteses, condicionando a redução ao preenchimento de pelo menos dois requisitos: (i) tratar-se de prestação de serviço vinculado ao exercício de profissão intelectual, de natureza científica, literária ou artística; e (ii) tal atividade estar submetida a fiscalização por conselho profissional.

A LC n. 214/2025, por sua vez, ao regulamentar esse enunciado, cuidou de especificar as atividades sujeitas a esse regime diferenciado de tributação (art. 127, *caput*) O que chama a atenção, no entanto, são os requisitos lá previstos para gozo do benefício pelas pessoas jurídicas prestadoras de serviços intelectuais:

> Art. 127. [...]
> § 1º A redução de alíquotas prevista no *caput* deste artigo aplica-se à prestação de serviços realizada por:
> I – pessoa física, desde que os serviços prestados estejam vinculados à habilitação dos profissionais; e
> II – pessoa jurídica que cumpra, cumulativamente, os seguintes requisitos:
> *a)* possuam os sócios habilitações profissionais diretamente relacionadas com os objetivos da sociedade e estejam submetidos à fiscalização de conselho profissional;
> *b)* não tenha como sócio pessoa jurídica;
> *c)* não seja sócia de outra pessoa jurídica;
> *d)* não exerça atividade diversa das habilitações profissionais dos sócios; e

e) sejam os serviços relacionados à atividade-fim prestados diretamente pelos sócios, admitido o concurso de auxiliares ou colaboradores.
§ 2º Para fins do disposto no inciso II do § 1º deste artigo, não impedem a redução de alíquotas de que trata este artigo:
I – a natureza jurídica da sociedade;
II – a união de diferentes profissionais previstos nos incisos I a XVIII do *caput* deste artigo, desde que a atuação de cada sócio seja na sua habilitação profissional; e
III – a forma de distribuição de lucros.

Trata-se de condições semelhantes às que vêm sendo exigidas pelas legislações municipais para aplicação do regime previsto no art. 9º do Decreto-lei n. 406/68 e cujo cumprimento muitas vezes gera conflitos entre Fisco e contribuinte.

Uma das célebres discussões relacionadas a esse regime diferenciado diz respeito, por exemplo, à natureza jurídica da sociedade. Muitos municípios vinham afastando a aplicação desse regime por conta do tipo societário adotado pelas sociedades prestadoras de serviços intelectuais, mas tal pretensão restou afastada pelo Superior Tribunal de Justiça (STJ) quando do julgamento dos Embargos de Divergência em Agravo em Recurso Especial (EAREsp) n. 31.084/MS.[7] Nessa toada, a LC n. 214/2025 cuidou de destacar que a redução de

7 "Direito tributário e processual civil. Embargos de Divergência em Agravo em Recurso Especial. ISSQN. Sociedades Simples no regime limitado. Quadro societário composto por médicos. Recolhimento do ISSQN pela alíquota fixa. Regime do artigo 9º, § 3º, do Decreto-lei n. 406/1968. Serviço prestado em caráter pessoal e em nome da sociedade. Embargos de divergência provido. 1. O cerne da questão reside na caracterização da embargante como sociedade civil de profissionais, o que lhe permitiria gozar da alíquota fixa do ISSQN, nos moldes do artigo 9º, § 3º, do Decreto-lei n. 406/1968. 2. No caso em tela, trata-se de sociedade simples limitada, em que o objeto social é a prestação de serviços médicos desenvolvidos diretamente pelos sócios que compõem o quadro societário (fls. 347/348, e-STJ), cuja responsabilidade pessoal é regida pelo Código de Ética Médica. 3. Circunscrito a estes parâmetros fáticos sobreditos, assevera-se que a fruição do direito a tributação privilegiada do ISSQN depende, basicamente, da análise da atividade efetivamente exercida pela sociedade, para saber se ela se enquadra dentre aquelas elencadas no § 3º do art. 9º do Decreto-lei n. 406/1968 (itens 1, 4, 8, 25, 52, 88, 89, 90, 92 da lista anexa à LC n. 56/1987), bem como se perquirir se a atividade intelectual, científica, literária ou artística desempenhada pela pessoa jurídica não constitua elemento de empresa, ou melhor, nos termos do artigo 966 do Código Civil, que os fatores de produção, circulação e de organização empresarial não se sobreponham à atuação profissional e direta dos sócios na condução do objeto social da empresa, sendo irrelevante para essa finalidade o fato de a pessoa jurídica ter se constituído sob a forma de responsabilidade limitada. 4. Desta forma, ressalvado os modelos puramente empresariais, como ocorre com as espécies de sociedades anônimas e comandita por ações, não é relevante para a concessão do regime tributário diferenciado a espécie empresarial adotada pela pessoa jurídica, pois como no caso concreto ora analisado, pode haver socie-

alíquota do IBS e da CBS independe da "natureza jurídica da sociedade", procurando, assim, evitar que tal discussão seja reaberta, a ensejar novos conflitos.

CONCLUSÃO

Conforme destacado no início deste trabalho, um dos principais objetivos da reforma tributária do consumo é evitar que contribuintes na mesma situação sejam tratados de forma diferenciada. Em outras palavras: a ideia, desde o início, era implementar uma tributação uniforme de bens e serviços, até mesmo para garantir a neutralidade.

O constituinte derivado, no entanto, entendeu que alguns bens e serviços mereciam tratamento diferenciado em razão de outros valores prestigiados pelo Texto Constitucional. Desse modo, e para evitar que novas exceções fossem criadas pela legislação infraconstitucional, cuidou de traçar cuidadosamente tais exceções.

O que se procurou demonstrar no presente capítulo foram as razões que orientaram essas escolhas, as situações sujeitas à tributação diferenciada e o tratamento distinto que lhes foi atribuído. É evidente, no entanto, que, a depender de como se dê a regulamentação dessas situações, surgirão conflitos em sua aplicação.

dades limitadas que não são empresárias, conforme preveem expressamente os artigos 982 e 983 do Código Civil. 5. Embargos de Divergência providos" (STJ, EAREsp n. 31.084/MS, 1ª Seção, Rel. Min. Napoleão Nunes Maia Filho, Rel. para acórdão Min. Mauro Campbell Marques, j. 24.03.2021).

Capítulo **12**

Notas sobre a natureza jurídica dos redutores de ajuste e social no regime específico de operações com bens imóveis do Imposto sobre Bens e Serviços

Marcelo Diniz
Antonio Carlos Freitas de Medeiros Junior

INTRODUÇÃO

A Emenda Constitucional n. 132, de 2023 (EC n. 132), introduziu uma profunda reforma no sistema tributário concebido em 1988, notadamente pela inserção de novas competências para a tributação de bens e serviços.

Em que pese o cerne da reforma seja a tributação do consumo – que passará a ser gravada pelo Imposto sobre Bens e Serviços (IBS), Contribuição sobre Bens e Serviços (CBS) e Imposto Seletivo (IS) –, a EC n. 132 foi além por ter estatuído princípios tributários – neutralidade, justiça tributária, defesa do meio ambiente –, além de modificar pontos importantes voltados a outras exações, como é o caso do Imposto Predial e Territorial Urbano (IPTU), do Imposto sobre a Transmissão de Bens Imóveis (ITBI) e do Imposto sobre Transmissão *Causa Mortis* e Doação (ITCMD).

É inegável que a EC n. 132 promoveu uma quebra de paradigmas, e nessa nova conjuntura foram estabelecidos referenciais, modelos e padrões anteriormente inexistentes.[1] Por outro lado, o núcleo rígido do sistema constitucional implantado em 1988 está mantido – isto é, as limitações constitucionais ao poder de tributar – e reforçado pela inserção de princípios tributários, conforme anteriormente afirmado.

No âmbito do IBS, o art. 156-A, § 6º, II, da Constituição Federal (CF/88) estipula que a lei complementar deve dispor sobre um regime específico de tributação para operações com bens imóveis, o que pressupõe o reconhecimento pela EC n. 132 de que o setor imobiliário merece um tratamento compatível com suas especificidades. Em contrapartida, o inciso X do referido art. 156-A,

1 LUKIC, *Reforma tributária no Brasil*: ideias, interesses e instituições, 2014, p. 59-69.

§ 1º, proíbe que o direito infraconstitucional conceda incentivos e benefícios fiscais ou regimes específicos, diferenciados ou favorecidos, à exceção do que estabelece o próprio Texto Constitucional – como é o caso do regime específico para operações com bens imóveis.

Nesse contexto, chamam a atenção as figuras dos redutores de ajuste e social previstas na Lei Complementar n. 214, de 2025 (LC n. 214/2025), para as operações envolvendo bens imóveis, que são o foco temático deste capítulo.

DA PROTEÇÃO CONSTITUCIONAL ÀS OPERAÇÕES COM BENS IMÓVEIS

Dentre as modificações efetuadas pela EC n. 132, destaca-se a inserção de duas novas regras de competência para tributação de bens e serviços: um imposto (IBS) e uma contribuição (CBS) passam a incidir sobre "operações com bens materiais ou imateriais, inclusive direitos, ou com serviços" (art. 156-A, § 1º, I).

A singularidade do mercado imobiliário – que trabalha precipuamente com bens de consumo duráveis – não passou desapercebida pela EC n. 132, exatamente em função do regime diferenciado preconizado para o seguimento.

Os novéis tributos submetem-se à neutralidade (§ 1º do art. 156-A), o que impõe a construção de regras técnicas hábeis para tornar tributável apenas o valor adicionado. Um dos instrumentos previstos constitucionalmente em proveito da neutralidade é a não cumulatividade (art. 156-A, § 1º, VIII), que adquire um aspecto ampliado considerando-se o modelo adotado em 1988.

Nessa contextura, é importante divisar a CBS e o IBS de impostos incidentes sobre a transmissão patrimonial – como ocorre com o ITCMD e o ITBI (arts. 155, I, e 156, II, da CF/88). Os primeiros (CBS e IBS) – ainda que incidentes sobre operações com bens materiais (p. ex., imóveis) ou imateriais, inclusive direitos, ou com serviços – têm uma dinâmica diferenciada, dirigida a cadeias econômicas multifásicas, motivo pelo qual devem ser neutros (especialmente não cumulativos), ao passo que os segundos não se sujeitam aos mencionados princípios ínsitos à tributação do consumo.

Com efeito, a neutralidade tem por desígnio gerar a mínima interferência da tributação no mercado – daí a conexão ao princípio constitucional da livre-iniciativa –, com atuação por excelência em tributos incidentes sobre o valor acrescido. A simplicidade do cálculo e a garantia de fluxo estável e constante de receitas são notas marcantes da neutralidade[2] – o que beneficia tanto o contribuinte quanto a arrecadação tributária.

2 MOREIRA, *Neutralidade, valor acrescido e tributação*, 2023, p. 21.

À luz do sistema de direitos fundamentais delineado pela CF/88, verifica-se que há várias disposições geradoras de um arcabouço justificador de tratamento específico para o setor imobiliário, a começar pelo princípio da dignidade da pessoa humana e pelos valores sociais do trabalho e da livre-iniciativa (art. 1º); os objetivos fundamentais de construção de uma sociedade livre, justa e solidária; erradicação da pobreza e da marginalização; redução das desigualdades sociais e regionais (art. 3º); direito de propriedade e função social da propriedade (arts. 5º, 170, 182, § 2º, e 186); e, sobretudo, o direito social à moradia (art. 6º).

Seguramente, os contribuintes de IBS e CBS atuantes no setor de imóveis encontram-se em situação não equivalente à dos demais, o que justifica um tratamento não igualitário (art. 150, II, da CF). Igualmente, pelo princípio da capacidade contributiva, os contribuintes deverão ser graduados consoante sua capacidade econômica, que possui variáveis de acordo com cada setor da economia (art. 145, § 1º, da CF).

Dessa forma, a lei complementar que dispuser sobre o IBS e a CBS deve considerar os mandamentos constitucionais aplicáveis ao setor econômico imobiliário, sobretudo na construção da regra-matriz de incidência dos novos tributos, que devem ser neutros e não cumulativos.

DO REGIME ESPECÍFICO PARA AS OPERAÇÕES COM BENS IMÓVEIS

Por injunção constitucional, cabe à lei complementar estabelecer as disposições atinentes ao regime específico sobre as operações com bens imóveis (art. 156-A, § 6º, II, da CF/88). Efetivamente, a LC n. 214/2025 – nos arts. 251 a 270 – configurou o regime específico do IBS e da CBS incidentes sobre operações com bens imóveis. As disposições sobre a matéria são abrangentes, desde aspectos gerais e finais, fato gerador, base de cálculo, alíquota, sujeição passiva e particularidades do setor.

Ressalta-se que os regimes específicos estabelecidos no Texto Constitucional serão os mesmos para o IBS e a CBS, em face da expressa disposição do art. 149-B, III, da CF/88, que criou o denominado "paralelismo necessário", baseado na premissa de que dois tributos diferentes devem funcionar como um (IVA Dual).[3]

A CF/88 prescreve que compete ao Senado Federal estabelecer, por meio de resolução, alíquota de referência do IBS para estados, municípios e Distrito Federal (art. 156-A, § 1º, XII, da CF/88). As referidas pessoas políticas poderão estipular alíquotas próprias de IBS, limitadas percentualmente pela alíquota de

3 BATISTA, BATISTA JÚNIOR e SILVA, *Reforma tributária do consumo de 2023*, 2024, p. 75.

referência delimitada pelo Senado Federal e que serão uniformes para todos os bens e serviços que sofrerão a incidência do imposto.[4] Já a União fixará a alíquota da CBS por intermédio de lei ordinária (art. 195, § 15, da CF/88).

Porém, o próprio Texto Constitucional estipula exceções à regra de uniformidade das alíquotas de IBS e CBS, visto que, para o regime específico de operações com bens imóveis, o novo sistema constitucional tributário permite que a lei complementar possa realizar alterações em matéria de alíquotas, creditamento e base de cálculo (art. 156-A, § 6º, II, *a*, da CF).

Nas operações envolvendo bens imóveis, a LC n. 214/2025 estabelece duas opções de redução de alíquotas – 50% para as operações de alienação de bens imóveis e 70% para as operações de locação, arrendamento e cessão onerosa (art. 261, parágrafo único).

Além disso, é estabelecido um regime especial para os sujeitos passivos, que serão os alienantes dos bens imóveis ou direitos a eles relativos, aquele que transmite ou institui direitos reais sobre imóveis, o locador, arrendador e cessionário nas respectivas operações e o adquirente, no caso de adjudicação, remição e arrematação em hasta pública de bem imóvel (art. 263 da LC n. 214/2025).

Ainda, a LC n. 214/2025 estabelece uma disciplina individual no que concerne aos fatos geradores do IBS e da CBS para as operações com bens imóveis, alienação, cessão onerosa, arrendamento, locação e ato oneroso concessivo ou translativo envolvendo direitos reais, serviços de intermediação e construção (art. 254 da LC n. 214/2025). Acerca da base do cálculo, a LC n. 214/2025 define que o IBS e a CBS deverão ser calculados sobre o valor correspondente às citadas operações (art. 255), à exceção daquelas que envolvem direitos reais de garantia, que são excluídas da incidência dos novos tributos.

Para os serviços de intermediação (art. 255, § 3º, da LC n. 214/2025) e os de construção civil (art. 255, § 5º, da LC n. 214/2025) há disposições próprias com respeito ao critério quantitativo, uma vez que, no caso da intermediação, a base de cálculo do IBS e da CBS será a remuneração ajustada com o corretor.

DO REDUTOR DE AJUSTE

Como demonstrado, a Constituição Federal confere competência à lei complementar para conformar a base de cálculo do IBS e da CBS visando à regulamentação do regime específico em operações com bens imóveis (art. 156-A, § 6º, II, *a*, da CF).

4 BATISTA, BATISTA JÚNIOR e SILVA, *op. cit.*, 2024, p. 32.

Verifica-se pelas disposições da LC n. 214/2025 que o IBS e a CBS incidem sobre operações com bens imóveis, devidamente demarcadas nos incisos I a V do art. 254. Nota-se que o redutor de ajuste se encontra disciplinado na Subseção II da Seção III – Da Base de Cálculo, a indicar que, sob a perspectiva do legislador, o tema está afeto ao critério quantitativo da regra-matriz de incidência do IBS.[5]

De fato, os redutores de ajuste e social são tratados na sequência das disposições gerais sobre a base de cálculo do IBS e da CBS referentes a bens imóveis. O art. 255 da LC n. 214/2025 reporta-se à grandeza "valor" para definir a base de cálculo dos referidos tributos, ao passo que o art. 256 atribui competência para que as administrações tributárias apurem "o valor de referência do imóvel, na forma do regulamento, por meio de metodologia específica para estimar o valor de mercado dos bens imóveis". Em decorrência dessa disposição, a real base de cálculo do IBS e da CBS nas operações sobre bens imóveis parece ser o "valor de referência", e não o valor definido pelas partes contratantes conforme a autonomia da vontade e a liberdade de contratar.

Exceto se o mencionado art. 256 for interpretado de modo harmonizado com os arts. 116, parágrafo único, 142, 148 e 149 do Código Tributário Nacional (CTN) – que protegem o interesse arrecadatório contra a simulação e a fraude –, não haverá inconstitucionalidade na base de cálculo do IBS e da CBS incidentes sobre operações com bens imóveis. Do contrário, será inconstitucional a base de cálculo "valor de referência" em face da violação à regra de competência para instituição do IBS e da CBS, livre-iniciativa e capacidade contributiva, tornando, ademais, confiscatória a tributação sobre o setor imobiliário.

Muito embora o ITBI tenha uma sistemática distinta do IBS e da CBS, a *ratio* da decisão proferida pelo Superior Tribunal de Justiça (STJ) no Tema n. 1.113 se impõe para os três tributos, de modo que: a) a base de cálculo deve ser o valor do imóvel transmitido em condições normais de mercado, não estando vinculada à base de cálculo do IPTU, que nem sequer pode ser utilizada como piso de tributação; b) o valor da transação declarado pelo contribuinte goza da presunção de que é condizente com o valor de mercado, que somente pode ser afastada pelo Fisco mediante a regular instauração de processo administrativo próprio (art. 148 do CTN); e c) o Fisco não pode arbitrar previamente a base de cálculo com respaldo em valor de referência por ele estabelecido unilateralmente.

Efetuados esses esclarecimentos preliminares quanto à base de cálculo do IBS e da CBS sobre operações imobiliárias, cumpre adentrar a investigação do redutor de ajuste.

5 CARVALHO, *Direito tributário*: linguagem e método, 2013, p. 626-9.

Inicialmente, registra-se que a aplicação do redutor de ajuste será válida somente para as operações de alienação de bens imóveis envolvendo contribuintes submetidos ao regime regular do IBS e da CBS – que seriam os contribuintes que exercem as atividades econômicas vinculadas às operações com bens imóveis de forma preponderante[6] –, conforme expressa previsão legal (art. 257, § 1º, da LC n. 214/2025).

A LC n. 214/2025 estabelece regras específicas de cálculo do valor do redutor de ajuste para determinadas operações. Nas operações de fusão, remembramento ou unificação de bens imóveis, o redutor de ajuste será equivalente à soma do valor do redutor de ajuste dos imóveis unificados (art. 257, § 5º). Nas operações de subdivisão, desmembramento e parcelamento de bens imóveis, a soma do valor do redutor de ajuste dos imóveis resultantes da divisão será equivalente ao valor do redutor do imóvel dividido (art. 257, § 6º, da LC n. 214/2025), adicionando-se que o valor do redutor poderá ser dividido de forma proporcional ao valor de mercado dos bens imóveis resultantes da divisão (art. 257, § 6º, I, da LC n. 214/2025), ou, se não for possível determinar o valor de mercado de cada bem imóvel, o valor do redutor será determinado de forma proporcional à área dos bens imóveis resultantes da divisão (art. 257, § 6º, II, da LC n. 214/2025). Para as atividades de loteamento baseadas em contratos de parceria, o valor do redutor de ajuste é fixado de forma proporcional aos percentuais de cada parceiro estabelecidos no contrato de parceria (art. 257, § 7º, da LC n. 214/2025).

Prosseguindo na análise do redutor de ajuste, a LC n. 214/2025 prescreve que somente o adquirente do bem imóvel, que esteja no regime regular do IBS e CBS, poderá se aproveitar da redução aplicada em favor do alienante do bem imóvel (art. 257, § 1º).

O valor do redutor de ajuste também é influenciado pelo critério temporal. Assim, para os bens imóveis cujos proprietários são contribuintes de IBS e CBS sujeitos ao regime regular em 31 de dezembro de 2026, o valor do redutor de ajuste é equivalente ao valor de aquisição do bem imóvel atualizado pelo Índice de Preços ao Consumidor (IPCA) ou outro índice que venha a substituí-lo até a data citada (art. 258, I, *a*, da LC n. 214/2025), ou o contribuinte pode optar pelo valor de referência calculado mediante procedimento administrativo com direito ao contraditório e à ampla defesa, devidamente atualizado até 31 de fevereiro de 2026 (art. 258, I, *b*, da LC n. 214/2025).

No que concerne às alienações de bens imóveis posteriores a 1º de janeiro de 2027, as operações efetuadas pelos alienantes submetidos ao regime regular

6 LEÃO, Reforma tributária no regime específico das operações com bens imóveis, 2024, p. 2.

de IBS e CBS estarão sujeitas ao montante do redutor de ajuste equivalente ao valor de aquisição do imóvel (art. 258, III, da LC n. 214/2025).

Ainda, a LC n. 214/2025 estabelece que, para os bens imóveis em construção até o dia 31 de dezembro de 2026, o valor do redutor de ajuste será equivalente ao valor de aquisição do terreno (art. 258, II, *a*, da LC n. 214/2025) adicionado dos valores referentes a bens e serviços que são calculados no custo de produção do bem imóvel (art. 258, II, *b*, da LC n. 214/2025), todos atualizados pelo IPCA ou outro índice que seja criado posteriormente até 31 de dezembro de 2026.

Interessante registrar que o valor do redutor de ajuste será composto por despesas administrativas e tributárias provenientes das operações envolvendo bens imóveis, dentre as quais os dispêndios com ITBI, laudêmios decorrentes da aquisição de bens imóveis e as contrapartidas de ordem urbanística e ambiental pagas aos entes públicos em decorrência de lei (art. 258, §§ 6º e 7º, da LC n. 214/2025).

Ademais, o redutor de ajuste será aplicado para as alienações de unidades imobiliárias, assegurada a dedução referente a cada loteamento, parcelamento do solo, unidade autônoma, de forma proporcional ao valor total do bem imóvel (art. 262, § 4º, da LC n. 214/2025).

Uma disposição fundamental inserida na LC n. 214/2025 consiste na possibilidade de o redutor de ajuste empregado na operação de alienação do bem imóvel ser aproveitado pelo adquirente sujeito ao regime regular do CBS e da IBS em uma futura operação de alienação do mesmo bem imóvel (art. 257, § 4º, I, da LC n. 214/2025). Esse dispositivo interfere diretamente no debate acerca da natureza jurídica do redutor de ajuste, permitindo a plena instrumentalização do princípio da neutralidade tributária nas operações com bens imóveis.

DO REDUTOR SOCIAL

Da mesma forma como ocorre com o redutor de ajuste, o redutor social figura como um tema pertinente à base de cálculo do IBS – é o que se depreende da Subseção III da Seção II (Da Base de Cálculo).

O redutor social é um instrumento subtrativo da base de cálculo em operações de bens imóveis residenciais novos e lotes residenciais, que tem por finalidade assegurar a neutralidade tributária e simultaneamente realizar o direito social à moradia.[7]

---

7 LEÃO, *op. cit.*, 2024, p. 4.

Em conformidade com a LC n. 214/2025, prevê-se a redução de R$ 100.000,00 da base de cálculo do IBS e da CBS por bem imóvel residencial novo e R$ 30.000,00 por lote residencial, até o limite do valor da base de cálculo (art. 259, *caput*).

Cabe destacar que o redutor social será aplicado de forma cumulativa com o redutor de ajuste, além do que não é um benefício infinito, visto que poderá ser aproveitado apenas uma vez por bem imóvel (art. 259, § 2º, da LC n. 214/2025).

A LC n. 214/2025 prevê a aplicação do redutor social para as alienações de unidades imobiliárias, havendo a dedução da base de cálculo do IBS e da CBS relativa a cada parcela do solo ou unidade incorporada, de forma proporcional ao valor total do bem imóvel (art. 259, § 4º, da LC n. 214/2025).

DA NATUREZA JURÍDICA DOS REDUTORES DE AJUSTE E SOCIAL

É desafiadora e ao mesmo tempo essencial a tarefa de demarcação da natureza jurídica dos redutores de ajuste e social. Desafiadora porque o IBS (ainda) é um desconhecido; essencial por força do impacto provocado no campo dos limites para a configuração efetuada pela lei complementar.

Caio de Souza Leão[8] defende que o redutor de ajuste tem por objetivo adequar a tributação sobre o valor agregado ao universo de bens imóveis. Com essa dimensão, a referida redução funciona como uma técnica adequada ao regime específico instituído.

De fato, o IBS e a CBS – embora tenham sido concebidos originalmente como um IVA dual – são (apenas) tributos não cumulativos,[9] cuja base de cálculo é o valor total da operação, diferentemente do IVA, que utiliza o valor que é agregado na operação atual em relação à anterior. A despeito disso, a EC n. 132 é categórica quanto à sujeição dos novos tributos ao princípio da neutralidade, o que impõe à lei complementar a relevante incumbência de instituir técnicas, regimes e normas adequadas e suficientes para que aquele fim seja alcançado.

A neutralidade vertical realiza-se por meio da não cumulatividade, enquanto a horizontal – que almeja concretizar a livre concorrência[10] – é assegurada por meio de um conjunto de normas, dentre as quais os regimes específicos, diferenciados ou favorecidos, uniformidade de alíquotas, dentre outras determinantes.

---

8 LEÃO, *op. cit.*, 2024, p. 4.

9 UTUMI, Comentários, 2024, p. 172.

10 MOREIRA, *Neutralidade, valor acrescido e tributação*, 2023, p. 30.

Portanto, ao instituir o redutor de ajuste, a LC n. 214/2025 impõe que as operações com bens imóveis sejam tributadas apenas sobre o valor que foi agregado na alienação do bem, vedando a tributação em relação aos valores que serviriam para recuperar os investimentos aportados na aquisição ou construção do imóvel vendido.

Com a configuração definida pela LC n. 214/2025, a neutralidade tributária está sendo prestigiada, na medida em que o redutor de ajuste implica renúncia ao valor da aquisição do imóvel para reduzir a base de cálculo do IBS e da CBS na alienação do bem, o que marca uma mudança de paradigma em relação às legislações do ICMS e do ISS, que prescrevem a possibilidade de os estados e municípios instituírem benefícios fiscais próprios para fins de incentivar investimentos e o crescimento econômico.

A aplicação dos redutores – notadamente o redutor de ajuste – interfere diretamente no ciclo econômico das operações realizadas com um único bem imóvel, porquanto a construtora poderá se valer do preço do terreno e dos custos com bens e serviços utilizados no serviço de construção para a dedução da base de cálculo do IBS e CBS no momento da alienação para o adquirente, que poderá se utilizar do valor reduzido para calcular o redutor de ajuste na futura operação de alienação de bem imóvel ou para operações de incorporação imobiliária e parcelamento do solo.

Seja como for, existem interrogações acerca da natureza jurídica do redutor de ajuste. Se considerado um instrumento de redução da base de cálculo, há a possibilidade de o Comitê Gestor do IBS e a União aplicarem a *ratio decidendi* definida pelo STJ no julgamento do Tema n. 1.182, que diferenciou os outros benefícios fiscais de ICMS do crédito presumido em razão do chamado "efeito de recuperação", ou seja, o valor de IBS e CBS renunciado em razão da aplicação do redutor seria recuperado no valor agregado da operação de alienação do bem imóvel. Por outro lado, caso se entenda que o redutor de ajuste tem natureza de crédito presumido, esse efeito de recuperação não existe de fato, visto que representa uma renúncia fiscal por parte do legislador complementar em prol do desenvolvimento econômico no setor de bens imóveis.

Não obstante, a nossa percepção é a de que o redutor de ajuste não é uma vantagem concedida pela lei (isto é, um benefício ou incentivo fiscal), mas, sim, um meio para realização da neutralidade tributária – e por conseguinte da livre concorrência – dentro de um regime específico de tributação (art. 156-A, § 1º, X, e § 6º, II, da CF/88). Trata-se, pois, de uma forma escolhida pela lei complementar para concretizar a igualdade tributária, notadamente da neutralidade, que é um aspecto daquela.[11]

11 ÁVILA, *Teoria da igualdade tributária*, 2008, p. 99.

Para além disso, o redutor de ajuste tem por objetivo adequar a tributação do consumo no setor de bens imóveis, de modo a respeitar a capacidade econômica do contribuinte (igualdade de oneração) e evitar um quadro de tributação confiscatória. Não fosse o redutor de ajuste, todo o arcabouço preconizado pela EC n. 132, restaria desprezado no setor de imóveis, dado que o IBS e a CBS incidiriam sobre o valor do bem, como se fossem tributos incidentes sobre o patrimônio – o que não é o caso.

Com efeito, o redutor de ajuste consubstancia um regime jurídico que tem por desígnio conferir concretude à igualdade, livre concorrência, capacidade contributiva e neutralidade tributária e, mediante um método inerente à praticabilidade, garantir a não cumulatividade da CBS e do IBS. Ademais, o redutor funciona como uma presunção absoluta de recuperação do ônus tributário implícito em bens imóveis.

De maneira concreta, o redutor de ajuste é uma técnica de praticabilidade utilizada pelo LC n. 214/2025, com a finalidade de conferir simplicidade, exequibilidade e eficiência procedimental aos novos tributos.[12] Ao mesmo tempo, sob a perspectiva do contribuinte, trata-se de uma forma de materialização de garantias asseguradas constitucionalmente.

A situação não se altera quanto ao redutor social, que igualmente constitui uma técnica de praticabilidade tributária em proveito dos fins referidos anteriormente. Não obstante, o redutor social apresenta um *plus* quando comparado ao redutor de ajuste, na medida em que o mencionado método tem por objetivo concretizar o bem comum, especialmente a dignidade da pessoa humana e o direito à moradia. A capacidade contributiva impõe a não tributação do mínimo existencial – no caso, o mínimo existencial arbitrado pelo art. 259, *caput*, da LC n. 214/2025 corresponde aos montantes de R$ 100.000,00 e R$ 30.000,00, que são os valores do redutor social.

As considerações expendidas conduzem à conclusão de que não é dado à lei complementar manipular, suprimir ou reduzir de forma desproporcional os referidos fatores de ajuste e social, devido ao regime específico estatuído constitucionalmente.

Em virtude da natureza durável dos bens imóveis, a estipulação de fatores de redução revela-se essencial para conferir neutralidade ao IBS e à CBS. Sem os referidos redutores aplicáveis ao setor imobiliário, os novos tributos se tornariam cumulativos e nessa medida deixariam de ser neutros, o que certamente contraria a Constituição Federal.

---

12 CUNHA, Praticabilidade tributária: eficiência, segurança jurídica e igualdade, 2021, p. 456.

Dessa forma, a lei complementar – tal como empreendeu a LC n. 214/2025 – deve prever subtrações da base de cálculo em operações envolvendo bens imóveis – como é o caso dos redutores de ajuste e social – que sejam adequadas, necessárias e suficientes, a fim de que restem respeitadas as limitações constitucionais ao poder de tributar (não confisco, capacidade contributiva, igualdade, neutralidade etc.) e os direitos fundamentais (livre concorrência, dignidade da pessoa humana, razoabilidade, proporcionalidade, dentre outros).

BIBLIOGRAFIA

ÁVILA, Humberto. *Teoria da igualdade tributária.* São Paulo: Malheiros, 2008.

BATISTA, Daniela Cristina Floriano Alves; BATISTA JÚNIOR, Onofre Alves; SILVA, Paulo Roberto Coimbra. *Reforma tributária do consumo de 2023.* Belo Horizonte: Arraes Editores, 2024.

CARVALHO, Paulo de Barros. *Direito tributário*: linguagem e método. 5. ed. São Paulo: Noeses, 2013.

CUNHA, Carlos Renato. *Praticabilidade tributária:* eficiência, segurança jurídica e igualdade. São Paulo: Almedina, 2021.

LEÃO, Caio de Souza. Reforma tributária no regime específico das operações com bens imóveis. *Consultor Jurídico*, São Paulo, 2 ago. 2024. Disponível em: https://www.conjur.com.br/2024-ago-02/reforma-tributaria-avancos-e-desafios-do-regime-especifico-das-operacoes-com-bens-imoveis/. Acesso em: 15 out. 2025.

LUKIC, Maria de Souza Rocha. *Reforma tributária no Brasil*: ideias, interesses e instituições. Curitiba: Juruá, 2014.

MOREIRA, André Mendes. *Neutralidade, valor acrescido e tributação.* 3. ed. rev. Belo Horizonte: Fórum, 2023.

UTUMI, Ana Claúdia Akie. Comentários. *In*: GAETA, Flavia Holanda (coord.). *Comentários à EC 132/2023*: reforma tributária. São Paulo: Revista dos Tribunais: Thomson Reuters Brasil, 2024.

Capítulo **13**

A inclusão de normas de combate à desigualdade de gênero e raça na reforma tributária do consumo

Jacqueline Mayer Da Costa Ude Braz

INTRODUÇÃO

A Emenda Constitucional (EC) n. 132/2023 trouxe a maior alteração já sofrida pela legislação tributária desde a Emenda n. 18/65, em relação à tributação do consumo no país. Ela avançou muito rumo à simplificação e transparência, mas ainda manteve alguns dos pontos mais preocupantes, como o excesso de benefícios fiscais concedidos a setores específicos (dentro do Texto Constitucional, é verdade, o que dificulta sua alteração, mas mantém uma histórica relação de exceções à regra e complexidade na sua implementação) e uma não cumulatividade plena (que não deverá ser alcançada, porque prevê a vedação ao creditamento em algumas hipóteses constitucionalmente previstas e em outras, trazidas na regulamentação por lei complementar).

No texto da EC n. 132/2023, foi incluída, no art. 9º, § 1º, VI, a previsão de que o Imposto sobre Bens e Serviços (IBS) e a Contribuição sobre Bens e Serviços (CBS) incidentes sobre "produtos de cuidados básicos à saúde menstrual", nos termos da lei complementar, sofreriam a redução de 60% a 100%. Essa é uma vitória sem precedentes para todas as pessoas que menstruam (mulheres, homens trans e pessoas não binárias), tratando-se de produtos essenciais e que estão ligados a sua inafastável fisiologia.

Mas esse não é o único ponto em que a reforma tributária avançou rumo à redução das desigualdades de gênero e raça. Outro ponto que foi incluído no Texto Constitucional é o da avaliação quinquenal dos benefícios, objetivando buscar a igualdade entre homens e mulheres. Foi a primeira vez na história do país em que se reconheceu que há sim na tributação o viés de gênero e que é preciso que isso seja combatido.

No Congresso Nacional, mais avanços foram obtidos: (i) a redução a zero da tributação incidente sobre os produtos de cuidados básicos à saúde menstrual;

(ii) redução de 60% das alíquotas da CBS e do IBS para fraldas infantis e geriátricas para famílias de baixa renda; (iii) redução de 60% das alíquotas desses tributos para preservativos e dispositivos intrauterinos e a zero de alguns medicamentos relacionados à fisiologia feminina; e (iv) a reafirmação do critério étnico-racial nessa avaliação quinquenal, porque é impossível dissociar a questão de gênero da questão racial.

Antes de analisar um a um, é muito importante traçar um histórico da discussão no Brasil, apresentar os avanços e, em seguida, avaliar esses pontos como grandes vitórias em direção à equidade de gênero no contexto da reforma tributária do consumo.

PERSPECTIVA HISTÓRICA DA DISCUSSÃO

Janet Stotsky escreveu o paradigmático *Gender bias in tax system* (1996), que sistematizou as reformas tributárias que consideravam as questões de gênero ocorridas até então pelo mundo, propondo, ainda, uma metodologia de análise dos vieses implícitos e explícitos de gênero na tributação. Apesar de anteriormente ter havido algumas manifestações a respeito dessa realidade, esse foi o trabalho que inaugurou uma discussão mais sistematizada do tema.[1]

Apesar de ter sido iniciada em 1990, os primeiros trabalhos a respeito somente foram publicados no Brasil mais recentemente. Merecem destaque autoras como Isabelle Rocha,[2] Luiza Machado de O. Menezes,[3] Maria Angélica dos Santos,[4] Lana Borges[5] e Eliane Barbosa Conceição,[6] que se dedicaram a estudar profundamente o tema, além de Tathiane dos Santos Piscitelli, que coordena o grupo de pesquisas "Tributação e Gênero", da Fundação Getulio Vargas (FGV), desde 2020. O grupo, que reúne aproximadamente duzentos pesquisadores e pesquisadoras, produziu inúmeros artigos científicos a respeito do tema e realiza anualmente o Congresso Internacional de Tributação e Gênero (Coniteg), que está em sua quarta edição em 2025. Esse grupo marca o avanço dos estudos

---

1 No Brasil, Misabel de Abreu Machado Derzi se manifestou a respeito da existência dessa realidade em uma palestra proferida em 1994, que foi transcrita no artigo intitulado "A família e o direito tributário", publicado em 1995 (DERZI, 1995, p. 139-49).

2 *Tributação e gênero*: como o Imposto de Renda da Pessoa Física afeta as desigualdades entre homens e mulheres, 2021.

3 *Tributação e desigualdades de gênero e raça*, 2024.

4 *E eu não sou uma jurista?* Reflexões de uma jurista negra sobre direito, ensino jurídico e sistema de justiça, 2023.

5 *Tributação e gênero*: políticas públicas de extrafiscalidade e a luta pela igualdade, 2023.

6 *Tributação justa, reparação histórica*: uma discussão necessária, 2023.

sobre o tema no país e reúne pesquisadoras que já trabalhavam com ele para fazerem parte e colaborarem com outras menos experientes.

Além disso, o grupo atuou muito fortemente para inclusão no texto da reforma tributária de pontos relevantes para reduzir o impacto de gênero e raça na tributação, o que será analisado no próximo tópico deste capítulo.

OS AVANÇOS NO COMBATE AOS VIESES DE GÊNERO NO CONTEXTO DA REFORMA TRIBUTÁRIA

Com a EC n. 132/2023, pela primeira vez na história deste país, foi incluída no Texto Constitucional a garantia de redução da tributação incidente sobre produtos de higiene menstrual, além da exigência de avaliação dos benefícios tributários com base na distinção de gênero. E isso só foi possível pela atuação do Grupo de Pesquisa Tributação e Gênero da FGV junto a diversos atores políticos, sociais, acadêmicos e institucionais.

Para falar desses avanços, Luiza Machado de O. Menezes[7] descreveu o real, o ideal e o possível, três aspectos dos trabalhos desenvolvidos pelo grupo, que foi preponderante para que fossem alcançados. Sob a perspectiva do real, a tributação discrimina mulheres e especialmente as mulheres negras: (i) pela regressividade; (ii) pela relação entre a tributação e a divisão sexual do trabalho; e (iii) ainda de forma mais explícita, por incidir de forma muito gravosa sobre produtos ligados à economia do cuidado e à fisiologia feminina.

Do ponto de vista ideal, havia muitos pontos que poderiam ser melhorados dentro da PEC n. 45/2019, pensando na busca por igualdade de gênero, especialmente: (i) a desoneração de produtos de cuidados básicos à saúde menstrual; (ii) de produtos relacionados ao trabalho do cuidado, especialmente fraldas infantis e geriátricas, bombas de amamentação, talco e pomada para assaduras; (iii) inclusão da perspectiva de gênero e raça nos objetivos relacionados ao Fundo Nacional de Desenvolvimento Regional (FNDR), para possibilitar o desenvolvimento de ações e obras de infraestrutura para atender às necessidades de cuidado, essencialmente desempenhado por mulheres; (iv) eliminação da previsão de não incidência do imposto seletivo sobre bens e serviços com redução de alíquota, como fertilizantes e defensivos agrícolas; e (v) incidência do imposto seletivo sobre bens e serviços causadores de dano à vida, como armas e munições, principal meio utilizado na violência contra a mulher.

---

7 Memória, afeto e esperança: nossa história de luta pela inclusão da perspectiva de gênero na reforma tributária (Emenda Constitucional 132/2023), 2024, p. 731-51.

Por fim, o possível. Das propostas apresentadas pelo Grupo Tributação e Gênero da FGV, foram incorporadas à EC n. 132/2023 a redução de 60% até 100% da alíquota aplicada aos produtos de higiene menstrual (art. 9º, § 1º, VI, e § 3º, II, *a*) e a necessidade de reavaliação quinquenal dos regimes diferenciados, de acordo com "a promoção da igualdade entre homens e mulheres" (art. 9º, §§ 10 e 11).

Do real, passando pelo ideal e chegando ao possível: um breve histórico da atuação que determinou esses avanços

A primeira participação do Grupo Tributação e Gênero da FGV nos debates do Congresso Nacional aconteceu em março de 2023, em um evento da Secretaria da Mulher nas comemorações do Março Mulher. Em seguida, formado o Grupo de Trabalho da Reforma Tributária, para discutir a Proposta de Emenda à Constituição (PEC) n. 45/2019, o grupo foi convidado para a audiência pública do dia 18.04.2023, com a temática "Perspectiva distributiva: aspectos sociais, gênero, raça e *cashback*". Participaram dessa audiência Tathiane Piscitelli e Luiza Machado de O. Menezes, que já haviam participado do evento em março, e Daniela Olímpio, Evanilda Godoi, Lise Tupiassu, Raquel Preto e Eliane Barbosa Conceição.[8]

No entanto, na primeira proposta de Substitutivo ao texto da PEC n. 45/2019, divulgado em 22.06.2023, nenhum dos pontos enfrentados por elas na audiência pública foi incluído.[9] A partir disso e com a orientação de Fabiana Lazzarini, advogada e assessora técnica da Liderança do Governo na Câmara dos Deputados, foi elaborado o primeiro ofício do Grupo Tributação e Gênero da FGV, intitulado "Manifesto pela dignidade menstrual na reforma tributária", divulgado em 30.06.2023. O ofício foi assinado por dezenas de organizações e entidades. Além disso, o grupo levou o tema para a mídia[10] e elaborou artigos a respeito,[11] com o objetivo de dar visibilidade para a discussão de gênero e pressionar os deputados.

O ofício foi recebido pela Secretaria da Mulher, que encampou as propostas e as apresentou ao Grupo de Trabalho da Reforma Tributária em 04.07.2023.

---

8 Toda esta seção do capítulo foi escrita com base no que foi relatado no artigo escrito por Luiza Machado de O. Menezes [Memória, afeto e esperança: nossa história de luta pela inclusão da perspectiva de gênero na Reforma Tributária (Emenda Constitucional 132/2023), 2024].

9 Disponível em: https://www.camara.leg.br/proposicoesWeb/prop_mostrarintegra?codteor=2292813&filename=PRLP+1+%3D%3E+PEC+45/2019. Acesso em: 10 ago. 2024.

10 Disponível em: https://www.cnnbrasil.com.br/economia/financas/especialistas-pedem-a-camara-alteracoes-na-reforma-tributaria-para-combater-desigualdades-racial-e-de-genero/. Acesso em: 10 ago. 2024.

11 PISCITELLI, Tathiane; MENEZES, Luiza Machado de O. Reforma terá menos imposto para agrotóxicos e ultraprocessados, mas não absorventes. Disponível em: https://www.jota.info/artigos/reforma-tera-menos-imposto-para-agrotoxicos-e-ultraprocessados-mas-nao-absorventes-03072023. Acesso em: 10 ago. 2024.

Paralelamente, o Ministério da Fazenda se movimentou para obter aprovação governamental para a inclusão dos absorventes no regime diferenciado. E, no dia seguinte, essas propostas estavam dentro do segundo Substitutivo.[12] Além disso, o texto incluía, como objetivo do *cashback*, a redução das desigualdades de gênero e raça.

No entanto, o uso das palavras "gênero" e "raça" desafiou a bancada evangélica, que, sob o argumento de que se estaria tentando inserir "ideologia de gênero"[13] no contexto da reforma tributária, forçou a apresentação do terceiro Substitutivo[14] sem a inclusão desse objetivo do *cashback*.

E essa não foi a única derrota do grupo em todo esse processo. Durante a aprovação em plenário, a Câmara dos Deputados incluiu uma alteração no texto, por meio da Emenda Aglutinativa de Plenário n. 1,[15] para permitir a redução da tributação incidente sobre armas e munições.

Aprovado o texto da PEC n. 45/2019 na Câmara, uma nova jornada se iniciava no Senado, com a elaboração de um novo ofício com as propostas de alteração do texto e justificativa, incluindo a necessidade de se tributar com mais rigor as armas e munições. Além disso, em 04.10.2024, o grupo foi novamente convidado a participar de audiência pública para debater desigualdade de gênero e raça, e o Senador Vanderlan Cardoso, que ficou sensibilizado com os dados apresentados, fez o protocolo das propostas como emendas à PEC. No entanto, elas foram rejeitadas pelo relator da Reforma no Senado, Senador Eduardo Braga.

Mas esse não foi o fim. Em 23.10.2023, a Senadora Eliziane Gama protocolou novamente as propostas apresentadas na audiência pública pelo Grupo Tributação e Gênero da FGV. E juntamente com o grupo, que elaborou um parecer técnico demonstrando o risco de redução de 75% para 25% ou até mesmo 10%, o Instituto Sou da Paz e a Oxfam Brasil chamaram a atenção para a necessidade de incluir as armas e munições entre as hipóteses de incidência do imposto seletivo. A Senadora Eliziane Gama apresentou proposta de emenda para incorporar as armas e munições ao imposto seletivo.

Entretanto, das propostas apresentadas, foram incorporadas à EC n. 132/2023 a redução de 60% até 100% da alíquota aplicada aos produtos de higiene mens-

---

12 Disponível em: https://www.camara.leg.br/proposicoesWeb/prop_mostrarintegra?codteor=2297250&filena-me=PRLP+2+%3D%3E+PEC+45/2019. Acesso em: 10 ago. 2024.

13 Disponível em: https://oglobo.globo.com/politica/noticia/2023/07/07/reforma-tributaria-aliados-de-bolsonaro-citam-ideologia-de-genero-e-tentam-turbinar-oposicao-via-pauta-de-costumes.ghtml. Acesso em: 10.08.2024.

14 Disponível em: https://www.camara.leg.br/proposicoesWeb/prop_mostrarintegra?codteor=2297856&filename=Tramitacao-PEC%2045/2019. Acesso em: 10 ago. 2024.

15 Disponível em: https://www.camara.leg.br/proposicoesWeb/prop_mostrarintegra?codteor=2297914&filename=EMA+1+%3D%3E+PEC+45/2019. Acesso em: 10 ago. 2024.

trual (art. 9º, § 1º, VI, e § 3º, II, *a*) e a necessidade de reavaliação quinquenal dos regimes diferenciados, objetivando "a promoção da igualdade entre homens e mulheres" (art. 9º, §§ 10 e 11). Esta última decorreu de uma adaptação da proposta originalmente feita pelo Grupo Tributação e Gênero e que foi incluída dias antes da votação da PEC no Senado por indicação da Comissão de Constituição, Justiça e Cidadania (CCJ).

O fato de as demais propostas não terem sido aprovadas não retira a importância e o impacto dessas conquistas, que são um marco na busca por igualdade de gênero na tributação. E como descrito por Luiza Machado de O. Menezes, "a partir de agora, não será mais possível negar a conexão entre tributação e gênero, tampouco será possível sustentar racionalmente que a tributação é neutra diante das disparidades de gênero".[16]

A QUESTÃO DE GÊNERO NA REGULAMENTAÇÃO DA REFORMA TRIBUTÁRIA

Após a aprovação da PEC n. 45/2019 nas duas casas do Congresso Nacional, uma nova fase se iniciava: a regulamentação da reforma, por meio da edição de lei complementar. E essa foi uma nova e longa caminhada na tentativa de incluir no texto mecanismos de redução da desigualdade de gênero e de raça.

A tramitação do PLP n. 68/2024 na Câmara

O PLP n. 68/2024 foi apresentado à Câmara dos Deputados em 25.04.2024 pelo Presidente da República. A ele foi reconhecido o regime de urgência, nos termos do art. 64 da CRFB/88, com o intuito de que fosse votado antes do recesso parlamentar do meio do ano de 2024.

Designadas as audiências públicas, não havia entre elas nenhuma que se dedicasse à temática do combate às desigualdades. Por isso, o Grupo Tributação e Gênero da FGV apresentou ofício requerendo uma audiência específica para debater o tema. Após ser designada para o dia 20.06.2024, foram convidadas para dela participar Tathiane dos Santos Piscitelli, Luiza Machado de O. Menezes, Lana Borges, Jacqueline Mayer da Costa Ude Braz, Isabelle Rocha, Eliane Barbosa Conceição, Karoline Marinho e Lise Tupiassu.[17]

---

16 Memória, afeto e esperança: nossa história de luta pela inclusão da perspectiva de gênero na Reforma Tributária (Emenda Constitucional 132/2023), 2024, p. 747.

17 Disponível em: https://www.camara.leg.br/internet/ordemdodia/integras/2441024.htm. Acesso em: 11 ago. 2024.

Numa audiência pública histórica que contou somente com a participação de mulheres, o grupo apresentou suas nove propostas de alteração do PLP n. 68/2024. São elas: (i) redução a zero da tributação dos produtos relacionados à higiene menstrual; (ii) tributação pelo imposto seletivo das armas e munições; (iii) ampliação do rol de bebidas açucaradas sujeitas ao imposto seletivo; (iv) ampliação do *cashback* para 100% da CBS e do IBS para as famílias de baixa renda cadastradas no CadÚnico; (v) inclusão de diversos medicamentos relacionados à fisiologia da mulher na tributação reduzida; (vi) inclusão das fraldas infantis e geriátricas na tributação reduzida; (vii) retirada dos ultraprocessados da tributação reduzida; (viii) inclusão de medidas de fiscalização dos regimes favorecidos de tributação, considerando especialmente que essa redução reflita redução do preço final ao consumidor; (ix) avaliação quinquenal dos benefícios fiscais que busquem atenuar as desigualdades entre homens e mulheres, respeitando ainda o critério étnico-racial. Além disso, o ofício contendo as propostas de alteração do texto do PLP n. 68/2024 com as justificativas foi entregue ao Grupo de Trabalho da Reforma Tributária na Câmara.

Especificamente sobre a inclusão das armas de fogo entre as hipóteses de incidência do imposto seletivo, o ofício que apresentou a proposta contou com a adesão de mais de 140 entidades que o assinaram, como o Instituto Sou da Paz, a OXFAM Brasil, Grupo Mulheres do Brasil e ACT Promoção da Saúde, demonstrando a dedicação e o poder de mobilização do Grupo Tributação e Gênero da FGV. Além disso, inúmeros foram os veículos de comunicação que noticiaram essa necessidade de alteração, como *G1*,[18,19] *Jota*,[20] *Conjur*,[21] *Carta Capital*,[22] *Correio Braziliense*,[23] entre outros.

Depois disso, na semana em que foi votado, Luiza Machado de O. Menezes, Raquel Preto e Kamile Kemp conversaram com muitos deputados e deputadas

---

18 Disponível em: https://g1.globo.com/economia/noticia/2024/07/04/reforma-tributaria-armas-continuam-sem-cobranca-do-imposto-do-pecado-e-populacao-pode-ter-cashback-na-compra.ghtml. Acesso em: 11 ago. 2024.

19 Disponível em: https://g1.globo.com/politica/blog/andreia-sadi/post/2024/07/04/tributaristas-da-fgv-pedem-inclusao-de-armas-e-municoes-no-imposto-seletivo-fazenda-avalia-positivamente.ghtml. Acesso em: 11.08.2024.

20 Disponível em: https://www.jota.info/tributos/entidades-da-sociedade-civil-pedem-inclusao-de-armas-de-fogo-no-imposto-seletivo-05072024. Acesso em: 11 ago. 2024.

21 Disponível em: https://www.conjur.com.br/2024-jul-09/tributaristas-e-entidades-pedem-inclusao-de-armas-de-fogo-no-imposto-seletivo/. Acesso em: 11 ago. 2024.

22 Disponível em: https://www.cartacapital.com.br/economia/deputados-articulam-a-taxacao-de-armas-com-o-imposto-do-pecado-na-reforma-tributaria/. Acesso em: 11 ago. 2024.

23 Disponível em: https://www.correiobraziliense.com.br/politica/2024/07/6891713-reforma-tributaria-permite-reducao-de-tributos-para-armas-de-fogo-entenda.html. Acesso em: 11 ago. 2024.

a respeito das propostas, buscando apoio para que elas fossem apresentadas. A Deputada Benedita da Silva as apresentou pela Bancada Feminina e pressionou muito o Colégio de Líderes e o relator do PLP, Deputado Reginaldo Lopes. Além disso, a Deputada Érika Hilton utilizou o único destaque do PSOL para apresentar a proposta de tributação das armas e munições pelo imposto seletivo.

Entretanto, após a votação na Câmara, foram incluídas apenas três das propostas elaboradas pelo Grupo Tributação e Gênero da FGV ao texto do PLP n. 68/2024 aprovado: (i) a redução a zero da alíquota dos produtos de cuidado básico à saúde menstrual (arts. 138, IV, e 142); (ii) a avaliação quinquenal dos benefícios, considerando "o impacto da legislação do IBS e da CBS na promoção da igualdade entre homens e mulheres e étnico-racial" (art. 467, § 1º); (iii) inclusão na lista de dispositivos médicos com redução de 60% das alíquotas da CBS e do IBS de dispositivo intrauterino (DIU) de cobre (art. 126 e item 92 do Anexo IV) e dos preservativos (art. 126 e item 91 do Anexo IV).[24]

O PLP n. 68/2024 no Senado

No Senado, também foram realizadas as audiências públicas para ouvir a sociedade e para que ela se manifestasse quanto à regulamentação da reforma tributária. Sob a perspectiva de gênero e raça, ainda havia avanços que podiam ser alcançados.

Aberto o prazo para apresentação de emendas ao texto do PLP n. 68/2024 aprovado pela Câmara, Tathiane dos Santos Piscitelli, Luiza Machado de O. Menezes, Fabiana Lazzarini e Flávia Grupenmacher redigiram o ofício encaminhando cinco propostas em nome do Grupo Tributação e Gênero da FGV. Após reuniões e conversas conduzidas por Luiza Machado de O. Menezes, todas elas foram apresentadas pela Senadora Zenaide Maia, representante da Bancada Feminina no Senado. São as seguintes: (i) inclusão das armas e munições nas hipóteses de incidência do imposto seletivo;[25] (ii) redução a zero da alíquota da CBS e do IBS aplicada às fraldas infantis e geriátricas;[26] (iii) exclusão dos ali-

24 Vale destacar quanto a esta última que os medicamentos especificamente relacionados à fisiologia feminina tiveram sua alíquota reduzida a zero também por força da atuação da indústria farmacêutica, que conseguiu a redução da alíquota a zero daqueles relacionados no Anexo XIV, além da redução de 60% de todo e qualquer medicamento registrado na Anvisa. Por isso, eles não podem ser aqui listados como uma vitória obtida pela atuação específica do Grupo Tributação e Gênero da FGV.

25 Disponível em: https://legis.senado.leg.br/sdleg-getter/documento?dm=9782074&ts=1723822077691&disposition=inline&ts=1723822077691. Acesso em: 15 ago. 2024.

26 Disponível em: https://legis.senado.leg.br/sdleg-getter/documento?dm=9782070&ts=1723822077685&disposition=inline&ts=1723822077685. Acesso em: 15 ago. 2024.

mentos ultraprocessados da tributação favorecida;[27] (iv) aprimoramento da avaliação quinquenal dos benefícios;[28] e (v) mecanismos de fiscalização periódica para garantir a correta aplicação das reduções de alíquotas previstas.[29]

Além disso, em 12.07.2024, as pesquisadoras do grupo, Luiza Machado de O. Menezes e Kamile Kemp, entregaram o ofício especificamente com a proposta para inclusão das armas e munições no imposto seletivo para o Vice-Presidente da República, Geraldo Alckmin, Presidente em exercício à época, assinado por mais de 140 entidades. Posteriormente, em 25.11.2024, Luiza Machado de O. Menezes participou de audiência pública na CCJ para tratar especificamente do tema, não com o intuito de tributá-las de forma mais gravosa, mas de manter o nível da tributação a que elas se submetem hoje.[30]

Em 28.11.2024, ela participou de outra audiência pública para debater a Reforma e seus impactos para a saúde. Na mesma data, juntamente com Jacqueline Mayer da Costa Ude Braz e Kamile Kemp, foram feitas reuniões com assessores e as Senadoras Daniella Ribeiro, Eliziane Gama, Leila Barros, Soraya Thronicke, Teresa Leitão e o Senador Eduardo Girão. Após a reunião, a Senadora Eliziane Gama reapresentou as propostas de emenda elaboradas pelo Grupo Tributação e Gênero, relativas à tributação das armas e munições pelo imposto seletivo,[31] redução da tributação incidente sobre fraldas infantis e geriátricas[32] e adoção de medidas fiscalizatórias dos benefícios e reduções concedidas.[33]

Apesar disso e de todos os dados e argumentos que subsidiavam a proposta de emenda, a inclusão das armas e munições no imposto seletivo foi rejeitada no Senado. Além dessa derrota, também foram rejeitados a exclusão dos ultraprocessados da tributação favorecida, os critérios de aprimoramento da avaliação quinquenal e os mecanismos propostos para avaliação periódica dos benefícios.

---

27 Disponível em: https://legis.senado.leg.br/sdleg-getter/documento?dm=9782058&ts=1723822077666&disposition=inline&ts=1723822077666. Acesso em: 15 ago. 2024.

28 Disponível em: https://legis.senado.leg.br/sdleg-getter/documento?dm=9782062&ts=1723822077673&disposition=inline&ts=1723822077673. Acesso em: 15 ago. 2024.

29 Disponível em: https://legis.senado.leg.br/sdleg-getter/documento?dm=9782066&ts=1723822077679&disposition=inline&ts=1723822077679. Acesso em: 15 ago. 2024.

30 Disponível em: https://legis.senado.leg.br/atividade/comissoes/comissao/34/reuniao/13166. Acesso em: 02. Jun. 2025.

31 Disponível em: https://legis.senado.leg.br/sdleg-getter/documento?dm=9852426&ts=1733322026305&disposition=inline&ts=1733322026305. Acesso em: 02 jun. 2025.

32 Disponível em: https://legis.senado.leg.br/sdleg-getter/documento?dm=9852430&ts=1733322026312&disposition=inline&ts=1733322026312. Acesso em: 02. jun. 2025.

33 Disponível em: https://legis.senado.leg.br/sdleg-getter/documento?dm=9852434&ts=1733322026319&disposition=inline&ts=1733322026319. Acesso em: 02 jun. 2025.

No entanto, outras conquistas vieram e merecem ser reconhecidas pelo esforço de um grupo de pesquisas que ultrapassou os muros da academia e foi parar no texto da regulamentação da reforma tributária, gerando impactos reais na vida dos brasileiros e especialmente das brasileiras.

O retorno do PLP n. 68/2024 para a Câmara após as alterações no texto promovidas pelo Senado

O retorno do PLP n. 68/2024 para a Câmara era necessário considerando as alterações promovidas pelo Senado. Após a votação desses pontos, foi mantida a redução de 60% às fraldas infantis e geriátricas, ao DIU e aos preservativos, além de a outros medicamentos relacionados à fisiologia feminina, e a zero, se esses medicamentos forem adquiridos por órgãos da administração pública direta, autarquias e fundações públicas.

As vitórias obtidas na regulamentação da reforma: o que foi incluído no texto da Lei Complementar n. 214/2025

Após dois anos do desenvolvimento desse trabalho pelo Grupo Tributação e Gênero da FGV, os frutos da busca por igualdade e justiça fiscal poderão ser colhidos por toda a sociedade. As conquistas alcançadas são imensas e estão embasadas nos dados a seguir.

Redução a zero da tributação incidente sobre produtos de cuidados básicos à saúde menstrual

A essencialidade dos produtos de higiene menstrual já era reconhecida no âmbito do IPI, em que a alíquota aplicável a eles é zero. Além disso, a concessão desse tratamento diferenciado está totalmente ligada à dignidade e ao direito à educação. Das pessoas que menstruam, 321 mil não têm acesso em sua escola a banheiros com condição de uso, 440 mil estudam em escola sem banheiros separados por gênero, 1,24 milhão não têm acesso a papel higiênico na escola e 652 mil não possuem acesso à pia ou lavatórios que possam ser usados em ambiente escolar.[34]

Esses dados demonstram e justificam o absenteísmo em período menstrual e o consequente aumentado índice de evasão escolar. Eles foram muito relevan-

34 UNICEF; UNFPA Brasil. *Pobreza menstrual no Brasil*: desigualdades e violações de direitos. Disponível em: https://www.unicef.org/brazil/media/14456/file/dignidade-menstrual_relatorio-unicef-unfpa_maio2021.pdf. Acesso em: 10 ago. 2024.

tes para que o Congresso Nacional aprovasse, no contexto da Lei Complementar (LC) n. 214/2025, que regulamenta a reforma tributária e institui o IBS e a CBS, a redução a zero das alíquotas desses tributos para produtos de cuidados básicos à saúde menstrual, como previsto nos arts. 143, IV, e 147.

Especificamente em relação à redução da tributação incidente sobre os produtos de cuidados básicos à saúde menstrual, é preciso que sejam adotados instrumentos que assegurem a diminuição dos preços desses bens. No entanto, se esses preços não forem fiscalizados, ao longo do tempo, eles podem acabar sendo reajustados pelos fabricantes, inflando sua margem de lucro.

Foi o que aconteceu na Austrália, na Alemanha e em Nova Jersey, nos EUA, que adotaram medidas de redução dos tributos incidentes sobre produtos relacionados à higiene menstrual. Isso demonstra a necessidade de que sejam adotados mecanismos robustos de fiscalização e de responsabilização para garantir que essa redução seja repassada para os consumidores desses bens.[35]

Por essa razão, faz-se absolutamente necessária a adoção de medidas capazes de detectar e prevenir práticas predatórias que reduzam o alcance desse benefício concedido justamente pelo reconhecimento da essencialidade desses bens. São mecanismos eficazes, para tanto, a inclusão na legislação da exigência de auditorias anuais e um portal de transparência para a divulgação dos resultados dessas auditorias, para que o benefício não se perca ao longo da cadeia de fornecimento. Além disso, a disponibilização de canais específicos de denúncias pelos órgãos de defesa do consumidor também é medida que colaborará com a efetividade desses benefícios.

Por fim, mecanismos de responsabilização também são necessários para conferir efetividade aos benefícios, fazendo-os alcançar os consumidores de produtos de higiene menstrual, por meio da redução dos preços desses bens. Sendo assim, a previsão de que constituirá crime contra a ordem tributária, conforme o art. 2º, IV, da Lei n. 8.137/90, "deixar de aplicar, ou aplicar em desacordo com o estatuído, incentivo fiscal" é medida que pode ser adotada para garantir a efetividade do benefício. Essa previsão pode ser feita por meio de lei ordinária, considerando a matéria.

Redução de 60% da tributação incidente sobre fraldas infantis e geriátricas

A manutenção da vida humana depende do trabalho de cuidado, que pode ser definido como aquelas ações destinadas a beneficiar um ou mais membros da família, como pessoa idosa, crianças, adultos ou pessoas com deficiência, a

---

35 Disponível em: https://periodtax.org/documents/periodtax-research-report_a.pdf. Acesso em: 13 ago. 2024.

partir do preparo de alimentos, manutenção da higiene pessoal e do imóvel em que habitam, acompanhamento a consultas médicas, exames e tratamentos. Esse papel é preponderantemente desempenhado por mulheres que gastam, na melhor das hipóteses, o dobro de horas semanais em trabalho não remunerado quando comparadas aos homens.[36]

A divisão sexual do trabalho também é refletida nos gastos familiares. Segundo a Pesquisa de Orçamentos Familiares do IBGE (POF 2017-2018), as mulheres negras chefes de família gastam 78,8% mais com higiene, incluindo aproximadamente 60% mais gastos dessa natureza do que famílias chefiadas por homens brancos.[37]

Isso mostra que as mulheres são especialmente afetadas pela regressividade da tributação e pela alteração dos preços dos bens necessários para a realização do trabalho de cuidado, especialmente as fraldas infantis e geriátricas. Desse modo, o reconhecimento de sua essencialidade sob a perspectiva tributária é fundamental, o que foi feito com a redução de 60% da tributação pela CBS e pelo IBS incidentes sobre as fraldas, prevista no Anexo VIII da LC n. 214/2025.

Redução da tributação dos medicamentos relacionados à saúde feminina

Facilitar o acesso a medicamentos ligados à contracepção, com a decisão pelo método posta para a mulher, é fundamental para a prevenção da gravidez precoce e para a efetividade do planejamento familiar. Nesse caminho, o acesso facilitado a contraceptivos orais e DIU promove o respeito à autonomia e à dignidade sexual e reprodutiva da mulher. O DIU está previsto entre os produtos com redução de 60% previstos no Anexo IV da LC n. 214/2025 (item 92 do Anexo IV). Já os medicamentos a seguir tiveram a redução a zero reconhecida: acetato de ciproterona (NCM 3004.39.39) e etinilestradiol + levonorgestrel (NCM 3004.39.39) (itens 6 e 161 do Anexo XIV). Todos os demais, desde que registrados na Anvisa, terão a redução de 60% da CBS e do IBS incidentes, conforme previsto nos arts. 128, V, e 133 da LC n. 214/2025.

A importância dos preservativos como instrumento de saúde pública é inquestionável, por, além de prevenirem a gravidez, evitarem a transmissão de infecções sexualmente transmissíveis (IST). Eles não são tributados atualmente pelo IPI nem por ICMS na maioria dos estados, mas o são pela Contribuição ao PIS e pela Cofins. Esse dado foi determinante para que fossem incluídos

36 MADALOZZO, Regina. *Iguais e diferentes:* uma jornada pela economia feminista, 2024, p. 120-1.

37 MENEZES, Luiza Machado de Oliveira. *Tributação e desigualdades de gênero e raça*: vieses de gênero na tributação sobre produtos ligados ao trabalho de cuidado e à fisiologia feminina, 2023, p. 94-5.

entre os dispositivos médicos submetidos à redução de 60% das alíquotas da CBS e do IBS no item 91 do Anexo IV da LC n. 214/2025.

No entanto, é preciso ressaltar novamente que os medicamentos especificamente relacionados à fisiologia feminina tiveram sua alíquota reduzida a zero também por força da atuação da indústria farmacêutica, que conseguiu a redução da alíquota a zero daqueles relacionados no Anexo XIV, além da redução de 60% de todo e qualquer medicamento registrado na Anvisa, por força dos arts. 128, V, e 133 da LC n. 214/2025. Por isso, eles não podem ser aqui listados como uma vitória obtida especificamente pela atuação específica do Grupo Tributação e Gênero da FGV, mas merece ser celebrada por ser muito relevante nessa caminhada rumo à justiça tributária e a igualdade de gênero.

Aprimoramento da avaliação quinquenal dos benefícios

A inclusão de termos específicos, estabelecendo critérios de avaliação dos regimes favorecidos de tributação, no art. 475, § 1º, da LC n. 214/2025, é absolutamente relevante para a promoção da igualdade substantiva. Nesse sentido, é preciso reconhecer a importância da distinção entre homens e mulheres, especialmente considerando as diferenças étnico-raciais entre eles e elas. Somente desse modo, é possível abordar de maneira mais realista as desigualdades estruturais brasileiras e enfrentá-las.

Outro ponto relevante para aprimorar a avaliação quinquenal dos benefícios seria a incorporação de consultas e audiências públicas com representantes da sociedade civil e especialistas em questões que envolvem desigualdades entre homens e mulheres para que sejam ouvidos e se reforce a transparência e a legitimidade desse processo. Por meio dessas consultas e audiências, as pessoas que são impactadas pelas políticas tributárias, especialmente grupos representantes de minorias, poderiam se manifestar e garantir que essas políticas sejam justas e que fortaleçam a confiança nas instituições.

Por fim, o relatório final de avaliação quinquenal deve ser amplamente divulgado para promover a responsabilidade e o acesso da população em geral a essas informações. A transparência na divulgação dos impactos observados e das recomendações para ajustes, que levem em consideração os resultados das medidas de fiscalização das reduções de alíquotas, permite um controle social mais efetivo, possibilitando o monitoramento e a avaliação da implementação desses benefícios.

Nem as consultas e audiências públicas nem a divulgação ampla da avaliação quinquenal estão previstas na LC n. 214/2025. No entanto, a regulação dessa avaliação por lei ordinária ou ainda por meio de ato infralegal poderia prevê-las de modo a assegurar sua efetividade para promoção da igualdade entre homens e mulheres.

CONCLUSÃO

Este é um estudo sobre o papel fundamental da pesquisa relacionada aos vieses de gênero e raça existentes na tributação do consumo e da atuação do Grupo de Pesquisa Tributação e Gênero da FGV, que tem trabalhado incansavelmente desde as discussões da PEC n. 45/2019 no Congresso. A reforma tributária deve ser tida como instrumento importante na promoção da igualdade e, sabendo disso, as pesquisadoras do Grupo se dedicaram voluntariamente para propor melhorias nos textos apresentados ao Congresso e apresentar aos parlamentares a importância de cada uma das propostas formuladas por elas.

Mas ainda há um caminho longo a ser percorrido. Ainda se está longe de neutralizar os efeitos de gênero e raça sobre a tributação, mas é preciso reconhecer as vitórias conquistadas até aqui. O ideal não foi alcançado pelas circunstâncias do real. Restou o possível, que já é enorme e deve ser celebrado. O Grupo saiu de dentro dos muros da academia, com base nos estudos feitos, que concatenam as ideias construídas com base nos debates travados nos últimos anos, para propor alterações no texto da reforma.

A EC n. 132/2023 avançou ao prever a redução de 60% a 100% das alíquotas da CBS e do IBS sobre "produtos de cuidados básicos à saúde menstrual", nos termos da lei complementar, e avaliação quinquenal dos benefícios, objetivando buscar a igualdade entre homens e mulheres. Foi a primeira vez na história do país em que se reconheceu que há sim na tributação o viés de gênero e que é preciso que isso seja combatido.

A LC n. 214/2025, que regulamenta a reforma tributária, alcançou mais alguns avanços. São eles: (i) redução a zero da tributação pela CBS e pelo IBS dos produtos de cuidados básicos à saúde menstrual; (ii) redução de 60% da tributação incidente sobre fraldas infantis e geriátricas; (iii) redução da CBS e do IBS incidentes sobre medicamentos relacionados à saúde feminina, especialmente do DIU e dos preservativos; e (iv) avaliação quinquenal dos benefícios, considerando "[...] o impacto da legislação do IBS e da CBS na promoção da igualdade entre homens e mulheres e étnico-racial", reiterando a previsão constitucional a respeito.

Talvez não seja possível promover plenamente a igualdade de gênero e raça com a reforma tributária, mas pela primeira vez na história do Brasil, a existência de vieses foi reconhecida. A partir disso, é preciso celebrar as conquistas, sem desistir da busca por outros avanços.

BIBLIOGRAFIA

BORGES, Lana. *Tributação e gênero*: políticas públicas de extrafiscalidade e a luta pela igualdade. Belo Horizonte: Fórum, 2023.

CONCEIÇÃO, Eliane Barbosa. *Tributação justa, reparação histórica*: uma discussão necessária. Belo Horizonte: Casa do Direito, 2023.

DERZI, Misabel de Abreu Machado. A família e o direito tributário. *Revista de direito tributário*, v. 65, p. 139-49, 1995.

MADALOZZO, Regina. *Iguais e diferentes*: uma jornada pela economia feminista. Rio de Janeiro: Zahar, 2024.

MENEZES, Luiza Machado de O. Memória, afeto e esperança: nossa história de luta pela inclusão da perspectiva de gênero na reforma tributária (Emenda Constitucional 132/2023). *Revista Direito Tributário Atual*, n. 56, p. 731-51, 2024.

MENEZES, Luiza Machado de O. *Tributação e desigualdades de gênero e raça*. Belo Horizonte: Casa do Direito, 2024.

MENEZES, Luiza Machado de Oliveira. *Tributação e desigualdades de gênero e raça*: vieses de gênero na tributação sobre produtos ligados ao trabalho de cuidado e à fisiologia feminina. 2023. 135 f. Dissertação (Mestrado em Direito) – Faculdade de Direito, Universidade Federal de Minas Gerais, Belo Horizonte, 2023. Disponível em: https://repositorio.ufmg.br/handle/1843/53343. Acesso em: 9 nov. 2025.

PISCITELLI, Tathiane; MENEZES, Luiza Machado de O. Reforma terá menos imposto para agrotóxicos e ultraprocessados, mas não absorventes. Disponível em: https://www.jota.info/artigos/reforma-tera-menos-imposto-para-agrotoxicos-e-ultraprocessados-mas-nao-absorventes-03072023. Acesso em: 9 nov. 2025.

ROCHA, Isabelle. *Tributação e gênero*: como o Imposto de Renda da Pessoa Física afeta as desigualdades entre homens e mulheres. São Paulo: Dialética, 2021.

SANTOS, Maria Angélica. *E eu não sou uma jurista?* Reflexões de uma jurista negra sobre direito, ensino jurídico e sistema de justiça. Belo Horizonte: Casa do Direito, 2023.

STOTSKY, Janet. Gender bias in tax system. *IMF Working Paper*, n. 96/99, 1996. Disponível em: https://ssrn.com/abstract=882995. Acesso em: 9 nov. 2025.

UNICEF; UNFPA Brasil. *Pobreza menstrual no Brasil*: desigualdades e violações de direitos. Disponível em: https://www.unicef.org/brazil/media/14456/file/dignidade-menstrual_relatorio-unicef-unfpa_maio2021.pdf. Acesso em: 9 nov. 2025.

Capítulo **14**

Reforma tributária no setor financeiro: o impacto do IVA Dual no *spread*

Tatiana Midori Migiyama
Paula Luiza Germano Santos

INTRODUÇÃO

O mercado de crédito desempenha papel estratégico no desenvolvimento econômico, pois viabiliza o financiamento da atividade produtiva, fomenta o consumo, impulsiona investimentos de longo prazo e favorece a inovação.

Ao permitir a realocação eficiente de recursos entre poupadores e tomadores de crédito, esse mercado exerce função essencial na formação de capital e na geração de empregos, contribuindo diretamente para o crescimento sustentável do país. Dessa forma, um sistema de crédito acessível e financeiramente viável não apenas fortalece a competitividade das empresas, mas também amplia as oportunidades para indivíduos e famílias, reduzindo desigualdades e promovendo a inclusão econômica.

Sendo assim, o mercado de crédito configura-se como um pilar estratégico da economia, exercendo influência direta sobre a alocação de recursos, o nível de investimento produtivo e o crescimento econômico. Empresas de distintos portes, bem como consumidores, recorrem a operações de crédito junto às instituições financeiras para viabilizar suas necessidades de financiamento, sendo esse processo condicionado por variáveis econômicas, regulatórias e políticas que interagem de maneira complexa.

No contexto brasileiro, as taxas de juros praticadas pelo setor financeiro encontram-se em patamares significativamente superiores à média global.[1] A precificação do crédito segue a lógica da oferta e da demanda, sendo impactada

---

1 FERRARI, Alexandre Agrasso Pereyra. Spread ex-post *revisitado*: um estudo empírico com base em demonstrações contábeis de instituições financeiras do mercado financeiro, 2020, p. 10.

por fatores estruturais, como o custo do capital, a inadimplência, o ambiente regulatório e a elevada carga tributária incidente sobre o setor bancário. Além disso, a concentração do mercado financeiro restringe a concorrência, ampliando o poder de precificação das instituições e influenciando o custo do crédito para consumidores e empresas.

Do ponto de vista político, a formulação da política monetária e fiscal desempenha papel determinante na dinâmica do crédito. Recorda-se que o Comitê de Política Monetária (Copom) é um órgão do Banco Central do Brasil responsável por formular e conduzir a política monetária do país, tendo como principal objetivo garantir a estabilidade da moeda e controlar a inflação. Criado em 1996, o Copom define a taxa básica de juros da economia, a Selic, que influencia diretamente o custo do crédito, os investimentos, o consumo e a atividade econômica como um todo.

Nesse sentido, o Banco Central do Brasil, por meio da taxa Selic, influencia diretamente o custo do capital, enquanto decisões governamentais relacionadas à regulamentação do setor, incentivos fiscais e políticas de crédito direcionado impactam a disponibilidade e acessibilidade do crédito. A relação entre o setor financeiro e o poder público também se manifesta na formulação de políticas públicas, na regulação bancária e no papel dos bancos públicos na economia, frequentemente objeto de debates políticos sobre sua atuação como instrumento de fomento econômico ou estabilização do mercado.

Além disso, a reforma tributária introduzida pela Emenda Constitucional (EC) n. 132/2023 e regulamentada pela Lei Complementar (LC) n. 214/2025 insere novos desafios e oportunidades para o setor financeiro.

A reestruturação da tributação sobre o consumo pode alterar significativamente a carga fiscal incidente sobre os serviços bancários, com potenciais repercussões sobre o custo do crédito e a competitividade do setor. O embate político em torno dessa reforma reflete interesses diversos, incluindo o impacto sobre a arrecadação estatal, a redistribuição de receitas entre entes federativos e a resistência de segmentos econômicos que buscam minimizar eventuais ônus adicionais.

À luz dessas considerações, o presente capítulo tem como objetivos: (i) examinar o regime específico aplicável aos serviços financeiros à luz das inovações introduzidas pela EC n. 132/2023 e pela LC n. 214/2025; (ii) estabelecer um comparativo entre o modelo atual de tributação sobre a atividade bancária e as diretrizes do novo regime fiscal instituído pela reforma tributária; (iii) analisar as implicações macroeconômicas da nova estrutura tributária sobre o setor financeiro e a economia em geral; e (iv) mapear potenciais distorções que poderão emergir da implementação desse novo modelo no Brasil, considerando os desafios regulatórios, os impactos concorrenciais e a influência das dinâmicas políticas sobre o setor.

CONTEXTUALIZAÇÃO: INCIDÊNCIA TRIBUTÁRIA SOBRE A ATIVIDADE BANCÁRIA

A estrutura tributária vigente aplicável ao setor bancário caracteriza-se por uma multiplicidade de exações fiscais, refletindo a complexidade do sistema tributário nacional e a relevância estratégica da atividade financeira para a arrecadação estatal. As instituições financeiras estão sujeitas a uma carga tributária diferenciada, que abrange tributos diretos e indiretos, impactando tanto a intermediação financeira quanto a prestação de serviços correlatos.

Dentre os tributos incidentes sobre a atividade bancária, destacam-se aqueles de natureza sobre o lucro, como o Imposto de Renda Pessoa Jurídica (IRPJ) e a Contribuição Social sobre o Lucro Líquido (CSLL), sendo esta última majorada para o setor financeiro em relação a outros segmentos econômicos. Paralelamente, a atividade bancária está sujeita à incidência de tributos sobre o faturamento e a receita bruta, tal como a definida pelo art. 12 do Decreto-lei n. 1.598/77, alterado pela Lei n. 12.973/2014, como a Contribuição para o Financiamento da Seguridade Social (Cofins) com alíquota diferenciada e o Programa de Integração Social (PIS), cuja sistemática de apuração difere da aplicável à maioria dos setores produtivos.

Adicionalmente, as operações financeiras são oneradas pelo Imposto sobre Operações Financeiras (IOF), tributo de caráter extrafiscal que incide sobre diversas modalidades de eventos, tais como operações de crédito, câmbio e seguros, sendo frequentemente utilizado como instrumento de política econômica para regulação da liquidez e controle da volatilidade cambial.

Por fim, a tributação sobre a prestação de serviços bancários insere-se no âmbito do Imposto sobre Serviços de Qualquer Natureza (ISS), tributo de competência municipal, cuja incidência e alíquotas variam conforme a legislação de cada ente federativo. Esse conjunto de tributos confere ao setor bancário uma carga fiscal substancialmente superior à de outros segmentos econômicos, repercutindo sobre o custo do crédito e a eficiência da intermediação financeira no Brasil.

No contexto da reforma tributária em curso, a Contribuição sobre Bens e Serviços (CBS) e o Imposto sobre Bens e Serviços (IBS) substituirão o conjunto de tributos composto pelo Imposto sobre Circulação de Mercadorias e Serviços (ICMS), Imposto sobre Serviços de Qualquer Natureza (ISS), Programa de Integração Social (PIS) e Contribuição para o Financiamento da Seguridade Social (Cofins). Dentre esses tributos a serem extintos, as instituições financeiras concentram sua carga tributária preponderantemente nas contribuições ao PIS e Cofins, visto que sua exposição aos demais impostos é limitada por questões estruturais e normativas do setor.

Embora os bancos estejam formalmente submetidos ao Imposto sobre Serviços de Qualquer Natureza (ISSQN). A LC n. 116/2003 exclui da incidência desse imposto as receitas oriundas de intermediação financeira, quais sejam, as receitas ditas operacionais. Assim, acertadamente, apenas tarifas e comissões específicas cobradas pelos bancos são passíveis de tributação pelo ISSQN. Analogamente, as receitas de intermediação financeira não se sujeitam ao ICMS e ao IPI, uma vez que tais exações tributárias incidem sobre materialidades incompatíveis com a natureza da atividade bancária.

Apesar dessas particularidades, o setor bancário é historicamente onerado por uma carga tributária significativamente superior à média dos demais setores produtivos. A alíquota agregada de PIS e Cofins para instituições financeiras, como destacado anteriormente, é de 4,65%, superando em um ponto percentual a aplicada às demais empresas submetidas ao regime cumulativo de tributação.[2]

Conforme disposto no art. 14, II, da Lei n. 9.718/98, as instituições financeiras estão obrigadas ao regime de apuração do lucro real para fins de IRPJ, independentemente do volume de sua receita bruta anual. Dessa forma, os bancos recolhem IRPJ à alíquota de 25%, incluindo o adicional. Paralelamente, a CSLL incide sobre essas entidades à taxa de 20%, nos termos do art. 3º, parágrafo único, da Lei n. 7.689/88, com registros históricos de elevações periódicas, como a majoração para 30% em 1996. Em contraste, a CSLL aplicada às demais pessoas jurídicas não financeiras permanece fixada em 9%.

No âmbito das contribuições previdenciárias, as instituições financeiras estão sujeitas a uma alíquota adicional de 2,5% sobre a folha de pagamento, conforme previsto no art. 22, § 1º, da Lei n. 8.212/91, elevando sua carga previdenciária total para 22,5%. Considerando a contribuição destinada ao Risco Ambiental do Trabalho (RAT) e demais tributos destinados a terceiros, como o Instituto Nacional de Colonização e Reforma Agrária (Incra) e o salário-educação, o encargo previdenciário médio dos bancos atinge 28,2%,[3] enquanto as demais empresas arcam, em média, com 26,8%.

---

2 Por força do art. 18 da Lei n. 10.684/2003, a partir de 01.09.2003 a alíquota da Cofins foi elevada para 4% para as pessoas jurídicas referidas nos §§ 6º e 8º do art. 3º da Lei n. 9.718/98.

3 A alíquota da contribuição ao RAT para bancos múltiplos com carteira comercial é de 3%, conforme anexo V do Decreto n. 6.957/2009. A alíquota efetiva do RAT poderá ser reduzida ou aumentada a depender do "Fator Acidentário de Prevenção" (FAP) de cada empresa, que é um multiplicador individual – variável de 0,5 a 2 – da alíquota do RAT, calculado com base nos índices de frequência, gravidade e custo das doenças ocupacionais e acidentes de trabalho ocorridos nas empresas. A alíquota da contribuição ao Incra é de 0,2%, conforme art. 1º, I, item 2, do Decreto-lei n. 1.146/70, e a alíquota da contribuição ao salário-educação é de 2,5%, conforme o art. 15 da Lei n. 9.424/96.

Ademais, os bancos desempenham papel fundamental na retenção e no recolhimento do IOF, aplicável às operações de crédito, câmbio, seguro, ouro como ativo financeiro e transações com títulos e valores mobiliários, conforme a Lei n. 5.143/66. O ônus do IOF, em regra, é repassado ao consumidor final, o que configura esse tributo como um análogo ao ICMS, mas direcionado às operações financeiras. Essa estrutura tributária evidencia a elevada carga impositiva incidente sobre as instituições financeiras, refletindo sua função estratégica na economia e sua capacidade de repasse parcial da tributação aos agentes econômicos envolvidos.

CARACTERÍSTICAS DA TRIBUTAÇÃO SOBRE O CONSUMO ATUAL INCIDENTE SOBRE A ATIVIDADE BANCÁRIA

No contexto das recentes modificações promovidas pela reforma tributária, as implicações mais substanciais para o setor bancário concentram-se em dois eixos fundamentais: (i) a eliminação progressiva das contribuições ao PIS e à Cofins, com sua correspondente substituição pela Contribuição sobre Bens e Serviços (CBS), e (ii) a instituição do Imposto sobre Bens e Serviços (IBS), de competência compartilhada entre estados e municípios, cuja materialidade alcançará as receitas derivadas da intermediação financeira.

Apesar da tradicionalmente elevada carga tributária incidente sobre as instituições financeiras, o setor bancário historicamente não se sujeita a tributação expressiva em nível estadual ou municipal, haja vista a não incidência do ISSQN e do ICMS sobre as receitas oriundas da intermediação financeira.

Especificamente no tocante ao ICMS, a ausência de incidência decorre da incompatibilidade da atividade bancária com o critério material desse tributo, tal como delineado no art. 155, II, da Constituição Federal de 1988 (CF/88), o qual restringe sua aplicação a operações que envolvam circulação de mercadorias, bem como a prestação de serviços de telecomunicação e transporte intermunicipal e interestadual.

Por outro lado, a não incidência do ISSQN sobre a intermediação financeira tem sido objeto de discussão doutrinária. Um segmento da literatura jurídico-tributária sustenta que a intermediação financeira não configura pres-

Percentual aproximado, considerando 20% de cota patronal previstos no art. 22, I, da Lei n. 8.212/91, 1% de RAT (art. 22, II, da Lei n. 8.212/91), 0,2% da contribuição ao Incra (art. 1º, I, item 2, do Decreto-lei n. 1.146/70), 0,6% da contribuição ao Sebrae (art. 8º, § 3º, da Lei n. 8.029/90), 2,5% da contribuição ao salário-educação (art. 15 da Lei n. 9.424/96), 1% de contribuição ao Senai (art. 4º, § 1º, do Decreto-lei n. 4.048/42) e 1,5% da contribuição ao Sesi (art. 3º, § 1º, do Decreto-lei n. 9.403/46).

tação de serviço, na medida em que diversas operações inerentes a sua atividade não são originadas de uma obrigação de fazer, sendo, portanto, inaplicável a tributação pelo ISSQN nos termos do art. 156, III, da CF, cuja conceituação remonta ao art. 1.216 do Código Civil de 1916 (CC/1916). Ademais, também se argumenta que a incidência do ISSQN seria obstada pelo princípio da reserva de competência da União para tributar operações financeiras, conforme disposto no art. 153, V, da CF.

De qualquer modo, a exclusão das receitas de intermediação financeira do campo de incidência do ISSQN também reflete uma opção legislativa expressa, conforme delineado no art. 2º, III, da LC n. 116/2003. Não obstante, os municípios mantêm a prerrogativa de tributar determinados serviços bancários remunerados por tarifas ou comissões, os quais estão arrolados no item 15 da lista anexa à referida norma complementar. Assim, a reforma tributária introduz um novo paradigma na incidência tributária sobre as instituições financeiras, alterando significativamente a dinâmica fiscal do setor.

Nas lições do Professor Aires Fernandino Barreto,[4] no contexto das recentes modificações promovidas pela reforma tributária, as implicações mais substanciais para o setor bancário concentram-se em dois eixos fundamentais: (i) a eliminação progressiva das contribuições ao PIS e à Cofins, com sua correspondente substituição pela Contribuição sobre Bens e Serviços (CBS), e (ii) a instituição do Imposto sobre Bens e Serviços (IBS), de competência compartilhada entre estados e municípios, cuja materialidade alcançará as receitas derivadas da intermediação financeira.

Aires Fernandino Barreto ressalta que a exclusão da intermediação financeira do rol de serviços tributáveis pelo ISS na LC n. 116/2003 foi uma decisão legislativa deliberada para evitar a majoração do custo do crédito no Brasil. O autor enfatiza que a incidência do ISS sobre essas operações poderia gerar efeito cascata e encarecer significativamente o acesso ao crédito, prejudicando o funcionamento do sistema financeiro e impactando negativamente a economia. Além disso, haveria desigualdade na tributação do crédito, já que diferentes municípios poderiam estipular alíquotas diversas sobre uma mesma operação.

No que concerne às contribuições ao PIS e à Cofins, a carga tributária efetiva varia conforme o tipo de instituição financeira. O regime de tributação cumulativa, ao qual os bancos estão sujeitos, tem sua base de cálculo delimitada pelo art. 3º da Lei n. 9.718/98, com alterações promovidas pela Lei n. 12.973/2014. Essa base inclui receitas advindas da venda de bens, prestação de serviços, resultados de operações de conta alheia e receitas da atividade principal da entidade, com deduções específicas.

---

4 *O ISS na Constituição e na lei*, 2009, p. 43.

No caso dos bancos múltiplos, regulados pela Resolução CMN n. 5.060/2023, a intermediação financeira se configura como sua atividade central, englobando a captação de recursos por meio de depósitos e sua subsequente aplicação via concessão de crédito. Em função da natureza específica dessas operações, os bancos possuem um regime tributário particularizado, com permissão para dedução de despesas relativas à intermediação financeira, conforme previsto no art. 3º, § 6º, I, da Lei n. 9.718/98.

A reforma tributária consolidada pela LC n. 214/2025 preservou, para o IBS e a CBS, um modelo de tributação baseado na receita bruta, em linha com as regras anteriormente aplicáveis às contribuições ao PIS e à Cofins. Tal escolha decorre da dificuldade de se mensurar, com precisão, o valor adicionado em operações financeiras específicas, dado que a composição da margem bruta varia conforme o perfil do contratante e o prêmio de risco embutido na concessão de crédito.

O regime específico dos bancos a partir da LC n. 214/2025 com fundamento na EC n. 132/2023

Antes de adentrar nas especificidades do regime diferenciado aplicável às instituições financeiras para fins de apuração e recolhimento do Imposto sobre Bens e Serviços (IBS) e da Contribuição sobre Bens e Serviços (CBS), faz-se necessário estabelecer algumas premissas conceituais acerca das distintas modalidades de receitas auferidas no âmbito da atividade bancária.

Conforme delineado pelo Centro de Cidadania Fiscal (CCiF),[5] os serviços prestados pelas entidades do setor bancário podem ser segmentados em duas categorias primordiais: (i) serviços financeiros remunerados por tarifas ou comissões e (ii) serviços de intermediação financeira, cuja compensação ocorre por meio da margem de operação, também conhecida como *spread* bancário.

No primeiro grupo, incluem-se serviços tais como a disponibilização de cartões, realização de saques excedentes ao limite contratual, fornecimento de extratos impressos, entre outros, que são diretamente tarifados aos clientes. Paralelamente, operações como o desconto de títulos, abrangendo duplicatas, notas promissórias e instrumentos análogos, são remuneradas via comissionamento.

A incidência do IBS e da CBS sobre serviços remunerados por tarifas ou comissões não apresenta desafios de ordem conceitual ou operacional, uma vez

5 SANTI, Eurico Marcos Diniz de; MACHADO, Nelson (coords.). *Imposto sobre bens e serviços*: Centro de Cidadania Fiscal: Estatuto, PEC 45, PEC Brasil Solidário, PEC 110, Notas Técnicas e Visão 2023. Bernard Appy; Nelson Machado, 2023, p. 548.

que a base de cálculo é objetiva e aderente à sistemática do Imposto sobre Valor Agregado (IVA). No entanto, a tributação de operações cuja remuneração se dá pela margem financeira esbarra em incompatibilidades estruturais com o modelo clássico do IVA. Essa problemática se manifesta, sobretudo, na intermediação financeira, núcleo central da atividade bancária.

No regime tradicional do IVA, cada elo da cadeia produtiva tributa o valor adicionado ao bem ou serviço, correspondendo à diferença entre o preço de aquisição e o de revenda. Esse mecanismo funciona de maneira eficiente nos setores industrial, comercial e de prestação de serviços convencionais, em que o valor agregado pode ser quantificado com relativa precisão.

No âmbito da intermediação financeira, os bancos captam recursos junto a agentes superavitários a determinada taxa de captação e os repassam a agentes deficitários mediante a cobrança de juros. A precificação dessas operações deve contemplar o custo de captação, os dispêndios operacionais da intermediação, o prêmio de risco, a carga tributária incidente e a margem de resultado.

Diferentemente das receitas oriundas de tarifas e comissões, que refletem diretamente os insumos reais empregados na prestação dos serviços, a remuneração baseada em *spread* bancário incorpora componentes nominais, como a taxa de juros livre de risco e o prêmio de risco, além de uma taxa implícita destinada a cobrir os custos efetivos da operação.

Ademais, a aferição do valor agregado na intermediação financeira revela-se inviável, uma vez que a rentabilidade de cada transação intermediada não decorre de uma agregação linear de valor, mas sim de uma complexa interação de fatores econômicos e contratuais que variam conforme as condições pactuadas entre as partes envolvidas na captação e na aplicação dos recursos.

Tal circunstância justifica a implementação de um regime tributário específico para os serviços financeiros remunerados por margem, conforme disposto no art. 156-A da EC n. 132/2023, que preconiza:

> Art. 156-A. Lei complementar instituirá imposto sobre bens e serviços de competência compartilhada entre Estados, Distrito Federal e Municípios.
> [...]
> § 6º Lei complementar disporá sobre regimes específicos de tributação para:
> [...]
> II – serviços financeiros, operações com bens imóveis, planos de assistência à saúde e concursos de prognósticos, podendo prever:
> *a)* alterações nas alíquotas, nas regras de creditamento e na base de cálculo, admitida, em relação aos adquirentes dos bens e serviços de que trata este inciso, a não aplicação do disposto no § 1º, VIII;
> *b)* hipóteses em que o imposto incidirá sobre a receita ou o faturamento, com alíquota uniforme em todo o território nacional, admitida a não aplicação do

> disposto no § 1º, V a VII, e, em relação aos adquirentes dos bens e serviços de que trata este inciso, também do disposto no § 1º, VIII; [...]

Com efeito, essa redação preserva a complexidade técnica do dispositivo constitucional, com foco na formulação detalhada dos regimes de tributação.

Em outras palavras, com a implementação da reforma tributária, a apuração do IBS/CBS no setor bancário ocorrerá por meio de dois formatos distintos, mas simultâneos. No tocante às receitas oriundas de tarifas e comissões, as instituições bancárias estarão sujeitas ao regime regular de apuração do IBS/CBS – o mesmo regime aplicável às demais pessoas jurídicas de forma geral, conforme estabelecido no art. 10 da EC n. 132/2023:

> Art. 10. Para fins do disposto no inciso II do § 6º do art. 156-A da Constituição Federal, consideram-se: [...]
> § 1º Em relação às instituições financeiras bancárias:
> I – não se aplica o regime específico de que trata o art. 156-A, § 6º, II, da Constituição Federal aos serviços remunerados por tarifas e comissões, observado o disposto nas normas expedidas pelas entidades reguladoras; [...]

Assim, haverá a tributação pelo regime específico de IBS/CBS sobre as receitas provenientes de serviços financeiros elencados na legislação complementar, concomitantemente à tributação, pelo regime regular, das receitas de tarifas e comissões, com a possibilidade de dedução do valor devido por meio de créditos de IBS/CBS sobre as aquisições de bens e serviços, conforme reza a LC n. 214/2025.

O regime específico aplicável às instituições financeiras bancárias encontra-se regulamentado nos arts. 181 e seguintes da LC n. 214/2025. Nesse regime, a base de cálculo do IBS/CBS será constituída pela totalidade das receitas derivadas dos serviços financeiros especificados nos incisos do art. 182, com a possibilidade de deduções, conforme previsto nos incisos do art. 192. Como salientado pela Professora Elidie Bifano,[6] as novas disposições não representam mais do que as normas atualmente aplicáveis às contribuições ao PIS e à Cofins no setor bancário, porém com algumas alterações.

Embora existam semelhanças entre a nova sistemática de apuração do IBS e da CBS sobre as receitas da atividade bancária e as atuais normas de apuração

---

6 PLP n. 68/2024 e o IBS sobre a atividade financeira: requentando normas? *Consultor Jurídico*, 12 jun. 2024. Disponível em: https://www.conjur.com.br/2024-jun-12/plp-68-2024-e-o-ibs-sobre-a-atividade-financeira-requentando-normas/. Acesso em: 30 jan. 2025.

do PIS e da Cofins para as mesmas entidades, existem diferenças significativas entre os dois modelos.

O arcabouço normativo proposto tem por escopo assegurar a incidência tributária sobre a receita líquida oriunda das operações financeiras, estabelecendo, de maneira inequívoca, os contornos da base de cálculo, os critérios de dedução admissíveis e os mecanismos de apropriação de créditos tributários.

No que tange à crítica dirigida ao regime cumulativo atualmente vigente, delineia-se a possibilidade de mitigação das distorções sistêmicas à luz do comando insculpido no *caput* do art. 41 da LC n. 214/2025. O referido preceito normativo dispõe que o regime ordinário do Imposto sobre Bens e Serviços (IBS) e da Contribuição sobre Bens e Serviços (CBS) abarca, em sua plenitude, as normas de incidência delineadas pelo diploma legal em comento, compreendendo, por conseguinte, tanto os regimes diferenciados quanto os específicos.

Nessa perspectiva, infere-se que as regras de incidência tributária igualmente comportam a prerrogativa de constituição de créditos do IBS e da CBS por parte das entidades jurídicas atuantes no setor financeiro, desde que submetidas a regime específico, haja vista a natureza *sui generis* de suas operações. Como desdobramento lógico desse entendimento, as inconsistências inerentes ao modelo anteriormente vigente restariam, assim, devidamente sanadas, em estrita consonância com os preceitos normativos ora aplicáveis.

Nos termos do art. 184 da LC n. 214/2025, os serviços remunerados por tarifas e comissões estarão sujeitos ao regime regular de apuração do IBS/CBS. Por sua vez, no regime específico, todas as receitas provenientes dos serviços financeiros elencados na referida lei complementar integrarão a base de cálculo do IBS e da CBS, independentemente de estarem ou não relacionadas à atividade principal do objeto social da instituição financeira.

Com relação ao setor bancário, os serviços financeiros estão descritos no art. 183 da LC n. 214/2025 e englobam: (i) operações de crédito, adiantamento, empréstimo, repasse, financiamento, desconto de títulos, recuperação de créditos e prestação de garantias; (ii) operações de câmbio; e (iii) operações com títulos e valores mobiliários, instrumentos financeiros derivativos, bem como as atividades de assessoramento de investimentos e de consultoria em valores mobiliários.

Diante da amplitude das operações que compõem a base de incidência do Imposto sobre Bens e Serviços (IBS) e da Contribuição sobre Bens e Serviços (CBS), a Professora Elidie Bifano[7] levanta questionamentos cruciais para a interpretação do novo modelo tributário: quais são os critérios técnicos e jurídicos que distinguem, de maneira rigorosa, o IOF do IBS incidente sobre serviços

7 Ibidem.

financeiros? A competência compartilhada entre estados e municípios para a instituição do IBS poderia gerar um conflito com a competência privativa da União para instituir e regulamentar o IOF? Além disso, a manutenção do IOF no ordenamento jurídico representa uma sobreposição indevida de incidências tributárias, ou há fundamentos constitucionais que justificam essa aparente "dupla" tributação?

Quanto a esse ponto, o Professor Humberto Ávila afirma que o art. 154 da Constituição não foi revogado pela EC n. 132/2023, e, portanto, permanece hígida a limitação à União de instituir impostos não previstos na sua competência ordinária, desde que não tenham fato gerador nem base de cálculo próprios aos impostos já discriminados.[8]

Ainda nas lições do Professor,[9] dado que a competência residual para a instituição de novos tributos não previstos na Constituição é prerrogativa exclusiva da União, infere-se que tal atribuição foi, por consequência lógica, vedada aos estados e municípios. Dessa forma, esses entes federativos estão impossibilitados de criar impostos que recaiam sobre hipóteses de incidência já contempladas no âmbito da competência tributária ordinária de outras esferas do poder público.

Essas constatações sugerem que a instituição do IBS sobre serviços financeiros esbarra na competência federal para instituição do IOF, já previsto no art. 153, V, da CF. Conforme pontuado pela Professora Elidie Bifano, o IOF entra na categoria de tributo extrafiscal, pois, mais do que se prestar a "encher" os cofres públicos, volta-se a regular a moeda e o crédito.[10]

Consoante o disposto no art. 22, VI, VII e XIX, da CF, compete privativamente à União legislar sobre o sistema monetário e de medidas, títulos e garantias dos metais, bem como sobre política de crédito, câmbio, seguros, transferência de valores e os sistemas de poupança, captação e garantia da poupança popular.

Ultrapassadas as considerações acerca da novel base de cálculo do IBS e da CBS, a LC n. 214/2025 também introduz disposições específicas quanto a exclusões e deduções aplicáveis às entidades financeiras. Nesse contexto, restam admitidas as exclusões referentes às reversões de provisões e às recuperações de créditos anteriormente baixados como prejuízo (art. 186), alinhando-se à sistemática já prevista na Lei n. 9.718/98 para a apuração do PIS e da Cofins.

Ademais, preserva-se a diretriz de que as receitas e despesas reconhecidas em contrapartida à mensuração de títulos, valores mobiliários e instrumentos

8 Limites constitucionais à instituição do IBS e da CBS, 2024.
9 Ibidem.
10 *Op. cit.*

financeiros derivativos a valor justo devem ser registradas em subconta específica, sendo incorporadas à base de cálculo apenas no momento da realização do respectivo ativo ou passivo (art. 192, § 6º).

As deduções aplicáveis ao setor bancário encontram-se disciplinadas nos incisos do art. 192 da LC n. 214/2025, abrangendo despesas e perdas inerentes às atividades financeiras e de intermediação de crédito. Essas deduções visam refletir a natureza específica das operações realizadas por instituições financeiras, garantindo maior aderência à realidade contábil e fiscal do setor.

Nesse sentido, as deduções permitidas compreendem:

(i) Despesas financeiras associadas à captação de recursos, englobando os custos incorridos com a obtenção de *funding* para a concessão de crédito e demais operações financeiras.

(ii) Despesas decorrentes de operações de câmbio, incluindo variações cambiais passivas e outros encargos relacionados à conversão de moedas estrangeiras.

(iii) Perdas oriundas de operações com títulos e valores mobiliários, bem como instrumentos financeiros derivativos, contemplando eventuais desvalorizações ou ajustes negativos registrados no curso dessas transações.

(iv) Encargos financeiros reconhecidos como despesas, ainda que registrados diretamente no patrimônio líquido, relacionados a instrumentos de dívida emitidos pela instituição – excetuando-se aqueles classificados como instrumentos patrimoniais, os quais não possuem natureza de passivo exigível.

(v) Perdas no recebimento de créditos e perdas na cessão de créditos, observando-se os critérios de dedutibilidade estabelecidos na legislação do imposto de renda, de modo a assegurar a uniformidade na apuração tributária dessas perdas.

(vi) Despesas com assessores de investimento em operações envolvendo títulos e valores mobiliários, desde que esses profissionais sejam devidamente registrados no Banco Central do Brasil e que os serviços não sejam prestados por empregados ou administradores da própria instituição financeira, garantindo a segregação das atividades internas e externas.

Essas disposições reforçam a necessidade de observância dos princípios contábeis e regulatórios aplicáveis ao setor financeiro, assegurando que a base de cálculo dos tributos considere adequadamente riscos e custos inerentes às operações desenvolvidas por essas entidades.

As deduções previstas nos itens **i** a **iv** já eram facultadas aos bancos na apuração de PIS e Cofins. A grande "novidade" foi a permissão expressa da dedução de perda ou recebimento de créditos a partir de 2027, bem como as despesas com assessores de investimento e correspondentes bancários.

Em suma, como bem resumiu a Professora Elidie Bifano,[11] o regime específico trazido com a reforma tributária se anuncia como gerador de futuros questionamentos, na medida em que repete, sem pudor, a incidência do PIS e da Cofins sobre o lucro bruto, fruto da remuneração das entidades responsáveis pela concessão de crédito, um dos mais importantes pilares de nossa economia.

PERSPECTIVAS PARA A REFORMA TRIBUTÁRIA: A CONTÍNUA POLÍTICA FISCAL DE ONERAÇÃO DO CRÉDITO NO BRASIL

Conforme destacado pela Professora Elidie Bifano,[12] o Brasil adotará um IVA para serviços financeiros diverso daquele adotado nos outros países, que incidem somente sobre serviços remunerados por tarifas e comissões. Essa iniciativa, embora bem-intencionada, despreza as experiências anteriores, pois IBS/CBS incidirão sobre o lucro bruto das transações financeiras, onerando o *spread*.

A preocupação com os impactos da carga tributária sobre as taxas de juros praticadas no mercado de crédito foi, em certa medida, contemplada pela EC n. 132/2023. O art. 10, § 1º, II, da referida Emenda estabelece que a tributação incidente sobre as operações de crédito deverá ser mantida nos níveis atuais pelo período de cinco anos a contar da vigência do novo regime fiscal.

Contudo, não obstante a limitação imposta pela EC n. 132/2023, inexiste qualquer garantia de que a carga tributária aplicável ao setor bancário não sofrerá majoração a partir de 2033. A estabilidade tributária do setor permanece, portanto, sujeita a decisões futuras de política fiscal e à dinâmica econômica do país.

A redução das taxas de juros bancárias constitui uma medida economicamente desejável, na medida em que fomenta a democratização do acesso ao crédito, ampliando a capacidade de financiamento de agentes econômicos diversos. O custo do crédito, por sua vez, repercute diretamente na precificação de bens e serviços no mercado, de modo que a eventual desoneração tributária do setor financeiro não se configura como um interesse exclusivo das instituições bancárias, mas sim como uma política de amplo alcance, beneficiando todos aqueles que dependem de crédito para viabilizar suas atividades produtivas.

---

11 Ibidem.
12 Ibidem.

A experiência internacional demonstra que diversas jurisdições adotam regimes fiscais diferenciados para serviços financeiros, isentando ou reduzindo a tributação sobre o consumo incidente sobre tais operações. Esse modelo é observado em países da União Europeia, bem como em nações como Nova Zelândia, África do Sul e Singapura, onde se reconhece que a excessiva oneração tributária sobre o crédito pode gerar efeitos adversos sobre a atividade econômica e o desenvolvimento do setor produtivo, por exemplo.[13]

Mesmo a par das práticas internacionais de isenção do IVA para o setor financeiro, a exposição de motivos do PLP n. 68, convertido na LC n. 214/2025, afirma que "O Brasil será pioneiro ao tributar os serviços financeiros remunerados por margem pelo IBS e pela CBS". Afirma, ainda, que "Historicamente, a isenção foi justificada por dificuldades operacionais de se tributar o *spread*".

Os estudos que ampararam a instituição do IVA em diversos países são categóricos ao sinalizar que a opção pela isenção dos serviços financeiros é uma medida de política econômica e fiscal para não onerar o custo do crédito.[14] Ou seja, as dificuldades operacionais de se tributar o *spread* não parecem ter sido o fator determinante para a isenção.

Reconhecemos, no entanto, que na realidade brasileira os bancos são responsáveis por boa parte da arrecadação dos tributos federais,[15] e, portanto, seria uma grande renúncia fiscal isentar totalmente os serviços financeiros.

A promulgação da LC n. 214/2025 trouxe reações divergentes nos meios econômico e jurídico. De um lado, setores empresariais celebraram a possibilidade de tomada de crédito do IBS e da CBS incidentes sobre operações de crédito e financiamento, quando contratadas por contribuintes sujeitos ao regime regular (art. 194). Essa medida, em tese, atenua a cumulatividade da tributação sobre a intermediação financeira, permitindo que empresas recuperem parte dos tributos embutidos no custo do crédito.

Contudo, essa sistemática de creditamento não elimina integralmente o repasse da carga tributária ao *spread* bancário suportado pelos tomadores de empréstimos. Isso ocorre porque os créditos serão calculados apenas sobre a

---

13 OECD. Consumption Tax Trends 2020: VAT/GST and Excise Rates, Trends and Policy Issues, 2020. Disponível em: https://www.oecd-ilibrary.org/taxation/consumption-tax-trends-2020_152def2d-en. Acesso em: 07 jul. 2024.

14 VAN BREDERODE, Robert F.; KREVER, Richard. Taxing loan intermediary services: theory and design considerations, 2017, p. 15-33.

15 *Vide* notícia do *site* do Governo Federal: Detalhando os resultados por categoria, a arrecadação de PIS/Pasep e Cofins somou R$ 44.034 milhões, um crescimento real de 14,37%, influenciado positivamente pelo setor financeiro e mudanças legislativas, incluindo a parcial retomada da tributação sobre combustíveis. Disponível em: https://www.gov.br/fazenda/pt-br/assuntos/noticias/2024/fevereiro/arrecadacao-cresce-e-supera-os-r-280-bilhoes-em-janeiro. Acesso em: 06 jul. 2024.

parcela dos juros que exceder a taxa Selic (art. 194, II). Assim, a incidência do IBS e da CBS sobre a fração dos juros correspondente à Selic será, invariavelmente, repassada ao tomador do empréstimo. Em um cenário de taxas Selic elevadas, como o atual,[16] essa limitação assume proporções significativas, restringindo o efeito desonerador da medida e elevando o custo efetivo do crédito.

Além disso, a nova legislação não contempla a neutralização da carga tributária incidente sobre o *spread* bancário nas operações contratadas por pessoas físicas. Esse ponto é particularmente relevante, pois o mercado de crédito opera sob uma lógica estruturalmente regressiva: as taxas de juros aplicadas são inversamente proporcionais ao perfil de risco do tomador. Em outras palavras, indivíduos com menor renda e patrimônio tendem a arcar com prêmios de risco mais elevados, resultando em custos financeiros desproporcionalmente altos para as camadas mais vulneráveis da população.

A reforma tributária tem como um de seus fundamentos a promoção da justiça fiscal, o que justificou, inclusive, a criação de mecanismos como *o cashback* do povo, destinado à devolução de tributos para famílias de baixa renda. No entanto, a LC n. 214/2025 perdeu a oportunidade de estabelecer um mecanismo análogo para a devolução personalizada do IBS e da CBS para pessoas físicas tomadoras de crédito, especialmente aquelas em situação de vulnerabilidade econômica.

Sob a ótica macroeconômica, a tributação incidente sobre operações de intermediação financeira representa uma distorção imposta pelo Estado na formação da taxa de juros, interferindo diretamente na precificação do crédito. Esse ônus recai tanto sobre os tomadores de empréstimos quanto sobre os poupadores, desestimulando simultaneamente a demanda por crédito e a acumulação de capital no sistema financeiro. Como consequência, a tributação sobre o setor bancário compromete a eficiência da alocação intertemporal de recursos, criando barreiras artificiais ao investimento produtivo e ao crescimento econômico sustentável. Esse efeito contrapõe-se ao princípio da neutralidade, que orienta a reforma tributária em curso, ao introduzir um viés fiscal que penaliza tanto o consumo presente quanto a poupança futura.

Não se pretende, no presente capítulo, advogar em favor da isenção integral da tributação incidente sobre os serviços financeiros, medida que resultaria em renúncia fiscal incompatível com as exigências arrecadatórias e os imperativos de equilíbrio orçamentário do Estado. No entanto, há um consenso consolidado no sentido de que a mitigação da carga tributária incidente sobre a intermediação

16 No período em que este capítulo foi escrito, a taxa Selic era de 12,15%, tendo sido aumentada para 13,15% em 30.01.2025.

financeira constitui um vetor essencial para a ampliação do acesso ao crédito e para a promoção de um ambiente econômico mais dinâmico e inclusivo.

Nesse contexto, a reforma tributária, tal como delineada na LC n. 214/2025, parece ter se afastado desse objetivo, na medida em que manteve, em larga medida, a tributação sobre as operações de crédito, limitando os mecanismos de compensação fiscal e restringindo o potencial desonerador da nova sistemática. Ao não contemplar instrumentos eficazes para neutralizar a incidência tributária sobre o *spread* bancário – sobretudo para as pessoas físicas –, a nova regulamentação mantém barreiras estruturais ao financiamento da atividade produtiva e ao acesso equitativo ao crédito, contrariando, em parte, os princípios de justiça fiscal e neutralidade econômica que orientam a reforma em curso.

BREVES CONSIDERAÇÕES

Em vista do exposto, tem-se que o mercado de crédito é essencial para o desenvolvimento econômico, facilitando o financiamento produtivo, o consumo e os investimentos de longo prazo. Sua eficiência impacta diretamente a competitividade empresarial, a geração de empregos e a inclusão econômica. No Brasil, as altas taxas de juros decorrem de fatores como custo do capital, inadimplência, regulação e elevada carga tributária, além da concentração do setor financeiro, que reduz a concorrência.

A política monetária e fiscal exerce influência direta sobre o crédito, com o Copom e a taxa Selic determinando seu custo. Além disso, a regulamentação governamental e a atuação dos bancos públicos afetam a acessibilidade e a disponibilidade de crédito. A recente reforma tributária introduz desafios e oportunidades para o setor financeiro, podendo impactar a carga fiscal sobre serviços bancários e o custo do crédito.

A tributação do setor bancário no Brasil é caracterizada por uma multiplicidade de tributos diretos e indiretos, refletindo a complexidade do sistema fiscal e a relevância estratégica da atividade financeira para a arrecadação estatal. As instituições financeiras enfrentam uma carga tributária diferenciada, abrangendo impostos sobre o lucro, faturamento e operações financeiras, o que impacta diretamente a intermediação de crédito e a prestação de serviços bancários.

Com a reforma tributária, a substituição de tributos como PIS, Cofins, ISS e ICMS pela CBS e IBS introduz mudanças significativas, especialmente para um setor cuja tributação já possui regras próprias. Apesar de algumas exclusões históricas, como a não incidência do ISS sobre receitas de intermediação financeira, a carga fiscal sobre os bancos continua superior à média dos demais setores produtivos, influenciando o custo do crédito e a eficiência do sistema financeiro.

Diante desse cenário, é fundamental avaliar os impactos da nova estrutura tributária sobre o setor, considerando tanto os desafios regulatórios quanto os efeitos sobre a concorrência e a acessibilidade ao crédito. A continuidade de uma política fiscal que onera o setor bancário pode repercutir sobre o crescimento econômico e a inclusão financeira, tornando essencial um debate aprofundado sobre o equilíbrio entre arrecadação e desenvolvimento econômico.

O modelo específico estabelecido pela LC n. 214/2025 segue, em grande parte, os moldes da tributação vigente do PIS e da Cofins para o setor bancário, mas com alterações que podem ampliar a segurança jurídica e reduzir distorções. Entretanto, a sobreposição entre o IOF e o novo modelo tributário pode ensejar disputas sobre a competência tributária da União, dos estados e dos municípios, demandando maior clareza normativa e possíveis ajustes regulatórios. Ademais, a inclusão de novas possibilidades de dedução de despesas no regime específico representa um avanço na adequação da base de cálculo às peculiaridades do setor. No entanto, ainda há preocupações quanto à manutenção de um regime cumulativo sobre determinadas receitas, potencialmente impactando a precificação do crédito e a concorrência entre instituições financeiras.

Em síntese, o novo regime tributário bancário, embora busque maior alinhamento ao modelo do IVA, conserva desafios estruturais e jurídicos que poderão ser objeto de futuros questionamentos e ajustes legislativos. A eficácia da reforma dependerá da harmonização entre tributação e desenvolvimento econômico, assegurando um ambiente propício à intermediação financeira e ao acesso ao crédito no Brasil.

BIBLIOGRAFIA

AMARO, Luciano. *Direito tributário brasileiro*. São Paulo: Saraiva, 2023.

ÁVILA, Humberto. Limites constitucionais à instituição do IBS e da CBS. *Revista Direito Tributário Atual*, v. 56. ano 42, p. 701-30. São Paulo, IBDT, 1º quadrimestre 2024.

BALERA, Wagner. As contribuições sociais e a Reforma Tributária. *In*: MARTINS, Ives Gandra da Silva (coord.). *Direito tributário e reforma do sistema*. São Paulo: Revista dos Tribunais, 2003.

BARRETO, Aires Fernandino. *O ISS na Constituição e na lei*. 3.ed. São Paulo: Dialética, 2009.

BIFANO, Elidie Palma. PLP 68/2024 e o IBS sobre a atividade financeira: requentando normas? *Consultor Jurídico*, 12 jun. 2024. Disponível em: https://www.conjur.com.br/2024-jun-12/plp-68-2024-e-o-ibs-sobre-a-atividade-financeira-requentando-normas/. Acesso em: 9 nov. 2025.

CARRAZZA, Roque Antônio. *Curso de direito constitucional tributário*. 23.ed. São Paulo: Malheiros, 2007.

FERRARI, Alexandre Agrasso Pereyra. Spread ex-post *revisitado*: um estudo empírico com base em demonstrações contábeis de instituições financeiras do mercado financeiro brasileiro. Dissertação (Mestrado em Economia). Escola de Economia de São Paulo da Fundação Getulio Vargas. São Paulo, 2020.

MIGIYAMA, Tatiana Midori. Comentários aos impactos na Constituição Federal. Art. 156-B. *In*: GAETA, Flávia Holanda (coord.). *Comentários à EC 132/2023*: Reforma Tributária. São Paulo: Revista dos Tribunais, 2024.

OECD. Consumption Tax Trends 2020: VAT/GST and Excise Rates, Trends and Policy Issues. Paris: OECD, 2020. Disponível em: https://www.oecd-ilibrary.org/taxation/consumption-tax-trends-2020_152def2d-en. Acesso em: 9 nov. 2025.

SANTI, Eurico Marcos Diniz de; MACHADO, Nelson (coords.). *Imposto sobre bens e serviços*: Centro de Cidadania Fiscal: Estatuto, PEC 45, PEC Brasil Solidário, PEC 110, Notas Técnicas e Visão 2023. Bernard Appy; Nelson Machado. São Paulo: Max Limonad, 2023.

TORRES, Heleno. Os desafios do federalismo fiscal e a reforma do ICMS. *Revista Fórum de Direito Tributário*, Belo Horizonte, 2015.

VAN BREDERODE, Robert F.; KREVER, Richard. Taxing loan intermediary services: theory and design considerations. *In*: *VAT and financial services*: comparative law and economic perspectives, 2017, p. 15-33.

Capítulo **15**

O Simples Nacional na reforma tributária

Luciana Moscardi Grillo
Rodrigo Frota da Silveira

INTRODUÇÃO

O Regime de Tributação do Simples Nacional (RTSN) e o Imposto sobre Valor Agregado (IVA) Dual, representado pela incidência do Imposto sobre Bens e Serviços (IBS) e da Contribuição sobre Bens e Serviços (CBS), instituídos pela reforma da tributação sobre o consumo no Brasil, são duas inovações posteriores à publicação da Constituição Federal, em 1988. São modelos de tributação com poucos paralelos no exterior quando se analisam seus detalhes. E. como diz o ditado,[1] "o diabo mora nos detalhes".

O RTSN foi criado pela Emenda Constitucional (EC) n. 42,[2] de 2003, e pela Lei Complementar (LC) n. 123, de 2006. O IVA Dual (IBS + CBS) foi instituído pela EC n. 132/2023 e pela LC n. 214/2025.

---

1 A expressão "o diabo mora nos detalhes" (ou "o diabo está nos detalhes") tem origem incerta, mas acredita-se que tenha evoluído de uma forma mais antiga: "Deus está nos detalhes". A frase original é frequentemente atribuída ao arquiteto Ludwig Mies van der Rohe, embora não haja consenso sobre a autoria. Com o tempo, a expressão foi modificada para transmitir a ideia de que os problemas ou armadilhas estão escondidos nas minúcias. Ou seja: "Deus está nos detalhes" enfatiza a importância da atenção minuciosa, e "o diabo está nos detalhes" adverte que é justamente nesses detalhes que podem surgir dificuldades inesperadas. Não há uma pessoa comprovadamente responsável pela versão alterada, mas ela se popularizou no século XX, especialmente no meio jurídico, político e empresarial.

2 A EC n. 42/2003 inseriu na CF/88, a alínea *d* do inciso III do art. 146, permitindo a criação do regime simplificado nacional: "[...] tratamento diferenciado e favorecido para as microempresas e para as empresas de pequeno porte, inclusive regimes especiais ou simplificados no caso do imposto previsto no art. 155, II, das contribuições previstas no art. 195, I e §§ 12 e 13, e da contribuição a que se refere o art. 239".

Em seguida vamos analisar as características do RTSN e sua evolução ao longo do tempo, e do IVA Dual (IBS + CBS) nacional, a ser implementado a partir de 2026, bem como a interação entre ambos os sistemas.

O REGIME DE TRIBUTAÇÃO DO SIMPLES NACIONAL E SUA EVOLUÇÃO

O RTSN,[3] criado pela LC n. 123/2006, após a promulgação da EC n. 42/2003, entrou em vigor em 1º de julho de 2007.[4] Inicialmente o regime se aplicava a microempresas (ME), com faturamento anual de até 360 mil reais,[5] e a empresas de pequeno porte (EPP), com faturamento anual entre 360 mil e 3,6 milhões de reais.[6]

As empresas passaram a ter a opção de escolher entre o RTSN e o regime "normal" de tributação. A opção pelo RTSN significa a possibilidade de pagar diversos tributos distintos, devidos à União (Imposto de Renda da Pessoa Jurídica, Contribuição Social sobre o Lucro Líquido, Contribuição para o Programa de Integração Social, Contribuição para o Financiamento da Seguridade Social, Imposto sobre Produtos Industrializados e Contribuição para o Instituto Nacional do Seguro Social), aos estados (Imposto sobre Circulação de Mercadorias e Serviços de Transporte Interestadual, Intermunicipal e de Comunicação – ICMS) e aos municípios (Imposto sobre Serviços – ISS), em um recolhimento mensal efetivado mediante guia única, calculado de forma simplificada e favorecida.[7]

Nem todos os valores devidos em relação aos tributos citados estão incluídos no valor apurado pelo RTSN, de modo que determinados valores, por exemplo, tributos incidentes sobre a importação, Imposto de Renda da Pessoa Jurídica relativo a rendimentos financeiros ou ganho de capital, e ICMS devido na condição de substituto tributário, ou destinatário de mercadorias originárias

---

3 O Regime de Tributação do Simples Nacional (RTSN) foi instituído no art. 14 da LC n. 123, com a seguinte redação: fica instituído o Regime Especial Unificado de Arrecadação de Tributos e Contribuições devidos pelas Microempresas e Empresas de Pequeno Porte – Simples Nacional.

4 O art. 88 da LC n. 123 prevê que a lei complementar entra em vigor na data de sua publicação, ressalvado o regime de tributação das microempresas e empresas de pequeno porte, que entra em vigor em 1° de julho de 2007.

5 Os valores citados em reais de 360 mil e de 3,6 milhões eram equivalentes a aproximadamente 160 mil e 1,6 milhão de dólares americanos, na data de referência.

6 Existem outras restrições à entrada no RTSN além do faturamento da empresa. Nesse sentido *vide*, por exemplo, LC n. 123, arts. 3º, § 4º, e 17.

7 *Vide* LC n. 123, art. 13.

de unidade federada diversa (diferencial de alíquota),[8] demandam recolhimentos complementares àquele objeto do RTSN.

Importante destacar que, antes da criação do RTSN, a União, os estados e os municípios[9] já haviam instituído regimes de tributação específicos para empresas de pequeno porte. A inovação do RTSN foi instituir um regime aplicável a todos os entes tributantes, padronizado nacionalmente, e com regime de apuração e guia de recolhimento únicos, englobando aqueles tributos devidos à União, aos estados e aos municípios que fazem parte da "cesta" de tributos do regime simplificado.

Inicialmente o valor devido mensalmente pelos contribuintes optantes pelo RTSN nas categorias ME e EPP era calculado mediante a aplicação de percentual fixo para frações da receita total, com percentuais variando entre 4 e 11,61%.[10]

Posteriormente foi acrescentada categoria denominada microempreendedor individual[11] (MEI)[12] no RTSN, cujo valor dos tributos devidos é fixo, e independe da receita auferida.[13]

Conforme o relatório de Informações Tributárias e Sociais dos Setores Econômicos, em 31 de dezembro de 2022 as empresas optantes pelo RTSN representavam mais de 90% das empresas e entidades inscritas no Cadastro Nacional das Pessoas Jurídicas (CNPJ).[14]

---

8 *Vide* LC n. 123, art. 13, § 1º.

9 *Vide* Lei federal n. 9.317/96, que dispõe sobre o regime tributário das microempresas e das empresas de pequeno porte no âmbito federal, e a Lei estadual (São Paulo) n. 10.086, de 1998, que dispõe sobre o regime tributário simplificado da microempresa e da empresa de pequeno porte nesse Estado, por exemplo.

10 *Vide* LC n. 123, art. 18: o valor devido mensalmente pela microempresa (ME) ou empresa de pequeno porte (EPP) optante pelo Simples Nacional será determinado mediante aplicação das alíquotas constantes das tabelas dos Anexos I a V sobre a base de cálculo de que trata o § 3º do art. 18. As alíquotas são distintas para comércio (4 a 19%), indústria (4,5 a 30%), locação (6 a 33%) e serviços (4,5 a 33% ou 15,5 a 30,5%).

11 Em 22 de março de 2025, o sistema da Receita Federal do Brasil (RFB) indicava a existência de 15,8 milhões de empresas da categoria MEI inscritas no cadastro e a existência de outros 7,1 milhões de empresas inscritas nas categorias de ME e EPP, totalizando 22,9 milhões de empresas inscritas no RTSN (BRASIL, 2025).

12 O limite anual de receita bruta do MEI foi fixado em 81 mil reais em 2021, nos termos da LC n. 123, art. 18-A, § 1º, equivalente, na época, a aproximadamente 14.500 dólares americanos.

13 *Vide* LC n. 123, art. 18-A: "O Microempreendedor Individual – MEI poderá optar pelo recolhimento dos impostos e contribuições abrangidos pelo Simples Nacional em valores fixos mensais, independentemente da receita bruta por ele auferida no mês [...]".

14 Relatório elaborado pela Receita Federal do Brasil, publicado em maio de 2024 (BRASIL, 2024).

Estes números demonstram a elevada quantidade de empresas sujeitas ao RTSN e a popularidade desse modelo de tributação na economia brasileira (Tabela 1).

Tabela 1 Quantidade de CNPJ

Forma de tributação	2021		2022	
Simples – MEI	9.300.677	58,22%	9.429.910	56,99%
Simples	5.173.808	32,38%	5.560.208	33,60%
Lucro Presumido	1.033.331	6,47%	1.073.054	6,48%
Imunes / isentas do IRPJ	262.652	1,64%	263.489	1,59%
Lucro Real	204.991	1,28%	220.393	1,33%
Lucro Arbitrado	755	0%	790	0%
Totais	15.976.214	100%	16.547.844	100%

O IVA DUAL BRASILEIRO (IBS + CBS)

Na década de 1960, o Brasil adotou o Imposto sobre Circulação de Mercadorias (ICMS), um imposto classificado como IVA restrito, em substituição ao Imposto sobre Vendas e Consignações (IVC), um imposto cumulativo, por meio da EC n. 18/65, do Código Tributário Nacional de 1966 e do Decreto-lei n. 406, de 1968. Com o passar do tempo, os IVA restritos instituídos na França (1954)[15] e no Brasil (1965) se tornaram sementes dos IVA[16] amplos atuais.[17]

---

15 Após a votação das duas câmaras parlamentares, a lei que aboliu o imposto de produção até então existente, para substituí-lo por um imposto sobre valor agregado, foi promulgada pelo Presidente da República René Coty em 10 de abril de 1954.
4. Inicialmente, o IVA afetava apenas 300 mil grandes industriais e atacadistas, ou seja, menos de 15% das empresas registradas nas autoridades fiscais. "Ele se espalhou gradualmente", diz Alain Trannoy. Em 1968, o IVA foi estendido a todos os comerciantes, artesãos e prestadores de serviços, bem como a certos agricultores (DA SOIS, 2024).

16 É a Maurice Lauré, um jovem politécnico e inspetor financeiro de 37 anos – então vice-diretor da Direção-Geral dos Impostos –, que se atribui a criação da técnica tributária específica do IVA: "Em vez de pedir ao último vendedor que pagasse ao Estado a totalidade desse imposto sobre o consumo, ele previa que cada empresário envolvido no circuito de produção e depois de distribuição (fabricantes, grossistas, retalhistas etc.) pagasse o imposto sobre o valor que acrescentasse ao produto", explicou Guy Delorme, inspetor-geral das Finanças, em 2004 (DA SOIS, 2024).

17 *"The speed with which the value added tax has spread around the world is unmatched by that of any other tax in modern times. Thirty years ago there was no comprehensive VAT anywhere. Two countries, Brazil and France, had been experimenting with a restricted VAT. Today, the comprehensive VAT is found in some forty countries, most of them in Europe and Latin*

O ICM original foi substituído em 1988 pelo ICMS[18] atual, mantendo as principais caraterísticas, dentre as quais se destacam: (i) ser um IVA limitado, (ii) ser instituído e cobrado pelos estados (governos regionais), (iii) incidir sobre operações interestaduais, (iv) permitir que o montante do imposto cobrado (ou indicado no documento fiscal), no mesmo ou em outro estado, seja deduzido do imposto devido ao estado de localização do contribuinte.[19]

Nesse ambiente, cada um dos 27 estados brasileiros instituiu, fiscalizou e cobrou o ICM/ICMS com relativa autonomia,[20] e ao longo do tempo diversas regras específicas de tributação e de favores fiscais foram promulgadas, resultando em forte competição fiscal entre os entes tributantes, processo que foi denominado na literatura guerra fiscal do ICMS.[21]

Com o passar do tempo, a guerra fiscal que inicialmente visava atrair estabelecimentos fabris, com investimento imobilizado e criação de empregos fixos relevantes, passou a ter como foco estabelecimentos comerciais e importações.[22]

Com as regras referentes ao ICMS se multiplicando[23] e o clima de competição fiscal se acirrando, os contribuintes de ICMS se viram em uma situação de elevados custos de conformidade, e de expressivo volume de litígios administrativos e judiciais envolvendo o imposto.

Por outro lado, os contribuintes cuja atividade é sujeita ao Imposto Sobre Serviços (ISS), de competência municipal, se viram sujeitos a cumprir a legislação de mais de 5 mil municípios que, com relativa autonomia,[24] legislam, cobram e fiscalizam esse imposto.

America. The restricted form of VAT is used by twenty more countries, chiefly in Africa." Em tradução livre: A velocidade com que o imposto sobre valor agregado (IVA) se espalhou pelo mundo não tem paralelo com a de qualquer outro tributo dos tempos modernos. Há trinta anos, não existia nenhum IVA abrangente em lugar algum. Dois países — Brasil e França — vinham experimentando uma forma restrita de IVA. Hoje, o IVA abrangente é encontrado em cerca de quarenta países, a maioria deles na Europa e na América Latina. A forma restrita do IVA é utilizada por mais vinte países, principalmente na África (CHOUP, 1998).

18 *Vide* CF/88, art. 155, II. ICMS – Imposto sobre operações relativas à circulação de mercadorias e sobre prestações de serviços de transporte interestadual e intermunicipal e de comunicação.

19 *Vide* CF/88, art. 155, II e § 2º.

20 *Vide* LC n. 24/75, LC n. 87/96 e LC n. 160/2017, que dispõem sobre ICM/ICMS.

21 CASTILHO, Fabio Roberto *et al.* Brazilian states tax war explained by the property right theories of law and economics: fake redistributive policies leading to underdevelopment, 2009.

22 SILVEIRA, Rodrigo Frota; CASTILHO, Fábio Roberto C. A guerra fiscal que não interessa a ninguém, 2006.

23 GRILLO, Luciana Moscardi *et al.* Imposto bom é imposto velho, 2023.

24 *Vide* LC n. 116/2003, que dispõe sobre o Imposto sobre Serviços de Qualquer Natureza, de competência dos Municípios e do Distrito Federal, e dá outras providências.

De forma similar ao que ocorreu com o ICMS, também entre os municípios surgiu uma competição fiscal para atrair receitas de ISS.

Além disso, desde 1965 existe uma região de fronteira, cuja incidência de ICMS ou de ISS é igualmente disputada entre contribuintes e entes subnacionais.[25] Trata-se de operações comerciais nas quais o fornecimento da mercadoria pode ser confundido com a prestação do serviço, levando a interpretações antagônicas que elevam os níveis de insegurança jurídica. São exemplos desse tipo de disputa os medicamentos manipulados, os impressos personalizados e os programas de informática.

Os avanços tecnológicos também operam em desfavor da identificação dos campos de incidência próprios do ICMS e do ISS, pois a cada dia se torna mais complexa a delimitação entre o fornecimento de um bem ou de um serviço, já que ambos deixaram de configurar fatos típicos da época em que instituídos.

Nesse cenário, se por um lado os contribuintes se queixam dos elevados custos decorrentes do excesso burocrático e das demandas judiciais resultantes da convivência com as competições fiscais da tributação ao consumo, por outro obtêm proveito de favores fiscais concedidos pelos entes federados, de forma a atrair a receita tributária e algum tipo de atividade econômica, para o Estado "A" ou para o Município "B".

Ao longo do tempo, a parcela dos custos sobrepujou a parcela dos favores fiscais e se formou na sociedade um movimento favorável à reformulação da tributação sobre o consumo, que levou à aprovação da EC n. 132/2023, resultando na criação do mencionado IVA Dual[26] nacional e à extinção do ICMS, do ISS e alguns tributos federais,[27] entre os anos de 2027 e 2032.

O IVA Dual nacional, instituído pela LC n. 214/2025, é composto por dois tributos, o IBS, estadual e municipal, e a CBS, federal. O IBS e a CBS foram

---

25 O Plenário do Supremo Tribunal Federal (STF) decidiu, em 26.02.2025, que é inconstitucional a incidência do Imposto sobre Serviços (ISS) em "operação de industrialização por encomenda", em que há uma etapa intermediária do ciclo produtivo da mercadoria que não se destina diretamente à industrialização ou à comercialização. O tema foi decidido no julgamento do Recurso Extraordinário (RE) n. 882.461, com repercussão geral reconhecida (Tema n. 816). Assim, a tese fixada será aplicada a todos os demais casos semelhantes em tramitação na Justiça.

26 Haverá um período de transição entre os tributos atuais como ICMS, ISS, PIS e Cofins e o novo IVA Dual (IBS + CBS), mas o tema não será tratado neste capítulo. *Vide* CF/88, ADCT, art. 124.

27 Com relação aos tributos federais sobre o faturamento, em especial a Cofins e o PIS, criados após a CF/88, também ocorreram problemas, pois ambos os tributos tinham a receita bruta como base de cálculo, mas, tendo sido criados por normas distintas, e possuindo grande variedade de regras especiais de tributação, acabaram por representar complexidade, custos de conformidade e custos judiciais elevados.

instituídos pela mesma lei complementar nacional,[28] e deverão observar as mesmas regras em relação a fatos geradores, bases de cálculo, hipóteses de não incidência e sujeitos passivos; imunidades; regimes específicos, diferenciados ou favorecidos de tributação; além de regras de não cumulatividade e de creditamento.[29]

Considerando as principais premissas do novo sistema de tributação sobre o consumo, tais como uniformização de regras; a tributação de operações intramunicipais, intermunicipais e interestaduais definidas de modo uniforme, em favor do local do consumo; a tributação de importações uniformizada nacionalmente, igualmente destinada ao local do consumo; a não tributação das exportações; e o condicionamento dos créditos de IBS e CBS ao efetivo pagamento do tributo[30] destacado no documento fiscal de aquisição,[31] espera-se forte redução da competição fiscal entre os entes subnacionais, menor número de litígios entre entes tributantes e contribuintes, e a redução dos casos de fraude dos tipos nota fria e inadimplência planejada.[32]

Enfim, o modelo concebido e introduzido pela EC n. 132 e pela LC n. 214 autoriza a expectativa de menores custos de conformidade para as empresa e menor volume de litígios sobre os novos tributos.

AS EMPRESAS OPTANTES PELO RTSN E O NOVO IVA DUAL (IBS + CBS)

O novo IVA Dual, instituído pela EC n. 132 e pela LC n. 214, prevê em norma que os contribuintes do RTSN poderão, individualmente, optar por permanecer no RTSN de forma completa ou parcial.

A permanência de forma completa no RTSN implica, tal como feito atualmente, apurar e recolher os valores ordinários referentes a IBS e CBS dentro da sistemática geral do RTSN, ou seja, mediante a aplicação de uma alíquota fixada sobre as frações da receita da empresa.[33]

Por outro lado, a permanência parcial no RTSN ocorrerá quando o contribuinte optar por apurar e recolher o IBS e a CBS pelo regime regular desses

---

28 *Vide* CF/88, ADCT, art. 124, parágrafo único.

29 *Vide* CF/88, art. 149-B.

30 Ver o artigo Crédito de IBS: risco zero e efeito de caixa zero para o adquirente de bens de serviços, de autoria dos Auditores Fiscais da Receita Estadual de São Paulo Rodrigo Frota da Silveira, Ângelo de Angelis e Rodrigo Spada, 2024.

31 *Vide* CF/88, art. 156-A.

32 DE ANGELIS, Ângelo; e SILVEIRA, Rodrigo Frota: Em busca da neutralidade na tributação do consumo no Brasil, 2023.

33 *Vide* LC n. 123, art. 13, IX e X, e § 10, e art. 18.

tributos, hipótese na qual o IBS e a CBS serão apurados e recolhidos pelas normas gerais previstas na LC n. 214 e regulamentos vindouros, e o recolhimento dos demais tributos incluídos no RTSN serão apurados e recolhidos conforme a regra do regime simplificado.[34]

Da opção mista, parte RTSN e parte IVA Dual

O contribuinte optante pelo RTSN que decidir pela permanência parcial nesse regime, o que significa apurar e recolher o novo IVA Dual nacional (IBS e CBS) conforme as regras do IVA Dual, deverá fazer duas apurações mensais. No âmbito do RTSN, as parcelas referentes ao IBS e ao CBS, previstas nas tabelas de alíquotas do RTSN, não serão cobradas.[35] No âmbito do regime regular do IVA Dual, serão apurados os valores devidos de IBS e CBS, os quais serão recolhidos ao Tesouro Nacional (CBS) e ao Comitê Gestor do IBS (IBS).

Assim, a empresa nessa situação pagará, no âmbito do RTSN, valores inferiores, pois as alíquotas de IBS e CBS serão excluídas do cálculo do montante a pagar no regime simplificado.

Ponto importante a destacar, ainda no caso de opção parcial pelo RTSN, é que a sistemática de débitos e créditos de IBS e CBS, típica de tributos do tipo IVA, será aplicável normalmente, tanto ao contribuinte como a seus clientes. Ou seja, ao efetuar aquisições de bens e serviços, terá direito ao crédito, dentro das regras do IVA Dual, ao passo que, ao fornecer bens e serviços, seu cliente terá direito de crédito, dentro das regras do IVA Dual.

Da opção exclusiva pelo RTSN

O contribuinte optante exclusivamente pelo RTSN deverá apurar e pagar os valores relativos ao IBS e ao CBS dentro da sistemática geral do regime simplificado. Nesse caso, nas hipóteses de incidência não abrangidas pelo regime simplificado, por exemplo, em operação de importação, o contribuinte deve apurar e recolher IBS e CBS na forma específica, prevista na norma desses tributos.[36]

As empresas optantes exclusivas pelo RTSN não terão direito de se creditar dos valores de IBS nem de CBS[37] incidentes sobre suas compras, ao passo que os clientes que adquirirem produtos de fornecedor optante exclusivamente do

34 *Vide* LC n. 214, art. 41, §§ 1º a 5º.

35 *Vide* LC n. 123, art. 13, § 10.

36 Veja as hipóteses não incluídas no regime simplificado na LC n. 123, art. 13, § 1º.

37 *Vide* LC n. 123, art. 23.

RTSN poderão se creditar de IBS e CBS, limitado aos valores recolhidos de ambos os tributos, apurados conforme as regras do RTSN.

Nesse caso, a alíquota aplicada pelo fornecedor optante exclusiva do RTSN deverá ser informada no documento fiscal e corresponderá aos percentuais de IBS e CBS previstos nos Anexos I a V da LC n. 123/2006, para a faixa de receita bruta a que a ME ou a EPP estiver sujeita no mês da operação realizada.

No caso de empresa sujeita a recolher valores fixos mensais, o adquirente não terá direito de crédito de IBS e CBS.[38]

Da opção *joint venture*

A expressão *joint venture* (JV), em tradução livre, significa "união com risco". Trata-se de uma parceria comercial na qual duas ou mais partes se unem para a realização de um projeto ou uma atividade econômica específica, compartilhando riscos, recursos e lucros. Cada parte mantém sua identidade jurídica separada, mas todas trabalham de modo associado na persecução de objetivos comuns.

Neste capítulo, com a devida licença da literatura comercial, a expressão serve ao exercício de perscrutar a possibilidade jurídica de o titular da empresa optante pelo RTSN adotar uma terceira linha de conduta, um "caminho do meio" ao qual se designou JV, em alusão a uma espécie de associação de empresas.

A lei que trata do RTSN permite que uma pessoa física seja sócia ou titular de mais de uma empresa optante pelo RTSN, desde que a receita bruta global, portanto, incluindo todas as empresas em que haja participação societária, não ultrapasse o limite de 4,8 milhões de reais por ano.[39] Esse limite, para fins de recolhimento dos atuais ICMS e ISS, e dos futuros IBS e CBS, é de 3,6 milhões de reais por ano.[40]

Nesse sentido, não existe vedação a que, respeitando-se os ditames da legislação tributária, dentre os quais se destacam a efetiva existência do estabelecimento e a perfeita separação de estoques, um contribuinte possa manter dois CNPJ distintos, com receita bruta global anual inferior a 3,6 milhões de reais, ambos optantes pelo RTSN, porém um exclusivamente no RTSN e outro parcialmente no RTSN, neste último caso efetuando a apuração de IBS e CBS pelo regime regular.

Desse modo, o gerenciamento das operações comerciais de ambas as empresas, com vistas ao melhor resultado econômico-fiscal, desde que cumpridos os

---

38 *Vide* LC n. 123, art. 23, §§ 1º e 2º, na redação dada pela LC n. 214.

39 *Vide* LC n. 123, art. 3º, § 4º, III.

40 *Vide* LC n. 123, art. 13-A (e nova redação, dada pelo art. 517 da LC n. 214).

preceitos legais aplicáveis, não confronta a norma instituidora do IBS e da CBS, cuidando de mais um formato disponível aos empreendedores de menor porte.

Observe-se, contudo, que, ainda que a regra original se aplique a matrizes e filiais de uma mesma empresa optantes pelo RTSN, o caso em apreço necessariamente demandaria um CNPJ distinto, na medida em que a apuração de IBS e CBS será efetuada de modo centralizado.[41]

Outras considerações da LC n. 214 sobre as empresas optantes pelo RTSN

Existe na LC n. 214/2025 um total de 62 menções ao RTSN, demonstrando a relevância do modelo simplificado na regulamentação dos novos tributos incidentes sobre o consumo. As disposições finais, inclusive, promovem alterações substanciais ao texto da LC n. 123/2006.[42]

Neste tópico serão abordados os temas mais relevantes ao cotidiano das empresas de menor porte, bem assim aqueles que deverão ser primariamente considerados nos cenários de opção pela apuração do IBS e da CBS no regime regular ou no regime simplificado.

Atualmente, a opção pelo RTSN é realizada anualmente, no mês de janeiro, e, uma vez deferida, retroage seus efeitos a 1º de janeiro do exercício, sendo, portanto, aplicável para todo o ano-calendário da opção, período em que se torna irretratável. Configuram exceção a essa regra as novas empresas, que poderão optar pelo RTSN até 60 dias após a obtenção do CNPJ e 30 dias após a obtenção da inscrição estadual ou municipal, quando exigíveis, e os casos de comunicação obrigatória e de desenquadramento de ofício, relacionados ao faturamento superior ao limite e ao descumprimento dos preceitos legais aplicáveis.

Vale registrar que a partir de 1° de janeiro de 2027 a opção pelo RTSN passará a ser realizada no mês de setembro de cada exercício, aplicando-se ao ano-calendário subsequente.[43]

Já a opção pela apuração de IBS e CBS pelo regime regular ou pelo RTSN, facultada às empresas optantes pelo Simples Nacional, será semestral, exercida para os semestres iniciados em janeiro e julho de cada ano, sendo irretratável para cada um desses períodos. Assim, nos meses de setembro e abril imediatamente anteriores a cada semestre, as empresas optantes pelo RTSN farão a opção, para o semestre subsequente, de apuração do IBS e da CBS pelo regime regular ou pelo RTSN.[44]

Contudo, se uma empresa optante do RTSN, que escolha apurar IBS e CBS pelo regime regular e, portanto, tome créditos nas aquisições de bens e serviços

41 *Vide* LC n. 214, art. 42, § 1º.
42 *Vide* LC n. 214, art. 517.
43 *Vide* LC n. 214, art. 517 (alteração ao art. 16 da LC n. 123).
44 *Vide* LC n. 214, art. 517 (inclusão dos §§ 10 e 11 no art. 13 da LC n. 123).

para abater dos débitos no fornecimento de bens e serviços, solicitar o ressarcimento de eventual saldo credor (saldo formado quando os créditos pelas aquisições superam os débitos pelas saídas), essa empresa não pode optar pela apuração do IBS e da CBS pelo RTSN, nem no ano-calendário em que ocorreu o ressarcimento, nem no ano-calendário subsequente.[45]

Tal medida foi concebida pelos legisladores no sentido de inibir a prática evasiva de formação de saldos credores na apuração regular, seguida da solicitação de ressarcimento e da migração imediata para a apuração de IBS e CBS no RTSN, com alíquotas favorecidas.

No mesmo sentido, ao comandar os prazos da Receita Federal do Brasil e do Comitê Gestor do IBS para análise dos pedidos de ressarcimento de saldos credores, a LC n. 214/2025 determina que tais prazos sejam suspensos por até cinco anos, sem aplicação de correção monetária, caso o contribuinte faça a opção pela apuração do IBS e da CBS pelo RTSN.[46]

Finalmente, insta esclarecer que o contribuinte optante exclusivamente pelo RTSN, ou seja, que efetue a apuração de IBS e CBS pelo regime simplificado, deverá proceder ao recolhimento do IBS e da CBS incidentes sobre a importação de bens materiais ou imateriais, inclusive direitos, ou de serviços, sem direito ao crédito por essas aquisições.

No quanto respeita ao imposto seletivo, a empresa optante pelo RTSN, incorrendo na prática de atos que atraiam a incidência do tributo, tais como a produção, extração, comercialização ou importação de bens e serviços prejudiciais à saúde ou ao meio ambiente, discriminados na LC n. 214, será considerada contribuinte do imposto, e seu recolhimento deverá obedecer à legislação de regência, não estando incluído no rol de tributos passíveis de apuração e pagamento no regime simplificado.

CONCLUSÃO

As alterações no sistema tributário nacional previstas na EC n. 42/2003 e na EC n. 132/2023, que permitiram a instituição do RTSN e do IVA Dual nacional, resultaram em mudanças significativas em relação ao texto original da CF/88. O RTSN, previsto na LC n. 123/2006, é bastante popular, sendo o regime de tributação escolhido por mais de 90% das pessoas jurídicas e entidades inscritas no CNPJ. A criação do IVA Dual nacional vai afetar as empresas optantes pelo RTSN de diversas formas, e com resultados distintos, em função das ati-

45 *Vide* LC n. 214 art. 41, § 5º.

46 *Vide* LC n. 214 art. 39, §§ 3º e 10.

vidades realizadas pela empresa e das caraterísticas de seus fornecedores e clientes.

Em geral, se a empresa optante pelo RTSN compra de fornecedores optantes pelo regime exclusivo do Simples Nacional, ou se a empresa vende para não contribuintes do IVA Dual, a tendência é a manutenção da opção atual, com apuração de todos os impostos exclusivamente no RTSN.

Por outro lado, se a empresa compra de fornecedores sujeitos ao IVA Dual, ou importa bens e serviços em quantidade expressiva, posteriormente transacionando com clientes sujeitos ao IVA Dual, a tendência é que a empresa do RTSN opte por ser contribuinte regular do IVA Dual, apurando IBS e CBS fora do RTSN, e os demais impostos no RTSN.

Na situação mista, verifica-se não existir vedação legal a que uma empresa sujeita ao RTSN possa se cindir, ficando uma delas mais focada no atendimento a clientes não contribuintes do IVA Dual e outra em contribuintes sujeitos ao IVA Dual, portanto interessadas na tomada de créditos por suas aquisições, a fim de abater seus próprios débitos.

Em qualquer cenário, pode-se afirmar que a criação do IVA Dual nacional, a princípio, não afeta a situação das empresas optantes pelo RTSN, especificamente em razão da opção pela apuração centralizada de impostos. Não obstante, a equalização da carga tributária incidente sobre o consumo, uma das premissas da reforma, poderá implicar níveis mais expressivos de ônus fiscal para as empresas prestadoras de serviço, ainda que de maneira uniforme.

De outro lado, a possibilidade de opção pela apuração de IBS e CBS dentro do RTSN, ou pelo regime regular, representa importante avanço para os empreendedores de menor porte, pois lhes permite a realização de estudos dos diversos cenários e a eleição do modelo que lhe seja mais favorável.

A reforma tributária foi e prossegue sendo concebida e estruturada de modo a simplificar a tributação sobre o consumo. Institutos tributários tais como a substituição tributária e o diferencial de alíquota não subsistirão em face da aplicação do princípio de destino da tributação. Créditos serão tomados de forma ampla, ativos serão desonerados, e trabalha-se para que os arranjos de pagamento, associados à emissão eletrônica de documentos fiscais uniformes nacionalmente, permitam a apuração célere e descomplicada dos novos tributos.

Nesse sentido, finalmente, a opção pela apuração de IBS e CBS dentro ou fora do RTSN não deverá sofrer a influência do grau de complexidade hoje inerente à apuração do ICMS, ISS, IPI, PIS e Cofins em seus respectivos regimes regulares, assegurando a neutralidade do sistema na adoção das decisões negociais, tal como comanda a Constituição Federal.[47]

---

47 *Vide* CF, art. 156-A, § 1º.

BIBLIOGRAFIA

BRASIL. *Emenda Constitucional n. 18, de 1965.* Dispõe sobre o sistema tributário nacional e dá outras providências. Disponível em: https://www2.camara.leg.br/legin/fed/emecon/1960-1969/emendaconstitucional-18-1-dezembro-1965-363966-publicacaooriginal-1-pl.html. Acesso em: 15 out. 2025.

BRASIL. *Lei n. 5.172, de 25 de outubro de 1966.* Dispõe sobre o Sistema Tributário Nacional e institui normas gerais de direito tributário aplicáveis à União, Estados e Municípios [Código Tributário Nacional]. https://www.planalto.gov.br/ccivil_03/LEIS/L5172.htm#art1. Acesso em: 15 out. 2025.

BRASIL. Receita Federal. *Dados setoriais consolidados – resumo e metodologia – 2021 e 2022.* 2024. Disponível em: https://www.gov.br/receitafederal/pt-br/centrais-de-conteudo/publicacoes/estudos/pessoas-juridicas-por-setor/estudos-setoriais-das-pessoas-juridicas/dados-setoriais-consolidados-2021-e-2022/dados-setoriais-consolidados-resumo-e-metodologia-2021-e-2022/view. Acesso em: 15 out. 2025.

BRASIL. Receita Federal. *Optantes por UF e Município – Simei.* 2025. Disponível em: https://www8.receita.fazenda.gov.br/SimplesNacional/Aplicacoes/ATBHE/estatisticasSinac.app/EstatisticasOptantesPorDataMunicipio.aspx?tipoConsulta=2&optanteSimei=&anoConsulta=. Acesso em: 15 out. 2025.

CASTILHO, Fabio Roberto; SILVEIRA, Rodrigo Frota da. Brazilian states tax war explained by the property right theories of law and economics: fake redistributive policies leading to underdevelopment. *15 Law & Bus. Rev. Am.*, 353, 2009.

CHOUP, Carl. The Value Added Tax and developing countries. *Research Observer,* 3, n. 2, jul. 1988. Disponível em: https://documents1.worldbank.org/curated/en/311821468740700835/pdf/multi-page.pdf. Acesso em: 15 out. 2025.

DA SOIS, Julien. TVA: la petite histoire de la taxe sur la valeur ajoutée, qui souffle ce mercredi ses 70 bougies [IVA: uma breve história do imposto sobre o valor acrescentado, que celebra nesta quarta-feira o seu 70º aniversário]. *Le Figaro,* 10 abr. 2024. Disponível em: https://www.lefigaro.fr/conjoncture/tva-la-petite-histoire-de-la-taxe-sur-la-valeur-ajoutee-qui-souffle-ce-mercredi-ses-70-bougies-20240410#:~:text=Apr%C3%A8s%20le%20vote%20des%20deux,-Coty%20le%2010%20avril%201954. Acesso em: 15 out. 2025.

DE ANGELIS, Ângelo; SILVEIRA, Rodrigo Frota da. Em busca da neutralidade na tributação do consumo no Brasil. *Consultor Jurídico,* 28 jul. 2023. Disponível em: https://www.conjur.com.br/2023-jul-28/angelis-silveira-neutralidade-tributacao-consumo/. Acesso em: 15 out. 2025.

GRILLO, Luciana Moscardi; SILVEIRA, Rodrigo Frota da. Imposto bom é imposto velho. *Folha de S.Paulo,* 2 jul. 2023. Disponível em: https://www1.folha.uol.com.br/blogs/que-imposto-e-esse/2023/06/imposto-bom-e-imposto-velho.shtml. Acesso em: 15 out. 2025.

SILVEIRA, Rodrigo Frota da; CASTILHO, Fábio Roberto C. A guerra fiscal que não interessa a ninguém. *Jus Navigandi,* Teresina, ano 11, n. 974, 2 mar. 2006.

SILVEIRA, Rodrigo Frota da; DE ANGELIS, Ângelo; SPADA, Rodrigo. Crédito de IBS: risco zero e efeito de caixa zero para o adquirente de bens de serviços. *O Estado de S.Paulo,* 5 mar. 2024. Disponível em: https://www.estadao.com.br/politica/blog-do-fausto-macedo/credito-de-ibs-risco-zero-e-efeito-de-caixa-zero-para-o-adquirente-de-bens-de-servicos/. Acesso em: 15 out. 2025.

Capítulo **16**

Tributação de novas tecnologias e reforma tributária: segurança jurídica?

Michell Przepiorka

INTRODUÇÃO

Registre-se, inicialmente, o agradecimento do autor aos organizadores pelo honroso convite para participar de obra voltada a analisar os impactos da reforma no sistema tributário brasileiro, em momento tão oportuno, em que foi aprovado o primeiro projeto de lei complementar destinado a regulamentar a matéria (Lei Complementar n. 214/2025).

Embora a Emenda Constitucional (EC) n. 132, promulgada em 20 de dezembro de 2023, tenha sido o passo inicial de uma reforma tributária sobre o consumo que oxalá deva terminar em 2033, quando definitivamente extintos os atuais tributos, previstos nos arts. 155, II (ICMS), e 156, III (ISS), da Constituição Federal (CF), somente com a promulgação da lei complementar é que os contribuintes terão um mínimo de segurança acerca do novo sistema aplicável.

Como amplamente divulgado, a referida reforma tributária promete a simplificação do sistema após o prazo de transição estabelecido nos arts. 125 a 133 do Ato das Disposições Constitucionais Transitórias (ADCT). Até lá, contudo, os contribuintes conviverão com dois sistemas tributários distintos e consequentemente com o aumento de obrigações acessórias.

Note-se que, considerado o prazo de decadência, União Federal, estados e municípios deverão ainda manter um quadro de funcionários dedicado à fiscalização dos tributos pré-reforma tributária por ainda mais cinco anos após o fim do período de transição, mantendo-se ainda a estrutura administrativa para julgamento de eventual contencioso administrativo. De sua parte, os contribuintes deverão manter documentação fiscal hábil e idônea para eventual aproveitamento de créditos apurados

De fato, conquanto tenha estabelecido as diretrizes, a emenda constitucional delegou à lei complementar a instituição dos referidos tributos, além de sujeição passiva, regras para a distribuição do produto da arrecadação do imposto, regime de compensação, critérios para aplicação do princípio do destino, regimes específicos e preferenciais, processo administrativo, entre tantos outros.

Portanto, somente com a lei complementar é que se pode fazer um juízo de valor mínimo sobre a reforma tributária e seus impactos.

Sem adentrarmos nas inúmeras discussões relativas à constitucionalidade[1] ou inconstitucionalidade[2] da referida reforma ou mesmo quanto ao alcance de seus objetivos abstratamente colocados (p. ex., simplificação),[3] o presente capítulo buscará identificar os impactos da reforma na tributação de "novas tecnologias".

No que concerne ao direito tributário, o estudo das novas tecnologias tem despertado cada vez mais interesse tanto por parte dos contribuintes quanto das autoridades administrativas, em primeiro lugar em razão da elevada manifestação de riqueza que essas atividades revelam.

O segundo motivo seria a adequada qualificação jurídica desses fatos, saber se eles se subsomem às hipóteses de incidência vigentes e, em caso afirmativo, verificar os possíveis conflitos de competência que essas tecnologias podem causar e como resolvê-los, para a garantia de uma tributação adequada aos ditames constitucionais.

A utilização de aspas na expressão "novas tecnologias" é necessária, pois se trata de gênero utilizado para englobar inúmeras atividades, algumas mais novas, outras nem tanto, como a utilização de impressoras 3D, as operações envolvendo *softwares*, transações com ativos virtuais,[4] entre outras.

Assim, antes de ingressar nos impactos da reforma tributária sobre as "novas tecnologias", dedicar-se-á uma seção aos cuidados que o operador do direito deve adotar na qualificação de operações para fins de determinação da regra tributária aplicável. A partir do conhecimento dos fatos, então apresentaremos as principais discussões que poderão ser enfrentadas a partir do texto aprovado para regulamentar a reforma tributária.

---

1 Nesse sentido: FERRAZ JUNIOR, CBS/ISB e o princípio federativo, 2024; SIQUEIRA e FABRIZ, Reforma tributária e pacto federativo: a constitucionalidade do art. 156-A, IV, da Constituição Federal, 2024.

2 *Vide*: DE PAULA, Reforma tributária é inconstitucional por ofensa ao pacto federativo, 2024.

3 *Vide,* entre outros: SILVA MARTINS, Ainda sobre a reforma tributária, 2024.

4 *Vide* o capítulo Tributação indireta de NFTs: o conflito de competência entre ISS e ICMS, 2022, de Daniel de Paiva Gomes e Eduardo de Paiva Gomes.

NOVAS TECNOLOGIAS E DESAFIOS DA INCIDÊNCIA TRIBUTÁRIA

Como temos defendido,[5] o Direito regula as condutas intersubjetivas, tendo por objeto os eventos que ocorrem no mundo fenomênico. Para tanto, o operador do direito deve partir dos elementos que compõem o fato em sentido lato e verificar se o conjunto desses elementos se subsume a determinado conceito, sendo certo que esse conceito pode estar veiculado em qualquer texto. Daí por que é fundamental assumir a intertextualidade como pressuposto de juízo válido do conceito do fato imponível, bem como do conceito da materialidade em concreto (fato jurídico tributário).

De fato, é a compatibilização entre o conceito do fato imponível e o fato jurídico tributário que torna exigível ou não o cumprimento da conduta prescrita. Não é difícil verificar a multiplicidade de interpretações que se pode atribuir para uma mesma situação (fato concreto), principalmente quando o operador do direito tem que conjugar os conceitos do regime jurídico pertinentes à materialidade colhida para a tributação, com o conceito do fato imponível, aferido pelas feições que lhe são atribuídas pela norma tributária. A melhor interpretação será aquela que estiver mais legitimada no direito positivo, sempre na premissa de que o próprio Direito sofre metamorfoses, provocadas por experiências e circunstâncias sociais que, de certa forma, alteram valores, tornando dinâmica a interpretação.

Contudo, na medida em que o direito tributário toma por materialidade algo cuja interpretação importa na aferição de elementos objeto de outra ciência, então a utilização da linguagem dessa outra ciência é pressuposto de validade da interpretação, conotativa ou denotativa, do suporte fático. Por outro lado, essa interpretação sofre limites estabelecidos nos próprios textos de direito positivo e na Ciência do Direito, ao determinar os efeitos implicantes da tradução do suporte fático (produto).

Para a tradução válida dos suportes fáticos, na ideia de que o Direito pressupõe a intertextualidade intrassistêmica e intersistêmica, cada fato (tomado como suporte fático) deve ser conceituado por meio da subsunção do conjunto de seus elementos ao conjunto dos elementos que denotam o respectivo conceito normativo. Tanto os elementos quanto o conceito normativo devem ser extraídos das regras próprias do sistema (inclusive quando oriundo de outras ciências) ou de subsistema (quando pertencente a outros ramos jurídicos) que originariamente normatiza o fato, tomado por suporte fático.

Isso para consignar que a tributação pressupõe a compreensão das transações subjacentes, independentemente da roupagem tecnológica utilizada, para

---

5 DIAS e PRZEPIORKA, A tributação do *software*: aspectos interdisciplinares, 2021.

fins de determinar sua correta qualificação jurídica e consequências tributárias. Isso quer dizer que, para haver incidência tributária sobre novas tecnologias, deverá existir uma regra jurídica prévia e haver a subsunção dos fatos ao conteúdo prescrito na norma.[6]

No Brasil, a importância da qualificação jurídica dos fatos ganha maior relevância diante do modo como as competências tributárias foram repartidas na Constituição de 1988: a) serviços em geral – Imposto sobre Serviços (ISS), cuja competência fora destinada aos municípios; b) operações financeiras – IOF, de competência da União; c) serviços de comunicação e transporte – sujeitos ao ICMS, de competência dos estados; d) transferência de mercadorias – sujeita ao ICMS, de competência dos estados; e, por fim, e) industrialização – sujeita ao IPI, de competência da União.

Como tributar o *software as a service*? E o *streaming*? O que falar do *download* direto de funcionalidades via internet? Estariam as novas tecnologias fadadas à tributação pela União no exercício de sua competência residual? Ou teriam os impostos estadual e municipal maior flexibilidade a ponto de englobá-las? A resposta a tais perguntas passa invariavelmente pela Constituição Federal, em que foram delimitadas as competências para a imposição tributária.

Como se verifica, a Constituição tratou de forma minudente do sistema tributário nacional, não se limitando à fixação de princípios gerais, mas discriminando de forma rígida as competências dos entes tributantes,[7] além de ter estabelecido, na denominação atribuída por Aliomar Baleeiro,[8] as limitações constitucionais ao poder de tributar.

Ressalta-se que essa problemática da repartição da competência tributária sobre o consumo foi agravada pela voracidade arrecadatória dos entes tributantes. Isso porque, não bastasse a existência de uma miríade de tributos sobre o consumo, ao verem uma nova atividade economicamente significativa, os entes buscam qualificá-las de modo a atrair sua competência tributária, muitas vezes desconsiderando a natureza jurídica da transação realizada.[9]

NOVAS TECNOLOGIAS E TRIBUTAÇÃO SOBRE O CONSUMO PRÉ-REFORMA: LITIGÂNCIA FISCAL

Em tempos de novas tecnologias e de alterações nos paradigmas de prestação de serviços, com a crescente digitalização de atividades e mercadorias, as

6 CARVALHO, *Direito tributário*: fundamentos jurídicos da incidência, 2015, p. 36

7 BARRETO, *Planejamento tributário*: limites normativos, 2016, p. 46.

8 BALEEIRO, *Limitações constitucionais ao poder de tributar*, 2010, p. 24.

9 OLIVEIRA e PRZEPIORKA, Aspectos tributários da impressão 3D, 2020.

dificuldades em torno da delimitação dos conceitos de serviço e mercadoria acarretam enorme insegurança jurídica com a disputa entre estados e municípios para subsumir os novos modelos de atividades aos antigos conceitos jurídicos.

De fato, ao analisar a evolução das discussões pertinentes à tributação de *softwares*,[10] verificou-se que essa materialidade permaneceu com sua tributação incerta por longo período, somente tendo sido resolvida com o julgamento da Ação Direta de Inconstitucionalidade (ADI) n. 1.945 e da ADI n. 5.659, ocasião em que se decidiu que as operações de licenciamento e a cessão de direito de uso de *software* qualificam-se como serviço e não como circulação de mercadoria.

Concordamos com as conclusões da Suprema Corte, na medida em que o verdadeiro elemento de *distinguishing* ou, melhor dizendo, conotativo de que não se trata de uma mercadoria é, justamente, sua definição interdisciplinar regida pelas Leis ns. 9.609/98 e 9.610/98. Ora, tratando-se de direito de autor e de mera licença de uso ou de comercialização, não se pode estar diante de um objeto de mercancia, cuja transferência de propriedade – para uso, gozo e disposição – é fundamental. Ilustrativamente, pensemos em um livro: se ele tem um *corpus mechanichum* (papel), há uma transferência desse *corpus mechanichum*, mas jamais de seu conteúdo. O Supremo Tribunal Federal (STF) não entendeu essencial o *corpus mechanichum* para se tratar de mercadoria, o que leva a crer que admite, em hipótese, a existência de mercadoria digital. O *distinguishing*, longe de ser a existência de suporte físico, é a natureza do conteúdo digital, este, no caso do *software*, não transferível (salvo as hipóteses de transferência de tecnologia), mas apenas licenciado para uso.

De se notar ainda que a Corte acabou por resolver também a discussão sobre a licença ser ou não uma prestação de serviço. Muitos defenderam que a licença não comportaria em si uma obrigação de fazer e, portanto, não estaria submetida à tributação pelo ISS, ainda que de mercadoria não se tratasse. Ainda na decisão proferida pela Suprema Corte também essa matéria se resolveu pela submissão do licenciamento do *software* ao conceito de prestação de serviço, como elencado na Lei Complementar n. 116/2003.

Da mesma forma, para a qualificação das transações pertinentes à impressão 3D importa conhecer não só a tecnologia, mas seu papel na cadeia produtiva. Com efeito, ela pode envolver inúmeras transações distintas: (i) utilizar impressora própria para imprimir esquete próprio; (ii) utilizar impressora própria para imprimir esquete desenvolvido por terceiro; (iii) utilizar impressora de terceiro para imprimir esquete próprio; ou (iv) utilizar impressora de

10 DIAS e PRZEPIORKA, *op. cit.*, 2021.

terceiro para imprimir esquete de terceiro. Cada uma dessas situações descritas ensejará uma tributação diferente.[11]

Em obra monográfica, Eduardo de Paiva Gomes[12] identifica seis situações fáticas distintas, cada uma com tributação específica: (I) pessoa jurídica proprietária da impressora 3D e do arquivo digital utilizado para impressão dos produtos; (II) pessoa jurídica proprietária da impressora 3D e detentora da licença de uso do arquivo digital; (III) pessoa jurídica proprietária da impressora 3D e detentora da licença de uso e comercialização do arquivo digital; (IV) pessoa jurídica detentora de licença de uso e/ou comercialização do arquivo digital, enquanto a impressora 3D é de propriedade de outra empresa, de modo que o produto, assim que impresso, é vendido ao consumidor; (V) pessoa jurídica detentora de licença de uso e/ou comercialização do arquivo digital, enquanto a impressora 3D é de propriedade de outra empresa, de modo que o produto impresso é utilizado no contexto de uma cadeia econômica destinada à fabricação de um produto maior; (VI) pessoa jurídica proprietária de *site* de compartilhamento de arquivos digitais imprimíveis.

Não sendo o escopo deste capítulo apresentar as conclusões acerca de quais tributos incidiriam em cada uma dessas operações, a existência de uma plêiade de operações envolvendo as impressoras 3D evidenciam a importância de conhecer a tecnologia e seu uso para fins de delimitar sua tributação.

Note-se que o STF decidiu, no julgamento do Recurso Extraordinário (RE) n. 882.461, com repercussão geral reconhecida (Tema n. 816), que é inconstitucional a incidência do Imposto sobre Serviços (ISS) em "operação de industrialização por encomenda", em que há uma etapa intermediária do ciclo produtivo da mercadoria que não se destina diretamente à industrialização ou à comercialização.

Essas conclusões devem ser enfatizadas no que diz respeito a operações de tokenização, normalmente divulgadas sob a rubrica de NFT (*non-fungible tokens*). Isso porque há quem venha sustentando que a inclusão de um ativo ou de um direito que tenha sido tokenizado teria o condão de alterar a incidência tributária. Com efeito, "analisar a operação sob a perspectiva formal do NFT resultaria em prestígio à forma em detrimento da substância, o que, a nosso ver, não parece ser a premissa adequada para delimitar as incidências tributárias".[13]

Contudo, esse posicionamento desconsidera a própria definição de NFT como um "certificado de autenticidade para um objeto, real ou virtual".[14] Com base nessa mesma definição, Daniel de Paiva Gomes e Eduardo de Paiva Gomes

---

11 OLIVEIRA e PRZEPIORKA, *op. cit.*, 2020.

12 GOMES, *Tributação da impressão 3D: blueprint, software* e impressora 3D, 2021, RB-3.1.

13 GOMES, NFT e impressão 3D: aspectos jurídico-tributários, 2022, RB-74.3

14 OKONKWO, NFT, copyright and intellectual property commercialization, 2021.

são assertivos ao afirmar que "NFTs são envelopes que podem conter direitos ou referenciar a fruição a futuros bens/mercadorias e/ou serviços, renovando o famigerado conflito de competência entre ICMS e ISS em operações com novas tecnologias".[15] Como visto, trata-se de mera roupagem, que, a despeito de dar maior dinamismo comercial, não altera a qualificação da operação subjacente para fins de tributação.

A pluralidade de competências tributárias sobre o consumo, mormente o conflito entre ISS e ICMS, associada à demora do Poder Judiciário em solucionar eventuais conflitos, é motivo de grande insegurança jurídica para os contribuintes. Esse cenário é agravado ainda quando as partes desrespeitam precedentes, ou os próprios órgãos prolatores o fazem, quando adotam critérios de decidir que vão de encontro à *ratio decidendi* de processos semelhantes, sem indicar com precisão se há superação ou distinção.

Na seção seguinte, analisaremos a Emenda Constitucional (EC) n. 132/2023 e sua regulamentação pela Lei Complementar n. 214/2025, bem como seus impactos na tributação de novas tecnologias.

IMPACTOS DA REFORMA TRIBUTÁRIA SOBRE O CONSUMO E NOVAS TECNOLOGIAS

A reforma tributária implementada pela EC n. 132/2023 e regulamentada pela Lei Complementar n. 214/2025 adotou como premissa a neutralidade da carga tributária global.[16] Nesse aspecto, enquanto alguns setores tiveram sua carga aumentada, outros a tiveram reduzida.

De fato, extrai-se da Nota Técnica "Alíquota-padrão da tributação do consumo de bens e serviços no âmbito da reforma tributária", elaborada pela Secretaria Extraordinária da Reforma Tributária do Ministério da Fazenda (SERT/MF), que:

> Uma das diretrizes traçadas para a reforma tributária é que: "Em nenhuma hipótese haverá aumento da carga tributária" (GTRF, 2023, p. 83). A estabilidade da carga tributária será garantida por meio do mecanismo das alíquotas de referência que tem uma lógica de funcionamento relativamente simples: na medida em que progride a transição para o novo sistema tributário e os antigos tributos são eliminados, as alíquotas dos novos tributos (IBS e CBS) deverão ser majoradas no exato montante necessário para neutralizar a perda de arre-

15 PAIVA GOMES e PAIVA GOMES, Tributação indireta de NFTs: o conflito de competência entre ISS e ICMS, 2022, RB-76.2.

16 TCU, *Resultados do Grupo de Trabalho sobre a Reforma Tributária*, 2023, p. 9-10.

cadação, após deduzir as receitas do Imposto Seletivo. O resultado é que, ao final da transição em 2033, as alíquotas de referência do IBS e da CBS convergirão para o valor necessário para repor a arrecadação dos tributos atuais, em proporção do Produto Interno Bruto (PIB).

Especificamente no que diz respeito às novas tecnologias, trata-se de empresas voltadas ao setor de prestação de serviços, que, via de regra, terá sua carga tributária aumentada. E isso decorre basicamente do aumento da alíquota do imposto sobre o consumo combinado com a ausência ou o baixo número de créditos apropriáveis nessas operações.

Quanto ao aumento da alíquota, basta ter em mente que tais operações em geral estariam sujeitas ao ISS (2 a 5%), à Cofins (3%) e ao PIS (0,65%), gerando uma carga tributária média entre 5,65 e 8,65%. Com a implementação da CBS e do IBS, a alíquota padrão passa a ser de 26,5%, considerando o disposto no § 11 do art. 475 da Lei Complementar.

Neste ponto, registra-se, seria leviana a comparação direta de alíquotas sem levar em conta o aspecto da não cumulatividade. Entretanto, em nosso sentir, ainda haverá aumento de alíquota efetiva em razão de tais atividades não contarem com muitos insumos *vis-à-vis* o valor agregado do setor.

Há evidente preocupação ainda com a forma que serão interpretados os dispositivos, mormente os arts. 47 e 57, que tratam da vedação de apropriação de créditos destinados ao uso e ao consumo pessoal, haja vista que no setor de serviços em geral, e mais especificamente de novas tecnologias, pode haver sobreposição entre bens e serviços destinados ao uso pessoal e ao comercial, por exemplo, no licenciamento de *softwares*.

Na mesma toada, haverá aumento de carga tributária sobre bens imateriais e serviços importados (como licenciamento de *softwares*, pagamento de *royalties*) que servem ou podem servir de insumo para a atividade de empresas que têm por objeto o desenvolvimento de novas tecnologias. Nesse contexto, as empresas ainda em fase de pesquisa e desenvolvimento podem ter seus custos aumentados sem que necessariamente obtenham resultados.

Registre-se, ainda, que muitas dessas empresas aderem, em momento inicial, ao Simples Nacional, não sendo diretamente afetadas pelo aumento de alíquota. Isso não significa, contudo, que elas não são afetadas pela reforma tributária. Ao contrário, a mudança na metodologia quanto ao valor do crédito gerado pelas empresas do Simples Nacional, normatizada no § 9º do art. 47 da Lei Complementar,[17] pode tolher a competitividade dessas empresas.

---

17 Art. 47, § 9º: "Na hipótese de o pagamento do IBS e da CBS ser realizado por meio do Simples Nacional, quando não for exercida a opção pelo regime regular de que trata o § 3º

CONCLUSÃO

O setor tecnológico, responsável pelo desenvolvimento de novas tecnologias, desde a promulgação da Constituição Federal de 1988 tem convivido com ampla insegurança jurídica, no que diz respeito a sua tributação. A repartição de competências carreada pelo constituinte abriu margem para ampla disputa entre estados e municípios, em guerras fiscais horizontais e verticais.

A origem constitucional dessa disputa requer a intervenção do STF para sua resolução, o que gera insegurança em múltiplas perspectivas: (i) temporal, haja vista a demora na resolução de conflitos; e (ii) material, em razão da ausência de critérios objetivos para a resolução de tais conflitos.

Neste aspecto, a reforma tributária implementada pela EC n. 132/2023 e regulamentada pela LC n. 214/2025 tem o condão de reduzir a segurança jurídica, com a redução do espaço para conflitos de competência, limitando eventuais questões pertinentes à qualificação de atividades à subsunção das atividades a regime jurídico específico ou favorecido.

A despeito do aumento na segurança jurídica, ao menos aparente neste primeiro momento, este vem ao custo do aumento da carga tributária para o setor, o que ocorre em razão da diferença de alíquotas e do baixo potencial de aproveitamento de insumos no setor de serviços, o que pode ser agravado a depender da interpretação que se dê às regras de não cumulatividade.

BIBLIOGRAFIA

BALEEIRO, Aliomar. *Limitações constitucionais ao poder de tributar*. 8. ed. atualizada por Misabel Abreu Machado Derzi. Rio de Janeiro: Forense, 2010.

BARRETO, Paulo Ayres. *Planejamento tributário*: limites normativos. São Paulo: Noeses, 2016.

CARVALHO, Paulo de Barros. *Direito tributário*: fundamentos jurídicos da incidência. 10. ed. São Paulo: Saraiva, 2015.

DE PAULA, Breno. Reforma tributária é inconstitucional por ofensa ao pacto federativo, *Conjur*, 27 nov. 2024. Disponível em: https://www.conjur.com.br/2024-nov-27/reforma-tributaria-e-inconstitucional-por-ofensa-ao-pacto-federativo/. Acesso em: 4 nov. 2025.

DIAS, Karem Jureidini; PRZEPIORKA, Michell. A tributação do *software*: aspectos interdisciplinares. *In*: TAKANO, Caio Augusto; BARRETO, Simone Rodrigues Costa (coord.). *Direito tributário e interdisciplinaridade*: homenagem a Paulo Ayres Barreto. São Paulo: Noeses, 2021. p. 339-62.

---

do art. 41 desta Lei Complementar: I – não será permitida a apropriação de créditos do IBS e da CBS pelo optante pelo Simples Nacional; e II – será permitida ao contribuinte sujeito ao regime regular do IBS e da CBS a apropriação de créditos do IBS e da CBS correspondentes aos valores desses tributos pagos na aquisição de bens e de serviços de optante pelo Simples Nacional, em montante equivalente ao devido por meio desse regime".

FERRAZ JUNIOR, Tercio Sampaio. CBS/ISB e o princípio federativo. *Revista Fórum de Direito Tributário – RFDT*, ano 2024, n. 128, p. 9-19, mar. 2024.

OKONKWO, Ifeanyi E. NFT, copyright and intellectual property commercialization. *International Journal of Law and Information Technology*, v. 29, n. 4, p. 296-304, 2021, p. 296-304. https://doi.org/10.1093/ijlit/eaab010.

OLIVEIRA, Fernando Bernardes de; PRZEPIORKA, Michell. Aspectos tributários da impressão 3D. *Revista Abradt Fórum de Direito Tributário*, Belo Horizonte, ano 4, n. 7, jan./jun. 2020, p. 33-50.

PAIVA GOMES, Daniel de; PAIVA GOMES, Eduardo de. Tributação indireta de NFTs: o conflito de competência entre ISS e ICMS. *In*: PAIVA GOMES, Daniel de; PAIVA GOMES, Eduardo de; CONRADO, Paulo Cesar. *Criptoativos, tokenização,* blockchain *e metaverso*: aspectos filosóficos, tecnológicos, jurídicos e econômicos. São Paulo: Thomson Reuters Brasil, 2022. *E-book*.

PAIVA GOMES, Eduardo de. *Tributação da impressão 3D: blueprint, software* e impressora 3D. São Paulo: Thomson Reuters Brasil, 2021. *E-book*.

PAIVA GOMES, Eduardo de. NFT e impressão 3D: aspectos jurídico-tributários. *In*: PAIVA GOMES, Daniel de; PAIVA GOMES, Eduardo de; CONRADO, Paulo Cesar. *Criptoativos, tokenização,* blockchain *e metaverso*: aspectos filosóficos, tecnológicos, jurídicos e econômicos. São Paulo: Thomson Reuters Brasil, 2022. *E-book*.

SILVA MARTINS, Ives Gandra da. Ainda sobre a reforma tributária. *Revista Fórum de Direito Tributário – RFDT*, Belo Horizonte, ano 22, n. 129, p. 27-29, maio/jun. 2024.

SIQUEIRA, Julio Homem de; FABRIZ, Daury César. Reforma tributária e pacto federativo: a constitucionalidade do art. 156-A, IV, da Constituição Federal. *Revista Fórum de Direito Tributário – RFDT*, ano 2024, n. 132, p. 45-54, nov. 2024.

TRIBUNAL DE CONTAS DA UNIÃO (TCU). *Resultados do Grupo de Trabalho sobre a Reforma Tributária*, 2023. Disponível em https://www.gov.br/fazenda/pt-br/acesso-a-informacao/acoes-e-programas/reforma-tributaria/estudos/sumario-executivo-grupodetrabalho-reforma-tributaria_web.pdf. Acesso em: 20 jan. 2025.

Capítulo **17**

Zonas de Processamento de Exportação: estratégia de desenvolvimento econômico do Brasil e os impactos da reforma tributária do consumo

Daniela Floriano
Larissa Sampaio

INTRODUÇÃO

O Brasil inaugurou sua experiência como exportador antes mesmo de se tornar um país. Sua vocação para a exportação teve início com a extração do pau-brasil, ainda no início do século XVI, período em que era considerado apenas um território de domínio português. Os anos que se seguiriam apenas confirmariam essa tendência.

A intensiva exploração da cultura da cana-de-açúcar, seguida pelo algodão, marcaram o tom dos interesses de Portugal e dos demais países europeus sobre a Colônia durante os dois séculos seguintes.

Após a decadência dessas indústrias, a busca por novas fontes de riquezas comerciais[1] atraiu muitos exploradores para a atividade de extração de metais preciosos, em especial na região que, posteriormente – e não por outra razão –, seria conhecida como Minas Gerais. No decorrer do século XVIII, até poucos anos depois da Independência do Brasil, no início do século XIX, o ciclo do ouro desencadeou uma intensa imigração de mão de obra para o interior do país e exportação de riquezas mineiras, em especial com destino a Portugal e à Inglaterra, onde se iniciava a Revolução Industrial.

Com a diminuição dos recursos minerais, somada à crise financeira e aos impactos políticos da Europa no final do século XVIII, os desígnios econômicos da colônia retornaram para a agricultura, repousando nos grandes cafezais paulistas e tornando o café o principal produto de exportação do Brasil pelos

---

1 Como bem pontua Celso Furtado, em sua obra *Formação econômica do Brasil*: "Em Portugal compreendeu-se claramente que a única saída estava na descoberta de metais preciosos. Retrocedia-se, assim, à ideia primitiva de que as terras americanas só se justificavam economicamente se chegassem a produzir os ditos metais" (2007, p. 177).

cem anos seguintes.[2] Após um longo reinado, o desequilíbrio estrutural entre a oferta e a demanda do produto, decorrente da política protecionista imposta pelos cafeicultores brasileiros combinada com a crise mundial de 1929, irrompeu na decadência da "indústria" cafeeira.

Nos anos que se seguiram, a "vocação" exportadora do país foi positivamente impactada pelo período das Grandes Guerras. Durante os conflitos, os preços das matérias-primas eram favorecidos em razão da escassez de insumos em todo o continente europeu. Por conseguinte – e justamente por compor a base das exportações brasileiras –, o que se observou foi uma intensa ampliação e diversificação da produção agrícola e pecuária destinada a abastecer os Países Aliados até o final da década de 1940.

Esse brevíssimo resgaste histórico permite presumir que, desde a chegada dos portugueses ao país até meados do século XX, toda nova indústria que surgia no Brasil se baseava em atividades primárias, necessariamente ligadas à exploração de recursos naturais.

A virada de chave – parcial, diga-se, considerando que atualmente o comércio exterior brasileiro ainda se destaca pela balança comercial positiva, alavancada pela exportação de produtos não manufaturados – sobreveio a partir da década de 1950, quando o Brasil passou de um país pobre e agrícola para um país em desenvolvimento, com foco na urbanização e com parte de seus interesses orientada para a indústria e para o setor de serviços.

Imersos em um contexto global de pós-guerra, os países começam a se reerguer e a traçar novas estratégias de ampliação de mercado. A influência da Revolução Industrial, essencial para o desenvolvimento dos Estados de todos os continentes, intensificou as desigualdades socioeconômicas regionais, o que exigiu dos governos a adoção de estratégias para o desenvolvimento das regiões menos favorecidas pela industrialização.

As Zonas Econômicas Especiais (ZEEs), que até então eram consideradas espécies de "portos livres",[3] entram em cena nos projetos governamentais como

---

2 Importante ressaltar que, embora novas fontes econômicas – e até mesmo de subsistência – tenham se destacado ao decorrer dos séculos, nenhuma das atividades anteriores deixava de exercer influência na economia brasileira. Nesse sentido, Celso Furtado explica que, até o início do século XX, "convém dividir a economia brasileira em três setores principais. O primeiro, constituído pela economia do açúcar e do algodão e pela vasta economia de subsistência a ela ligada, se bem que por vínculos cada vez mais débeis. O segundo, formado pela economia de subsistência no sul do país. O terceiro, tendo como centro, a economia cafeeira" (*op. cit.*, 2007, p. 208).

3 Historicamente, as zonas de processamento de exportação surgiram com a instituição dos "portos livres" (*freeports*), em que os comerciantes operavam navios, trocavam cargas e reexportavam mercadorias sem muita intervenção das autoridades locais. No entanto, a partir da década de 1960, começaram a aparecer as primeiras zonas de exportação mais

um tipo de incentivo à industrialização de áreas menos produtivas. Com o tempo, as ZEEs prosperaram e assumiram novas funções, a depender do estágio de desenvolvimento econômico do país.

Nos países de baixa renda, por exemplo, as ZEEs ainda são frequentemente utilizadas como ferramenta para estimular o desenvolvimento industrial, a diversificação produtiva e a criação de empregos. Em países de renda média, as ZEEs normalmente estão alinhadas à transformação estrutural pela sofisticação industrial (*upgrading*) da produção de bens mais complexos e de alto valor agregado. Já nos países de renda média-alta, o foco desse modelo se direciona para as indústrias de alta tecnologia e o fortalecimento da capacidade de inovação, enquanto nos países de alta renda tendem a se concentrar em tecnologias limpas e pesquisa e desenvolvimento (P&D), a exemplo de parques ecoindustriais e parques tecnológicos.

Embora não seja considerado um país de alta renda, o Brasil tem seguido a tendência global da "Política Industrial Verde",[4] investindo para que as aqui denominadas Zonas de Processamento de Exportação (ZPEs) se tornem áreas de desenvolvimento de tecnologias limpas.[5] Para além disso, em razão do novo cenário multipolar, marcado pela decadência das cadeias globais de valor e a concentração regional das economias, nota-se no cenário brasileiro uma evolução legislativa com foco no incentivo ao desenvolvimento da indústria nacional.

É nesse contexto que a reforma tributária do consumo, inaugurada com a aprovação da Emenda Constitucional (EC) n. 132/2023, surge como um poderoso instrumento para que as áreas de livre-comércio brasileiras sejam impulsionadas, seguindo o fluxo de projeção industrial que vem sendo construído por meio do Plano Nova Indústria Brasil, ações voltadas a tornar o Brasil um protagonista da transformação ecológica mundial.

---

modernas, que se utilizavam da proximidade dos portos e aeroportos como vantagem na inserção dos produtos no mercado externo. Após a década de 1980, as ZEEs se tornaram uma ferramenta vital para alguns países, como a China, cujo desenvolvimento industrial passou a ser baseado na exportação.

4 A Política Industrial Verde está intimamente ligada à necessidade de dissociar a prosperidade gerada pelas atividades industriais do uso excessivo dos recursos naturais e dos impactos ambientais negativos. Nesse contexto, empresas de diversos países têm buscado uma abordagem industrial mais limpa e sustentável.

5 Cite-se o *hub* de hidrogênio verde da ZPE de Pecém, no Estado do Ceará, e o projeto de produção de hidrogênio verde e de amônia verde a ser implantado na ZPE de Parnaíba, no Piauí.

O SURGIMENTO DAS ZONAS ECONÔMICAS ESPECIAIS COMO ESTRATÉGIA DE INTEGRAÇÃO E DESENVOLVIMENTO REGIONAL

A primeira metade do século XX no Brasil, notadamente marcada pelo processo de industrialização dos meios de produção, transcorreu de forma desarticulada entre as distintas e longínquas regiões do país. A concentração das indústrias nascituras apenas em determinadas e específicas localidades culminou em um fenômeno de polarização da economia brasileira em duas principais regiões.[6]

O processo de industrialização não homogêneo contribuiu para agravar a má distribuição dos recursos e a desigualdade entre os estados brasileiros, refletidas na renda e no índice de desenvolvimento humano de diferentes regiões de um mesmo país. Em resposta a esse fenômeno – não exclusivo à realidade nacional –, surge, a partir da metade do século XX, um movimento conjunto dos países, incluindo o Brasil, para a implementação de iniciativas voltadas a um ideal de redistribuição geográfica dos fatores econômicos.

Nessa nova ordem industrial e econômica em ascensão, mais globalizada e interdependente, diversos recursos político-comerciais foram adotados pelos governos dos cinco continentes buscando impulsionar a balança comercial de seus países. Direcionadas a estimular o comércio internacional por meio de um regime aduaneiro especial que viabilizasse o investimento em regiões menos desenvolvidas, as ZEEs ganharam notoriedade, sendo adotadas por diversos países como um instrumento de política econômica orientado a reduzir os desequilíbrios econômicos e fortalecer o comércio exterior.

As ZEEs são categorizadas como áreas ou regiões específicas, cujo objetivo é estabelecer condições de "livre-comércio" entre as empresas nacionais e aquelas situadas no exterior. Embora usualmente as ZPE/ZEEs sejam referidas como "áreas de livre-comércio", não se confundem como aquela inerente aos processos de integração regional (zona de livre-comércio, união aduaneira, mercado comum, entre outros).[7] Trata-se, em verdade, de zonas do território nacional,

---

6 Celso Furtado (*op. cit.*) explica que "o rápido crescimento da economia cafeeira – durante o meio século compreendido entre 1880 e 1930 – se por um lado criou fortes discrepâncias regionais de níveis de renda *per capita*, por outro dotou o Brasil de um sólido núcleo em torno ao qual as demais regiões tiveram necessariamente de articular-se". Nesse contexto, até a metade do século XX, a economia brasileira havia alcançado um certo grau de articulação entre as regiões. No entanto, embora a industrialização tenha se iniciado em todas as regiões, esse processo naturalmente tendeu a se concentrar em uma única região. "A tendência à concentração regional da renda é fenômeno observado universalmente, sendo amplamente conhecidos casos como da Itália, da França e dos EUA" (*op. cit.*, 2007, p. 228-30).

7 A Área de Livre-Comércio como um processo de integração regional consiste na eliminação das barreiras tarifárias e não tarifárias que incidem sobre o comércio entre os países,

onde, observadas determinadas condições, isentam-se e diferem-se os tributos sobre importação e exportação, além de flexibilizar o tratamento administrativo das operações de comércio exterior.

Além disso, as ZEEs são consideradas zonas primárias para o efeito de controle de desembaraço aduaneiro na exportação. O objetivo é que empresas industriais exportadoras sejam regidas por normas e regras específicas de mercado e usufruam de benefícios exclusivos para se instalarem em regiões menos produtivas, de modo a gerarem maior produtividade e atraírem mão de obra para aquela área. Como consequência, as organizações empresariais que se instalam em uma ZEE conseguem tratamentos tributários, administrativos e, principalmente, cambiais diferenciados, sem recorrer às *offshores*[8] para garantir benefícios fiscais.

É notável que a expansão de ZEEs no mundo tenha se constituído, desde o início, como uma nova estratégia de desenvolvimento econômico de certos arranjos produtivos, em especial após a propagação das cadeias globais de valor a partir da década de 1990. Estima-se que, em 1975, havia 79 ZEEs espalhadas por 25 países e que, em 2006 – coincidentemente um ano antes da promulgação da Lei das ZPEs no Brasil –, essa estatística aumentou para 3.500 ZEEs distribuídas em 130 países distintos.[9]

No entanto, cada país utilizou esse mecanismo de forma particular, adaptando a suas necessidades e demandas. No caso do Brasil, a partir de 2007, optou-se pela incorporação das Zonas de Processamento de Exportação (ZPE), uma modalidade específica de ZEE. A característica principal desse modelo é que, além de ser uma região destinada a atrair investimentos e promover o desenvolvimento econômico por meio de leis comerciais e tributárias diferenciadas, ainda é designada especificamente para o processamento industrial de matérias-primas para exportação. Em razão dessa particularidade, para que uma ZEE seja caracterizada como uma ZPE – ao menos em tese –, sua produção, obrigatoriamente, deve ser toda ou majoritariamente direcionada para exportação, condição que, no entanto, foi extinta pela Lei federal n. 14.184/2021, conforme será tratado no item "Reformulação das ZPEs pela Lei n. 14.184/2021".

---

por meio de acordos políticos. No caso das ZPEs, não há qualquer acordo entre os países: trata-se de um mecanismo interno para desenvolvimento regional, ainda que tenha reflexos no comércio exterior.

8 *Offshore* é o termo utilizado para se referir a empresas e contas bancárias abertas em territórios onde há menor tributação em comparação ao país de origem dos seus proprietários (paraísos fiscais).

9 BOYENGE, Jean-Pierre Singa. ILO database on export processing zones (revised). Geneva, International Labour Office, 2007. Disponível em: http://www.ilo.org/public/libdoc/ilo/2007/107B09_80_engl.pdf. Acesso em: 10 out. 2025.

Apesar de "personalizações" do modelo, a aplicação das ZEEs como um vetor de desenvolvimento socioeconômico global tinha – e ainda tem – como fator comum a geração e manutenção de empregos, a capacitação de trabalhadores, o aumento da massa salarial e a garantia de segurança jurídica. Não por outra razão que, nos moldes contemporâneos, a quantidade de ZEEs pelo mundo tem crescido exponencialmente, com destaque para China, Índia, Estados Unidos e México.

O SUCESSO DAS ZONAS ECONÔMICAS ESPECIAIS CHINESAS

A China foi um dos primeiros países a perceber o potencial desse modelo de plataforma de exportações e a aderir a ele como estratégia. Durante o século XX, a potência asiática vivenciou um tipo de industrialização diferente dos demais países, em razão da intensa regulação estatal. Foi durante o governo de Deng Xiaoping (1982-1987) que se registrou a criação das primeiras ZEEs chinesas, orientadas para alavancar a produção industrial do país, em crise desde a década de 1960, promovendo a abertura econômica do país asiático ao comércio internacional.

A criação dessas zonas especiais chinesas foi – e ainda é – um sucesso. Em primeiro lugar porque a instalação das fábricas e indústrias estrangeiras demandou uma grande quantidade de mão de obra, qualificada e não qualificada. Como mencionado anteriormente, em regra, a industrialização não transcorreu de forma homogênea na grande maioria dos países e a China não foi uma exceção. Some-se a isso a explosão demográfica entre 1953 e 1970, culminando no excesso de mão de obra a ser alocada. Assim, o aumento da demanda por trabalhadores nas empresas instaladas nas ZEEs foi a solução perfeita para reduzir a taxa de desempregos e "ocupar" zonas menos produtivas.

Além disso, a China instituiu, como regra, a prática do *joint venture*, de forma que todas as empresas estrangeiras que desejassem se instalar no território chinês deveriam se associar com uma empresa local, independentemente se estatal ou não. A ideia era que o capital ficasse, ao menos em parte, dentro do país para ser reinvestido na própria economia.

Em contrapartida, os investidores estrangeiros eram beneficiados com uso de mão de obra muito barata e abundante; melhor acesso às matérias-primas do país; infraestrutura adequada para rápida exportação; acesso ao amplo mercado consumidor do país sem a passagem dos produtos por barreiras e tarifas alfandegárias; além de impostos locais reduzidos, incluindo a isenção fiscal para a importação de produtos e maquinários industriais.

No início do processo de abertura comercial chinesa, observou-se a predominante instalação de fábricas voltadas para a industrialização de produtos baratos e de baixa tecnologia, como tecidos, alimentos, brinquedos e descartáveis. Contudo, diante do evidente resultado positivo do fluxo de investimentos, com o tempo, indústrias do ramo automobilístico, de equipamentos eletrônicos e de tecnologia avançada também perceberam uma oportunidade de produção com custo reduzido nessas regiões. Outra reação em cadeia foi a possibilidade de investimento das próprias empresas estatais chinesas que, em decorrência dos lucros gerados pelo *joint venture*, puderam realizar investimentos em outras áreas para além das ZEEs.

A despeito de legítimas críticas voltadas ao modelo de expansão político-econômica chinês, tais como a precarização do trabalho e a ausência de transparência política, o modelo das ZEEs chinesas é considerado um exemplo de desenvolvimento territorial. O que pareceu ser apenas mais uma estratégia política de implementar as zonas econômicas para reduzir o desemprego e abrir as fronteiras comerciais tornou a China uma potência no mercado mundial e o maior parceiro comercial brasileiro.[10]

O MARCO LEGAL E A IMPLEMENTAÇÃO DAS ZPEs NO BRASIL

No contexto brasileiro, porém, a implementação das Zonas de Processamento de Exportação (ZPEs) foi, desde sua origem, mais polêmica e menos exitosa quando comparada à experiência chinesa. A ideia de se constituir áreas de livre-comércio no Brasil não era bem-vista nem pelos representantes do setor de indústria, que se preocupavam com uma possível concorrência desleal, nem pelos parlamentares brasileiros, que, inclusive, rejeitaram a inclusão do dispositivo que previa a criação de ZPEs nas disposições transitórias da Constituição Federal de 1988. No entanto, nem mesmo a deliberada oposição dessas duas categorias foi suficiente para evitar que o Ministro José Hugo Castelo Branco assinasse, em 29 de julho de 1988, o Decreto-lei n. 2.452 autorizando a criação das ZPEs no país.[11]

Interessante notar que o art. 1º do referido normativo[12] expressamente enunciava que a finalidade das ZPEs era reduzir os desequilíbrios regionais,

10 Atualmente, a China é o maior parceiro comercial do Brasil, principalmente no setor de *commodities* como soja, minério de ferro e petróleo.

11 BRANCO, Leonardo. Marco legal das ZPEs e nova lei cambial: a hora e a vez das exportações? Território Aduaneiro. Disponível em: https://www.conjur.com.br/2021-dez-14/territorio-aduaneiro-marco-legal-zpes-lei-cambial-hora-vez-exportacoes/. Acesso em: 10 out. 2025.

12 "Art. 1º Fica o Poder Executivo autorizado a criar, nas regiões delimitadas pelas Leis ns. 3.692 e 5.173, de 15 de dezembro de 1959 e 27 de outubro de 1966, respectivamente, e

fortalecer o balanço de pagamentos[13] e promover a difusão tecnológica e o desenvolvimento econômico e social do país. Ou seja, diferentemente do modelo chinês, o projeto inicial não pretendia, pelo menos expressamente, expandir a atuação do Brasil no comércio internacional, e sim, resolver gargalos internos.[14]

Além disso, para traçar a orientação da política das ZPEs no Brasil, o art. 3º do Decreto-lei n. 2.452/88[15] criou o Conselho Nacional das Zonas de Processamento de Exportação (CZPE), cuja competência consistia em estabelecer requisitos, analisar propostas de criação e projetos industriais, traçar orientações e aplicar sanções. Essa instituição foi tão relevante que, mesmo após as mudanças legislativas que sucederam, continuou vigente e com atuação categórica no âmbito das áreas de livre-comércio.

Nesse cenário, embora as ZPEs fossem legalmente viáveis no Brasil, não houve grande interesse na implementação dessas áreas alfandegadas, especialmente em razão do posicionamento das empresas brasileiras em relação ao assunto. Entretanto, na medida em que a economia brasileira foi ocupando maior espaço e relevância no comércio internacional, observou-se uma preocupação governamental no aprimoramento da legislação sobre o tema, de forma

---

suas alterações posteriores, Zonas de Processamento de Exportação – ZPE, sujeitas ao regime instituído por este Decreto-Lei, com a finalidade de fortalecer o balanço de pagamentos, reduzir desequilíbrios regionais e promover a difusão tecnológica e o desenvolvimento econômico e social do País."

13 O Balanço de Pagamentos se refere à relação comercial que o país tem com os demais países e serve como "termômetro econômico" para possíveis investidores. Calcula-se todos os dados de negociações, como compras e vendas de serviços, envios e retiradas de recursos, aplicações e resgates em ativos financeiros, entre outros, a fim de definir se um país está em déficit ou superávit. Quando o país compra mais do que vende, considera-se em déficit; quando vende mais do que compra do exterior, considera-se em superávit.

14 Não se pode ignorar que, embora os objetivos previstos pelo *caput* do art. 1º não contemplassem o "incentivo ao comércio exterior", indiretamente o foco se estendia para a expansão do comércio exterior, em especial quando se analisa que o próprio § 1º do dispositivo se refere a áreas de livre-comércio "com o exterior" e dispõe ainda que essas são "consideradas zonas primárias para efeito de controle aduaneiro". Além disso, os artigos seguintes da Lei das ZPEs estabeleciam cotas elevadas – e obrigatórias – de exportação para as empresas que usufruíssem desse regime, o que, indiretamente, impacta na atuação do Brasil como economia exportadora. No entanto, o ponto que se pretende demonstrar é que, ao menos no início, as ZPEs não foram planejadas para ser uma estratégia de impulsão internacional e sim uma dinâmica de política interna.

15 "Art. 3º É criado o Conselho Nacional das Zonas de Processamento de Exportação – CZPE, composto por Ministros de Estado, ao qual competirá: I – analisar as propostas de criação de ZPE; II – analisar e aprovar os projetos industriais; III – traçar a orientação superior da política das ZPE; IV – aplicar as sanções de que tratam os itens I, II, IV e V do artigo 24."

que o novo marco legal foi promulgado com a Lei n. 11.508, de 20 de julho de 2007 (Lei das ZPEs).

Tal aprimoramento foi fundamental para que, finalmente, houvesse um real interesse – e, consequentemente uma movimentação – tanto por parte das empresas quanto por parte do governo para desenvolver tais plataformas de exportação. Em setembro de 2010, foi então criada a primeira a ZPE no Brasil, instalada no Estado do Ceará, iniciando efetivamente seu funcionamento apenas em agosto de 2013, no Porto do Pecém, ou seja, 24 anos após a constituição desse modelo de regime aduaneiro no país.[16]

A expansão desse modelo, em contrapartida, não foi efetiva: apesar de "existirem" legalmente vinte ZPEs, até 2024 apenas duas se encontravam instaladas e autorizadas a funcionar; são elas a ZPE de Pecém, localizada no Estado do Ceará, e a ZPE de Parnaíba, no Estado do Piauí.[17]

Em 2015, Gustavo Fontenele, ex-secretário-executivo do Conselho Nacional das Zonas de Processamento de Exportação e atual coordenador-geral de descarbonização da Secretaria de Economia Verde do Ministério do Desenvolvimento, Indústria, Comércio e Serviços (MDIC), buscou justificar a morosidade na instituição dessas plataformas de exportação no Brasil.[18] Segundo ele, além de ser um empreendimento complexo de maturação de longo prazo, as ZPEs passam por um processo complexo de implantação. Nesse contexto, duas questões eram consideradas as mais críticas: (i) é necessário um investimento de R$ 40 milhões a 65 milhões, de acordo com o tamanho e os custos locais; e (ii) atrair projetos industriais para serem instalados nessas áreas. Em relação ao segundo ponto, percebeu-se que, se fosse de fato interesse do setor privado a expansão das zonas de exportação, seria necessário rever o marco regulatório do regime, orientando-se pelas necessidades desse setor.

REFORMULAÇÃO DAS ZPEs PELA LEI N. 14.184/2021

Três questões foram identificadas pelo ex-Ministro de Estado do Desenvolvimento, Indústria e Comércio Exterior, Armando Monteiro, no Informati-

---

16 O primeiro bem de capital foi adquirido sob o amparo do regime pela Companhia Siderúrgica do Pecém, primeiro projeto industrial aprovado pelo Conselho Nacional das ZPEs.

17 Em 2021, a ZPE de Senador Guiomar (AC) foi vendida em um leilão para uma empresa com investidores chineses, como uma tentativa de recuperar a área que, mesmo após dez anos de sua criação, nunca efetivamente entrou em funcionamento.

18 Zona de Processamento de Exportações: instrumento para o desenvolvimento regional a partir do comércio exterior. *Desenvolvimento Regional em Foco*, 2015.

vo Regional da Confederação Nacional das Indústrias de 2015,[19] como justificativas para a falta de atratividade desse empreendimento para as empresas brasileiras: a existência de outros regimes especiais igualmente benéficos, a obrigatoriedade de alfandegamento da área geográfica e o elevado compromisso de exportação das empresas que se instalam nessas regiões.

De certa forma, a primeira razão está intimamente ligada com as outras duas, visto que outros regimes especiais de tributação que se assimilam às ZPEs podem, em certos casos, ser até mais benéficos justamente em razão de logística e de adequação legal. Nos regimes aduaneiros especiais de Drawback e RECOF, por exemplo, também é permitida a importação ou aquisição, no mercado interno, de insumos destinados à industrialização de bens a serem posteriormente exportados com benefícios fiscais. No entanto, esses regimes acabavam sendo mais benéficos diante da desnecessidade de instalação em áreas específicas e obrigatoriedade de exportação de 80% da produção.[20]

Visando todas essas questões, em especial o elevado compromisso de exportação que as empresas inseridas nesse regime tinham de cumprir – fator que mais desestimulava a adesão desse modelo de plataforma de exportação pelas empresas –, em 14 de julho de 2021, a Lei das ZPEs foi reformulada com a publicação da Lei n. 14.184 que, entre outras mudanças, finalmente inseriu o fomento da cultura exportadora como um dos objetivos principais dessas áreas.[21]

De fato, o desenvolvimento da cultura exportadora encontra-se implícito no próprio nome das ZPEs brasileiras, também revelado pela redação do § 1º do art. 1º da Lei n. 11.508/2007, e pelos artigos seguintes, que definiam uma elevada cota de exportação obrigatória. Contudo, ao dispor dessa previsão entre os objetivos, a legislação reafirmou o compromisso dessa estratégia em impulsionar o Brasil no comércio internacional.

---

19 Ibidem, p. 4.

20 A redação do art. 18 da Lei n. 11.508/2007 dispunha que "Art. 18. A mercadoria produzida em ZPE poderá ser introduzida para consumo, no mercado interno, desde que o valor anual da internação não seja superior a 20% (vinte por cento) do valor da respectiva produção, realizada pela mesma empresa, no ano imediatamente anterior, tendo como referencial a sua classificação na NCM". Posteriormente, a redação foi alterada pela Lei n. 11.732/2008 para constar que "Art. 18. Somente poderá instalar-se em ZPE a pessoa jurídica que assuma o compromisso de auferir e manter, por ano-calendário, receita bruta decorrente de exportação para o exterior de, no mínimo, 80% (oitenta por cento) de sua receita bruta total de venda de bens e serviços".

21 "Art. 1º Fica o Poder Executivo autorizado a criar, nas regiões menos desenvolvidas, Zonas de Processamento de Exportação (ZPE), sujeitas ao regime jurídico instituído por esta Lei, com a finalidade de desenvolver a cultura exportadora, de fortalecer o balanço de pagamentos e de promover a difusão tecnológica, a redução de desequilíbrios regionais e o desenvolvimento econômico e social do País."

Ainda no § 1º do art. 1º da antiga Lei das ZPEs, o legislador optou por identificar os destinatários desse regime como (i) as empresas prestadoras de serviços destinados exclusivamente ao exterior e (ii) as empresas prestadoras de serviços vinculados à industrialização de bens, reforçando, mais ainda, a ideia de manter essas zonas como instrumento de desenvolvimento econômico voltado para o exterior.

Outra alteração interessante foi que, até 2021, as empresas inseridas nas ZPEs não estavam autorizadas, de forma alguma, a constituir filial, firma em nome individual ou participar de outra localizada fora de ZPE. Com a nova legislação, alterou-se a redação do art. 9º para permitir a construção de "estabelecimento filial localizado fora da ZPE quando se tratar de unidade auxiliar dedicada a funções gerenciais ou de apoio administrativo ou técnico, vedadas as unidades do tipo operacional que desenvolvam atividade de produção ou de venda de mercadorias ou de serviços".

Por fim, a mudança talvez mais relevante – ao menos na prática – foi a "reutilização" da ideia aplicada pela Medida Provisória n. 973/2020, que dispensou o compromisso de exportação mínimo de 80% da receita bruta como uma alternativa para mitigar os prejuízos decorrentes do fechamento de fronteiras durante a pandemia de covid-19.

Até a entrada em vigor da Lei n. 14.184/2021, as empresas instaladas em uma ZPE encontravam-se limitadas a comercializar suas mercadorias no mercado nacional em um percentual de apenas 20% de toda a sua produção, restrição essa que teria por justificativa reforçar o compromisso com a exportação dessas regiões. Contudo, com o novo marco legal, o art. 18 foi revogado e com isso, dissolvida a obrigatoriedade de exportação.

A extinção da referida limitação foi polêmica e, inclusive, objeto de questionamento por meio da Ação Direta de Inconstitucionalidade (ADI) n. 7.174. Ajuizada pelo partido Republicanos, o principal argumento da ação era que o fim da limitação violaria a isonomia tributária e a livre concorrência com as demais empresas não instaladas em regiões semelhantes. Em novembro de 2024, sob a relatoria do Ministro Kassio Nunes Marques, foi declarada a validade da norma editada sob a justificativa de que a restrição promovida pela lei anterior "engessava uma atividade empresarial tipicamente caracterizada pela dinamicidade de sua atuação".

É compreensível que a retirada da cota de exportação tenha sido pensada como um incentivo à indústria nacional para se instalar nessas áreas. No entanto, embora o compromisso com a exportação tenha sido expressamente fixado no art. 1º do novo marco legal, a retirada dessa exigência é, de certa forma, contraditória, na medida em que, sem a restrição da cota de exportação, as empresas instaladas nessa zona ficam facultadas a comercializarem toda a sua produção para o mercado interno.

Ao contrário da ADI mencionada, não se questiona aqui a obrigatoriedade de pagamento de todos os tributos suspensos para os casos de venda interna ou possível concorrência desleal com a indústria doméstica. A reflexão é sobre a escolha de se manter a identificação dessas áreas de livre-comércio como Zonas de Processamento de Exportação e não como Zonas Econômicas Especiais – tal como fazem outros países –, considerando o novo rumo ao qual essas áreas estão sendo direcionadas.

Conforme será demonstrado no item 7, com as novas propostas de industrialização promovidas pelo Plano Nova Indústria Brasil, a pretensão é que as ZPEs se tornem regiões de produção de energia limpa, com o intuito de construir uma autonomia energética para o Brasil. Assim sendo, presumir que toda essa energia produzida será voltada para a exportação e não para ampliação do abastecimento interno, apenas pela previsão do art. 1º da Lei n. 14.184/2021, é, no mínimo, ignorar um dos principais objetivos do programa, que é tornar o Brasil uma potência energética independente.

OS BENEFÍCIOS DO REGIME ADUANEIRO BRASILEIRO DAS ZPEs

Atualmente, as empresas que decidem por se instalarem em uma ZPE têm acesso a tratamentos tributário, cambial e administrativo especiais.

No âmbito federal, por exemplo, a Lei das ZPEs atualmente vigente disciplina a suspensão do pagamento do Imposto de Importação (II), Imposto sobre Produtos Industrializados (IPI), além das contribuições ao PIS e à Cofins e do Adicional ao Frete da Marinha Mercante (AFRMM) para todas as importações ou as aquisições no mercado interno de máquinas, aparelhos, instrumentos e equipamentos adquiridos por empresas autorizadas a operarem nessas regiões.

Também no campo de incidência do tributo estadual são registradas hipóteses de isenção de ICMS para, por exemplo, a aquisição de mercadorias destinadas a integrarem o processo de industrialização de produtos a serem exportados e a aquisição interestadual de bens destinados ao ativo imobilizado.[22]

Além disso, as empresas instaladas nessas zonas estão dispensadas de licença ou de autorização de órgãos federais, com exceção dos controles de ordem sanitária, de interesse da segurança nacional e de proteção do meio ambiente.

No que concerne às movimentações financeiras dessas empresas, grande vantagem conferida às ZPEs reside na autorização para a manutenção perma-

22 Os benefícios estaduais, por óbvio, estão sujeitos à regulamentação de cada estado. Esclarece-se assim que os exemplos citados neste texto dizem respeito ao Decreto Estadual Cearense n. 33.251/2019, estado em que está localizada a maior e mais antiga ZPE do Brasil.

nente no exterior de 100% das receitas advindas da exportação de suas mercadorias, cenário que, em circunstâncias normais, depende de expressa autorização por parte do Conselho Monetário Nacional.

Destaca-se ainda, como já pontuado no item anterior, que não há mais a necessidade de se exportar 80% da produção, o que possibilita que as empresas se organizem para usufruir dos benefícios de acordo com sua dinâmica de vendas.

Adicionalmente aos variados incentivos, as ZPEs conferem segurança jurídica às empresas, uma vez que asseguram o tratamento jurídico previsto na Lei das ZPEs por um prazo de vinte anos, prorrogáveis por períodos adicionais de mais vinte anos, conforme o art. 8º, § 2º, do novo normativo.

Todos esses benefícios estão vigentes nos termos da Lei n. 14.184/2021, que, no entanto, deve ser reformulada ou até mesmo revogada, quando as alterações previstas pela EC n. 132/2023 e pela LC n. 214/2025 forem regularizadas. Após a adequada normatização, é possível que alguns desses benefícios sejam alterados ou adaptados.

OS IMPACTOS DA REFORMA TRIBUTÁRIA DO CONSUMO NAS ZPEs

Os debates no Congresso Nacional em que se discutiu os impactos da reforma tributária do consumo na Zona Franca de Manaus e nas ZPEs[23] foram marcados pela preocupação de perda das vantagens constitucionalmente asseguradas a essas áreas, uma vez que nem todos os benefícios então vigentes haviam sido incorporados pelo Projeto de Lei Complementar n. 68/2024 no que tange ao IBS e à CBS.[24]

Especificamente para as ZPEs, entretanto, os dispositivos aprovados pela EC n. 132/2023 e, mais recentemente, pela LC n. 214/2025 acabaram por relevar perspectivas de melhorias e incentivos para essa região alfandegada.

A primeira "vitória" das ZPEs com a reforma tributária foi a inserção dessa figura na própria Constituição Federal. Com efeito, até o advento da EC n.

23 As ZPEs não se confundem com a Zona Franca de Manaus. Além da questão de localidade, a ZFM tem benefícios ainda maiores, como a isenção de IPI e a redução de até 88% no imposto de importação dos insumos, além da restituição de até 100% do ICMS e da possibilidade de vender para o mercado interno com esses benefícios.

24 CCJ debate situação da Zona Franca de Manaus, das ZPEs e ALCs com a regulamentação da reforma tributária. Comissão de Constituição, Justiça e Cidadania do Senado Federal do Brasil, 20.11.2024. Disponível em: https://www12.senado.leg.br/radio/1/noticia/2024/11/19/ccj-debateu-situacao-da-zona-franca-de-manaus-das-zpes-e-alcs-com-a-regulamentacao-da-reforma-tributaria. Acesso em: 10 out. 2025.

132/2023, o Texto Constitucional não fazia referência às ZPEs e demais áreas de livre-comércio, tal como se verificava com a Zona Franca de Manaus, notadamente nos arts. 40 e 92-B do Ato das Disposições Constitucionais Transitórias.[25]

A mudança basilar de paradigma diz respeito à atualização dos tributos incidentes nas operações realizadas pelas empresas instaladas nas ZPEs. Basicamente, as operações atualmente tributadas pelo PIS-Cofins, IPI[26] e ICMS passam a responder pela cobrança apenas da CBS e do IBS. Além disso, caso uma empresa industrialize mercadorias submetidas ao Imposto Seletivo, estará obrigatoriamente sujeita a esse imposto, independentemente do regime aduaneiro em que se encontre.

Importante ressaltar que, até o momento, as empresas instaladas nas ZPEs terão benefícios bem semelhantes às empresas que se utilizam de outros regimes especiais. Nesse sentido, embora a situação geral das empresas exportadoras ganhe um *upgrade*, será necessário aguardar a regulamentação própria das ZPEs para entender qual será a vantagem competitiva desse regime em relação aos demais, a fim de atrair mais investimentos.[27]

Sem prejuízo, as empresas que operam com o comércio exterior – inclusive as instaladas nas ZPEs – serão beneficiadas com a incorporação de novos tributos sobre o valor agregado, na medida em que se intensificará a aplicação dos princípios da não cumulatividade e da tributação no local de destino, extinguindo os chamados "resíduos tributários" e tornando as exportações brasileiras mais competitivas.

Além disso, as novas regras estabelecidas permitirão que os materiais e serviços usados na produção de bens destinados à exportação, sejam eles com-

---

25 "Art. 40. É mantida a Zona Franca de Manaus, com suas características de área livre de comércio, de exportação e importação, e de incentivos fiscais, pelo prazo de vinte e cinco anos, a partir da promulgação da Constituição. Parágrafo único. Somente por lei federal podem ser modificados os critérios que disciplinaram ou venham a disciplinar a aprovação dos projetos na Zona Franca de Manaus. [...] Art. 92-B. As leis instituidoras dos tributos previstos nos arts. 156-A e 195, V, da Constituição Federal estabelecerão os mecanismos necessários, com ou sem contrapartidas, para manter, em caráter geral, o diferencial competitivo assegurado à Zona Franca de Manaus pelos arts. 40 e 92-A e às áreas de livre-comércio existentes em 31 de maio de 2023, nos níveis estabelecidos pela legislação relativa aos tributos extintos a que se referem os arts. 126 a 129, todos deste Ato das Disposições Constitucionais Transitórias."

26 Nos termos quanto dispõe o art. 123 da ADCT, o IPI não terá alíquota reduzida para produtos que tenham industrialização incentivada na Zona Franca de Manaus. No entanto, o referido dispositivo não traz essa ressalva para as Zonas de Processamento de Exportação, o que leva a crer que estas serão beneficiadas com a alíquota zero do imposto.

27 O art. 156-A, § 5º, VI, da EC n. 132/2023 dispõe que lei complementar sobre o IBS (aplicável para a CBS) disciplinará "as hipóteses de diferimento e desoneração do imposto aplicáveis aos regimes aduaneiros especiais e às zonas de processamento de exportação".

prados no Brasil ou no exterior, tenham o mesmo tratamento fiscal, de forma que a cadeia de suprimentos local seja fortalecida.

Outra medida instituída para incentivar o comércio exterior e favorecer a relação cada vez mais intensa entre bens e serviços foi a garantia de imunidade tributária para as exportações de serviços. A nova legislação incluiu, inclusive, a prestação de serviços direta e exclusivamente associados à exportação ou entrega de mercadorias no exterior, como despesas com frete, seguro, movimentação e armazenagem de cargas.

Os pequenos negócios também foram contemplados pelo novo panorama tributário, visto que, nas operações realizadas por intermédio de empresas comerciais exportadoras, será possível consolidar cargas destinadas ao exterior fora das áreas controladas pela Receita Federal. A ideia é que, flexibilizando a questão territorial, custos operacionais serão reduzidos e, consequentemente, a competitividade das exportações aumentará, em especial para as empresas de pequeno porte que não dispõem de estrutura para efetuar uma venda direta ao exterior.

Quanto às questões burocráticas, a reforma estabeleceu a possibilidade de pagamento do IBS e da CBS na importação somente no momento da liberação das mercadorias pela Receita Federal, potencializando a vantagem oferecida pelo Portal Único de Comércio Exterior de registro da declaração de importação antes mesmo da chegada das cargas ao Brasil. Atualmente, o pagamento de praticamente todos os tributos devidos na importação é realizado, por antecipação, no momento do registro da DI, cenário que desestimula a prestação de informações antecipadas em razão do impacto negativo sobre o fluxo de caixa das empresas.

Por fim, cita-se ainda a possibilidade de eliminação dos encargos de juros de mora e multa no caso da nacionalização de insumos não exportados em decorrência da ocorrência de eventos imprevisíveis. Embora a regra vise a harmonização do Regime Aduaneiro Especial de *Drawback* – Suspensão e do Regime Aduaneiro Especial de Entreposto Industrial sob Controle Aduaneiro Informatizado (Recof), é certo que essa medida traz melhores condições de competição e maior segurança jurídica a todas as empresas exportadoras.

Entretanto, provavelmente a alteração mais relevante a ser citada no que diz respeito às ZPEs resida na desoneração do custo da energia elétrica destinada à produção de energia limpa nessas zonas, incluindo hidrogênio verde, hidrogênio de baixo carbono e a amônia, de forma a incentivar a indústria verde.

Desde o início de 2024, a governo tem se movimentado para transformar as ZPEs em pontos focais de desenvolvimento de energia limpa. A título de exemplo, cite-se a aprovação de projetos de instalação da empresa âncora de refinaria modular de combustíveis para operacionalizar a ZPE de Bacabeira (MA); de produção de hidrogênio verde em larga escala do Brasil na ZPE de Pecém (CE); e ainda a produção de hidrogênio e amônia verdes na ZPE de Parnaíba (PI).

Assim, justamente pelo anseio do Brasil em se tornar uma potência industrial e energética e por reconhecer o potencial produtivo dessas zonas, as adequações previstas pela nova reforma não poderiam deixar de contemplar o incentivo à produção de energia limpa para as ZPEs, por meio da redução da carga tributária.

A ATUAÇÃO DAS ZPEs COMO INSTRUMENTO DE TRANSIÇÃO ENERGÉTICA DO BRASIL

Pegando o gancho com a mais relevante das alterações promovidas pela reforma tributária do consumo, especificamente nos regimes de ZPEs, sem dúvidas o incentivo à energia limpa e renovável é o destaque que se pretende enfatizar.

A nova Revolução Industrial – que alcança as tecnologias digitais, robótica avançada, impressões 3D, *big data* e internet das coisas – tem transformado os processos de fabricação, possibilitando que as indústrias, ao ampliar o escopo de atuação por meio de "trabalhos remotos", não mais dependam exclusivamente da mão de obra local. Nesse sentido, se antes as indústrias consideravam o custo de mão de obra uma questão determinante para investir em uma região, agora a preocupação gira em torno de se afastar de padrões sociais baixos e incorporar, cada vez mais, o desenvolvimento sustentável em seu modelo operacional.

Nesse cenário, o Brasil, desde a sua origem, sempre se revelou uma economia voltada para a exportação de produtos primários, sem grande vocação ao pioneirismo industrial ou tecnológico. Inclusive, mesmo as inovações advindas do processo de industrialização do século XX não foram suficientes para tornar o país uma potência econômica exportadora.

Apesar disso, nos últimos anos, tem-se notado a ânsia do Brasil em ajustar os rumos dessa história. Tal postura tem se refletido em uma verdadeira revolução econômica e normativa. Dentre as políticas recentemente implementadas nesse sentido, destaca-se o Plano Nova Indústria Brasil, inaugurado no início de 2024, que tem como objetivo impulsionar o crescimento da indústria nacional até 2033. O plano é composto por seis missões, todas elas voltadas à ampliação da autonomia tecnológica, transição ecológica focada em medidas de descarbonização e eficiência energética e a modernização do parque industrial brasileiro.

Para tanto, diversas medidas estão sendo implementadas por todo o país com o intuito de promover a modernização industrial do Brasil, tais como a modernização de redes de transmissão de energia e de linhas de transporte, programas de capacitação para micro, pequenas e médias empresas, programas voltados à neoindustrialização, como o Programa Mais Inovação[28] e de Depreciação Acelerada,[29] dentre outros.

Especificamente no âmbito das ZPEs, embora essa movimentação tenha se intensificado nos últimos doze meses, a ideia de investir nessas áreas para produção de energia limpa já vinha sendo consolidada há mais tempo. Durante a gestão do economista Eduardo Neves[30] na ZPE do Ceará (única em funcionamento até 2021), por exemplo, houve a construção do Setor 2, uma área com mais de 1.900 hectares, com expectativas de receber investimentos relacionados ao *Hub* de Hidrogênio Verde.[31] Seguindo esse planejamento, em 2024, foi aprovado pelo Conselho Nacional das Zonas de Processamento de Exportação (CNZPE) o maior projeto de produção de hidrogênio verde em larga escala do Brasil, a ser instalado na referida região.

Ainda em 2024, também foram aprovados a instalação de uma fábrica de Combustível Sustentável de Aviação (*Sustainable Aviation Fuel* – SAF) no Maranhão; o empreendimento de fabricação de tábuas, blocos e *decks* de madeira de teca na ZPE do Mato Grosso; e outros projetos industriais da lista de serviços para exportação.[32]

Mais recentemente, em março de 2025, outras duas iniciativas voltadas à descarbonização a partir do uso dessa fonte de energia limpa foi aprovada pelo

---

28 O BNDES – Programa Mais Inovação (que integra o Plano Mais Produção) – é um apoio a planos de investimento voltados para inovação e/ou digitalização. Desde sua criação, R$ 16,4 bi do total de R$ 60 bi (até 2026) já foram aprovados, com taxa TR para projetos de pesquisa, desenvolvimento e inovação, em 2023 e 2024.

29 O programa de Depreciação Acelerada é um benefício fiscal que permite às empresas deduzir mais rapidamente o valor de determinados ativos. Desde sua implementação, já foram aprovados 374 projetos industriais para renovação do parque industrial. Destaques para os setores: produtos de borracha; biocombustíveis; celulose e máquinas e equipamentos.

30 Aproveitamos a oportunidade para expressar nossos agradecimentos ao ex-Presidente da ZPE do Ceará (abril de 2021 a fevereiro de 2024), Eduardo Neves, que prontamente se disponibilizou para compartilhar seus conhecimentos e observações sobre a realidade da ZPE do Ceará, enriquecendo substancialmente o presente capítulo com suas considerações.

31 A produção será intensiva no consumo de energia limpa, proveniente de fontes renováveis de energia solar e eólica, cuja oferta é abundante no Estado do Ceará, contribuindo para a geração de demanda de produção e de bens de capital para a indústria energética.

32 A lista de serviços para exportação é um código, com base da Nomenclatura Brasileira de Serviços (NBS), que identifica os serviços prestados a clientes no exterior. Em relação à lista de serviços qualificáveis ao regime das ZPEs, foram considerados alguns dos serviços mais exportados pelo país, na modalidade em que o prestador está no Brasil e o consumidor do serviço está no exterior. A partir disso, serviços de base tecnológica e que utilizam mão de obra qualificada foram selecionados para aproveitar as inovações tecnológicas, de alto valor agregado e relacionados à "Missão 4 – Transformação Digital" do Plano Nova Indústria Brasil.

CZPE. A primeira é um projeto para produção de hidrogênio verde e de amônia verde, com capacidade de produção de 3 GW ao ano, a ser implantado na ZPE de Parnaíba, no Estado do Piauí. A segunda trata de um projeto industrial para produção de *pellets* de madeira como combustível renovável na ZPE de Aracruz (ES). Ambos os empreendimentos estão alinhados à missão 5 do Plano Nova Indústria Brasil, que objetiva impulsionar a bioeconomia, a descarbonização, a transição e a segurança energética.

É nesse sentido que se constata que as ZPEs têm se mostrado um investimento valioso para as empresas empenhadas em projetos renováveis e de energia limpa, sendo necessário que essa inciativa seja reforçada após a regulamentação da reforma pela Lei das ZPEs, para que mais empresas se sintam confortáveis de apresentar seus projetos com menos burocracia e mais recursos para investir.

CONCLUSÃO

Definitivamente o cenário internacional atual não é o mesmo de trinta anos atrás, em que as Cadeias Globais de Valor (CGV) se solidificavam e o comércio exterior se fundia em um sistema globalizado. Especialmente em razão dos entraves comerciais vividos durante o período de pandemia de covid-19, agravou-se o receio da dependência descontrolada – e muitas vezes distante – de mercadorias industrializadas apenas em outros territórios. A atual reconfiguração das cadeias de fornecimento está aproximando a produção ao custo das ações.

Não se pode negar, assim, que o futuro das economias globais, inclusive do Brasil, se encontra intimamente ligado à dinâmica de poder econômico global e, justamente por essa razão, deve o país se posicionar estrategicamente não apenas para sobreviver, mas também prosperar nesse novo cenário multipolar.

Nesse processo, as ZPEs se destacam como um regime com grande potencial para reforçar e impulsionar o Brasil nas operações de comércio exterior, por meio da agregação de valor de matérias-primas ou produtos intermediários nacionais ou estrangeiros e, sobretudo, pela via da integração de cadeias e do adensamento produtivo. No entanto, os ambiciosos objetivos do regime de ZPE contrastam fortemente com o escopo limitado das atividades industriais que efetivamente operam nessas regiões atualmente. Como já pontuado, até 2024, apenas duas ZPEs encontravam-se em pleno funcionamento, e cada uma delas com essencialmente apenas um setor predominante.[33]

---

33 Cite-se que, até 2024, a ZPE do Piauí abrigava apenas empresas para produção de cera de carnaúba e exportação de serviços, enquanto a ZPE do Ceará tinha como foco a produção e exportação de bens minerais.

As estruturas de produção das – poucas – empresas estabelecidas nas ZPEs brasileiras ainda não correspondem aos objetivos definidos pela nova política industrial orientada pelo Nova Indústria Brasil, na medida em que são caracterizadas pela alta dependência da importação, limitadas ligações com as indústrias domésticas (ou seja, sem uma cadeia produtiva nacional consolidada), baixa qualidade de mão de obra, pouca sofisticação tecnológica e elevada emissão de CO_2.

Nesse contexto, a recentemente aprovada reforma tributária do consumo perfaz um grande incentivo ao projeto de expansão das ZPEs na forma de garantia de um aparato econômico para o desenvolvimento do Brasil. Entretanto, e não obstante sua inclusão no Texto Constitucional, resta saber como as novas disposições trazidas pela EC n. 132/2023 e pela LC n. 214/2025 serão realmente absorvidas e regulamentadas na legislação específica dessas áreas alfandegadas (na atual Lei n. 14.184/2021 ou outra que porventura venha a ser editada), a fim de que seja possível concretamente prever os benefícios aguardados.

Ao Brasil, que definitivamente não mais protagoniza o papel de país pobre e agrícola, anseia-se o papel de protagonista da transformação da energia em ecologicamente sustentável, restando-nos apenas aguardar e torcer para que os reflexos da reforma incentivem outras indústrias a usufruírem dessas áreas de livre-comércio, consolidando sua atuação como estratégia de desenvolvimento econômico do país.

BIBLIOGRAFIA

AGÊNCIA SENADO. Regulação da reforma tributária pode alavancar exportações, mostra debate. Agência Senado, 2024. Disponível em: https://www12.senado.leg.br/noticias/materias/2024/09/17/regulacao-da-reforma-tributaria-pode-alavancar-exportacoes-mostra-debate#:~:text=Demais%20regras%20seguem%2C%20em%20ess%C3%AAncia,preservar%20a%20nossa%20ind%C3%BAstria%20nacional. Acesso: 12 mar. 2025.

ALMEIDA, Maria Candida Carvalho Monteiro de. Zonas de Processamento de Exportação e a Lei da Organização Mundial do Comércio. Direito. UnB, v. 1, n. 2, jul./dez. 2014.

BOYENGE, Jean-Pierre Singa. ILO database on export processing zones (revised). International Labour Office, 2007. Disponível em: https://webapps.ilo.org/public/libdoc/ilo/2007/107B09_80_engl.pdf. Acesso em: 10 nov. 2025.

BRANCO, Leonardo. Impactos do PLP n. 68/2024 sobre as Zonas de Processamento de Exportação. *Território Aduaneiro*. Disponível em: https://www.conjur.com.br/2024-nov-19/impactos-do-plp-no-68-2024-sobre-as-zonas-de-processamento-de-exportacao/#:~:text=A%20Lei%20n%C2%BA%2014.184%2F2021,vinculados%20%C3%A0%20industrializa%C3%A7%C3%A3o%20de%20bens. Acesso em: 10 mar. 2025.

BRANCO, Leonardo. Marco legal das ZPEs e nova lei cambial: a hora e a vez das exportações? *Território Aduaneiro*. Disponível em: https://www.conjur.com.br/2021-dez-14/territorio-aduaneiro-marco-legal-zpes-lei-cambial-hora-vez-exportacoes/ Acesso em: 10 mar. 2025.

BRASIL. Avaliação de Impacto: ZPE do Ceará. Avaliação dos impactos socioeconômicos da Zona de Processamento de Exportações do Ceará. Disponível em: https://www.gov.br/mdic/pt-br/assuntos/zpe/publicacao_avaliacao-de-impacto-da-zpe-ceara_versao-publica-1.pdf. Acesso em: 10 mar. 2025.

BRASIL. Governo Federal avança na retomada da indústria brasileira. Agência GOV, 31.12.2024. Disponível em: https://agenciagov.ebc.com.br/noticias/202412/mdic-avanca-na-retomada-da-industria-brasileira. Acesso em: 19 mar. 2025.

BRASIL. Emenda Constitucional n. 132, de 20 de dezembro de 2023. Altera o Sistema Tributário Nacional. Disponível em: https://www.planalto.gov.br/ccivil_03/constituicao/emendas/emc/emc132.htm. Acesso em: 15 mar. 2025.

BRASIL. Lei Complementar n. 214, de 16 de janeiro de 2025. Institui o Imposto sobre Bens e Serviços (IBS), a Contribuição Social sobre Bens e Serviços (CBS) e o Imposto Seletivo (IS); cria o Comitê Gestor do IBS e altera a legislação tributária. Disponível em: https://www.planalto.gov.br/ccivil_03/leis/lcp/lcp214.htm. Acesso em: 15 mar. 2025.

BRASIL. Lei n. 11.508, de 20 de julho de 2007. Dispõe sobre o regime tributário, cambial e administrativo das Zonas de Processamento de Exportação, e dá outras providências. Disponível em: https://www.planalto.gov.br/ccivil_03/_ato2007-2010/2007/lei/l11508.htm. Acesso em: 15 mar. 2025.

BRASIL. Lei n. 14.184, de 14 de julho de 2021. Altera a Lei n. 11.508, de 20 de julho de 2007, para fins de modernização do marco legal das Zonas de Processamento de Exportação (ZPE). Disponível em: https://www.planalto.gov.br/ccivil_03/_Ato2019-2022/2021/Lei/L14184.htm#art4. Acesso em: 12 mar. 2025.

BRASIL. Medida Provisória n. 973, de 27 de maio de 2020. Altera a Lei n. 11.508, de 20 de julho de 2007, que dispõe sobre o regime tributário, cambial e administrativo das Zonas de Processamento de Exportação. Disponível em: https://www.planalto.gov.br/ccivil_03/_ato2019-2022/2020/Mpv/mpv973.htm. Acesso em: 12 mar. 2025.

BRASIL. Ministério da Indústria, Comércio e Serviços. Aprovado o maior projeto de produção de hidrogênio verde em larga escala do país. Disponível em: https://www.gov.br/mdic/pt-br/assuntos/noticias/2024/outubro/aprovado-o-maior-projeto-de-producao-de-hidrogenio-verde-em-larga-escala-do-pais. Acesso em: 15 mar. 2025.

BRASIL. Ministério da Indústria, Comércio e Serviços. Como investir em ZPE: Zona de Processamento de Exportação. Disponível em: https://www.gov.br/mdic/pt-br/images/REPOSITORIO/czpe/Como_Investir_em_ZPE/ZPEa_CZPEa_INVa_Comoa_Investira_versaoa_2.pdf. Acesso em: 11 mar. 2025.

BRASIL. Ministério da Indústria, Comércio Exterior e Serviços. MDIC abre consulta pública sobre lista de serviços para Zonas de Processamento de Exportação. Disponível em: https://www.gov.br/mdic/pt-br/assuntos/noticias/2024/novembro/mdic-abre-consulta-publica-sobre-lista-de-servicos-para-zonas-de-processamento-de-exportacao. Acesso em: 18 mar. 2025.

BRASIL. Ministério da Indústria, Comércio e Serviços. Projeto de hidrogênio verde vai operar no Piauí, em Parnaíba. Disponível em: https://www.gov.br/mdic/pt-br/assuntos/noticias/2025/marco/projeto-de-hidrogenio-verde-vai-operar-no-piaui-em-parnaiba. Acesso em: 15 mar. 2025.

BRASIL. Ministério da Indústria, Comércio e Serviços. Zonas de Processamento de Exportação (ZPE) criadas. Disponível em: https://www.gov.br/mdic/pt-br/assuntos/zpe/zpe=-criadas#:~:text-O%20Brasil%20possui%20doze%20ZPE,ZPE%20de%20Bacabeira%20(MA). Acesso em: 11 mar. 2025.

BRASIL. Ministério da Indústria, Comércio Exterior e Serviços. 7 impactos positivos da reforma tributária no comércio exterior brasileiro. Disponível em: https://www.gov.br/mdic/pt-br/assuntos/noticias/2025/marco/7-impactos-positivos-da-reforma-tributaria-no-comercio-exterior-brasileiro. Acesso em: 15 mar. 2025.

CRUZ, Jean da Silva; HESPANHOL, Antonio Nivaldo. Zona de Processamento de Exportação (ZPE), reestruturação econômica e estratégia global de expansão, Espaço e Economia. Edição 21 de 2021. Disponível em: http://journals.openedition.org/espacoeconomia/19139. Acesso em: 8 mar. 2025.

FERREIRA, Pedro Cavalcanti; VELOSO, Fernando. O desenvolvimento econômico brasileiro no pós-guerra. Disponível em: https://repositorio.fgv.br/server/api/core/bitstreams/7a777f-04-9133-4eeb-b0bf-8d9f052b6133/content. Acesso em: 8 mar. 2025.

FONTENELE, Gustavo. Zona de Processamento de Exportações: instrumento para o desenvolvimento regional a partir do comércio exterior. *Desenvolvimento Regional em Foco*, ano 2, n. 3, edição de setembro de 2015. Disponível em: https://static.portaldaindustria.com.br/media/filer_public/4b/46/4b46d377-e87d-4607-b6a9-fe398c1841f8/informativodesenvolvimentoregionalemfocoset15.pdf. Acesso em: 9 mar. 2025

FURTADO, Celso. *Formação econômica do Brasil*. 34.ed. São Paulo: Companhia das Letras, 2007.

JOTA. Acordos Brasil-China e as ZP. *Jota*, 2023. Disponível em: https://www.jota.info/artigos/acordos-brasil-china-e-as-zp. Acesso em: 11 mar. 2025.

LOURENÇO, Bruno. CCJ debate situação da Zona Franca de Manaus, das ZPEs e ALCs com a regulamentação da reforma tributária. Comissão de Constituição, Justiça e Cidadania do Senado Federal do Brasil, 20.11.2024. Disponível em: https://www12.senado.leg.br/radio/1/noticia/2024/11/19/ccj-debateu-situacao-da-zona-franca-de-manaus-das-zpes-e-alcs-com-a-regulamentacao-da-reforma-tributaria. Acesso em: 11 mar. 2025.

LYRA, Cássio. Novo presidente assume ZPE do Ceará nesta sexta-feira. Portal Be News, 2023. Disponível em: https://portalbenews.com.br/novo-presidente-assume-zpe-do-ceara-nesta-sexta-feira/es#_ftn5. Acesso em: 11 mar. 2025.

MALTA, Anna Dolores Barros de Oliveira Sá. Acordos Brasil-China e as ZPEs. *Jota*, 2023. Disponível em: https://www.jota.info/artigos/acordos-brasil-china-e-as-zpes#_ftn5. Acesso em: 11 mar. 2025.

O IMPACTO CRESCENTE de China e Índia no cenário econômico global e seus reflexos no Brasil. *Diário Tocantinense*, 13 mar. 2025. Disponível em: https://diariotocantinense.com.br/mundo/2025/03/13/o-impacto-crescente-de-china-e-india-no-cenario-economico-global-e-seus-reflexos-no-brasil/. Acesso em: 14 mar. 2025.

PENA, Rodolfo F. Alves. Zonas Econômicas Especiais (ZEEs) da China. Mundo Educação. Disponível em: https://mundoeducacao.uol.com.br/geografia/zonas-economicas-especiais-zees-china.htm. Acesso em: 11 mar. 2025.

THE WORLD BANK. Export processing zones/Industry. Development Division, Industry and Energy Department [and] Trade Policy Division, Country Economics Department. Washington, DC, 1992.

ZPE CEARÁ. Zona de Processamento de Exportação do Ceará. Disponível em: https://zpeceara.com.br/zpe-ceara/. Acesso em: 13 mar. 2025.

Capítulo **18**

O regime favorecido da Zona Franca de Manaus na reforma tributária (EC n. 132/2023 e LC n. 214/2025)

Carlos Alberto de Moraes Ramos Filho

INTRODUÇÃO

O Brasil é um país de extensa dimensão territorial, cujo processo de desenvolvimento econômico, como bem observa Gilberto Bercovici, amparado nas conclusões de Celso Furtado, acabou por transformar algumas de suas regiões em polos de desenvolvimento, mas deixando outras em nítida situação de estagnação econômica.[1] Essa situação de desequilíbrio – assim considerada por conservar dentro do mesmo território regiões com inúmeras disparidades – não passou despercebida pela Constituição Federal de 1988 (CF/88), que preconizou a redução das desigualdades regionais como um dos objetivos fundamentais da República Federativa do Brasil (art. 3º, III) e um dos princípios da ordem econômica nacional (art. 170, VII), tendo determinado, ainda, o enfrentamento dessas desigualdades ao tratar das regiões (art. 43), ao impor funções às leis orçamentárias (art. 165, § 7º) e ao permitir a concessão de incentivos fiscais para "promover o equilíbrio do desenvolvimento socioeconômico entre as diferentes regiões do País" (art. 151, I).

Nesse quadro, a Zona Franca de Manaus (ZFM) exerce papel de destaque como mecanismo de redução das disparidades inter-regionais, ao atuar como instrumento de atração de investimentos para uma região menos favorecida, a qual não teria, por si só, condições de atraí-los e, por conseguinte, de desenvolver-se no mesmo ritmo das regiões do País de maiores potencialidades. De fato,

---

1 BERCOVICI, *Zona Franca de Manaus:* polo de desenvolvimento industrial, 2005, p. 88.

> [...] o favorecimento de uma região menos desenvolvida através do estímulo ao estabelecimento de novas empresas em seu território é uma atitude encorajada pelo ordenamento jurídico brasileiro, visto que dissemina o progresso tecnológico e fomenta o emprego nessas regiões, atenuando, em última análise, as disparidades regionais.[2]

Considerando o exposto, este capítulo busca analisar as inovações trazidas pela Emenda Constitucional (EC) n. 132, de 20.12.2023, e pela Lei Complementar (LC) n. 214, de 16.01.2025, ao sistema tributário da ZFM.

"ZONAS FRANCAS": DEFINIÇÃO E CARACTERÍSTICAS

Antes de adentrarmos na análise da ZFM e do seu regime de incentivos fiscais, é necessário definir o gênero "zonas francas", identificando os elementos que as caracterizam e sem os quais não se está diante de uma dessas figuras.

As zonas francas são áreas livres para importação e/ou exportação de mercadorias e gozam de incentivos fiscais destinados a promover o desenvolvimento da região na qual estejam estabelecidas.[3]

Com a criação de uma zona franca, tem-se a instituição de área, dentro de determinado país, sob regime especial, cuja finalidade principal é conceder incentivos fiscais, os quais atraem indústrias de diversas regiões para que ali se instalem, fomentando o desenvolvimento daquela parte do território no qual se insere.[4]

As finalidades da implantação de uma zona franca, como se vê, transcendem o campo puramente fiscal de obtenção de recursos e perseguem finalidades econômicas, sociais e de desenvolvimento.[5]

A zona franca pode, pois, ser considerada uma ferramenta de política econômica, mais precisamente uma técnica de fomento,[6] pois historicamente sua criação costuma ser calcada na finalidade de promover o desenvolvimento

---

2 GUSMÃO, *Incentivos fiscais, princípios da igualdade e da legalidade e efeitos no âmbito do ICMS,* 2005, p. 56.

3 TOSI, *Las zonas francas y los mercados internacionales,* 2000, p. 3.

4 BASTOS, "Zonas francas" como propostas de viabilidade econômica de áreas subdesenvolvidas: o caso brasileiro, 2000, p. 144-5.

5 JARAMILLO, Puertos francos – Zonas francas – Depósitos francos, 1980, p. 81.

6 VIVES, *Las zonas francas*, 2000, p. 2.

da região na qual é instalada.[7] Fala-se em "ferramenta", pois o implemento das políticas públicas depende de instrumentos para sua materialização.[8]

As zonas francas não se confundem com os denominados "portos francos" (também conhecidos como "portos livres"), que são portos em relação aos quais o Estado abre mão de todas as suas prerrogativas fiscais ou aduaneiras. O porto livre é uma espécie de área livre para o comércio internacional, encravada na orla marítima de um país, na qual os navios podem entrar, descarregar ou carregar produtos, sem estarem sujeitos à inspeção aduaneira ou pagamento de tributos.[9] Na prática, porém, costuma-se usar indistintamente as expressões "porto franco" e "zona franca", como se sinônimas fossem.

As zonas francas, tal como os portos francos, caracterizam-se pela inexistência de encargos tributários, notadamente os representados pelos impostos aduaneiros (de importação e de exportação). E assim é, pois as zonas francas são frações do território do Estado que as institui, mas consideradas, para fins tributários, **como se estivessem** fora do território aduaneiro daquele Estado. Por conseguinte, tudo se passa como se a mercadoria estivesse em território estrangeiro: é o que podemos chamar de "ficção de extraterritorialidade". É por essa razão que o art. 4º do Decreto-lei n. 288, de 28.02.1967, *equipara* a remessa de mercadorias para a ZFM, nas condições que especifica, a uma **exportação para o exterior.**

Os encargos aduaneiros, nessa sistemática, somente surgem no momento em que a mercadoria transpõe os limites geográficos da zona franca, para internamento noutros pontos do país. Nesse sentido é o disposto no art. 6º do Decreto-lei n. 288/67, instituidor da ZFM, que estabelece: "As mercadorias de origem estrangeira estocadas na Zona Franca, quando saírem desta para comercialização em qualquer ponto do território nacional, ficam sujeitas ao pagamento de todos os impostos de uma importação do exterior, a não ser nos casos de isenção prevista em legislação específica".

Apesar de as zonas francas, para fins fiscais, serem consideradas, por ficção, território estrangeiro, estão sujeitas à legislação do país a que pertencem.[10]

---

7 MOSCARIELLO, 2008, p. 44.

8 TOMÉ, A extrafiscalidade tributária como instrumento para concretizar políticas públicas, 2011, p. 202.

9 DIALLO, *Tributação do comércio brasileiro e internacional*, 2001, p. 77-8.

10 FERRAZ JÚNIOR, Zona Franca de Manaus, 2003, p. 1.098.

A ZONA FRANCA DE MANAUS

A ZFM foi criada pela Lei n. 3.173, de 06.06.1957, com a precípua finalidade de receber mercadorias de origem estrangeira, para armazenamento, depósito, guarda, conservação e beneficiamento a fim de que fossem retirados para o consumo interno no Brasil ou para exportação.

Na forma como foi concebida originariamente, a ZFM tornou-se inoperante por falta de infraestrutura, não tendo chegado efetivamente a operar. Sua reestruturação, com o intuito de torná-la atuante, somente veio efetivar-se com a edição do Decreto-lei n. 288, de 28.02.1967.

Sobre a criação da ZFM, merecem destaque as palavras de Geraldo Ataliba e Cléber Giardino:

> Quem conheceu o clima político econômico brasileiro anterior a 1967, sabe a expectativa que cercou a criação da Zona Franca de Manaus, como polo de desenvolvimento, tendo por objetivo estimular a fixação do homem, atrair capitais, consumir matéria-prima local, criar um centro industrial e econômico-demográfico na região. Com isso, lançaram-se bases e meios propícios ao estabelecimento objetivo de condições concretas, de estável ocupação do território, tendo em vista também a segurança nacional.[11]

O êxito da ZFM enquanto modelo de desenvolvimento regional mereceu o explícito reconhecimento do Poder Constituinte Originário responsável pela Carta Brasileira promulgada em 05.10.1988, que, no art. 40 do Ato das Disposições Constitucionais Transitórias (ADCT), garantiu sua manutenção "com suas características de área livre de comércio, de exportação e importação, e de incentivos fiscais, pelo prazo de vinte e cinco anos, a partir da promulgação da Constituição". Essa disposição evidencia que, ainda em 1988 – portanto, mais de 20 anos após a criação da ZFM –, permanecia o interesse nacional na manutenção e proteção daquela área incentivada.

Como bem observa Liziane Angelotti Meira, "o art. 40 do ADCT é uma norma de recepção, que não criou o regime especial da Zona Franca, apenas o recepcionou expressamente no sistema jurídico inaugurado pela Constituição de 1988".[12]

Quinze anos após a promulgação da Constituição de 1988, a importância da ZFM como propiciadora do desenvolvimento econômico da Região Amazô-

---

11 ATALIBA e GIARDINO, Isenção para vendas para a ZFM: Finsocial e imposto sobre transporte, 1987, p. 206-7.

12 MEIRA, *Regimes aduaneiros especiais*, 2002, p. 291.

nica foi reconhecida uma vez mais, agora pelo Poder Constituinte Derivado, que promulgou EC n. 42, de 19.12.2003, introduzindo no ADCT o art. 92, que acresceu dez anos ao prazo fixado no art. 40 do ADCT, tendo prorrogado, assim, o prazo da garantia constitucional outorgada à ZFM.

Também por obra do Poder Constituinte Derivado adveio a EC n. 83, de 05.08.2014, que incluiu no ADCT o art. 92-A, o qual acresceu 50 anos ao prazo de vigência da proteção constitucional à ZFM.

Ressalte-se que o sistema normativo constituído pelos arts. 40, 92 e 92-A do ADCT não significa que em 2073, necessariamente, a ZFM deixará de existir, mas a garantia constitucional de sua manutenção é que desaparecerá. Nesse sentido é a precisa lição de Tercio Sampaio Ferraz Júnior, que ressalta não haver impedimentos para que o legislador ordinário, após a citada data e com fundamento nos arts. 3º, III, e 170, VII, da CF/88, justifique "plenamente a continuidade da ZFM, se as circunstâncias e o interesse nacionais o recomendarem".[13]

A PROTEÇÃO CONSTITUCIONAL À ZONA FRANCA DE MANAUS

É importante salientar que a proteção contida no art. 40 do ADCT não se dirige, única e exclusivamente, aos incentivos fiscais em si, mas alcança a **diferenciação de regime tributário** que torne **mais vantajoso**, da ótica fiscal, o desenvolvimento da atividade econômica naquela região do que em outras. Essa diferença no tratamento fiscal é constitucionalmente reputada necessária e adequada para enfrentar outras diferenças inversas que a região apresenta comparativamente às demais regiões do País (floresta, distância em relação aos mercados consumidores etc.).[14]

A Constituição, no art. 40 do ADCT, manteve mais do que o simples texto da legislação vigente à data de sua promulgação. Com efeito, a referida norma constitucional tem duas dimensões:

1. Uma, *conservativa*, voltada para a legislação existente à data da promulgação da Constituição, que impede a legislação superveniente de diminuir o alcance das normas definidoras do regime jurídico da ZFM existente àquela data.
2. Outra, *dinâmica*, que projeta efeitos em relação à legislação que vier a ser editada posteriormente à promulgação da CF/88 (ou seja, no curso do prazo mencionado no art. 40 e prorrogado pelos arts. 92 e 92-A do ADCT).

---

13 FERRAZ JÚNIOR, *op. cit.*, 2003, p. 1.096.

14 GRECO, Reedição de medidas provisórias e abuso do poder de legislar: incentivos à informática e ZFM, 2001, p. 136.

A primeira dimensão corresponde à análise estática do ordenamento jurídico (nomoestática), que, consoante leciona Paulo de Barros Carvalho, surpreende as unidades normativas em determinado instante (no caso, a data da promulgação da Constituição), como se fossem fotografadas.[15]

Já a segunda dimensão corresponde a uma análise dinâmica do funcionamento do ordenamento (nomodinâmica), na qual é possível investigar as constantes mutações do ordenamento, tanto no que diz respeito à criação de regras como no que tange às transformações internas que o complexo de normas pode produzir.[16] Essa dimensão atua como um critério de verificação da constitucionalidade da legislação futura, ou seja, a legislação editada no período constitucionalmente assegurado à manutenção da ZFM deve atender a essa determinação, pois, se não o fizer, padecerá do vício de inconstitucionalidade.

Sobre a dimensão dinâmica da proteção constitucional à ZFM, adverte Ives Gandra:

> Não diz, o legislador supremo, que a legislação pretérita é mantida tal qual conformada no momento de promulgação da nova Carta [...]
> Não é isto o que está escrito. O que está escrito é que **todas as características de zona de livre comércio são mantidas** (presente do indicativo), valendo, pois, para os estímulos passados, presentes e futuros próprios de uma zona de livre-comércio. Foi o que declarou o constituinte, para assegurar o fundamental polo de desenvolvimento da região.
> [...]
> O que o dispositivo, portanto, assegurou, foi o gozo dos incentivos passados, presentes e futuros, em face da manutenção das características de Zona Franca [destaque no original].[17]

Portanto, conclui Ives Gandra da Silva Martins que "o espectro de tal política estimuladora não se refere exclusivamente aos tributos existentes quando de sua implantação, mas a todos aqueles que viessem a ser criados com espectro semelhante".[18]

---

15 CARVALHO, *Direito tributário, linguagem e método*, 2011, p. 220.
16 CARVALHO, *op. cit.*, 2011, p. 220.
17 MARTINS, Inteligência do art. 40 do ADCT – Inconstitucionalidade da redução de incentivos fiscais da Zona Franca de Manaus decorrentes da Lei n. 10.865/04 e da Medida Provisória n. 202/04 – Parecer, 2007, p. 207-9.
18 MARTINS, *op. cit.*, 2011, p. 247.

Ressalte-se que, na perspectiva dinâmica da proteção constitucional à ZFM, esta sujeitar-se-á às disposições supervenientes à CF/88 desde que sejam mais favoráveis que as do regime anterior à vigente Carta Constitucional.[19]

A ZONA FRANCA DE MANAUS NA EC N. 132/2023

A Emenda Constitucional (EC) n. 132, de 20.12.2023, que alterou diversos pontos do sistema tributário nacional, acrescentou ao ADCT o art. 92-B, que tem como objetivo adaptar tal "reforma tributária" às peculiaridades da ZFM. Vejamos, separadamente, cada uma das citadas inovações.

Manutenção do diferencial competitivo da Zona Franca de Manaus

A CF/88, com a modificação trazida pela EC n. 132/2023, ao disciplinar o imposto sobre bens e serviços (IBS), proíbe que referido tributo seja "objeto de concessão de incentivos e benefícios financeiros ou fiscais relativos ao imposto ou de regimes específicos, diferenciados ou favorecidos de tributação, **excetuadas as hipóteses previstas nesta Constituição**" (art. 156-A, X) (destaque nosso). A parte final do dispositivo transcrito excepciona, dentre outras hipóteses, a ZFM, constitucionalmente garantida como área de incentivos fiscais até 2073 (arts. 40 e 92-A do ADCT) e que recebeu tratamento diferenciado pela EC n. 132/2023.

Com efeito, o *caput* do art. 92-B do ADCT impõe às leis instituidoras do IBS (art. 156-A da CF/88) e da Contribuição sobre Bens e Serviços (CBS) (art. 195, V, da CF/88) o dever de estabelecer os mecanismos necessários, com ou sem contrapartidas, para manter, em caráter geral, o **diferencial competitivo** assegurado à ZFM pelos arts. 40 e 92-A do ADCT, nos níveis estabelecidos pela legislação relativa aos tributos extintos a que se referem os arts. 126 a 129 do ADCT.

E quais seriam esses mecanismos? A resposta a esse questionamento é trazida pelo mesmo enunciado: para o fim de assegurar a manutenção do diferencial competitivo constitucionalmente assegurado à ZFM, o § 1º do art. 92-B do ADCT permite a utilização, isolada ou cumulativamente, de **instrumentos fiscais, econômicos ou financeiros**.

---

19 GRECO, ICMS – Operações com destino à Zona Franca de Manaus – Interpretação do art. 40 do ADCT – Caráter conservativo e caráter dinâmico, 1993, p. 112.

Fundo de Sustentabilidade e Diversificação Econômica do Estado do Amazonas

Com o objetivo de fomentar o desenvolvimento e a diversificação das atividades econômicas no Estado do Amazonas, o § 2º do art. 92-B do ADCT determina a criação, por lei complementar, de um "Fundo de Sustentabilidade e Diversificação Econômica". Esse fundo, nos termos do citado dispositivo, será constituído com recursos da União e por ela gerido, com a efetiva participação do Estado do Amazonas na definição das políticas.

A lei complementar que instituir o Fundo de Sustentabilidade e Diversificação Econômica do Estado do Amazonas deve estabelecer o montante mínimo de aporte anual de recursos ao Fundo, bem como os critérios para sua correção (art. 92-B, § 3º, I, do ADCT).

Essa lei também deverá prever a possibilidade de utilização dos recursos do Fundo para compensar eventual perda de receita do Estado do Amazonas em função das alterações no sistema tributário decorrentes da instituição do IBS e da CBS (art. 92-B, § 3º, II, do ADCT).

O § 4º do art. 92-B do ADCT permite que a União, mediante acordo com o Estado do Amazonas, **reduza o alcance** dos instrumentos mencionados no § 1º do mesmo artigo, condicionado ao aporte de **recursos adicionais** ao Fundo de Sustentabilidade e Diversificação Econômica, devendo ser asseguradas a diversificação das atividades econômicas e a antecedência mínima de três anos.

Inaplicabilidade de certas regras do IBS e da CBS

De acordo com o art. 149-B da CF/88 (incluído pela EC n. 132/2023), o IBS e a CBS observarão as mesmas regras em relação a regimes específicos, diferenciados ou favorecidos de tributação (inciso III) e não cumulatividade e creditamento (inciso IV).

Essas disposições constitucionais, contudo, não são aplicáveis aos mecanismos que sejam estabelecidos para assegurar o diferencial competitivo da ZFM (art. 92-B, § 5º, do ADCT).

A ZONA FRANCA DE MANAUS NA LEI COMPLEMENTAR N. 214/2025

A LC n. 214, de 16.01.2025, disciplinou a ZFM em seus arts. 439 a 457. Vejamos, separadamente, algumas das inovações trazidas pela citada legislação.

Suspensão/isenção do IBS e da CBS nas importações

De acordo com o art. 443 da lei complementar mencionada, fica **suspensa** a incidência do IBS e da CBS na importação de bem material realizada por indústria incentivada para utilização na ZFM. Essa suspensão – que não se aplica às importações de bens não contemplados pelo regime favorecido da ZFM previstos no art. 441 da LC n. 214/2025 e de bens de uso e consumo pessoal de que trata o art. 57 da referida lei, salvo se demonstrado que são necessários ao desenvolvimento da atividade do contribuinte vinculada ao projeto técnico-econômico aprovado (art. 443, § 1º, da LC n. 214/2025) – converte-se em **isenção**, nos termos do § 2º do referido artigo:

a) Quando os bens importados forem consumidos ou incorporados em processo produtivo do importador na ZFM.
b) Após a depreciação integral do bem ou a permanência por 48 meses no ativo imobilizado do estabelecimento adquirente, o que ocorrer primeiro.

Na hipótese de os bens importados com a suspensão serem remetidos **para fora da ZFM** antes da conversão em isenção, o importador deverá recolher os tributos suspensos com os acréscimos legais cabíveis, na forma dos § 2º do art. 29 da LC n. 214/2025, permitida a apropriação e a utilização de créditos na forma dos arts. 47 a 56 do mesmo diploma em relação aos valores efetivamente pagos, exceto em relação aos acréscimos legais (art. 443, § 3º, da LC n. 214/2025).

Crédito presumido de IBS

A LC n. 214/2025 dispõe sobre créditos presumidos de IBS e de CBS em seus arts. 444, 447, 449, 450 e 452.

O art. 444 da LC n. 214/2025 concede ao contribuinte habilitado na forma do art. 442 do mesmo diploma e sujeito ao regime regular ou ao Simples Nacional crédito presumido de IBS relativo à importação de bem material para revenda presencial na ZFM.

Esse crédito presumido será calculado mediante a aplicação de percentual correspondente 50% da alíquota do IBS aplicável na importação (art. 444, § 1º) e deverá ser deduzido do valor do IBS devido na importação (art. 444, § 2º).

O § 3º do art. 444 da LC n. 214/2025 garante ao importador dos bens sujeito ao regime regular do IBS a apropriação e a utilização dos créditos integrais de IBS pelo valor do tributo incidente na importação, observadas as regras previstas nos arts. 47 a 56 da mesma lei.

O importador deverá recolher o IBS correspondente ao valor do crédito presumido deduzido do valor devido na importação com os acréscimos legais cabíveis, na forma do § 2º do art. 29 da LC n. 214/2025, desde a data da importação, nas hipóteses descritas no § 4º do art. 444 da mesma lei.

O art. 444 da LC n. 214/2025 traria, ainda, um § 5º com a seguinte redação: "§ 5º No caso do § 4º, será permitida a apropriação de crédito do IBS, exceto em relação aos acréscimos legais, observadas as regras previstas nos arts. 47 a 56 desta Lei Complementar". Esse dispositivo, contudo, foi vetado pelo Presidente da República com o seguinte fundamento:

> Em que pese a boa intenção do legislador, os dispositivos contrariam o interesse público, uma vez que permitiriam interpretação equivocada de que seria possível a dupla apropriação de créditos do Imposto sobre Bens e Serviços – IBS no caso de recolhimento do crédito presumido pelo importador da Zona Franca de Manaus e das Áreas de Livres de Comércio, o que geraria insegurança jurídica.

O art. 447 da LC n. 214/2025, por sua vez, concede ao contribuinte sujeito ao regime regular do IBS e habilitado nos termos do art. 442 da citada lei complementar crédito presumido de IBS relativo à aquisição de bem material industrializado de origem nacional contemplado pela redução a zero da alíquota do IBS, nos termos do art. 445 do mencionado diploma legal. Referido crédito presumido será calculado na forma do § 1º do citado artigo, devendo ser estornado nas hipóteses do § 2º. No momento do retorno ao encomendante de bens submetidos a industrialização por encomenda, esse crédito presumido se aplica, tão somente, ao valor agregado nesse processo de industrialização (art. 447, § 3º, da LC n. 214/2025).

Já o art. 449 da LC n. 214/2025 concede à indústria incentivada na ZFM, sujeita ao regime regular do IBS e da CBS, crédito presumido de IBS relativo à aquisição de bem intermediário produzido na referida área, desde que o bem esteja contemplado pela redução a zero de alíquota estabelecida pelo art. 448 da mencionada lei complementar e seja utilizado para incorporação ou consumo na produção de bens finais. Referido crédito presumido será calculado na forma do § 1º do citado artigo. Quando do retorno ao encomendante de bens submetidos a industrialização por encomenda, esse crédito presumido se aplica, tão somente, ao valor agregado nesse processo de industrialização (art. 449, § 2º, da LC n. 214/2025).

O art. 450 da LC n. 214/2025 concede à indústria incentivada na ZFM créditos presumidos de IBS e de CBS relativos à operação que destine ao território nacional, inclusive para a própria ZFM, bem material produzido pela própria indústria incentivada na referida área nos termos do projeto econômico aprovado, exceto em relação às operações previstas no art. 447 da referida lei complementar. De acordo com o § 3º do art. 450 da LC n. 214/2025, os créditos presumidos de IBS e CBS não se aplicam a operações não sujeitas à incidência ou contempladas por hipóteses de isenção, alíquota zero, suspensão ou diferimento do IBS e da CBS, e com bens não contemplados pelo regime favorecido da ZFM, previstos no art. 441 da referida lei complementar.

O crédito presumido de IBS será calculado na forma do § 1º do citado artigo. Já o crédito presumido de CBS será calculado nos termos do § 2º do mesmo artigo. O § 4º do art. 450 da LC n. 214/2025 garante aos adquirentes dos referidos bens sujeitos ao regime regular do IBS e da CBS a apropriação e a utilização integral dos créditos relativos aos citados tributos pelos valores incidentes sobre a operação registrados em documento fiscal idôneo, observadas as regras previstas nos arts. 47 a 56 da citada lei complementar.

Os créditos presumidos de IBS e de CBS estabelecidos pelos arts. 444, 447, 449 e 450 da LC n. 214/2025 somente poderão ser utilizados para compensação, respectivamente, com o valor do IBS e da CBS devidos pelo contribuinte, vedada a compensação com outros tributos e o ressarcimento em dinheiro (art. 452, *caput*, da LC n. 214/2025). O direito à utilização desses créditos presumidos extingue-se após cinco anos, contados do primeiro dia do mês subsequente àquele em que ocorrer sua apropriação (art. 452, parágrafo único, da LC n. 214/2025).

Alíquota zero do IBS e da CBS

A LC n. 214/2025 dispõe alíquota zero de IBS e de CBS em seus arts. 445, 448 e 451.

O art. 445 reduziu a zero as alíquotas do IBS e da CBS incidentes sobre operação originada fora da ZFM que destine bem material industrializado de origem nacional a contribuinte estabelecido na referida área que seja habilitado nos termos do art. 442 da referida lei complementar e sujeito ao regime regular do IBS e da CBS ou optante pelo regime do Simples Nacional de que trata o art. 12 da LC n. 123/2006. Essa norma: (i) também é aplicável à operação com bem material intermediário submetido à industrialização por encomenda (art. 445, § 5º, da LC n. 214/2025); (ii) não se aplica a operações com bens de que trata o § 1º do art. 443 da LC n. 214/2025 (art. 445, § 1º, da LC n. 214/2025).

O contribuinte sujeito ao regime regular do IBS e da CBS que realiza as operações de que trata o *caput* poderá apropriar e utilizar os créditos relativos às operações antecedentes, observado o disposto nos arts. 47 a 56 da LC n. 214/2025 (art. 445, § 2º, da LC n. 214/2025)

Deverão ser instituídos controles específicos para verificação da entrada na ZFM dos bens materiais de que trata o art. 445, *caput*, da LC n. 214/2025, nos termos do regulamento (art. 445, § 3º, da LC n. 214/2025).

Caso não haja comprovação de que os bens destinados à ZFM ingressaram no destino, nos prazos estabelecidos em regulamento, o contribuinte deverá recolher o valor de IBS e de CBS que seria devido caso não houvesse a redução a zero de alíquotas, com os acréscimos legais cabíveis, na forma do § 2º do art. 29 da LC n. 214/2025 (art. 445, § 4º, da LC n. 214/2025).

O art. 448 da LC n. 214/2025 reduziu a zero as alíquotas do IBS e da CBS incidentes sobre operação realizada por indústria incentivada que destine bem material intermediário para outra indústria incentivada na ZFM, desde que a entrega ou disponibilização dos bens ocorra dentro da referida área.

Essa norma: (i) também é aplicável à operação com bem material intermediário submetido a industrialização por encomenda, em relação ao valor adicionado na industrialização (art. 448, § 3º, da LC n. 214/2025); (ii) não se aplica a operações com bens de que trata o § 1º do art. 443 da LC n. 214/2025 (art. 448, § 1º, da LC n. 214/2025). O § 2º do art. 448 da LC n. 214/2025 assegura ao contribuinte sujeito ao regime regular do IBS e da CBS que realiza as citadas operações a apropriação e a utilização dos créditos relativos às operações antecedentes, observado o disposto nos arts. 47 a 56 da LC n. 214/2025.

O art. 451 da LC n. 214/2025 reduziu a zero as alíquotas da CBS incidentes sobre as operações realizadas por pessoas jurídicas estabelecidas na ZFM com bem material de origem nacional ou com serviços prestados fisicamente, quando destinadas a pessoa física ou jurídica localizadas dentro da referida área. O parágrafo único do citado artigo assegura ao contribuinte que realizar essas operações a apropriação e a utilização dos créditos relativos às operações antecedentes, nos termos dos arts. 47 a 56 da LC n. 214/2025.

Contribuições de contrapartida

O art. 457 da LC n. 214/2025 autorizou o Estado do Amazonas a

> [...] instituir contribuição de contrapartida semelhante àquelas existentes em 31 de dezembro de 2023, desde que destinadas ao financiamento do ensino superior, ao fomento da micro, pequena e média empresa e da interiorização do desenvolvimento, conforme previsão do caput do art. 92-B do ADCT da Constituição Federal [...].

Tal "contribuição de contrapartida" – que será cobrada a partir do ano de 2033, quando do fim da transição prevista nos arts. 124 a 133 do ADCT – corresponde às atuais contribuições financeiras exigidas pelo Estado do Amazonas e que têm previsão no inciso XIII do art. 19 da Lei estadual n. 2.826, de 29.09.2003, que regulamenta a Política de Incentivos Fiscais e Extrafiscais daquela unidade da Federação, a saber: a) contribuição ao Fundo de Fomento às Micro e Pequenas Empresas (FMPES) (prevista no § 2º do art. 151 da Constituição do Estado do Amazonas); b) contribuição em favor da Universidade do Estado do Amazonas (UEA); e c) contribuição ao Fundo de Fomento ao Turismo, Infraestrutura, Serviços e Interiorização do Desenvolvimento do Amazonas (FTI).

Essas contribuições **não têm natureza tributária**, por não se enquadrarem na definição de tributo prevista no art. 3º do Código Tributário Nacional, porque ausente a característica da compulsoriedade. São apenas contraprestações pecuniárias devidas pelos contribuintes do ICMS como contrapartida ao benefício fiscal desse tributo.[20] Quando não pagas, a única sanção possível é a perda dos incentivos fiscais no período em que se descumprir a obrigação. Nesse sentido decidiu o Tribunal de Justiça do Estado do Amazonas (TJAM) quanto à contribuição ao FMPES (EDC n. 0005432-90.2015.8.04.0000, rel. Des. Aristóteles Lima Thury, Pleno, j. 28.01.2020, registro 29.01.2020), à UEA (ADI n. 0001585-56.2010.8.04.0000, rel. Des. Yedo Simões de Oliveira, Pleno, j. 27.01.2014, registro 29.01.2014) e ao FTI (ADI n. 0001570-87.2010.8.04.0000, rel. Des. Jorge Manoel Lopes Lins, Pleno, j. 22.09.2014, registro 05.12.2014). Apreciando caso semelhante, decidiu de igual modo o Superior Tribunal de Justiça (STJ): RMS n. 18.971/MT, rel. Min. Eliana Calmon, 2ª T., j. 20.10.2005, *DJ* 14.11.2005, p. 233. No mesmo sentido decidiu o Supremo Tribunal Federal (STF): ADI n. 2.056/MS, rel. Min. Gilmar Mendes, Pleno, j. 30.05.2007, *DJ* 17.08.2007, p. 22; RE n. 993782/AM, rel. Min. Dias Toffoli, decisão monocrática, j. 01.02.2018, *DJe*-020 05.02.2018.

CONCLUSÃO

A ZFM, como ressalta Rubens Gomes de Sousa, visa "à integração da Amazônia na comunidade econômica brasileira, através da criação de condições que lhe assegurem, nessa comunidade, o lugar que lhe compete em função do pleno emprego de suas capacidades potenciais".[21]

Enquanto propulsora do desenvolvimento da região na qual se encontra inserida, a ZFM, segundo Samuel Benchimol, rompeu

> o quadro de estagnação e decadência secular de uma sociedade que, desde o fim do ciclo da borracha, estava enclausurada no tempo, isolada no longínquo espaço e imersa na desesperança e pobreza, após haver perdido o melhor de suas lideranças empresariais, políticas e profissionais.[22]

---

20 RAMOS FILHO, Natureza jurídica das contribuições previstas na legislação de incentivos estaduais da Zona Franca de Manaus, 2012, p. 225-44.

21 SOUSA, As isenções condicionadas e a Zona Franca de Manaus, 1970, p. 120.

22 BENCHIMOL, *Zona Franca de Manaus:* polo de desenvolvimento industrial, 1997, p. 1.

Assim, conclui-se que as disposições da LC n. 214, por terem sido elaboradas no período constitucionalmente assegurado à manutenção da ZFM (arts. 40, 92 e 92-A do ADCT), devem ser interpretadas em conformidade com o art. 92-B do ADCT, não podendo diminuir as vantagens comparativas decorrentes do quadro de incentivos fiscais concedidos àquela região, sob pena de violação de um dos objetivos fundamentais da República Federativa do Brasil, que é o da redução das desigualdades regionais (art. 3º, III).

BIBLIOGRAFIA

ATALIBA, Geraldo; GIARDINO, Cléber. Isenção para vendas para a ZFM: Finsocial e imposto sobre transporte. *Revista de Direito Tributário*, São Paulo: Revista dos Tribunais, n. 41, p. 206-20, jul./set. 1987.

BASTOS, Celso Ribeiro. "Zonas francas" como propostas de viabilidade econômica de áreas subdesenvolvidas: o caso brasileiro. *In*: BASTOS, Celso Ribeiro; TAVARES, André Ramos. *As tendências do direito público no limiar de um novo milênio*. São Paulo: Saraiva, 2000. p. 142-56.

BENCHIMOL, Samuel. *Zona Franca de Manaus:* polo de desenvolvimento industrial. Manaus: Edição Universidade do Amazonas, 1997.

BERCOVICI, Gilberto. *Constituição econômica e desenvolvimento*: uma leitura a partir da Constituição de 1988. São Paulo: Malheiros, 2005.

CARVALHO, Paulo de Barros. *Direito tributário, linguagem e método*. 4. ed. São Paulo: Noeses, 2011.

DIALLO, Alfa Oumar. *Tributação do comércio brasileiro e internacional*. São Paulo: Método, 2001.

FERRAZ JÚNIOR, Tercio Sampaio. Zona Franca de Manaus. *In*: SCHOUERI, Luís Eduardo (coord.). *Direito tributário*: homenagem a Alcides Jorge Costa. São Paulo: Quartier Latin, 2003. v. II. p. 1095-106.

GRECO, Marco Aurélio. ICMS – Operações com destino à Zona Franca de Manaus – Interpretação do art. 40 do ADCT – Caráter conservativo e caráter dinâmico. *Cadernos de Direito Tributário e Finanças Públicas*, São Paulo: Revista dos Tribunais, n. 3, p. 103-18, abr./jun. 1993.

GRECO, Marco Aurélio. Reedição de medidas provisórias e abuso do poder de legislar: incentivos à informática e ZFM. *Revista Dialética de Direito Tributário*, São Paulo: Dialética, n. 66, p. 130-56, mar. 2001.

GUSMÃO, Daniela Ribeiro de. *Incentivos fiscais, princípios da igualdade e da legalidade e efeitos no âmbito do ICMS*. Rio de Janeiro: Lumen Juris, 2005.

JARAMILLO, José Vicente Troya. Puertos francos – Zonas francas – Depósitos francos. *Revista de Direito Tributário*, São Paulo: Revista dos Tribunais, n. 11/12, p. 80-7, jan./jun. 1980.

MARTINS, Ives Gandra da Silva. Disciplina tributária da Zona Franca de Manaus. *Revista Direito Tributário Atual*, São Paulo: Dialética: Instituto Brasileiro de Direito Tributário – IBDT, n. 26, 2011. Disponível em: https://revista.ibdt.org.br/index.php/RDTA/article/view/1533/1023. Acesso em: 15 out. 2025.

MARTINS, Ives Gandra da Silva. Inteligência do art. 40 do ADCT – Inconstitucionalidade da redução de incentivos fiscais da Zona Franca de Manaus decorrentes da Lei n. 10.865/04 e da Medida Provisória n. 202/04 – Parecer. *In*: MARTINS, Ives Gandra da Silva; ELALI, André; PEIXOTO, Marcelo Magalhães (coord.). *Incentivos fiscais*: questões pontuais nas esferas federal, estadual e municipal. São Paulo: MP, 2007. p. 193-228.

MEIRA, Liziane Angelotti. *Regimes aduaneiros especiais*. São Paulo: IOB, 2002.

MOSCARIELLO, Agustín R. *Régimen administrativo de las zonas francas y de la competencia para regular su funcionamento.* Buenos Aires: Rap, 2008.

RAMOS FILHO, Carlos Alberto de Moraes. Natureza jurídica das contribuições previstas na legislação de incentivos estaduais da Zona Franca de Manaus. *Revista Tributária e de Finanças Públicas*, São Paulo: Revista dos Tribunais, v. 105, p. 225-44, jul./ago. 2012.

SOUSA, Rubens Gomes de. As isenções condicionadas e a Zona Franca de Manaus. *Revista de Direito Público*, São Paulo: Revista dos Tribunais, v. 13, p. 119-32, jul./set. 1970.

TOMÉ, Fabiana Del Padre. A extrafiscalidade tributária como instrumento para concretizar políticas públicas. *In*: SANTI, Eurico Marcos Diniz de (coord.). *Tributação e desenvolvimento*: homenagem ao Prof. Aires Barreto. São Paulo: Quartier Latin, 2011 (Col. Tributação e Desenvolvimento). p. 193-212.

TOSI, Jorge Luis. *Las zonas francas y los mercados internacionales.* Buenos Aires: La Ley, 2000.

VIVES, Maria Luisa. *Las zonas francas.* Buenos Aires: Errepar, 2000.

Capítulo **19**

Aspectos relevantes do regime específico de combustíveis e lubrificantes do IBS e da CBS

Antônio Machado Guedes Alcoforado

INTRODUÇÃO

A Lei Complementar (LC) n. 214/2025 instituiu o Imposto sobre Valor Agregado (IVA) Dual (CBS e IBS) e o Imposto Seletivo (IS), além de outras providências relacionadas à regulamentação das alterações constitucionais advindas da Emenda Constitucional (EC) n. 132/2023, procedente da Proposta de Emenda à Constituição (PEC) n. 45/2019, proposta essa, idealizada no Centro de Cidadania Fiscal (CciF), que tem entre suas premissas a simplificação, a não cumulatividade e o princípio do destino na tributação sobre o consumo.

Entre os assuntos inseridos no referido projeto encontra-se a regulamentação do regime específico, que prescreve a tributação monofásica do Imposto sobre Bens e Serviços (IBS) e da Contribuição sobre Bens e Serviços (CBS) nas operações com combustíveis, prevista no art. 156-A, § 6º, I, da Constituição.

Nas operações com combustíveis, nas quais atualmente incidem as contribuições federais PIS/Cofins (Leis n. 9.990/2000 e n. 9.718/98) e, com mais relevância na arrecadação nacional, o ICMS (Lei Complementar n. 192/2022), a complexidade será atenuada[1] com a implantação do regime específico de combustíveis.

---

1 Tributos de competências e legislações diferentes sobre a mesma base de incidência são o fator que mais provoca complexidade tributária sobre o consumo. O simples fato de a LC n. 214/2025 instituir por meio de uma única lei a tributação nas operações com combustíveis, substituindo as legislações estaduais do ICMS, a federal do PIS e da Cofins, por si só, evidencia a simplificação perseguida pela reforma tributária. Mas especificamente em combustíveis, com a incidência única, todas as operações de sua cadeia econômica deverão ser desoneradas, exceto em seu início, quando se dá a incidência concentrada, na importação ou na saída do produtor de combustível, com uma única carga tributária por produto em sua unidade de medida (alíquota *ad rem*) aplicada nacionalmente, podendo ser diferenciada por tipo de combustível.

Neste capítulo serão examinados os principais assuntos relacionados à tributação das operações com combustíveis inseridos na EC n. 132/2023 e na LC n. 214/2025. Inicialmente serão expostas as prescrições constitucionais do regime específico para combustíveis e lubrificantes em contraponto com a regulamentação por meio da referida lei complementar. Em seguida será analisado o cálculo do IBS e da CBS, com foco na metodologia utilizada na fixação das alíquotas *ad rem*, suas atualizações e a repercussão da não cumulatividade no cálculo do tributo sobre o consumo de combustíveis.

PRESCRIÇÕES CONSTITUCIONAIS DO REGIME ESPECÍFICO PARA COMBUSTÍVEIS E LUBRIFICANTES *VERSUS* A REGULAMENTAÇÃO POR MEIO DA LC N. 214/2025

Ausência dos lubrificantes no regime específico de combustíveis

Os regimes específicos devem ser criados em face da incompatibilidade técnica de alguns setores serem tributados no regime geral de tributação sobre o valor agregado. Isso ocorre atualmente com a incidência monofásica nas operações com combustíveis (PIS, Cofins e ICMS) e o lucro aferido no sistema financeiro por meio do *spread* bancário. A experiência exitosa da incidência concentrada sobre os combustíveis no Imposto sobre Circulação de Mercadorias e Serviços (ICMS), com diminuição da complexidade em face da alíquota nacional uniforme por produto, disposta na LC n. 192/2022, é incompatível com a tributação plurifásica do regime normal do IVA.

A EC n. 132/2023 prescreve que lei complementar disporá sobre regimes específicos de tributação para combustíveis e lubrificantes. Todavia, por questões técnicas que dificultam relacionar uma única alíquota *ad rem* nacional para os lubrificantes – alta diversidade, quantidade e variação elevada de preços no Brasil –, a minuta inicial da LC n. 214/2025 (PLP n. 68/2024), que foi elaborada pelos integrantes do Programa de Assessoramento Técnico à Implementação da Reforma da Tributação sobre o Consumo (PAT-RTC), do qual o autor deste capítulo foi participante, não incluiu os lubrificantes no referido regime.

A propósito, a deliberação dos técnicos que elaboraram a minuta da LC n. 214/2025 no PAT-RTC de excluírem os lubrificantes, pela dificuldade de fixar uma alíquota *ad rem* nacional por cada tipo de lubrificante, seguiu a mesma decisão técnica dos legisladores da LC n. 192/2022, que também não os incluíram, apesar da previsão do regime monofásico da EC n. 33/2001 para combustíveis e lubrificantes.

Competência para a definição das alíquotas *ad rem* nacionais no regime específico de combustíveis

O IBS e a CBS foram instituídos pela LC n. 124/2025, conforme previsão constitucional, mas, como os entes federativos continuarão com a possibilidade de fixar suas alíquotas próprias por lei específica, essa instituição não contraria a forma federativa de estado.

A faculdade de os estados, o Distrito Federal (DF) e os municípios fixarem suas alíquotas não será possível, entretanto, na tributação sobre o consumo de combustíveis submetidos à alíquota única nacional *ad rem*.

O art. 156-A, § 6º, da Constituição prescreve que lei complementar disporá sobre regimes específicos de tributação para combustíveis e lubrificantes sobre os quais o imposto incidirá uma única vez, qualquer que seja sua finalidade, hipótese em que serão as alíquotas uniformes em todo o território nacional, específicas por unidade de medida e diferenciadas por produto, admitida a não aplicação do dispositivo que estabelece a possibilidade de cada ente federativo fixar sua alíquota própria por lei específica.

A LC n. 214/2025 obedeceu a todos esses preceitos constitucionais.

Conforme o art. 174 dessa lei complementar, as alíquotas *ad rem* nacionais da CBS serão fixadas anualmente pelo Poder Executivo da União, observado, para sua majoração, o princípio da anterioridade nonagesimal.

Relativamente ao IBS, as alíquotas também serão uniformes em todo o território nacional, específicas por unidade de medida e diferenciadas por produto, com observância integral do princípio da anterioridade. No entanto, diferentemente da CBS, como o IBS tem competência compartilhada entre DF, estados e municípios, só na hipótese de os 26 estados, o DF e os 5.568 municípios fixarem as mesmas alíquotas o IBS teria idêntica alíquota para todos os combustíveis.

Por certo, por ser essa hipótese praticamente impossível, não faz parte do tecido social e sequer deve ser regulada pelo direito positivo.[2] Empiricamente, o direito positivo não concebe um Estado Federal quando ocorre um grau máximo de centralização do poder de legislar.[3]

Por conseguinte, para que não haja quebra do pacto federativo, as alíquotas nacionais *ad rem* do IBS sobre o consumo de combustíveis não serão estabelecidas por lei complementar, mas pelo Comitê Gestor do IBS (CGIBS), que representará os estados, o DF e os municípios, e terá a competência compartilhada para administrar esse imposto, conforme o art. 156-B da Constituição.

---

2 VILANOVA, *Causalidade e relação no direito*, 2015, p. 237.
3 KELSEN, *Teoria geral do Direito e do Estado*, 1992, p. 301.

Previsão constitucional do regime monofásico

A EC n. 132/2023 inseriu na Constituição que a CBS e o IBS sobre operações com combustíveis incidirão uma única vez, qualquer que seja sua finalidade.

A escolha de um modelo de tributação monofásico e específico por unidade de medida reduz a influência da volatilidade de preços na arrecadação, enquanto uma alíquota *ad valorem* criaria um efeito amplificador das flutuações de mercado. Ou seja, enquanto na alíquota *ad valorem* o tributo aumenta todas as vezes que o preço dos combustíveis sobe, na alíquota *ad rem* o tributo aumenta de forma perene, uma vez ao ano, no mesmo valor em todos os locais do Brasil, o que possibilita maior previsibilidade e evita distorções decorrentes da diferenciação de alíquotas no imenso território brasileiro.

Por outro lado, a fixação centralizada da alíquota do IBS no âmbito nacional pode levantar questionamentos sobre a autonomia dos estados e municípios, bem como a alíquota *ad rem* tende a diminuir com o tempo a arrecadação sobre os combustíveis, uma vez que os preços dos combustíveis variam positiva e rapidamente, considerando conjecturas nacionais e internacionais, mas o tributo permanecerá o mesmo durante um ano, diferentemente da alíquota *ad valorem*, que poderia proporcionar o aumento automático do IBS e da CBS a cada aumento de preços dos combustíveis.

Antes da implantação da incidência monofásica do ICMS sobre as operações com combustíveis (gasolina, *diesel* e GLP), elas eram submetidas ao regime de substituição tributária para a frente, na qual há tributação plurifásica, quer dizer, todos os partícipes da cadeia econômica de combustíveis eram contribuintes, mas o importador ou o produtor recolhiam para o Erário, antecipadamente, o tributo devido sobre toda a cadeia.

A simplificação em face da troca do regime plurifásico do ICMS para o monofásico ocorreu, dentre outros motivos, porque no novo regime todas as operações da cadeia econômica com combustíveis deverão ser desoneradas, exceto em seu início, quando se dá a incidência concentrada, na importação ou na saída do produtor de combustível.

Assim, a partir da sistemática monofásica, o produtor ou o importador continuam recolhendo antecipadamente o imposto, mas como os únicos contribuintes dos combustíveis com concentração da incidência.

Esse modelo exitoso do ICMS, implantado a partir da LC n. 192/2022, foi mantido para o IBS e a CBS, que deverão ser cobrados definitivamente, em incidência única, no início da cadeia econômica, por meio de alíquota *ad rem* (valor em reais por unidade de medida), sem a cobrança antecipada com base de cálculo presumida, prevista na substituição tributária progressiva, que provoca insegurança jurídica.

Isso porque, no julgamento do Recurso Extraordinário (RE) n. 593.849/MG, os ministros do Supremo Tribunal Federal (STF), em sua maioria, foram favoráveis à restituição do ICMS, exigido por meio da substituição tributária progressiva, pois entenderam que a base de cálculo real há de prevalecer, com o fito de impedir o enriquecimento ilícito do estado; mas também consignaram, na respectiva decisão, *obiter dictum* (argumentos utilizados pelos Ministros no julgamento que não foram essenciais para o caso concreto), que os entes estaduais poderiam exigir o ICMS complementar, quando a base real fosse maior que a presumida.

Como na sistemática monofásica da LC n. 214/2025 não haverá a cobrança do IBS e da CBS com base em valores presumidos dos combustíveis, provavelmente irão acabar as lides relacionadas com pedidos de restituição ou com a cobrança do tributo complementar.

Arrecadação do IBS destinada totalmente para o local onde ocorrer o consumo final

Antes de entrar na análise do IBS e da CBS, é oportuno introduzir o assunto por meio da explicação do ICMS.

Diferentemente da arrecadação inerente aos derivados de petróleo, em relação aos quais já existe o princípio de destino para o produto da arrecadação do ICMS, sobre as operações interestaduais com biocombustíveis a arrecadação é dividida entes os estados produtores e destinatários.

Por exemplo, a gasolina A (pura) é misturada ao etanol anidro combustível, o EAC (27%, conforme a Agência Nacional de Petróleo – ANP), para formar a gasolina C, que é vendida até chegar ao consumidor final. Da mesma forma, o *diesel* A é misturado ao biodiesel B100 para produzir o *diesel* B, vendido ao consumidor final.

Nesse contexto, para os derivados de petróleo, em relação aos quais prevalece o princípio de destino na arrecadação do ICMS, diferente da tributação dos combustíveis orgânicos (biocombustíveis, como o B100 e EAC), cuja receita do imposto deve ser dividida, nas operações interestaduais, destinando parte para o estado produtor dos biocombustíveis e parte para o estado onde a gasolina C ou o *diesel* B são consumidos.

Portanto, atualmente, para que haja a divisão correta no produto da arrecadação do ICMS entre os estados, nas operações interestaduais, o imposto do derivado de petróleo (gasolina A e *diesel* A) é devido integralmente para o estado onde ocorre a operação do consumo, mas o imposto dos biocombustíveis (EAC e B100) deve ser dividido para os estados do produtor e de destino, onde a gasolina C e o *diesel* B ou o EHC são consumidos, gerando muita complexidade, inclusive a alegação de bitributação, conforme argumentos da Confederação Nacional do Comércio de Bens, Serviços e Turismo na Ação Direta de Inconstitucionalidade (ADI) n. 7.259, protocolada em 2022.

A reforma tributária também diminuíra esse tipo de litígio entre a Fazenda Pública e os contribuintes envolvendo operações interestaduais com combustíveis em cuja composição constem produtos que não são derivados de petróleo (biodiesel e EAC), tema relacionado à ADI n. 7.259/DF, que se encontra pendente de julgamento no STF.

Por outro lado, quando a refinaria de petróleo retém ICMS sujeito a substituição tributária para o EAC e outros combustíveis que não estão elencados na LC n. 192/2022, ela calcula o imposto com base no critério quantitativo (base de cálculo e alíquota) da unidade federativa da distribuidora que adquire o combustível, presumindo que a venda da distribuidora será efetuada no território de seu estado.

No entanto, se a distribuidora, em vez de vender o combustível para um posto revendedor dentro de seu estado, realiza uma operação interestadual, o valor do imposto devido à unidade federativa de destino deve levar em consideração a base de cálculo e a alíquota aplicadas nesse estado, onde o combustível será consumido.

Por esse motivo, se o valor do imposto devido à unidade federativa de destino (onde houver o consumo) for diverso do exigido no Estado-Membro da localização da distribuidora, os seguintes procedimentos seriam adotados: (i) se superior, o remetente da mercadoria (distribuidora) será responsável pelo recolhimento do ICMS complementar; e (ii) se inferior, a diferença será ressarcida à distribuidora, por seu fornecedor (refinaria).

O princípio de destino inserido na Constituição para a tributação de todo o consumo de bens, serviços e direitos por meio do IBS e da CBS simplifica esse polêmico assunto, aumentando a segurança jurídica porque toda a arrecadação do IBS será destinada aos estados e municípios nos quais ocorrerão as operações para o consumidor dos combustíveis, independentemente de serem combustíveis fósseis ou biocombustíveis.

Com a implementação da sistemática monofásica da reforma tributária, será diminuída a complexidade da tributação de combustíveis, uma vez que a distribuidora não precisará mais pedir o ressarcimento ou recolher o IVA Dual complementar, quando realizar operações interestaduais com combustíveis, porque: (i) a incidência será concentrada na importação ou na saída do produtor do combustível, deixando a distribuidora de ser contribuinte, exceto quando ela praticar importação; (ii) como a alíquota *ad rem* será nacional, igual em todos os estados e municípios, hipoteticamente, mesmo se a distribuidora foi inserida na sujeição passiva como responsável, não haverá diferenças entre as alíquotas e, por conseguinte, necessidade de complemento ou ressarcimento nas operações interestaduais ou intermunicipais.

Previsão da cobrança do IBS, antes de 2029, fora do regime específico por meio de alíquota *ad valorem*, enquanto a CBS será exigida pela alíquota *ad rem* a partir de 2027

Importa ressaltar que os arts. 172 a 180 da LC n. 214/2025, que regulam o regime específico de tributação das operações com combustíveis, só preveem a implantação do referido regime para a CBS e o IBS, respectivamente, a partir de 2027 e 2029, mas isso não implica ausência da incidência do IBS sobre as operações com combustíveis antes de 2029.

No ano-teste de 2026, segundo o art. 125 do Ato das Disposições Constitucionais Transitórias (ADCT), o IBS poderia ser cobrado com alíquota *ad valorem* de 0,1% e a CBS com alíquota *ad valorem* de 0,9%, sem prejuízo para o contribuinte, pois os valores seriam abatidos do PIS/Cofins ou de outros tributos federais.

Todavia, o § 1º do art. 348 da LC n. 214/2025 está dispensando indevidamente a exigência do IBS no ano de 2026, contrariando o art. 151, III, da Constituição, que veda à União dispensar um tributo de competência dos estados, do DF e dos municípios.

É bem verdade que a EC n. 132/2023 inseriu na Constituição a possibilidade de lei complementar prescrever a referida dispensa para todas os bens, direitos e serviços, inclusive os combustíveis.

Todavia, trata-se de uma inconstitucionalidade da EC n. 132/2023, pois fere o pacto federativo (art. 60, § 4º, I, da Constituição) ao prescrever que uma lei complementar federal possa dispensar o pagamento do IBS, cuja receita pertence aos entes subnacionais, e financiaria o Comitê Gestor (art. 343, I, da LC n. 214/2025).

Em 2027 começará a cobrança da CBS no regime específico de combustíveis por sua alíquota *ad rem* nacional, calculada segundo a metodologia homologada em conjunto pelo Ministro de Estado da Fazenda e pelo Comitê Gestor do IBS, conforme o § 7º do art. 174 da LC n. 214/2025.

Importa esclarecer que a partir de 2029, quando o IBS será exigido com a alíquota de 10%, os regimes específicos da CBS e do IBS observarão as mesmas regras, conforme previsto no art. 149-B, III, da Constituição. Todavia, antes de 2029 não há qualquer ilegalidade na exigência do IBS pela alíquota *ad valorem*, diferente da alíquota *ad rem* da CBS, porque o regime específico só estará sendo aplicado para o tributo federal.

O IBS, portanto, nos anos de 2027 e 2028, continuará sendo exigido por meio da alíquota *ad valorem* de 0,1%, sendo 50% estadual e 50% municipal, conforme o art. 127 do ADCT, combinado com o art. 344 da LC n. 214/2025.[4]

---

4 De acordo com o parágrafo único do mencionado artigo do ADCT, nos anos de 2027 e 2028, a alíquota da CBS será reduzida em 0,1%.

Ressalte-se que a cobrança do IBS na alíquota-teste de 0,1% sobre combustíveis pelas normas gerais da LC n. 214/2025, antes de 2029, além de cumprir o disposto nos arts. 125 e 127 do ADCT, está em consonância com a interpretação de que os regimes específicos, previstos no art. 156-A, § 6º, da Constituição, não precisam iniciar antes de 2029 para o IBS, devendo o cálculo nos anos de 2026 a 2028 seguir os parâmetros da base de cálculo prevista nas normas gerais do art. 12 da LC n. 214/2025.

CÁLCULO DO IBS E DA CBS NO REGIME ESPECÍFICO DE COMBUSTÍVEIS

A partir da implantação do regime específico de combustíveis (2027 e 2029, respectivamente, para a CBS e o IBS), o IVA Dual deverá ser cobrado definitivamente, em incidência única, no início da cadeia econômica (importador ou produtor), multiplicando-se a quantidade de combustível de acordo com sua unidade de medida (base de cálculo) pela alíquota específica (valor em reais por unidade de medida), conforme o art. 173 da LC n. 214/2025.

Diferentemente da simplicidade na apuração da base de cálculo (quantidade de combustível por unidade de medida), a metodologia para calcular a alíquota *ad rem* é baseada em diversos critérios e procedimentos de aferição e atualização, considerando a carga tributária direta e a indireta, conforme o art. 174 da LC n. 214/2025.

Importa ressaltar que a LC n. 214/2025 estabelece que o IBS e a CBS não poderão exceder a carga tributária dos tributos extintos pela EC n. 132/2023.

Regras comuns para a fixação das alíquotas *ad rem* do IBS e da CBS

As alíquotas uniformes para o IBS e para a CBS sobre operações com combustíveis serão uniformes em todo o território nacional, fixadas de forma específica por unidade de medida (litro, metro cúbico, quilograma etc.), e poderão variar de acordo com cada combustível.

Os incisos II e III do *caput* do art. 174 da LC n. 214/25 preveem que as alíquotas serão reajustadas anualmente e divulgadas: quanto ao IBS, pelo CGIBS; e pelo Chefe do Poder Executivo da União, na hipótese da CBS.

A majoração das alíquotas obedecerá totalmente ao princípio da anterioridade, inclusive a anterioridade nonagesimal prevista no art. 150, III, *c*, da Constituição, garantindo um período mínimo de 90 dias entre a publicação da nova alíquota e sua entrada em vigor, no ano subsequente.

A metodologia para calcular a alíquota *ad rem* do IBS e da CBS

A metodologia para calcular a carga tributária e definir as alíquotas do IBS e da CBS será aprovada pelo Ministério da Fazenda e pelo CGIBS.

Para a referida metodologia deverão ser considerados: a manutenção da carga tributária direta, obtida como referência em um período de um ano (meses de julho a junho do ano subsequente); os valores desses meses reajustados pelo Índice de Preços ao Consumidor (IPCA) até o mês de julho que anteceder o ano da fixação da alíquota *ad rem*; e atualizados entre o referido mês e janeiro do ano subsequente, com base na atualização equivalente à meta de inflação fixada pelo Conselho Monetário Nacional (CMN), vigente no referido mês de julho.

Os cálculos para a fixação das alíquotas, com base na metodologia supracitada, serão realizados, para a CBS, pela Receita Federal do Brasil (RFB), e, para o IBS, pelo CGIBS.

A União, os estados, o DF e os municípios fornecerão ao Poder Executivo da União e ao CGIBS os subsídios necessários para o cálculo das alíquotas *ad rem* do IBS e da CBS sobre combustíveis, mediante o compartilhamento de dados e informações, por exemplo, o preço médio ponderado de venda a consumidor final (PMPF), que representa o valor do combustível vendido ao consumidor final em todo o território nacional, e as informações fiscais e contábeis dos contribuintes que utilizarão créditos em face do cálculo da carga tributária indireta (resíduo da cumulatividade).

Efeitos dos resíduos da cumulatividade dos tributos que serão extintos quando da definição da alíquota *ad rem*

Além da carga direta, o valor do resíduo da cumulatividade da carga tributária indireta também deverá ser inserido na alíquota *ad rem*.

Apesar da dispensa da exigência da CBS e do IBS no ano-teste de 2026, é relevante que os contribuintes do regime de combustíveis registrem seus créditos, por meio das normas gerais da LC n. 214/2025, a fim de quantificar a carga tributária indireta não recuperada para acrescentar à alíquota *ad rem*.

Isso porque a interpretação do art. 185 da LC n. 214/2025 remete ao fato de que serão incorporados às alíquotas *ad rem* do IVA Dual os efeitos dos resíduos da cumulatividade decorrentes do Imposto sobre Operações Financeiras (IOF) sobre seguros, do ICMS, do Imposto sobre Serviços (ISS), do Imposto sobre Serviços Industrializados (IPI) e das contribuições PIS/Pasep e Cofins incidentes sobre os insumos, serviços e bens de capital utilizados na produção, importação e comercialização dos combustíveis e não recuperados como crédito.

Com vista a manter a carga tributária no consumo, uma das premissas da reforma tributária, é salutar que a carga tributária exteriorizada na alíquota *ad rem* seja mantida. Para isso, os resíduos da cumulatividade parcial, prevista sobretudo na legislação do ICMS para combustíveis – as vedações ao crédito, previstas nas cláusulas décimas sétimas dos Convênios ICMS n. 199/2022 e n. 15/2023, estão sendo questionadas na ADI n. 7.397/DF –, deverão ser acrescidos na alíquota específica por unidade de medida, tendo em vista que a não cumulatividade, regulamentada no art. 180 da LC n. 214/2025, não prescreve vedações; inclusive, para combustíveis fica dispensada a comprovação do pagamento do IBS e da CBS sobre a aquisição para a apropriação dos créditos (§ 4º do art. 47 da LC n. 214/2025).

Importa ressaltar que a vedação à apropriação de créditos em relação às aquisições de combustíveis sujeitos à incidência única do IBS e da CBS, quando destinadas à distribuição, à comercialização ou à revenda, é necessária para manter a neutralidade da tributação sobre os combustíveis com incidência monofásica, na qual os participantes da cadeia econômica, com exceção dos importadores e produtores, não apurarão o IBS ou a CBS.

Dessa forma, tais participantes, que não são contribuintes do IBS ou da CBS do regime específico de combustíveis, quando adquirirem combustíveis para revenda, não precisarão apurar o valor do tributo a pagar, porque não haverá recolhimento dos tributos nos momentos de suas operações, motivo pelo qual a vedação ao crédito não ofende o princípio da não cumulatividade, pois, se fosse permitido o creditamento, ocorreria acúmulo de crédito em face da ausência de débito, o que contraria o princípio da neutralidade.

Quando o produto não for adquirido para revenda, o contribuinte no regime regular poderá apropriar créditos do IBS e da CBS em relação à aquisição de combustíveis, nos termos do § 4º do art. 47 da LC n. 214/2025, sem necessidade da comprovação,[5] por parte do contribuinte, do pagamento do tributo no início da cadeia econômica, ônus que caberá ao Fisco.

Portanto, a insegurança jurídica na atual tributação das operações com combustíveis, relativamente aos assuntos relacionados com a não cumulatividade do ICMS, será atenuada com a reforma tributária, mas os efeitos dos resíduos da cumulatividade na cadeia econômica serão inseridos na fixação da alíquota *ad rem*.

---

5 A regra do IBS e da CBS é a comprovação do pagamento para viabilizar o crédito. Todavia, no regime de combustíveis, como a incidência é única e o recolhimento do IBS e da CBS é centralizado no início da cadeia econômica, é muito difícil para o contribuinte que adquirir o combustível para o consumo em sua atividade empresarial comprovar o pagamento do tributo, que ocorreu na importação ou na saída do produtor.

Fixação das alíquotas da CBS

Carga tributária direta da CBS

Os §§ 1º e 2º do art. 174 da LC n. 214/2025 estabelecem regras para a fixação das alíquotas da CBS: a alíquota do ano de 2027, quando iniciará o regime específico para a CBS, não poderá exceder a carga tributária dos tributos federais PIS/Pasep e Cofins[6] – incidentes na produção, importação e comercialização dos combustíveis.

A apuração da carga tributária direta por unidade de medida a partir de 2027 seguirá um modelo retrospectivo, com base no: (i) PIS/Pasep e Cofins incidentes em cada um dos meses de julho de 2025 a junho de 2026; (ii) os valores de cada mês serão corrigidos pelo IPCA para o mês de julho de 2026, somados e divididos por 12; e (iii) o valor de julho de 2026 será atualizado pela meta inflacionária de 2027 fixada pelo CMN.

Dessa forma, será viabilizada a divulgação da alíquota específica por unidade de medida antes do final de setembro de 2026, a fim de poder exigir a CBS a partir de janeiro de 2027, em consonância com o princípio da anterioridade.

Carga tributária indireta da CBS

Conforme explicado anteriormente, a carga tributária indireta referente ao resíduo da cumulatividade também deverá ser inserida no cálculo da alíquota *ad rem*.

Para a CBS, ela decorre do IOF sobre operações de seguro, do IPI e das contribuições PIS/Pasep e Cofins incidentes sobre os insumos, serviços e bens de capital utilizados na produção, importação e comercialização dos combustíveis e não recuperados como crédito, calculada na forma das alíneas *a*, *b* e *c* do inciso II do § 2º do art. 174 da LC n. 214/2025:

> *a)* os valores serão apurados a preços de 2025 e divididos pelo volume consumido no país do respectivo combustível em 2025, de modo a resultar na carga tributária por unidade de medida;
> *b)* os valores apurados na forma da alínea *a* deste inciso serão reajustados a preços de julho de 2026, com base na variação do IPCA;
> *c)* o valor apurado nos termos da alínea *b* deste inciso será atualizado a preços de 2027 por meio do acréscimo de percentual equivalente à meta para a inflação relativa a 2027, fixada pelo Conselho Monetário Nacional, vigente em julho de 2026.

---

6 A Cide combustíveis continuará sendo exigida.

Atualização da alíquota *ad rem* da CBS para os anos subsequentes a 2027

Para os anos subsequentes, as alíquotas da CBS serão fixadas de modo a não exceder a carga tributária calculada para 2027.

Dessa forma, a alíquota *ad rem* da CBS, em 2027, será reajustada por percentual equivalente à variação do PMPF, obtido por meio de pesquisa realizada por órgão competente (geralmente a ANP) ou com base nos dados dos documentos fiscais eletrônicos de venda a consumidor, entre: (i) os 12 meses anteriores a julho do ano anterior àquele para o qual será fixada a alíquota; e (ii) o período de julho de 2025 a junho de 2026.

Portanto, a carga tributária dos tributos federais PIS e Cofins sobre os combustíveis, no período de julho de 2025 a junho de 2026, será fundamental para aferir a alíquota *ad rem* da CBS em 2027, bem como esse período será a referência para os reajustes nos anos subsequentes.

Fixação e atualização das alíquotas do IBS

Os §§ 4º a 6º do art. 174 da LC n. 214/2025 tratam da fixação das alíquotas *ad rem* do IBS, com regras semelhantes às da CBS, motivo pelo qual a explicação da alíquota do IBS será mais sucinta para evitar a repetição do assunto mais procedimental do texto do regime específico de combustíveis da mencionada lei complementar.

Para o cálculo da carga tributária direta do IBS, suas alíquotas *ad rem* serão fixadas em 2029, ano de início do regime específico de combustíveis do imposto de competência compartilhada dos estados e municípios, de forma a não exceder a 10% da carga tributária direta dos tributos extintos, no caso, apenas o ICMS incidente na produção, importação e comercialização dos combustíveis, considerando que o ISS não incide sobre essas operações.

A carga tributária por unidade de medida do IBS para o ano de 2029 será apurada para cada um dos meses de julho de 2027 a junho de 2028, cujos valores mensais serão atualizados pelo IPCA para julho de 2028. Para viabilizar a exigência a partir de janeiro de 2029, em consonância com o princípio da anterioridade, inclusive o nonagesimal, a alíquota do IBS deverá ser divulgada até setembro de 2027, considerando a meta de inflação do CMN, vigente em julho de 2028.

Como o regime específico para o IBS será implantado progressivamente, nos anos de 2030, 2031 e 2032, a carga tributária direta não poderá exceder, nos respectivos anos, a 20, 30 e 40% do ICMS, que será reduzido na mesma proporção.

No ano de 2033, a carga tributária direta do IBS não poderá exceder o valor de 100% do ICMS extinto, calculada com a metodologia aplicada para o ano de 2029.

Em relação à carga indireta, o resíduo da cumulatividade do ICMS e do ISS também deverá ser inserido no cálculo da alíquota *ad rem* do IBS.

Assim, os valores do ICMS e do ISS incidentes sobre os insumos, serviços e bens de capital utilizados na produção, importação e comercialização dos combustíveis e não recuperados como crédito, calculados na forma das alíneas *a*, *b* e *c* do inciso II do § 5º do art. 174 da LC n. 214/2025, de forma análoga à da CBS, deverão ser incluídos na alíquota específica por unidade de medida do IBS.

A diferença em relação à CBS são os períodos, já que os valores do IBS serão apurados em 2027, atualizados para julho de 2028, por meio da variação do IPCA, e atualizados para 2029 com base na meta de inflação do referido ano, vigente em julho de 2028, fixada pelo CMN.

Para os anos subsequentes a 2029, de maneira semelhante às regras da CBS, as alíquotas do IBS serão fixadas de modo a não exceder a carga tributária calculada para o referido ano.

Por conseguinte, a alíquota *ad rem* do IBS será reajustada por percentual equivalente à variação do PMPF, obtido por meio de pesquisa realizada por órgão competente (geralmente a ANP) ou com base nos dados dos documentos fiscais eletrônicos de venda a consumidor, entre: (i) os 12 meses anteriores a julho do ano anterior àquele para o qual será fixada a alíquota; e (ii) o período de julho de 2027 a junho de 2028.

Portanto, a carga tributária do ICMS sobre as operações com combustíveis, no período de julho de 2027 a junho de 2028, será fundamental para aferir a alíquota *ad rem* do IBS em 2027, bem como esse período será a referência para os reajustes nos anos subsequentes.

CONCLUSÃO

Assim, pode-se inferir que diminuirá substancialmente a complexidade na tributação das operações com combustíveis, os quais serão submetidos a um regime específico, conforme a Constituição, com as alterações advindas da EC n. 132/2023, e as prescrições da LC n. 214/2025, que estabelecem: (i) regime monofásico (incidência única); (ii) carga tributária uniforme em todo o território nacional por produto; (iii) alíquotas específicas por unidade de medida (*ad rem*) fixadas: pelo Poder Executivo da União para a CBS; pelos entes subnacionais, por meio do Comitê Gestor, para o IBS; (iv) respeito ao princípio da anterioridade: alíquotas reajustadas anualmente, observado, para sua majoração, o prazo mínimo de 90 dias entre sua fixação e o início de vigência; e (v) não cumulatividade plena; inclusive, para combustíveis fica dispensada a comprovação do pagamento do IBS e da CBS sobre a aquisição para apropriação dos créditos (§ 4º do art. 47 da LC n. 214/2025).

Dessa forma, todas as operações da cadeia econômica com combustíveis deverão ser desoneradas, exceto em seu início, quando se dá a incidência concentrada, na importação ou na saída do produtor de combustível, com uma única alíquota nacional por unidade de medida, podendo ser diferenciada por combustível.

Portanto, o regime específico para combustíveis do IBS e da CBS, disposto nos arts. 172 a 180 da LC n. 214/2025, apresenta uma estrutura concisa, precisa, com objetivos claros de simplificação tributária e critérios metodológicos para o cálculo das alíquotas *ad rem* do IBS e da CBS.

Por conseguinte, a previsão do regime específico contida na LC n. 214/2025 deverá reduzir a complexidade e os litígios na tributação sobre combustíveis, diminuindo contenciosos e aumentando a segurança jurídica.

No entanto, desafios como a implementação escalonada do IBS, o ajuste periódico das alíquotas baseado em períodos de referência fixos e alíquotas *ad rem*, que só aumentam uma vez ao ano, demandam atenção contínua para evitar: (i) a repercussão negativa em face da possível influência no aumento dos preços dos combustíveis em função de o aumento da tributação sobre o consumo recair em um único mês do ano; (ii) impactos negativos na arrecadação tributária, em períodos de volatilidade em um cenário de aumento de preços; (iii) a tributação excessiva quando os preços dos combustíveis estiverem em baixa; (iv) o desafio para que os regulamentos do regime específico dos combustíveis do IBS e da CBS sejam publicados até setembro de 2025, com o mínimo de obrigações acessórias, para que os contribuintes consigam cumpri-las a partir de janeiro de 2026.

BIBLIOGRAFIA

KELSEN. Hans. *Teoria geral do Direito e do Estado*. Tradução de Luís Carlos Borges. São Paulo: Martins Fontes, 1992.

VILANOVA, Lourival. *Causalidade e relação no direito*. 5. ed. São Paulo: Noeses, 2015.

Capítulo **20**

Extinção dos benefícios fiscais do ICMS: fim da guerra fiscal ou possível início de uma nova batalha fiscal?

Osvaldo Santos de Carvalho
Wanessa Felix de Almeida

INTRODUÇÃO

A Emenda Constitucional (EC) n. 132/2023 introduz mudanças significativas no sistema tributário nacional. A pretendida reforma tributária em apreço, após o período de transição nela contido, apresenta a consolidação de dois novos tributos: a) a Contribuição sobre Bens, Direitos e Serviços (CBS), em substituição ao PIS e à Cofins, de competência da União; e b) o Imposto sobre Bens, Direitos e Serviços (IBS), em substituição ao ICMS e ao ISS, conferindo aos estados, Distrito Federal e municípios a competência compartilhada para a cobrança do novo imposto IBS. Ambos serão regulamentados por lei complementar e terão idênticas hipóteses de incidência e correspondente disciplina jurídica, serão não cumulativos e dotados de neutralidade fiscal.

Para muitos, o atual sistema tributário é considerado complexo e ineficiente, em razão das múltiplas alíquotas, regimes tributários e normas diversas aplicadas pelas unidades da Federação em relação ao atual ICMS. Em razão de a tributação sobre o consumo se dar predominantemente na origem, estimula as guerras fiscais entre os entes federados e a criação de filiais pelos contribuintes em outros estados, com vistas a garantir benefícios fiscais, e com isso gerar a eles maior condição de competitividade.

Entretanto, o que se vê com a reforma tributária veiculada pela EC n. 132/2023 é a inserção de um "novo sistema tributário", mais complexo e não harmônico com o atual sistema, além de ferir princípios constitucionais consagrados e que ainda permanecem vigentes em nossa Carta Magna, por exemplo, o próprio princípio federativo, cláusula pétrea do sistema jurídico brasileiro.

O Texto Constitucional, com a inserção das alterações da Emenda Constitucional, acabou por não retirar do sistema normas constitucionais que confrontam essas novas por ela introduzidas, com potencial para gerar maiores conflitos, além de trazer aparente insegurança jurídica.

Nesse sentido, o presente capítulo tem por objetivo, dentro do contexto da EC n. 132/2023 e da Lei Complementar n. 214/2025, que trata da exclusão dos benefícios fiscais existentes, analisar, sob a ótica da Teoria Geral do Direito e da metodologia oferecida pelo construtivismo lógico-semântico, sua pertinência dentro do sistema jurídico tributário e a possível colidência com as normas constitucionais que permanecem inalteradas.

O SISTEMA TRIBUTÁRIO – CONTRADIÇÃO ENTRE A LEGISLAÇÃO TRIBUTÁRIA ATUAL E A FUTURA

Os elementos que compõem o sistema do direito positivo encontram-se dispostos numa estrutura hierarquizada, com regras de fundamentação ou derivação, possibilitando-lhe a regulação de sua própria criação e transformações.

Sob a ótica da teoria dos sistemas, o sistema jurídico-tributário apresenta-se, portanto, como autopoiético, em que há "clausura organizacional", ou seja, há fechamento no plano operacional, porém abertura em termos cognitivos.[1]

A ideia de que o sistema legal constitui um sistema fechado não deve, contudo, obscurecer o fato de que todo sistema mantém conexões com seu ambiente, qual seja, o sistema social. Para Luhmann, essa concepção dar-se-á da seguinte maneira: o sistema legal é aberto porque é fechado e é fechado porque é aberto. O autor, com esse aparente antagonismo, quer expressar a forma particular do relacionamento entre o sistema legal e o ambiente social. Como ele afirma, o sistema legal tem seu componente e sua forma própria de expressão: a norma; e seu modo próprio de operação, o código lícito e ilícito. Pode haver influência política na legislação, mas somente a lei pode modificar a lei. Somente dentro do sistema legal a mudança das normas legais pode ser percebida como mudança da lei,[2] concluindo que o sistema legal é um sistema operacional e normativamente fechado.

Ao mesmo tempo, o sistema jurídico é "cognitivamente aberto", o que significa dizer que é estimulado pelas informações do ambiente. No caso específico do sistema legal, ele retira parte de sua dinâmica própria do processamento que realiza, segundo seu código, dos estímulos dos demais subsistemas sociais: político, econômico, educacional, moral etc.

---

1 CARVALHO, Paulo de Barros. *Curso de direito tributário*, 2000.
2 LUHMANN, 1986.

Nesse sentido é que se tem a ideia da dupla contingência dos sistemas, o fato de eles operarem de maneira *normativamente fechada*, o que requer relações simétricas entre seus componentes, na medida em que um elemento dá sustentação ao outro e vice-versa, e, ao mesmo tempo, operarem de maneira *cognitivamente aberta*, na qual a assimetria entre o sistema e seu ambiente os força a uma recíproca adaptação e mudança. Pela teoria dos sistemas, o sistema legal, portanto, apresenta uma maneira especial de resolver esse problema ao combinar disposições normativas e cognitivas e estabelecer *condicionalidades* para a introdução no sistema dos estímulos do ambiente.

Quanto às normas legais, Kelsen e Durkheim entendem que a derivação de uma ordem legal factual parte de uma norma fundamental. Observando-se o sistema do direito positivo, é possível constatar-se a existência de eventuais lacunas e contradições entre os enunciados normativos que o compõem, sendo necessária a adoção de critérios e princípios capazes de solucionar as antinomias[3] e fechar suas lacunas, possibilitando a construção de sentido necessária para regular as condutas intersubjetivas. A despeito disso, parecem-nos adequadas as ponderações de Paulo de Barros Carvalho, no sentido de que, embora os sistemas tragam a estipulação de critérios com o objetivo de eliminar suas deficiências no momento de aplicar a norma jurídica, a contradição remanesce, só deixando de existir quando uma das normas contraditórias for retirada do sistema por outra norma.[4]

Por esse giro epistemológico, pode-se igualmente afirmar que o sistema do direito positivo é fechado sintaticamente, porém, aberto semântica e pragmaticamente. Paulo de Barros Carvalho, sobre o tema, explica que "a dinâmica operacional do direito se dá pela combinação dos três modais deônticos (permitido, proibido e obrigatório). Como são três e somente três (lei do quarto excluído), conclui-se que há fechamento sintático".[5] De igual modo, Susy Gomes Hoffmann explica que, havendo a possibilidade de o legislador escolher novos fatos que entenda relevantes e inseri-los no sistema do direito positivo por meio das hipóteses normativas, ocorrerá na hipótese a abertura semântica e pragmática.[6]

Diante da existência das regras de derivação referidas, cada unidade normativa provém de normas superiores, nas quais encontram embasamento. Observa-se, assim, que todas as normas do sistema convergem para um ponto único: a norma fundamental. Esta consiste no sustentáculo de validade de todas as normas do sistema, tornando-o uno e homogêneo.

---

3 BOBBIO, Norberto. *Teoria do ordenamento jurídico*, 1997.

4 *Op. cit.*, 2000.

5 Ibidem.

6 *Teoria da prova no direito tributário*, 1999.

Dito isso, tem-se que toda norma jurídica, para ingressar no sistema do direito positivo, necessita ser introduzida por outra regra, de caráter geral e concreto, denominada "veículo introdutor de normas". Apenas por meio de veículos introdutores é que novas regras passam a integrar o universo jurídico, regulando as condutas subjetivas (instrumentos primários) ou simplesmente realizando os comandos autorizados em lei (instrumentos secundários).[7] A abrangência desses veículos normativos não é ampla e irrestrita. Cada um tem sua função específica, sendo terminantemente vedado extrapolá-la.

O papel da emenda constitucional é introduzir no ordenamento jurídico normas de hierarquia constitucional, incorporando-as à Carta Magna. Editada pelo Poder Constituinte Derivado, sujeita-se a algumas limitações impostas pelo constituinte originário, expressas no art. 60, § 4º, do Texto Maior, conhecidas pelo nome de "cláusulas pétreas". Esse dispositivo veda a edição de emenda constitucional tendente a abolir (I) a forma federativa de Estado; (II) o voto direto, secreto, universal e periódico; (III) a separação dos Poderes; e (IV) os direitos e garantias individuais, incluindo os de natureza tributária, como é o caso daqueles relacionados no art. 150 da Constituição da República.

Para o presente capítulo, tem-se que a EC n. 132/2023, ao inserir no Texto Constitucional, em seu art. 156-A, X, que o imposto previsto no *caput*, qual seja, o IBS – o Imposto sobre Bens, Direitos e Serviços –, não mais contará com incentivos e benefícios financeiros e fiscais, afronta diretamente norma há muito fixada no ordenamento prevista no art. 155, II e § 2º, XII, *g*, delegando à lei complementar a forma como isenções, incentivos e benefícios fiscais serão concedidos ou revogados.

Ocorre que, como se verá adiante, com a EC n. 132/2023, foi mantido o texto previsto no art. 155, II e § 2º, XII, *g*, colidindo com o texto inserto por meio de seu art. 156-A, X, que o imposto previsto no *caput*, que exclui os benefícios e incentivos fiscais. Nota-se que não houve a retirada do sistema constitucional normativo da norma prevista no art. 155, II e § 2º, XII, *g*, mas apenas a criação de norma colidente com esta. Tanto é verdade que é instituído por meio do art. 12 da EC n. 132/2023[8] o Fundo de Compensação de Benefícios

---

7 CARVALHO, *op. cit.*, 2000.

8 "Art. 12. Fica instituído o Fundo de Compensação de Benefícios Fiscais ou Financeiro-Fiscais do imposto de que trata o art. 155, II, da Constituição Federal, com vistas a compensar, entre 1º de janeiro de 2029 e 31 de dezembro de 2032, pessoas físicas ou jurídicas beneficiárias de isenções, incentivos e benefícios fiscais ou financeiro-fiscais relativos àquele imposto, concedidos por prazo certo e sob condição. § 1º De 2025 a 2032, a União entregará ao Fundo recursos que corresponderão aos seguintes valores, atualizados, de 2023 até o ano anterior ao da entrega, pela variação acumulada do IPCA ou de outro índice que vier a substituí-lo: I – em 2025, a R$ 8.000.000.000,00 (oito bilhões de reais); II – em 2026, a R$ 16.000.000.000,00 (dezesseis bilhões de reais); III – em 2027, a R$ 24.000.000.000,00 (vinte

Fiscais ou Financeiro-Fiscais, com vistas a compensar, entre 1º de janeiro de 2029 e 31 de dezembro de 2032, pessoas físicas ou jurídicas beneficiárias dos atuais incentivos fiscais prejudicadas com a extinção deles.

Prosseguindo, o papel das leis complementares, por sua vez, é disciplinar matérias específicas que a Constituição lhes atribui e sua aprovação exige *quorum* qualificado (art. 69 da CF/88). É um mecanismo de ajuste que assegura o funcionamento do sistema jurídico, orientando a produção legislativa ordinária para estar em sintonia com os mandamentos constitucionais.

---

e quatro bilhões de reais); IV – em 2028, a R$ 32.000.000.000,00 (trinta e dois bilhões de reais); V – em 2029, a R$ 32.000.000.000,00 (trinta e dois bilhões de reais); VI – em 2030, a R$ 24.000.000.000,00 (vinte e quatro bilhões de reais); VII – em 2031, a R$ 16.000.000.000,00 (dezesseis bilhões de reais); VIII – em 2032, a R$ 8.000.000.000,00 (oito bilhões de reais). § 2º Os recursos do Fundo de que trata o *caput* serão utilizados para compensar a redução do nível de benefícios onerosos do imposto previsto no art. 155, II, da Constituição Federal, na forma do § 1º do art. 128 do Ato das Disposições Constitucionais Transitórias, suportada pelas pessoas físicas ou jurídicas em razão da substituição do referido imposto por aquele previsto no art. 156-A da Constituição Federal, nos termos deste artigo. § 3º Para efeitos deste artigo, consideram-se benefícios onerosos as isenções, os incentivos e os benefícios fiscais ou financeiro-fiscais vinculados ao imposto referido no *caput* deste artigo concedidos por prazo certo e sob condição, na forma do art. 178 da Lei n. 5.172, de 25 de outubro de 1966 (Código Tributário Nacional). § 4º A compensação de que trata o § 1º: I – aplica-se aos titulares de benefícios onerosos referentes ao imposto previsto no art. 155, II, da Constituição Federal regularmente concedidos até 31 de maio de 2023, sem prejuízo de ulteriores prorrogações ou renovações, observados o prazo estabelecido no *caput* e, se aplicável, a exigência de registro e depósito estabelecida pelo art. 3º, II, da Lei Complementar n. 160, de 7 de agosto de 2017, que tenham cumprido tempestivamente as condições exigidas pela norma concessiva do benefício, bem como aos titulares de projetos abrangidos pelos benefícios a que se refere o art. 19 desta Emenda Constitucional; II – não se aplica aos titulares de benefícios decorrentes do disposto no art. 3º, § 2º-A, da Lei Complementar n. 160, de 7 de agosto de 2017. § 5º A pessoa física ou jurídica perderá o direito à compensação de que trata o § 2º caso deixe de cumprir tempestivamente as condições exigidas pela norma concessiva do benefício. § 6º Lei complementar estabelecerá: I – critérios e limites para apuração do nível de benefícios e de sua redução; II – procedimentos de análise, pela União, dos requisitos para habilitação do requerente à compensação de que trata o § 2º. § 7º É vedada a prorrogação dos prazos de que trata o art. 3º, §§ 2º e 2º-A, da Lei Complementar n. 160, de 7 de agosto de 2017. § 8º A União deverá complementar os recursos de que trata o § 1º em caso de insuficiência de recursos para a compensação de que trata o § 2º. § 9º Eventual saldo financeiro existente em 31 de dezembro de 2032 será transferido ao Fundo de que trata o art. 159-A da Constituição Federal, com a redação dada pelo art. 1º desta Emenda Constitucional, sem redução ou compensação dos valores consignados no art. 13 desta Emenda Constitucional. § 10. O disposto no § 4º, I, aplica-se também aos titulares de benefícios onerosos que, por força de mudanças na legislação estadual, tenham migrado para outros programas ou benefícios entre 31 de maio de 2023 e a data de promulgação desta Emenda Constitucional, ou estejam em processo de migração na data de promulgação desta Emenda Constitucional."

Na esfera tributária, duas são as hipóteses de sua utilização: (a) para introduzir as chamadas "normas gerais de direito tributário" (art. 146 da CF/88); e (b) como veículo deliberadamente escolhido pelo legislador constituinte, tendo em vista a disciplina jurídica de certos temas. Na primeira hipótese, a lei complementar visa à uniformidade e harmonia do sistema jurídico, o que faz mediante (i) disposições relativas a conflitos de competência entre União, estados, Distrito Federal e municípios; (ii) regulação das limitações constitucionais ao poder de tributar; e (iii) determinação de elementos jurídicos intrinsecamente relacionados ao fenômeno da percussão tributária, tais como sujeição passiva, decadência, prescrição, lançamento entre outros. Enfim, tudo o que deva ser praticado de forma igualitária pelos entes tributantes, em toda a extensão do território nacional.

Quanto às leis ordinárias, sejam elas de ordem federal, estadual ou municipal, apresentam-se como veículo introdutório de normas por excelência, ao qual compete instituir e majorar tributos, entre outras matérias. Seu conteúdo deve, necessariamente, observar as prescrições constitucionais, cabendo a cada ente federativo agir estritamente dentro dos limites da competência que lhe foi constitucionalmente deferida. Ademais, em respeito ao princípio da estrita legalidade tributária, assegurado de forma genérica pelo art. 5º, II, e, mais especificamente, pelo art. 150, I, ambos da Constituição Federal (CF), é imprescindível que a lei ordinária, ao instituir o tributo, traga em seu bojo todos os critérios identificadores do fato e da relação jurídica tributária, não podendo qualquer dos aspectos da norma-padrão de incidência tributária ser introduzido por veículo diverso.

O atual sistema tributário conta com uma rígida repartição das competências tributárias designadas pelo art. 145 da CF,[9] sendo as competências para instituição de impostos originalmente designadas nos arts. 153 a 156, cujas limitações se encontram no art. 150 do mesmo diploma.[10] Entretanto, a EC n.

---

9 "Art. 145. A União, os Estados, o Distrito Federal e os Municípios poderão instituir os seguintes tributos: I – impostos; II – taxas, em razão do exercício do poder de polícia ou pela utilização, efetiva ou potencial, de serviços públicos específicos e divisíveis, prestados ao contribuinte ou postos a sua disposição; III – contribuição de melhoria, decorrente de obras públicas."

10 "Art. 150. Sem prejuízo de outras garantias asseguradas ao contribuinte, é vedado à União, aos Estados, ao Distrito Federal e aos Municípios: I – exigir ou aumentar tributo sem lei que o estabeleça; II – instituir tratamento desigual entre contribuintes que se encontrem em situação equivalente, proibida qualquer distinção em razão de ocupação profissional ou função por eles exercida, independentemente da denominação jurídica dos rendimentos, títulos ou direitos; III – cobrar tributos: *a)* em relação a fatos geradores ocorridos antes do início da vigência da lei que os houver instituído ou aumentado; *b)* no mesmo exercício financeiro em que haja sido publicada a lei que os instituiu ou aumentou; [*vide* EC n. 3/93];

132/2023 introduziu no inciso X do art. 156-A a "exclusão" dos benefícios fiscais, mencionando claramente desde que "excetuadas as hipóteses previstas nesta Constituição", mantendo, entretanto, a norma constitucional prevista no art. 155, II e § 2º, XII, *g*.

Expressa-se com isso uma preocupação primordial de que se ocupa o sistema jurídico, que é o de assegurar a segurança jurídica, diante de um cenário de possíveis antinomias de normas constitucionais, e de se estar diante da possibilidade de instalação de nova guerra fiscal que poderá se iniciar, oriunda da EC n. 132/2023, trazendo consigo mais sobrecarga ainda ao já enorme volume de contencioso tributário hoje existente.

GUERRA FISCAL – CONTEXTO HISTÓRICO

A chamada guerra fiscal de ICMS há muito tempo existe e está intrinsecamente ligada à noção de repartição de poderes e de receitas. O conflito fiscal entre os estados brasileiros se iniciou em razão da competição de arrecadação tributária do comércio interestadual, por meio da qual os entes federados procuraram atrair para seus territórios empresas ou filiais delas antes instaladas em outros estados, com o objetivo de gerar emprego e renda em seus domínios.

Embora o ICMS tenha caráter nacional, como muitos defendem, entendimento de que compartilham os autores do presente capítulo, desde o nascedouro desse modelo de Imposto sobre o Valor Agregado (IVA), o Imposto sobre Circulação de Mercadorias (ICM), que foi ampliado para o Imposto sobre Circulação de Mercadorias, Bens e Serviços (ICMS) a partir da CF/88, os governos estaduais passaram a competir sobre o produto desse maior e mais rentável tributo, no tocante à arrecadação, mais notadamente a partir dos anos 1990 se disseminou.

A preocupação do constituinte com a guerra fiscal se expressa por meio da disposição contida no art. 155, II e § 2º, XII, *g*, da CF, que delegou à lei complementar a competência para regular a forma como, mediante deliberação dos estados e Distrito Federal, isenções, incentivos e benefícios fiscais devem ser concedidos, com vistas a disciplinar a competição entre os entes federados na concessão de benefícios fiscais.

---

c) antes de decorridos noventa dias da data em que haja sido publicada a lei que os instituiu ou aumentou, observado o disposto na alínea *b*; [acrescentada pela EC n. 42, de 19.12.2003] IV – utilizar tributo com efeito de confisco; V – estabelecer limitações ao tráfego de pessoas ou bens, por meio de tributos interestaduais ou intermunicipais, ressalvada a cobrança de pedágio pela utilização de vias conservadas pelo Poder Público; VI – instituir impostos sobre: [*vide* EC n. 3/93] [...]."

Nessa guerra fiscal, segundo Ricardo Varsano:

discute-se [...] a dinâmica perversa da guerra fiscal: as condições financeiras de todos os participantes deteriora-se – e, com elas, as condições locais de produção – e as renúncias fiscais perdem seu poder de atrair empreendimentos. Ao final, os vencedores da guerra são os estados financeiramente mais poderosos, capazes de suportar o ônus das renúncias e, ainda assim, assegurar razoáveis condições de produção.[11]

Entende-se com isso que, numa guerra fiscal, todos perdem.

Não é demais recordar que, a respeito do ICM, embora tenha sido regionalizado com a EC n. 18/65, com o Código Tributário Nacional (CTN) e as Constituições de 67 e 88, o regime adotado foi o da não cumulatividade (desde os primórdios guardando semelhança com a técnica e com o princípio do valor agregado), e pondera Ives Gandra da Silva Martins que referido tributo tem "vocação nacional".[12] Com efeito, pode-se afirmar que o ICM, e seu sucedâneo ICMS, é um tributo com caráter nacional.

Para configurar referido caráter, a Constituição Federal delegou tal missão à lei complementar, papel inicialmente cumprido pela LC n. 24/75, que em seu art. 1º dispõe sobre mencionada disposição normativa direcionada aos estados e ao Distrito Federal, determinando que quaisquer benefícios fiscais, entre eles os créditos presumidos, isenções etc., devem ser concedidos mediante prévia celebração de convênio junto ao Confaz, com deliberação unânime dos estados e do DF.

Os benefícios fiscais constituem relevante e constitucional ferramenta de política tributária dos estados e do Distrito Federal. É por meio desses benefícios que os estados atraem para si empresas para seus territórios em troca de redução de ICMS (créditos outorgados, créditos presumidos, redução de base, entre outros). São os chamados incentivos para investimento, que visam estimular a implantação ou expansão de empreendimentos econômicos.

O objetivo principal desses benefícios fiscais é o equilíbrio das condições entre estados mais e menos favorecidos, permitindo que, por exemplo, estados do Nordeste e Centro-Oeste atraiam empresas que, sem benefícios, provavelmente se instalariam no Sul ou Sudeste por diversas razões de mercado. Dessa forma, a relevância desses incentivos está na melhor distribuição de renda e de desenvolvimento no Brasil.

11 VARSANO, Ricardo. A guerra fiscal do ICMS: quem ganha e quem perde, 1996.

12 *Guerra fiscal*: reflexões sobre a concessão de benefícios no âmbito do ICMS, 2014.

Pondera Ives Gandra da Silva Martins que a ratificação, bem como o quórum exigido para que se afaste qualquer inconstitucionalidade dos benefícios, decorre da Carta Magna, e nesse sentido invoca o texto do art. 146-A, dando ênfase ao papel da lei complementar como veículo de prevenção à "descompetividade tributária", concluindo que referido artigo consagra o princípio da livre concorrência, previsto no art. 170, IV, da CF.[13]

Por esse dispositivo, qual seja, o art. 170 da CF, entende-se estar estampado um princípio essencial à redução de desigualdades regionais, com a criação, pelo Estado, de políticas públicas, a fim de disciplinar a estrutura e os comportamentos econômicos da sociedade, tudo com vistas a reduzir as desigualdades.

No contexto da guerra fiscal, qual seja, em relação aos benefícios fiscais concedidos sem autorização do Confaz, com o advento da LC n. 160/2017, tais benefícios foram por ela "convalidados".

De acordo com referida LC n. 160/2017, aos estados e ao Distrito Federal foi autorizado deliberarem, mediante Convênio ICMS, sobre a remissão dos créditos tributários, constituídos ou não, decorrentes dos incentivos fiscais e financeiros concedidos anteriormente e que não atendiam as disposições estabelecidas na LC n. 24/75.

Ainda em 2017, mais precisamente em 18 de dezembro daquele ano, foi publicado o Convênio ICMS n. 190/2017, que regulamentou a LC n. 160/2017, restando remitidos e anistiados os créditos tributários do ICMS, constituídos ou não, decorrentes dos benefícios fiscais unilaterais, provenientes de atos normativos editados pela respectiva unidade federada, publicados até 8 de agosto de 2017, e que ainda se encontrassem em vigor, e com determinações específicas para essa finalidade.

No cenário da guerra fiscal do ICMS, há farta jurisprudência em que se discutiu a concessão unilateral de benefício fiscal pelos estados e pelo Distrito Federal. Entre 2000 e 2006, o STF julgou diversas ações direitas de inconstitucionalidade propostas em face de estados que, ao instituírem créditos presumidos e outros benefícios correlatos aos seus contribuintes sem prévia autorização do Confaz, incorreram em inconstitucionalidades declaradas pelo Tribunal.

Nos anos seguintes, mais notadamente em 2013, o Supremo Tribunal Federal (STF) declarou inconstitucionais outros tantos benefícios fiscais que inicialmente foram concedidos de forma unilateral pelos estados. Reiteradamente nesses anos todos, o STF decidiu no mesmo sentido, qual seja, o de que os benefícios concedidos que não passaram pelo exame prévio do Confaz são inconstitucionais.

---

13 Ibidem.

Entretanto, esse cenário deverá mudar efetivamente nos próximos anos, a partir da aplicação dos dispositivos previstos no inciso X do art. 156-A, introduzido no texto constitucional pela EC n. 132/2023, como já tratado, que veda a concessão de incentivos e benefícios financeiros ou fiscais relativos ao IBS, inclusive regimes específicos, diferenciados ou favorecidos de tributação, com exceção daqueles já previstos na Constituição, bem como o art. 12 da reforma tributária, que prevê a criação do Fundo de Compensação de Benefícios Fiscais ou Financeiro-Fiscais com vistas a compensar, entre 1º de janeiro de 2029 e 31 de dezembro de 2032, os benefícios concedidos às pessoas físicas ou jurídicas até 31 de maio de 2023 e extintos pela alteração constitucional em apreço.

Apesar da alteração da competência para cobrança do IBS e do aparente fim da "guerra fiscal", pela modificação da tributação do consumo, que antes da EC n. 132/2023 incidia predominantemente na origem, e que passará, a partir de sua vigência, a ocorrer no destino, entende-se que em verdade poderemos estar diante da possibilidade de uma nova guerra fiscal, em que as pessoas físicas e jurídicas atualmente beneficiárias de tais incentivos poderão defender que estes não foram efetivamente retirados do sistema jurídico-tributário.

Nesse novo cenário, a EC n. 132/2023 prevê que os incentivos fiscais serão válidos até 31 de dezembro de 2032, sendo reduzidos na mesma proporção da redução gradativa do ICMS a partir de 2029, até sua extinção total em 2032.

Para compensar as perdas dos estados e dos contribuintes beneficiados, serão criados dois fundos: um para pagar até 2032 pelas isenções fiscais do ICMS concedidas no âmbito da chamada guerra fiscal entre os estados; e outro para reduzir desigualdades regionais. Esses fundos receberão recursos federais, aos valores atuais, de cerca de R$ 240 bilhões ao longo de oito anos e orçados fora dos limites de gastos previstos no arcabouço fiscal do governo federal.

Portanto, infere-se que o fim dos benefícios fiscais ocorrerá a partir de 2033, com a criação de fundos que deverão suportar as perdas das pessoas físicas e jurídicas atualmente incentivadas.

Por meio de parecer jurídico, Tácio Lacerda Gama,[14] instado pela Associação Brasileira das Companhias Abertas (Abrasca), aponta restrições para o acesso ao Fundo de Compensação de Benefícios Fiscais (FCBF), cuja previsão expressa está no Capítulo VI da Lei Complementar n. 214/2025, mais especificamente em seus arts. 386 a 405.

O Fundo de Compensação de Benefícios Fiscais (FCBF) visa compensar os contribuintes pela exclusão de benefícios fiscais do ICMS com a reforma

---

14 BONFANTI, Cristiane. Reforma tributária: PLP 68 limita acesso ao fundo de compensação, afirma parecer (GAMA, Tácio Lacerda). *Jota*, 1º nov. 2024. Disponível em: Reforma tributária: PLP 68 limita acesso ao fundo de compensação, afirma parecer. Acesso em: 7 out. 2025.

tributária. Entre as críticas, o parecer destaca um prazo de apenas um ano para que as empresas solicitem a compensação, considerado incompatível com o prazo decadencial de cinco anos do Código Tributário Nacional (CTN).

A LC n. 214/2025 confere competência exclusivamente à Receita Federal para definir as regras de habilitação para as empresas receberem recursos do FCBF, que visa compensar os contribuintes pela redução de benefícios fiscais do ICMS.

Ademais, outra crítica constante em referido parecer é o extremo controle da Receita Federal sobre o processo, incluindo a regulamentação e as exigências de habilitação para o fundo, o que poderia limitar o acesso aos recursos de compensação.

Além disso, o projeto não apresenta critérios claros para calcular os prejuízos financeiros causados pela retirada dos benefícios fiscais, permitindo a tributação indevida da compensação por meio de IRPJ, CSLL, CBS e IBS, ainda que o parecer considere a compensação como indenização e, portanto, isenta desses tributos.

O art. 386 da referida LC n. 214/2025, com doze incisos prevendo diversos critérios, determina que a RFB terá a prerrogativa de, no limite, obstar o repasse dos recursos que vão substituir os incentivos estaduais, sem a participação dos entes federados respectivos (estados e DF) que concederam os benefícios. O mínimo que se poderia indagar é o motivo de a gestão de referido Fundo não ser cometido ao Comitê Gestor do IBS.

Além disso, a proposta de regulamentação também acaba criando exigências para usufruto da compensação dos recursos, entre elas a de que as empresas ampliem investimentos, por exemplo.

BENEFÍCIOS FISCAIS E A SEGURANÇA JURÍDICA

Como dito anteriormente, os benefícios fiscais possuem prescrição constitucional e visam precipuamente afastar as desigualdades regionais. Entretanto, a previsão de eliminar essa possibilidade atualmente existente no ordenamento constitucional, pelo simples fato de a tributação sobre o consumo passar a ocorrer no destino, não afasta a possibilidade da deflagração de novas modalidades de guerra/embate entre os entes federados, caso os fundos de compensação dos benefícios atuais se revelem insuficientes ou não satisfizerem a contento as pessoas físicas ou jurídicas hoje por eles contempladas.

Ainda sobre os benefícios fiscais, Hemano Notaroberto Barbosa pondera acerca das

> similitudes entre as estruturas normativas do poder de tributar, em sua expressão positivada através da regra de competência tributária, e do poder de não

tributar, sobretudo se este for considerado em sua manifestação ativa (poder de não tributar em sentido estrito), que caracteriza a concessão de benefícios fiscais.[15]

Segundo o autor, as características da competência tributária se aplicam nos dois casos, e são elas: (i) privatividade: consagrada na CF/88, que dispões sobre a vedação às isenções heterônomas. O poder de conceder benefícios é exercido pelo mesmo ente político titular do poder de instituir determinado tributo; (ii) indelegabilidade: como corolário do princípio de tipicidade de competências, a aptidão para conceder benefícios, que é dimensão negativa da competência tributária, é indelegável; (iii) incaducabilidade: as normas constitucionais, incluindo as que delimitam a competência tributária e das quais, mais precisamente, se infere o poder de não tributar, foram promulgadas para vigorarem no tempo, indefinidamente. Logo, a prerrogativa de estabelecer benefícios fiscais não caduca pela ausência de uso por seu titular, e devem valer da mesma maneira, exceto se previsão expressa em sentido contrário for estabelecida pela própria Constituição; (iv) irrenunciabilidade: a distribuição da competência tributária é produto dos interesses políticos do constituinte e não pertence aos governos de ocasião. O máximo que se permite ao legislador relativamente à competência tributária (e, também, sobre a concessão de benefícios fiscais) consiste na faculdade de não exercer, ou de exercê-la apenas parcialmente. Não pode, porém, dela dispor de forma indefinida, seja em nome próprio ou em favor de outrem. As mesmas considerações se aplicam ao poder de não tributar; (v) inalterabilidade: a inalterabilidade da competência tributária se justifica na legítima proteção do contribuinte contra eventuais excessos do ente político, de modo que apenas proíbe a dimensão positiva da alteração da competência, ou seja, sua ampliação.

Nada obsta, porém, que o legislador infraconstitucional regule ou condicione os casos em que poderá ser exercida a competência tributária, casos em que fatalmente o resultado será a diminuição de sua extensão.

Entende-se que a segurança jurídica é uma norma-princípio, que, de acordo com Humberto Ávila:

> A segurança jurídica ainda pode consubstanciar uma norma jurídica, isto é, uma prescrição normativa por meio da qual se estabeleça, direta ou indiretamente, algo como permitido, proibido ou obrigatório, [...] O emprego da expressão "segurança jurídica" denota, pois, um juízo prescritivo a respeito daquilo que deve ser buscado de acordo com determinado ordenamento jurídico.[16]

---

15 *O poder de não tributar*, 2012.

16 *Teoria da segurança jurídica*, 2021, p. 127.

Dessa feita, esbarra-se em outra questão de suma importância: com a inserção do inciso X do art. 156-A, e a permanência do disposto no art. 155, II e § 2º, XII, *g*, da CF, não se estaria diante de uma aparente antinomia entre normas constitucionais?

O conflito de normas ocorrido durante o processo interpretativo é denominado antinomia normativa e pode ser solucionado com a aplicação de três critérios previstos na Lei de Introdução às normas do Direito Brasileiro (LINDB): (i) hierárquico: por esse critério entende-se que a norma superior sobrepuja a inferior. Isso ocorre porque "a norma que representa o fundamento de validade de uma outra norma é, em face desta, uma norma superior", exemplo disso é a CF/88, que possui caráter supralegal, ou seja, as demais leis (ordinárias, complementares) devem estar em consonância aos princípios estabelecidos por ela, caso contrário serão consideradas inconstitucionais, perdendo sua efetividade; (ii) cronológico: que tem por fundamento o art. 2º, § 1º, da LINDB, que regula que norma posterior revoga a anterior: "A lei posterior revoga a anterior quando expressamente o declare, quando seja com ela incompatível ou quando regule inteiramente a matéria de que tratava a lei anterior"; (iii) critério da especialidade: o qual prescreve que a norma especial prevalece sobre a geral. Esse critério também se encontra no art. 2º, § 2º, da LINDB: "A lei nova, que estabeleça disposições gerais ou especiais a par das já existentes, não revoga nem modifica a lei anterior".

Para a situação objeto do presente estudo, entende-se que o critério para solução desse aparente conflito normativo será o cronológico, sopesando-se, contudo, que permanece no sistema a norma descrita do art. 155, II e § 2º, XII, *g*, da CF, previsto pelo constituinte originário.

CONCLUSÃO

A EC n. 132/2023 traz consigo uma verdadeira ruptura do sistema jurídico-tributário sobre a tributação do consumo, e está a exigir dos operadores do direito uma atenta análise de sua coerência sob os pontos de vista constitucional e legal. E é sob esse olhar que, utilizando as ferramentas oferecidas pelo método do construtivismo lógico-semântico e sob o prisma da teoria dos sistemas, se lança a presente reflexão, em prol da harmonia do sistema jurídico e do primado da hierarquia das normas, sobretudo daquelas com estatura constitucional.

Com a edição da EC n. 132/2023, que em seu art. 156-A, X, exclui a possibilidade de os estados e o DF outorgarem benefícios fiscais para seus contribuintes, e com a LC n. 214/2025, que cria o Fundo de Compensação de Benefícios Fiscais (FCBF), para a compensação de créditos a contribuintes de benefícios até 31 de maio de 2023, com prazo prescricional de um ano, apresentou-se no presente capítulo a preocupação sobre a possibilidade de essas "novas normas" conviverem com as demais já existentes no sistema, bem como o conflito entre elas, e com isso, ademais, qual o grau de segurança jurídica que se terá especialmente caso os fundos de compensação dos benefícios atuais se revelem insuficientes ou não satisfizerem a contento as pessoas físicas ou jurídicas hoje por eles contempladas.

BIBLIOGRAFIA

ÁVILA. Humberto. *Teoria da segurança jurídica*. 6.ed. São Paulo, Jus Podivm e Malheiros, 2021.

BARBOSA, Hermano Notaroberto. *O poder de não tributar*. São Paulo, Quartier Latin do Brasil, 2012.

BOBBIO, Norberto. *Teoria do ordenamento jurídico*. Trad. Maria Celeste Cordeiro Leite dos Santos. 10.ed. Brasília, Universidade de Brasília, 1997.

BONFANTI, Cristiane. Reforma tributária: PLP 68 limita acesso ao fundo de compensação, afirma parecer (GAMA, Tácio Lacerda). *Jota*, 1º nov. 2024. Disponível em: Reforma tributária: PLP 68 limita acesso ao fundo de compensação, afirma parecer. Acesso em: 7 out. 2025.

CARVALHO, Paulo de Barros. *Curso de direito tributário*. 13.ed. São Paulo, Saraiva, 2000.

HOFFMANN, Susy Gomes. *Teoria da prova no direito tributário*. Campinas, Copola, 1999.

MARTINS, Ives Gandra da Silva; CARVALHO, Paulo de Barros. *Guerra fiscal*: reflexões sobre a concessão de benefícios no âmbito do ICMS. 2.ed. São Paulo, Noeses, 2014.

VARSANO, Ricardo. A guerra fiscal do ICMS: quem ganha e quem perde. Texto apresentado no Seminário Internacional de Políticas Industriais Descentralizadas, patrocinado pelo Cepal e pelo IPEA. Brasília, 11 e 12 de novembro de 1996.

Capítulo **21**

Paralelo entre os benefícios fiscais do ICMS e do IBS

Luciano Miguel

INTRODUÇÃO

O Imposto sobre Circulação de Mercadorias e Serviços (ICMS) é um imposto que, por suas características, tem caráter nacional, embora a competência para instituí-lo tenha sido outorgada pela Constituição aos estados e ao Distrito Federal.

A técnica de tributação eleita pela Constituição para tributar o valor agregado nas diversas etapas da circulação da mercadoria e da prestação do serviço garante ao adquirente compensar o valor pago nas operações antecedentes com o valor devido nas operações subsequentes, por meio da sistemática de débitos e créditos. Como uma operação pode ter origem em um estado e ser finalizada em outro, a aceitação recíproca dos créditos impõe o caráter nacional do ICMS.

Contudo, apesar de ter sido instituído e regulamentado por 27 legislações subnacionais diferentes, o ICMS é regido pelo princípio da homogeneidade de sua incidência.

É possível constatar, nos diversos planos legislativos que regem esse imposto, um comando harmonizador. Ele está presente na minuciosa disciplina das normas constitucionais e no elevado número de matérias reservadas à lei complementar e a resoluções do Senado.

Ademais, o princípio da não cumulatividade impulsiona a necessidade de harmonização das diversas legislações. O valor do ICMS pago no estado de origem, relativo às operações interestaduais, deverá ser reconhecido pelo estado de destino. Esse reconhecimento exige que eventuais benefícios sejam aprovados por todos os envolvidos, uma vez que a forma como a desoneração é concedida pode prejudicar o estado de destino.

Não foi por outro motivo que o sistema jurídico nacional previu um sistema de controle, consubstanciado na Lei Complementar (LC) n. 24/75, para que os estados e o Distrito Federal não pudessem conceder unilateralmente benefícios fiscais relacionados ao ICMS.

Infelizmente, a disciplina do controle de benefícios foi, sistematicamente, desobedecida pelos estados e pelo Distrito Federal, o que redundou no fenômeno conhecido como "guerra fiscal".

Tal atitude gerou conflitos incontornáveis entre os estados e o Distrito Federal, amesquinhando o pacto federativo e abalando a relação de confiança que deve subsistir entre as pessoas políticas de direito constitucional interno.

Os benefícios fiscais relativos ao ICMS concedidos em desacordo com o ordenamento jurídico comprometeram a eficiência do sistema tributário nacional, solapando os instrumentos de política fiscal e gerando insegurança jurídica e distorções entre as empresas que deles se utilizam.

Apesar de o sistema jurídico prever sérias sanções para o descumprimento das normas que regulamentam a concessão dos benefícios fiscais do ICMS, não houve, de fato, aplicação dessas regras sancionatórias aos infratores.

Após anos de discussão, foi editada a LC n. 160/2017, que, embora tenha trazido segurança jurídica ao propiciar a regularização dos benefícios fiscais concedidos unilateralmente, não foi suficiente para pôr fim à competição desmedida entre os estados e o Distrito Federal. Na realidade, exacerbou a guerra fiscal, pois tornou legítimos benefícios irregulares, em prejuízo da lógica econômica de alocação regional ótima dos recursos das empresas. Finalmente, como resposta última a essa disfuncionalidade do sistema tributário, foi aprovada a Emenda Constitucional (EC) n. 132/2023 para extinguir o ICMS a partir de 2032 e o substituir pelo Imposto sobre Bens e Serviços (IBS), de competência compartilhada entre os estados e os municípios.

Não temos dúvida de que a causa principal da substituição do ICMS pelo IBS foi a forma como a concessão indiscriminada de benefícios fiscais impactou negativamente o sistema tributário.

Portanto, é mister que nosso sistema aprovado tenha uma disciplina mais adequada no que concerne aos benefícios fiscais do IBS para evitar que se perpetuem as distorções do atual sobre o novo sistema tributário.

Importante, nesse prisma, estabelecer um paralelo entre as formas de tratamento dos benefícios fiscais do ICMS, cuja incidência finaliza em 2032, e o IBS, que passa a incidir em 2026, data em que se inicia a transição para o novo regime.

CARACTERÍSTICA DOS BENEFÍCIOS FISCAIS

Benefício fiscal é um termo plurívoco, ou seja, comporta mais de uma definição. Isso se deve ao fato de que o benefício fiscal pode ser analisado sob diversos ângulos que implicam, em cada um deles, pressupostos diferentes a fundamentar sua concessão.

Do ponto de vista da política fiscal, o pressuposto da concessão do benefício é o impacto positivo que ele pode gerar em dado segmento social. O interesse econômico, ou seja, o impacto positivo que o benefício pode, eventualmente, gerar na economia, é o pressuposto mais comum na análise de sua concessão sob esse prisma.

O interesse econômico está presente, por exemplo, quando se objetiva o desenvolvimento de setores estratégicos (industrial, agropecuário e tecnológico); o desenvolvimento de regiões menos favorecidas; ou o investimento em infraestrutura (transporte, energia elétrica, gás, petróleo, comunicação).

Contudo, outros pressupostos também podem justificar a concessão de benefícios fiscais, como atividades geradoras de empregos; fomento de atividades culturais e desportivas; mercadorias de interesse público (cesta básica, medicamentos, equipamentos médico-hospitalares, equipamentos para ensino e pesquisa); e a proteção ao meio ambiente.

Os benefícios fiscais que têm por pressuposto o incremento da atividade econômica devem ser aferidos periodicamente para avaliar se estão cumprindo seus objetivos. Além disso, devem ser transitórios e terminar uma vez atingido seu objetivo específico, sob pena de perverterem sua meta original. Por exemplo, se o objetivo de um benefício é o desenvolvimento de determinado setor, o alcance dessa meta deve ser aferido no prazo estabelecido. Caso contrário, estimular-se-ia um setor que não se sustenta economicamente sem o dispêndio de recursos públicos.

Por outro lado, há benefícios fiscais que se confundem com o dimensionamento específico da carga tributária de determinados setores ou bens, como alimentos ou medicamentos. Nessas hipóteses, há uma decisão política de que a carga tributária seja menor que a aplicável para as transações com bens e serviços em geral. Embora essa decisão possa ser eventualmente revista, não é esperado que esses benefícios sejam, periodicamente, reavaliados. Mesmo nesses casos, está implícito o objetivo de promover acesso a determinados bens avaliados como de primeira necessidade, promovendo-se por meio da cunha fiscal reduzida um benefício à coletividade.

A concessão dos benefícios fiscais também deve ser avaliada sob o prisma jurídico, ou seja, da estrita observância das regras jurídicas que a disciplinam, bem como sob o prisma da responsabilidade fiscal, que diz respeito à previsão do impacto causado na arrecadação tributária. Há ainda uma dificuldade grande em postular mecanismos institucionais, normas e práticas que permitam avaliar economicamente os incentivos fiscais. Há uma miríade de benefícios concedidos sem prazo, as avaliações e o monitoramento são raros, e a publicização dos dados – o que permitiria também à academia e aos especialistas produzirem avaliações técnicas independentes – é ainda um obstáculo.

Neste capítulo nos limitaremos ao estudo dos benefícios fiscais sob o aspecto jurídico.

BENEFÍCIOS FISCAIS E BENEFÍCIOS FINANCEIROS

Os benefícios fiscais têm por objetivo desonerar, total ou parcialmente, a tributação que incidiria normalmente, caso concretizado o fato jurídico apto a instaurar a relação jurídica tributária. São vinculados ao tributo e concedidos antes de seu pagamento. Os benefícios financeiros, por sua vez, não são vinculados ao tributo, mas à receita tributária; são concedidos, portanto, após o seu pagamento, com recursos orçamentários.

Existe uma diferença fundamental entre essas duas espécies de benefícios no que concerne aos pressupostos jurídicos para sua concessão. A concessão do benefício fiscal submete-se a regras jurídicas específicas, caso do ICMS e do IBS, como será explanado. A concessão do benefício financeiro também deve atender à disciplina jurídica, porém as regras são de natureza geral, não havendo condições específicas a serem observadas, como é o caso da concessão dos benefícios fiscais do ICMS.

Porém, é necessário salientar que nem todos os benefícios que são denominados pela pessoa política concedente como financeiros são realmente distintos dos benefícios fiscais.

Em algumas hipóteses, as condições em que são concedidos tais benefícios desvirtuam a sua natureza jurídica. Somente com a análise do caso concreto poderá o intérprete afirmar, com segurança, se o benefício concedido tem natureza financeira ou fiscal.

O benefício fiscal atua em fase anterior ao surgimento da obrigação tributária. Nessa hipótese, o valor que seria devido em decorrência da incidência do tributo é diminuído, total ou parcialmente, em razão da concessão do benefício. A receita, nesse caso, não chega a ser auferida pelo ente concedente, ou é auferida em valor ao que seria devido se não existisse o benefício.

De forma diversa, o benefício financeiro é concedido com receitas já auferidas pelo ente concedente. Para tanto, deve fazer uso de valores que estão disponíveis no orçamento público para essa finalidade.

TIPOLOGIA DOS BENEFÍCIOS FISCAIS DO ICMS

Há diversos tipos de benefícios fiscais aplicáveis ao ICMS, todos eles com regime de aprovação submetida aos ditames da LC n. 24/75.

O primeiro a ser lembrado é a isenção, cuja definição foi alvo de intensos debates ao longo dos anos. A doutrina construiu várias teorias para explicar o instituto da isenção, sendo as mais relevantes aquelas que tratam a isenção como: a) dispensa legal do pagamento do tributo; b) hipótese de não incidência legalmente qualificada; ou c) fato impeditivo que elide a eficácia da norma do tributo. Contudo, seja qual for a teoria adotada, a isenção tem como resultado o não pagamento do ICMS sobre determinada operação ou prestação.

A redução de base de cálculo implica uma diminuição do valor atribuído à operação com a mercadoria ou do valor da prestação do serviço para o cálculo do ICMS devido, o que equivale, matematicamente, a reduzir a alíquota incidente na operação ou prestação.

É importante lembrar que a hipótese de isenção e não incidência do ICMS, por determinação constitucional (alíneas *a* e *b* do inciso II do § 2º do art. 155), salvo disposição legal em contrário, não implica crédito para compensação com o montante devido nas operações ou prestações seguintes e acarreta a anulação do crédito relativo às operações anteriores. O mesmo tratamento aplica-se às reduções de base de cálculo, conforme o entendimento do Supremo Tribunal Federal (STF), não obstante as acerbadas críticas por parte da doutrina.

Outra forma usualmente utilizada pelos estados e pelo Distrito Federal para a concessão de benefícios são os créditos presumidos. Os créditos presumidos podem ser utilizados como uma alternativa à técnica de crédito e débito utilizada para operacionalizar a não cumulatividade do ICMS, funcionando de maneira análoga ao lucro presumido do Imposto de Renda. Em algumas operações, a legislação confere ao sujeito passivo a opção do crédito de um valor presumido o que, em regra, implica vedação ao aproveitamento de quaisquer outros créditos.

Anistia, por sua vez, é o perdão da falta cometida pelo infrator, seja pelo descumprimento da obrigação tributária, seja pelo descumprimento de um dever instrumental. Dispensado o dever jurídico de prestar o valor da penalidade pecuniária, desaparece o direito subjetivo correlato, extinguindo-se a relação jurídica sancionatória. Tal efeito, contudo, deixa intacta a relação jurídica tributária propriamente dita, remanescendo o crédito do tributo e seu correspondente débito.

Apesar de apresentar grande similaridade com a remissão, com esta não se confunde. Remissão é o perdão do débito tributário. A dispensa do débito, se for total, implica a extinção da relação jurídica tributária propriamente dita, de forma diversa, portanto, da anistia.

Anotamos que tanto a anistia como a remissão podem ser totais ou parciais. Em outras palavras: é possível perdoar total ou parcialmente a multa decorrente do ilícito tributário, bem como perdoar total ou parcialmente o próprio débito tributário.

A remissão e a anistia, além da prévia autorização do Conselho Nacional de Política Fazendária (Confaz), exigem a aprovação de lei em sentido estrito. A concessão desse tipo de benefício não é possível por meio de decreto do Poder Executivo.

A moratória (assim como o parcelamento, que, como aponta a doutrina, é espécie do gênero **moratória**) é causa de suspensão da exigibilidade do crédito do imposto e implica, dessa forma, a ampliação do prazo para o pagamento da obrigação tributária.

Anotamos que o diferimento não é tecnicamente um benefício, pois apenas transfere o pagamento do imposto devido para uma etapa posterior. O diferimento é um importante instrumento da administração tributária e tem por objetivo principal evitar a tributação em momentos que não são considerados convenientes, a critério da administração.

PRESSUPOSTOS PARA A CONCESSÃO DE BENEFÍCIOS DO ICMS

A LC n. 24/75 estabeleceu um sistema de controle para a concessão de benefícios fiscais do ICMS, com o objetivo de harmonizar a incidência do imposto de modo a não prejudicar a arrecadação dos estados e a não gerar distorções econômicas.

Esta lei estabelece que as isenções do ICMS serão concedidas ou revogadas nos termos de convênios celebrados e ratificados pelos estados e pelo Distrito Federal, aplicando-se suas disposições a quaisquer outros incentivos ou benefícios fiscais relativos a esse tributo, tais como redução de base de cálculo ou concessão de créditos presumidos.

A concessão de benefícios depende de decisão unânime das unidades federadas representadas e sua revogação, total ou parcial, da aprovação de quatro quintos, pelo menos, dos representantes presentes. Somente após a expedição da autorização do Confaz o benefício pode ser concedido pelo Estado-membro.

Esse sistema de controle de benefícios, contudo, não impediu a instauração da "guerra fiscal" entre os estados, que se resume na concessão de benefícios fiscais relativos ao ICMS de forma unilateral, ou seja, sem observar os ditames previstos na Constituição (art. 155, § 2º, XII, *g*) e na LC n. 24/75.

Embora tenha sido propalada como um instrumento útil para a promoção do desenvolvimento socioeconômico das regiões menos favorecidas, os efeitos da "guerra fiscal" foram deletérios para todos os entes. Embora, no início, a concessão de benefício possa ser um fator que induza à instalação de empresas no território da unidade concedente, as demais pessoas políticas, de forma reativa, também passam a conceder benefícios de forma unilateral, em condições cada vez mais atrativas. A "guerra fiscal" passa, depois de instaurada, a ser uma "corrida ao fundo do poço". As unidades federadas arrecadam cada vez menos com os novos empreendimentos que se instalam em seu território, mas as despesas aumentam devido aos gastos com infraestrutura, que são necessários com o incremento da atividade produtiva. Como não há sistemas de avaliação e monitoramento e muitos incentivos são concedidos sem prazo definido, tem-se um quadro de tempestade perfeita: concessões de benefícios não avaliados (*ex ante* e/ou *ex post*), perda de arrecadação e distorções alocativas prejudiciais ao desempenho agregado da economia.

Em consequência, a qualidade da tributação diminui. Setores imunes à guerra fiscal, como fornecimento de energia elétrica, combustíveis e prestação de serviço de comunicação, passaram a ser tributados com alíquotas cada vez mais elevadas. Contudo, com a edição da LC n. 194/2022, que definiu esses bens como essenciais, vedou-se a fixação de alíquotas sobre essas operações em patamar superior ao das operações em geral.

Além da concessão de benefícios reativos, que aprofundou a crise econômica dos estados, a resposta à guerra fiscal também se deu pela política de "glosa de créditos", ou seja, pela não aceitação, pelo estado de destino, do crédito do ICMS fundamentado em benefício fiscal concedido de forma irregular pelo estado de origem, bem como pela contestação judicial da constitucionalidade desses benefícios.

O alto grau de insegurança jurídica dos contribuintes gerado pelo conflito federativo levou à aprovação da LC n. 160/2017, que, em apertada síntese, possibilitou a regularização dos benefícios fiscais concedidos de forma unilateral e previu a extinção destes no ano de 2032.

Contudo, mesmo a aprovação dessa lei complementar não foi suficiente para pôr fim à "guerra fiscal", uma vez que foi facultado aos estados aprovar novos benefícios com base em benefícios já concedidos por outros estados da mesma região. Na verdade, a legislação mostrou-se um mecanismo para piorar o quadro já intrincado da chamada guerra fiscal.

Em suma, embora bem construído juridicamente, o sistema de controle de benefícios fiscais previsto na LC n. 24/75 foi ineficaz para coibir a prática da "guerra fiscal", como os efeitos deletérios já mencionados.

TIPOLOGIA DOS BENEFÍCIOS FISCAIS DO IBS

De forma diversa do que ocorre com o ICMS e o Imposto sobre Serviços (ISS), os estados e municípios não têm autonomia para conceder benefícios fiscais relacionados ao IBS. O inciso X do § 1º do art. 156-A traz a regra fundamental desse novo imposto no que diz respeito a benefícios fiscais: "não será objeto de concessão de incentivos e benefícios financeiros ou fiscais relativos ao imposto ou de regimes específicos, diferenciados ou favorecidos de tributação, excetuadas as hipóteses previstas nesta Constituição".

O art. 9º da EC n. 132/2023 prevê, de forma genérica, a espécie de bens e serviços que serão beneficiados com redução de alíquota de 60% (§ 1º), isenção (§ 3º, I), redução em 100% (§ 3º, II e III), isenção ou redução em até 100% (§ 4º), crédito presumido (§§ 5º a 7º) e redução de 30% (§ 12), mas cabe à lei complementar a tarefa dar concretude ao benefício, o que é feito pela especificação dos bens ou serviços favorecidos.

A EC n. 132/2023 incluiu na Constituição o art. 93-B, que determina que a lei instituidora do IBS deva estabelecer os mecanismos necessários para manter o diferencial competitivo assegurado à Zona Franca de Manaus e às áreas de livre comércio existentes em 31 de maio de 2023 nos níveis estabelecidos pela legislação relativa aos tributos que serão extintos pela reforma tributária.

Cabe destacar que a isenção e a imunidade não implicarão crédito para compensação com o montante devido nas operações seguintes e acarretarão a anulação do crédito relativo às operações anteriores, salvo na hipótese da imunidade, quando determinado em contrário em lei complementar.

A LC n. 214/2025 disciplina os bens e serviços que estão sujeitos a tributação favorecida, tanto em seu corpo quanto nos Anexos I a XV, que trazem a relação específica desses bens e serviços.

No que tange aos benefícios concedidos à Zona Franca de Manaus, a LC n. 214/2025 deles cuidou nos arts. 439 e seguintes. Cabe lembrar que, não obstante a Constituição tenha conferido um grau maior de liberdade para sua disciplina, o legislador complementar deve ter o cuidado de não conceder benefício de forma que o diferencial competitivo seja superior ao patamar atual, sob pena de não respeitar o comando constitucional.

Embora esse tema mereça análise específica, que não é objeto deste capítulo, causa preocupação o fato de o benefício originalmente previsto no projeto apresentado pelo Executivo ter sido aumentado significativamente no texto final aprovado pelo Legislativo.

Na hipótese de o benefício previsto na LC n. 214/2025 ser superior ao atualmente praticado, haverá sérios danos para a competitividade das empresas instaladas fora da Zona Franca de Manaus, ferindo gravemente o comando de neutralidade imposto pela Constituição.

CONCLUSÃO

As mudanças promovidas pela EC n. 132/2023 são profundas e, em grande parte, foram respostas aos problemas ostentados pelo sistema tributário, como complexidade, guerra fiscal e insegurança jurídica.

A complexidade e a multiplicidade de legislações foram resolvidas pela legislação unificada. No que diz respeito aos benefícios fiscais, geradores da guerra fiscal e insegurança jurídica, adotou técnica inédita ao prever que somente são beneficiados os setores expressamente previstos na Constituição. Para esse fim, nem seria necessário chegar a tanto, uma vez que foi suprimida a competência política de estados e municípios para a concessão de benefícios relacionados ao IBS.

De qualquer forma, tem um inegável ganho em estabilidade, uma vez que trata os benefícios de forma mais perene, não obstante preveja a necessidade de revisão periódica a cada cinco anos.

De modo geral, e mais especificamente na disciplina dos benefícios fiscais, trocou-se um modelo dotado de flexibilidade e autonomia dos estados, talvez excessiva, por um modelo dotado de maior rigidez e centralizado. Como em toda mudança, há pontos positivos e negativos, não sendo possível aquilatar, nesse momento, todos os efeitos a ela relacionados, que somente poderão ser plenamente observados quando o IBS passar a tributar as operações ocorridas no mercado de consumo.

Capítulo **22**

A reforma da tributação sobre o consumo promovida pela Emenda Constitucional n. 132/2023 e os desafios da regulamentação do período de transição

Aldo de Paula Junior
Laura Romano Campedelli

INTRODUÇÃO E DELIMITAÇÃO DO OBJETO

A Emenda Constitucional n. 132, promulgada em 20 de dezembro de 2023 (EC n. 132/2023), concretizou a maior reforma em matéria tributária realizada no Brasil nos últimos 60 anos,[1] ao introduzir mudanças profundas no sistema tributário nacional.

Por meio dela foram incluídos na Constituição Federal de 1988 (CF/88) novos princípios gerais fundamentais do sistema tributário nacional (*simplicidade, transparência, justiça tributária, cooperação* e *defesa do meio ambiente*), os quais não representam meras aspirações, mas constituem a unidade hermenêutica que confere sentido normativo às regras que orientam a nova dinâmica de tributação. A identificação desses valores como princípios significa uma determinação constitucional de vetores que conferem coesão interpretativa ao sistema na medida em que eles "*costuram as regras e normas integrantes do aparato jurídico*".[2]

Referidos princípios foram concebidos a partir de um diagnóstico acerca dos principais problemas que acometiam o antigo modelo de tributação sobre o consumo. De acordo com o Centro de Cidadania Fiscal, *think tank* responsável pela idealização de um dos projetos que culminou na reforma,[3] os tributos brasileiros não contribuíam com nenhuma das características ideais de um bom sistema

---

1 Um bom histórico sobre as tentativas de reforma da tributação sobre o consumo no Brasil desde o período da redemocratização pode ser verificado em: LUKIC, Melina Rocha. *Reforma tributária no Brasil*: ideias, interesses e instituições, 2014, p. 255-303.

2 GRECO, Marco Aurélio. *Contribuições*, 2000, p. 156.

3 O CCiF atuou intensamente na concepção do novo sistema de tributação e foi o autor da PEC n. 45/2019, que, ao lado da PEC n. 110/2019, originou a EC n. 132/2023.

tributário, que deve ser *simples* para o contribuinte cumprir as regras; *transparente* para os cidadãos terem consciência do tamanho do ônus fiscal que suportam; *neutro* para não distorcer a alocação eficiente dos recursos na economia; e *isonômico* para promover equidade vertical e horizontal.[4] Essas características coincidem com aquelas defendidas por Stigliz e Rosengard,[5] com a diferença de que estes últimos acrescentam mais um atributo, qual seja, a *flexibilidade*, que diz respeito à adaptabilidade do sistema tributário às mudanças conjunturais.

Foi nesse contexto que foi prevista a substituição dos antigos PIS/Cofins, IPI, ICMS e ISS pelos novos IBS e CBS, concebidos nos moldes de um moderno IVADual, com regras uniformes para todo o território nacional, tributação no destino, poucas alíquotas, base ampla e plena não cumulatividade, eliminando-se uma série de distorções do modelo anterior e promovendo-se inequívoco avanço em termos de simplificação normativa, transparência sobre a carga tributária e criação de condições para o exercício da cidadania fiscal.

Diante da magnitude das transformações implementadas e da necessidade de conferir segurança jurídica aos contribuintes, foi previsto um período de transição que irá perdurar até 2033, quando serão definitivamente extintos os atuais ICMS e ISS.

A transição se inicia em 2026 com a eficácia da CBS e do IBS com alíquotas de 0,9% e 0,1%, respectivamente, destacados nas notas fiscais, informados às autoridades tributárias e compensados com o PIS e a Cofins devidos pelo contribuinte (art. 348, I e II, da LC n. 214/2025[6]).

O primeiro ano de vigência servirá também para se constatar o impacto efetivo de arrecadação e se calibrar as alíquotas de referência que mantenham os níveis atuais de receita dos entes federativos sem majoração da carga tributária.

Tanto é que, em 2026, o recolhimento do IBS e da CBS será "dispensado" "em relação aos sujeitos passivos que cumprirem as obrigações acessórias previstas na legislação" (art. 348, § 1º, da LC n. 214/2025), e a CBS não será exigida se o fato tributável configurar fato gerador do PIS/Cofins, PIS/Cofins Importação e da CBS ao mesmo tempo (art. 408, §§ 1º a 3º, da LC n. 214/2025).

---

4 SANTI, Eurico Marcos Diniz de; MACHADO, Nelson. *Imposto sobre Bens e Serviços*, 2023, p. 15.

5 STIGLITZ, Joseph E.; ROSENGARD, Jay K. *Economics of the Public Sector*, 2015, p. 511 e segs.

6 "Art. 348. Em relação aos fatos geradores ocorridos de 1º de janeiro a 31 de dezembro de 2026: I – o montante recolhido do IBS e da CBS será compensado com o valor devido, no mesmo período de apuração, das contribuições previstas no art. 195, inciso I, alínea *b*, e inciso IV, e da contribuição para o PIS a que se refere o art. 239, ambos da Constituição Federal; II – caso o contribuinte não possua débitos suficientes para efetuar a compensação de que trata o inciso I, o valor recolhido poderá ser: *a)* compensado com qualquer outro tributo federal, nos termos da legislação; ou *b)* ressarcido em até 60 (sessenta) dias, mediante requerimento; [...]."

Em 2027 entrará em vigor o Imposto Seletivo (IS) e a cobrança integral da CBS, com a extinção das Contribuições ao PIS/Cofins.

Entre os anos de 2029 e 2032, ocorrerá a transição do ICMS e do ISS para o IBS mediante aumento gradual das alíquotas do IBS e redução gradual das alíquotas do ICMS e do ISS. Esse processo será encerrado em 2033, quando o IBS e a CBS estarão definitivamente implementados.

Diante desse contexto, surgem desafios para os contribuintes, que terão que lidar, durante a transição, com a coexistência de dois sistemas de tributação, o que trará impactos relevantes para o preenchimento de obrigações acessórias, parametrização de sistemas, reconhecimento de créditos, fluxo de caixa, reavaliação de contratos e reprecificação de serviços e mercadorias, apenas para mencionar alguns exemplos.

Soma-se a isso a inexistência de clareza acerca do funcionamento do novo sistema, vez que ainda carecem de regulamentação, por exemplo, questões fundamentais relacionadas ao funcionamento do Comitê Gestor, órgão que centralizará a competência para uniformizar a interpretação da legislação do IBS, decidir sobre o contencioso administrativo e coordenar a fiscalização e ações de cobrança administrativa e judicial do IBS, matérias previstas no Projeto de LC n. 108/2024 (PLP n. 108/2024),[7] ainda em trâmite e aguardando apreciação pelo Senado Federal.

Um importante passo na regulamentação da reforma ocorreu no início 2025, com a promulgação da LC n. 214/2025, fruto da conversão do PLP n. 68/2024.[8] Além de instituir o IBS, a CBS e o IS, a LC n. 214/2025 avançou em alguns temas relevantes para o período de transição, destacando-se a instituição de um Comitê Gestor temporário, até 31 de dezembro de 2025 (art. 480), a regulamentação acerca do tratamento dos saldos credores acumulados de PIS/Cofins (arts. 378 a 383) e dos incentivos fiscais e instituição do fundo de compensação de benefícios fiscais do ICMS (arts. 384 e 385).

Nesse contexto, tomando como horizonte de análise os desafios a serem enfrentados pelos contribuintes durante o período de transição e partindo das previsões contidas na EC n. 132/2023, na LC n. 214/2025 e no PLP n. 108/2024, o objetivo do presente capítulo é contribuir com algumas reflexões em torno dos seguintes questionamentos: (i) durante o período de transição, quais serão os impactos da coexistência de dois sistemas de tributação e como os contri-

---

7 BRASIL. Câmara dos Deputados. Projeto de Lei Complementar n. 108, de 5 de junho de 2024. Disponível em: https://www.camara.leg.br/proposicoesWeb/fichadetramitacao?idProposicao=2438459. Acesso em: 20.02.2025.

8 BRASIL. Câmara dos Deputados. Projeto de Lei Complementar n. 68, de 25 de abril de 2024. Disponível em: https://www.camara.leg.br/proposicoesWeb/fichadetramitacao?idProposicao=2430143. Acesso em: 20.02.2025.

buintes deverão se preparar para essa integração sob a perspectiva das obrigações acessórias? (ii) como serão tratados os créditos acumulados de PIS/Cofins e ICMS? (iii) como serão tratados os benefícios fiscais de ICMS?

A premissa que orienta as reflexões ora propostas é a de que o período de transição demanda um conjunto de regras capazes de assegurar os direitos dos contribuintes nessa virada de sistema, sob pena de se terem frustrados os objetivos da reforma relacionados à promoção da simplicidade, da transparência, da justiça tributária e da cooperação, valores agora alçados ao patamar de princípios constitucionais do sistema tributário nacional, conforme o art. 145, § 3º, da CF/88.

A TRANSIÇÃO E A COEXISTÊNCIA DE DOIS SISTEMAS TRIBUTÁRIOS. IMPACTOS SOBRE AS OBRIGAÇÕES ACESSÓRIAS

O princípio da simplicidade foi indicado pela EC n. 132/2023 como o primeiro dos valores estruturantes do novo sistema, devendo orientar tanto a construção como a interpretação das novas regras tributárias. Isso significa que toda a regulamentação da reforma (o que inclui, naturalmente, o período de transição) deverá observar esse comando, sob pena de serem criadas regras inconstitucionais.[9]

Ao deslocar o princípio da simplicidade para o cerne do novo sistema de tributação, torna-se mandatório que o legislador ordinário, sobretudo quando da criação, da aplicação e da interpretação das obrigações tributárias principais e acessórias, reconheça na simplicidade "uma máxima de critério de facilitação e entendimento da norma jurídica tributária".[10]

Ocorre que, ao longo de dez anos, os contribuintes terão que administrar a coexistência de dois sistemas para a apuração e pagamento de seus tributos, o que por si só já representa um desafio considerável à simplificação. Soma-se a isso o fato de que os contribuintes incorrerão em custos operacionais imedia-

---

9 Conforme destacam Luiz Roberto Peroba e Marco Aurélio Betoni: "O novo sistema tributário do consumo depende de extensa regulamentação por lei complementar. E é desde este primeiro momento que o princípio da simplicidade deve ser observado, sob pena de criar regras inconstitucionais. O Poder Legislativo, ao criar as leis complementares e eventuais leis ordinárias federais, estaduais e municipais que deverão disciplinar a cobrança dos novos tributos incidentes sobre o consumo tem o dever constitucional de criar regras simples, diretas, claras e de fácil interpretação e aplicação em observância ao princípio constitucional da simplicidade" (Comentários aos impactos na Constituição Federal. *In*: GAETA, Flávia Holanda. *Comentários à EC 132/2023*, 2024, p. 45).

10 ROMANO, Flávia Rezende. Comentários aos impactos na Constituição Federal. *In*: GAETA, Flávia Holanda. *Comentários à EC 132/2023*, 2024, p. 57.

tos relacionados à adaptação de sistemas e treinamento de colaboradores da área fiscal para o atendimento às novas regras. Também deverão ser considerados os contratos firmados com fornecedores e clientes, pois as mudanças nas obrigações tributárias poderão exigir renegociações contratuais, especialmente no que diz respeito à precificação e condições de pagamento.

Sob a perspectiva das obrigações acessórias, destacamos três pontos de atenção: (i) o documento fiscal eletrônico; (ii) a declaração relativa à apuração dos tributos; e (iii) a forma de extinção dos créditos e respectivos procedimentos e documentos.

Atualmente, os documentos fiscais (notas fiscais) são autorizados e emitidos por sistemas vinculados aos estados, Distrito Federal e municípios. O respectivo cadastro (registro e controle) se processa perante o ente federativo local de forma individualizada por estabelecimento do contribuinte.

No âmbito dos estados, esses sistemas estão integrados ao SPED (Sistema Público de Escrituração Digital), administrado pela Receita Federal do Brasil, o que permite, inclusive, a consolidação de informações relativas à apuração do ICMS na EFD-ICMS e IPI, arquivo eletrônico gerado no âmbito do SPED.[11] Com essa integração, atingiu-se uma padronização nos campos e informações dos documentos fiscais eletrônicos previstos pelos estados e Distrito Federal.[12]

Os municípios, por outro lado, ainda não estão integrados ao SPED com uma nota fiscal nacional de serviços, embora exista um projeto em fase avançada de integração para uniformização e centralização da emissão da Nota Fiscal Eletrônica de Serviços (NFS-e), apoiado no Protocolo de Cooperação ENAT n. 2, de 7 de dezembro de 2007, elaborado pela Receita Federal do Brasil (RFB) e a Associação Brasileira das Secretarias de Finanças das Capitais (Abrasf).

---

11 O Sistema Público de Escrituração Digital (SPED) foi instituído pelo Decreto n. 6.022, de 22 de janeiro de 2007, e consiste em uma sistemática para o cumprimento das obrigações acessórias transmitidas pelos contribuintes às administrações tributárias e aos órgãos fiscalizadores por meio da certificação digital para fins de assinatura dos documentos eletrônicos. A Escrituração Fiscal Digital (EFD) foi instituída pelo Ajuste SINIEF n. 2, de 3 de abril de 2009, e constituiu um arquivo digital com um conjunto de escriturações de documentos fiscais e informações de interesse dos Fiscos das unidades federadas e da Secretaria da Receita Federal do Brasil, bem como de registros de apuração de impostos referentes às operações e prestações praticadas pelo contribuinte.

12 No Estado de São Paulo, por exemplo, a Secretaria da Fazenda já iniciou um projeto de dispensa progressiva da entrega da Guia de Informações e Apuração do ICMS (GIA) por meio das Portarias SRE ns. 20/2023 e 41/2024. O projeto visa eliminar a necessidade da entrega mensal de duas declarações similares: a GIA e a EFD. Ao final, somente a EFD permanecerá obrigatória no Estado de São Paulo. Disponível em: https://portal.fazenda.sp.gov.br/servicos/gia/paginas/eliminacao-da-gia.aspx. Acesso em: 10 mar. 2025.

Recentemente, o Comitê Gestor da Nota Fiscal de Serviço Eletrônica de Padrão Nacional publicou a Resolução CGNFS-E n. 3, de 30 de agosto de 2023,[13] que dispõe sobre o modelo nacional da NFS-e; além disso, a Receita Federal lançou a Nota Técnica n. 2, de 28 de fevereiro de 2025,[14] na qual detalha as mudanças da NFS-e padrão nacional para se adequar à reforma tributária, que conterá novos campos destinados ao IBS e à CBS e tem previsão de vigência a partir de janeiro de 2026.

O PIS e a Cofins, por sua vez, utilizam-se dos documentos fiscais emitidos pelos contribuintes perante os estados, Distrito Federal e municípios para a sua apuração. Não há uma "nota fiscal para PIS/Cofins", e a receita decorrente da venda de mercadorias e de prestação de serviços é informada pelo contribuinte na EFD PIS/Cofins com as demais receitas tributáveis por essas contribuições.

As administrações tributárias da União, dos estados, do Distrito Federal e dos municípios possuem atuação "de forma integrada, inclusive com o compartilhamento de cadastros e de informações fiscais" (art. 37, XXII, da CF/88, inserido pela EC n. 42/2003[15]).

O compartilhamento de dados e informações fiscais é realizado por meio de convênios celebrados entre a Receita Federal e os estados e municípios, sendo disponibilizada, pela Receita Federal, a relação contendo todos os instrumentos de cooperação celebrados com estados e municípios que contemplam tanto o intercâmbio de informações como também a cooperação técnica.[16]

E como o nosso IVA dual trata esse assunto?

---

13 Comitê Gestor da Nota Fiscal de Serviço Eletrônica de Padrão Nacional. Resolução CGNFS-E n. 3, de 30 de agosto de 2023. Disponível em: http://normas.receita.fazenda.gov.br/sijut2consulta/link.action?idAto=133140#:~:text=CGNFS%2DE%20n%C2%BA%203%2F2023&text=Disp%C3%B5e%20sobre%20o%20modelo%20da,%2C%20Se%C3%A7%C3%A3o%203%2C%20p%C3%A1gina%2056.&text=Art. Acesso em: 10 mar. 2025.

14 Receita Federal. Nota Técnica SE/CGNFS-e n. 2, de 28 de fevereiro de 2025. Disponível em: https://www.gov.br/nfse/pt-br/biblioteca/documentacao-tecnica/nota-tecnica-se-cgnfs-e-no-002-de-28-de-fevereiro-de-2025/view#:~:text=Nota%20T%C3%A9cnica%20da%20Secretaria%2DExecutiva,da%20Reforma%20Tribut%C3%A1ria%20do%20Consumo. Acesso em: 10 mar. 2025.

15 "Art. 37. A administração pública direta e indireta de qualquer dos Poderes da União, dos Estados, do Distrito Federal e dos Municípios obedecerá aos princípios de legalidade, impessoalidade, moralidade, publicidade e eficiência e, também, ao seguinte: [Redação dada pela EC n. 19/98] [...] XXII – as administrações tributárias da União, dos Estados, do Distrito Federal e dos Municípios, atividades essenciais ao funcionamento do Estado, exercidas por servidores de carreiras específicas, terão recursos prioritários para a realização de suas atividades e atuarão de forma integrada, inclusive com o compartilhamento de cadastros e de informações fiscais, na forma da lei ou convênio. [acrescentado pela EC n. 42, de 19.12.2003]."

16 RECEITA FEDERAL DO BRASIL. Instrumentos de Cooperação Celebrados: Intercâmbio de Informações e Cooperação Técnica. Disponível em: https://www.gov.br/recei-

A EC n. 132/2023 poderia ter optado pela unificação e centralização do documento fiscal em repositório único e nacional, mas manteve a descentralização dos registros e controles ao inserir no art. 156-B os §§ 6º e 7º, que tratam do "compartilhamento de informações fiscais" e "harmonização" de "obrigações acessórias" e "implementação de soluções integradas" para "administração e cobrança" dos tributos, *verbis*:

> Art. 156-B. Os Estados, o Distrito Federal e os Municípios exercerão de forma integrada, exclusivamente por meio do Comitê Gestor do Imposto sobre Bens e Serviços, nos termos e limites estabelecidos nesta Constituição e em lei complementar, as seguintes competências administrativas relativas ao imposto de que trata o art. 156-A: [...]
> § 6º O Comitê Gestor do Imposto sobre Bens e Serviços, a administração tributária da União e a Procuradoria-Geral da Fazenda Nacional compartilharão informações fiscais relacionadas aos tributos previstos nos arts. 156-A e 195, V, e atuarão com vistas a harmonizar normas, interpretações, obrigações acessórias e procedimentos a eles relativos.
> § 7º O Comitê Gestor do Imposto sobre Bens e Serviços e a administração tributária da União poderão implementar soluções integradas para a administração e cobrança dos tributos previstos nos arts. 156-A e 195, V.

A LC n. 214/2025 explicitou essa *descentralização harmonizada* no seu art. 60, §§ 3º a 6º, ao prescrever expressamente que as "administrações tributárias responsáveis pela autorização ou recepção de documentos fiscais eletrônicos observarão a forma, o conteúdo e os prazos" previstos pelo Comitê Gestor e pela RFB e que os documentos fiscais serão "compartilhados com todos os entes federativos no momento da autorização ou da recepção, com utilização de padrões técnicos e uniformes", *verbis*:

> Art. 60. [...] § 3º Para fins de apuração do IBS e da CBS, o Comitê Gestor do IBS e as administrações tributárias responsáveis pela autorização ou recepção de documentos fiscais eletrônicos observarão a forma, o conteúdo e os prazos previstos em ato conjunto do Comitê Gestor do IBS e da RFB.
> § 4º Os documentos fiscais eletrônicos relativos às operações com bens ou com serviços deverão ser compartilhados com todos os entes federativos no momento da autorização ou da recepção, com utilização de padrões técnicos uniformes.

tafederal/pt-br/centrais-de-conteudo/planilhas/convenios-e-transferencias/relacao-de-instrumentos-de-cooperacao-celebrados-03-07-2023.pdf/view. Acesso em: 10 mar. 2025.

> § 5º O regulamento poderá exigir do sujeito passivo a apresentação de informações complementares necessárias à apuração do IBS e da CBS.
> § 6º Considera-se documento fiscal idôneo o registro de informações que atenda às exigências estabelecidas no regulamento, observado o disposto nesta Lei Complementar.

O que há de centralização é o Cadastro do Contribuinte, previsto no art. 59 da LC n. 214/2025,[17] apoiado no Cadastro Nacional de Pessoas Físicas (CPF) e de Pessoas Jurídicas (CNPJ), administrados pela Receita Federal.

Esse cadastro será integrado e compartilhado entre os entes federados, que poderão "tratar dados complementares e atributos específicos para gestão fiscal do IBS e da CBS" (§ 4º).

Tal estrutura normativa permite a manutenção do atual modelo de notas fiscais locais com integração e compartilhamento de informações no ambiente nacional do SPED, o que reduziria o custo de transição do sistema tributário.

A diferença é a harmonização das regras aplicáveis aos estados e municípios por meio do Comitê Gestor (IBS) e sua interlocução com a Receita Federal do Brasil (CBS).

Para o período de transição, a LC n. 214/2025 determina (art. 62[18]) aos entes federados: (i) a adaptação dos seus sistemas para a inclusão do IBS e da

---

17 "Art. 59. As pessoas físicas e jurídicas e as entidades sem personalidade jurídica sujeitas ao IBS e à CBS são obrigadas a se registrar em cadastro com identificação única, observado o disposto nas alíneas *a* e *b* do inciso I do § 3º do art. 11 desta Lei Complementar. § 1º Para efeitos do disposto no *caput* deste artigo, consideram-se os seguintes cadastros administrados pela RFB: I – de pessoas físicas, o Cadastro de Pessoas Físicas (CPF); II – de pessoas jurídicas e entidades sem personalidade jurídica, o Cadastro Nacional da Pessoa Jurídica (CNPJ); e III – de imóveis rurais e urbanos, o Cadastro Imobiliário Brasileiro (CIB). § 2º As informações cadastrais terão integração, sincronização, cooperação e compartilhamento obrigatório e tempestivo em ambiente nacional de dados entre as administrações tributárias federal, estaduais, distrital e municipais. § 3º O ambiente nacional de compartilhamento e integração das informações cadastrais terá gestão compartilhada por meio do Comitê para Gestão da Rede Nacional para Simplificação do Registro e da Legalização de Empresas e Negócios (CGSIM) de que trata o inciso III do *caput* do art. 2º da Lei Complementar n. 123, de 14 de dezembro de 2006. § 4º As administrações tributárias federal, estaduais, distrital e municipais poderão tratar dados complementares e atributos específicos para gestão fiscal do IBS e da CBS, observado o disposto no § 2º deste artigo. § 5º O Domicílio Tributário Eletrônico (DTE) previsto no art. 332 desta Lei Complementar será unificado e obrigatório para todas as entidades e demais pessoas jurídicas sujeitas à inscrição no CNPJ."

18 "Art. 62. Ficam a União, os Estados, o Distrito Federal e os Municípios obrigados a: I – adaptar os sistemas autorizadores e aplicativos de emissão simplificada de documentos fiscais eletrônicos vigentes para utilização de leiaute padronizado, que permita aos contribuintes informar os dados relativos ao IBS e à CBS, necessários à apuração desses tributos; e II – compartilhar os documentos fiscais eletrônicos, após a recepção, validação e autoriza-

CBS; (ii) o compartilhamento das notas fiscais "com o ambiente nacional de uso comum do Comitê Gestor do IBS e das administrações tributárias"; e (iii) que os municípios adiram à Nota Fiscal Nacional Eletrônica (NF-e).

As mudanças para o contribuinte, portanto, seriam de campos de informações das respectivas notas fiscais que durante o período de transição deveriam informar, de forma destacada, o IBS e a CBS em conjunto com o ICMS, ISS, IPI. A mudança dos campos das notas fiscais eletrônicas já vem sendo implementada conforme se verifica da Nota Técnica n. 2024.002 IBS/CBS/IS do ENCAT, que altera o leiaute da NF-e e da NFC-e com a inclusão de novos campos e regras de validação.

Entretanto, aquelas pessoas físicas ou jurídicas que em 2025 não são contribuintes do ICMS ou do ISS e, portanto, não estão registradas perante os estados e os municípios para emissão de nota fiscal, poderão ter problemas em 2026 para atenderem a legislação do IBS e da CBS, emitirem nota fiscal e recolherem esses tributos.

Uma alternativa seria solicitar inscrição perante o estado ou o município apenas para emissão da nota fiscal com IBS/CBS. Entretanto, essa condição deveria ser regulamentada de forma expressa para evitar eventual cobrança indevida de ICMS ou ISS sobre a operação.

Quanto aos arquivos eletrônicos de apuração dos tributos, a LC n. 214/2025 não faz referência a tais obrigações acessórias.

ção, com o ambiente nacional de uso comum do Comitê Gestor do IBS e das administrações tributárias da União, dos Estados, do Distrito Federal e dos Municípios. § 1º Para fins do disposto no *caput* deste artigo, os Municípios e o Distrito Federal ficam obrigados, a partir de 1º de janeiro de 2026, a: I – autorizar seus contribuintes a emitir a Nota Fiscal de Serviços Eletrônica de padrão nacional (NFS-e) no ambiente nacional ou, na hipótese de possuir emissor próprio, compartilhar os documentos fiscais eletrônicos gerados, conforme leiaute padronizado, para o ambiente de dados nacional da NFS-e; e II – compartilhar o conteúdo de outras modalidades de declaração eletrônica, conforme leiaute padronizado definido no regulamento, para o ambiente de dados nacional da NFS-e. § 2º O disposto no § 1º deste artigo aplica-se até 31 de dezembro de 2032. § 3º Os dados do ambiente centralizador nacional da NFS-e deverão ser imediatamente compartilhados em ambiente nacional nos termos do inciso II do § 1º deste artigo. § 4º O padrão e o leiaute a que se referem os incisos I e II do § 1º deste artigo são aqueles definidos em convênio firmado entre a administração tributária da União, do Distrito Federal e dos Municípios que tiver instituído a NFS-e, desenvolvidos e geridos pelo Comitê Gestor da Nota Fiscal de Serviços Eletrônica de padrão nacional (CGNFS-e). § 5º O ambiente de dados nacional da NFS-e é o repositório que assegura a integridade e a disponibilidade das informações constantes dos documentos fiscais compartilhados. § 6º O Comitê Gestor do IBS e a RFB poderão definir soluções alternativas à plataforma NFS-e, respeitada a adoção do leiaute do padrão nacional da NFS-e para fins de compartilhamento em ambiente nacional. § 7º O não atendimento ao disposto no *caput* deste artigo implicará a suspensão temporária das transferências voluntárias."

Uma alternativa que vem sendo discutida entre as autoridades tributárias é a utilização da própria nota fiscal eletrônica como documento de referência para elaboração, pelo Comitê Gestor e pela Receita Federal do Brasil, da apuração, cálculo e determinação do quanto será pago de IBS/CBS no período pelo contribuinte. O contribuinte receberia uma declaração pré-preenchida para validação ou eventual correção.[19]

Esse cenário atenderia o princípio da simplificação previsto pela EC n. 132 e contribuiria para a redução dos custos de atendimento à legislação tributária no Brasil.

Por outro lado, se o contribuinte tiver que apresentar declaração do IBS/CBS, esta seria uma nova obrigação acessória ou poderiam ser aproveitadas as declarações atualmente existentes no sistema?

Diferentemente das notas fiscais, entendemos que os arquivos eletrônicos atualmente exigidos pelos estados para o ICMS, pelos municípios para o ISS e pela União para o PIS/Cofins não são suficientes para contemplar todos os fatos geradores do IBS/CBS e, no mínimo, necessitariam de alterações para aumento de campos de informações.

A EFD PIS/Cofins seria o arquivo eletrônico com maior abrangência de informações e poderia ser utilizada como base para a informação/declaração do IBS/CBS. Entretanto, esse caminho agregaria complexidade durante o período de transição, na contramão do princípio constitucional da simplicidade.

Por fim, quanto à forma de extinção dos créditos e respectivos procedimentos e documentos, a mudança é significativa.

Atualmente o ICMS e o ISS são pagos pelo próprio contribuinte por meio de guia de recolhimento ou sujeitos a retenção e pagamento pelo responsável também mediante guia de recolhimento bancário. O aproveitamento de créditos no âmbito da não cumulatividade do ICMS é feito como procedimento de determinação do montante a pagar (ICMS devido) por meio de utilização de montante destacado nas operações anteriores, como créditos escriturais na respectiva apuração.

O mesmo se dá com o PIS/Cofins em seu regime monofásico e não cumulativo, com a diferença de que o débito a pagar de PIS/Cofins pode ser compensado (art. 74, Lei federal n. 9.430/96) com outros créditos do contribuinte com a Receita Federal do Brasil.

---

19 Embora não conste da LC n. 214/2025, o PL n. 68/2024 menciona a instituição dessa declaração pré-preenchida, nos termos de seu art. 47. Além disso, essa possibilidade também foi ventilada em apresentações oficiais disponibilizadas pelo Ministério da Fazenda e disponíveis em: https://www.gov.br/fazenda/pt-br/acesso-a-informacao/acoes-e-programas/reforma-tributaria/regulamentacao-da-reforma-tributaria/lei-geral-do-ibs-da-cbs-e-do-imposto-seletivo/apresentacoes. Acesso em: 10 mar. 2025.

Além do pagamento pelo contribuinte e pelo responsável, a LC n. 214/2025 traz três novidades importantes: (i) caracteriza a compensação dos créditos como modalidade de extinção de débito (art. 27, I); (ii) institui a figura do *split payment* (art. 27, III); e (iii) cria a modalidade de recolhimento pelo adquirente (art. 27, IV).[20]

No que interessa ao presente capítulo, ainda não há o sistema de apuração do IBS/CBS ou sua regulamentação, e o *split payment* e o recolhimento pelo adquirente também não foram regulamentados ou implementados.

A ausência de regulamentação e implementação do *split payment* e do recolhimento pelo adquirente afasta a condição de pagamento/extinção por parte do fornecedor para fins de aproveitamento do crédito do IBS/CBS por parte do adquirente (art. 48, LC n. 214/2025[21]).

Ou seja, basta o destaque em documento idôneo para aproveitamento do crédito de IBS/CBS pelo adquirente.

Esse ponto é importante porque, sem a figura da *retenção*, o adquirente não tem controle ou disponibilidade sobre a realização do pagamento/extinção por parte de seu fornecedor, o que tornaria inválida a exigência de recolhimento/extinção para que ele pudesse aproveitar o crédito.

---

20 "Art. 27. Os débitos do IBS e da CBS decorrentes da incidência sobre operações com bens ou com serviços serão extintos mediante as seguintes modalidades: I – compensação com créditos, respectivamente, de IBS e de CBS apropriados pelo contribuinte, nos termos dos arts. 47 a 56 e das demais disposições desta Lei Complementar; II – pagamento pelo contribuinte; III – recolhimento na liquidação financeira da operação (*split payment*), nos termos dos arts. 31 a 35 desta Lei Complementar; IV – recolhimento pelo adquirente, nos termos do art. 36 desta Lei Complementar; ou V – pagamento por aquele a quem esta Lei Complementar atribuir responsabilidade. Parágrafo único. A extinção de débitos de que trata o *caput* deste artigo: I – nas hipóteses dos incisos I e II do *caput* deste artigo, será imputada aos valores dos débitos não extintos do IBS e da CBS incidentes sobre as operações ocorridas no período de apuração na ordem cronológica do documento fiscal, segundo critérios estabelecidos no regulamento; II – nas hipóteses dos incisos III e IV do *caput* deste artigo, será vinculada à respectiva operação; e III – na hipótese do inciso V do *caput* deste artigo, será vinculada à operação específica a que se refere ou, caso não se refira a uma operação específica, será imputada na forma do inciso I deste parágrafo."

21 "Art. 48. Ficará dispensado o requisito de extinção dos débitos para fins de apropriação dos créditos de que trata o *caput* do art. 47 desta Lei Complementar, exclusivamente, se não houver sido implementada nenhuma das seguintes modalidades de extinção: I – recolhimento na liquidação financeira da operação (*split payment*), nos termos dos arts. 31 e 32 desta Lei Complementar; ou II – recolhimento pelo adquirente, nos termos do art. 36 desta Lei Complementar. Parágrafo único. Na hipótese de que trata o *caput* deste artigo, a apropriação dos créditos ficará condicionada ao destaque dos valores corretos do IBS e da CBS no documento fiscal eletrônico relativo à aquisição."

Além da ausência de regulamentação do *split payment* e do pagamento pelo adquirente, também não há regulamentação da apuração do imposto (declaração, sistema, arquivos etc.).

O que a LC n. 214/2025 já nos diz é que os créditos de IBS/CBS:

a) Estão condicionados ao pagamento do tributo pelo fornecedor da mercadoria/serviço (art. 47, *caput* e § 2º, I) a partir do início da vigência do *split payment* e do recolhimento pelo adquirente (art. 48).
b) Dependem da regularidade do documento fiscal (art. 47, § 1º, II).
c) Serão imputados para a compensação com os respectivos débitos "no período de apuração na ordem cronológica do documento fiscal, segundo critérios estabelecidos no regulamento" (art. 27, parágrafo único, I).
d) Nos casos de *split payment* e recolhimento pelo adquirente, ficarão vinculados à respectiva operação retratada na nota fiscal (art. 27, parágrafo único, II).

A regulamentação da apuração é essencial para a mecânica da não cumulatividade do imposto e é fundamental que esteja em vigor com o sistema disponível até o final de 2025 para que possamos iniciar a transição em 2026 com a incidência do IBS/CBS.

Outro problema relacionado à coexistência de dois sistemas de tributação durante o período de transição diz respeito a uma possível contrariedade ao princípio da transparência diante de lacunas relacionadas à possível inclusão dos novos tributos (IBS e CBS) na base de cálculo dos antigos (ICMS, ISS e IPI).

Isso porque, embora a EC n. 132/2023 tenha sido expressa quanto à não inclusão do IBS e da CBS na base de cálculo do IS e do PIS/Cofins (arts. 156-A, § 1º, IX, e 195, § 17, ambos da CF/88), ela foi omissa quanto ao ICMS, ao ISS e ao IPI, o que gerou debates acerca da possibilidade de haver a ocorrência de "tributo sobre tributo" durante o período de transição.

Em razão dessa lacuna normativa, recentemente foi proposto o PLP n. 16/2025,[22] com o objetivo de alterar a LC n. 214/2025 para que nela conste, expressamente, que o IBS e a CBS não integrarão as bases de cálculo dos antigos tributos, conferindo-se segurança jurídica e transparência fiscal aos contribuintes.

A ausência de regramento expresso acerca desse tema acende um alerta para o período de transição, vez que a aplicação do cálculo "por dentro" pode contribuir para discussões no âmbito do contencioso tributário, além de gerar

22 BRASIL. Câmara dos Deputados. Projeto de Lei Complementar n. 16, de 2 de fevereiro de 2025. Disponível em: https://www.camara.leg.br/proposicoesWeb/fichadetramitacao?idProposicao=2483205#:~:text=PLP%2016%2F2025&text=Altera%20a%20Lei%20Complementar%20n%C2%BA,o%20%C2%A7%201%C2%BA%20do%20art. Acesso em: 28 fev. 2025.

dificuldades para os contribuintes implementarem alterações nos sistemas de gestão empresarial (ERP).

Durante o período de transição, é essencial que se tenha clareza sobre as bases de cálculo dos tributos para evitar a bitributação e assegurar a neutralidade fiscal.

O TRATAMENTO CONFERIDO AOS CRÉDITOS ACUMULADOS DE PIS/COFINS E ICMS DURANTE O PERÍODO DE TRANSIÇÃO

A possibilidade de aproveitamento dos saldos credores acumulados de PIS/Cofins e ICMS constitui tema central para o planejamento dos contribuintes durante o período de transição, tendo sido abordada tanto pela EC n. 132/2023 como pela LC n. 214/2025.

Para os créditos de PIS/Cofins, já na EC n. 132/2023 (art. 135) foram previstas três possibilidades para o seu aproveitamento, quais sejam, a compensação com a CBS, a compensação com outros tributos federais ou o ressarcimento em dinheiro. Essa previsão foi confirmada pela LC n. 214/2025 (art. 378).

A condição estabelecida pelo art. 378 da LC n. 214/2025 é que os créditos escriturais de PIS/Cofins estejam "devidamente registrados no ambiente de escrituração dos tributos mencionados" (art. 378, II).

Os créditos relativos a depreciação, amortização ou quota mensal de valor "deverão permanecer sendo apropriados, como créditos presumidos da CBS" (art. 380 da LC n. 214/2025), e se o bem for alienado antes de completada a apropriação, o contribuinte não poderá mais apropriar o crédito (art. 380, § 3º).

Em relação aos contribuintes sujeitos ao regime cumulativo de PIS/Cofins, substituição tributária ou incidência monofásica que não se apropriaram de créditos em relação aos estoques, a LC n. 214/2025 previu a possibilidade de crédito presumido de CBS sobre o estoque existente em 1º de janeiro de 2027 (art. 381).

O crédito presumido para bens do estoque sujeita-se às condições do § 1º do art. 381:

> I – somente se aplica a bens novos adquiridos de pessoa jurídica domiciliada no País ou importados para revenda ou para utilização na produção de bens destinados à venda ou na prestação de serviços a terceiros;
> II – não se aplica aos produtos cuja aquisição foi contemplada por alíquota zero, isenção, suspensão ou não sofreu a incidência da Contribuição para o PIS/Pasep e da Cofins;
> III – não se aplica aos bens considerados de uso e consumo pessoal de que trata o art. 57 desta Lei Complementar;

IV – não se aplica:
a) a bens incorporados ao ativo imobilizado do contribuinte; e
b) a imóveis.

O crédito presumido sobre estoques será calculado pela alíquota de 9,25% para os bens adquiridos no país e pelo valor de PIS/Cofins pago quando da importação, excluído o adicional do § 21 do art. 8º da Lei n. 10.865, de 30 de abril de 2004 (art. 381, § 3º, da LC n. 214/2025).

Esse crédito deverá ser apropriado até 30 de junho de 2027 e deverá ser utilizado em doze parcelas mensais e sucessivas a partir do período subsequente ao da apropriação para compensação exclusivamente com a CBS (art. 381, § 4º, da LC n. 214/2025). O prazo total para utilização desse crédito é de cinco anos do último dia do período de apuração em que tiver ocorrido o seu registro (art. 383 da LC n. 214/2025).

Para o ICMS, no entanto, o cenário mostra-se mais complexo. A EC n. 132/2023 previu a possibilidade de aproveitamento dos saldos credores de ICMS existentes ao final da fase de transição, ou seja, em dezembro de 2033. No entanto, essa regulamentação não foi abrangida pela LC n. 214/2025, tratando-se de matéria afeta ao PL n. 108/2024, que ainda aguarda apreciação pelo Senado Federal.

Nos termos do PL n. 108/2024, para que sejam passíveis de compensação, os saldos credores de ICMS deveriam estar regularmente escriturados, ser admitidos pelas respectivas legislações estaduais vigentes em 31 de dezembro de 2032 e decorrer de operações realizadas até 31 de dezembro de 2023. Ademais, a utilização desses créditos estaria sujeita à homologação (art. 134), de modo que cada ente federativo analisaria e processaria esses pedidos (de homologação) de acordo com suas respectivas legislações.

Uma vez homologado, o saldo credor de ICMS poderia: (i) ser compensado com o IBS (no período remanescente do prazo de 1/48 para os créditos do ativo imobilizado ou no prazo de 240 meses para os demais créditos); (ii) ser ressarcido em espécie (desde que não seja possível a compensação e no prazo de 240 meses); ou (iii) ser transferido a terceiro (que somente poderá utilizá-lo para compensação com o IBS).

Essa regulamentação, no entanto, permite a formulação de algumas críticas.

Em primeiro lugar, a previsão acerca da necessidade de homologação dos créditos de ICMS pode representar a criação de condicionantes que limitem de forma indevida um direito adquirido do contribuinte e acabem por ensejar contencioso, vez que não há consenso nas legislações estaduais acerca do que confere ou não direito a crédito de ICMS.

As discussões relacionadas ao creditamento de ICMS representam uma das principais distorções do modelo antigo, que se buscou corrigir com a reforma. Nesse contexto, a despeito de a essência constitucional do ICMS[23] ser a de um imposto não cumulativo, excetuadas apenas as situações de isenção e não incidência, foram-se criando inúmeras restrições a essa não cumulatividade. A pretexto de estabelecer aspectos procedimentais da compensação, tais como periodicidade, forma de apuração, forma de recolhimento, escrituração etc., o legislador infraconstitucional impôs uma série de restrições indevidas,[24] que acabaram por retirar desse tributo uma de suas características fundamentais.

Nesse contexto, a regulamentação até agora proposta para o período de transição acende um alerta porque, se por um lado os estudos que embasaram a reforma exaltaram a não cumulatividade plena e abrangente do IBS e da CBS,[25] por outro o período de transição traz a preocupação de que os problemas do antigo modelo sejam perpetuados, notadamente aqueles relacionados à definição acerca de quais bens conferem ou não o direito ao crédito.

Em segundo lugar, o prazo de 240 meses para a compensação do ICMS (ou seja, 20 anos) não se mostra razoável ou alinhado aos objetivos de simplificação das regras. Estender a utilização desses valores por um prazo tão dilatado pode acarretar prejuízos aos contribuintes, que serão afetados com indisponibilidade de caixa. Quando muito, é possível admitir a adoção de um prazo de 60 meses (5 anos) como uma possibilidade mais alinhada com os objetivos da reforma, dado que este corresponde ao prazo de prescrição e decadência dos tributos, o que poderia contribuir em termos de coerência normativa.

Mesmo assim, isso ainda seria questionável. Na medida em que IBS e CBS foram concebidos como tributos "gêmeos", a previsão de prazos distintos de compensação parece um contrassenso com os objetivos almejados pela reforma. Dado que os prazos de compensação já foram fixados para PIS/Cofins e CBS no âmbito da LC n. 214/2025, seria razoável supor que o mesmo deveria ocorrer para o ICMS e o IBS no âmbito do PL n. 108/2024.

Se unificação e simplificação das regras são objetivos almejados com a reforma, ajustar a regulamentação acerca do aproveitamento dos saldos credo-

---

23 ATALIBA, Geraldo; GIARDINO, Cléber. ICM – abatimento constitucional e o princípio da não cumulatividade. *Revista de Direito Tributário*. São Paulo, ano VIII, p. 110-26, n. 29-30, jul./dez. 1984.

24 Por exemplo, as restrições impostas pelo Convênio n. 66/88, relacionadas à adoção do crédito físico, e as restrições ao aproveitamento de créditos de bens de uso e consumo na LC n. 87/96.

25 Sobre o tema, destacam-se as seguintes Notas Técnicas do Centro de Cidadania Fiscal (CCiF): Aplicação do Regime de Crédito Financeiro. Disponível em: https://ccif.com.br/wp-content/uploads/2020/06/NT-04-IBS-Credito-financeiro-v1.pdf; IBS não cumulativo e a garantia de devolução dos saldos credores. Disponível em: https://ccif.com.br/wp-content/uploads/2020/07/NT-IBS_nao_cumulativo_e_a_garantia_de_devolucao_dos_saldos_credores.pdf. Acesso em: 24 fev. 2025.

res para que os prazos de compensação fossem os mesmos traria maior certeza e previsibilidade a esse ponto crucial do período de transição.

O TRATAMENTO CONFERIDO AOS BENEFÍCIOS FISCAIS E FINANCEIRO-FISCAIS DE ICMS DURANTE O PERÍODO DE TRANSIÇÃO

Uma das premissas da reforma foi eliminar a guerra fiscal travada durante décadas entre os estados (e também entre os estados e os municípios). Para tanto, implementou-se, no desenho normativo dos novos tributos, (i) a tributação no destino, de modo que a cobrança se dará no local de consumo dos produtos e (ii) a eliminação da possibilidade de os entes tributantes concederem benefícios fiscais de ICMS destinados a setores específicos, ofertados por meio de créditos presumidos, reduções de base de cálculo, reduções de alíquota, isenção, imunidade, diferimento, entre outros.

No novo modelo, competirá aos estados e aos municípios apenas a definição da alíquota do IBS (que corresponderá à soma da alíquota estadual e municipal), criando uma lógica na dinâmica tributária: se antes as administrações tributárias disputavam atrair o setor produtivo para incrementar sua arrecadação, agora essa disputa recai sobre o mercado consumidor, vez que o contribuinte do IBS é o cidadão-contribuinte.

Ocorre que a concessão de benefícios fiscais de ICMS foi utilizada no Brasil durante décadas como uma estratégia para a atração de investimentos e geração de empregos em regiões menos desenvolvidas. Em razão disso, para garantir a neutralidade durante o período de transição, a EC n. 132/2023 instituiu o Fundo de Compensação de Benefícios Fiscais (FCBF) (art. 12), cujo objetivo é viabilizar o ressarcimento de recursos aos contribuintes afetados pela redução dos benefícios.

A previsão é de que o FCBF seja constituído a partir de 2025 com aportes da União para compensar, entre janeiro de 2029 e dezembro de 2032, empresas beneficiárias de isenções, incentivos e benefícios fiscais ou financeiro-fiscais relacionados ao ICMS.

A LC n. 214/2025 já regulamentou essa matéria entre os arts. 384 e 404, em que são delineados critérios, limites e procedimentos relativos a essa compensação. Mas, para fazerem jus à compensação, os contribuintes deverão apresentar requerimento de habilitação (art. 388), que ainda será objeto de regulamentação pela RFB.

Alguns pontos de atenção em relação à compensação:

i. Aplica-se a titulares de benefícios onerosos regularmente concedidos até 31 de maio de 2023, ainda que prorrogados (art. 384, parágrafo único, I, da LC n. 214/2025).

ii. Aplica-se a outros benefícios migrados por força de mudanças da legislação estadual entre 31.05.2023 e a data da promulgação da EC n. 132/2023 ou que estavam em processo de migração na data da Emenda desde que seu ato concessivo seja emitido pelo ente federado até noventa dias da publicação da LC n. 214/2025.
iii. Aplica-se apenas a isenções, incentivos e benefícios fiscais ou financeiro-fiscais concedidos pela unidade federada por prazo certo e sob condição, na forma do art. 178 do CTN. Não se enquadram no conceito de condição as contrapartidas previstas em atos ou normas concessivas de benefícios fiscais que: a) importem mero cumprimento de deveres de observância obrigatória para todos os contribuintes e já previamente estabelecidos em legislação; b) configurem mera declaração de intenções, sem o estabelecimento de ônus ou restrições efetivos; e c) exijam contribuição a fundo estadual ou distrital vinculada à fruição do benefício.
iv. O titular do benefício de ICMS deve estar adimplente com as respectivas condições do benefício.
v. As contrapartidas previstas no ato concessivo ou fixadas na legislação estadual ou distrital exigidas do titular do benefício das quais resulte ônus ou restrições à sua atividade, tais como as que: a) têm por finalidade a implementação ou expansão de empreendimento econômico vinculado a processos de transformação ou industrialização aptos à agregação de valor; b) estabelecem a geração de novos empregos; ou c) impõem a limitação no preço de venda ou a restrição de contratação de determinados fornecedores.
vi. A implementação de empreendimento econômico é entendida como "o estabelecimento de empreendimento econômico para o desenvolvimento da atividade a ser explorada por pessoa jurídica não domiciliada na localização geográfica da unidade federada que concede a subvenção".
vii. A expansão de empreendimento econômico é considerada "a ampliação da capacidade, a modernização ou a diversificação do comércio ou da produção de bens ou serviços do empreendimento econômico, inclusive mediante o estabelecimento de outra unidade, pela pessoa jurídica domiciliada na localização geográfica da unidade federada que concede a subvenção".

Pelo art. 388 da LC n. 214/2025, o contribuinte detentor dos benefícios fiscais de ICMS deverá apresentar um pedido de habilitação perante a Receita Federal do Brasil e, uma vez habilitado, poderá informar "mensalmente na escrituração fiscal os elementos necessários para a quantificação da repercussão econômica de cada benefício fiscal ou financeiro fiscal, conforme regulamentação a ser expedida pela RFB" (art. 391 da LC n. 214/2025).

O contribuinte poderá calcular seu crédito para cada mês de competência em função do valor da repercussão econômica de cada benefício fiscal ou financeiro-fiscal e da redução de nível dos benefícios fiscais (art. 391, § 1º, da LC n. 214/2025). Esse direito se extingue em três anos de cada escrituração fiscal prevista na regulamentação.

O art. 392 da LC n. 214/2025 prescreve que o contribuinte terá seu crédito automaticamente reconhecido e autorizado em pagamento em até sessenta dias, a contar do vencimento do prazo para transmissão da escrituração fiscal, exceto se existirem indícios de irregularidade ou se o montante incidir em parâmetros de risco, e a entrega dos recursos ao contribuinte ocorrerá em até trinta dias da data da autorização do pagamento. O pagamento após esse prazo sujeitará a parcela a Selic e juros de 1% no mês em que pago o valor.

Em caso de indícios de irregularidade, todo o montante será suspenso para revisão.

A retenção e suspensão do pagamento sujeita o contribuinte a um processo administrativo com o rito da Lei federal n. 9.784, de 29 de janeiro de 1999 (art. 394, § 1º, da LC n. 214/2025).

Se, por outro lado, o contribuinte utilizar-se indevidamente do procedimento e receber pagamento do crédito sem fazer jus a esse direito, ele estará sujeito a: (i) auto de infração para exigência do principal, multa de 20% e juros Selic (art. 395 da LC n. 214/2025); e (ii) representação fiscal para fins penais (art. 396 da LC n. 214/2025).

O direito de a União constituir esse crédito decai em três anos do primeiro dia do exercício seguinte ao do recebimento indevido (art. 393, § 1º, da LC n. 214/2025).

Como o direito ao crédito está condicionado ao preenchimento das condições dos benefícios fiscais estaduais, os estados deverão informar a União sobre o não cumprimento das condições em até dez dias (art. 397 da LC n. 214/2025) para que esta suspenda ou cancele a habilitação do contribuinte e cesse a outorga dos créditos.

Sem a pretensão de esgotar os temas aqui propostos, nosso objetivo com o presente capítulo foi lançar algumas luzes sobre os desafios a serem enfrentados pelos contribuintes durante o período de transição, especialmente no que tange à preparação para a integração sob a perspectiva das obrigações acessórias; o tratamento dos créditos acumulados de PIS/Cofins e ICMS e o tratamento dos benefícios fiscais de ICMS.

BIBLIOGRAFIA

ATALIBA, Geraldo; GIARDINO, Cléber. ICM – abatimento constitucional e o princípio da não cumulatividade. *Revista de Direito Tributário*. São Paulo, ano VIII, p. 110-26, n. 29-30, jul./dez. 1984.

GRECO, Marco Aurélio. *Contribuições*. São Paulo: Dialética, 2000.

LUKIC, Melina Rocha. *Reforma tributária no Brasil*: ideias, interesses e instituições. Curitiba: Juruá, 2014.

PEROBA, Luiz Roberto; BETONI, Marco Aurélio. Comentários aos impactos na Constituição Federal. *In*: GAETA, Flávia Holanda. *Comentários à EC 132/2023*. São Paulo: Thomson Reuters Brasil, 2024.

ROMANO, Flávia Rezende. Comentários aos impactos na Constituição Federal. *In*: GAETA, Flávia Holanda. *Comentários à EC 132/2023*. São Paulo: Thomson Reuters Brasil, 2024.

SANTI, Eurico Marcos Diniz de; MACHADO, Nelson. *Imposto sobre Bens e Serviços*. 2.ed. revista e ampliada. São Paulo: Max Limonad, 2023.

STIGLITZ, Joseph E.; ROSENGARD, Jay K. *Economics of the Public Sector*. 4.ed. New York/London, W.W. Norton & Company, 2015.

Capítulo **23**

Reforma tributária e os saldos credores de ICMS

Daniel Moreti
Gabriel Correa

INTRODUÇÃO

Um dos grandes problemas que decorrem do ICMS refere-se às deformidades do sistema que levam ao acúmulo de saldos credores do imposto.

Mesmo com as inoperabilidades atuais não solucionadas no sistema tributário brasileiro, as atenções se voltam para a reforma tributária e sua implementação, com a esperança de que ela traga um sistema mais eficiente, menos oneroso e menos complexo para os contribuintes, resolvendo problemas antigos.

No entanto, quando o assunto são os saldos credores e os créditos acumulados de ICMS, a solução parece ainda estar longe de ser ideal.

Este é o tema do qual passamos a nos ocupar.

OS SALDOS CREDORES ACUMULADOS DE ICMS

A transição para o Imposto sobre Bens e Serviços (IBS) e a Contribuição Social sobre Bens e Serviços (CBS) levanta diversas preocupações, especialmente em relação ao tratamento dos saldos credores dos tributos atuais, com destaque para o ICMS.

Essa questão se desdobra em duas frentes principais no âmbito do imposto: a destinação dos saldos credores "simples" e a destinação dos saldos credores acumulados – também chamados de "créditos acumulados" – existentes em 31 de dezembro de 2032, quando o ICMS deixará de existir.

Em breve distinção, os saldos credores simples de ICMS decorrem da aplicação objetiva da não cumulatividade, com a apropriação dos créditos relativos ao imposto incidente na operação ou prestação anterior, que são utilizados para compensação com débitos do mesmo período ou de períodos subsequentes. Se o contribuinte não utiliza todos os créditos em determinado período de apuração, esses serão transferidos para períodos subsequentes para compensação com débitos do imposto.

Já os créditos acumulados – ou saldos credores acumulados – se distinguem dos saldos credores simples, pois são valores que se acumulam em razão de anomalias do sistema tributário atual, e não são, via de regra, utilizados ou absorvidos pelas operações do contribuinte, por superarem o valor dos débitos. Esse acúmulo ocorre, por exemplo, em situações de desoneração da operação, total ou parcial, na saída de mercadorias adquiridas com a incidência do ICMS, em operações com aplicação de alíquotas diversificadas na entrada e saída etc.

O maior exemplo de formação de saldos credores acumulados corresponde às operações de exportação. Nesse caso, é garantida a manutenção do crédito de ICMS relativo à entrada, mesmo que a saída seja amparada por imunidade (Constituição Federal, art. 155, § 2º, X, *a*). Assim, o contribuinte que promoveu uma saída não tributada, em razão da sua destinação ao exterior, não estará obrigado a realizar o estorno do crédito relativo à entrada do bem.

Isso significa que, ao exportar um bem para o exterior, não há débito de ICMS na saída, mas garante-se a manutenção do crédito de ICMS referente à aquisição, resultando em acúmulo de crédito.

Além das exportações, outras hipóteses previstas nas legislações estaduais também geram créditos acumulados. Como exemplo, podemos citar a legislação do Estado de São Paulo,[1] que autoriza a apropriação de crédito acumulado em razão da aplicação de alíquotas na saída de mercadorias em montante inferior às alíquotas de entrada, as saídas com isenção, quando a legislação estadual ou distrital admitir a manutenção do crédito mesmo com a isenção na saída, entre outras hipóteses.

Nesse sentido, os saldos credores acumulados são uma espécie que, ao lado dos saldos credores simples, integram a classe dos saldos credores. Todavia, os saldos credores acumulados podem ser destacados e ter uma utilização diferente da simples compensação de débitos. Ou seja, ao contrário dos saldos credores simples, que só podem ser usados para compensação escritural, os saldos credores acumulados são reconhecidos como "ativos" distintos, permitindo a recuperação do custo que onerou a aquisição de bens para revenda, por meios diversos da simples compensação.

Quanto aos saldos credores acumulados gerados na exportação de bens, a Lei Complementar (LC) n. 87/96 (§ 1º do art. 25) assegura o direito de sua transferência para terceiros, caso não possam ser utilizados nas operações do contribuinte. Isso é fundamental para empresas que não conseguem utilizar

1 Lei n. 6.374/89, arts. 36, § 2º, e 46. RICMS (Decreto n. 45.490/2000), arts. 71 a 84.

esses créditos integralmente para compensações com débitos de ICMS em seus próprios estabelecimentos na mesma unidade federativa possam recuperar esses créditos por outros meios.

Já quanto aos créditos acumulados gerados em outras hipóteses, como a diferença de alíquotas entre as entradas e as saídas e as saídas com isenção, nos casos em que se admite a manutenção do crédito, o reconhecimento de sua formação e a possibilidade de transferência para terceiros depende de autorização na legislação local.

Os entraves para a recuperabilidade dos saldos credores acumulados de ICMS

Uma das grandes dificuldades para as empresas brasileiras reside nos embaraços ao direito à recuperação dos saldos credores acumulados de ICMS. Em boa parte dos Estados, faltam mecanismos, metodologias, sistemas ou até mesmo legislação que autorize a efetiva recuperação desses créditos.

Mesmo quando há apuração e homologação desses saldos credores acumulados, o problema persiste na morosidade da autorização para transferência a terceiros. Embora o § 1º do art. 25 da LC n. 87/96 garanta essa possibilidade para créditos decorrentes de exportação, é comum o atraso e/ou a limitação dessa autorização, impondo entraves como redução de valores ou liberação em parcelas.

Na prática, essa ineficiência na recuperação dos saldos credores acumulados de ICMS gera diversas consequências negativas, dentre elas: i) violação ao princípio constitucional da não cumulatividade, em razão da não recuperação do crédito que não pode ser utilizado para compensação no fluxo das operações do contribuinte; ii) oneração da atividade econômica, pois os créditos, que deveriam ser um ativo com liquidez, tornam-se um custo irrecuperável, impactando diretamente a lucratividade das empresas; iii) comprometimento das demonstrações financeiras, pois a dificuldade e a impossibilidade de reaver esses valores impacta a *performance* financeira das empresas, distorcendo balanços patrimoniais e fluxos de caixa.

Além disso, esse problema alimenta o já caótico cenário do contencioso no âmbito do Poder Judiciário, em um momento em que se discute, com muitos avanços positivos, a redução da litigiosidade tributária.

O Superior Tribunal de Justiça (STJ), por exemplo, já se posicionou reiteradamente pela autoaplicabilidade da norma do § 1º do art. 25 da LC n. 87/96, reafirmando o direito dos contribuintes de transferir o saldo credor acumulado de exportação a outros contribuintes localizados na mesma unidade federativa.[2]

2 Ag. Int. no AREsp n. 2.184.718/RS, *DJe* 14.09.2023.

Ou seja, de acordo com o STJ, a ausência de legislação estadual ou a imposição de limites ou obstáculos pelos entes federativos não podem impedir ou dificultar a transferência dos saldos credores acumulados decorrentes de exportação para outros contribuintes localizados na mesma unidade federativa.

Ainda assim são frequentes as limitações impostas aos contribuintes, o que, na prática, compromete e viola a não cumulatividade, já que a tributação, nesses casos, impõe um aspecto extremamente oneroso à atividade dos contribuintes.

É importante observar que a devolução efetiva do crédito acumulado de ICMS não constitui um benefício fiscal, mas apenas uma forma de permitir a recomposição de custos e de implementar, em alguma medida, o princípio da neutralidade.[3]

No Estado de São Paulo, tanto para os saldos credores acumulados decorrentes de exportação quanto os saldos credores decorrentes de outras hipóteses previstas na legislação, existem disciplina legal e metodologia tecnológica específicas para a apuração e a apropriação do saldo credor acumulado,[4] bem como quanto à sua utilização.

De acordo com as regras vigentes, após a homologação e o registro do crédito acumulado no sistema, nos moldes definidos pela legislação estadual, há diversas formas para sua utilização, como: transferência para outro estabelecimento da mesma empresa; transferência para estabelecimento de empresa interdependente; transferência para estabelecimento fornecedor a título de pagamento das aquisições feitas por estabelecimento industrial; transferência para estabelecimento fornecedor a título de pagamento das aquisições feitas por estabelecimento comercial, nas operações de compra de mercadorias inerentes ao seu ramo usual de atividade, para comercialização neste Estado; e transferência para estabelecimento de empresa não interdependente.

Dentre as hipóteses expostas, é possível desde logo concluir que a mais relevante é a transferência do crédito acumulado para estabelecimento de empresa não interdependente, pois se viabilizam, nesse caso, a venda e a efetiva monetização do crédito acumulado de ICMS para que outro contribuinte, que normalmente adquire este crédito com deságio, o utilize para compensação com débitos do imposto.

Todavia, essa transferência depende de autorização específica do Secretário da Fazenda e Planejamento (art. 84, II, do RICMS/SP), o que, na prática, gera

3 CARVALHO, Osvaldo Santos de. *Não cumulatividade do ICMS e o princípio da neutralidade tributária*, 2013, p. 183.

4 Conforme a Portaria SRE n. 65/2023, a apropriação e a gestão do crédito acumulado são realizadas por meio do "Sistema Eletrônico de Gerenciamento do Crédito Acumulado – e-CredAc".

longas e demoradas "filas" que impactam na recuperação efetiva do saldo credor acumulado.

O Estado, nos últimos anos, instituiu programas de ampliação de liquidez de créditos, que deveriam facilitar, em tese, sua utilização pelos contribuintes (Programa Proativo, instituído pelo Decreto n. 66.398/2021 e Resolução SFP n. 67/2021), mas ainda existe a morosidade e incerteza quanto à efetiva recuperação e monetização, já que as últimas autorizações para transferência a terceiros impuseram limitação de valores e parcelamento das transferências ao longo de meses.

OS SALDOS CREDORES DE ICMS NA EC N. 132/2023 E NO PLP N. 108/2024

Durante as discussões que levaram à promulgação da Emenda Constitucional (EC) n. 132/2023, havia expectativa quanto à criação de mecanismos que pudessem, de fato, garantir a recuperabilidade dos saldos credores simples e dos saldos credores acumulados de ICMS em alguma medida.

Todavia, embora a questão tenha sido rigorosamente disciplinada, a forma e o prazo estabelecidos para tratamento dos saldos credores não foram razoáveis e afastaram-se da finalidade da não cumulatividade.

O art. 134 do Ato das Disposições Constitucionais Transitórias (ADCT) estabelece que, ao final do período de transição, em 31 de dezembro de 2032, quando o ICMS será definitivamente extinto, todos os saldos credores de ICMS existentes deverão ser apurados e submetidos à homologação pelos respectivos entes federativos. Somente após essa homologação os créditos poderão ser efetivamente utilizados pelos contribuintes.

Essa sistemática de apuração e homologação abrangerá não apenas os saldos credores simples, mas também os saldos credores acumulados, sejam eles decorrentes de operações de exportação ou de outras hipóteses previstas nas legislações estaduais e distrital.

Contando com uma possível morosidade por parte dos estados e do Distrito Federal para homologar os saldos credores acumulados, a própria EC n. 132 estabelece que, uma vez apresentado o pedido de homologação, o ente federativo deverá se pronunciar no prazo estabelecido na lei complementar[5] e, na ausência de resposta ao pedido de homologação no prazo especificado, os respectivos saldos credores serão considerados homologados de forma tácita.

---

5 De acordo com o PLP n. 108/2024, o prazo para homologação será de 12 meses. Findo o período sem resposta do respectivo ente federativo, o crédito será considerado homologado.

Uma vez homologados, os saldos credores de ICMS serão comunicados ao Comitê Gestor para que seja possível a compensação com o IBS, o que deverá ocorrer da seguinte forma: a) bens adquiridos para integrar o ativo permanente: a compensação se dará à razão de 1/48 por mês, devendo a primeira fração ser apropriada no mês em que ocorrer a entrada no estabelecimento; e b) bens adquiridos para revenda e bens produzidos para venda: **a compensação ocorrerá em 240 parcelas mensais.**

A partir de 2033, esses saldos credores serão atualizados pelo IPCA ou por outro índice que venha a substituí-lo.

Como se vê, o constituinte derivado estabeleceu uma verdadeira moratória de 20 anos a que estarão submetidos os contribuintes que chegarem em 31 de dezembro de 2032 com saldos credores de ICMS em suas escriturações fiscais.

De acordo com o PLP n. 108/2024, com a homologação do saldo credor de ICMS, expressa ou tacitamente, o contribuinte terá as seguintes opções para utilizá-lo:

1. Compensação com débitos do próprio ICMS, constituídos ou não, desde que haja concordância entre o sujeito passivo e o respectivo ente federativo. Essa modalidade deverá ser regulamentada pela legislação de cada estado e do Distrito Federal.
2. Compensação com IBS, em 240 parcelas mensais, após a informação do crédito homologado ser prestada pelo estado ou pelo Distrito Federal.
3. Transferência para integrantes do mesmo grupo econômico ou a terceiros, caso não seja possível a compensação pelo contribuinte, sendo que aquele que receber o crédito em transferência poderá utilizá-lo exclusivamente para compensação, em 240 meses; ou
4. Ressarcimento, como alternativa à transferência, também em 240 meses, hipótese que não se aplica a terceiros que tenham recebido o saldo credor por transferência.

Vai daí que, apenas na impossibilidade de realização da compensação do saldo credor de ICMS homologado com o próprio ICMS ou com o IBS, e não tendo sido realizada a transferência, o titular do saldo credor poderá, finalmente, requerer seu ressarcimento, o que ocorrerá em 240 meses.

Com efeito, para garantir a aplicabilidade dos princípios tributários e construir um cenário de maior confiança do contribuinte no estado, seria fundamental que a EC n. 132/2023 tivesse atribuído aos saldos credores acumulados de ICMS formas eficazes para sua utilização e redução já durante o período de transição (de 2026 a 2032).

Além disso, seria crucial que a recuperação desses valores ocorresse em prazos e condições razoáveis.

Infelizmente, não foi isso que se fez. Para os contribuintes que chegarem ao final de 2032 com saldos credores de ICMS, será imposta uma ofensiva moratória que se estenderá por longos 20 anos.

Potenciais inconstitucionalidades da disciplina relativa aos saldos credores de ICMS

De acordo com a novel legislação (constitucional e infraconstitucional) que implementam a "reforma tributária do consumo", é improvável que no campo do IBS e da CBS surjam problemas semelhantes ao acúmulo de saldos credores de difícil recuperação, tal como ocorre no ICMS.

No entanto, os "espólios" que serão deixados pelo ICMS – saldos credores simples e os saldos credores acumulados decorrentes de exportação e de outras hipóteses previstas pelas legislações estaduais – foram disciplinados pela EC n. 132/2023 em descompasso com diversos postulados constitucionais.

O tratamento conferido aos saldos credores de ICMS pela EC n. 132/2023, ao estabelecer forma não razoável para a realização do direito aos créditos de ICMS, viola o princípio da não cumulatividade do ICMS (CF, art. 150, § 2º, I), que continua em plena vigência.

A forma como a não cumulatividade do ICMS foi subjugada pela EC n. 132/2023 impõe um forte abalo na estrutura econômica dos contribuintes titulares de saldos credores. Isso porque a não cumulatividade do imposto foi sistematizada com o objetivo de minimizar o impacto do tributo sobre o preço dos bens e serviços de transporte e comunicações.

Nesse sentido, de forma geral, os contribuintes de ICMS, ao realizarem operações econômicas, valem-se da não cumulatividade para a formação do preço de venda de bens e prestação serviços, considerando o crédito do imposto uma espécie de custo a recuperar.

Se o crédito não é recuperado, o contribuinte de ICMS que deixou de pagar ou que pagou o imposto a menor nas saídas não obterá essa recomposição – o que comprometerá a *performance* da operação –, ou então repassará o custo integral para a próxima etapa da cadeia de circulação, fazendo, na prática, o preço do bem ser majorado em razão da inoperância da não cumulatividade.[6]

---

6 Nesse sentido a lição de José Eduardo Soares de Melo e Luiz Grancisco Lippo: "No caso da não cumulatividade, a sua supressão abalaria de maneira profunda a estrutura econômica sobre a qual foi organizado o Estado. Constituindo-se num sistema operacional destinado a minimizar o impacto do tributo sobre os preços dos bens e serviços de transporte e de comunicações, a sua eliminação os tornariam artificialmente mais onerosos". *In*: *A não cumulatividade tributária*: (ICMS, IPI, ISS, PIS e COFINS), 2008, p. 99.

Ou seja, o custo tributário da operação será majorado em razão da não recuperação dos créditos de ICMS, resultando em uma forma indireta de confisco ou onerando o preço do bem, o que prejudicará o consumidor final.

Por outro lado, a indisponibilidade financeira dos estados e do Distrito Federal e a própria ineficiência estatal quanto ao reconhecimento, à homologação e à autorização para transferência dos saldos credores acumulados não podem resultar na violação a um direito ínsito ao ICMS.

O tratamento conferido aos saldos credores de ICMS pela EC n. 132/2023 representa, na prática, uma penalização severa aos contribuintes que, de forma totalmente lícita, não puderam utilizar esses créditos para fins de compensação e, com isso, os acumularam.

Dessa forma, o fundamento para essa penalização é, surpreendentemente, a simples transição para o novo modelo tributário.

Mencione-se ainda que, conforme previsto no PLP n. 108/2024, como alternativa ao longo período de 240 meses para a compensação dos créditos de ICMS, os titulares dos saldos credores até poderão negociar esses direitos com terceiros, a fim de realizar sua transferência. No entanto, o interesse de terceiros tende a ser reduzido, pois, além do prazo de 20 anos para a compensação, os adquirentes não poderão obter o ressarcimento desses valores.

Essa restrição ao ressarcimento é outro ponto cuja constitucionalidade pode ser questionada caso seja mantido no PLP n. 108/2024. O § 6º do art. 134 do ADCT, ao prever que a lei complementar disporá sobre a forma pela qual os titulares dos créditos poderão transferi-los a terceiros e como o crédito será ressarcido ao contribuinte, não autoriza a imposição de limitações que acabem por lesar o direito à devolução dos saldos credores de ICMS.

Da forma como a matéria foi disciplinada pela EC n. 132/2023 e está sendo tratada pelo PLP n. 108/2024, com o estabelecimento de um prazo de 240 meses e a existência de excessivas restrições, haverá mais um grave prejuízo para os titulares de saldos credores de ICMS, sejam eles provenientes do simples confronto entre crédito e débito (saldo credor simples), sejam eles provenientes de exportação ou de outras hipóteses autorizadas pelas legislações estadual e distrital.

Esses contribuintes, que já enfrentam, com grande dificuldade, a inoperabilidade do sistema quanto à devolução ou recuperação desses créditos, estarão submetidos a regras com novas travas e restrições. Se a nova disciplina busca, de um lado, preservar a estrutura financeira dos estados e do Distrito Federal, de outro viola direitos dos contribuintes, em especial a não cumulatividade do ICMS.

POSSÍVEIS MEIOS ALTERNATIVOS PARA A UTILIZAÇÃO DE SALDOS CREDORES ACUMULADOS DE ICMS DURANTE O PERÍODO DE TRANSIÇÃO

Durante o período de transição para o IBS e a CBS (de 2026 a 2032), dada a inexistência de soluções eficientes e sistematizadas, caberá aos contribuintes buscar meios alternativos lícitos e construir, no âmbito das respectivas operações, soluções para a utilização e a diluição dos saldos credores.

Os estados e o Distrito Federal, por seu turno, não estão impedidos de construir meios que permitam a utilização e a diluição dos saldos credores acumulados de ICMS, a fim de que estes sejam reduzidos ao longo dos próximos anos.

Nesse sentido o Convênio Confaz n. 210/2023 possui grande aderência ao tema, em razão de sua autorização para que os estados signatários instituam transação resolutiva de litígios relativos à cobrança de créditos tributários decorrentes ICMS, permitindo que a quitação dos débitos transacionados seja realizada com a utilização de créditos acumulados, próprios ou de terceiros ou de créditos de ressarcimento de ICMS homologados pela autoridade competente, limitados a 75% do valor da dívida.[7]

Trata-se de importante alternativa que reúne uma forma de utilização de saldos credores acumulados de ICMS que, em razão do princípio da não cumulatividade, devem ser recuperados pelo contribuinte, em conjugação com um dos mais relevantes meios resolução de conflitos: a transação.

Mas não é só. Com a reforma tributária, estamos caminhando para um sistema que objetiva, dentre outras finalidades, a implementação da cooperação, não apenas entre os entes federativos, mas também nas relações entre o estado e os contribuintes.

Trata-se da busca por uma mudança de paradigma na relação entre Fisco e contribuintes, com foco na implementação de um ambiente menos conflituoso, que tenha na confiança mútua a sua razão de ser, com o estímulo à autorregularização e orientação do administrado, e que assegure os meios para que o

7 *Vide* Lei paulista n. 17.843/23: "Artigo 1º A soma do imposto, das multas, da atualização monetária e dos juros de mora dos débitos inscritos em dívida ativa de ICMS, selecionada na adesão à transação tributária, poderá ser compensada até o limite de 75% (setenta e cinco por cento) do valor do débito, após aplicação de eventuais descontos, com: I – créditos acumulados, próprios ou adquiridos de terceiros, conforme artigo 79 do Regulamento do ICMS – RICMS; II – créditos de produtor rural, próprios ou adquiridos de terceiros, conforme artigo 70-G do RICMS, com data limite para a efetivação da compensação em 30 de junho de 2024, em razão da revogação do referido dispositivo a partir de 01 de julho de 2024, nos termos do Decreto n. 68.178, de 09 de dezembro de 2023."

sujeito passivo na relação tributária possa aplicar a legislação tributária com elevado grau de segurança jurídica.

Nesse cenário é que se insere a conformidade fiscal cooperativa, identificada no "Study into the Role of Tax Intermediaries", publicado pela OECD Forum on Tax Administrations – FTA, em 2008. Em 2013, ao publicar o trabalho denominado *Co-operative Compliance: A Framework from Enhanced relationship to co-operative compliance*, o FTA passou a usar a expressão "*Co-operative Compliance*" para difundir a lógica do cumprimento da obrigação tributária na quantia correta e no momento adequado, por meio de cooperação, em via de mão dupla, entre a administração fazendária e o contribuinte.[8]

No âmbito dos programas de conformidade, práticas como a criação de *rating* de contribuintes de acordo com o grau de cumprimento das obrigações tributárias podem oferecer a esses contribuintes estímulos, incentivos ou sanções premiais para que busquem, cada vez mais, a sua conformidade e adequado cumprimento das obrigações tributárias, não apenas pelo receio quanto à imposição de penalidades, mas também e principalmente pelas contrapartidas positivas oferecidas pelo próprio estado.

É nesse contexto que se verifica o programa de conformidade fiscal do Estado de São Paulo, instituído pela Lei Complementar paulista n. 1.320/2018 – Programa "Nos Conformes". De acordo com o programa, os contribuintes bem classificados podem obter determinados benefícios, como a verificação de suas obrigações tributárias pelo Fisco por meio de análise fiscal prévia, com o objetivo de autorregularizar eventuais incorreções, sem a lavratura de auto de infração; o acesso simplificado a regimes especiais; e a autorização para aproveitamento de crédito acumulado de ICMS sem prévia verificação do Fisco.

Foi exatamente com base em tais premissas que o estado passou a prever em sua legislação o procedimento simplificado para que o contribuinte classificado nas categorias A+, A e B do Programa "Nos Conformes" pudesse obter a autorização para apropriar-se de crédito acumulado sem a prévia fiscalização, o que, na prática, significava um ganho decorrente do *cooperative compliance*, beneficiando os contribuintes classificados nas melhores posições do *rating* fiscal com a liberação acelerada de seus saldos credores acumulados de ICMS.[9]

---

8 ALMEIDA, Carlos Otávio Ferreira de. *Compliance* cooperativo: uma nova realidade entre administração tributária e contribuintes, 2017, p. 67-8.

9 Portaria SRE n. 45/2023: "Artigo 43. A autorização para apropriação do crédito acumulado, antes da verificação pelo fisco de que trata o artigo 19, para contribuinte classificado nas categorias 'A+', 'A' ou 'B' do Programa de Estímulo à Conformidade Tributária – 'Nos Conformes', instituído pela Lei Complementar n. 1.320, de 6 de abril de 2018, deverá observar as seguintes condições: I – para o contribuinte classificado na categoria 'A+', será liberado 100% (cem por cento) do valor do crédito acumulado antes da verificação fiscal,

Vale pontuar que, no âmbito do IBS e da CBS, a classificação em programas de conformidade fiscal é um dos critérios que será utilizado para determinar o tempo necessário para que o contribuinte obtenha o ressarcimento dos créditos que não foram compensados em suas operações.[10]

Todavia, adotando uma postura diametralmente oposta ao princípio da cooperação e afastando-se do ideal do *compliance* cooperativo, o Estado de São Paulo, por meio da Portaria SRE n. 50/2025, revogou o ato que previa o aludido procedimento simplificado de apropriação do crédito acumulado no âmbito do programa de conformidade fiscal do Estado.

Muito embora essa revogação indique um caminho oposto àquele que se coaduna com os "novos" princípios constitucionais tributários, entendemos que o estabelecimento de programas dessa natureza no âmbito dos estados e do Distrito Federal, que tenham como contrapartida a liberação de saldos credores acumulados de ICMS de forma ágil e efetiva, beneficiando os bons contribuintes, pode vir a ser um importante instrumento para contribuir na diluição do imenso volume de saldos credores acumulados de ICMS durante o período de transição para o IBS e a CBS.

Se implementados programas dessa natureza, os contribuintes que são reconhecidamente regulares cumpridores das obrigações tributárias e que, dessa forma, representam menor risco ao Estado, poderão ver respeitado seu direito efetivo à não cumulatividade. O Estado, por seu turno, estimulará os contribuintes a manter sua conformidade e atuará para ao menos reduzir algo

---

dispensada a apresentação de garantia; II – para o contribuinte classificado na categoria 'A', será liberado 80% (oitenta por cento) do valor do crédito acumulado antes da verificação fiscal, podendo solicitar o restante mediante apresentação de garantia correspondente a 20% (vinte por cento) desse valor; III – para o contribuinte classificado na categoria 'B', será liberado 50% (cinquenta por cento) do valor do crédito acumulado antes da verificação fiscal, podendo solicitar o restante mediante apresentação de garantia correspondente a 50% (cinquenta por cento) desse valor".

10 O art. 39 da LC n. 214/2025 estabelece a conformidade fiscal como critério para definição do prazo de apreciação dos pedidos de ressarcimento: "[...] § 3º O prazo para apreciação do pedido de ressarcimento será de: I – até 30 (trinta) dias contados da data da solicitação de que trata o *caput* deste artigo, para pedidos de ressarcimento de contribuintes enquadrados em programas de conformidade desenvolvidos pelo Comitê Gestor do IBS e pela RFB que atendam ao disposto no art. 40 desta Lei Complementar; II – até 60 (sessenta) dias contados da data de solicitação de que trata o *caput* deste artigo, para pedidos de ressarcimento que atendam ao disposto no art. 40 desta Lei Complementar, ressalvada a hipótese prevista no inciso I deste parágrafo; ou III – até 180 (cento e oitenta) dias contados da data da solicitação de que trata o *caput* deste artigo, nos demais casos. § 4º Se não houver manifestação do Comitê Gestor do IBS ou da RFB nos prazos previstos no § 3º deste artigo, o crédito será ressarcido ao contribuinte nos 15 (quinze) dias subsequentes".

que será um problema a ser administrado a partir de 2033: os saldos credores de ICMS.

CONCLUSÃO

A classe dos saldos credores de ICMS se subdivide em duas espécies, a saber: os saldos credores simples e os saldos credores acumulados.

Os saldos credores simples são oriundos da aplicação objetiva da não cumulatividade, com a apropriação do crédito relativo ao imposto incidente na operação ou na prestação anterior, que são utilizados para compensação com débitos do mesmo período ou de períodos subsequentes.

Já os saldos credores acumulados (ou créditos acumulados) são valores que se somam, em geral, em razão de anomalias do sistema tributário atual. Esses créditos não são absorvidos pelas operações dos contribuintes por superarem o valor dos débitos. Esse acúmulo ocorre, por exemplo, em razão de aquisições com incidência do imposto e saídas não tributadas; operações com aplicação de alíquotas diversificadas na entrada e saída, entre outras.

O atual cenário de recuperação dos saldos credores acumulados de ICMS tem se mostrado um grande desafio aos contribuintes, seja pela precária legislação em âmbito estadual, pela morosidade ou mesmo pela inexistência de recuperação dos créditos acumulados.

Essa inoperabilidade na devolução ou recuperação faz com que o crédito, que deveria ser um ativo com certeza de liquidez para as empresas, se torne um ativo de difícil recuperação, onerando a atividade econômica como um todo, pois as empresas permanecem arcando com uma elevada carga de ICMS, sem efetivamente se valer da não cumulatividade prevista no Texto Constitucional.

Essa ineficiência, além de afetar diretamente a estrutura financeira das empresas, provoca o aumento da litigiosidade, dada a necessidade, muitas vezes, de se socorrerem do Poder Judiciário.

Nesse cenário, a expectativa de que, com a reforma tributária, houvesse o estabelecimento de regras que conferissem um tratamento especial e eficiente para os saldos credores de ICMS acumulados acabou frustrada.

Em 2033, os "espólios" que terão sido deixados pelo ICMS, consistentes nos saldos credores simples e nos saldos credores acumulados, serão apurados em conjunto para fins de homologação (expressa ou tácita) pelos estados e pelo Distrito Federal e terão a mesma destinação.

Embora se garanta o direito à utilização dos saldos credores (simples e acumulados) para fins de compensação ou ressarcimento, impõe-se uma excessiva limitação do direito à não cumulatividade, especialmente em razão da moratória de 20 anos para a recuperação do crédito.

O PLP n. 108/2024 alarga indevidamente essas restrições. De acordo com a redação proposta, uma vez homologado o saldo credor de ICMS apurado em 31 de dezembro de 2032, de forma expressa ou tácita, o contribuinte poderá utilizá-lo para: (i) compensação com débitos do próprio ICMS, constituídos ou não, se houver concordância entre o sujeito passivo e o respectivo ente federativo; (ii) compensação com IBS, em 240 parcelas mensais; (iii) transferência para integrantes do mesmo grupo econômico ou a terceiros, caso não seja possível a compensação pelo contribuinte; ou, finalmente, (iv) ressarcimento em 240 meses.

Todavia, ao terceiro que receber o crédito em transferência não será permitido o ressarcimento, mas apenas a compensação, o que poderá ser foco de demandas judiciais por violação do princípio da não cumulatividade do ICMS.

É clara, portanto, a severa penalização aos contribuintes que, de forma totalmente lícita, acumularam esses créditos de ICMS.

Com a EC n. 132/2023, em vez de se buscar uma solução justa e eficiente para os saldos credores de ICMS, foi imposto um ônus desproporcional a quem seguiu as regras até então vigentes.

A justificativa de que as novas regras ao menos trazem previsibilidade quanto à forma e ao prazo da recuperação dos saldos credores não é suficiente para legitimar este mal tratamento que se confere ao direito à recuperação desses créditos, que deriva diretamente da não cumulatividade do ICMS.

BIBLIOGRAFIA

ALMEIDA, Carlos Otávio Ferreira de. *Compliance* cooperativo: uma nova realidade entre administração tributária e contribuintes. *In*: *Revista Direito Tributário Internacional Atual 2*. IBDT, 2017. Disponível em https://revista.ibdt.org.br/index.php/RDTIAtual/article/view/1820/1470. Acesso em 10 jul. 2025.

CALIENDO, Paulo Antônio. Princípio da livre concorrência em matéria tributária: Para uma superação do conceito de neutralidade fiscal. *In: Revista Interesse Público*, Belo Horizonte, n. 67, p. 205-227, maio/jun. 2011.

CARRAZZA, Roque Antonio. *ICMS*. 18 .ed. rev. ampl. e atual. São Paulo: Malheiros, 2020.

CARVALHO, Osvaldo Santos de. *Não cumulatividade do ICMS e o princípio da neutralidade tributária*. São Paulo: Saraiva, 2013.

CARVALHO, Paulo de Barros. *Direito tributário*: linguagem e método. 5. ed. São Paulo: Noeses, 2021.

MELO, José Eduardo Soares de; LIPPO, Luiz Francisco. *A não cumulatividade tributária*: (ICMS, IPI, ISS, PIS e COFINS). 3.ed. São Paulo: Dialética, 2008. p. 99.

MORETI, Daniel. A paridade na composição dos órgãos de julgamento do contencioso administrativo do IBS: devida observância ao princípio da cooperação. *In:* Santi, Eurico Marcos Diniz de, *et al. Nossa reforma tributária: análise da EC 132/23, do PLP 68/2024 (CBS/IBS) e do PLP 108/2024 (Comitê Gestor, contencioso do IBS, ITCMD e ITBI)*. São Paulo: Max Limonad, 2024.

OECD. Study into the role of tax intermediaries. Paris: OECD Publishing, 2008.

OECD. *Co-operative compliance: a framework: from enhanced relation-ship to co-operative compliance*. Paris: OECD, 2013. Disponível em: http://dx.doi.org/10.1787/9789264200852-en. Acesso em: 9 jul. 2024.

PINHEIRO, Armando Castelar; SADDI, Jairo. *Direito, economia e mercados*. Rio de Janeiro: Elsevier, 2005.

SANTI, Eurico Marcos Diniz. *Análise e comentários sobre a Reforma Tributária do Brasil* – EC 132/2023 e LC 214/2025. São Paulo: Editora JusPodivm, 2025.

SILVA, José Afonso. *Aplicabilidade das normas constitucionais*. 8. ed. São Paulo: Malheiros, 2012.

Capítulo **24**

O Comitê Gestor do Imposto sobre Bens e Serviços na reforma tributária: inovação, estrutura e desafios federativos

José Barroso Tostes Neto

INTRODUÇÃO

A reforma tributária, promovida pela Emenda Constitucional (EC) n. 132, de 2023, introduziu profundas transformações no sistema tributário brasileiro, destacando-se a criação de uma tributação unificada e dual sobre as operações com bens e serviços, constituída pelo Imposto sobre Bens e Serviços (IBS), de competência dos estados e municípios, e pela Contribuição sobre Bens e Serviços (CBS), de competência da União Federal, em substituição a quatro tributos que serão extintos e que compunham a estrutura tributária incidente sobre o consumo.[1]

Um dos elementos centrais e inovadores desse novo modelo é o Comitê Gestor do IBS (CG-IBS), órgão colegiado composto por representantes dos estados, Distrito Federal (DF) e municípios que terá função essencial na harmonização tributária federativa, coordenando a gestão e a operacionalização do IBS, e cuja regulamentação está contida na Lei Complementar (LC) n. 214, de 2025, e no Projeto de Lei Complementar n. 108, de 2024, em tramitação no Congresso Nacional.

Este capítulo analisa a natureza, as prerrogativas e as competências do CG-IBS, suas funções de integração e harmonização federativa, sua estrutura organizacional proposta e suas fontes de financiamento. Finalmente, examina-se se o CG-IBS impacta ou não a autonomia federativa, considerando os prin-

---

1 Na União, as Contribuições Sociais PIS e Cofins, nos estados o ICMS, e nos municípios o ISS. O IPI terá suas alíquotas reduzidas a zero, com exceção dos produtos produzidos na Zona Franca de Manaus.

cípios constitucionais, a governança fiscal do país e os principais desafios para as administrações tributárias brasileiras na implementação dessa inovação.

NATUREZA DO COMITÊ GESTOR DO IBS, SUAS PRERROGATIVAS E COMPETÊNCIAS

O CG-IBS é definido como uma entidade pública de natureza especial, com independência técnica, administrativa, orçamentária e financeira. Sob regime especial, o Comitê não está subordinado a qualquer órgão da Administração Pública. Essa independência é crucial para garantir uma atuação imparcial na gestão do IBS e na harmonização das normas tributárias entre os entes federativos.

Entretanto, a natureza especial do CG-IBS e seus desdobramentos têm gerado inúmeras controvérsias que podem ser assim resumidas:

- Constitucionalidade e federalismo: há questionamentos sobre a constitucionalidade do Comitê Gestor à luz da forma federativa do Estado. Alguns argumentam que a centralização de competências no Comitê pode comprometer a autonomia dos entes federativos, desrespeitando o pacto federativo.
- Acúmulo de funções: o Comitê Gestor tem inúmeras atribuições, como editar regulamentos, arrecadar o imposto e decidir o contencioso administrativo. Essa concentração de funções em um único órgão é vista por alguns como uma violação ao princípio da autonomia dos entes federativos.
- Complexidade e custo operacional: a estrutura proposta para o Comitê Gestor é considerada complexa e potencialmente dispendiosa. Críticos apontam que a criação de uma entidade com independência técnica, administrativa, orçamentária e financeira pode resultar em aumento de despesas públicas e burocracia.

De outro modo, há argumentos favoráveis a essa condição especial do CG-IBS com as seguintes justificativas:

- Harmonização tributária: a independência do Comitê Gestor é considerada crucial para garantir uma atuação imparcial na gestão do IBS e na harmonização das normas tributárias entre os entes federativos, promovendo uniformidade e reduzindo a possibilidade de interpretações dissonantes.
- Segurança jurídica: a centralização das decisões tributárias em um órgão independente pode proporcionar maior previsibilidade e segurança jurídica para contribuintes e administrações tributárias.
- Eficiência na arrecadação e distribuição: um Comitê Gestor independente pode otimizar os processos de arrecadação e distribuição do IBS, garan-

tindo que os recursos sejam repartidos de forma equitativa entre os entes federativos.

Em suma, enquanto a independência do CG-IBS é defendida por seu potencial de contribuição para a harmonização e eficiência do sistema tributário brasileiro, persistem preocupações sobre seus impactos na autonomia federativa, na concentração dos poderes em um único órgão e nos custos operacionais.

Ademais, a natureza do CG-IBS como órgão técnico enfatiza a necessidade de decisões baseadas em critérios científicos e operacionais, afastando influências político-partidárias. Sua prerrogativa primordial é assegurar a uniformidade e a eficiência na aplicação das normas do IBS, promovendo a harmonização e o equilíbrio entre os interesses das diferentes esferas federativas. Além disso, o Comitê desempenha papel fundamental na coordenação das ações de gestão administrativa do IBS.

Em sua composição, o CG-IBS é uma entidade colegiada de caráter deliberativo, executivo e de coordenação, concebida como um mecanismo para garantir a gestão integrada do IBS, imposto de natureza dual que, conjuntamente com a CBS, une estados, DF, municípios e União Federal em um modelo cooperativo de arrecadação e fiscalização.

As competências do CG-IBS são divididas em três grandes categorias: deliberativas, executivas e de coordenação e gestão.

- Deliberativas: o CG-IBS tem amplas prerrogativas de decisão, incluindo editar regulamento único, uniformizar a interpretação e a aplicação da legislação do IBS e decidir o contencioso administrativo. Ainda, deverá definir e proceder à atualização de alíquotas de referência do IBS. Essas competências visam criar condições para que as decisões sejam tomadas de forma colegiada, promovendo a transparência e a eficiência na gestão do imposto.
- Executivas: as funções executivas envolvem arrecadar o IBS; realizar compensações; distribuir o produto da arrecadação entre os estados, DF e municípios; gerir o sistema de fiscalização compartilhada e promover a inscrição em dívida ativa; monitorar a conformidade dos contribuintes e aplicar sanções administrativas e implementar soluções tecnológicas para integração de dados fiscais. A centralização dessas atividades visa alcançar maior eficiência administrativa e agilidade nos processos fiscais.
- De coordenação e gestão: a coordenação intergovernamental é uma função central do Comitê, abrangendo a harmonização e integração das atividades das administrações tributárias e das procuradorias dos entes federativos subnacionais e com os órgãos federais, especialmente a fiscalização, o lançamento, a cobrança e a representação administrativa e judicial. O Comitê também tem as prerrogativas de promover: a resolução de conflitos

e a mediação de interesses entre estados, DF e municípios para dirimir divergências; programas de educação fiscal e cidadania tributária, financiados por percentual da arrecadação do IBS; capacitações e treinamentos para os quadros técnicos dos estados, DF e municípios e o desenvolvimento de um ambiente de governança colaborativa.

O COMITÊ GESTOR DO IBS E A HARMONIZAÇÃO E INTEGRAÇÃO FEDERATIVA

A harmonização e a integração federativa estão entre os principais objetivos do CG-IBS, que deverá atuar em conjunto com a Receita Federal do Brasil (RFB) e a Procuradoria-Geral da Fazenda Nacional (PGFN). Para assegurar a harmonização e a integração federativa, haverá dois órgãos colegiados auxiliares e independentes:

- Comitê de Harmonização das Administrações Tributárias: colegiado composto, de forma igualitária, por representantes do CG-IBS e da RFB,[2] responsável por promover a uniformidade na regulamentação e na interpretação das legislações do IBS e da CBS e prevenir litígios relativos às normas comuns e deliberar sobre as obrigações acessórias e procedimentos conjuntos. Esse Comitê estabelecerá um canal direto de diálogo entre as administrações, para minimizar os conflitos e promover alinhamento operacional.
- Fórum de Harmonização Jurídica das Procuradorias: colegiado constituído, de maneira igual, por representantes das procuradorias estaduais, distrital e municipais e da PGFN[3] que autuará como órgão consultivo do Comitê de Harmonização das Administrações Tributárias nas atividades de uniformização e interpretação das normas comuns, dedicado à análise e à resolução de controvérsias jurídicas relevantes e disseminadas, relacionadas ao IBS e à CBS, com o objetivo de evitar divergências na aplicação da legislação. O Fórum desempenhará papel essencial na pacificação de entendimentos jurídicos, contribuindo para a previsibilidade das decisões administrativas.

Ambas as instâncias emitem resoluções que vinculam as administrações tributárias e procuradorias dos três níveis de governo, promovendo a uniformi-

---

2 Serão oito membros, com quatro representantes da RFB e quatro do CG-IBS (dois dos estados e dois dos municípios).

3 Serão oito membros, com quatro representantes da PGFN e quatro das procuradorias estaduais, distrital e municipais (dois das procuradorias estaduais e dois das municipais).

dade normativa. Além disso, qualquer ato conjunto do Comitê de Harmonização e do Fórum de Harmonização deverá ser observado nos atos administrativos, normativos e decisórios das administrações tributárias e das procuradorias.

Essa estrutura representa um avanço significativo na construção de um ambiente tributário mais colaborativo e eficiente. A interação do CG-IBS com a RFB e a PGFN é fundamental para o sucesso da reforma tributária, pois não apenas reforça a coesão institucional, mas também assegura a coordenação necessária para a implementação bem-sucedida da nova estrutura tributária.

A ESTRUTURA DO COMITÊ GESTOR DO IBS, FINANCIAMENTO E ORÇAMENTO

A estrutura organizacional proposta para o CG-IBS é formada por um Conselho Superior, Órgãos de Apoio e Controle Interno, a Diretoria Executiva e diversas Diretorias:

- Conselho Superior: instância máxima de deliberação, responsável por decisões estratégicas e normativas, como as aprovações do orçamento, do regulamento único do IBS e do regimento interno. É composto por 27 representantes dos estados e DF e 27 dos municípios e DF, com representação equilibrada entre os entes federativos entre critérios de igualdade e proporcionalidade populacional. Esse formato visa assegurar que interesses regionais e locais sejam considerados nas decisões estratégicas. A composição do Conselho Superior assegura representação equitativa, mas enfrentará desafios na operacionalização e na resolução de eventuais conflitos de interesses entre os entes federativos, por exemplo, a conciliação de interesses diversos, a harmonização de critérios de igualdade e proporcionalidade, a manutenção da coesão federativa e a garantia de eficiência administrativa. Além disso, a adoção de processos decisórios eficientes será crucial para evitar paralisias em deliberações críticas.
- Órgãos de apoio: **Secretaria-Geral**, responsável por atividades de apoio técnico-administrativo e integração dos órgãos do CG-IBS, sendo subordinada ao Conselho Superior e à **Assessoria de Relações Institucionais e Interfederativas**, incumbida das atividades de ouvidoria e comunicação institucional com os estados, DF e municípios e contribuintes, promovendo a transparência e respondendo a manifestações e demandas.
- Órgãos de Controle Interno: **Corregedoria**, que atuará na orientação e correição administrativa disciplinar dos servidores e empregados do CG-IBS com foco em ações preventivas e processos disciplinares. **Auditoria Interna**, incumbida do controle interno, fiscalização dos atos administrativos e verificação do cumprimento das obrigações legais e regimentais.

Esses órgãos reforçam a governança e a transparência na administração do CG-IBS.

- Diretoria Executiva: é o órgão técnico e executivo responsável pela implementação das atividades estratégicas e operacionais do CG-IBS. Sua estrutura inclui um diretor executivo, que lidera os nove diretores das Diretorias Técnicas e Administrativas previstas. A Diretoria Executiva desempenha papel crucial na operacionalização e integração do IBS, sendo a ponte entre a formulação estratégica e a execução prática das políticas tributárias. Embora sua estrutura e funções sejam bem definidas, o sucesso da Diretoria Executiva dependerá de sua capacidade de liderar um sistema tributário integrado, superar desafios operacionais e promover a cooperação entre os entes federativos. A clareza de objetivos, a eficiência administrativa e o compromisso com a inovação e a transparência serão determinantes para sua eficácia.
- Diretorias: responsáveis pela execução das diretrizes estabelecidas pelo Conselho Superior nas diversas áreas da administração tributária. No texto do Projeto de Lei Complementar (PLP) n. 108/2024 estão propostas as diretorias de: Fiscalização, Arrecadação e Cobrança; Tributação, Informações Econômico-Fiscais; Tecnologia da Informação e Comunicação; Revisão do Crédito Tributário; Administrativa; Procuradorias e Tesouraria.

O financiamento do CG-IBS provém de um percentual da arrecadação do IBS destinada aos entes federativos.[4] No período de 2025 a 2028, a União Federal custeará por meio de operação de crédito a instalação do CG-IBS no montante de até R$ 3,8 bilhões.[5] A eficiência dessa estrutura de financiamento dependerá da gestão financeira do Comitê e de sua capacidade de assegurar a sustentabilidade orçamentária a longo prazo. O monitoramento contínuo dos fluxos financeiros e o uso estratégico de recursos serão fundamentais para o sucesso do modelo proposto.

---

4 O Conselho Superior do CG-IBS será responsável por propor, anualmente, o percentual da arrecadação do IBS de cada ente federativo destinado ao financiamento do Comitê, limitado a 0,2%. Também proporá o orçamento do CG-IBS, que não poderá exceder 0,2% da estimativa de arrecadação do IBS para o exercício correspondente, conforme estabelecido no art. 47, I e II, do PLP n. 108/2024.

5 A distribuição do valor da operação de crédito para financiar as despesas de instalação do CG-IBS no valor de R$ 3,8 bilhões será: 2025 – R$ 600 milhões; 2026 – 800 milhões; 2027 – 1,2 bilhão e 2028 – 1,2 bilhão (art. 63, I a IV, do PLP n. 108/2024).

O COMITÊ GESTOR DO IBS E O FEDERALISMO

A criação do CG-IBS, no âmbito da reforma tributária, tem sido um dos temas mais discutidos e controversos nos debates sobre o tema. O órgão, concebido como um mecanismo centralizado para administração do IBS, tem suscitado preocupações e reflexões acerca de seus impactos no federalismo brasileiro e na autonomia dos entes federados.

Um dos principais pontos de controvérsia está relacionado ao conjunto de atribuições e competências do CG-IBS, cuja natureza e abrangência geram inquietações nos estados, DF e municípios, que temem perder a capacidade de arrecadação e de formulação de políticas fiscais alinhadas a suas necessidades específicas. No sistema anterior, a autonomia para definir alíquotas e conceder incentivos fiscais era uma ferramenta poderosa de gestão para os entes federados, permitindo que eles se diferenciassem economicamente e competissem por investimentos.

Por outro lado, a centralização da gestão do IBS no CG-IBS visa trazer maior harmonização e simplicidade ao sistema tributário brasileiro, frequentemente criticado por sua complexidade e custo elevado de conformidade. O objetivo é criar um sistema mais previsível e eficiente, reduzindo a "guerra fiscal" entre estados, DF e municípios, que historicamente tem gerado distorções no desenvolvimento econômico do país. Contudo, essa solução também levanta dúvidas sobre o desafio de equilibrar a busca por uniformidade com a diversidade de realidades regionais no Brasil.

O impacto do CG-IBS no federalismo brasileiro está no centro do debate. A estrutura proposta sinaliza uma mudança na dinâmica federativa, com maior interdependência e cooperação entre os entes federados. No entanto, críticos apontam que essa interdependência pode, na prática, traduzir-se em uma subordinação dos estados, do DF e dos municípios a uma estrutura centralizada, especialmente considerando o histórico de centralização de poder no Brasil. A distribuição de receitas e o processo decisório dentro do Comitê serão cruciais para determinar se essa preocupação se materializará.

Ademais, a participação efetiva dos entes federados na formulação de políticas tributárias exige um desenho institucional que garanta equilíbrio e representatividade no CG-IBS. Essa representatividade não pode ser meramente formal e deve traduzir-se em poder real de influência e decisão. Além disso, é necessário garantir que as regras de funcionamento do Comitê previnam a dominação por qualquer um dos níveis de governo, promovendo um diálogo construtivo que respeite a diversidade federativa e as desigualdades regionais existentes.

A posição de que o CG-IBS não afeta a autonomia federativa é defendida com argumentos de que o Comitê é um órgão que pertence aos entes subnacionais, formado por servidores públicos de suas carreiras e que irá operar como um órgão de coordenação visando harmonizar e integrar os estados, o DF e os municípios na gestão compartilhada do IBS e não como uma instância de imposição centralizada.

Adicionalmente, sustentam que os entes continuarão a exercer suas competências e manterão suas autonomias por meio do CG-IBS, preservando ainda o poder de legislar sobre suas próprias alíquotas do imposto e a destinação dessas receitas dentro dos limites estabelecidos. Por fim, defendem que para coordenar e harmonizar um imposto de alcance nacional de competência subnacional é imprescindível contar com um órgão como o CG-IBS.

Entretanto, há inúmeras avaliações no sentido contrário, que identificam impactos substantivos na autonomia dos entes federativos em face do CG-IBS, como ilustrado a seguir.

Para Bevilacqua e Fonseca,[6] embora a criação do CG-IBS traga inovação institucional, ela implica a delegação de autoridade técnica em prejuízo da autonomia política dos entes federados, o que pode conflitar com princípios fundamentais da Constituição brasileira. A justificativa de combater a guerra fiscal, segundo ele, é considerada insuficiente para legitimar a possível supressão dessas autonomias, especialmente sob o risco de violação da cláusula pétrea que protege a forma federativa do Estado.

Scaff[7] explora os impactos da criação do CG-IBS sobre o federalismo brasileiro, destacando a perda de autonomia arrecadatória de estados, DF e municípios. Ele argumenta que, embora a modificação introduzida pela EC n. 132/2023 não viole a cláusula pétrea do federalismo, resulta em uma centralização significativa que enfraquece a capacidade autônoma dos entes federados de gerirem suas receitas. Para Scaff, a transformação reduz os polos normativos autônomos e compromete a essência cooperativa do federalismo, impondo uma relação mais centralizada e menos participativa. Ele reconhece a tentativa de aumentar a segurança jurídica por meio da centralização, mas critica a redução da autonomia dos entes federativos e manifesta ceticismo quanto à eficácia da proposta em promover maior justiça fiscal ou cooperação efetiva.

---

6 Lucas Bevilacqua é Doutor e Mestre em Direito Econômico e Financeiro pela Universidade de São Paulo (USP) e Professor Permanente do Programa de Mestrado em Direito e Políticas Públicas (PPGDP) da Universidade Federal de Goiás (UFG). Procurador do Estado de Goiás em Brasília cedido como Assessor de Ministro do Supremo Tribunal Federal (STF). Rafael Fonseca é Doutor em Direito Econômico e Financeiro pela Universidade de São Paulo e Mestre em Direito, Estado e Constituição pela Universidade de Brasília (UnB). Professor do Instituto Brasiliense de Direito Público. Analista Judiciário do STF.

7 Fernando Facury Scaff é Professor Titular de Direito Financeiro da USP, advogado e sócio do escritório Silveira, Athias, Soriano de Mello, Bentes, Lobato & Scaff Advogados.

A criação do CG-IBS é vista por Alcoforado[8] como uma reconfiguração significativa do modelo federativo, ao centralizar a arrecadação e a gestão do IBS em um órgão compartilhado, o que reduz a autonomia legislativa e arrecadatória dos estados, do DF e dos municípios. Embora cada ente ainda possa fixar alíquotas específicas, Alocoforado entende que a proibição de conceder incentivos fiscais por meio de normas infraconstitucionais é vista como um golpe à flexibilidade dos entes subnacionais para atrair investimentos e promover o desenvolvimento regional.

Ainda na mesma direção, Nascimento e Venturini[9] observam que, não obstante a centralização promovida pela reforma tributária busque simplificar o sistema tributário e melhorar a eficiência administrativa, essa mudança pode enfraquecer a capacidade dos estados, DF e municípios de exercerem autonomia plena na gestão de suas receitas. E que a introdução do CG-IBS, como instância de deliberação conjunta, pode ser vista como um mecanismo que altera profundamente o equilíbrio federativo, exigindo novos arranjos institucionais e políticos para garantir a representatividade e o equilíbrio entre os entes.

Finalmente, para Salto[10] a criação do CG-IBS representa riscos ao federalismo brasileiro, pois a centralização da gestão tributária do IBS no Comitê reduz a autonomia dos estados, do DF e dos municípios, promovendo uma governança burocrática e potencialmente ineficiente. Ele destaca que o Comitê será formado por representantes dos estados, do DF e dos municípios, mas questiona como a harmonização das decisões ocorrerá sem comprometer os princípios federativos. Além disso, aponta que a configuração do CG-IBS pode resultar em conflitos, atrasos e altos custos administrativos, prejudicando a arrecadação e aumentando as dificuldades fiscais dos entes subnacionais. Para Salto, a reforma traz mais complicações do que soluções e representa um risco à integridade do pacto federativo, centralizando decisões de forma desproporcional e enfraquecendo a capacidade local de governança tributária.

Além do impacto sobre a autonomia federativa, outro ponto destacado nas discussões sobre o CG-IBS é sua governança. A forma como será colocada em prática, sua composição e a tomada de decisões é central para determinar o

---

8 Antônio Machado Guedes Alcoforado é Doutor em Direito Tributário pela PUC-SP, pós-graduado em Direito pelo Instituto Brasileiro de Estudos Tributários (Ibet), Universidade Federal de Pernambuco (UFPE) e University of Georgia, nos EUA; Professor e Auditor Fiscal da Secretaria da Fazenda do Estado de Pernambuco.

9 Edson Ronaldo Nascimento é Mestre em Administração Pública e Diretor da ERN Consultoria e Treinamento Ltda. Marcio Ferreira Venturini é Analista de Planejamento e Orçamento Federal aposentado.

10 Felipe Salto é Economista Chefe da Warren Investimentos. Foi Secretário da Fazenda e Planejamento do Estado de São Paulo e o primeiro Diretor Executivo da IFI – Instituição Fiscal Independente.

equilíbrio de poder entre os entes federados. Estados, DF e municípios têm argumentado que uma governança inadequada pode levar à centralização e concentração de poder, comprometendo a autonomia fiscal e política que lhes é garantida pela Constituição.

O modelo de consenso ou votação majoritária no CG-IBS também é motivo de controvérsia. Enquanto o consenso pode gerar decisões mais representativas, ele tende a ser mais lento e suscetível a impasses. Por outro lado, a votação majoritária pode favorecer os entes com maior capacidade de articulação, ou aqueles com maior peso populacional, prejudicando estados menores e municípios menos representativos.

O CG-IBS é um reflexo do desafio de modernizar o sistema tributário brasileiro sem comprometer a essência do pacto federativo. A centralização da administração tributária do IBS pode trazer ganhos em eficiência e simplificação, mas deve ser acompanhada de mecanismos que preservem a autonomia e a equidade entre os entes federados.

Entre os mecanismos que podem contribuir para que a centralização administrativa conviva com a preservação do pacto federativo e o respeito à autonomia dos entes federado, são exemplos:

- Decisões coletivas e consensuais: estabelecer regras claras para que as decisões estratégicas e normativas do CG-IBS sejam tomadas por consenso ou maioria qualificada, garantindo a participação equitativa de estados, municípios e DF.
- Representatividade proporcional e equilibrada: manter uma composição no Comitê que reflita proporcionalmente a população e as peculiaridades econômicas de cada ente, equilibrando interesses regionais e locais.
- Mecanismos de solução de conflitos: criar instâncias de mediação e arbitragem específicas para tratar divergências entre os entes federados, evitando judicialização e promovendo a cooperação.
- Participação nos critérios de distribuição de recursos: assegurar que os entes federados participem na definição e revisão periódica dos critérios de distribuição da arrecadação do IBS, respeitando a autonomia financeira de cada um.
- Transparência e prestação de contas: implementar sistemas de controle e auditoria que permitam aos entes monitorar as decisões e atividades do CG-IBS, reforçando a confiança e a corresponsabilidade no sistema.

Essa contenda ganha especial relevância em um país marcado por profundas desigualdades regionais. Estados, DF e municípios com menor capacidade econômica temem que as mudanças enfraqueçam ainda mais sua capacidade de arrecadação e execução de políticas públicas. Por isso, é essencial que o

CG-IBS seja estruturado de maneira a garantir não apenas eficiência administrativa, mas também a justiça federativa.

O sucesso do CG-IBS depende de um equilíbrio delicado entre centralização e respeito à autonomia dos entes federados. Soluções como a definição clara de competências, regras de transição bem planejadas e mecanismos de compensação para entes mais vulneráveis são essenciais para mitigar os impactos negativos da reforma.

O debate em torno do CG-IBS não é apenas técnico, mas profundamente político e federativo. Ele simboliza o desafio de construir um sistema tributário que seja ao mesmo tempo eficiente, simples e respeitoso às diversidades e desigualdades do Brasil. A atenção aos desdobramentos dessa discussão será crucial para determinar o sucesso da reforma tributária e seus impactos no federalismo brasileiro.

PRINCIPAIS DESAFIOS PARA O COMITÊ GESTOR DO IBS

A análise sobre o CG-IBS deve considerar a complexidade do tema e os diversos interesses em jogo. É preciso reconhecer que a reforma tributária é um processo desafiador. Ao CG-IBS foi atribuído um papel crucial na implementação da reforma tributária e na modernização do sistema tributário brasileiro. No entanto, o sucesso do Comitê dependerá de sua capacidade de superar os desafios e construir um ambiente de cooperação e colaboração entre os diferentes atores envolvidos. Nesse sentido, o CG-IBS enfrentará um conjunto de desafios importantes como:

- **Conflitos federativos:** a necessidade de consenso entre os inúmeros integrantes do colegiado, nem sempre de fácil alcance, pode atrasar deliberações importantes, especialmente em temas sensíveis como alocação de receitas, definições administrativas, distribuição de competências e uniformização de interpretações fiscais. Esse cenário exigirá habilidades de negociação e criação de mecanismos eficientes de mediação e priorização de temas estratégicos.
- **Sobreposição de funções:** a atribuição ao CG-IBS de funções deliberativas, normativas, executivas e de coordenação, em certa medida, quase jurisdicionais, tem potencial de gerar conflitos e sobreposições com outros órgãos governamentais, por exemplo, as próprias secretarias estaduais, distrital e municipais de Fazenda e/ou Finanças. A estrutura do CG-IBS e suas atribuições são complexas, o que certamente será um grande desafio para sua implementação. A falta de clareza na delimitação dessas funções pode gerar insegurança jurídica e lentidão nos processos decisórios.

- **Autonomia x centralização:** a busca por uma legislação uniforme e a necessidade de coordenação nacional podem levar a uma excessiva centralização das decisões no CG-IBS, em detrimento da autonomia dos entes federados. É preciso encontrar um equilíbrio entre a necessidade de harmonização e a flexibilidade para atender às particularidades regionais.
- **Complexidade operacional:** a integração de sistemas de controle tributário heterogêneos entre as administrações tributárias impõe desafios tecnológicos e logísticos. A coordenação eficiente entre os diferentes entes federados e os órgãos federais será fundamental para o sucesso do Comitê. A implementação de uma plataforma unificada requer altos investimentos em infraestrutura digital e capacitação continuada de servidores e será um dos grandes testes para o Comitê.
- **Capacidade institucional:** a criação do CG-IBS demandará a construção de uma nova estrutura institucional e a contratação e qualificação de pessoal especializado, que são essenciais para o funcionamento eficiente do CG-IBS. Os técnicos fazendários precisarão passar por um intenso processo de capacitação para compreender a nova legislação e suas implicações A transição para um sistema mais moderno e digitalizado exigirá que os servidores desenvolvam novas habilidades, como o domínio de ferramentas tecnológicas e a capacidade de analisar grandes volumes de dados. A falta ou o despreparo dos recursos humanos pode comprometer a eficácia do Comitê.
- **Resistência à mudança:** a implementação do IBS e a criação do CG-IBS envolvem mudanças expressivas no sistema tributário brasileiro. É previsível que haja resistência internas e de diversos setores da sociedade, o que pode dificultar a transição para o novo modelo.
- **Impactos distributivos:** a reforma tributária pode gerar impactos distributivos entre os diferentes setores da economia e entre os entes federados e afetar a competitividade das diferentes regiões do país. É fundamental que o CG-IBS esteja atento a esses impactos e adote medidas para mitigar eventuais desigualdades.
- **Autonomia financeira:** embora prevista, a autonomia financeira do CG-IBS, fundamental para o desempenho de suas amplas atribuições, dependerá da adesão plena de todos os entes federativos às regras de financiamento estabelecidas. A dependência inicial de financiamento federal, justamente no período em que serão necessários os maiores investimentos, pode gerar tensões políticas e comprometer a percepção de independência do órgão. O CG-IBS deve adotar estratégias para consolidar sua autonomia financeira o mais rapidamente possível.
- **Educação e comunicação:** serão necessárias campanhas eficazes para orientar e esclarecer contribuintes e servidores sobre as profundas mudan-

ças trazidas pelo IBS para evitar resistência e interpretações errôneas. A nova legislação envolve regras completamente distintas dos tributos atuais, e a transição do sistema atual para o novo modelo exigirá um período de adaptação e a criação de normas complementares para tratar de situações específicas o que pode gerar muitas dúvidas e requerer tempo para sua completa assimilação e domínio. A transparência e o diálogo são indispensáveis.

- **Adaptação de sistemas e processos:** a RFB e as secretarias estaduais, distrital e municipais de Fazenda precisarão adaptar seus sistemas de informação para dar conta da nova legislação, incluindo a criação de bases de dados, a atualização de cadastros e a implementação de novas rotinas de cálculo e controle. Os processos fiscais, desde a emissão de notas fiscais, declarações, modalidades de pagamento, fiscalização e cobrança, deverão ser reestruturados para atender às novas regras do IBS e da CBS.
- **Atendimento ao contribuinte:** as mudanças na legislação exigirão a adaptação dos procedimentos de atendimento ao contribuinte, com a criação de novos canais de comunicação e a disponibilização de informações mais claras e precisas. É esperado um aumento significativo na demanda por orientação por parte dos contribuintes, o que exigirá um reforço dos serviços de atendimento das administrações tributárias.

A implementação do IBS e da CBS aumentará significativamente a carga de trabalho dos servidores fazendários em todas as etapas do procedimento/processo tributário, com o agravante de que, no caso do IBS, esse aumento expressivo de trabalho, no período de 2026 a 2032, será concomitante à necessidade de manter os processos de gestão tributária do ICMS e do ISS que seguirão coexistindo com o IBS.

Além desses pontos, a própria complexidade do ambiente jurídico-tributário brasileiro, com normas sobrepostas e litígios frequentes, pode dificultar a consolidação do CG-IBS na gestão do IBS.

CONCLUSÃO

O CG-IBS emerge como um elemento central e inovador da reforma tributária promovida pela EC n. 132/2023, representando tanto oportunidades quanto desafios para o federalismo fiscal brasileiro. Embora centenas de países já adotem modelos de IVA Dual, o federalismo brasileiro, que inclui municípios como entes autônomos, demandou uma solução inédita no cenário global. Nesse contexto, o CG-IBS representa uma inovação sem precedentes, concebida para equilibrar a eficiência tributária com a preservação da autonomia federativa.

Projetado para harmonizar e coordenar a gestão do IBS, o CG-IBS busca mitigar distorções históricas como a guerra fiscal e promover um sistema tributário mais eficiente e previsível. Sua estrutura colegiada, independente e técnica reflete um esforço em integrar os interesses de estados, DF e municípios em uma administração cooperativa do novo imposto.

No entanto, o CG-IBS enfrenta desafios significativos relacionados à complexidade de sua estrutura, às funções amplas e à necessidade de equilibrar centralização e autonomia federativa. Além disso, destaca-se o desafio de assegurar a integração e harmonização com os órgãos federais, como a RFB e a PGFN, para garantir a uniformidade normativa e a cooperação operacional entre o IBS e a CBS. Questões como governança, representatividade, financiamento e adaptação operacional exigem soluções estratégicas e diálogo contínuo entre os entes federados.

O êxito do CG-IBS dependerá de sua capacidade de estruturar-se adequadamente, superar resistências, adaptar sistemas e processos, promover a transparência e mitigar impactos distributivos, consolidando-se como um modelo de gestão tributária integrado e eficaz.

Assim, o CG-IBS representa um passo decisivo na modernização do sistema tributário brasileiro, mas seu êxito está condicionado a uma implementação cuidadosa e colaborativa que respeite as diversidades regionais, preserve os princípios fundamentais do pacto federativo e promova sinergias com os órgãos federais envolvidos.

BIBLIOGRAFIA

ALCOFORADO, Antônio M. G. A reforma tributária (EC 132/2023) e o novo modelo do federalismo fiscal. 2024. Disponível em: https://vlex.com.br/vid/reforma-tributaria-ec-132-1081295202?utm_source=chatgpt.com. Acesso em 13 jan. 2025.

BEVILACQUA, Lucas; FONSECA, Rafael. O Comitê Gestor do Imposto sobre Bens e Serviços (IBS) sob a perspectiva do federalismo fiscal brasileiro. *In*: SCAFF, Fernando Facury *et al.* (coord.). *Reforma tributária do consumo no Brasil*: entre críticos e apoiadores. Belo Horizonte: Letramento, 2024. p. 401-413.

HARADA, Kiyoshi. O complexo e dispendioso comitê gestor do IBS. *Migalhas,* 6 fev. 2024. Disponível em: https://www.migalhas.com.br/depeso/401459/o-complexo-e-dispendioso-comite-gestor-do-ibs. Acesso em: 13 jan. 2025.

MERHEB, Pedro. O direito administrativo do Comitê Gestor do IBS. *Consultor Jurídico,* 19 jun. 2024. Disponível em: https://www.conjur.com.br/2024-jun-19/o-direito-administrativo-do-comite-gestor-do-ibs/. Acesso em: 15 jan. 2025.

NASCIMENTO, Edson R.; VENTURINI, Márcio F. Reforma tributária, federalismo fiscal e o Comitê Gestor do IBS: entendendo as mudanças no sistema tributário nacional. *José Roberto*

R. Afonso [Portal de Economia do José Roberto Afonso], 6 jan. 2025. Disponível em: https://www.joserobertoafonso.com.br/reforma-tributaria-federalismo-fiscal-e-o-comite-gestor-do--ibs-nascimento-venturini/. Acesso em: 8 jan. 2025.

SALTO, Felipe. Comitê Gestor do IBS acabará com a Federação. *O Estado de S. Paulo*, 25 abr. 2024. p. A5.

SANTI, Eurico Marcos Diniz de *et al. Nossa reforma tributária*: análise da EC 132/23, do PLP 68/2024 (CB/IBS) e do PLP 108/2024 (Comitê Gestor, contencioso do IBS, ITCMD e ITBI). São Paulo: Max Limonad, 2024.

SCAFF, Fernando Facury. O federalismo e o mito do barco de Teseu após a reforma tributária. *Consultor Jurídico*, 14 jan. 2025. Disponível em: https://www.conjur.com.br/2025-jan-14/o-federalismo-e-o-mito-do-barco-de-teseu-apos-da-reforma-tributaria/. Acesso em: 14 maio 2025.

Capítulo **25**

As competências do Comitê Gestor do IBS à luz da teoria das classes

Mariana Cardoso Martins

INTRODUÇÃO

Este capítulo tem por objetivo analisar, à luz da teoria das classes de normas jurídicas, as competências administrativas atribuídas ao Comitê Gestor do Imposto sobre Bens e Serviços (IBS) pelo art. 156-B da Emenda Constitucional n. 132, de 20 de dezembro de 2023 (EC n. 132/2023), nos termos e limites estabelecidos pela lei complementar que advirá da conversão do Projeto de Lei Complementar (PLP) n. 108/2024.

Pretende-se sistematizar, de forma lógica, as disposições contidas na EC n. 132/2023 e no PLP n. 108/2024, especialmente no que se refere às competências para arrecadação, fiscalização, decisão do contencioso administrativo e uniformização legislativa, atribuídas ao Comitê Gestor do IBS. Referida sistematização será feita em camadas hierárquicas e funcionais, com foco na compreensão e na função normativa das mencionadas disposições.

Os conceitos da lógica das classes serão aplicados de forma não tão rígida e com a finalidade prática de contribuir para a compreensão do Comitê Gestor do IBS como órgão independente, a ser criado com o propósito de coordenar a competência compartilhada do Distrito Federal, dos estados e dos municípios para administrar o IBS.

Com base na análise proposta, pretende-se inferir se é o Comitê Gestor sujeito ativo da relação-jurídico tributária na sistemática da nova tributação sobre o consumo, e se ele dispõe de função legiferante e de tribunal administrativo.

Em razão de ainda não existirem condutas modalizadas no PLP n. 108/2024, uma vez que ainda lhe falta o caráter de norma cogente, a análise a que se propõe o capítulo não será feita com base nos modais deônticos "permitido", "proibido" e "obrigatório". Tampouco serão exploradas as relações entre os operadores para o fim de inferir determinadas leis deônticas (subcontrariedade,

contrariedade, subalternação e contradição), mantendo o enfoque no conceito e aplicação das classes sob o viés filosófico.

O COMITÊ GESTOR DO IBS: COMPETÊNCIAS E ATRIBUIÇÕES GERAIS

Antes de qualquer imersão na teoria lógica das classes e de sistematização filosófica de suas competências, sugere-se, ainda que de forma elementar, a análise do Comitê Gestor do IBS como órgão dotado de atribuições constitucionais amplas, no contexto de seu papel na administração do IBS e do rearranjo federativo trazido pela EC n. 132/2023, com aprovação do duplo Imposto sobre Valor Agregado (IVA) a incidir sobre o consumo de bens e serviços.

O Comitê Gestor do IBS, órgão novo, nunca existente na estrutura da Administração Pública no Brasil, surge com o propósito de conectar, integrar, uniformizar e estabelecer diretrizes para a cobrança, arrecadação e fiscalização do IBS,[1] parcela do IVA de competência do Distrito Federal, dos estados e dos municípios, constituindo-se em "entidade pública sob regime especial" com "independência técnica, administrativa, orçamentária e financeira".[2]

Estão entre seus pressupostos, além dos indicados anteriormente, ter **sede e foro no Distrito Federal**,[3] como todo órgão da Administração Pública federal, a **ausência de vinculação, tutela ou subordinação hierárquica a qualquer órgão da administração pública**[4] e, como principal (macro)função, "definir as diretrizes e coordenar a atuação, de forma integrada, das administrações tributárias e das procuradorias dos estados, do Distrito Federal e dos municípios, observadas as respectivas competências"[5] [leia-se (micro)funções, elencadas no art. 2º do PLP n. 108/2024].

Toda e qualquer competência atribuída ao Comitê Gestor pela EC n. 132/2023 e detalhada pelo PLP n. 108/2024 orbita na definição de diretrizes e na padronização de critérios e regras para exercício, pelos estados, pelo Distrito Federal e pelos municípios, das competências constitucionais que lhes foram atribuídas pelo art. 156-B da EC n. 132/2023, especialmente no que se refere à uniformização dos entendimentos relacionados ao IBS, à arrecadação, à distribuição, à fiscalização e à resolução dos conflitos administrativos relacionados ao novo imposto.

---

1 A despeito do extenso rol de outras competências atribuídas ao órgão, constantes no art. 2º do PLP n. 108/2024.

2 Consoante dispõem o § 1º do art. 156-B da EC n. 132/2023 e o art. 1º do PLP n. 108/2024.

3 Art. 1º do PLP n. 108/2024.

4 Art. 1º, parágrafo único, II, do PLP n. 108/2024.

5 Art. 1º, parágrafo único, I, do PLP n. 108/2024.

Também fica a cargo do novo Comitê Gestor o diálogo integrativo com a União Federal e com a Procuradoria-Geral da Fazenda Nacional, e o compartilhamento de informações, com vistas à implementação de soluções integradas para harmonizar regras e procedimentos relacionados ao Imposto sobre Bens e Serviços (IBS) e à Contribuição sobre Bens e Serviços (CBS), tributos "gêmeos", de materialidade idêntica e administrações distintas, de forma a evitar a gestão tumultuada dos dois tributos e percalços de conformidade por parte dos contribuintes, que, durante o período de transição, ainda precisarão conviver com o atual sistema tributário e com seu desmame paulatino, até o pleno vigor das novas regras, a partir de 2033.

Por ter o Comitê Gestor do IBS previsão de atuação complexa, sendo ora órgão arrecadador, ora câmara de compensação e gestora da distribuição do produto da arrecadação do IBS, ora uniformizador, ora definidor de diretrizes institucionais limitadoras da função estatal, ora tribunal administrativo, é necessária a abordagem sistemática de suas funções e competências primárias (e futuramente as secundárias, que advirão das normas infralegais correlatas), com enfoque interpretativo na lógica das classes, de modo que se compreenda seu papel e o potencial enfraquecimento das competências constitucionais atribuídas aos entes federativos que a ele se subordinam formalmente (estados, Distrito Federal e municípios).

A TEORIA DAS CLASSES DAS NORMAS JURÍDICAS: CONHECIMENTO E PRESCRIÇÃO DE CONDUTAS

Provavelmente quem nunca teve contato com a lógica das classes deve se perguntar como usá-la na compreensão da função normativa e na delimitação do campo semântico dos conceitos contidos nas disposições da EC n. 132/2023 e do PLP n. 108/2024, no que se refere às competências do Comitê Gestor do IBS (era o caso da autora até pouco mais de seis meses atrás e, de certa forma, até ser desafiada a escrever este capítulo).

Pois bem. Comecemos com a delimitação da importância de classificar e definir a prescrição das condutas, e de que forma o Direito necessariamente se vale delas.

O ato de conhecer, enquanto representativo de um recorte de uma realidade mais ampla, demanda abstração do todo e foco no elemento que se pretende investigar. Nas palavras de Lucas Galvão de Brito:[6]

6 BRITO, Sobre o uso de definições e classificações na construção do conhecimento e na prescrição de condutas, 2016, p. 316.

> [...] não se pode submeter algo à consciência a não ser por meio de um corte. Aquele que deseja investigar um objeto qualquer, deve primeiro realizar as operações mentais aptas a abstrair todos os demais elementos da experiência que não sejam, propriamente, o objeto ao qual se pretende conhecer.

Ora, após treinar a consciência para agir por meio do corte, passa-se à formação de juízos lógicos sobre os objetos recortados. Com o exercício desse juízos, agrupam-se elementos do recorte fático investigado em conjuntos e critérios, que são regras de julgamento, tornando possíveis as classificações.

Classificar, segundo o Professor Paulo de Barros Carvalho, é

> distribuir em classe, é dividir os termos segundo a ordem da extensão ou, para dizer de modo mais preciso, é separar os objetos em classes de acordo com as semelhanças que entre eles existam, mantendo-os em proposições fixas e exatamente determinadas em relação às demais classes.[7]

Essa distribuição dos objetos segundo critérios lógicos usados para identificar semelhanças entre eles não parte da definição; identificar atributos comuns a determinados objetos não é defini-los, mas classificá-los.

Definir é o ato de atribuir significado a determinado objeto, é operação lógica que estabelece os limites semânticos de um conceito. É preciso definir bem para classificar corretamente.

Feitas essas breves divagações a respeito dos operadores lógicos **classificar** e **definir**, parte-se para a mais importante das provocações, que irá nortear a aplicação de conceitos e juízos lógicos (classificações e definições) ao objeto de análise deste artigo: De que forma o Direito se socorre de definições e classificações para prescrever condutas e regular o comportamento em sociedade?

O fato, até então não jurídico, mas social, corresponde a um evento da vida cotidiana que ganha qualificação jurídica por meio da linguagem específica que o define como tal. Esse específico recorte da realidade (fato), ao passar pelo fenômeno da subsunção – que é operação lógica entre classes, conforme se verá mais adiante –, é adequado a uma determinada norma geral e abstrata (ou individual e concreta), da qual emanam consequências jurídicas para quem o pratica.[8]

A norma jurídica nada mais é, nesse contexto, que instrumento de classificação e definição de fatos (condutas), e deriva de exercício do legislador em

---

7 CARVALHO, Direito tributário, linguagem e método, 2021, p. 185.

8 Como assevera o Professor Paulo de Barros Carvalho: "E, toda vez que isso acontece, com a consequente efusão de efeitos jurídicos típicos, estamos diante da própria essência da fenomenologia do direito" (CARVALHO, *Curso de direito tributário*, 2013, p. 254).

recortar e separar fatos em classes distintas, com viés prescritivo.[9] Lourival Vilanova ilustra bem essa função definidora e classificadora do Direito:[10]

> [...] uma técnica de esquematizar classes de condutas para poder dominar racionalmente a realidade social. Generaliza em esquemas abstratos a vida em sua concreção existencial, para ofertar a possibilidade de previsão de condutas típicas, indispensável à coexistência social.

No contexto do pleno exercício da fenomenologia e do afunilamento do geral para o especial, por meio da segregação em classes e da delimitação do alcance de cada uma por meio da definição, é que se pretende investigar aspectos específicos de algumas normas que inauguram o novo sistema de tributação sobre o consumo, notadamente o art. 156-B, I, II e III, da EC n. 132/2023, e o art. 2º, I, II e III, do PLP n. 108/2024.

COMITÊ GESTOR DO IBS: COMPETÊNCIAS, SUAS CLASSES, CONJUNTOS E DEFINIÇÕES

Conforme mencionado, a análise do Comitê Gestor do IBS, com foco em suas competências fixadas pelo legislador constituinte originário, não pode evoluir sem o recorte próprio da realidade e a delimitação do objeto que se pretende analisar por meio deste capítulo.

Nesse contexto, comecemos pela universalidade dos elementos tomados como referência. Tem-se como conjunto universo do recorte "competências constitucionais do Comitê Gestor do IBS" a própria Constituição Federal de 1988, ou, em uma concepção menos abrangente, a EC n. 132/2023, que injetou no ordenamento jurídico brasileiro o duplo IVA (CBS e IBS), deslocando para a lei complementar (LC n. 214/2025) a atribuição de estabelecer normas gerais em matéria dos dois novos tributos.

A construção administrativa dos mecanismos de cobrança, de gestão do produto da arrecadação e de resolução de controvérsias relacionadas aos dois

---

9 Nas palavras de Lucas Galvão de Brito: "Trata-se de discurso prescritivo, que se serve desses expedientes lógicos para dar ordens. É com esse cuidado que devemos tratar das expressões definição e classificações no direito positivo, ainda que a forma dos enunciados com que se apresentem possa ser alética, a proposição jurídica terá sempre a forma deôntica, uma vez que os enunciados sejam articulados na estrutura de uma norma jurídica" (BRITO, *op. cit.*, 2016, p. 350).

10 VILANOVA, As estruturas lógicas e o sistema do direito positivo, 2005, p. 252.

tributos também tem suas balizas fixadas em lei complementar, a que advirá da conversão em lei do PLP n. 108/2024.

Muito embora, em razão da não finalização de sua tramitação no Congresso Nacional, o PLP n. 108/2024 não traga condutas modalizadas, não sendo possível inferir de seu conteúdo o grau de certeza, possibilidade ou necessidade dos enunciados ali prescritos, também é possível atribuir-lhe a característica de conjunto universo (realidade), do qual se recorta de forma macro as competências administrativas do Comitê Gestor do IBS, e de forma micro aquelas que se relacionam à edição de atos de uniformização, interpretação e aplicação da legislação do imposto, à arrecadação, aos instrumentos para compensação e gestão do produto arrecadado e à decisão do contencioso administrativo.[11]

Apenas para fins ilustrativos, apresenta-se a seguir o corte objeto desta investigação:

> **Constituição Federal de 1988, alterada pela EC n. 132/2023:**
> Art. 156-B. Os Estados, o Distrito Federal e os Municípios exercerão de forma integrada, exclusivamente por meio do Comitê Gestor do Imposto sobre Bens e Serviços, nos termos e limites estabelecidos nesta Constituição e em lei complementar, as seguintes competências administrativas relativas ao imposto de que trata o art. 156-A:
> I – editar regulamento único e uniformizar a interpretação e a aplicação da legislação do imposto;
> II – arrecadar o imposto, efetuar as compensações e distribuir o produto da arrecadação entre Estados, Distrito Federal e Municípios;
> III – decidir o contencioso administrativo.
> **PLP n. 108/2024:**
> Art. 2º Os Estados, o Distrito Federal e os Municípios exercerão, de forma integrada, exclusivamente por meio do CG-IBS, as seguintes competências administrativas relativas ao IBS:
> I – editar regulamento único e uniformizar a interpretação e a aplicação da legislação do imposto;
> II – arrecadar o imposto, efetuar as compensações, realizar as retenções previstas na legislação específica, e distribuir o produto da arrecadação aos Estados, Distrito Federal e Municípios; e
> III – decidir o contencioso administrativo.

11 Não obstante o PLP n. 108/2024 preveja diversas condutas relacionadas à criação de soluções integradas para administração, cobrança e resolução de conflitos relacionados ao IBS e à CBS, o foco da análise, sob a ótica do Comitê Gestor, não abrangerá a classificação e definição dessas competências no ponto em que se conectam com as exercidas pela União Federal no tocante à CBS.

Por terem os dispositivos recortados a mesma redação, tratar-se-á dos dois como um único elemento. E sobre esse elemento específico, com aplicação do juízo lógico necessário, infere-se que pertence ele a duas classes: à "classe das competências constitucionais do Comitê Gestor do IBS" (nome utilizado para referência ao próprio recorte em si) e à "classe das competências ratificadas e mais detalhadas por meio de Lei Complementar", dentro da reserva de matérias a ela atribuída pelo art. 146 da Constituição Federal (CF).

Essas duas classes, de forma independente e autônoma, subdividem-se em outras classes menores, partindo do geral para o especial. Tanto a "classe das competências constitucionais do Comitê Gestor do IBS" como a "classe das competências ratificadas e mais detalhadas por meio de Lei Complementar" se dividem em "classe da competência para editar regulamento único e uniformizar a interpretação e a aplicação da legislação do imposto", "classe da competência para arrecadar o imposto, efetuar as compensações, realizar as retenções previstas na legislação específica, e distribuir o produto da arrecadação aos Estados, Distrito Federal e Municípios" e "classe da competência para decidir o contencioso administrativo".

Aplicando-se as designações de gênero e espécie utilizadas por Lucas Galvão de Brito no artigo intitulado "Sobre o uso de definições e classificações na construção do conhecimento e na prescrição de condutas",[12] tem-se que, na correlação desses termos com as superclasses e subclasses, a "classe das competências constitucionais do Comitê Gestor do IBS" e a "classe das competências ratificadas e mais detalhadas por meio de Lei Complementar" são gêneros, ao passo que a "classe da competência para editar regulamento único e uniformizar a interpretação e a aplicação da legislação do imposto", a "classe da competência para arrecadar o imposto, efetuar as compensações, realizar as retenções previstas na legislação específica, e distribuir o produto da arrecadação aos Estados, Distrito Federal e Municípios" e a "classe da competência para decidir o contencioso administrativo" são espécies que delas derivam.

Considerando que toda espécie contém elementos do gênero, sendo ela "a soma de todos os traços do gênero mais uma diferença que as demais espécies do gênero não têm: a chamada diferença específica"[13], mas que o gênero, por estar representado em macroclasse (ou superclasse), não guarda total identidade com a espécie por faltar-lhe justamente a diferença fundamental, tem-se que,

---

12 Segundo o autor: "As expressões gênero e espécie designam, respectivamente, à superclasse e subclasse. Há, entre elas, a mesma relação de continência: todos os elementos que pertencem à espécie têm as notas comuns ao gênero, porém nem todos os elementos que integram o gênero denotam as características da espécie" (BRITO, *op. cit.*, p. 337).

13 Ibid., p. 338.

nos elementos analisados, essa diferença se encontra justamente na especificidade atribuída pelo legislador a cada função do Comitê Gestor do IBS.

Ainda seria possível traçar novas diferenças e apontar outras subespécies dentre as espécies de competências do Comitê Gestor do IBS analisadas por meio deste capítulo, o que não será feito para que se mantenha a profundidade da análise e o foco da abordagem contida no texto.

Retornando ao ponto central de análise dos elementos recortados do texto constitucional recém-alterado pela EC n. 132/2023, passemos ao exercício da definição das competências do Comitê Gestor do IBS, para que se infiram os limites de sua função administrativa.

E aqui o façamos de maneira alética, já que falsidade não é um critério que se possa atribuir a um mandamento constitucional. Aqui há que considerar que as proposições contidas nos enunciados normativos definidores das competências do Comitê Gestor do IBS são contingentes (que dependem de determinadas circunstâncias para serem plenamente exercidas, e a principal delas é a aprovação e a conversão em lei do PLP n. 108/2024) e passíveis de serem aprovadas, no contexto da criação do órgão e de seu fortalecimento institucional.

Definamos, ou melhor, elucidemos, o que está nos subconjuntos (ou subclasses) das competências atribuídas pelo legislador constitucional ao Comitê Gestor do IBS.

"Editar regulamento único" quer parecer à autora que ao Comitê Gestor do IBS será atribuída função legiferante, cabendo ao novo órgão administrativo criar e aprovar, por meios próprios, o Regulamento Geral do IBS,[14] algo semelhante aos regulamentos estaduais do ICMS, ainda vigentes até o fim da transição do atual para o novo sistema, que, por serem editados via decreto, consistem em atos administrativos de competência exclusiva dos chefes dos poderes executivos estaduais.

"Editar regulamento único" é, pois, legislar em matéria de IBS, atividade que se conecta de certa forma com a "uniformização da interpretação e da aplicação da legislação do imposto". Em seu regulamento único, o Comitê Gestor do IBS estabelecerá as diretrizes para sua autorregulação como órgão consultivo uniformizador dos entendimentos proferidos em relação ao IBS, vinculantes a todos os estados, municípios e ao Distrito Federal, e à CBS, em relação às matérias comuns aos dois tributos.

Para além de vincular 5.570 municípios, 27 estados e o Distrito Federal em um normativo único que encontrará obrigatoriamente fundamento de valida-

---

14 A ser aprovado pelo Conselho Superior do Órgão, consoante dispõe o art. 11, IV, do PLP n. 108/2024: "IV – aprovar ato normativo com vistas a uniformizar a interpretação e a aplicação da legislação do IBS".

de na recém-publicada LC n. 214/2025, o Comitê Gestor do IBS também se responsabilizará pela edição dos normativos vinculantes em matéria de IBS, de modo a evitar distorções interpretativas e na aplicação da legislação entre os entes subnacionais que a ele se vincularem sob o aspecto institucional.

Vê-se, pois, que "editar regulamento único", primeira espécie (ou subclasse) do gênero (ou classe) "competências constitucionais do Comitê Gestor do IBS", na concepção mais ampla, é atribuir a função legislativa, de construção de enunciados linguísticos que regerão as condutas dos estados, do Distrito Federal e dos municípios no que se refere à fiscalização e cobrança do IBS.

Por seu turno, a "uniformização da interpretação e da aplicação da legislação do imposto", segunda subclasse da classe "competências constitucionais do Comitê Gestor do IBS", é atribuir ao Comitê Gestor do IBS a função de criar proposições normativas por meio da unificação de proposições anteriores, recorrendo a ato de linguagem uniformizador.

Ao Comitê Gestor, então, é atribuída a competência de criar Direito no plano do discurso jurídico por meio da escolha de interpretações normativas e do preenchimento de lacunas interpretativas que possam advir sobretudo do contencioso administrativo envolvendo a CBS.

Outro elemento da classe "competências constitucionais do Comitê Gestor do IBS" (aqui com aplicação sempre em sentido mais amplo, pois, em verdade, a "classe das competências ratificadas e mais detalhadas por meio de Lei Complementar" nada mais é que um subconjunto do conjunto que congrega as competências atribuídas pelo legislador constitucional) é a atribuição de arrecadar o IBS, de realizar a mecânica das compensações e retenções e de efetuar a distribuição do produto da arrecadação entre os entes.

Aqui, abre-se um importante parêntese para o disposto no art. 156-A da Constituição Federal, com a alteração trazida pela EC n. 132/2023.

Não obstante referido dispositivo não conste do recorte fático inicial, sobre o qual se debruça a análise contida neste capítulo, traz ele elemento fundamental para a atribuição de significado à competência dita arrecadatória do Comitê Gestor do IBS.

Na verdade, o art. 156-A da CF, ao atribuir competência compartilhada aos estados, Distrito Federal e municípios no que se refere ao IBS, acaba por criar nova classe, novo conjunto de competências constitucionais, do qual o Comitê Gestor não faz parte.

Parece óbvio, nesse contexto, que o Comitê Gestor não exerce a função arrecadatória do IBS como sujeito ativo da relação jurídico-tributária. Se assim fosse, estaria ele no rol dos legitimados do art. 156-A da Constituição Federal.

Na classe "competência constitucional compartilhada para cobrança do IBS" constam apenas estados, municípios e Distrito Federal. Ora, o que dizer então da subclasse das competências do Comitê Gestor para "arrecadar o imposto, efetuar as compensações, realizar as retenções previstas na legislação específica, e distribuir o produto da arrecadação [...]"?

A própria definição da subclasse traz a resposta a esse questionamento, que muito tem sido debatido nos fóruns e congressos de Direito, justamente pela dificuldade de interpretar os contornos da atuação do Comitê Gestor no que se refere a algumas de suas atribuições.

Parece à autora ser essa a primeira competência compartilhada registrada no texto constitucional. Há quem entenda competência compartilhada como sinônimo de competência comum, tal como as contidas no art. 23 da CF/88, ainda que sejam essas competências administrativas, e não legislativas/materiais.

A competência compartilhada, ao que parece, não se dá por repartição horizontal, uma vez que a competência para cobrar o IBS não é própria cada ente, no sentido de não poder ser exercida de modo isolado. Trata-se de distribuição aberta da referida competência, tratando-se ela de competência específica exercida da mesma forma pelos estados, pelo Distrito Federal e pelos municípios (e não pelo Comitê Gestor).

Sobre o tema, Marcelo Alexandrino e Vicente Paulo assinalam:[15]

> O traço marcante da repartição horizontal é a inexistência de subordinação ou hierarquização entre os entes federados no exercício da competência. Cada ente é dotado de plena autonomia para exercer, sem ingerência dos demais, a competência quanto às matérias que a Constituição lhe atribui.

No entendimento da autora, estar-se-á diante de uma regra de repartição vertical. Estados, Distrito Federal e municípios atuam de forma conjunta, concorrente, no que se refere à cobrança do IBS. Atuam os entes entre si em um regime de condomínio legislativo, no qual não parece haver espaço para o Comitê Gestor.

Assim, a subclasse que atribui função arrecadatória ao Comitê Gestor do IBS de forma alguma o alça a sujeito ativo da relação jurídico-tributária, uma vez que o novo órgão administrativo não detém o direito de exigir o tributo. O Comitê Gestor não se encontra na estrutura lógica da norma jurídica constitucional autorizativa da cobrança do IBS, ainda que tenha competência legislativa para unificá-la,[16] juntamente com a fiscalização e com o cumprimento das

---

15 PAULO e ALEXANDRINO, *Direito constitucional descomplicado*, 2008, p. 306.

16 "O sujeito ativo da obrigação tributária é sempre uma pessoa jurídica de direito público, investida de competência legislativa para instituir o tributo correspondente. [...] A titularidade do crédito tributário há de ser atribuída, tão somente, a pessoas jurídicas de direito público interno" (CARVALHO, 2013, p. 401).

obrigações acessórias em todo o território nacional, inclusive no que se refere ao regramento aplicável à CBS, de competência da União.

Por não ser então titular do crédito tributário, a competência arrecadatória do Comitê Gestor parece ter mais vinculação aos mecanismos de destaque do IBS incidente no momento da liquidação das operações envolvendo bens e serviços.

Em outras palavras, o Comitê Gestor do IBS atuará como verdadeira câmara de compensação, responsável pela retenção do imposto, por sua compensação, com reconhecimento e disponibilização de eventuais créditos ao contribuinte, e pela distribuição do produto da arrecadação aos sujeitos ativos da obrigação tributária, dotados de competência constitucional compartilhada para a cobrança.

Portanto, a definição da classe "competência para arrecadar o imposto, efetuar as compensações e distribuir o produto da arrecadação entre Estados, Distrito Federal e Municípios" não comporta a atribuição de atividade arrecadatória ao Comitê Gestor do IBS. Estar-se-á diante de um caso clássico de capacidade tributária ativa, sem transferência da titularidade do crédito.[17]

A última subclasse da classe das competências constitucionais do Comitê Gestor do IBS refere-se à atribuição que lhe foi conferida para "decidir o contencioso administrativo" relacionado ao imposto.

A definição dessa subclasse também perpassa pela análise de dispositivo não contido no recorte normativo inicial; o art. 99 do PLP n. 108/2024, cujo *caput* dispõe que "compete aos Estados, ao Distrito Federal e aos Municípios, de forma integrada e exclusivamente por meio do CG-IBS, decidir o contencioso administrativo relativo ao IBS, nos termos estabelecidos na Constituição e nesta Lei Complementar".

Conflitando o dispositivo anteriormente reproduzido com o que atribui competência ao Comitê Gestor para decidir o contencioso administrativo do IBS, vê-se que há aparente contradição entre eles. Enquanto o art. 2º, III, do PLP n. 108/2024, ao reproduzir as novas competências delineadas pela EC n. 132/2023, parece atribuir de forma exclusiva ao Comitê Gestor a função de órgão julgador administrativo, o art. 99 do projeto de lei que dará lugar à futura segunda lei complementar regulamentadora da reforma tributária, por seu turno, atribui referida competência aos estados, ao Distrito Federal e aos municípios.

Ora, a autora não vislumbra contradição na forma como as competências para a decisão do contencioso administrativo do IBS foram postas. Nesse con-

17 "A capacidade tributária ativa pode ser atribuída por lei a pessoa distinta daquela que detém a titularidade da competência tributária, sem, contudo, transferir-lhe o crédito" (CARVALHO, 2013, p. 405).

texto especificamente, parece muito claro que a decisão dos conflitos administrativos relacionados ao mencionado imposto será realizada pelo Comitê Gestor enquanto veículo, tribunal, composto por representantes dos entes federativos a ele vinculados, que se farão representar de forma paritária em diferentes instâncias,[18] a saber: primeira instância de julgamento, instância recursal e instância de uniformização da jurisprudência, esta última responsável pelo exercício da competência definida na primeira subclasse explorada neste artigo.

Não será, então, o Comitê Gestor diretamente responsável por conduzir o julgamento de casos administrativos envolvendo o IBS. Será o órgão-meio, por meio do qual os entes federados, sujeitos ativos do tributo, exercerão função judicante, resguardadas as atribuições reservadas aos Tribunais Judiciais e aos órgãos de representação judicial, como as procuradorias dos estados, dos municípios, do Distrito Federal (e a da Fazenda Nacional, no que se refere aos conflitos administrativos envolvendo a CBS, a serem resolvidos no âmbito do Conselho Administrativo de Recursos Fiscais – Carf).

CONCLUSÃO

As competências constitucionais atribuídas ao Comitê Gestor do IBS, notadamente no que se refere à edição de regulamento único (legislativa), à decisão do contencioso administrativo e à uniformização da jurisprudência relacionada ao IBS (judicante?) e à arrecadação, retenção, compensação e distribuição do produto da arrecadação do IBS (arrecadatória?), fazem do vindouro Comitê Gestor do IBS órgão complexo, que carrega atribuições próprias que parecem, em um primeiro momento, conflitar com outras atribuídas aos entes federados no modelo de federalismo integrativo hoje em vigor no País, que privilegia os interesses da União em detrimento dos entes subnacionais.

Não obstante essa complexidade, já é possível inferir, ainda que em caráter precário, considerando as potenciais alterações que poderão ser feitas no texto do PLP n. 108/2024, que o Comitê Gestor do IBS não é sujeito ativo da obriga-

---

18 PLP n. 108/2024: "Art. 100. O contencioso administrativo será estruturado, no âmbito das competências do CG-IBS, nas seguintes instâncias: I – primeira instância de julgamento; II – instância recursal; e III – instância de uniformização da jurisprudência. Parágrafo único. As instâncias de que tratam os incisos I e II do *caput* serão organizadas por unidade federativa estadual e distrital, observado o âmbito de circunscrição das administrações tributárias estaduais, distrital e municipais respectivamente consideradas. Art. 101. Fica assegurada a paridade de representação entre o conjunto dos Estados e o Distrito Federal e o conjunto dos Municípios e o Distrito Federal em todas as instâncias que compõem a estrutura de julgamento incumbida de decidir o contencioso administrativo relativo ao IBS".

ção tributária, tampouco órgão julgador propriamente dito, apesar de estar incumbido de "resolver o contencioso administrativo do IBS". Sua função legiferante é limitada, ao que parece, ao Regulamento único do IBS, ainda que pareça à autora que esse normativo federal possa ser aprovado como lei ou decreto federal, como uma espécie de modelo nacional de legislação do IBS.

É possível que todas essas posições sejam revistas em breve, na medida da evolução da construção do arcabouço legal que cria e regulamenta o funcionamento do Comitê Gestor do IBS, e que esta abordagem careça de revisão e adaptação. "Nada é absoluto. Tudo muda, tudo se move, tudo gira, tudo voa e desaparece." (Frida Kahlo)

BIBLIOGRAFIA

BRITO, Lucas Galvão de. Sobre o uso de definições e classificações na construção do conhecimento e na prescrição de condutas. *In*: CARVALHO, Paulo de Barros; BRITO, Lucas Galvão de (coord.). *Lógica e direito*. São Paulo: Noeses, 2016.

CARVALHO, Paulo de Barros. *Curso de direito tributário*. São Paulo: Saraiva, 2013.

CARVALHO, Paulo de Barros. *Direito tributário*: fundamentos jurídicos da incidência. 7. ed. São Paulo: Saraiva, 2009.

CARVALHO, Paulo de Barros. *Direito tributário*: linguagem e método. 8. ed. São Paulo: Noeses, 2021.

CARVALHO, Paulo de Barros; CARVALHO, Aurora Tomazini de. *Constructivismo lógico-semântico*. São Paulo: Noeses, 2018 e 2020. v. I a III.

CARVALHO, Paulo de Barros; GALVÃO DE BRITO, Lucas. *Lógica e direito*. São Paulo: Noeses, 2006.

MACHADO SEGUNDO, Hugo de Brito. *Reforma tributária comentada e comparada*: Emenda Constitucional 132, de 20 de dezembro de 2023. 2. ed. São Paulo: Atlas, 2025.

PAULO, Vicente; ALEXANDRINO, Marcelo. *Direito constitucional descomplicado*. 3. ed. São Paulo: Método, 2008.

SANTI, Eurico Marcos Diniz de; COELHO, Isaías *et al*. *Reforma tributária e neutralidade do IVA*. São Paulo: Max Limonad, 2023.

SANTI, Eurico Marcos Diniz de; SALUSSE, Eduardo Perez *et al*. *Lei complementar do IBS*. São Paulo: Max Limonad, 2022.

VILANOVA, Lourival. *As estruturas lógicas e o sistema do direito positivo*. São Paulo: Noeses, 2005.

Capítulo **26**

Fiscalização e lançamento

Renata Elaine Silva Ricetti Marques

INTRODUÇÃO

A Emenda Constitucional (EC) n. 132, de 20 de dezembro de 2023,[1] promulgou a denominada reforma tributária sobre o consumo no Brasil, que, sob a alegação de simplificação da complexa legislação tributária, redução da burocracia, maior transparência, eficiência, competitividade e crescimento econômico, trouxe uma mudança estrutural significativa ao sistema de tributação.

A reforma tributária, com a intenção de atender a padrões internacionais, adotou o Imposto sobre Valor Adicionado (IVA), que atualmente é utilizado por mais de 170 países no mundo.

Não obstante, para acolher necessidades federativas, com a unificação de cinco tributos (ICMS, ISS, IPI,[2] PIS e Cofins), o IVA brasileiro foi dividido em duas competências,[3] sendo por isso chamado de IVA Dual: (i) Contribuição sobre Bens e Serviços (CBS), de competência da União; e (ii) Imposto sobre Bens e Serviços (IBS), de competência compartilhada entre os estados, os municípios e o Distrito Federal (DF).

---

1 BRASIL. *Emenda Constitucional n. 132, de 20 de dezembro de 2023.* Altera o Sistema Tributário Nacional. Disponível em: https://www.planalto.gov.br/ccivil_03///////Constituicao/Emenda/Emc/emc132.htm. Acesso em: 23 jan. 2025.

2 O IPI será mantido para produtos da Zona Franca de Manaus desde que produzidos fora dela.

3 "A dualidade substitui a ideia original de um único IBS compartilhado entre os entes, que, como alertamos desde os primórdios da PEC 45/20219, seria inconstitucional, pois suprimir o ICMS (88% de arrecadação estadual) e o ISS (43% da municipal), deixando o novo imposto a critério do Congresso Nacional, afetaria a autonomia financeira dos entes" (SOUZA *et al.* A questão Federativa nos PLPs 68 e 108, 2024, p. 29).

Também, houve a criação de um Imposto Seletivo (IS) (*excise taxes*), com natureza voltada ao desestímulo do consumo de produtos prejudiciais à saúde e ao meio ambiente, ou seja, "*health taxes*", que vem sendo chamado equivocadamente pela doutrina simplesmente de "imposto sobre o pecado" (*sin taxes*),[4] ou seja, tributação sobre escolhas moralmente equivocadas. O Imposto Seletivo, adotado pelo Brasil, terá a base mais voltada à ideia de "proteção" e não apenas de "pecado".

No que tange a uma tributação mais moderna, o IVA dual tem características importantes, tais como: (i) base ampla de incidência, alcançando todas as operações com bens e serviços; (ii) cobrança por fora, impondo-se que o tributo não compõe sua própria base de cálculo; (iii) neutralidade; e (iv) não cumulatividade plena, garantindo geração de créditos ao longo de toda a cadeia e incidindo a tributação apenas sobre o consumo final.

São inúmeras mudanças de aspectos materiais, formais e estruturais, que apontam na direção de grandes desafios que precisam ser enfrentados para a implantação do novo modelo de tributação sobre o consumo, dentre as quais destacaremos nas linhas que seguem a fiscalização e o lançamento de ofício.

O objetivo deste capítulo é analisar o tema à luz da Lei Complementar (LC) n. 214, de 16 de janeiro de 2025[5] (arts. 324 a 341), e o Projeto de Lei Complementar (PLP) n. 108/2024 (arts. 3º a 6º). Usaremos os métodos analítico sintético e dialético (não empírico), bem como o apoio na consulta de fontes doutrinárias, com a intenção de fomentar o debate sobre o tema.

SOBRE FISCALIZAR E LANÇAR À LUZ DA NOVA LEGISLAÇÃO

As mudanças advindas da chamada reforma tributária sobre o consumo exigem a percepção de que estaremos vivendo sob a égide de um novo sistema, disruptivo do antigo, ou seja, não cabem as velhas comparações de possibilidades de incidência como fazíamos com Imposto sobre Serviços (ISS), Imposto sobre Circulação de Mercadorias e Serviços (ICMS), Imposto sobre Produtos

4 "Tradicionalmente, os *sin taxes* eram conhecidos como *sumptuary taxes*. Robert Sirico recorda que, no período colonial norte-americano, as *sumptuary laws* regulavam a extravagância nas vestimentas, na alimentação e no consumo de produtos como tabaco e bebida alcoólicas por conta de aspectos religiosos e morais" (CUNHA, *Health taxes*: uma manifestação regulatória e paternalista dos tributos, 2023, p. 71).

5 BRASIL. *Lei Complementar n. 214, de 16 de janeiro de 2025*. Institui o Imposto sobre Bens e Serviços (IBS), a Contribuição Social sobre Bens e Serviços (CBS) e o Imposto Seletivo (IS); cria o Comitê Gestor do IBS e altera a legislação tributária. Disponível em: https://planalto.gov.br/ccivil_03/leis/lcp/Lcp214.htm Acesso em: 23 jan. 2025.

Industrializados (IPI), pois, como supramencionado, o IVA tem uma ampla base de incidência.

Nesse contexto, portanto, temos dois IVA (contribuição e imposto) que se comportam juridicamente como se fossem um, ou seja, dois IVA que terão a mesma natureza jurídica. E, para atender aos objetivos da simplificação e da redução da burocracia, haverá a necessidade de um sistema de fiscalização e de lançamento igualmente comum entre eles.

Esse sistema deverá ter: (i) efetiva uniformidade e harmonia da legislação; (ii) cooperação e colaboração entre os entes federados;[6] (iii) tecnologia para integrar os sistemas das administrações públicas, bem como capacitação técnica, tanto da Administração como do contribuinte.

Paradoxalmente, mesmo diante da necessidade de uniformidade, harmonização, cooperação e integração do sistema de fiscalização e lançamento, a autonomia de cada ente da Federação necessita ser preservada; assim, o pacto de igualdade existente entre os entes em relação às decisões administrativas e às decisões legislativas deverá permanecer, cuidando para que não tenhamos uma transformação da forma federativa atual para um federalismo de integração,[7] meramente formal, com forte dependência da União Federal.

A assertiva encontra contexto nas linhas do inciso V do § 2º do art. 156-B da Constituição Federal, que foi introduzido pela Emenda Constitucional n. 132/2023.

> V – a fiscalização, o lançamento, a cobrança, a representação administrativa e a representação judicial relativos ao imposto serão realizados, **no âmbito de suas respectivas competências, pelas administrações tributárias e procuradorias dos Estados, do Distrito Federal e dos Municípios, que poderão definir hipóteses de delegação ou de compartilhamento de competências**, cabendo ao Comitê Gestor a coordenação dessas atividades administrativas com vistas à integração entre os entes federativos; [grifei]

---

6 Que somam 5.595 no total (sendo 26 estados, 1 Distrito Federal e 5.568 municípios).

7 "Nesta modalidade, as características próprias do federalismo seriam atenuadas, levando à preponderância do Governo federal. A busca pela integração nacional, pela unidade, por uma harmonização, acaba, assim, por justificar a superação da ideia de federalismo cooperativo, e o próprio federalismo como distribuição de autonomias se vê largamente enfraquecido. No extremo, o federalismo de integração será um federalismo meramente formal, cuja forte assimetria entre poderes distribuídos entre as entidades componentes da federação o aproxima de um pio unitário descentralizado, com forte e ampla dependência, por parte das unidades federativas, em relação ao Governo da União federal" (Tavares, 2012, p. 1102).

Isso porque está claro que a competência administrativa será exercida pelos próprios entes da Federação,[8] e entre as decisões administrativas estão a constituição do crédito tributário e a estrutura fiscalizatória de que trataremos nas linhas que seguem, enfatizando o aspecto da cooperação e de colaboração para que o sistema possa alcançar sucesso e efetividade.

A LC n. 214/2025 reservou um capítulo para tratar do assunto, logo tratou de distribuir e delimitar a competência tanto para fiscalizar quanto para constituir. Assim, compete ao auditor fiscal da Receita Federal do Brasil a fiscalização da CBS e compete às autoridades fiscais integrantes das administrações tributárias dos estados, do Distrito Federal e dos municípios a fiscalização do IBS.

A referida lei complementar procurou, nos artigos que compõem o Capítulo II, demarcar aspectos que, diante das competências subnacional (IBS) e federal (CBS), evitem conflitos ou intepretações divergentes.

Diante de tal objetivo, a norma delibera, no art. 328, sobre o início da fiscalização e do respectivo procedimento como sendo a ciência pelo sujeito passivo do primeiro ato de ofício praticado por autoridade fiscal das administrações tributárias da União, dos estados, do Distrito Federal e dos municípios, tendente à apuração de obrigação tributária ou infração, ou, ainda, a apreensão de bens, documentos ou livros, inclusive em meio digital, bem como o início do despacho aduaneiro de mercadoria importada.

Prefixou, igualmente, a hipótese prevista no art. 138 do Código Tributário Nacional, de que o início do procedimento fiscal exclui a espontaneidade do sujeito passivo em relação aos atos anteriores, ou seja, impede o procedimento de denúncia espontânea. Apesar de não citado no artigo, não podemos nos esquecer das lições de Paulo de Barros Carvalho, que explica:

> A identificação da data de início do procedimento de fiscalização mostra-se relevante na medida em que o art. 138 do Código Tributário Nacional e seu parágrafo único dispõem que a denúncia espontânea de eventual infração, para fins de exclusão de responsabilidade, tem cabimento apenas se efetuada antes do início do procedimento fiscal que diga respeito à infração.[9]

---

8 "Assim, atos ligados à fiscalização, ao lançamento, e à cobrança serão exercidos pelos próprios entes competentes, seja em relação ao IBS-estadual, seja em face do IBS-municipal. Portanto, por regra, a cobrança do IBS-estadual dar-se-á pelo Estado competente, não necessariamente em conjunto com a cobrança do IBS-municipal, já que estamos diante de relações jurídicas diversas, perante sujeitos ativos (entes tributantes) distintos" (CASTRO, Sujeição ativa no IBS e na CBS e a competência jurisdicional para julgamento das ações tributárias (exacionais e antiexacionais), 2024, p. 321).

9 CARVALHO, *Curso de direito tributário*, 2019, p. 593.

Algumas ações poderão ocorrer de maneira concomitante por mais de um dos entes federativos, sem serem consideradas como início de procedimento de fiscalização, conforme dispõe o art. 329. São elas:

> I – cruzamento de dados, assim considerado o confronto entre as informações existentes na base de dados das administrações tributárias ou do Comitê Gestor do IBS, ou entre elas e outras fornecidas pelo sujeito passivo ou terceiros;
> II – monitoramento, assim considerada a avaliação do comportamento fiscal-tributário de sujeito passivo, individualmente ou por setor econômico, mediante controle corrente do cumprimento de obrigações e análise de dados econômico-fiscais, apresentados ou obtidos pelas administrações tributárias ou pelo Comitê Gestor do IBS, inclusive mediante diligências ao estabelecimento.

Comprometendo-se com a inegociável eficiência prometida, afinal eficiência é a "maximização de resultados pela menor utilização de meios",[10] a cooperação entre os entes federados é o ponto mais importante para a implantação do modelo de IVA Dual.

O Código Tributário Nacional, em seu art. 199,[11] já prevê que os entes da Federação estabeleçam mutuamente assistência para a fiscalização dos respectivos tributos, bem como realizem permuta de informações, seja por lei ou por convênio, e, ainda, que a União poderá realizar permuta de informação com estados estrangeiros no interesse da arrecadação e da fiscalização.

Nessa mesma trilha argumentativa, a tributação sobre o consumo, introduzida pela EC n. 132/2023, também normatizou a cooperação, sem prejuízo do que foi estabelecido no CTN, intensificando sua importância perante as disposições de competência compartilhada do IBS e da existência da CBS, que juntos formam um único tributo de competências federativas distintas.

Mesmo porque o vetor axiológico de atuação de forma integrada com o compartilhamento de informação é um dever constitucional previsto no art. 37, XXII, da CF, a saber:

---

10 "Eficiência é um termo utilizado para significar a realização de determinados processos, com a maximização de resultados pela menor utilização de meios" (SILVEIRA, *Direito tributário e análise econômica do direito*: uma visão crítica, 2009, p. 70)..

11 "Art. 199. A Fazenda Pública da União e as dos Estados, do Distrito Federal e dos Municípios prestar-se-ão mutuamente assistência para a fiscalização dos tributos respectivos e permuta de informações, na forma estabelecida, em caráter geral ou específico, por lei ou convênio. Parágrafo único. A Fazenda Pública da União, na forma estabelecida em tratados, acordos ou convênios, poderá permutar informações com Estados estrangeiros no interesse da arrecadação e da fiscalização de tributos. (Incluído pela Lei Complementar n. 104/2001)."

> XXII – as administrações tributárias da União, dos Estados, do Distrito Federal e dos Municípios, atividades essenciais ao funcionamento do Estado, exercidas por servidores de carreiras específicas, terão recursos prioritários para a realização de suas atividades e **atuarão de forma integrada, inclusive com o compartilhamento de cadastros e de informações fiscais**, na forma da lei ou convênio [grifei].

A LC n. 214/2025,[12] em seu art. 325, estabelece que os registros do início e os resultados das fiscalizações devem ser compartilhados em um mesmo ambiente. O citado compartilhamento garante, *per se*, que haverá concomitância entre as informações, mas convém destacar que o que se espera é que haja "unificação" das informações.

Ademais, dito compartilhamento de dados precisa ser em tempo real, para que não haja tomadas de decisão equivocadas por parte de um dos entes, e até mesmo duplicidade de lançamento. Por esse motivo, o sistema de compartilhamento é um fio condutor relevante para o resultado da fiscalização e do lançamento, sob pena de nulidades futuras de eventuais lançamentos, tornando o trabalho da Administração Pública inócuo.

No que tange à utilização por todos os entes da Federação, em seus respectivos lançamentos, de fundamentações e provas decorrentes do processo administrativo de lançamento de ofício efetuado por outro ente federativo, vemos nesse cenário mais uma regra que se coaduna com a ideia de cooperação. Contudo, necessário se faz observar que "poderão" utilizar, ou seja, não será obrigatório, o que nos parece preocupante.

Ainda, sobre a possibilidade de compartilhamento, que poderá ser realizado por meio de convênio para delegação recíproca da atividade de fiscalização do IBS e da CBS, há uma ressalva no art. 326 apenas para os processos fiscais de pequeno valor (valor estabelecido como pequeno pelo regulamento).[13]

---

12 "Art. 325. A RFB e as administrações tributárias dos Estados, do Distrito Federal e dos Municípios: I – poderão utilizar em seus respectivos lançamentos as fundamentações e provas decorrentes do processo administrativo de lançamento de ofício efetuado por outro ente federativo; II – compartilharão, em um mesmo ambiente, os registros do início e do resultado das fiscalizações da CBS e do IBS. § 1º O ambiente a que se refere o inciso II do *caput* terá gestão compartilhada entre o Comitê Gestor do IBS e a RFB. § 2º Ato conjunto do Comitê Gestor e da RFB poderá prever outras hipóteses de informações a serem compartilhadas no ambiente a que se refere o inciso II do *caput*. § 3º A utilização das fundamentações e provas a que se refere o inciso I do *caput*, ainda que relativas a processos administrativos encerrados, não dispensa a oportunidade do contraditório e da ampla defesa pelo sujeito passivo."

13 "Art. 326. A RFB e as administrações tributárias dos Estados, do Distrito Federal e dos Municípios poderão celebrar convênio para delegação recíproca da atividade de fiscalização

Sobre enunciado que estabelece uma regra que se aplica apenas aos processos de pequeno valor, não nos parece que tal critério seja relevante, pois, independentemente do valor, deveria haver compartilhamento de informação para evitar, como mencionamos, nulidades de lançamento por ineficiência do trabalho da Administração Pública.

Quanto ao julgamento do contencioso administrativo, o Ministério da Fazenda e o Comitê Gestor do IBS, no mesmo sentido, poderão celebrar convênio para delegação recíproca do julgamento do contencioso administrativo relativo ao lançamento de ofício do IBS e da CBS.[14]

Notadamente, inúmeras regras foram estabelecidas sobre as possibilidades de cooperação entre os entes federativos, mesmo assim algumas dúvidas exsurgem, pois não são regras obrigatórias, e sim facultativas. E quando estivermos diante de duas fiscalizações, ou seja, descentralizada entre União, estados e municípios como forma de preservação do pacto federativo de igualdade entre os entes, teremos que considerar que cada ente terá o seu custo de fiscalização, ou seja, vários custos para uma única incidência? Ademais, será possível que uma empresa seja fiscalizada, sobre a mesma base, por entes diferentes?

Riscos desse expediente podem encontrar respostas no Projeto de Lei Complementar (PLP) n. 108, e ainda nas regulamentações que serão publicadas pelo Comitê Gestor.

É possível ver nas deliberações do art. 3º do PLP n. 108 que a competência para coordenar a cooperação entre os entes federativos do IBS será do Comitê Gestor, estabelecendo ainda que fica vedada a segregação de fiscalização entre esferas federativas por atividade econômica.

E, ainda, respondendo às indagações suscitadas, o referido art. 3º do PLP n. 108 estabelece que, havendo dois ou mais entes federativos interessados, de maneira concomitante, na fiscalização do sujeito passivo, mesmo período, objeto e fatos geradores, o procedimento será realizado de forma conjunta e integrada, inclusive com rateio dos custos e a distribuição do valor arrecadado das multas punitivas entre os entes responsáveis pelo lançamento.

Observe que não estamos tratando do período de transição, pois provavelmente, ao longo desse lapso, os auditores terão que fiscalizar as duas bases (mercadorias e serviços), pois serão três sistemas: ICMS, ISS e IBS/CBS. Em outras palavras, os auditores fiscais terão que se dividir para fiscalizar.

---

do IBS e da CBS nos processos fiscais de pequeno valor, assim considerados aqueles cujo lançamento não supere limite único estabelecido no regulamento."

14 "Art. 327. O Ministério da Fazenda e o Comitê Gestor do IBS poderão celebrar convênio para delegação recíproca do julgamento do contencioso administrativo relativo ao lançamento de ofício do IBS e da CBS efetuado nos termos do art. 326."

Ademais, convém recordar que a transição federativa, competente para mediar as transferências de receitas, que passará a arrecadação para o destino, ocorrerá em 50 anos. Durante todo esse período, como ficará a divisão de fiscalização entre destino e origem? Quem fiscaliza? O primeiro? O destino?

Também sobre as indagações, vemos que o PLP n. 108 estabelece ainda, em seu art. 3º e parágrafos, que o regulamento do IBS definirá os critérios de titularidade e cotitularidade da fiscalização, e eventual divergência, na ocasião da fiscalização, será tratada em procedimento a ser disciplinado pelo CG-IBS.

A padronização deverá existir também com relação aos documentos fiscais, o que permitirá maior eficiência das administrações públicas, que deverão ser conservados de forma a possibilitar sua auditoria, podendo ser por meio digital, com possibilidade de emissão gráfica, até que se opere o prazo de decadência dos tributos.

Ainda em relação à cooperação entre os entes da Federação, podendo utilizar provas e fundamentações de outros entes federativos, destarte, após a obtenção de provas por um dos entes da Federação, o mesmo documento probatório poderá ser compartilhado, acredita-se que pelo sistema de compartilhamento, e todos os entes poderão utilizá-lo para fundamentar seu lançamento, mas veja em um simples exemplo: um determinado ente estatal, que estava fiscalizando o destino, percebeu uma omissão em relação a uma venda realizada. Com base na prova obtida, o Comitê Gestor realizará o lançamento, mas a União, não satisfeita com a prova, realiza uma nova fiscalização e obtém mais elementos, que elevam o valor do lançamento anteriormente realizado,. Teríamos dois lançamentos sobre a mesma base?

Para que situações como essa, em que dois ou mais entes federativos tenham interesse em realizar a fiscalização sobre a mesma base de cálculo e o mesmo fato gerador (IBS e CBS ou IBS e IBS), não ocorram, é necessário que convênios[15] sejam firmados, evitando assim desperdício de tempo, de dinheiro público, sobreposição de fiscalização e duplo lançamento, bem como para que haja apenas uma execução fiscal.

Também se encontra na LC n. 214/2025 a possibilidade de firmar um Regime Especial de Fiscalização (REF) entre a Receita Federal do Brasil e as administrações tributárias dos estados, do Distrito Federal e dos municípios, para que haja o melhor cumprimento e controle dos deveres instrumentais. Referidas medidas, que estão elencadas no art. 338 da LC n. 214/2025, preveem hipóteses que garan-

15 "Art. 318. O Comitê Gestor do IBS, a RFB e a Procuradoria-Geral da Fazenda Nacional atuarão com vistas a harmonizar normas, interpretações, obrigações acessórias e procedimentos relativos ao IBS e à CBS. Parágrafo único. Para fins do disposto no *caput*, os referidos órgãos poderão celebrar convênios para fins de prestação de assistência mútua e compartilhamento de informações relativas aos respectivos tributos."

tam a conformidade tributária do contribuinte, tais como: (I) embaraço à fiscalização, por negativa não justificada do fornecimento de documentos ou informações indispensáveis ao lançamento; (II) resistência à fiscalização por negativa de acesso a qualquer local onde se desenvolvam as atividades; (III) evidências de que a pessoa jurídica esteja constituída por interpostas pessoas; (IV) realização de operações sem a inscrição no cadastro de sujeitos passivos; (V) prática reiterada de infração da legislação tributária (duas ocorrências); (VI) comercialização de bens com evidências de contrabando ou descaminho; (VII) incidência em conduta que configure, mesmo que em tese, crime contra a ordem tributária.

O REF terá prazo máximo de duração (que ainda será regulamentado), mas de toda forma poderá ser renovável, quando houver necessidade, mediante novo despacho fundamentado das autoridades que firmaram o REF, no caso de ainda existir a situação que deu causa ao regime.

Notadamente, para que seja possível a implantação de tudo que foi dito até aqui, diante da competência compartilhada do IBS entre estados, Distrito Federal e municípios, haverá a criação de um órgão chamado Comitê Gestor e de outros dois órgãos, chamados Comitê de Harmonização e Fórum de Harmonização, que atuarão em parceria, mas com total independência com a Receita Federal do Brasil, que realizará a gestão da CBS; órgão que integrará a chamada administração tributária. Nas palavras de Regina Helena Costa[16]

> O conceito de **Administração Tributária**, em nosso entender, pode ser compreendido em dupla acepção.
> Em sentido **subjetivo**, primeiramente, compreende o aparelhamento burocrático mantido pelos entes autorizados a tributar, composto por múltiplos órgãos, incumbidos da arrecadação e da fiscalização de tributos.
> Já em sentido **objetivo**, a Administração Tributária traduz a atividade administrativa destinada a realizar a aplicação da lei fiscal, visando ao atendimento às finalidades de interesse público consubstanciadas na proteção dos direitos dos contribuintes e na arrecadação tributária. Assim, sujeita-se ao regime jurídico próprio da Administração Pública, devendo observar os princípios a ela pertinentes, especialmente os **da legalidade e da finalidade pública** (art. 37, *caput*, CR).

Basicamente,[17] o Comitê Gestor do IBS editará o regulamento do referido imposto. As disposições comuns ao IBS e à CBS deverão ser aprovadas por ato

16 COSTA, *Curso de direito tributário*: Constituição e Código Tributário Nacional, 2019, p. 340.
17 *Vide* arts. 317 a 323 da LC n. 214/2025.

conjunto do Comitê Gestor do IBS e do Poder Executivo da União e constarão, igualmente, do regulamento do IBS e do regulamento da CBS, visto que ambos atuarão com vistas a harmonizar normas, interpretações, obrigações acessórias e procedimentos relativos ao IBS e à CBS.

Já o Comitê de Harmonização será composto de quatro representantes da RFB e quatro representantes do Comitê Gestor do IBS, sendo dois dos estados ou do Distrito Federal e dois dos municípios ou do Distrito Federal (art. 319 da LC n. 214/2025). E a presidência será ocupada alternadamente por representante da RFB e por representante do Comitê Gestor do IBS.

Como o próprio nome já permite inferir, terá como função uniformizar a regulamentação e a interpretação da legislação relativa ao IBS e à CBS em relação às matérias comuns, prevenir litígios relativos às normas comuns aplicáveis ao IBS e à CBS e ainda deliberar sobre obrigações acessórias e procedimentos comuns relativos ao IBS e à CBS; todas as resoluções aprovadas vincularão as administrações tributárias da União, dos estados, do Distrito Federal e dos municípios.

Por sua vez, o Fórum de Harmonização Jurídica das Procuradorias será composto por quatro representantes da Procuradoria-Geral da Fazenda Nacional, indicados pela União, e, ainda, quatro representantes das procuradorias, indicados pelo Comitê Gestor do IBS, sendo dois procuradores de estado ou do Distrito Federal e dois procuradores de município ou do Distrito Federal. E o Fórum de Harmonização será presidido alternadamente por representante da PGFN e por representante dos procuradores indicados pelo Comitê Gestor do IBS (art. 319, II, da LC n. 214/2025).

Sua atividade será a de uniformizar, interpretar e analisar as controvérsias jurídicas das normas comuns relativas ao IBS e à CBS, por meio de consulta ao Comitê de Harmonização das Administrações Tributárias, que serão suscitadas pelo presidente do Comitê Gestor do IBS e/ou pela autoridade máxima do Ministério da Fazenda, e terão caráter vinculante para a PGFN e para as procuradorias dos estados, do Distrito Federal e dos municípios.

Finalmente, o lançamento tributário (constituição do crédito) que decorrer de procedimento fiscal será realizado por meio de lançamento de ofício (que poderá ainda conter auto de infração) e será realizado pelo o auditor fiscal da Receita Federal do Brasil, ou pela autoridade fiscal das administrações tributárias dos estados, do Distrito Federal e dos municípios.

Nesse cenário, quando o lançamento decorrer de infração do contribuinte, o documento de auto de infração conterá obrigatoriamente, conforme o parágrafo único do art. 330 da LC n. 214/2025:

> I – a qualificação do autuado; II – o local, a data e a hora da lavratura; III – a descrição do fato; IV – a disposição legal infringida e a penalidade aplicável; V – a determinação da exigência e a intimação para cumpri-la ou impugná-la

> no prazo legal; VI – a assinatura do autuante, a indicação do cargo e o número de matrícula VII – a identificação do ente federativo responsável pelo lançamento, em se tratando de auto de infração relativo ao IBS.

Deverão ser objeto de autos de infração distintos, quando houver penalidade isolada com ou sem a exigência de crédito tributário.

Arrematando, incorreções no lançamento ou omissões do ato de lançamento de ofício não acarretarão sua nulidade, se nele constarem elementos suficientes para determinar com segurança a natureza da infração arguida e a identificação do sujeito passivo (art. 81 do PLP n. 108).

Outra questão interessante prevista no art. 332 da LC n. 214/2025 é o uso do domicílio tributário eletrônico (DTE) para a efetivação das intimações, seja do contribuinte, seja de seu procurador, que serão consideradas pessoais, para todos os efeitos legais, sem prejuízo de as administrações tributárias realizarem a intimação pessoalmente por meio de agente público.

Da mesma forma, poderá haver compartilhamento de comunicação eletrônica entre a RFB e o Comitê Gestor do IBS, considerada como DTE, que será utilizado pela RFB e pelas administrações tributárias dos estados, do Distrito Federal e dos municípios, para fins de notificação, intimação ou avisos previstos nas legislações da CBS e do IBS, conforme estabelece o art. 333 da LC n. 214/2025.

Essa norma ainda reservou um artigo para tratar da presunção, ou seja, quando houver aparência de ocorrência de fato gerador e o contribuinte não o tiver levado à tributação:

> Art. 335. Caracteriza omissão de receita e ocorrência de operações sujeitas à incidência da CBS e do IBS:
> I – a ocorrência de operações com bens materiais ou imateriais, inclusive direitos, ou com serviços sem a emissão de documento fiscal ou sem a emissão de documento fiscal idôneo;
> II – saldo credor na conta caixa, apresentado na escrituração ou apurado em procedimento fiscal;
> III – manutenção, no passivo, de obrigações já pagas ou cuja exigibilidade não seja comprovada;
> IV – falta de escrituração de pagamentos efetuados pela pessoa jurídica;
> V – ativo oculto, cujo registro não consta na contabilidade no período compreendido no procedimento fiscal;
> VI – falta de registro contábil de documento relativo às operações com bens materiais ou imateriais, inclusive direitos, ou com serviços;
> VII – valores creditados em conta de depósito ou de investimento mantida em instituição financeira, em relação aos quais o titular, pessoa física ou jurídica,

regularmente intimado, não comprove, mediante documentação idônea, a origem dos recursos utilizados nessas operações;
VIII – suprimento de caixa fornecido à empresa por administrador, sócio, titular da firma individual, acionista controlador da companhia, inclusive por terceiros, se a efetividade da entrega e a origem dos recursos não forem satisfatoriamente demonstrados;
IX – diferença apurada mediante o controle quantitativo das entradas e saídas das operações com bens materiais ou imateriais, inclusive direitos, ou com serviços em determinado período, levando em consideração os saldos inicial e final;
X – estoque avaliado em desacordo com o previsto na legislação tributária, para fins de inventário;
XI – baixa de exigibilidades cuja contrapartida não corresponda a uma efetiva quitação de dívida, reversão de provisão, permuta de valores no passivo, bem como justificada conversão da obrigação em receita ou transferência para contas do patrimônio líquido, de acordo com as normas contábeis de escrituração;
XII – valores recebidos pelo contribuinte, informados por instituições financeiras, administradoras de cartão de crédito e de débito, qualquer instituição participante de arranjo de pagamento, entidades prestadoras de intermediação comercial em ambiente virtual ou relacionados com comércio eletrônico, condomínios comerciais ou outra pessoa jurídica legalmente detentora de informações financeiras, superior ao valor das operações declaradas pelo sujeito passivo da obrigação tributária; e
XIII – montante da receita líquida inferior ao custo dos produtos vendidos, ao custo das mercadorias vendidas e ao custo dos serviços prestados no período analisado.
§ 1º O valor da receita omitida para apuração de tributos federais e do IBS, inclusive por presunções legais específicas, será considerado na determinação da base de cálculo para o lançamento da CBS e do IBS.
§ 2º Caberá ao sujeito passivo o ônus da prova de desconstituição das presunções de que trata este artigo.
§ 3º Na impossibilidade de se identificar o momento da ocorrência do fato gerador, nas hipóteses previstas neste artigo, presume-se que esse tenha ocorrido, observada a seguinte ordem, no último dia:
I – do período de apuração;
II – do exercício; ou
III – do período fiscalizado.
§ 4º Na impossibilidade de se identificar o local da operação, considera-se ocorrida no local do domicílio principal do sujeito passivo.

Por fim, ficará a cargo do Comitê Gestor coordenar a integração das atividades de cobrança extrajudicial e judicial e de representação administrativa judicial e extrajudicial, realizadas pelas procuradorias dos estados, do Distrito Federal e dos municípios, que serão exercidas exclusivamente por servidores efetivos integrantes de carreira de procurador.

CONCLUSÃO

A LC n. 214, de 16 de janeiro de 2025, no que tange à fiscalização e ao lançamento tributário, parece trazer compatibilidade do sistema jurídico atual com novo sistema sobre o consumo.

Insere-se no contexto da cooperação a colaboração entre os entes federativos, o ponto mais importante para que a administração tributária possa realizar a fiscalização, a constituição e a cobrança do IBS e da CBS.

Não se pode olvidar, por certo, que os fatores procedimentais, como a implantação da estrutura do sistema de informática, capaz de fazer a comunicação em tempo real entre todos os entes da Federação, bem como investimento e treinamento para agentes da Administração Pública, são igualmente importantes para a implantação e o funcionamento do novel sistema.

Destacamos neste artigo que a colaboração e a cooperação não poderão representar a mitigação da autonomia dos entes federados, pois a proteção ao pacto federativo igualmente permanece sendo prioridade, diante do art. 60, § 4º, I, da CF, que é cláusula pétrea.

É preciso aguardar a aprovação do PLP n. 108 e a implantação do novo sistema de fiscalização compartilhada entre os entes da Federação, com uma única certeza: a união, a convivência harmônica e a formação de um laço colaborativo entre os entes federados são o que garantirá o sucesso e o funcionamento da chamada reforma tributária e da tão esperada simplificação e redução de litígios.

BIBLIOGRAFIA

BRASIL. *Emenda Constitucional n. 132, de 20 de dezembro de 2023.* Altera o Sistema Tributário Nacional. Disponível em: https://www.planalto.gov.br/ccivil_03///////Constituicao/Emenda/Emc/emc132.htm. Acesso em: 23 jan. 2025.

BRASIL. *Lei Complementar n. 214, de 16 de janeiro de 2025.* Institui o Imposto sobre Bens e Serviços (IBS), a Contribuição Social sobre Bens e Serviços (CBS) e o Imposto Seletivo (IS); cria o Comitê Gestor do IBS e altera a legislação tributária. Disponível em: https://planalto.gov.br/ccivil_03/leis/lcp/Lcp214.htm Acesso em: 23 jan. 2025.

CARVALHO, Paulo de Barros. *Curso de direito tributário.* 30. ed. São Paulo: Saraiva, 2019.

CASTRO, Danilo Monteiro de. Sujeição ativa no IBS e na CBS e a competência jurisdicional para julgamento das ações tributárias (exacionais e antiexacionais). *In:* SOUZA, Priscila (org.);

CARVALHO, Paulo de Barros (coord.). XXI *Congresso Nacional de Estudos Tributários*: reforma tributária brasileira – valores e contravalores. São Paulo: Noeses, 2024.

COSTA, Regina Helena. *Curso de direito tributário*: Constituição e Código Tributário Nacional. 9. ed. São Paulo: Saraiva, 2019.

CUNHA. Rachel Delvecchio da. *Health taxes*: uma manifestação regulatória e paternalista dos tributos. Dissertação (Mestrado) – Faculdade de Direito, Universidade do Estado do Rio de Janeiro, Rio de Janeiro, 2023. Disponível em: https://www.bdtd.uerj.br:8443/bitstream/1/21768/2/Disserta%C3%A7%C3%A3o%20-%20Rachel%20Delvecchio%20da%20Cunha%20-%202023%20-%20Completa.pdf Acesso em: 23 jan. 2025.

SILVEIRA, Paulo Antônio Caliendo Velloso da. *Direito tributário e análise econômica do direito*: uma visão crítica. Rio de Janeiro: Elsevier, 2009.

SOUZA, Hamilton Dias; ÁVILA, Humberto; MARTINS, Ives Gandra da Silva; CARRAZZA, Roque Antonio. A questão federativa nos PLPs 68 e 108. *In*: MARTINS, Ives Gandra da Silva; PEIXOTO, Marcelo Magalhães (coord.). *IVA dual*: não cumulatividade posta na EC n. 132/2023. São Paulo: MP Editora, 2024 (Série APET, 5).

TAVARES, André Ramos. *Curso de direito constitucional.* 10. ed. São Paulo: Saraiva, 2012.

Capítulo **27**

Os deveres instrumentais do IBS e da CBS

Luciano de Almeida Pereira

INTRODUÇÃO

A reforma tributária se principiou, a valer, com a Emenda Constitucional (EC) n. 132/2023, trazendo importantes alterações no Texto Magno. Conforme revisitaremos algures, o desígnio em comento trouxe novéis figuras tributárias, extirpou outras e, não obstante isso, modificou alguns impostos. Promoveu, com isso, importantes alterações nas competências tributárias de maneira geral.

Princípios constitucionais tributários também se assomaram. Alguns subjetivamente, mas uma importante coleção destes foi grafada no Texto Supremo, tornando-os um compromisso para com a sociedade.

Surge, aqui, problema de primária importância. A reforma tributária foi iniciada apenas. Está em meio à sua feitura. Longe de seu fim, então, já que todo o toque restante há de ser dado por lei complementar.

Com efeito, um dos pilares da anunciada restauração fiscal se traduz na figura do "princípio da simplicidade". Uma das bandeiras hasteadas, repisemos, alude a uma reforma tributária que simplificará o sistema tributário brasileiro.

Temos, todavia, que a medida se pôs tanto quanto precipitada. É o que buscaremos demonstrar neste breve labor.

O ARCABOUÇO DOS DEVERES INSTRUMENTAIS

A expressão "dever instrumental" foi cunhada por Paulo de Barros Carvalho[1] para, *in suma*, se referir à obrigação tributária acessória, porquanto

1 *Curso de direito tributário*, 2010.

entenda que o *nomen juris* estampado pelo legislador não guarda relação lógica com a função desempenhada pelo indigitado instrumento legal.

De toda sorte, insta alvitrar que, adotemos uma nomenclatura ou outra, a obrigação em comento encontra nascedouro no art. 113, § 2º, do *Codex* Tributário pátrio, *in verbis*:

> Art. 113. A obrigação tributária é principal ou acessória. [...]
> § 2º A obrigação acessória decorre da legislação tributária e tem por objeto as prestações, positivas ou negativas, nela previstas no interesse da arrecadação ou da fiscalização dos tributos. [...]

Resta claro, conforme se depreende da inteligência do enunciado prescritivo em destaque, que a obrigação tributária no sistema jurídico pátrio assume duas feições, quais sejam, obrigação tributária principal e obrigação tributária acessória.

A obrigação tributária principal, desenhada, de igual feita, no art. 113 do Código Tributário Nacional (CTN), contudo, no seu § 1º, observa como injunção que esta "[...] surge com a ocorrência do fato gerador, tem por objeto o pagamento de tributo ou penalidade pecuniária e extingue-se juntamente com o crédito dela decorrente".[2]

Por outros contornos, indica dizer que a obrigação tributária principal, em breve e apertada síntese, exsurge tão logo findo o lançamento tributário que, conforme o art. 142[3] do mesmo documento legal, tem o fito de constituir o crédito tributário. Expliquemos.

A redação trazida pelo legislador do CTN merece uma série de reparos. Por isso, invariavelmente conduz o intérprete inadvertido a dubiedades importantes. É o que se percebe no dispositivo legal em comento.

A impressão primeira que emerge de expedita e, quiçá, incauta leitura deste leva a crer que, conforme praticada a hipótese de incidência tributária traçada em lei, automática e infalivelmente surge a obrigação tributária principal, que, consoante simples passar de olhos pelo apontado artigo, nos faz concluir ser o pagamento do crédito tributário.

---

2 Art. 113, § 1º, do CTN.

3 "Art. 142. Compete privativamente à autoridade administrativa constituir o crédito tributário pelo lançamento, assim entendido o procedimento administrativo tendente a verificar a ocorrência do fato gerador da obrigação correspondente, determinar a matéria tributável, calcular o montante do tributo devido, identificar o sujeito passivo e, sendo caso, propor a aplicação da penalidade cabível. Parágrafo único. A atividade administrativa de lançamento é vinculada e obrigatória, sob pena de responsabilidade funcional."

Deveras. A obrigação tributária principal assume o papel de aparelho legal por intermédio do qual se satisfaz o pagamento do tributo. Com efeito, a obrigação a que se alude não emerge reflexamente à prática da conduta grafada como hipótese de incidência tributária. Em absoluto.

Aliás, o caminho para a aparição do crédito tributário é bem outro. O sujeito, ao praticar a hipótese de incidência tributária – *nomeada pelo legislador de fato gerador* –, autoriza o Estado a tomar as medidas administrativas tendentes à constituição e posterior cobrança do crédito tributário.

Resta evidente, então, que para que se tenha o crédito tributário, mister se faz, em primeiro lugar, a prática da hipótese de incidência tributária e, após isso, a efetivação de um ato administrativo vinculado e procedimental – *perfazendo a qualidade de medida administrativa tendente à constituição do crédito tributário citada linhas acima* –, esculpido no já mencionado art. 142 da lei tributária brasileira, nominado pelo legislador de "lançamento tributário".

Após isso, somente, ter-se-á a figura da obrigação principal. Sim, porque a obrigação tributária principal, notemos, apresenta como objeto obrigacional, necessariamente, pecúnia.

O legislador aclara tal situação quando, no art. 3º do CTN, prescreve que tributo é "toda prestação pecuniária [...]". Como sabido e consabido, toda obrigação nasce e é fomentada por um objeto obrigacional.

Não há relação obrigacional sem que haja objeto obrigacional. E, de se notar, a natureza jurídica deste dá o tom da relação obrigacional.

Assim, se o objeto obrigacional é um contrato de compra e venda de produtos eletrônicos, por exemplo, estar-se-á de fronte a uma obrigação de dar, relação, esta, de índole civil. Se o objeto do contrato disser respeito a instalação de vínculo de trabalho, observando, pois, as regras do direito do trabalho, a relação será indubitavelmente laboral. Se vindoura de lei e, por meio da feitura de um ato administrativo, instalar pecúnia – *aqui assumindo a feição de crédito tributário* –, a obrigação será tributária.

No caso em tela, porquanto o objeto obrigacional seja moeda, ter-se-á, repisemos, uma relação obrigacional tributária primária. E nesse diapasão, a observância desta, isto é, o pagamento do valor pecuniário instaurado, extingue o crédito tributário e, consequentemente, a obrigação tributária principal.

Há de se lembrar, todavia, que o direito tributário será irrefragavelmente regido por documentos legislativos. Dessa maneira, o *modus operandi* a ser observado para o pagamento suso apontado não se opera de forma inexplícita, ao sabor do particular. Em contrário, há de ser efetivada no rigor dos ditames trazidos em lei. Justamente nesse ponto surge a figura da "obrigação tributária acessória".

Consoante visto outrora, o legislador preconiza que a obrigação tributária acessória – ou *dever instrumental*, na doutrina de Paulo de Barros Carvalho –

decorre da legislação tributária e tem por objeto as prestações, positivas ou negativas, nela previstas no interesse da arrecadação ou da fiscalização dos tributos.

Algumas ponderações, neste átimo, hão de ser feitas. A primeira concerne à ordem de que a obrigação tributária acessória decorre, insofismavelmente, da legislação tributária.

De se saber, o direito tributário, porquanto fração do direito do Estado, que, aliás, se posta como uma vertente do direito público, há de ser regido pelo princípio da legalidade.

Entretanto, mister se faz observar que legalidade, aqui, encontra uma semântica que extrapassa a ideia de lei. Destacada diferença se impõe entre os princípios da legalidade e da estrita legalidade, sabemos.

Tratar de legalidade indica dizer que, *in casu*, questões de Estado hão de ser levadas a efeito por meio de documentos legislativos. Por vezes os assinalados instrumentais se consubstanciam nas vestes de lei – *lei complementar, lei ordinária, lei delegada e doravante* –, e, por outras, por intermédio de instrumentos outros, a exemplo de decretos, portarias, instruções normativas, entre outras. Todas essas figuras legais, entretanto, modalidades de texto de direito positivo.

Exceção se faça quando a Constituição exigir lei complementar especificamente, à guisa de exemplo, oportunidade em que se estará diante de estrita legalidade.

Indica dizer, por outros contornos, que no que tange aos deveres instrumentais, sua condução será efetivada por textos legais que não necessariamente assumirão a fardagem de lei. Poder-se-á encontrar instrução normativa indicando como determinado tributo há de ser recolhido, por exemplo.

É o que se vislumbra no bojo da Instrução Normativa n. 2.178/2024. Publicada em 7 de março de 2024, é ato normativo exarado pela Receita Federal do Brasil (RFB) que regula, no plano geral, as diretrizes e procedimentos para apresentação da Declaração de Ajuste Anual (DAA) concernente ao Imposto sobre a Renda e Proventos de Qualquer Natureza da Pessoa Física (IRPF) referente ao exercício fiscal de 2023.

Resta claro, no exemplo *supra* digitado, a atuação de texto de direito positivo diverso de lei. Como visto, temos, na ocasião em comento, obrigação acessória atinente ao IRPF sendo conduzida por instrução normativa, modalidade de documento legal absolutamente diversa daquel'outra, qual seja, lei.

Não indica dizer, de outra mão, que o arquétipo da obrigação acessória será regido absolutamente por textos legais outros que não lei. De contrário, possível se faz afirmar que as regras das obrigações acessórias assumirão uma amálgama legislativa que indicará seu manuseio. Daí porque prescrever que a obrigação acessória decorre de legislação tributária.

Outro ponto que não se pode olvidar é que a obrigação tributária acessória, malgrado decorrer de legislação tributária, encontra por objeto as prestações positivas e negativas.

Reside, aqui, a assertiva de que o objeto obrigacional da obrigação tributária acessória não se traduz em pecúnia. Trata-se, pois, de modalidade de obrigação *sui generis*, em que a relação obrigacional exibe cunho patrimonial direto e imediato. Daqui emerge, então, o emprego do termo "dever instrumental", locução criada por Paulo de Barros Carvalho, conforme visto oportunamente, para se referir à obrigação acessória.

Porque conduzido pelo magno primado da legalidade, tudo o que se efetiva em direito tributário deverá se dar por lei, isto é, por meio de texto de direito positivo. Desta sorte, a captação do crédito tributário não há de se operar ao arrepio da legalidade dantes assinalada.

Conforme o legislador anuncia no art. 3º do CTN, o crédito tributário há de ser cobrado "mediante atividade administrativa plenamente vinculada".

Havemos de atentar a alguns pontos de considerável relevância. Se a atividade de recolhimento do tributo é alcançada por meio de atividade administrativa, então está a se falar de ato administrativo que, por assim, há de observar todos os predicados traçados no art. 37 da Constituição Federal,[4] em que, ao lado de princípios outros, se vê, uma vez mais, a legalidade.

Nota-se, também, que a modalidade de ato administrativo escolhida para o recolhimento do tributo fora o vinculado em detrimento do discricionário. A anotação que trazemos a lume encontra supedâneo e, pela mesma razão, é confirmada pelo parágrafo único do art. 142 do CTN, ao inculcar que "A atividade administrativa de lançamento é vinculada e obrigatória, sob pena de responsabilidade funcional".

Nesse ponto, o leitor há de indagar: *que relação tais considerações guardam com a obrigação acessória, posto que os comentários últimos dizem respeito ao lançamento tributário?*

Redarguimos. Como cediço, o lançamento tributário, no desenho da lei, encontra três modalidades, quais sejam, *lançamento tributário de ofício*, *lançamento tributário por homologação* e *lançamento tributário por declaração*.

De igual sabença, as modalidades de lançamento tributário por homologação e por declaração dependem da direta e imediata participação do contribuinte, o que indica dizer que o recolhimento dos tributos que se submetem a

---

4 "Art. 37. A administração pública direta e indireta de qualquer dos Poderes da União, dos Estados, do Distrito Federal e dos Municípios obedecerá aos princípios de legalidade, impessoalidade, moralidade, publicidade e eficiência e, também, ao seguinte: [...]."

tais modalidades de lançamento tributário conta com o cumprimento de um dever fiscal que repousa sobre o contribuinte.

Dito de outra maneira, é o contribuinte que há de alimentar o Estado/Fisco com as informações necessárias para devida feitura do lançamento tributário e posterior cobrança do crédito tributário que deste diflui.

Tem-se, neste momento, a efetivação da obrigação tributária acessória. Como dito noutro momento, modal obrigacional despido de reflexo financeiro direto, isto é, tipo de obrigação que se amolda à imposição de uma prática não patrimonial; modalidade de obrigação de fazer, portanto.

De se notar, então, que a figura dos lançamentos tributários por homologação e por declaração se entrecruzam com a obrigação tributária acessória. Nesse ritmo, o contribuinte confecciona a obrigação tributária acessória, redundando, esta, na corporatura do lançamento tributário por homologação ou por declaração, que, em momento póstero, haverá de ser referendado pela autoridade administrativa ou, acaso quede-se inerte a autoridade administrativa, encontrando-se com a figura e os efeitos da homologação tácita.

De toda sorte, na maior parte dos tributos, o caminho inicial para a constituição do crédito tributário, bem como de seu pagamento, se opera com a observância da obrigação tributária acessória. Por outro giro, é por meio da obrigação tributária acessória que se satisfaz a obrigação tributária principal. Com o auxílio indispensável dos deveres instrumentais se paga o tributo e se vê o crédito tributário extinto. Tem-se, nesse momento, a efetivação da prestação positiva, uma das quais acompanha a obrigação acessória consoante a letra da lei.

Não obstante isso, o legislador estampou no já apontado enunciado prescritivo, que traz o tom da obrigação tributária, que, no que diz respeito às obrigações acessórias – *ou dever instrumental* –, o objeto desta, afora as prestações positivas, pode ser, também, prestações negativas.

Ocorre que o dever instrumental não opera, somente, no auxílio do recolhimento do tributo, oportunidade em que, por meio deste, o contribuinte atua como coadjuvante do Estado na condução da administração tributária, já que, ao cumpri-lo, participa da norma de lançamento tributário e posterior extinção deste, agindo, aqui, no interesse da arrecadação.

A obrigação acessória ocupa-se, de igual feita, de importante papel na fiscalização do tributo. A pessoa jurídica contribuinte de um tributo qualquer, por ordem legal, deve manter seus livros fiscais atualizados, porquanto carreguem, estes, registros obrigatórios que documentam as operações comerciais, financeiras e fiscais desta.

Na medida em que tais registros são efetivados, possível se faz averiguar o pagamento dos devidos pela pessoa jurídica, de modo a constatar se esta está, ou não, em conformidade com a lei tributária. Daí porque dizer que a obrigação acessória labora em favor da fiscalização.

Neste soflagrante, precisamente, havemos de atentar a importantes prescrições trazidas no *Codex* tributário nacional. A primeira delas encontra-se assinalada no art. 111 do CTN, *in verbis*:

> Art. 111. Interpreta-se literalmente a legislação tributária que disponha sobre:
> I – suspensão ou exclusão do crédito tributário;
> II – outorga de isenção;
> III – dispensa do cumprimento de obrigações tributárias acessórias. [...]

O dispositivo legal em destaque versa, como visto, sobre a interpretação de alguns eventos fiscais. Especial atenção havemos de dedicar aos incisos I e II ao traçar que há de se interpretar literalmente regras que digam respeito a exclusão do crédito tributário e outorga de isenção.

Como dissemos noutra passagem, por meio dos deveres instrumentais se efetiva o pagamento do tributo. Noutro dizer, a obrigação acessória viabiliza a observância da obrigação tributária principal.

A isenção, porque exclusão do crédito tributário,[5] de geral, por meio de lei isentiva, libera o contribuinte do pagamento do tributo, isto é, da obrigação tributária principal. Com efeito, por se tratar de instituto que deve ser interpretado de maneira textual, não comporta presunções hermenêuticas; extensões interpretativas.

Desta feita, a lei isentiva que libera o contribuinte do pagamento do crédito tributário – *obrigação tributária principal* – diz respeito, apenas, a este. Não se pode concluir pela liberação, também, da obrigação tributária acessória. Para tanto, a lei isentiva deve contemplar ambas as obrigações. Deve trazer em seu bojo, de forma expressa, a exclusão da obrigação tributária principal e da obrigação tributária acessória.

Por quê? Porque, como dito linhas atrás, a obrigação acessória corrobora, também, a fiscalização dos tributos a serem pagos. Somente a manutenção das escriturações nos livros fiscais permite a averiguação da empresa auditada, inclusive no que concerne à isenção; se o contribuinte, deveras, faz *jus* a esta.

Não por outro motivo, o legislador trouxera, no art. 113, § 3º, do CTN o mando de que o descumprimento da obrigação tributária acessória a converte, necessariamente, em obrigação principal. Vemo-lo: "[...] § 3º A obrigação acessória, pelo simples fato da sua inobservância, converte-se em obrigação principal relativamente à penalidade pecuniária. [...]".

---

5 Locução, esta, que merece larga seriação de críticas. Em razão da proposta do trabalho em tela, observações sobre o tema restarão alhures tecidas.

De se notar, o texto positivo é claro em apontar que a conversão em análise é de índole punitiva. Porquanto a obrigação tributária acessória cumpra indelével papel na condução da administração tributária, operando, inclusive, na qualidade de auxiliar na fiscalização tributária, sua inobservância assume alarmante falta.

Encontra lugar, aqui, a conversão desta em obrigação principal de ordem punitiva e não tributária, já que, nessa oportunidade, ter-se-á como obrigação principal o pagamento de multa – *pelo não cumprimento da obrigação acessória* –, e não de crédito tributário, apesar de ambos os institutos assumirem no direito financeiro a qualidade de receita derivada.

Temos, em linhas gerais, o desenho dos deveres instrumentais no sistema jurídico tributário pátrio.

A EC N. 132/2023. BREVES NOTAS

Vários países têm carreado reformas em seus sistemas tributários nos últimos anos, sabemos.[6] Como resultado, nota-se no Brasil latente desiderato, tanto na sociedade quanto no Governo, de uma reforma tributária, porquanto necessária. Deveras. A economia mundial tem, usualmente, experimentado importantes transições, notadamente no que tange à vigorosa imbricação entre os mercados e o avanço da tecnologia.

Nesse passo, a complexidade que majoritariamente bafeja grande parte dos sistemas tributários, em especial o brasileiro, há de ser decididamente extirpada, já que, com o florescimento tecnológico linhas acima estampado, não resta lugar para qualquer sistema tributário tido como complexo e que, em razão disso, provoque elevado custo para os agentes econômicos, para a sociedade e, de igual feita, para o Fisco.[7]

Diante de conjunturas dessa qualidade, emergiu a EC n. 132/2023 portando significativas alterações no sistema tributário nacional. O intento constitucional em debate trouxe novéis princípios constitucionais tributários, regras de imunidades gerais e específicas, alteração na competência tributária,[8] regras financeiras – *já que traz novel modal de distribuição de receitas* – e regras de transição tributárias e financeiras.

---

6 A exemplo de Nova Zelândia, Índia, Canadá e Estados Unidos.

7 DOING BUSINESS 2019. Doing business. Disponível em: https://portugues.doingbusiness.org/pt/data/exploretopics/paying-taxes. Acesso em: 23 nov. 2021.

8 Nota-se importante alteração de competência, já que a mudança no sistema tributário promovida pela EC n. 132/2023 cria tributos, altera parte destes e extingue outros.

No que toca a alteração de competência tributária alhures dita, obtemperemos que foram substituídos cinco tributos, quais sejam, o *Programa de Integração Social (PIS)*, a *Contribuição para o Financiamento da Seguridade Social (Cofins)*, o *Imposto sobre Produtos Industrializados (IPI)*, o *Imposto sobre a Circulação de Mercadorias e Serviços (ICMS)* e o *Imposto sobre Serviços de Qualquer Natureza (ISSQN)* pelo *Imposto sobre Bens e Serviços (IBS)*, nos moldes dos *Impostos sobre Valor Agregado (IVA)*.

Não obstante isso, foi trazida à sirga, também, a *Contribuição Social sobre Bens e Serviços (CBS)*, que, de se notar, observa a mesma hipótese de incidência que o *Imposto sobre Bens e Serviços (IBS)*, fazendo do Brasil o único país do mundo a observar um *Imposto sobre Valor Agregado (IVA)* dual, contrariando, em absoluto, seu engendramento, que, destaquemos, há de ser uno. E isso confeccionado incrivelmente em nome da simplificação tributária.

Com a necessária vênia, temos, neste átimo, qualquer coisa, menos simplicidade tributária, que, conforme já dito, é um dos princípios trazidos pela reforma tributária principiada pela EC n. 132/2023. Por isso, merece atenção o princípio da simplicidade, ainda que o façamos de forma rudimentar em razão da proposta de trabalho que aqui será oportunamente apresentada.

BREVE REFLEXÃO SOBRE PRINCÍPIOS

Cognominada, de igual modo, de "axiologia", encerrando a ideia de "estudo do ser", conforme oportunamente dito, princípio, porque resulta de um processo hermenêutico, de uma investigação interpretativa, é, de igual sorte, valor. Logo, coloca-se como norma.

Norma, repitamos, é resultado de uma intelecção; é o ponto derradeiro de um processo de reflexão, considerando todos os elementos outrora ressaltados. Desta sorte, seja a elocubração alceada sobre um enunciado prescritivo ou um comando entendido como primado, esteja ou não grafado em documento normativo, será objeto da intelecção a qual vimos falando. Norma, portanto. Tanto um como outro.

De todo modo, falar sobre princípio é, sempre, encargo custoso. Repisemos, por necessário, que a pretensão, aqui, é de ordem introdutória. Nada mais.

Por isso, buscamos, neste trabalho, encetar ponderações rudimentares acerca dos princípios a fim de que, com isso, possamos dar o devido pálio às impressões por nós colhidas acerca de tão complexo quanto intriguista figura.

Como sabido e consabido, a ambiguidade ínsita à polissemia emprega malefícios que operam diretamente no processo valorativo, influindo, pois, de forma direta na ideia que se constrói sobre os objetos.

Por isso, inolvidável que o vocábulo "princípio" comporta significados múltiplos porquanto, também, polissêmico.

Nas planuras da semântica, princípio, locução sobrevinda do latim *principium*, encerra a ideia de "[...] momento em que se faz uma coisa pela primeira vez; começo, origem; causa primeira, razão, base; opinião, modo de ver; elementos, matéria essencial; lei, regra; primeiras regras de uma *sciencia*, de uma arte; regas de moral",[9] sem prejuízo de significados outros presumivelmente cabíveis ao símbolo em destaque.

Na qualidade de instituto jurídico, por sua vez, as discussões acerca dessa importante figura comporta e alberga retumbantes e acalorados debates.

E, notemos, essas dissenções não se exaurem e um único aspecto. O princípio, enquanto elemento jurídico, não obstante revelar incontáveis atributos, fomenta discussões em todos eles.

Alargada tertúlia doutrinária vocifera se há, ou não, semelhanças entre princípios e regras; se princípio é sinônimo de norma, se princípio é modalidade de norma, enfim, uma vasta plêiade de valorosas investigações científicas concernentes a, repisemos, tão importante elemento jurídico.

Embora já dito não tencionarmos alcançar as minudências no que tange a princípio, normas e regras, é um tema que havemos de, minimamente, arrostar. De maneira perfunctória, é verdade, mas devemos. Não há de se olvidar sua importância.

Nesse diapasão, então, dois pontos haverão de ser trazidos a lume, quais sejam: *(i) o afrontamento entre princípio e regra*; e *(ii) a comparação entre princípio e norma*. Façamo-lo.

A palavra "regra", como qualquer outra, comporta um pugilo de significados. Afora outras possibilidades, pode indicar *norma, prescrição, modelo, estatutos de algumas ordens religiosas, boa ordem, moderação, operação aritmética* e doravante.

Questionamentos sobre eventual fusão, ou não, entre os institutos "princípios" e "regras" se mostram diuturnamente. Indaga-se, então: *Confundem-se? São a mesma coisa?*

Depende, a nosso ver. Somos resolutos de que são elementos distintos. Entretanto, se o elemento "regra" for tomado na mesma acepção que se emprega para enunciado prescritivo, todavia, ter-se-á condução de valoração para o mesmo resultado. Por quê?

---

9 LELLO UNIVERSAL em 4 volumes. *Novo diccionário encyclopédico Luso-Brasileiro organizado e publicado pela LIVRARIA LELLO*, sob a direção de João Grave (Academia de Sciências de Lisboa) e Coelho Netto (Academia Brasileira de Letras), p. 764.

Expliquemos. As regras exibem um arquétipo de caráter hipotético-condicional. Por outros contornos, a regra ostenta uma hipótese e uma consequência.

Infere-se daí que a regra reclama uma construção lógica, assumindo, pois, a qualidade de enunciado prescritivo, ao menos nesse contexto. Daí porque dizer que se vista em tal condição, será direcionada para um resultado absolutamente rente ao que se vê relativamente aos princípios.

Deambulando em busca da aludida diferenciação, há quem defenda que princípio é elemento norteador, normas que servem de fundamento para se encontrar determinado comando.

À guisa de exemplo, Josef Esser[10] definiu princípio como espécie de norma que busca estabelecer sustentáculo para que determinado mandamento seja alcançado.

Karl Larenz,[11] de outra mão, indica que princípios são normas de excelsa valia para o ordenamento jurídico, porquanto estabeleçam o baldaquim necessário para interpretação do direito.

A comparação entre regras e princípios sofre severa crítica de Humberto Ávila, opinião à qual fazemos coro. Principia por dizer que utilizar-se do critério hipotético-condicional é um esforço embalde porquanto impreciso.

O princípio é, deveras, um elemento que inicia a condução de uma ordem. Entretanto, Humberto Ávila adverte que, por mais que haja esse encaminhamento proporcionado pelo princípio, o último passo interpretativo é dado pelo ser cognoscente.

Diz, com igualdade, que a hipótese de incidência é uma manifestação linguística e, por assim, não pode servir de critério de diferenciação de elementos desse naipe.

Por derradeiro, ressalta que o fato de um dispositivo de lei ser emanado pelo Poder Legislativo não o exime de interpretação. Aliás, nesse particular, somos da opinião de que não é possível a emissão de qualquer dispositivo jurídico-positivo isento de interpretação.

Não há qualquer construção cultural[12] isenta da impressão dos valores inatos daquele que a confecciona. De toda sorte, o corolário interpretativo é indubitavelmente o que importa.

---

10 *Grundsatz und Norm in der richterlichen Fortbildung des Privat-Rechts*, 1990. In: ÁVILA, Humberto. *Teoria dos princípios*: da definição à aplicação dos princípios jurídicos, p. 60.

11 *Richtiges Recht*, 1979. *In*: ÁVILA, Humberto. *Teoria dos princípios*: da definição à aplicação dos princípios jurídicos, p. 60.

12 As modalidades de conhecimento são divididas em regiões ônticas. Assim, o homem ocupa uma posição central e, no seu derredor, o saber e os objetos utilizados e criados são divididos em quatro modalidades ônticas: região dos objetos naturais, região dos objetos ideais, região dos objetos culturais e região dos objetos metafísicos. Em apertada síntese, a

Resta, ainda, enfrentarmos a questão que se impõe sobre princípio e norma; o confronto em que os indigitados elementos são cotidianamente submetidos.

Conquanto pleonástico, mister se faz, uma vez mais, compendiar dois pontos de vitanda importância: *i) norma é uma palavra polissêmica e, desta sorte, comporta infindáveis significados e considerações* e *ii) trata-se de um tema nobre e complexo, de maneira que, além dos motivos explicitados linhas acima, não pretendemos buscar sua exaustão.*

Não ambicionamos, aqui, tratar das espécies normativas nas suas mais diversas manifestações – *normas gerais e abstratas, normas individuais e concretas, normas de conduta, normas de estrutura, entre outras* – mas, sim, indicar como é colhida a norma, ainda que façamos de forma panorâmica.

Amiudadamente, norma é confundida com regra. De quando em vez, com enunciado prescritivo. Em muitos casos, com princípios. Alguns fazem e defendem essa separação. Outros não.

De todo modo, promovendo, ou não, a cisão desses institutos, notamos que ao final o exegeta busca dar ao referido elemento a função de condução, isto é, elemento indicador de condutas. E no caso do direito, indicador de condutas humanas numa dada sociedade, a partir de regramentos positivados e válidos naquele sistema.

Urge alvitrar, entretanto, que a conduta fulcrada nesses elementos é o resultado de uma interpretação, conforme indicara Humberto Ávila alhures.

Agora, se é resultado de uma interpretação, então é valor. É valor porque, embora conduza as ações dos indivíduos numa dada sociedade, cada um interpreta a seu modo – *dentro dos limites estabelecidos pelo sistema jurídico positivo* –, já que, como dito outrora, o processo de valoração é necessariamente ímpar, ainda que tenhamos dois resultados iguais ou aparentemente iguais.

A trilha valorativa, como visto oportunamente, reclama um objeto para sua valoração. Resta desimportante se o objeto é tangível ou intangível. Significativa é a presença e existência desse objeto, já que, sem este, não há ponto de partida para o processo axiomático.

---

região dos objetos naturais, como a própria nomenclatura sugere, abarca elementos vindouros da natureza. Ao depararmos, então, com uma praia ou uma montanha, por exemplo, defrontamos objetos componentes da comentada região ôntica. Quanto à região dos objetos ideais, notemos, são aqueles componentes das ciências exatas, como a matemática, por exemplo. Os objetos culturais, por seu turno, indicam todo e qualquer objeto criado pelo homem e, por derradeiro, a região dos objetos metafísicos aponta para aqueles objetos que não podem ser empiricamente verificáveis ou comprovados. Exemplo disso é a existência de Deus. É uma questão de fé. Acredita-se ou não.

Destarte, há de se contar com um objeto para onde a atenção do indivíduo se voltará inexoravelmente, de modo que, como decorrência indelével, um resultado axiomático emergirá.

Se visto pela lente da linguística, ao valorar um objeto qualquer o sujeito percorre um caminho semiótico.

Antes de entrançar maiores considerações sobre os caminhos oferecidos pela semiótica, resta de bom alvitre aludir que a ciência em debate é a teoria dos signos,[13] e por isso uma teoria comunicacional por excelência.

Conforme oportunamente dissemos, "Em singela definição, Semiótica, proveniente do grego *semeiotiké*, é a ciência dos signos; se ocupa das representações dos objetos do mundo que estão em nossa mente; se atém aos elementos ajuizados na mente do indivíduo".[14]

Mas, acima de tudo, a semiótica opera como a lógica da linguagem, conforme explica Charles Sanders Peirce, seu precursor. Assim professa:[15] "Em seu sentido geral, a lógica é, como acredito ter mostrado, apenas um outro nome para semiótica, a quase necessária, ou formal, doutrina dos signos".

O trâmite cognitivo disposto pela semiótica se opera pelo denominado "triângulo semiótico". Conforme já dito, é esse elemento que viabiliza e consubstancia o processo valorativo quando o caminho escolhido para tanto se dê por intermédio da semiótica.

O processo de formação axiomática oferecido pela semiótica, justamente por se efetivar a partir de um triângulo, passa por três níveis sígnicos: *representâmen* (alocado na extremidade esquerda do triângulo), *interpretante* (alojado no píncaro do triângulo) e *fundamento* (posto na base direita do triângulo).[16]

E como dito algures, o resultado do triângulo semiótico está intimamente ligado ao perlustrar axiomático que cada um pode desenvolver.

O mesmo ocorre com a obtenção da norma. Atentemos à lição de Humberto Ávila:[17] "Normas não são textos nem conjunto deles, mas os sentidos construídos a partir da interpretação sistemática de textos normativos. Daí se afirmar que os dispositivos se constituem no objeto da interpretação; e as normas, no seu resultado".

E para o mesmo sentido, professa Riccardo Guastini:[18]

---

13 Segundo Charles Sanders Peirce, o pai da semiótica, signo é "Qualquer coisa que conduz alguma outra coisa" (PEIRCE, Charles Sanders. *Semiótica*, 2010, p. 74).

14 PEREIRA, Luciano de Almeida. "A meta-interdisciplinaridade". *Revista de Direito Tributário*, v. 114, 2012.

15 *Op. cit.*, 2010, p. 45.

16 Nesse sentido: PEIRCE, *op. cit.*, 2010, p. 46.

17 *Teoria dos princípios*: da definição à aplicação dos princípios jurídicos, 2016, p. 50.

18 *Das fontes às normas*, 2005, p. 25-6.

> (1) chamo "disposição" qualquer enunciado que faça parte de um documento normativo, ou seja, qualquer enunciado do discurso das fontes;
> (2) chamo "norma" todo enunciado que constitua o sentido ou significado atribuído (por qualquer um) a uma disposição (ou a um fragmento de disposição, ou a uma combinação de disposições, ou uma combinação de fragmentos e disposições). Em outros termos, pode-se também dizer assim: a disposição é (parte de) um texto ainda por ser interpretado; a norma é (parte de) um texto interpretado.

Dessarte, parece-nos claro que a norma é produto de um caminho hermenêutico, porquanto resultado de uma intelecção.

Obtemperemos, então: estaremos a percorrer o triângulo semiótico e colhendo seu significado a partir da atmosfera semântica, da carga empírica e dos contextos histórico e social inatos ao intérprete.

Assim se dá, a nosso ver, o processo de obtenção da norma.

O PRINCÍPIO DA SIMPLICIDADE TRIBUTÁRIA E SEUS REFLEXOS NO SISTEMA TRIBUTÁRIO BRASILEIRO HODIERNO A PARTIR DA EC N. 132/2023

Tratamos, algures, da ideia mínima, de uma breve construção do conceito de simplicidade. Nessa oportunidade, notamos ser, em verdade, um axioma.

Obtemperemos, entretanto, que o valor não está, *de per se*, nas coisas, nos objetos. De contrário, está no indivíduo. Este carrega consigo inata e particular carga axiomática e passa a distribuir pelos objetos com o qual trava contato cotidianamente.

Daí por que o valor é formado a partir da *atmosfera semântica, carga empírica* e *contextos histórico e social* em que os indivíduos se vejam insertos. É uma retroalimentação de equipolência. O indivíduo é influenciado pelo seu derredor e, de igual sorte, o valora. Logo, é o que o sujeito entende ser.

Nessa esteira, repitamos, valor é elemento indutor de condutas. Os infortúnios aparecem na medida em que a ideia de simplicidade que o sujeito carrega em sua companhia é absolutamente individual. Por mais semelháveis que pareçam, em verdade, são diversos já que vindouros de sujeitos distintos e com caminhos valorativos necessariamente diferentes.

Padronizar axiomas efêmeros, como a simplicidade, e grafá-los em texto de índole constitucional é expectar inelutáveis questões de mesma ordem. Por outros torneios, é lidar com a insofismável certeza de questionamentos vários quanto à constitucionalidade de documentos normativos emitidos em profusão que, em aparente leitura, afrontam a simplicidade.

Inquebrantável se faz, então, a inquirição: *que é simplicidade tributária?* Parece-nos uma redarguição de difícil resposta. E quiçá não haja resposta.

Volvendo nossos olhares para as labirínticas e confusas obrigações acessórias que entremeiam o igualmente complexo sistema tributário autóctone, notamos largo divórcio dessa realidade com a proposta de simplicidade tributária.

Flanando pelas regras desenhadas acerca do *Imposto sobre Bens e Serviços (IBS)* e da *Contribuição Social sobre Bens e Serviços (CBS)* que forjam o *Imposto sobre Valor Agregado (IVA)* brasileiro, nota-se, de pronto, irretorquível afastamento do ideário da simplicidade, tal-qualmente se vê relativamente aos deveres instrumentais.

Sobressaiamos, nesse particular, que o *IVA* se pressupõe singular, indiviso. Na contramão disso, a reforma tributária imposta aos brasileiros traz tal imposto dúplice, cindido.

Indica dizer que o *IVA* debuta agredindo a simplicidade trazida pela mesma reforma.

O modal de condução das obrigações acessórias, repitamos, também reflete fértil campo para, agora, provocar inconstitucionalidades inumeráveis, já que em toda ocasião que não se faça simples, o indigitado primado excelso restará ultrajado.

In suma, a reforma tributária principiada no Texto Supino elege premissas que condenam, desde pronto, a confecção de documentos legais nascidos e fadados ao insucesso. Parece-nos que inconstitucionalidades emergirão em profusão e, em boa medida, resultados da própria proposta reformadora. Um indizível contrassenso, portanto.

OS DEVERES INSTRUMENTAIS E A REFORMA TRIBUTÁRIA

A reforma tributária, como sabido e consabido, sustém, dentre outras, a bandeira da simplicidade. Diga-se de passagem, a alegação de que a aspiração de uma simplificação do sistema tributário brasileiro é tão avultada que gravara o valor em comento no texto supino, repisemos.

Verdadeiramente é um *status* que há de ser alcançado. Não resta dúvidas. Não se pode olvidar, entretanto, que a simplicidade em debate há de espraiar-se por todas as nuances do sistema fiscal brasileiro.

Em razão disso, a comunidade jurídica tem sustentado que a reforma tributária em andamento exibe, ou deveria exibir, aptidão para simplificar o cotidiano fiscal, de modo a facilitar a vida do contribuinte e, não obstante isso, trazer a transparência necessária relativamente ao custo tributário dos produtos e dos serviços no Brasil.

Dessarte, persegue-se, doravante, a uniformização do sistema tributário, buscando, entre outros pontos igualmente importantes, reduzir as obrigações acessórias. Com efeito, até os dias que se acotiam, o Senado Federal se mostra tanto quanto vacilante relativamente ao tema.

Na sistemática atual, cada ente federado desfruta da possibilidade de confeccionar os instrumentos aptos a consubstanciar as obrigações acessórias, de modo a definir campos de preenchimento e envio de declarações, notas fiscais, entre outros documentos de mesma lavra. A alternância nos espécimes de obrigação acessória, que se opera em razão da competência tributária que os entes detêm para a feitura dos seus deveres instrumentais, a sério, trabalham em favor de uma burocratização descabida que dificulta a captação de recursos, concorre em favor da inadimplência e atua em favor da facilidade para fraudes e simulações.

Dessa maneira, na fiabilidade da simplicidade consagrada na EC n. 132/2023, uma das mais consideráveis mudanças a serem promovidas – *como resultado do axioma em tela* – se afeiçoa, justamente, na redução das complexidades enfrentadas diuturnamente pelos contribuintes quando do cumprimento das obrigações acessórias.

A plêiade de deveres instrumentais os quais o contribuinte tem de enfrentar é consideravelmente alargada. À guisa de exemplo, temos para as pessoas jurídicas:

- Escrituração Fiscal Digital EFD ICMS/IPI.
- Escrituração Fiscal Digital das Contribuições incidentes sobre a Receita.
- Declaração de Débitos e Créditos Tributários Federais (DCTF).
- Demonstrações contábeis (balanço patrimonial, DRE, DLPA, DMPL, entre outras).
- Declaração do Imposto de Renda Retido na Fonte (DIRF).
- Escrituração Contábil Fiscal (ECF).
- Escrituração Contábil Digital (ECD).
- Folha de pagamento.
- Notas fiscais e doravante.

O Banco Mundial dá conta de que o modal arrecadatório acima estampado reclama do contribuinte brasileiro – *pessoa jurídica* – 1.958 horas por ano, alçando o país ao topo do *ranking* entre os países mais burocráticos do mundo.

Não obstante isso, o Instituto Brasileiro de Planejamento e Tributação (IBPT), em valorosa pesquisa, aponta que desde a promulgação da Constituição Federal vigente, cerca de 7 milhões de normas tributárias foram aprovadas. Como resultado, nos dias que correm, uma empresa precisa cumprir vexaminosas 5 mil regras aproximadamente, para se ver alinhada à lei.

Com a substituição dos tributos alhures falados pelo IBS e pela CBS, bem como com a inserção do Imposto Seletivo (IS), reascende-se a expectação por regras, concernente aos deveres instrumentais, mais simples dada a unificação legislativa a ser promovida.

Não nos é dado, por ora, asseverar se as obrigações acessórias encontrarão, finalmente, a simplicidade pretendida e consagrada no documento Excelso. Não se pode olvidar, entretanto, que com a diminuição do volume dos tributos incidentes sobre o consumo – *o que não indica dizer, necessariamente, simplicidade* – há, de fato, a tendência de haver uma simplificação no arquétipo dos deveres instrumentais. Só o perlustrar do tempo dirá.

CONCLUSÃO

A promoção de uma reforma tributária que incidisse sobre o sistema tributário brasileiro se fazia, e ainda se faz, item de inquestionável necessidade. Com efeito, uma empreitada dessa magnitude, pensamos, reclama mais detença e atenção.

O sistema tributário brasileiro é absolutamente vetusto. O CTN data de 1966, como se sabe. A incontível marcha temporal coatou mudanças várias. Apesar disso, o principal diploma positivo infraconstitucional concernente ao tributo resiste bravamente ao tempo. Elemento praticamente debalde, é verdade, mas rijo; em pé.

A oportunidade de mudança se deu. Entretanto, o legislador achou por bem promover mudanças a partir do Texto Maior, assumindo enorme risco de insucesso, em lugar de promover mudanças de base onde, deveras, teríamos uma alteração efetiva.

Os deveres instrumentais traduzem suficientemente tal assertiva. Há, de um lado, concreta oportunidade de efetivar os anseios sociais no que toca ao sistema tributário pátrio. De outra mão, porquanto esculpido, o primado da simplicidade, na Constituição Federal, restam latentes questionamentos concernentes a eventuais inconstitucionalidades. Qualquer manifestação de burocracia, por exemplo, por menor que seja, impõe questionamentos dessa categoria. Aguardemos.

BIBLIOGRAFIA

ÁVILA, Humberto. *Teoria dos princípios*: da definição à aplicação dos princípios jurídicos. 17.ed. revista e atualizada. São Paulo: Malheiros, 2016.

CARVALHO, Paulo de Barros. *Curso de direito tributário*. 22.ed. São Paulo: Saraiva, 2010.

DOING BUSINESS 2019. Doing business. Disponível em: https://portugues.doingbusiness.org/pt/data/exploretopics/paying-taxes. Acesso em: 23.11.2021.

ESSER, Josef. *Grundsatz und Norm in der richterlichen Fortbildung des Privat-rechts*. 4ª tiragem. Tubingen, Mohr, Siebeck, 1990. In: ÁVILA, Humberto. *Teoria dos princípios*: da definição à aplicação dos princípios jurídicos. 17.ed. rev e atual. São Paulo: Malheiros, 2016.

GUASTINI, Riccardo. *Das fontes às normas*. Apresentação de Heleno Taveira Torres. São Paulo: Quartier Latin, 2005.

LARENZ, Karl. *Richtiges Recht*. München, Beck, 1979. In: ÁVILA, Humberto. *Teoria dos princípios*: da definição à aplicação dos princípios jurídicos. 17.ed. ver. e atual. São Paulo: Malheiros, 2016.

LELLO UNIVERSAL em 4 volumes. *Novo diccionário encyclopédico luso-brasileiro organizado e publicado pela LIVRARIA LELLO*, sob a direção de João Grave (Academia de Sciências de Lisboa) e Coelho Netto (Academia Brasileira de Letras).

PEIRCE, Charles Sanders. *Semiótica*. 4.ed., 2ª reimpr. São Paulo, Perspectiva, 2010.

PEREIRA, Luciano de Almeida. A meta-interdisciplinaridade. *Revista de Direito Tributário*, v. 114, 2012, Malheiros.

Capítulo **28**

A transação tributária como instrumento de promoção da segurança jurídica na transição para a reforma tributária sobre o consumo

Sara Mendes Carcará
Manoel Tavares de Menezes Netto

INTRODUÇÃO

Há pelo menos uma década, juristas – acadêmicos, litigantes, consultores, decisores – vêm se debruçando sobre os desafios do contencioso tributário, tanto na esfera administrativa quanto no âmbito judicial.

Atualmente, há um certo consenso na comunidade jurídica de que o excesso de litigiosidade em torno da matéria traz prejuízos para todas as partes, na medida em que tomam tempo e recursos significativos tanto dos contribuintes quanto da administração tributária.

Não à toa, a doutrina e a prática hoje se voltam para os meios alternativos (ou preferenciais) de solução de litígios. A consensualidade, e não mais o litígio, passam a ser a forma ideal de resolução de divergências.

Em contrapartida, a discussão antiga sobre a regressividade do sistema tributário brasileiro e as dificuldades relacionadas à tributação sobre o consumo ganharam centralidade no debate político e econômico do país. Trata-se de um momento rico para o direito tributário.

Este capítulo insere-se no contexto dessas discussões sobre as novas perspectivas para o direito tributário brasileiro, especialmente no que se refere aos potenciais dos meios alternativos de resolução de conflitos – notadamente a transação tributária – no contexto de transição para uma nova tributação sobre o consumo. Trata-se de uma reflexão inicial, que tem o propósito maior de fomentar a discussão sobre os desafios para o contencioso tributário dos impostos que deixarão de existir após a transição para o novo regime.

A REFORMA TRIBUTÁRIA SOBRE O CONSUMO E O CONTENCIOSO JUDICIAL DE PIS/COFINS: REFLEXÕES INICIAIS

Concretizadas as alterações constitucionais promovidas pela EC n. 132/2023, o debate acadêmico tem avançado agora para sua implementação, materializada na Lei Complementar (LC) n. 214/2025, que instituiu o Imposto sobre Bens e Serviços (IBS), a Contribuição sobre Bens e Serviços (CBS) e o Imposto Seletivo (IS).

A LC n. 214/2025 adotou formalmente o modelo de Imposto sobre o Valor Adicionado (IVA), implementado em mais de 170 países, cujas principais características são: (i) base ampla de incidência, abrangendo todas as operações com bens materiais e imateriais, inclusive direitos, e com serviços; (ii) creditamento do tributo pago nas aquisições realizadas no meio da cadeia, de modo que o ônus econômico recaia sobre o consumidor final; e (iii) um número restrito de alíquotas reduzidas e de regimes diferenciados.

Especificamente sobre a base de cálculo dos tributos, a LC n. 214/2025 determinou a exclusão da base de cálculo do montante do próprio IBS e da CBS, do Imposto sobre Produtos Industrializados (IPI) e, durante o período de transição, de 1º de janeiro de 2026 a 31 de dezembro de 2032, também a exclusão do ISS, do ICMS, do PIS e da Cofins, conforme expressamente previsto em seu art. 12, § 2º, V.

Ao estabelecer a transição para um regime de não cumulatividade ampla, as novas regras sobre a tributação sobre o consumo no Brasil parecem evitar, para o futuro, uma série de discussões judiciais atualmente existentes em torno da interpretação e aplicação das normas relacionadas ao PIS, à Cofins e ao ICMS.

Em relação aos tributos de âmbito federal (PIS e Cofins), a leitura do Anexos de Riscos Fiscais da Lei de Diretrizes Orçamentárias[1] (ARF) fornece um bom panorama do alto grau de litigiosidade em torno do tema. O documento elenca os passivos contingentes relacionados aos riscos fiscais das demandas judiciais. Com base no ARF, é possível identificar quais as principais controvérsias judiciais de natureza tributária envolvendo PIS e Cofins que serão definidas pelo Superior Tribunal de Justiça (STJ) ou pelo Supremo Tribunal Federal (STF).

Como exemplo, podem ser mencionados dois temas que constam no ARF da Lei de Diretrizes Orçamentárias de 2025, a saber:

---

1 Nos termos do art. 4º, § 3º, da Lei de Responsabilidade Fiscal, "a lei de diretrizes orçamentárias conterá Anexo de Riscos Fiscais, onde serão avaliados os passivos contingentes e outros riscos capazes de afetar as contas públicas, informando as providências a serem tomadas, caso se concretizem".

i. Exclusão do ISS da base de cálculo do PIS e Cofins (RE n. 592.616), com impacto estimado de R$ 35,4 bilhões.
ii. Inclusão dos créditos presumidos de ICMS na base de cálculo do PIS e da Cofins (RE n. 835.818), com impacto de R$16,5 bilhões.

Como se vê, os dois temas tratam precisamente das divergências entre interpretações sobre a amplitude da base de cálculo do PIS e da Cofins. Para além das controvérsias que ficaram conhecidas como "teses filhotes" do Tema n. 69 de Repercussão Geral ("Inclusão do ICMS na base de cálculo do PIS/Cofins"), há ainda discussões sobre creditamento que desafiam a análise individualizada do processo produtivo de cada empresa, gerando alto grau de litigiosidade no âmbito tributário.

É o caso da controvérsia sobre o conceito de insumos como empregado nas Leis n. 10.637/2002 e n. 10.833/2003 para o fim de definir o direito (ou não) ao crédito de PIS e Cofins dos valores incorridos na aquisição. A questão foi submetida à apreciação do STJ pela sistemática dos recursos repetitivos (Tema n. 779 de RR), ocasião em que se fixou a tese de que "o conceito de insumo deve ser aferido à luz dos critérios de essencialidade ou relevância, ou seja, considerando-se a imprescindibilidade ou a importância de determinado item – bem ou serviço – para o desenvolvimento da atividade econômica desempenhada pelo contribuinte".

Embora o STJ tenha fixado os parâmetros para a definição do conceito de insumos (essencialidade e relevância), a questão permanece sendo um foco de litigiosidade nos âmbitos administrativo e judicial, sobretudo diante da necessidade de aferição desses critérios em caso concreto e das divergências interpretativas entre a administração tributária e contribuintes quanto ao preenchimento dos requisitos.

Em síntese, conclui-se que o cenário que se apresenta diante das alterações trazidas pela LC n. 214/2025 na lógica da tributação sobre o consumo são positivas e endereçam soluções para uma série de problemas estruturais em relação ao regime anterior.

De outro lado, não se deve perder de vista os desafios que ainda precisam ser enfrentados em relação à intensa litigiosidade que ainda se apresenta em torno do PIS, da Cofins e também do ICMS.

O argumento central deste capítulo é o de que a transação tributária, enquanto método alternativo de solução de conflitos e especialmente na modalidade voltada para o contencioso de disseminada e relevante controvérsia jurídica, pode se apresentar como uma boa alternativa para o enfrentamento dessas questões nos próximos anos. Antes de aprofundá-lo, porém, importa tecer algumas considerações conceituais sobre a transação tributária em âmbito federal.

CONTORNOS DA TRANSAÇÃO TRIBUTÁRIA PREVISTA NA LEI N. 13.988/2020

A Lei n. 13.988/2020 instituiu a transação tributária em âmbito federal e previu três modalidades para o instituto, quais sejam: i) transação na cobrança (arts. 10 a 15), ii) transação por adesão no contencioso tributário de relevante e disseminada controvérsia jurídica (arts. 16 a 22-A), iii) transação por adesão no contencioso de pequeno valor (arts. 23 a 27-A).

Cada uma das modalidades atende a finalidades diversas. A transação na cobrança, por exemplo, busca resolver o problema econômico por trás do inadimplemento fiscal. Nesse sentido, insere-se em um contexto de busca por superação da inadimplência por meio da criação de soluções customizadas baseadas na capacidade de pagamento do contribuinte. É uma alternativa que se diferencia dos parcelamentos tradicionais ao permitir ajustes específicos para cada situação econômica dos devedores, garantindo, assim, maior eficiência na recuperação de créditos públicos.

De outro lado, tem-se a transação no contencioso de relevante e disseminada controvérsia jurídica, conhecida como "transação de grandes teses" ou "transação tributária de matriz antiexacional", que se centra na tentativa de resolução consensual de litígios cuja decisão é juridicamente incerta, dado um prognóstico indeterminado, oferecendo uma alternativa à perpetuação de litígios massificados.

Nesse contexto, a Administração Tributária oferece, por meio de edital, condições específicas para a quitação de débitos, e as partes renunciam aos direitos em litígio. A intenção é evitar a perpetuação de litígios administrativos e judiciais centrados em discordâncias jurídicas, buscando alternativas consensuais.

Por fim, há a transação no contencioso de pequeno valor, destinada a créditos de valor igual ou inferior a 60 salários mínimos. Essa modalidade simplifica a resolução de discussões que envolvem baixos valores, que representam uma parcela significativa do volume total de litígios.

No cenário de transição normativa vislumbrado para a reforma tributária sobre o consumo, os contornos da transação no contencioso de relevante e disseminada controvérsia jurídica merecem especial atenção. Para essa modalidade, a Lei n. 13.988/2020, graças a mudanças ocorridas por ocasião da aprovação da Lei n. 14.689/2023, prevê reduções e concessões limitadas ao desconto de 65% do crédito, com prazo máximo de quitação de 120 meses, em geral, e de 70%, com ampliação do prazo máximo de quitação para até 145 meses para pessoa natural, microempresa ou empresa de pequeno porte.

Dispõe, ainda, que o edital definirá as exigências a serem cumpridas, as reduções ou concessões oferecidas, os prazos e as formas de pagamento admitidas, bem como o prazo para a adesão à transação; poderá limitar os créditos contemplados e estabelecer a necessidade de conformação do contribuinte ou do responsável ao entendimento da administração tributária acerca de fatos geradores futuros ou não consumados.

A "transação de grandes teses" ou, como preferimos chamar, "transação tributária de matriz antiexacional", foi regulamentada pela Portaria Normativa MF n. 1.584, de 13 de dezembro de 2023, que definiu critérios para que se considere uma controvérsia disseminada e relevante.

Conforme o normativo, uma controvérsia será considerada disseminada quando se constate, alternativamente, a existência de: i) demandas judiciais envolvendo partes e advogados distintos, em tramitação no âmbito de, pelo menos, três Tribunais Regionais Federais; ii) mais de cinquenta processos judiciais ou administrativos referentes a sujeitos passivos distintos; iii) incidente de resolução de demandas repetitivas, cuja admissibilidade tenha sido reconhecida pelo Tribunal processante; ou iv) demandas judiciais ou administrativas que envolvam parcela significativa dos contribuintes integrantes de determinado setor econômico ou produtivo.[2]

Por sua vez, estará suficientemente demonstrada a relevância de uma controvérsia quando constatada, alternativamente, a existência de: i) impacto econômico igual ou superior a um bilhão de reais, considerando a totalidade dos processos judiciais e administrativos pendentes conhecidos; ii) decisões divergentes entre as turmas ordinárias e a Câmara Superior do Conselho Administrativo de Recursos Fiscais (Carf); ou iii) sentenças ou acórdãos de mérito divergentes no âmbito do contencioso judicial.

Embora ainda não tenham sido apresentadas propostas relacionadas a controvérsias sobre PIS e Cofins, entende-se que há "grandes teses" envolvendo esses tributos que podem se amoldar tanto aos requisitos quanto aos propósitos de consensualidade que orientam essa modalidade de transação tributária. Mais que isso, esses ajustes podem contribuir, ainda, como importante fonte de recursos públicos, merecendo menção, como exemplo desse potencial, o recente acordo firmado entre a Fazenda Nacional e a Petrobras, por intermédio do qual a empresa se comprometeu a pagar R$ 19,80 bilhões para pôr fim a contenciosos envolvendo remessas ao exterior para pagamento de afretamentos de embarcações de exploração de petróleo.

Em agosto de 2024, o cenário da transação tributária federal ganhou um novo e relevante marco com a publicação da Portaria Normativa MF n. 1.383, que instituiu o Programa de Transação Integral (PTI). Esse programa representa um avanço significativo na política de consensualidade tributária, ao

---

2 Ver art. 26, § 1º, da Portaria Normativa MF n. 1.584, de 2023.

sistematizar medidas específicas para a redução do contencioso tributário de alto impacto econômico, estabelecendo um caminho mais objetivo para os contribuintes, inclusive envolvendo litígios relacionados a tributos que serão objeto da reforma tributária.

O PTI abrange expressamente controvérsias jurídicas relevantes envolvendo o PIS e a Cofins, prevendo em seu Anexo I temas como: (II) "Discussões sobre a correta classificação fiscal dos insumos produzidos na Zona Franca de Manaus e utilizados para produção de bebidas não alcoólicas, para fins de aproveitamento de créditos de IPI e para fins de definição da alíquota de PIS/Cofins e reflexo no IRPJ e na CSLL"; (IV) "Discussões sobre dedução da base de cálculo do PIS/Cofins pelas instituições arrendadoras, de estornos de depreciação do bem, ao encerramento do contrato de arrendamento mercantil"; (VI) "Discussões sobre a incidência de IRPJ e CSLL sobre o ganho de capital no processo de desmutualização da Bovespa, e discussões sobre a incidência de PIS/Cofins na venda de ações recebidas na desmutualização da Bovespa e da BM&F"; e (VIII) "Discussões sobre a incidência de PIS/Cofins nos casos de segregação da empresa para quebra da cadeia monofásica". A inclusão desses temas no programa evidencia a preocupação do Fisco com a resolução de contenciosos que, mesmo após a implementação da reforma tributária, poderiam perdurar por anos nos tribunais administrativos e judiciais.

O desenho do PTI dialoga diretamente com os desafios do período de transição para o novo regime tributário sobre o consumo. Ao facilitar a resolução de litígios envolvendo tributos que serão gradualmente substituídos, o programa cria uma janela de oportunidade para que contribuintes e Fisco possam encerrar disputas de forma eficiente, liberando recursos e atenção para a adaptação ao novo sistema tributário que se avizinha.

Dessa forma, verifica-se que a estrutura e os objetivos do Programa de Transação Integral (PTI), instituído no âmbito federal, também podem servir de inspiração para que estados, municípios e o Distrito Federal desenvolvam mecanismos próprios de resolução consensual de controvérsias tributárias. A criação de programas similares, adaptados às peculiaridades dos tributos de competência desses entes, como o ICMS e o ISS, pode contribuir de forma decisiva para a redução do contencioso local, especialmente diante do processo de substituição desses tributos pelo IBS. A replicação coordenada de boas práticas tende a favorecer uma transição mais segura e cooperativa entre os modelos tributários, além de fortalecer a cultura da consensualidade no âmbito federativo.

POTENCIAIS DA TRANSAÇÃO TRIBUTÁRIA DE RELEVANTE E DISSEMINADA CONTROVÉRSIA JURÍDICA NO CONTEXTO DA TRANSIÇÃO PARA UMA NOVA TRIBUTAÇÃO SOBRE O CONSUMO

A delimitação de possíveis teses adequadas para a transação tributária na modalidade "grandes teses" deve ter como norte tanto a análise das vantagens para as partes quanto as concessões recíprocas a serem feitas pelos litigantes.

Por isso, entende-se que a transação de relevante e disseminada controvérsia jurídica é tão mais adequada a uma tese quanto for seu grau de indefinição em âmbito do contencioso administrativo ou do contencioso judicial. Em outras palavras, as partes estão mais dispostas a transigir quando não conhecem o desfecho do seu caso, isto é, quando a solução do seu recurso administrativo ou da sua ação judicial, por exemplo, é incerta. Nesses casos, o sopesamento dessa circunstância com outros fatores, como a demora da resolução do litígio e os custos inerentes ao processo, tende a favorecer a via negocial.

Seguindo essa linha, pode-se pensar em teses relacionadas aos tributos sobre o consumo ainda não definidas de forma definitiva pelos tribunais superiores ou pelo Supremo Tribunal Federal e que se encontram, portanto, em situação de indefinição no âmbito judicial. Essas seriam as teses mais ajustadas para uma eventual transação no contencioso.

Por outro lado, como mencionado, a tributação sobre o consumo – e mais especificamente o PIS e a Cofins, já que se está tratando do contencioso tributário em âmbito federal – tem como característica histórica uma litigiosidade que, para além da tese em si, é voltada para as especificidades dos processos produtivos das empresas, tendo em vista sobretudo as questões de creditamento.

Para ilustrar o argumento, retome-se o exemplo dos insumos para fins de geração de créditos de PIS e de Cofins. Trata-se de questão já resolvida enquanto tese, mas que ainda representa um desafio para a Fazenda Nacional, para os contribuintes e para os tribunais brasileiros. Por sua própria natureza, a avaliação do conceito de insumo pressupõe a análise do processo produtivo da empresa, o que somente pode ocorrer no caso concreto.

Litígios dessa natureza, isto é, que pressupõem a análise de questões fáticas de maneira casuística, são bons candidatos para meios alternativos de resolução de conflitos de modo geral. Isso porque a solução judicial – na forma de solução da tese – não evita por completo a litigiosidade em torno desses temas. Além disso, a análise concreta, ainda que com balizas objetivas, aumenta a indefinição em relação ao desfecho das ações individuais. Nesses casos, a solução negocial parece emergir como a mais satisfatória para as partes.

CONSIDERAÇÕES FINAIS: DA ERA DO LITÍGIO À ERA DA COOPERAÇÃO

Com a tentativa de superação de problemas normativos históricos do contencioso tributário brasileiro, endereçada pela reforma tributária do consumo e materializada na LC n. 214/2025, vislumbra-se o surgimento de um contexto propício para a utilização da transação tributária na resolução de litígios remanescentes, especialmente aqueles que envolvem pretensões antiexacionais de cunho jurídico e prognose indeterminada sobre os tributos que, em breve, deixarão de existir.

Considerando o arcabouço legislativo já em vigor, é fundamental que, ao menos no âmbito da União, a "transação para transição" passe a integrar o debate entre contribuintes e a Fazenda Nacional. Após a identificação colaborativa de temas controversos adequados para a construção desses acordos, é essencial que editais sejam lançados para permitir uma migração segura da "era do litígio" para a era do novo sistema tributário nacional, marcado pela simplicidade, pela transparência e pela cooperação, conforme almejado pelo constituinte derivado no novel § 3º do art. 145 da CF.

A potencialização do modelo federal da transação tributária de "grandes teses" e a sua replicação em âmbito estadual, distrital e municipal tendem a maximizar a percepção da população de que um ambiente juridicamente seguro na seara fiscal está finalmente sendo descortinado em nosso país. Esse avanço promete traçar um horizonte auspicioso para as relações entre Fisco e contribuinte, beneficiando as atuais e futuras gerações.

Em relação ao futuro, é fundamental observar que a LC n. 214/2025 criou, em seu art. 318, um sistema de harmonização entre o IBS e a CBS, prevendo que "o Comitê Gestor do IBS, a RFB e a Procuradoria-Geral da Fazenda Nacional atuarão com vistas a harmonizar normas, interpretações, obrigações acessórias e procedimentos relativos ao IBS e à CBS". Ademais, fixou que o Fórum de Harmonização Jurídica das Procuradorias, conforme previsto no art. 322 da LC n. 214/2025, goza de competência exclusiva para examinar "relevantes e disseminadas controvérsias jurídicas relativas ao IBS e à CBS", sinalizando, portanto, que as definições sobre teses passíveis de transação tributária envolvendo os novos tributos serão centralizadas nos órgãos jurídicos, o que tende a garantir uniformidade e coerência na implementação do instituto para solucionar contenciosos envolvendo os novos tributos.

BIBLIOGRAFIA

BRASIL. *Lei Complementar n. 214, de 16 de janeiro de 2025*. Institui o Imposto sobre Bens e Serviços (IBS), a Contribuição Social sobre Bens e Serviços (CBS) e o Imposto Seletivo (IS); cria o

Comitê Gestor do IBS e altera a legislação tributária. Disponível em: https://www.planalto.gov.br/ccivil_03/leis/lcp/lcp214.htm. Acesso em: 16 mar. 2025.

BRASIL. *Lei n. 13.988, de 14 de abril de 2020*. Dispõe sobre a transação nas hipóteses que especifica; e altera as Leis ns. 13.464, de 10 de julho de 2017, e 10.522, de 19 de julho de 2002. Disponível em: https://www.planalto.gov.br/ccivil_03/_ato2019-2022/2020/lei/l13988.htm. Acesso em: 16 mar. 2025.

BRASIL. Ministério da Fazenda. *Portaria Normativa MF n. 1.383, de 29 de agosto de 2024*. Disponível em: https://normasinternet2.receita.fazenda.gov.br/#/consulta/externa/140211Acesso em: 16 mar. 2025.

BRASIL. Ministério da Fazenda. *Portaria Normativa MF n. 1.584, de 12 de dezembro de 2023*. Disponível em: https://normasinternet2.receita.fazenda.gov.br/#/consulta/externa/135260#2486680. Acesso em: 16 mar. 2025.

BRASIL. Poder Executivo. *Anexo de Riscos Fiscais*. Projeto de Lei de Diretrizes Orçamentárias para o exercício de 2025. Brasília, DF: Casa Civil, 2024. Disponível em: https://www.tesourotransparente.gov.br/publicacoes/anexo-de-riscos-fiscais-da-ldo/2025/20. Acesso em: 16 mar. 2025.

Capítulo **29**

Perspectiva extrajudicial da cobrança do IBS e sugestões ao aprimoramento do texto do PLP n. 108/2024

Danilo Monteiro de Castro
Milena Martinelli

INTRODUÇÃO

A alteração do sistema tributário nacional promovida pela EC n. 132/2023, especialmente no que se refere à criação do Imposto sobre Bens e Serviços (IBS), ao romper com o tradicional paradigma das *competências* tributárias privativas dos entes federados, tenderia a produzir reflexos sobre a dinâmica de constituição e cobrança do crédito tributário, não fosse a previsão expressa no seu art. 156-B, § 2º, V,[1] enaltecendo a sobrevivência da *capacidade tributária ativa* dos entes subnacionais.

A despeito da mudança da titularidade do produto da arrecadação ao ente de *destino* da operação somada à centralização no Comitê Gestor do controle e ao repasse do montante arrecadado, demandar não apenas um aparato tecnológico de integração das informações entre as administrações, mas também simplicidade e cooperação no acesso aos dados recolhidos, a constituição do crédito tributário e a legitimidade para a cobrança do que foi inadimplido permanece com os respectivos estados e municípios.

---

1 "Art. 156-B. Os Estados, o Distrito Federal e os Municípios exercerão de forma integrada, exclusivamente por meio do Comitê Gestor do Imposto sobre Bens e Serviços, nos termos e limites estabelecidos nesta Constituição e em lei complementar, as seguintes competências administrativas relativas ao imposto de que trata o art. 156-A: [...] § 2º Na forma da lei complementar: [...] V – a fiscalização, o lançamento, a cobrança, a representação administrativa e a representação judicial relativos ao imposto serão realizados, no âmbito de suas respectivas competências, pelas administrações tributárias e procuradorias dos Estados, do Distrito Federal e dos Municípios, que poderão definir hipóteses de delegação ou de compartilhamento de competências, cabendo ao Comitê Gestor a coordenação dessas atividades administrativas com vistas à integração entre os entes federativos; [...]"

A análise de como essa cobrança, em ambiente extrajudicial, poderá ser efetivada é que consiste no objeto deste breve artigo, o qual considera não apenas as linhas traçadas no PLP n. 108/2024, mas, também, as disposições construídas no âmbito de outros dois PLPs voltados à cobrança administrativa do débito tributário e que permanecem (talvez até esquecidos) em tramitação no Congresso Nacional, quais sejam, os de n. 124/2022 e n. 125/2022, ambos produtos dos debates realizados no âmbito da Comissão de Juristas presidida pela Ministra Regina Helena Costa.

A proposta, assim, é verificar quais mecanismos inseridos no âmbito desses dois últimos projetos de lei complementar podem ser aproveitados para o aprimoramento da cobrança extrajudicial do IBS a ser implementada no PLP n. 108/2024, à luz dos princípios da simplicidade, cooperação e transparência que passaram a vir expressos no art. 145, § 3º, da Constituição Federal (CF).

No mesmo sentido, serão examinados eventuais desdobramentos na seara *alternativa* de resolução de conflitos referentes ao IBS, buscando fomentar a adoção desses instrumentos na crença de que um dia, eles se tornem a *regra* do sistema horizontal. É o se passa a fazer a seguir.

COMPETÊNCIA TRIBUTÁRIA COMPARTILHADA E CAPACIDADE TRIBUTÁRIA ATIVA

Competente é aquele autorizado pelo ordenamento jurídico (aqui tomado como sinônimo de sistema jurídico) a positivar (conduta humana) novas normas, ato não limitado ao Poder Legislativo.[2]

Entretanto, a expressão "competência tributária" acabou sendo direcionada, apenas, ao ato de instituir o tributo por aquele autorizado a assim proceder que, pelo Texto Constitucional, é o Poder Legislativo (princípio da estrita legalidade – art. 150, I, da CF/88), ou dito o mesmo de forma diversa, a competência tributária passou a ser convencionada como expressão análoga à competência legislativa.

Isso, porém, não infirma o fato de termos, no dia a dia, o exercício de competências sendo promovidas por pessoas (em atos colegiados ou não) di-

2 Na afirmação evidente de que o objeto da ciência jurídica é o Direito, está contida a afirmação – menos evidente – de que são as normas jurídicas o objeto da ciência jurídica, e a conduta humana só o é na medida em que é determinada nas normas jurídicas como pressuposto ou consequência, ou – em outras palavras – na medida em que constitui conteúdo de normas jurídicas (KELSEN, *Teoria Pura do Direito*, 2011, p. 387-8).

versas do legislador. É o que ocorre com a chamada "competência administrativa", ligada à prática de atos como: lançar, cobrar, fiscalizar etc.[3]

Por regra, o mesmo ente tributante exerce ambas as competências: cria/altera o tributo por meio de seu Poder Legislativo (competência legislativa) e realiza os atos administrativos de cobrança, fiscalização, lançamento, entre outros (competência administrativa).

É exatamente isso que acontecerá em face da CBS: i) instituição pelo Legislativo federal (via Lei Complementar); e ii) os atos jungidos à competência administrativa à cargo do ente tributante federal (competência tributária e capacidade tributária ativa exercidas, portanto, pela União).

O cenário se altera por completo perante o IBS, já que o art. 156-A, inserido na Constituição pela EC n. 132/2023, inova ao dispor que: "Lei complementar instituirá imposto sobre bens e serviços de competência compartilhada entre Estados, Distrito Federal e Municípios".

Se é a lei complementar, posta pelo Legislativo federal, que instituirá o IBS, não há dúvida de que o exercício dessa competência tributária (naquele sentido reduzido de competência legislativa) dar-se-á pela União, como de fato aconteceu, via promulgação da Lei Complementar n. 214/2025.

Assim, a "competência compartilhada" mencionada no art. 156-A do Texto Constitucional, a cargo dos estados, do Distrito Federal e dos municípios, só pode corresponder a competência diversa, qual seja, a administrativa (que engloba os atos de cobrança, fiscalização e lançamento), assertiva chancelada pelo texto do art. 156-B da CF/88, que utiliza exatamente essa expressão "competência administrativa".[4]

E disso decorre a conclusão, especialmente pela extensão de atos dispostos no inciso V do § 2º do supracitado art. 156-B, que deter essas competências

---

3 "A competência tributária, em síntese, é uma das parcelas entre as prerrogativas legiferantes de que são portadoras as pessoas políticas, consubstanciada na possibilidade de legislar para a produção de normas jurídicas sobre tributos. Mas essa é apenas uma entre as várias proporções semânticas com que a expressão se manifesta [...]. Não podemos deixar de considerar que têm, igualmente, *competência tributária* o Presidente da República, ao expedir um decreto sobre o IR, ou seu ministro ao editar a correspondente instrução ministerial; o magistrado e o tribunal que vão julgar a causa; o agente da administração encarregado de lavrar o ato de lançamento [...]. Todos eles operam revestidos de *competência tributária*, o que mostra a multiplicidade de traços significativos que a locução está pronta para exibir. Não haveria por que adjudicar o privilégio a qualquer delas, em detrimento das demais. Como sugeriram expoentes do Neopositivismo Lógico, em situações desse jaez cabe-nos tão somente especificar o sentido em que estamos empregando a dicção, para afastar, por esse modo, as possíveis ambiguidades" (CARVALHO, *Curso de direito tributário*, 2012, p. 270).

4 Dispositivo já transcrito na nota de rodapé n. 1 deste capítulo.

administrativas é o mesmo que dizer que os estados, o Distrito Federal e os municípios possuem capacidade tributária ativa em face ao IBS.[5]

Para além disso, denota a existência de mais de uma relação jurídico-tributária em torno do IBS, já que teremos sujeição ativa distinta: estado ou Distrito Federal (IBS-estadual); e município ou Distrito Federal (IBS-municipal).[6]

POSSÍVEL DESENHO DA COBRANÇA EXTRAJUDICIAL DO IBS (PLP N. 108/2024 E PLP N. 125/2022)

A manutenção da *capacidade tributária ativa* dos entes federados, importante repisar, é garantida pelo Texto Constitucional no já referido art. 156-B, § 2º, V, e condicionada à coordenação do Comitê Gestor com vistas a integração das atividades de fiscalização, lançamento, cobrança e representação judicial e administrativa. Este, consiste, precisamente, em um dos objetivos regulamentares do PLP n. 108/2024.[7]

---

5 "Estados, municípios e Distrito Federal foram dotados da capacidade tributária ativa do IBS, o que significa que terão aptidão para fiscalizar, arrecadar e cobrar o imposto dentro dos âmbitos territoriais de sua incidência, observada a operação geradora do imposto [...]" (VERGUEIRO e NEVES, Os instrumentos do CPC/2015 que podem materializar a integração/delegação da exigibilidade do Imposto sobre Bens e Serviços, 2024, p. 515-6).

6 Mas como um mesmo tributo pode ser ao mesmo tempo de titularidade de um certo município e de um certo estado? Essa bimembridade em termos de sujeição ativa não seria representativa da ideia de que o tributo, formalmente unificado, é materialmente de dupla ordem? E a noção de competência compartilhada? Não seria ela um indicativo de que seguiriam sendo duas as relações jurídicas de que estamos tratando? Essas perguntas, em lógica, podem ser respondidas mediante o emprego de técnicas usualmente designadas como "cálculo de relações", indicando que, talvez, a unificação de que estamos tratando não estaria no campo propriamente tributário, mas sim na seara das regras de distribuição arrecadatória. Ratificam a relevância desses questionamentos o fato de, ainda inexplicada, a competência dita compartilhada, não prejudicar o direito subjetivo dado às entidades políticas de definir as alíquotas que desejam empregar — outro indício de que a unificação de que se fala seria apenas aparente (CONRADO, IBS, cálculo de relações e desdobramentos processuais, 2025).

7 PLP n. 108/2024: Institui o Comitê Gestor do Imposto sobre Bens e Serviços (CG IBS); dispõe sobre o processo administrativo tributário relativo ao lançamento de ofício do Imposto sobre Bens e Serviços (IBS), sobre a distribuição do produto da arrecadação do IBS aos entes federativos e sobre o Imposto sobre Transmissão *Causa Mortis* e Doação de Quaisquer Bens ou Direitos (ITCMD); altera as Leis ns. 5.172, de 25 de outubro de 1966 (Código Tributário Nacional), 1.079, de 10 de abril de 1950, e 14.113, de 25 de dezembro de 2020, as Leis Complementares ns. 63, de 11 de janeiro de 1990, 87, de 13 de setembro de 1996, 123, de 14 de dezembro de 2006, e 141, de 13 de janeiro de 2012, e o Decreto n. 70.235, de 6 de março de 1972.

Se aprovada a redação do projeto tal qual manifestada até o fechamento da edição deste capítulo, a coordenação do Comitê Gestor será realizada mediante um sistema único (uma plataforma digital), em que será possível tanto aos contribuintes quanto aos entes políticos acessarem as informações pertinentes aos respectivos débitos e créditos do IBS, conforme se depreende do art. 2º, § 3º, do PLP n. 108/2024.[8]

Como consequência, é esperado que a existência de valores inadimplidos seja facilmente verificada pelas administrações tributárias dos estados e dos municípios que realizarão, segundo a sua própria legislação, a inscrição do débito em dívida ativa necessária ao desencadeamento dos demais atos de cobrança.

Restringindo o objeto de análise ao interregno entre a inscrição em dívida ativa e a propositura da execução fiscal, já é possível vislumbrar algumas alterações desenhadas no referido projeto de lei complementar, frente ao que hoje se tem positivado para a maioria dos tributos vigentes, as quais podem ser compatibilizadas com as propostas efetuadas pela Comissão de Juristas presidida pela Ministra Regina Helena Costa, no âmbito do PLP n. 125/2022, no intuito de contribuir para a construção de um sistema forjado, especialmente, à luz do princípio da cooperação.

Uma das novidades é a determinação ao legislador infralegal para o estabelecimento de um prazo, não superior a doze meses, contado da constituição definitiva do crédito tributário para a realização das *atividades de cobrança administrativa*, após o qual a administração tributária encaminhará o expediente à respectiva procuradoria para as providências de cobrança judicial e extrajudicial cabíveis.[9]

---

8 "Art. 2º Os Estados, o Distrito Federal e os Municípios exercerão, de forma integrada, exclusivamente por meio do CG-IBS, as administrativas relativas ao IBS. [...] VI – coordenar, com vistas à integração entre os entes federativos, no âmbito de suas competências, as atividades de: *a)* fiscalização, lançamento, cobrança e representação administrativas relativas ao IBS, que serão realizadas pelas administrações tributárias dos Estados, do Distrito Federal e dos Municípios; *b)* cobrança judicial e extrajudicial do IBS e representação administrativa e judicial relativas ao IBS, que serão realizadas pelas Procuradorias dos Estados, do Distrito Federal e dos Municípios; e *c)* inscrição em dívida ativa. [...] § 3º Para os efeitos do exercício da coordenação da cobrança administrativa ou judicial, o CG-IBS realizará todos os atos necessários ao controle centralizado das inscrições em dívida ativa, mediante sistema único, e estas serão realizadas nos termos da legislação de cada ente federativo titular da parcela do crédito tributário constituído definitivamente."

9 "Art. 2º Os Estados, o Distrito Federal e os Municípios exercerão, de forma integrada, exclusivamente por meio do CG-IBS, as administrativas relativas ao IBS. [...] § 4º O regulamento único do IBS definirá o prazo máximo para a realização das atividades de cobrança administrativa, desde que não superior a 12 (doze) meses, contado da constituição definitiva do crédito tributário. § 5º Exaurido o prazo de 12 (doze) meses, contado da constitui-

Embora ainda em estágio embrionário, é possível interpretar esse dispositivo no sentido de conceder o prazo necessário (a novidade aqui é o teto máximo de doze meses) para as administrações tributárias estimularem os contribuintes à autorregularização dos débitos, mediante o envio de notificações para esse fim, bem como promover a inscrição do montante não regularizado, em dívida ativa.

Esgotado esse prazo e encaminhado o expediente às respectivas procuradorias, o projeto autoriza o início da cobrança extrajudicial e judicial do débito de IBS em aberto. Há aqui, no entanto, espaço propício ao aprimoramento da regulamentação da cobrança extrajudicial (passível de ser perfeitamente aplicada à CBS) considerando as propostas apresentadas no PLP n. 125/2022,[10] pois em harmonia com a mudança de mentalidade – de um viés bélico para uma perspectiva cooperativa – buscada pela reforma tributária como um todo.

A sugestão que se apresenta é incorporar o "Capítulo VI – Das Normas Gerais Aplicadas à Recuperação do Crédito Tributário" – feitos os devidos ajustes – ao PLP n. 108/2024, especialmente com relação aos enunciados que determinam às Fazenda Públicas a utilização prévia de métodos de autocomposição e consensualidade com vistas a permitir a regularização do débito inscrito, sob pena de indeferimento da petição inicial da ação executiva fiscal (art. 40); a disposição que oportuniza ao contribuinte, no prazo de até vinte dias após a inscrição em dívida ativa, pagar, parcelar ou negociar o crédito tributário, ofertar antecipadamente garantia em execução fiscal e apresentar pedido de revisão de dívida inscrita (art. 41); e, também, o reconhecimento da nulidade da cobrança judicial ou extrajudicial realizada sem conferir oportunidade de quitação, impugnação ou sem decisão final sobre o pedido de revisão apresentado tempestivamente (art. 41, § 7º[11]).

ção definitiva do crédito tributário, a administração tributária encaminhará o expediente à respectiva procuradoria, para as providências de cobrança judicial ou extrajudicial cabíveis, nos termos definidos no regulamento único do IBS."

10 PLP 125/2022: *Estabelece normas gerais relativas a direitos, garantias e deveres dos contribuintes.*

11 PLP n. 125/2022: "Art. 40. As Fazendas Públicas deverão, sobretudo antes da propositura da execução fiscal, utilizar métodos de autocomposição e consensualidade previstos na Lei, com vistas a permitir a regularização do débito inscrito, sob pena de indeferimento da petição inicial. Art. 41. O contribuinte poderá, no prazo de até 20 (vinte) dias após a inscrição em dívida ativa: I – pagar, parcelar ou negociar o crédito tributário; II – ofertar antecipadamente garantia em execução fiscal; ou III – apresentar pedido de revisão de dívida inscrita, que poderá versar sobre a alegação de pagamento, parcelamento, suspensão de exigibilidade por decisão judicial, compensação, retificação da declaração, preenchimento da declaração com erro, vício formal na constituição do crédito, insubsistência do lançamento em virtude da desconformidade com os precedentes judiciais e administrativos, decadên-

O direito dos entes federados, por intermédio de suas procuradorias, de protestar extrajudicialmente a certidão de dívida ativa; de comunicar a inscrição do débito aos órgãos de restrição ao crédito; de realizar a averbação da dívida nos registros de bens e direitos sujeitos à penhora, arresto ou indisponibilidade (averbação pré-executória); aliada à possibilidade de utilizar serviços de instituições públicas ou privadas para promover a cobrança amigável de débitos inscritos em dívida ativa (art. 42, IV), permanecem devidamente assegurados, embora condicionados a um comportamento cooperativo prévio.

A simplicidade e a cooperatividade que nortearam as alterações no âmbito do direito material pela EC n. 132/2023 e pela LC n. 214/2025, são também princípios que devem reger a construção e a aplicação das normas jurídicas no eixo horizontal[12] da incidência, por isso, embora a redução da inadimplência e da litigiosidade seja um objetivo pretendido do sistema tributário, a regulamentação dos atos aplicados quando o cumprimento das obrigações não é realizado de forma voluntária, ou há divergência de interpretação normativa que caracteriza os conflitos tributários, é também medida necessária para fazer frente, agora, a outro princípio: o da segurança jurídica.

DESDOBRAMENTOS, AINDA NO ÂMBITO EXTRAJUDICIAL, SOBRE OS MEIOS ALTERNATIVOS DE SOLUÇÃO DE CONFLITOS REFERENTES AO IBS

Apostar no desenvolvimento de métodos alternativos de solução de conflitos traz vantagens condizentes com a "nova cultura tributária" que se busca implementar: desde o incentivo à conformidade fiscal voluntária, passando pela conduta cooperativa entre Fisco e contribuinte em caso de identificação de erros ou não pagamento do tributo, até alcançar a redução da litigiosidade que continua a assolar o Poder Judiciário, em que as execuções fiscais representaram

---

cia ou prescrição, além de outras matérias cognoscíveis de ofício ocorridas em momento anterior à inscrição em dívida ativa; [...] § 7º A efetivação de atos de cobrança judicial ou extrajudicial, por parte da Fazenda Pública, sem a oportunização da quitação ou impugnação da dívida mencionada no caput, ou sem a decisão final a respeito do pedido de revisão apresentado tempestivamente pelo contribuinte, será considerada nula, ressalvadas as hipóteses de concessão de arresto em que estejam presentes os requisitos da tutela de urgência, nos termos do art. 300 da Lei n. 13.105, de 16 de março de 2015 (Código de Processo Civil)."

12 "O 'processo ou percurso de concretização do direito tributário' a que nos referimos, todavia, abrange não só a cadeia vertical de positivação ordinariamente considerada, mas também os atos horizontais (fluxo jurídico-causal) de aplicação de normas administrativas e processuais, os quais não guardam relação de subordinação hierárquica entre si – mas tão somente de coordenação –, e se prestam a realizar o direito por vias oblíquas" (DALLA PRIA, *Direito processual tributário*, 2020, p.118).

31% do total de casos pendentes de julgamento e 59% de todas as formas de execução, conforme apontado no Relatório Justiça em Números elaborado pelo Conselho Nacional de Justiça (CNJ) em 2024.[13]

A consciência dessa realidade motivou o CNJ em parceria com o Insper a promover o Diagnóstico do Contencioso Judicial Tributário Brasileiro no ano de 2022, quando se buscou, inclusive, investigar como hipótese a existência de "relação de causalidade entre o estoque de débitos exigíveis e a adoção dos meios alternativos de solução de conflitos tributários".[14] Contudo, o material de pesquisa foi tímido, tendo em vista que, à época, somente seis entes federativos (dentre eles a União) informaram utilizar métodos alternativos de resolução de conflitos, não havendo sequer harmonia entre os meios apontados como utilizados, o que impediu confirmar ou infirmar a hipótese pretendida.

Embora, atualmente, tenha sido verificado que 12 dos 27 estados da Federação editaram legislações voltadas a implementar a transação, conforme o Relatório de Pesquisa sobre Transações Tributárias Estaduais elaborado pela Fundação Getulio Vargas (FGV) no ano de 2025,[15] o potencial arrecadatório, de diminuição de resistência dos contribuintes e de construção de um ambiente tributário sustentável que os métodos alternativos detêm, ainda não é tão explorado pelos entes políticos quanto deveria.

Por isso, adaptar o texto do PLP n. 108/2024 com algumas disposições traçadas no PLP n. 125/2022 e no PLP n. 124/2022[16] é uma oportunidade que não se pode perder para dar a visibilidade merecida à consensualidade.

O art. 9º do PLP n. 125/2022, por exemplo, pretende determinar a todas as administrações tributárias (inclusive municipais) que seja conferido tratamento prioritário aos métodos preventivos, oportunizando a autorregularização antes da lavratura de autos de infração; alterações no Código Tributário Nacional (CTN) incluindo a instauração de arbitragem, o acordo decorrente de mediação e a transação tributária como causas de suspensão da exigibilidade também são previstas (art. 10); a extensão aos entes estaduais e municipais das

---

13 "A maior parte dos processos de execução é composta pelas execuções fiscais, que representam 59% do estoque em execução. Esses processos são os principais responsáveis pela alta taxa de congestionamento do Poder Judiciário, representando aproximadamente 31% do total de casos pendentes e congestionamento de 88% em 2023" (Disponível em: https://www.cnj.jus.br/wp-content/uploads/2024/05/justica-em-numeros-2024.pdf. Acesso em: 10 abr. 2025).

14 Disponível em: https://www.cnj.jus.br/wp-content/uploads/2022/02/relatorio-contencioso-tributario-final-v10-2.pdf. Acesso em: 10 abr. 2025.

15 Disponível em: https://repositorio.fgv.br/server/api/core/bitstreams/435f1097-1f3a-4c07-b0e2-d9189eb283d1/content. Acesso em: 10 abr. 2025.

16 "Altera a Lei n. 5.172, de 25 de outubro de 1966 (Código Tributário Nacional), para dispor sobre normas gerais para solução de controvérsias, consensualidade e processo administrativo em matéria tributária e aduaneira."

espécies de transação hoje existentes somente no âmbito federal (transação na cobrança da dívida ativa, transação no contencioso de relevante e disseminada controvérsia jurídica e transação no contencioso administrativo tributário), é de grande avanço no tema (art. 10); dentre tantas outras que podem ser úteis mas não têm recebido tanta atenção.

O PLP n. 124/2022, por sua vez, traz também disposições alterando o CTN para inserir os meios alternativos de solução de conflitos como hipóteses de suspensão da exigibilidade e interrupção da prescrição; estabelecer que a transação, a mediação e a arbitragem não caracterizam renúncia de receita; determinar que programas de conformidade e outros métodos preventivos de conflitos devem estar insertos na seara prioritária das administrações tributárias; tornar expresso princípios importantíssimos e coerentes com a cooperatividade esperada (1º) e tantas outras sugestões que merecem maior espaço para debate.

Fato é que a cobrança extrajudicial do IBS não pode ficar à mercê de procedimentos combativos hoje existentes, mas fundados em uma realidade que, desde a edição da EC n. 132/2023, não mais se pode defender, seja porque essa sistemática já se demonstrou empiricamente insustentável, seja porque o fundamento da criação dos novos tributos é escorado nos princípios da simplicidade e da cooperatividade, de modo que, uma vez desconsiderada essa perspectiva, em verdade tornará o sistema um "museu de velhas novidades".

CONCLUSÃO

Nessa fase de atividade enunciativa pela qual estamos passando, já temos como realidade a mudança do sistema tributário nacional com a promulgação da EC n. 132/2023 e da publicação da LC n. 214/2025, sendo nosso dever, em vista da iminência da votação do PLP n. 108/2024, apontar as sugestões pertinentes para a melhor concretização dos princípios, agora expressos, da simplicidade, da cooperação, da transparência e da justiça tributária.

A bagagem da experiência profissional e acadêmica, ao contribuir para a identificação de problemas do novo sistema, é ferramenta essencial também para propor seu aprimoramento, e, no caso do que aqui foi discorrido a respeito da cobrança extrajudicial do IBS, demonstraram-se as valiosas contribuições já inseridas em outros projetos de lei em tramitação paralela que podem ser aproveitadas para os novos tributos.

BIBLIOGRAFIA

CARVALHO, Paulo de Barros. *Curso de direito tributário*. 24. ed. São Paulo: Saraiva, 2012.

CONRADO, Paulo Cesar. IBS, cálculo de relações e desdobramentos processuais. Consultor Jurídico, 2023. Disponível em: https://www.conjur.com.br/2023-dez-24/ibs-calculo-de-relacoes-e-desdobramentos-processuais/. Acesso em: 5 nov. 2025.

CONSELHO NACIONAL DE JUSTIÇA (CNJ). Justiça em números 2024. Brasília: CNJ, 2024. Disponível em: https://www.cnj.jus.br/wp-content/uploads/2024/05/justica-em-numeros-2024.pdf. Acesso em: 5 nov. 2025.

CONSELHO NACIONAL DE JUSTIÇA (CNJ); INSPER. *Diagnóstico do Contencioso Judicial Tributário Brasileiro.* 5. ed. Brasília: CNJ, 2022. Disponível em: https://www.cnj.jus.br/wp-content/uploads/2022/02/relatorio-contencioso-tributario-final-v10-2.pdf. Acesso em: 5 nov. 2025.

DALLA PRIA, Rodrigo. *Direito processual tributário.* São Paulo: Noeses, 2020.

KELSEN, Hans. *Teoria Pura do Direito.* 8. ed. Tradução de João Baptista Machado. São Paulo: Martins Fontes, 2011.

PISCITELLI, Tathiane *et al. Transações tributárias estaduais.* São Paulo: FGV Direito SP, 2025. Disponível em: https://repositorio.fgv.br/server/api/core/bitstreams/435f1097-1f3a-4c07-b0e-2-d9189eb283d1/content. Acesso em: 5 nov. 2025.

VERGUEIRO, Camila Campos; e NEVES, Luis Fernando de Souza. Os instrumentos do CPC/2015 que podem materializar a integração / delegação da exigibilidade do Imposto sobre Bens e Serviços. *In*: CARVALHO, Paulo de Barros (coord.). *A reforma do sistema tributário nacional sob a perspectiva do constructivismo lógico-semântico*: o texto da Emenda Constitucional 132/2023. São Paulo: Noeses, 2024.

Capítulo **30**

É possível falar em novo processo tributário no contexto da CBS e do IBS?

Camila Campos Vergueiro
Priscila de Souza

INTRODUÇÃO

Este capítulo é produzido a pretexto da alteração das regras do sistema constitucional tributário que formataram (1) o imposto sobre bens e serviços (IBS), forjado pela fagocitose[1] entre o imposto sobre a circulação de mercadorias e prestação de serviços de transporte interestadual e comunicação (ICMS) e o imposto sobre serviços de qualquer natureza (ISS), e (2) a contribuição sobre bens e serviços (CBS), fusão da contribuição ao PIS e a Cofins.

Nos termos da Constituição Federal da República, a competência para instituição da regra matriz de incidência tributária de ambos os tributos (IBS e CBS) foi atribuída à União, a ser materializada por meio do veículo introdutor lei complementar editada pelo Congresso Nacional, *verbis*:

> Art. 156-A. **Lei complementar instituirá imposto sobre bens e serviços** de competência compartilhada entre Estados, Distrito Federal e Municípios.
> [...]

---

1 Fagocitose é expressão da biologia que aponta para o processo segundo o qual as células englobam e absorvem material externo a fim de neutralizá-lo ou eliminá-lo, para proteger o organismo como um todo. Exatamente o que se deu no IBS: resultado da fusão de dois impostos (ICMS e ISS) que os eliminou a pretexto de proteger o ordenamento jurídico em sua perspectiva tributária sobre o consumo. Para quem acabe curioso e queira saber um pouco mais, sugere-se a leitura dos seguintes artigos: SANTOS, Helivania Sardinha dos. Fagocitose. *Biologia Net*. Disponível em: https://www.biologianet.com/biologia-celular/fagocitose.htm; FAGOCITOSE: aprendendo com macrófagos. *Nuepe – UFPR*. Disponível em: https://nuepe.ufpr.br/fagocitose/; MAGALHÃES, Lena. Fagocitose: o que é, como acontece e para que serve. *Tua Saúde*. Disponível em: https://www.tuasaude.com/fagocitose/; FAGOCITOSE. *Toda Matéria*. Disponível em: https://www.todamateria.com.br/fagocitose/.

> Art. 195. A seguridade social será financiada por toda a sociedade, de forma direta e indireta, nos termos da lei, mediante recursos provenientes dos orçamentos da União, dos Estados, do Distrito Federal e dos Municípios, e das seguintes **contribuições** sociais:
> [...]
> V – **sobre bens e serviços**, nos termos de **lei complementar** [grifamos].

Lei complementar essa que necessariamente deve instituí-los concomitantemente, à luz do que dispõe o parágrafo único do art. 124 do Ato da Disposições Constitucionais Transitórias (ADCT) incluído ao Texto Constitucional pelo art. 2º da Emenda Constitucional n. 132/2023.[2]

Para evitar qualquer ruído, não se pode deixar de apontar que o texto reformador, quanto ao Imposto sobre Bens e Serviços (IBS) assegura a possibilidade de estados, municípios e Distrito Federal fixarem a alíquota[3] do imposto, atribuição essa que não implica de maneira alguma reconhecer a manutenção da competência legislativa tributária dos referidos entes políticos para institui-lo. Muito pelo contrário!

Isso porque, pensamos, a única postura adequada é "precisamente aquela que respeita a integridade do ente que se analisa"[4]; compreendendo esse "ente" a regra matriz de incidência, não há como negar que sua instituição supõe a indicação de todos os critérios que conformam o impacto tributário, isto é, o material, o espacial, o temporal, o subjetivo e o quantitativo, no qual está compreendida a alíquota. Todos essenciais para a identificação do fato e da relação jurídica, bem como a apuração do montante do tributo devido. Basta a ausência de um deles para que a possibilidade de exigir o tributo seja esfacelada.

Por isso, não concordamos minimamente com afirmações no sentido de que a competência dos estados, municípios e Distrito Federal restou preservada porque podem fixar alíquotas do IBS. Não, não restou. Trata-se de um subterfúgio discursivo para minimizar a nítida afronta ao pacto federativo promovida sob a alcunha de reforma tributária que nada mais fez do que centralizar a competência legislativa nas mãos da União.

Este capítulo não objetiva apontar outras razões que confirmam o açoitamento do pacto federativo pela dita reforma tributária, mas não podíamos

---

2 "Art. 124. [...] Parágrafo único. A contribuição prevista no art. 195, V, será instituída pela mesma lei complementar de que trata o art. 156-A, ambos da Constituição Federal."
3 "Art. 156-A. [...] V – cada ente federativo fixará sua alíquota própria por lei específica;"
4 CARVALHO, 2021b, p. 628.

deixar de fazer a crítica, pois seu objeto temático é o processo tributário, haurido no contexto desse mesmo pacto federativo.[5]

Inspirado no pacto federativo porque a distribuição das competências tributárias, a legislativa e, consequentemente, as de arrecadação (fiscalização, lançamento e cobrança do crédito tributário), demarca os sujeitos que comporão o processo, seja ele administrativo ou judicial, assim como o local em que esse processo será desenrolado.

Para escrever sobre processo é decisivo compreender a distinção entre competência tributária legislativa e capacidade tributária ativa,[6] atribuições essas que podem coincidir, o que geralmente se dá quando quem institui a regra matriz de incidência tributária é o mesmo sujeito que arrecada, contudo há hipóteses em que o ente político legislador não coincide com o ente arrecadador.

Mas por que é necessário entender essa diferença? Porque o processo se instala quando materializado um conflito entre os sujeitos compositivos da

---

5 A crítica feita por Geraldo Ataliba (*Sistema constitucional tributário brasileiro*, 1968, p. XI-XXVI) à Emenda Constitucional n. 18/65, que, muito embora se refira a reforma tributária do passado, em tudo se adéqua ao momento histórico da reforma tributária de 2023 acerca da quebra do pacto federativo formatado na Constituição Federal de 1988: "3. A Emenda Constitucional n. 18 revela profundo desprezo do legislador pela nossa provecta tradição constitucional tributária; desconhecimento deliberado da força que ganham os mandamentos constitucionais com sua longevidade e desatenção ao valor político inestimável que encerra o arraigamento de certas instituições. Traduz total descrença no município e irremediável desconfiança para com a federação, além de pretender dar soluções contábeis, atuariais e econômica a problemas jurídicos ou jurídico-políticos – o que é mais lamentável. Inconformado o legislador com o mau funcionamento do sistema vigente, ao invés de perquirir as causas disto e remediar-lhe os efeitos, transforma o sistema todo, abalando as próprias raízes do Estado e da organização federal, como quem praticasse o mais corriqueiro e banal ato administrativo de rotina. 4. Erro redondamente – por açôdo e espírito superficial o legislador, ao atribuir ao sistema os males e defeitos encontradiços em sua atuação. Ao invés de corrigir as distorções práticas, preferiu modificar o próprio sistema. Confundiu os fatos e comportamentos – pressupostos ou objeto do direito – com êle próprio [..] 7. Efetivamente, a federação é a autonomia recíproca da União e dos Estados, sob a égide da Constituição Federal". Esta, por sua "vez, é concomitantemente, o pacto (*foedus, foederis*) de união, de associação entre os Estados e a constituição de pessoas que com eles se não confunde, Estado Federal, abrangente das pessoas de direito público interno: União e Estados. [...] 11. Desconhecedor do caráter instrumental do direito e das profundas e insuperáveis distinções entre ciência das finanças e ciência jurídica, entre realidade econômica e ordenação jurídica, quis o Congresso simplificar a problemática do nosso sistema constitucional, ignorando o princípio federal e passando ao largo da autonomia municipal [...]".

6 A capacidade tributária ativa é algumas vezes referida como competência tributária administrativa, que em nada se confunde com competência tributária legislativa. Fica o registro.

obrigação tributária, entre Fisco e contribuinte,[7] de maneira que assume nítida relevância saber quem é o sujeito (ente político) que exige o tributo.

Quanto à Contribuição sobre Bens e Serviços (CBS), competência legislativa e arrecadatória estão coincidentemente sob poder da União, ou seja, ela, a União, institui a regra matriz e arrecada a CBS, promovendo a fiscalização, o lançamento e a cobrança de dívida eventualmente inadimplida.[8]

Já no caso do IBS, competência legislativa e arrecadatória não são sincrônicas, pois a instituição de sua regra matriz de incidência tributária é de competência da União, enquanto a competência arrecadatória, tecnicamente denominada capacidade tributária ativa ou competência administrativa, está nas mãos dos estados, municípios e Distrito Federal, consoante o art. 156-B, § 2º, V, da CF/88:

> Art. 156-B. **Os Estados, o Distrito Federal e os Municípios** exercerão de forma integrada, exclusivamente por meio do Comitê Gestor do Imposto sobre Bens e Serviços, nos termos e limites estabelecidos nesta Constituição e em lei complementar, **as seguintes competências administrativas relativas ao imposto** de que trata o art. 156-A:
> [...]
> § 2º Na forma da lei complementar:
> [...]
> V – **a fiscalização, o lançamento, a cobrança**, a representação administrativa e a representação judicial **relativos ao imposto serão realizados, no âmbito de suas respectivas competências, pelas administrações tributárias e procuradorias dos Estados, do Distrito Federal e dos Municípios**, que poderão definir hipóteses de delegação ou de compartilhamento de competências, cabendo ao

---

7 A referência a contribuinte não reduz o espectro de visão sobre a sujeição ativa da obrigação tributária, que pode ser composta pela figura do contribuinte ou do responsável, à luz do art. 121 do Código Tributário Nacional. Optou-se por essa expressão para permitir imediata percepção do leitor ou leitora sobre a que sujeito da obrigação se quer referir, isto é, àquele que deve pagar o tributo. Considere a referência não como redução de sentido ou desconhecimento, mas como facilitadora para compreensão.

8 A palavra "cobrança" é dotada de específico sentido técnico jurídico, referindo-se ao momento em que ao processo de positivação da obrigação é integrada a execução fiscal, instrumento processual único (ao menos no momento histórico de produção deste capítulo) apto a promover invasão e expropriação do patrimônio do contribuinte inadimplente. Nas lições de Paulo Cesar Conrado (2022): "Cobrar é, nesse sentido e em suma, executar via expropriação – nada que ver com aquelas outras coisas (estrategicamente boas, eficientes etc., mas não designáveis como cobrança) –, atividade que, por imposição constitucional deve se dar de acordo com o 'devido processo legal', figura objetivamente encarnada, hoje, na Lei n. 6.803/80 e no Código de Processo Civil de 2015 (CPC)".

Comitê Gestor a coordenação dessas atividades administrativas com vistas à integração entre os entes federativos. [grifamos]

Essa separação de atribuições legislativa e arrecadatória no IBS classifica-se juridicamente como parafiscalidade traduzida na delegação pelo ente político "de sua capacidade tributária ativa, vale dizer, das aptidões de arrecadar e fiscalizar a exigência de tributos a outra pessoa, de direito público ou privado".[9]

Hipótese que não é novidade nenhuma em nosso ordenamento, pois o inciso III do § 4º do art. 153 da CF/88, também inserido por emenda constitucional, a de n. 42/2003, admite a possibilidade de a União outorgar ao município do local do imóvel rural a capacidade para exigir o Imposto sobre a Propriedade Territorial Rural (ITR). Típico caso de parafiscalidade entre entes políticos.[10]

A única distinção entre a parafiscalidade do IBS e a do ITR é: no IBS não há opção de os entes parafiscais (estados, municípios e Distrito Federal) fiscalizarem e arrecadarem o imposto; no ITR, os municípios podem optar por se colocarem como entes parafiscais.

Tecidas essas considerações, é hora de seguirmos e tratar de processo, a fim de responder à pergunta proposta no título do artigo: É possível falar em novo processo tributário no contexto da CBS e do IBS?

PROCESSO QUALIFICADO DE TRIBUTÁRIO

Adotamos a premissa de que processo não tem um fim em si mesmo, constituindo verdadeiro meio para solução do conflito de interesses que se instala entre os sujeitos de uma dada relação jurídica.[11]

Nenhuma relação processual (autor-juiz-réu) se corporifica sem a prévia existência de uma relação material conflituosa. Deveras, a regra processual, para ser operacionalizada, é dependente de uma regra de direito material que esta-

---

9 COSTA, *Curso de direito tributário*: Constituição e Código Tributário Nacional, 2009, p. 49.

10 "Art. 153. Compete à União instituir impostos sobre: [...] VI – propriedade territorial rural; [...] § 4º O imposto previsto no inciso VI do *caput*: [...] III – será fiscalizado e cobrado pelos Municípios que assim optarem, na forma da lei, desde que não implique redução do imposto ou qualquer outra forma de renúncia fiscal."

11 Essa é uma posição adotada no grupo de Estudos do Processo Tributário Analítico, e a autora Camila Campos Vergueiro já teve a oportunidade de assim se colocar em alguns escritos, por exemplo, em "Código de Processo Civil de 2015, as ações antiexacionais do contribuinte, a tutela provisória cautelar e de evidência" (Código de Processo Civil de 2015, as ações antiexacionais do contribuinte, a tutela provisória cautelar e de evidência, 2016, p. 179-210).

belece vínculos entre, no mínimo, dois sujeitos que por algum motivo entram em disputa a respeito de seus deveres e direitos. E é nesse instante, o da disputa (conflito), que o processo aparece.

No contexto do ordenamento jurídico, regras de direito material e de direito processual são agregadas para que o direito material possa atingir sua finalidade, que é regular as condutas intersubjetivas. Como bem destaca Lourival Vilanova:

> Se de uma norma jurídica suprime-se a norma secundária sancionadora da norma primária, fica a norma primária desprovida de juridicidade. Poderá permanecer como norma do uso, do costume, como norma social, desjuridicizando-se assim. Mas, relacionadas uma e outra norma, ocorrendo os fatos previstos em seus esquemas hipotéticos, têm incidência, convertendo os fatos, que antes da incidência eram não-jurídicos, em fatos produtores de efeitos – as relações jurídicas.[12]

Isso implica reconhecer que adjetivar o processo de tributário é tomar como pressuposto da relação processual um conflito de interesses entre os sujeitos que compõem a obrigação tributária, ou seja, entre sujeito ativo e sujeito passivo, Fisco e contribuinte.

Assim, qualquer reflexão acerca do processo tributário da CBS e do IBS deve partir da identificação dos sujeitos que compõem a relação material tributária.

OS SUJEITOS DA OBRIGAÇÃO TRIBUTÁRIA NA CBS E NO IBS E O PROCESSO TRIBUTÁRIO

Admitindo que o direito tem como função precípua regular as condutas dos sujeitos que convivem em dada sociedade, ora obrigando, ora permitindo ou proibindo a adoção dessa ou daquela conduta reputada valiosa e inserida no ordenamento por meio das regras jurídicas inaugurais do sistema, aquelas que demarcam a relação entre Fisco e contribuinte os colocam em posição contraposta, acometendo ao primeiro (Fisco) o direito subjetivo à percepção do objeto da relação (o tributo) e ao segundo o dever jurídico de prestá-lo, ou seja, pagar o tributo.

Uma vez que a mola propulsora do processo é o conflito que se instala entre os sujeitos que compõem a obrigação tributária, considerando que a questão que se pretende resolver está direcionada especificamente aos dois tributos

---

12 VILANOVA, *As estruturas lógicas e o sistema do direito positivo*, 2000, p. 175.

criados pela EC n. 132/2023, temos que retornar à adrede referida noção de capacidade tributária ativa, que é indicativo do sujeito ativo que compõe a obrigação tributária da CBS e do IBS.

Como apontado, a sujeição ativa da CBS é da União e do IBS dos estados, dos municípios e do Distrito Federal. Na CBS não há dificuldade alguma em identificar quem figurará no processo tributário: a União, porque é ela quem compõe a relação material da contribuição como sujeito ativo. Quanto ao IBS, a complexidade aumenta, porque a identidade do sujeito ativo supõe conhecimento acerca (i) do tipo de operação, se com bens e direitos ou com serviços; (ii) se se trata de importação de bens e direitos ou de serviços, somado à identificação do critério espacial da ocorrência desses fatos jurídicos; (iii) se o local em que se materializou a operação ou o serviço ou (iv) o do destino da operação ou do serviço (sob esse aspecto, importante esclarecer que o texto constitucional remete à lei complementar a possibilidade de tributar o IBS no destino, por isso a referência).[13]

Já que, de fato, a sujeição ativa do IBS somente poderá ser identificada depois de concretizado o fato jurídico, para seguir, vamos abstrair esse ponto e considerar que na CBS o sujeito ativo é a União e, no IBS, os estados, municípios e o Distrito Federal, e a partir disso concluir que o conflito gerador do processo tributário na CBS terá como um dos atores a União e, no IBS, ou o estado, ou o município ou o Distrito Federal.

PROCESSO TRIBUTÁRIO E AMBIENTES DE RESOLUÇÃO DO CONFLITO

Tomando de empréstimo as palavras de Rodrigo Dalla Pria, uma vez que o conflito havido entre Fisco e contribuinte se define como uma patologia que afeta o direito (material) tributário, e para remediar esse indesejável estado é crucial identificar os mecanismos disponibilizados pelo sistema com esse desiderato.[14]

---

13 "Art. 156-A. Lei complementar instituirá imposto sobre bens e serviços de competência compartilhada entre Estados, Distrito Federal e Municípios. § 1º O imposto previsto no *caput* será informado pelo princípio da neutralidade e atenderá ao seguinte: I – incidirá sobre operações com bens materiais ou imateriais, inclusive direitos, ou com serviços; II – incidirá também sobre a importação de bens materiais ou imateriais, inclusive direitos, ou de serviços realizada por pessoa física ou jurídica, ainda que não seja sujeito passivo habitual do imposto, qualquer que seja a sua finalidade; [...] § 5º Lei complementar disporá sobre: [...] IV – os critérios para a definição do destino da operação, que poderá ser, inclusive, o local da entrega, da disponibilização ou da localização do bem, o da prestação ou da disponibilização do serviço ou o do domicílio ou da localização do adquirente ou destinatário do bem ou serviço, admitidas diferenciações em razão das características da operação."

14 PRIA, Processo de positivação, ações e conflitos tributários, 2022.

O sistema processual vigente assegura a possibilidade de instrumentalizar e resolver a referida patologia, por duas vias: a judicial e a administrativa.[15] A referência é, portanto, ao processo judicial e ao processo administrativo, ambientes cuja função institucional é resolver o conflito de interesses forjado na obrigação tributária.[16]

Para identificar o órgão apto a apreciar o conflito tributário, novamente temos que retornar à relação material tributária, pois é identificando o sujeito ativo da obrigação tributária que definiremos se a medida judicial será processada na Justiça Federal ou Estadual, assim como onde o processo administrativo tramitará.

Nos termos do art. 109 da CF/88, a competência para processamento das ações que discutam a CBS é da Justiça Federal, porque a União é parte interessada.[17] Por sua vez, se a discussão envolver o IBS, a competência será a Justiça Estadual, uma vez que parte será ou o estado, ou o município ou o Distrito Federal.

Sobre a competência da Justiça Estadual, relevante anotar que o processamento da ação competirá ao Poder Judiciário do estado do território do ente político que lançou o IBS, isso já considerando o que restou assentado no julgamento da Ação Direta de Inconstitucionalidade (ADI) n. 5.737, que, ao analisar a constitucionalidade do art. 52, parágrafo único, do Código de Processo Civil de 2015, afastou a possibilidade de ajuizamento de demandas contra estados em foro judicial outro que não aquele cujo território coincida ao de atuação da Fazenda Pública, tendo sido afirmado:[18]

> Não se pode alijar o Poder Judiciário Estadual de atuar nas questões de direito afetas aos entes públicos subnacionais. [...] (ADI n. 5737, Rel. Min. Dias Toffoli, Rel. p/ Acórdão Roberto Barroso, Tribunal Pleno, j. 25.04.2023, processo eletrônico, *DJe*-s/n divulg. 26.06.2023, public. 27.06.2023).

---

15 Art. 5º da CF/88: "[...] LV – aos litigantes, em processo judicial ou administrativo, e aos acusados em geral são assegurados o contraditório e ampla defesa, com os meios e recursos a ela inerentes".

16 Importante registrar que admitimos haver jurisdição no processo administrativo tributário, ainda que de forma anômala, pois define-se jurisdição como a aptidão outorgada constitucionalmente a órgãos específicos para resolver um dado conflito de interesses.

17 "Art. 109. Aos juízes federais compete processar e julgar: I – as causas em que a União, entidade autárquica ou empresa pública federal forem interessadas na condição de autoras, rés, assistentes ou oponentes, exceto as de falência, as de acidentes de trabalho e as sujeitas à Justiça Eleitoral e à Justiça do Trabalho;"

18 Entendimento esse que necessariamente se aplica a municípios e ao Distrito Federal, uma vez que sua fundamentação está cravada no princípio federativo.

Acerca do processo administrativo tributário, retomemos a informação de que a competência para fiscalizar, lançar e cobrar a CBS é da União, e o IBS é dos estados, municípios e Distrito Federal.

Ora, o processo administrativo tributário é implementado a partir da apresentação da defesa pelo contribuinte que teve contra si lavrado um auto de infração, depois de submetido ao procedimento de fiscalização.[19]

Assim, para definir onde o processo administrativo tributário tramitará há que responder à seguinte pergunta: quem constituiu o crédito tributário? Para respondê-la, novamente o olhar é direcionado para o sujeito ativo da obrigação tributária, pois ambiente jurisdicional competente para analisar a exigência tributária é aquele que a autoridade lançadora integra.

Tratando-se de crédito tributário de CBS, constituído pela União (de fato por sujeitos que integram órgão da União), o processo administrativo será julgado no órgão jurisdicional da Secretaria da Receita Federal do Brasil, ou seja, em primeira instância na delegacias de Julgamento da Receita Federal do Brasil (DRJ) e em instância recursal no Conselho Administrativo de Recursos Fiscais (Carf).

Por sua vez, se o crédito tributário é de IBS, o processo administrativo necessariamente tramitará no órgão jurisdicional que a autoridade lançadora compõe. Imaginando que o IBS tenha sido lançado pelo Estado de Goiás,[20] o processo administrativo tramitará no Conselho Administrativo Tributário (CAT); ou constituído pelo Fiscal de Renda do Município de Ribeirão Preto,[21] o processo administrativo será julgado em primeira instância e em segunda no Tribunal de Impostos e Taxas Municipais.

CONCLUSÃO

Depois de tudo que se escreveu, constata-se que nada mudou no processo judicial ou administrativo tributário, tudo como dantes no quartel de Abrantes.

É possível falar em novo processo tributário no contexto da CBS e do IBS? A resposta a essa pergunta, que é título deste capítulo, é não – ao menos por agora.

Mas, então, por que tanta angústia e euforia sobre o processo tributário e a reforma do consumo? Certamente é isso que o leitor ou leitora deve estar se perguntando.

---

19 Foi utilizada a palavra procedimento intencionalmente, pois processo supõe conflito, o que não se materializa na etapa de fiscalização.

20 Lei do Estado de Goiás n. 16.469/2009 e alterações.

21 Lei do Município de Ribeirão Preto n. 2.415/70.

Não se pode ignorar que certa razão há para esses sentimentos, pois há essa nova figura do Comitê Gestor, que terá função nobilíssima no processo tributário em ambiente administrativo: uniformizar a interpretação e aplicação do IBS.[22] Atribuição essa necessariamente limitada a isso, pois fiscalizar, arrecadar e cobrar continua sob estreita atribuição dos estados, municípios e Distrito Federal, como aduzido à saciedade – é o que está escrito na Constituição Federal.

Porém, sobre a atribuição do Comitê Gestor, sua extensão ou como essa competência será exercitada, nada há a falar (por ora). Silêncio tão profundo quanto a indefinição do que é essa nova figura que vem sendo referida como "entidade pública sob regime especial", o que se reputa inadmissível, uma vez que por meio do Comitê Gestor se projeta formatar a integração, deveras essencial, para a operação de exigência do IBS.

Definição necessária, quiçá crucial, para demarcação de seus limites de atuação e eventuais objeções contra seus atos, situação essa que, aí sim, pode reformatar o ambiente judicial ou administrativo de discussão do IBS, com nítido impacto na CBS, por se tratar de tributos gemelares.

Agora é aguardar as cenas dos próximos capítulos da reforma e seus efeitos no processo tributário.

BIBLIOGRAFIA

ATALIBA, Geraldo. *Sistema constitucional tributário brasileiro*. São Paulo: Revista dos Tribunais, 1968.

BARRETO, Aires. *Base de cálculo, alíquota e princípios constitucionais*. São Paulo: Max Limonad, 1998.

BARRETO, Paulo Ayres; BARRETO, Simone Rodrigues da Costa. Competência tributária e o critério material do IBS. *In:* CARVALHO, Paulo de Barros (coord.). *A reforma do sistema tributário nacional sob a perspectiva do constructivismo lógico-semântico*: o texto da Emenda Constitucional 132/2023. São Paulo: Noeses, 2024. p. 177-184.

CARVALHO, Paulo de Barros. *Curso de direito tributário*. 33. ed. São Paulo: Noeses, 2023.

CARVALHO, Paulo de Barros. *Direito tributário*: fundamentos jurídicos da incidência. 11. ed. São Paulo: Noeses, 2021a.

CARVALHO, Paulo de Barros. *Direito tributário, linguagem e método*. 8. ed. São Paulo: Noeses, 2021b.

---

22 "Art. 156-B. Os Estados, o Distrito Federal e os Municípios exercerão de forma integrada, exclusivamente por meio do Comitê Gestor do Imposto sobre Bens e Serviços, nos termos e limites estabelecidos nesta Constituição e em lei complementar, as seguintes competências administrativas relativas ao imposto de que trata o art. 156-A: I – editar regulamento único e uniformizar a interpretação e a aplicação da legislação do imposto;"

CASTRO, Danilo Monteiro de. Quem terá legitimidade processual para executar o IBS? *Consultor Jurídico,* 23 jun. 2024. Disponível em: https://www.conjur.com.br/2024-jun-23/quem-tera-legitimidade-processual-para-executar-o-ibs/. Acesso em: 15 out. 2025.

CONRADO, Paulo Cesar. Execução fiscal, cobrança indireta, devido processo legal e desjudicialização. *Consultor Jurídico,* 6 fev. 2022. Disponível em: https://www.conjur.com.br/2022-fev-06/processo-tributario-execucao-fiscal-cobranca-indireta-devido-processo-legal-desjudicializacao/. Acesso em: 15 out. 2025.

COPI, Irving M. *Introdução à lógica*. Tradução de Álvaro Cabral. 2. ed. São Paulo: Mestre Jou, 1978.

COSTA, Regina Helena. *Curso de direito tributário*: Constituição e Código Tributário Nacional. São Paulo: Saraiva, 2009.

PANDOLFO, Rafael. A sujeição passiva tributária da CBS (e do IBS) na Constituição Federal. *In:* CARVALHO, Paulo de Barros (coord.). *A reforma do sistema tributário nacional sob a perspectiva do constructivismo lógico-semântico*: o texto da Emenda Constitucional 132/2023. São Paulo: Noeses, 2024. p. 135-142.

PRIA, Rodrigo Dalla. A reforma da tributação do consumo e o processo tributário. *In:* CARVALHO, Paulo de Barros (coord.). *A reforma do sistema tributário nacional sob a perspectiva do constructivismo lógico-semântico*: o texto da Emenda Constitucional 132/2023. São Paulo: Noeses, 2024a. p. 481-491.

PRIA, Rodrigo Dalla. Por um contencioso administrativo tributário unificado e descentralizado. *Consultor Jurídico,* 19 maio 2024b. Disponível em: https://www.conjur.com.br/2024-mai-19/por-um-contencioso-administrativo-tributario-unificado-e-descentralizado/. Acesso em: 15 out. 2025.

PRIA, Rodrigo Dalla. Processo de positivação, ações e conflitos tributários. *Consultor Jurídico,* 9 mar. 2022. Disponível em: https://www.conjur.com.br/2021-mar-09/opiniao-processo-positivacao-acoes-conflitos-tributarios. Acesso em: 15 out. 2025.

SOUZA, Priscila de. A intertextualidade na linguagem jurídica: conceito, definição e aplicação. *In:* CARVALHO, Paulo de Barros (coord.) *Constructivismo lógico-semântico*. São Paulo: Noeses, 2014. v. 1.

VERGUEIRO, Camila Campos. Código de Processo Civil de 2015, as ações antiexacionais do contribuinte, a tutela provisória cautelar e de evidência. *In:* CONRADO, Paulo Cesar (coord.). *Processo tributário analítico*. São Paulo: Noeses, 2016. v. III. p. 179-210.

VILANOVA, Lourival. *As estruturas lógicas e o sistema do direito positivo*. São Paulo: Max Limonad, 1997.

VILANOVA, Lourival. *Causalidade e relação no direito*. 2. ed. São Paulo: Revista dos Tribunais, 2000.

Capítulo **31**

Aspectos contábeis na reforma tributária

Cristiano de Souza Corrêa

INTRODUÇÃO

Não é difícil encontrarmos a expressão "quinto dos infernos" em nossos costumes ou ditas em cunho informal. É por óbvio uma expressão utilizada para amaldiçoar uma pessoa e por querer que essa pessoa suma da sua frente.

No entanto, a história nos mostra que a expressão se relaciona diretamente com as antigas Casas de Fundição, cujo objetivo era recolher um "quinto", ou seja, 20% sobre o ouro que era garimpado e encontrado no Brasil, pago na forma de impostos à Coroa portuguesa. Se consideramos que hoje a carga tributária direta média é acima dos 34%, o reconhecimento de 20% encheria de alegria o coração dos empresários brasileiros. Na verdade, éramos felizes e não sabíamos.

Não podemos nos esquecer de Joaquim José da Silva Xavier, o Tiradentes, considerado o patrono dos contribuintes, que insurgiu em 1789 contra a cobrança do atraso do pagamento do tal quinto para a Coroa, que culminou com sua morte por enforcamento em praça pública para dar o exemplo a todos os insurgentes, vulgo contribuintes. E aqui estamos mais de três séculos depois discutindo a mais confusa, complexa e numerosa em tributos sem efetividade, a legislação tributária brasileira.

Higuchi lembra que na década de 1960 as empresas estavam sujeitas a basicamente dois tipos de impostos: imposto de renda sobre os lucros e os impostos sobre vendas e consignação.[1] Não existia CSLL, PIS, Cofins, Cide etc. O autor lembra ainda que a Contribuição para o Financiamento da Seguridade Social (Cofins), que foi instituída para obter recursos, pasme, destinada para

---

1 HIGUCHI, *Imposto de renda das empresas*, 2014.

obter recursos para a saúde pública e que hoje representa uma das maiores arrecadações, é lamentavelmente utilizada para diversas outras finalidades.

Se observarmos um pouco mais, nem faz tanto tempo, na época da promulgação da Carta Magna, nosso país tinha uma carga tributária de cerca de 24% do Produto Interno Bruto, com os impostos representando 70% do total arrecadado, ou 17% do PIB. Passados mais de três décadas, nossa carga tributária passou dos 33% (2024), com os impostos mantendo a faixa do PIB dos anos 1990 (17%), o que representa pouco mais da metade da carga tributária atual.[2]

Atualmente a realidade tributária brasileira mostra-se complexa, trazendo um custo financeiro gigantesco aos contribuintes, em especial às pessoas jurídicas, uma vez que tal complexidade se traduz na insegurança de estar cumprindo corretamente as obrigações tributárias oriundas da atividade empresarial. Esse fato por si só inibe muitos empresários a buscar a elisão fiscal na forma do planejamento tributário, afinal de contas o grau de complexidade é tão grande que evitar a ocorrência do fato gerador do tributo se tornou ciência de foguete, dada a multiplicidade das exceções tributárias encontradas no arcabouço tributário atual.

A reforma tributária aprovada pela Emenda Constitucional (EC) n. 132 em 20 de dezembro de 2023 trouxe ao menos uma esperança de início do processo de desburocratização e simplificação da norma tributária. Talvez seja possível, em breve, o cumprimento a plena forma da Lei n. 12.471/2012, que obrigou à apresentação em documentos fiscais do valor aproximado correspondente à totalidade dos tributos federais, estaduais e municipais. Nota-se que o próprio texto legal, ao exigir um "valor aproximado" de tributos, pode levantar questionamentos sobre a transparência e a exatidão das informações prestadas ao contribuinte. Em qualquer sistema tributário em países desenvolvidos ou em desenvolvimento ao redor do mundo, a apuração dos tributos de forma objetiva e precisa permitiria substituir a estimativa por um valor exato, garantindo clareza e confiabilidade nas operações fiscais.

No campo contábil, são inúmeros os desafios trazidos pela reforma tributária, a começar pela própria interferência das normas de caráter tributário no campo da contabilidade em situações em que há conflitos com os princípios contábeis adotados. Situações como o reconhecimento de receitas e os regimes de competência, reconhecimento de provisões e dedutibilidade fiscal, além de temas como depreciação e os testes de recuperabilidade (*impairment*), são tópicos já conhecidos e controversos. Ainda que a reforma tributária apresentada tenha foco nos tributos indiretos, é necessário reconhecer que haverá diversos impactos previsíveis (e imprevisíveis) dentro do processo de transição e opera-

2 SILVA *et al.*, *Manual de gestão tributária*: teoria e prática, 2023.

cionalização, uma vez que ambos os sistemas tributários trabalharão de forma concomitante durante todo o processo de convergência.

Nesse ponto a contabilidade como ciência passou por um processo bastante semelhante quando das convergências para as normas internacionais com a promulgação da Lei n. 11.638/2007, que mudou os padrões contábeis, considerando a primazia da essência sobre a forma, normas contábeis orientadas por princípios e necessidade do julgamento por parte dos profissionais da contabilidade.[3]

Assim, a reforma tributária não altera apenas a forma de arrecadação e distribuição dos tributos, mas impõe desafios significativos ao processo contábil, exigindo também adaptação dos profissionais de contabilidade e das empresas para garantir conformidade com a nova legislação. A convivência entre sistemas distintos durante o período de transição demandará ajustes no modo de contabilizar, além da reavaliação dos impactos sobre as demonstrações financeiras, provisões e estimativas.

Portanto, compreender os efeitos da reforma tributária sob a ótica contábil é essencial para identificar riscos e assegurar que as informações financeiras continuem a cumprir seu papel de transparência e apoio à tomada de decisões. A harmonização entre normas contábeis e tributárias será um ponto determinante para reduzir inconsistências e evitar conflitos interpretativos que possam gerar insegurança jurídica e custos adicionais às empresas. Busca-se com isso analisar os principais impactos da reforma sobre a contabilidade, destacando os desafios e as oportunidades que surgem desse novo cenário.

NORMAS CONTÁBEIS E TRIBUTÁRIAS: ALINHAMENTO POSSÍVEL OU CONFLITO IMINENTE?

Não é de hoje que discutimos as interferências trazidas por normas de caráter tributário para o campo contábil. Enquanto a contabilidade busca refletir a realidade econômica e financeira das entidades com base em princípios como o da competência e o valor justo, a legislação tributária é guiada pelo interesse arrecadatório e pela necessidade de definição objetiva da base de cálculo dos tributos.

Para Andrade Filho,[4] a questão da intromissão considerada indevida das normas tributárias na seara contábil ganhou novos contornos com a edição da Lei n. 11.638/2007, que completou um ciclo de mudanças iniciados há pouco

3 IUDÍCIBUS, *Manual de contabilidade societária*, 2022.
4 ANDRADE FILHO, *Efeitos tributário da Lei n. 11.638/07*, 2008.

menos cinco décadas com a edição da Lei n. 6.404/76 e das normas advindas da Comissão de Valores Mobiliários (CVM) do Banco Central do Brasil (BCB) e de outros órgãos, que até então tinham o poder de legislar em matéria contábil. Essa lei promoveu muitas mudanças, estabelecendo o precedente legal necessário para a consecução da convergência para o estabelecimento dos padrões contábeis.

A Medida Provisória n. 449/2008 também trouxe mudanças, em especial ao instituir o regime tributário de transição, que tinha por objetivo assegurar a neutralidade tributária do processo de convergência às normais contábeis internacionais (Iudícibus, 2022). Logo, a contabilidade já passou por processos semelhantes em que o estabelecimento da norma contábil impactou diretamente a norma tributária.

Com a reforma tributária, espera-se que ocorra o processo inverso, ou seja, que as alterações propostas pela norma tributária imponham ajustes significativos à contabilidade, especialmente no que se refere à apuração de tributos e ao impacto nas demonstrações financeiras. A introdução do Imposto sobre Bens e Serviços (IBS) e da Contribuição sobre Bens e Serviços (CBS), substituindo tributos como Imposto sobre Circulação de Mercadorias e Serviços (ICMS), Imposto sobre Serviços de Qualquer Natureza (ISS), Programa de Integração Social (PIS) e Cofins, altera a estrutura de incidência tributária e pode exigir mudanças na forma de reconhecimento das obrigações fiscais e nos registros contábeis das empresas.

A coexistência de sistemas distintos durante o período de transição também traz desafios adicionais, exigindo que as empresas conciliem regras tributárias antigas e novas dentro do mesmo exercício contábil. Essa sobreposição pode gerar inconsistências na escrituração fiscal e contábil, demandando ajustes para garantir a correta apuração dos tributos e o atendimento aos requisitos de conformidade.

Além disso, o impacto sobre a mensuração e OO reconhecimento das obrigações tributárias exigirá uma reavaliação do modo como as empresas registram e divulgam informações fiscais em suas demonstrações financeiras, especialmente em relação ao impacto dos novos tributos na Demonstração do Resultado do Exercício (DRE) e no balanço patrimonial.

Esse cenário pode aumentar a complexidade operacional e demandar adaptações nos sistemas de informação contábil, incluindo atualizações nos ERP (*Enterprise Resource Planning*) e na estruturação dos dados utilizados para a apuração de impostos. A necessidade de adequação às novas normas tributárias pode levar a revisões nos controles internos, ajustes no reconhecimento de receitas e despesas, além de uma reavaliação dos efeitos fiscais no capital de giro e no fluxo de caixa das empresas. Em um ambiente de mudanças constantes, será essencial que contadores e gestores tributários estejam preparados para interpretar corretamente as novas exigências e alinhar os registros contábeis às diretrizes fiscais, minimizando riscos e garantindo segurança jurídica às operações empresariais.

A relação entre normas contábeis e tributárias sempre foi marcada por conflitos decorrentes de seus objetivos distintos. Enquanto a contabilidade busca refletir a realidade econômica das empresas por meio de princípios como a competência e o valor justo, a legislação tributária segue uma lógica arrecadatória, impondo regras para a apuração de tributos. A reforma tributária, ao propor a simplificação do sistema de impostos indiretos, pode abrir espaço para maior convergência entre essas normas, reduzindo algumas das distorções existentes. No entanto, a persistência de critérios exclusivamente fiscais, como limitações na dedutibilidade de despesas e a manutenção de regimes especiais de tributação, ainda pode representar obstáculos para um alinhamento pleno.

Apesar dos esforços para aproximar as normas contábeis e tributárias, a necessidade de arrecadação estatal impede uma total convergência entre as normas. A exigência de bases de cálculo específicas para determinados tributos continuará a demandar ajustes contábeis, criando desafios para a harmonização dos registros financeiros. Além disso, a transição entre os sistemas tributários pode gerar períodos de insegurança jurídica, exigindo adaptações constantes por parte das empresas.

O futuro da relação entre normas contábeis e tributárias dependerá da maneira como a reforma tributária será implementada e regulamentada nos próximos anos. Embora a proposta busque simplificar a tributação indireta, seus efeitos sobre a contabilidade só serão plenamente compreendidos na prática quando surgirem desafios na harmonização dos registros contábeis e fiscais. Assim, a adaptação da contabilidade à nova estrutura tributária exigirá não apenas ajustes operacionais, mas também interpretações normativas que evitem distorções na apuração de tributos e no reconhecimento dos efeitos financeiros da reforma. Diante desse cenário, é provável que novas regulamentações sejam necessárias para alinhar as normas contábeis às exigências fiscais, reduzindo impactos negativos sobre a escrituração e a elaboração das demonstrações financeiras.

Logo, o sucesso desse processo que podemos chamar de harmonização dependerá não somente da convergência normativa, mas da capacidade das empresas e profissionais contábeis de interpretar e aplicar corretamente as mudanças, garantindo conformidade, transparência e eficiência no processo contábil e tributário.

A NOVA SISTEMÁTICA TRIBUTÁRIA E OS REFLEXOS NA ESCRITURAÇÃO E DEMONSTRAÇÕES FINANCEIRAS

Silva *et al.*[5] afirmam que toda empresa é criada para ganhar dinheiro e, para tanto, consome recursos naturais, materiais, humanos e tecnológicos que serão considerados despesas, necessárias para realizar sua atividade empresarial, seja comercial, industrial, prestação de serviços ou locação, gerando receitas. O objetivo de qualquer empresa é obter mais receitas que despesas e, com isso, gerar lucro.

Já a apuração do denominado lucro é definida por meio do NBC TG (Norma Brasileira de Contabilidade Geral – Técnica Geral) n. 26, que determina que a entidade (nesse caso a empresa) deve apresentar todos os itens de receitas e despesas realizados dentro da tradicional Demonstração de Resultado do Exercício, assim como as demais variações do patrimônio líquido, que poderão transitar no futuro pelo resultado do período ou serem considerados lucros ou prejuízos.

Para Iudícibus *et al.*,[6] a lei define com clareza, por meio da Demonstração de resultado do exercício, o conceito de lucro líquido, estabelecendo os critérios de classificação de certas despesas. O autor afirma ainda que o lucro ou prejuízo apurado nessa demonstração é o que se pode chamar de lucro dos acionistas, pois, além dos itens normais, já se deduzem como despesas o imposto de renda e as participações sobre os lucros a outros que não os acionistas, de modo que o lucro líquido demonstrado é o valor final a ser adicionado ao patrimônio líquido da empresa, que, em última análise, pertence aos acionistas ou é distribuído como dividendo.

O valor do chamado lucro, portanto, é impactado diretamente pelos tributos sobre o lucro, mas também pelo cascateamento de todos os tributos considerados indiretos, esses sim objeto da presente reforma tributária.

A reforma tributária promovida pela Emenda Constitucional n. 132/2023 trouxe transformações significativas na estrutura dos tributos indiretos no Brasil, substituindo tributos tradicionais, como ICMS, ISS, PIS e Cofins, pelo Imposto sobre Bens e Serviços (IBS) e pela Contribuição sobre Bens e Serviços (CBS). Essas mudanças visam simplificar a tributação, reduzir distorções no sistema e proporcionar maior transparência na arrecadação.

No entanto, a transição para esse novo modelo impacta diretamente a contabilidade das empresas, exigindo ajustes na apuração de tributos, no reconhecimento de créditos fiscais e na escrituração contábil. Esse processo de

---

5 SILVA *et al.*, *Manual de gestão tributária*: teoria e prática, 2023.

6 IUDÍCIBUS *et al.*, *op. cit.*, 2022.

adaptação será crucial para garantir a conformidade com a nova legislação e evitar inconsistências nos registros financeiros.

A adoção de um IVA Dual (imposto sobre valor adicionado com IBS e CBS) é sem dúvida a principal mudança trazida pela reforma. Nesse ponto a princípio pode-se pensar que se trata de uma simples mudança de nomenclatura ou *modus operandi*; porém, se considerarmos que, por exemplo, o atual ICMS e o ISS preveem regras diferenciadas em cada estado e município, isso nos dá a dimensão de quão profundo será o impacto da reforma do ponto de vista da apuração.

Outro aspecto muito relevante se relaciona com a própria não cumulatividade, que, do ponto de vista prático, garante aos elos da cadeia produtiva a apropriação de créditos dos tributos pagos nas etapas posteriores, garantindo que a cobrança do tributo seja realizada somente sobre o valor agregado (lucro adicionado na etapa). O ISS hoje é um tributo cumulativo, e todo o valor agregado é efetivamente tributado sem a existência do mecanismo de compensação com as etapas anteriores, porém sua alíquota é muito menor em relação, por exemplo, ao ICMS, que permite a compensação.

Porém, embora o processo de compensação devesse ser totalmente simplificado e automático, para muitas empresas há várias dificuldades para a recuperação desses créditos, seja por conta da burocracia ou da própria limitação imposta pela própria legislação. Espera-se com a reforma que a compensação dos créditos seja mais ágil e automática, permitindo-se inclusive o ressarcimento de valores pagos e que as empresas compensem os valores ao longo da cadeia produtiva de maneira mais eficiente. O impacto direto está na própria gestão do fluxo de caixa e do capital de giro das empresas, pois reduzirá a necessidade de financiamento para o pagamento de tributos acumulados, melhorando assim a previsibilidade financeira.

Constata-se, porém, que haverá também consequências negativas, principalmente para empresas que operam sob regimes diferenciados, como as do regime cumulativo, nesse caso as que estão tributadas pelo lucro presumido, em que PIS e Cofins incidem sobre a receita bruta e sem direito ao crédito, porém com alíquotas muito menores. Com a nova sistemática, todas as empresas passarão para o regime não cumulativo, como visto anteriormente, no qual a alíquota maior e o crédito fiscal podem não compensar a carga tributária aumentada, levando a um aumento nos preços dos serviços ou reduzindo a margem de lucro.

Na sistemática atual, as empresas também podem diferir o pagamento de tributos ou se beneficiar de incentivos fiscais que reduzem imediatamente o impacto no fluxo de caixa. Com a transição para a nova sistemática, o reconhecimento será padronizado e poderá incidir em um momento diferente do atual, alterando a programação do fluxo de caixa e consequentemente a demanda por capital de giro.

A transição para o novo modelo tributário exigirá ajustes contábeis significativos para garantir que os tributos sejam contabilizados corretamente ao longo do período de transição, no qual os tributos atuais coexistirão com os novos tributos. Essa fase, prevista para durar até 2033, será marcada pela redução gradual das alíquotas dos tributos antigos e o aumento progressivo dos novos tributos. Esse modelo tem por finalidade minimizar eventuais impactos abruptos na carga tributária, permitindo que contribuintes e o próprio governo se adaptem às novas regras. Entretanto, a convivência entre dois sistemas exigirá um rigoroso controle para garantir a correta apuração dos tributos e principalmente os impactos nas demonstrações financeiras.

As empresas precisarão manter os registros contábeis detalhados para ambos os sistemas tributários, uma vez que ainda estarão obrigadas a recolher o ICMS e ISS, enquanto iniciam o pagamento do IBS, assim como continuarão a pagar o PIS e a Cofins ao mesmo tempo que recolhem a CBS. Essa duplicidade na tributação exigirá ajustes na escrituração fiscal e contábil, uma vez que, como visto anteriormente, cada regime prevê regras distintas para conhecimento de receitas e créditos tributários, em que a correta segregação das bases de cálculo, a alocação de tributos em centro de custos apropriado e a conciliação entre os valores recolhidos e os créditos acumulados minimizem a ocorrência de inconsistências e riscos fiscais.

A significativa alteração da sistemática de acúmulo, compensação e reconhecimento de créditos tributários no ambiente contábil e fiscal exigirá ajustes no reconhecimento e mensuração, uma vez que impactarão diretamente a Demonstração de Resultado do Exercício (DRE), como também o balanço patrimonial (BP); os relatórios deverão apresentar dados que possam refletir a alocação dos tributos de forma clara e principalmente auditável, uma vez que a provável reclassificação das contas contábeis será necessária para a conversão gradual e segura da estrutura fiscal das empresas.

Em um exemplo prático, pode-se pensar em uma indústria que hoje tem, por exemplo, R$ 10 milhões em créditos acumulados de ICMS e terá que seguir o novo ordenamento, que determina as regras de conversão, por exemplo, para o IBS. Caso o governo estabeleça que o aproveitamento desse crédito seja escalonado ao longo de cinco anos, a empresa provavelmente precisará registrar esse ajuste em seu balanço patrimonial e projetar a utilização progressiva do suposto crédito para compensação com o novo imposto. Espera-se que empresas que atualmente aproveitam créditos sobre despesas, por exemplo, energia elétrica, aluguel e serviços terceirizados, possam ter o aproveitamento desses benefícios perdidos, impactando diretamente na estrutura de custos e nos preços finais dos produtos e serviços.

A própria substituição tributária do ICMS, mecanismo que hoje é plenamente aplicado a uma grande gama de produtos por parte do varejo, terá impactos significativos na forma de apuração e principalmente no fluxo de caixa das empresas. No caso em questão, espera-se pelo menos que o impacto seja positivo, principalmente na redução dos custos financeiros que hoje estão atrelados ao pagamento por antecipação dos tributos.

A implementação do IVA representará uma mudança estrutural na forma como os profissionais da contabilidade, as empresas e os contribuintes em geral lidam com a tributação, tornando essencial, no caso dos profissionais da contabilidade e auditores fiscais, a revisão de procedimentos e normas de auditoria, além de novas estratégias para garantir a conformidade fiscal. Para que a reforma tributária cumpra seu objetivo de simplificação e diminuição da insegurança jurídica, será imperativo esses profissionais estarem plenamente preparados para lidar com os novos desafios e, principalmente, para interpretar corretamente as novas regras e aplicá-las na prática. Isso porque a eliminação de regimes diferenciados e a simplificação das bases tributárias exigirão a revisão completa dos processos em vigência.

Todas essas alterações propiciarão a abertura de oportunidades estratégicas para os profissionais de auditoria e contabilidade, uma vez que, a princípio, o novo sistema tributário criará um ambiente mais previsível para o planejamento tributário, permitindo novas abordagens de otimização fiscal, impulsionando a demanda por novos serviços de consultoria e auditoria tributária e ampliando o papel do profissional contábil na estratégia empresarial. Nesse ponto é possível vislumbrar serviços de consultoria para a transição tributária com foco na correta migração dos registros contábeis e automação fiscal, já que será necessário parametrizar sistemas para garantir o tratamento tributário na apuração e na compensação dos futuros tributos além dos existentes, além da oportunidade da criação de serviços relacionados à auditoria específica com base na nova legislação.

Essa reforma, apesar de sua complexidade e de todas as suas nuances, criará um novo cenário para a contabilidade no Brasil, para os profissionais buscarem antecipar mudanças, interpretar corretamente a nova legislação e oferecerem soluções eficientes para empresas com foco em trazer diferenciais competitivos e novas oportunidades de atuação no mercado.

CONCLUSÃO

A complexidade do sistema tributário brasileiro sempre foi um obstáculo ao crescimento econômico e à competitividade empresarial. A reforma tributária aprovada representa um passo significativo na tentativa de simplificação e reorganização da tributação sobre o consumo. A substituição dos tributos atuais pelo Imposto sobre Bens e Serviços (IBS) e pela Contribuição sobre Bens e Serviços (CBS) altera profundamente a maneira como as empresas apuram seus tributos, gerenciam créditos fiscais e estruturam sua contabilidade. Embora a mudança busque reduzir distorções históricas e proporcionar maior transparência, os desafios da transição são significativos, exigindo um período de adaptação que impactará diretamente o setor contábil e as demonstrações financeiras das empresas.

O período de transição, previsto para se estender até 2033, demandará a convivência entre dois sistemas tributários distintos, gerando desafios operacionais e contábeis que precisarão ser administrados cuidadosamente. A gestão de créditos tributários será um dos pontos mais críticos, pois a conversão de créditos acumulados de ICMS, ISS, PIS e Cofins para o novo sistema exigirá regras claras para evitar prejuízos financeiros às empresas. Da mesma forma, a escrituração fiscal precisará ser ajustada para refletir corretamente a substituição dos tributos, garantindo conformidade com as novas normas. Esse cenário reforça a necessidade de investimentos em tecnologia, capacitação de profissionais e atualização de sistemas contábeis, permitindo que as organizações mantenham sua regularidade fiscal e minimizem riscos jurídicos.

Observam-se também impactos diretos na estruturação das demonstrações financeiras, especialmente no balanço patrimonial (BP) e na Demonstração do Resultado do Exercício (DRE). A transição para um modelo de IVA Dual altera o modo como os tributos são reconhecidos, exigindo reclassificação contábil para garantir que os efeitos da reforma sejam corretamente refletidos nas informações financeiras. Além disso, a alteração na incidência dos tributos e a nova sistemática de compensação de créditos impactará diretamente o fluxo de caixa das empresas, tornando fundamental um planejamento financeiro adequado para mitigar possíveis efeitos negativos da nova legislação.

Apesar dos desafios, a reforma tributária também abre oportunidades estratégicas para empresas e profissionais da contabilidade. A simplificação das normas tributárias pode resultar em melhor gestão fiscal e maior previsibilidade na tributação, permitindo que as organizações adotem estratégias mais eficientes de planejamento tributário e precificação de produtos e serviços. Para os profissionais contábeis, a necessidade de adaptação e conformidade das empresas ao novo sistema criará demanda por consultorias especializadas, auditorias fiscais e serviços de otimização tributária, ampliando o escopo de atuação no mercado.

A modernização dos sistemas contábeis e fiscais será um fator crítico para o sucesso da transição. Empresas precisarão investir na atualização de seus sistemas ERP e SPED Fiscal, garantindo que as novas regras tributárias sejam corretamente aplicadas e que a escrituração fiscal esteja alinhada às diretrizes do novo modelo. A automação da apuração tributária e a digitalização dos processos fiscais se tornarão ainda mais relevantes, possibilitando maior controle e redução do risco de erros na apuração dos tributos.

Além dos aspectos técnicos e operacionais, a reforma tributária também terá implicações econômicas e estratégicas para as empresas. Setores que hoje se beneficiam de regimes diferenciados, como serviços e construção civil, poderão sofrer impactos significativos, uma vez que a mudança para um modelo de tributação não cumulativa pode aumentar a carga tributária sobre determinadas atividades. Por outro lado, setores que enfrentam dificuldades na recuperação de créditos tributários, como o varejo e a indústria, podem se beneficiar da simplificação e da possibilidade de compensação mais ampla dos tributos pagos ao longo da cadeia produtiva.

A adaptação das empresas à nova realidade tributária dependerá da capacidade de antecipação e planejamento, bem como da interpretação correta das novas normas. A regulamentação detalhada da reforma ainda será definida por meio de leis complementares e atos normativos, o que reforça a necessidade de acompanhamento contínuo por parte dos profissionais contábeis e das empresas. A atuação dos órgãos reguladores, como a Receita Federal e os Conselhos de Contabilidade, será essencial para garantir que a transição ocorra de maneira equilibrada, reduzindo inseguranças jurídicas e evitando distorções na aplicação das novas regras.

A segurança jurídica e a previsibilidade tributária serão fatores determinantes para o sucesso da reforma. Caso a implementação do novo sistema não ocorra de maneira estruturada e transparente, os problemas atuais poderão ser substituídos por novas incertezas e dificuldades na escrituração fiscal. Por isso, a participação ativa dos profissionais da contabilidade e das empresas no debate sobre a regulamentação será crucial para assegurar que a mudança resulte em um ambiente tributário mais eficiente e menos oneroso para o setor produtivo.

Conclui-se, portanto, que a reforma tributária representa um avanço necessário para a modernização do sistema de arrecadação no Brasil, mas também impõe desafios complexos que exigirão planejamento, adaptação e capacitação contínua. A contabilidade terá um papel central nesse processo, não apenas garantindo a correta aplicação das novas regras, mas também contribuindo para a otimização da gestão fiscal das empresas. Se bem implementada, a reforma pode proporcionar um ambiente de negócios mais equilibrado e transparente, permitindo maior eficiência na tributação e reduzindo a burocracia que hoje penaliza a atividade empresarial no país. No entanto, seu sucesso dependerá da maneira como será conduzida a transição e da capacidade dos agentes envolvidos de se prepararem para essa nova realidade.

BIBLIOGRAFIA

ANDRADE FILHO, Edmar Oliveira. *Efeitos tributário da Lei n. 11.638/07*. São Paulo: Ed. do Autor, 2008.

ASSAF NETO, Alexandre. *Finanças corporativas e valor*. 8. ed. São Paulo: Atlas, 2020.

BOLOGNESE, Ilana Renata Schoenberg; BOLOGNESE, Marcelo; RIBEIRO, Nayara da Silva. *Reforma tributária*: uma visão descomplicada. São Paulo: Imperium, 2024.

BRASIL. *Constituição da República Federativa do Brasil de 1988*. Disponível em: https://www.planalto.gov.br/ccivil_03/constituicao/constituicao.htm. Acesso em: 9 mar. 2025.

BRASIL. *Lei n. 11.941, de 27 de maio de 2009*. Altera a legislação tributária federal relativa ao parcelamento ordinário de débitos tributários; concede remissão nos casos em que especifica. Disponível em: https://www.planalto.gov.br/ccivil_03/_ato2007-2010/2009/Lei/L11941.htm. Acesso em: 9 mar. 2025.

BRASIL. *Lei Complementar n. 214, de 16 de janeiro de 2025*. Institui o Imposto sobre Bens e Serviços (IBS), a Contribuição Social sobre Bens e Serviços (CBS) e o Imposto Seletivo (IS); cria o Comitê Gestor do IBS e altera a legislação tributária. Disponível em: https://www.planalto.gov.br/ccivil_03/leis/lcp/lcp214.htm, Acesso em: 9 mar. 2025.

GUERRA, Fellipe. *Reforma tributária*: o novo sistema tributário brasileiro. Brasília: Sistema CFC/CRCs, 2024

HIGUCHI, Hiromi. *Imposto de renda das empresas*. 39. ed. São Paulo: IR Publicações, 2014.

IUDÍCIBUS, Sérgio de *et al*. *Manual de contabilidade societária*. Barueri: Atlas, 2022.

MACHADO SEGUNDO, Hugo de Brito. *Lei Complementar 214/2025 comentada*: IBS, CBS e IS. São Paulo: Atlas Jurídico, 2025

PADOVEZE, Silvio Aparecido. *Planejamento tributário*: teoria e prática. 5. ed. São Paulo: Saraiva Uni, 2023.

QUINTANILHA, Gabriel Sant'Anna. *Reforma tributária brasileira*: tributos sobre o consumo. Rio de Janeiro: Forense, 2024.

SILVA, Fabio Pereira da *et al*. *Manual de gestão tributária*: teoria e prática. Barueri: Atlas, 2023.

Capítulo **32**

O novo perfil constitucional do ITCMD

Camila Abrunhosa Tapias
Tais Capitanio

INTRODUÇÃO

Aprovada no final de 2023 como parte de uma ampla reforma tributária no Brasil, a Emenda Constitucional n. 132/2023 (EC n. 132/2023) introduziu diversas alterações ao ordenamento jurídico tributário, com foco na simplificação e maior eficiência da tributação sobre o consumo. Entre as principais inovações, além de um imposto seletivo, destaca-se a criação do IBS e da CBS, que substituem os antigos tributos PIS, Cofins, ICMS e ISS, alinhando o país às práticas adotadas mundialmente para promover maior transparência e simplicidade tributárias.

Para além dos tributos sobre o consumo, a reforma também impactou diretamente o Imposto sobre Transmissão *Causa Mortis* e Doação (ITCMD), tributo incidente sobre heranças e doações de quaisquer bens ou direitos. A EC n. 132/2023 modificou a sistemática de instituição e cobrança do imposto, alterando a competência dos estados e estabelecendo novos critérios de progressividade.

Ao longo dos anos, o ITCMD foi alvo de diversas disputas e discussões judiciais, especialmente quanto à sua incidência sobre bens localizados no exterior e ao fato gerador do Imposto sobre Transmissões *Causa Mortis*. Muitas dessas controvérsias originaram-se das ambiguidades e limitações nas regras constitucionais, que dificultavam a aplicação do imposto. Pretendendo endereçar essas questões, a EC n. 132/2023 introduziu alterações que buscam deixar mais clara a competência dos estados e definir diretrizes para a cobrança em casos específicos.

Nos próximos itens, exploraremos detalhadamente os impactos das alterações promovidas pela EC n. 132/2023 no ITCMD, abordando (i) a incidência do imposto sobre bens localizados no exterior (arts. 16 e 17 da EC n. 132/2023);

(ii) a alteração na regra de competência dos estados quanto à transmissão dos bens móveis (art. 155, § 1º, II, da CF/88); (iii) os novos critérios de progressividade (art. 155, § 1º, VI, da CF/88); e (iv) as imunidades tributárias recém-instituídas (art. 155, § 1º, VII, da CF/88).

É do que passamos a tratar.

ITCMD E BENS LOCALIZADOS NO EXTERIOR

Antes de se adentrar à análise da primeira alteração trazida pela EC n. 132/2023 no que tange ao ITCMD, é importante contextualizar o cenário legislativo e de disputas judiciais em que essa emenda foi concebida pelo legislador constituinte.

De início, vale destacar que o ITCMD, também conhecido como ITCD ou ITD, é o imposto que incide sobre a transferência de bens e direitos por meio de doação e *causa mortis*, sendo os estados e o Distrito Federal os entes federados competentes para instituir tal imposto, nos termos do art. 155, I,[1] da Constituição Federal (CF).

Quando a transmissão por doação ou *causa mortis* envolve elementos de conexão com o exterior – denominado neste artigo como ITCMD-Exterior –, a CF impõe limites à competência para sua instituição. Nesses casos, a Carta Magna determina que os estados e o Distrito Federal só poderão instituir e cobrar o ITCMD-Exterior mediante a edição de uma lei complementar:

> Art. 155. [...] § 1º O imposto previsto no inciso I:
> [...]
> III – terá competência para sua instituição regulada por *lei complementar*:
> *a)* se o doador tiver domicílio ou residência no exterior;
> *b)* se o de cujus possuía bens, era residente ou domiciliado ou teve o seu inventário processado no exterior; [...] [grifos nossos]

Diante da ausência de edição da necessária lei complementar, ao longo dos anos, os estados e o Distrito Federal entenderam que poderiam exercer a chamada "competência legislativa plena" para instituir e cobrar o ITCMD-Exterior,

1 "Art. 155. Compete aos Estados e ao Distrito Federal instituir impostos sobre: I – transmissão causa mortis e doação, de quaisquer bens ou direitos; [...]"

fundamentando-se no art. 24, § 3º,[2] da CF, e no art. 34[3] do Ato das Disposições Constitucionais Transitórias (ADCT).

No Estado de São Paulo, por exemplo, o legislador estadual instituiu o ITCMD-Exterior nas seguintes situações:[4] (i) na transmissão por doação, quando o doador é residente ou domiciliado no exterior e o donatário possui domicílio no Estado de São Paulo; ou (ii) na transmissão *causa mortis*, quando o *de cujus* residia no exterior ou possuía bens localizados no exterior, e o herdeiro tem domicílio no Estado de São Paulo.

Em virtude da instituição do ITCMD-Exterior por diversos estados, sem a devida regulamentação por meio de lei complementar, os contribuintes passaram a ajuizar ações judiciais pleiteando a não incidência do ITCMD-Exterior, com o objetivo de afastar a cobrança indevida por parte dos fiscos estaduais.

A controvérsia chegou ao Supremo Tribunal Federal (STF) por meio do Recurso Extraordinário (RE) n. 851.108/SP. Em 20 de abril de 2021, o STF, sob o regime de repercussão geral, decidiu que é vedado aos estados e ao Distrito Federal instituir (e arrecadar) o ITCMD-Exterior na ausência de lei complementar, uma vez que sua edição é exigência da CF. Os ministros declararam a inconstitucionalidade das disposições das legislações estaduais que previam a incidência do tributo em situações envolvendo elementos de conexão com o exterior, reconhecendo a nulidade dessas normas em razão da ausência de regulamentação federal.[5]

Em junho de 2022, o STF julgou a Ação Direta de Inconstitucionalidade por Omissão (ADO) n. 67, reconhecendo a existência de omissão legislativa na

---

2 "Art. 24. Compete à União, aos Estados e ao Distrito Federal legislar concorrentemente sobre: [...] § 3º Inexistindo lei federal sobre normas gerais, os Estados exercerão a competência legislativa plena, para atender a suas peculiaridades."

3 "Art. 34. O sistema tributário nacional entrará em vigor a partir do primeiro dia do quinto mês seguinte ao da promulgação da Constituição, mantido, até então, o da Constituição de 1967, com a redação dada pela Emenda n. 1, de 1969, e pelas posteriores. [...] § 3º Promulgada a Constituição, a União, os Estados, o Distrito Federal e os Municípios poderão editar as leis necessárias à aplicação do sistema tributário nacional nela previsto.

4 Lei estadual n. 10.705, de 28 de dezembro de 2000. Artigo 4º. O imposto é devido nas hipóteses abaixo especificadas, sempre que o doador residir ou tiver domicílio no exterior, e, no caso de morte, se o *de cujus* possuía bens, era residente ou teve seu inventário processado fora do país: I – sendo corpóreo o bem transmitido: *a)* quando se encontrar no território do Estado; *b)* quando se encontrar no exterior e o herdeiro, legatário ou donatário tiver domicilio neste Estado; II – sendo incorpóreo o bem transmitido: *a)* quando o ato de sua transferência ou liquidação ocorrer neste Estado; *b)* quando o ato referido na alínea anterior ocorrer no exterior e o herdeiro, legatário ou donatário tiver domicílio neste Estado."

5 Tese fixada: "É vedado aos Estados e ao Distrito Federal instituir o ITCMD nas hipóteses referidas no artigo 155, § 1º, III, da Constituição Federal sem a intervenção da lei complementar exigida pelo referido dispositivo constitucional".

regulamentação do ITCMD-Exterior. Na decisão, o STF fixou o prazo de doze meses para que o Congresso Nacional editasse a competente lei complementar destinada a estabelecer as normas gerais sobre o tema. Contudo, conforme já mencionado, até o momento a referida lei complementar não foi editada.

E foi nesse cenário que o tema do ITCMD-Exterior voltou ao centro das discussões com a promulgação da EC n. 132/2023, que estabeleceu regras transitórias para a cobrança de tal imposto enquanto não editada a necessária lei complementar.

Essas regras provisórias determinam que, em casos envolvendo conexão com o exterior, o ITCMD-Exterior poderá ser aplicado nas seguintes situações: (i) doador residente no exterior; (ii) sucessão de bens situados no exterior; (iii) sucessão em que o *de cujus* era residente no exterior e possuía bens no Brasil; (iv) sucessão em que o *de cujus* era residente no Brasil e possuía bens no exterior; e (v) sucessão em que o *de cujus* era residente no exterior ou possuía bens no exterior, e o(s) herdeiro(s) residente(s) no Brasil. Vejamos os dispositivos:

> Art. 16. Até que lei complementar regule o disposto no art. 155, § 1º, III, da Constituição Federal, o imposto incidente nas hipóteses de que trata o referido dispositivo competirá:
> I – relativamente a bens imóveis e respectivos direitos, ao Estado da situação do bem, ou ao Distrito Federal;
> II – se o doador tiver domicílio ou residência no exterior:
> *a)* ao Estado onde tiver domicílio o donatário ou ao Distrito Federal;
> *b)* se o donatário tiver domicílio ou residir no exterior, ao Estado em que se encontrar o bem ou ao Distrito Federal;
> III – relativamente aos bens do de cujus, ainda que situados no exterior, ao Estado onde era domiciliado, ou, se domiciliado ou residente no exterior, onde tiver domicílio o sucessor ou legatário, ou ao Distrito Federal.
> Art. 17. A alteração do art. 155, § 1º, II, da Constituição Federal, promovida pelo art. 1º desta Emenda Constitucional, aplica-se às sucessões abertas a partir da data de publicação desta Emenda Constitucional.

Embora a EC n. 132/2023 tenha estabelecido as regras mencionadas, é importante destacar dois pontos: (i) a própria emenda reconhece que se trata de uma regulamentação transitória, válida apenas enquanto não editada a lei complementar, ou seja, continua sem suprir a exigência constitucional de criação dessa lei complementar específica; e (ii) apesar de a EC n. 132/2023 ter assumido, de forma provisória, a função do legislador complementar ao regular as normas gerais do ITCMD-Exterior, isso não isenta os estados e o Distrito Federal de aprovarem novas legislações. As normas estaduais anteriores sobre o ITCMD-Exterior, já nascidas inconstitucionais (pois assim declaradas pelo

STF), não se tornam válidas simplesmente por agora estarem alinhadas com a Constituição.[6]

Importante acrescentar que, se e quando as leis estaduais forem editadas, as novas regras do ITCMD-Exterior deverão observar os princípios da anterioridade anual e da anterioridade nonagesimal. Isso significa que as normas só produzirão efeitos no ano seguinte à publicação das leis estaduais, respeitando também o intervalo mínimo de noventa dias entre a publicação e a vigência. Assim, se as leis forem publicadas em dezembro, por exemplo, suas disposições terão efeitos somente a partir de março do ano seguinte. Se forem publicadas em abril, os efeitos terão início em janeiro do ano subsequente.

Como se vê, tais mudanças introduzidas pela EC n. 132/2023 refletem uma tentativa do legislador constituinte de avançar em direção a uma regulamentação mais sólida para o ITCMD-Exterior, oferecendo uma solução provisória para a ausência da lei complementar e atendendo à necessidade de segurança jurídica tanto para os entes tributantes quanto para os contribuintes. No entanto, a solução trazida pela emenda é parcial e ainda depende de uma definição detalhada por meio de lei complementar, cuja edição é essencial para conferir estabilidade e consistência jurídica ao tratamento das transferências com elementos internacionais.

Enquanto a lei complementar não for promulgada e as novas legislações estaduais não forem adequadas às exigências constitucionais, o cenário continuará a demandar atenção, pois as regras transitórias da EC n. 132/2023 servem apenas como uma medida paliativa, sem resolver definitivamente as controvérsias que cercam o ITCMD-Exterior.

ITCMD E LOCAL DE ABERTURA DO INVENTÁRIO

Outra alteração relevante introduzida pela EC n. 132/2023 diz respeito à definição do estado competente para a cobrança do ITCMD nas transferências *causa mortis* de bens móveis, créditos e títulos (aqui não incluídos os bens imóveis).

De acordo com a redação anterior da CF, o ITCMD na transmissão *causa mortis* de bens móveis, títulos e créditos, era devido ao estado onde se processasse o inventário ou arrolamento do *de cujus*.[7] Isso permitia que, mesmo que

6 A figura da constitucionalidade superveniente já foi afastada há muito tempo pelo STF, conforme Recurso Extraordinário n. 390.840.

7 Redação antiga do art. 155, § 1º, II: "II – relativamente a bens móveis, títulos e créditos, compete ao Estado onde se processar o inventário ou arrolamento, ou tiver domicílio o doador, ou ao Distrito Federal".

o *de cujus* tivesse como última residência determinado Estado, os herdeiros poderiam abrir o inventário e recolher o ITCMD em relação aos bens móveis, créditos e títulos em outro estado, especialmente em estados com alíquotas mais baixas, visando reduzir a carga tributária.

É relevante destacar que a escolha do estado para a realização do inventário aplica-se apenas aos inventários extrajudiciais, ou seja, aqueles realizados por meio de escritura pública lavrada em Cartório de Notas. Por outro lado, os inventários judiciais permanecem sujeitos à regra de competência de abertura no último domicílio do falecido.

No que se refere aos bens imóveis, tanto na redação anterior da CF quanto na atual, o ITCMD permanece devido ao estado em que o imóvel está situado. Assim, mesmo que o inventário seja processado em um estado com alíquotas menores de ITCMD, em relação aos imóveis, o imposto deverá ser recolhido ao estado onde esses imóveis estiverem localizados.

O Estado do Amazonas, por exemplo, fixou uma alíquota de 2% tanto para a transmissão de bens por doação como *causa mortis*.[8] Assim, uma família poderia optar por abrir o inventário no Estado do Amazonas, beneficiando-se da alíquota reduzida naquele estado em relação a bens móveis, crédito e títulos, mesmo que o último domicílio do *de cujus* tivesse sido no Estado de São Paulo, onde a alíquota do ITCMD é de 4%.

Isso ocorre porque a CF atribuiu ao Senado Federal a competência para fixar as alíquotas máximas do ITCMD que podem ser cobradas pelos estados.[9] Em cumprimento a essa atribuição, o Senado Federal editou a Resolução n. 9/92, que estabelece o limite máximo de 8% para a alíquota do imposto.[10] Com base nessa diretriz, os Estados passaram a editar suas próprias legislações, fixando as alíquotas do ITCMD de acordo com suas políticas fiscais, desde que respeitado o teto de 8% estipulado pelo Senado Federal. O Estado do Amazonas, por sua vez, optou por estabelecer uma alíquota de 2%.

Com a promulgação da EC, não é mais permitido que os herdeiros escolham o estado em que será processado o inventário e recolhido o ITCMD em relação a bens móveis, títulos e créditos nas transmissões *causa mortis*. A nova redação

---

8 LC n. 19/97, "Art. 119. A alíquota do imposto é de 2% (dois por cento)".

9 "Art. 155. Compete aos Estados e ao Distrito Federal instituir impostos sobre: [...] I – transmissão *causa mortis* e doação, de quaisquer bens ou direitos; [...] § 1º O imposto previsto no inciso I: [...] IV – terá suas alíquotas máximas fixadas pelo Senado Federal; [...]."

10 Resolução n. 9, de 1992, "Art. 1º A alíquota máxima do imposto de que trata a alínea *a*, inciso I, do art. 155 da Constituição Federal será de oito por cento, a partir de 1º de janeiro de 1992".

estabelece que o ITCMD será devido ao estado em que o *de cujus* possuía seu último domicílio:

> Art. 16. Até que lei complementar regule o disposto no art. 155, § 1º, III, da Constituição Federal, o imposto incidente nas hipóteses de que trata o referido dispositivo competirá:
> [...]
> III – relativamente aos bens do de cujus, ainda que situados no exterior, ao Estado onde era domiciliado, ou, se domiciliado ou residente no exterior, onde tiver domicílio o sucessor ou legatário, ou ao Distrito Federal.

A introdução dessas novas regras quanto à abertura do inventário e ao recolhimento do ITCMD elimina a possibilidade de os herdeiros escolherem estados com alíquotas menores de ITCMD na transmissão *causa mortis*.

Importa destacar que, nos termos do art. 17 da EC n. 132/2023, a nova regra aplica-se às sucessões abertas a partir da data de publicação da referida Emenda, ou seja, para sucessões abertas a partir de 21 de dezembro de 2023.

ITCMD E PROGRESSIVIDADE

A EC n. 132/2023 também alterou a previsão contida no inciso VI do § 1º do art. 155 da CF, passando a estabelecer que o ITCMD "será progressivo em razão do valor do quinhão, do legado ou da doação", permitindo aos estados a instituição de alíquotas progressivas com base no valor dos bens transmitidos em heranças ou doações. Com essa alteração, o ITCMD passou a destinar, agora com respaldo constitucional, uma tributação mais elevada para transmissões de maior valor, considerando o montante individualmente recebido por herdeiros e donatários.

Antes mesmo da publicação da EC n. 132/2023, alguns estados já praticavam a progressividade nas alíquotas do ITCMD. No Rio de Janeiro, por exemplo, as alíquotas progressivas variam de 4 a 8%,[11] dependendo do valor da

---

11 Lei estadual n. 7.174/2015, "Art. 26. O imposto é calculado aplicando-se, sobre o valor fixado para a base de cálculo, considerando-se a totalidade dos bens e direitos transmitidos, a alíquota de: I – 4,0% (quatro e meio por cento), para valores até 70.000 UFIR-RJ; II – 4,5% (quatro e meio por cento), para valores acima de 70.000 UFIR-RJ e até 100.000 UFIR-RJ; III – 5,0% (cinco por cento), para valores acima de 100.000 UFIR-RJ e até 200.000 UFIR-RJ; IV – 6% (seis por cento), para valores acima de 200.000 UFIR-RJ até 300.000 UFIR-RJ; V – 7% (sete por cento), para valores acima de 300.000 UFIR-RJ e até 400.000 UFIR-RJ; VI – 8% (oito por cento) para valores acima de 400.000 UFIR-RJ".

transmissão. De maneira similar, o Distrito Federal adota uma escala progressiva para o imposto, com alíquotas que vão de 4 a 6%,[12] ajustando a carga tributária de acordo com o montante transmitido.

É importante lembrar que a alíquota máxima atualmente permitida para o ITCMD no Brasil é de 8%, conforme mencionado no item precedente. Esse limite restringe a possibilidade de os estados aplicarem uma progressividade mais elevada, ainda que a Constituição permita a diferenciação das alíquotas conforme o valor transmitido. No Congresso Nacional, está em tramitação o Projeto de Resolução do Senado n. 57/2019, que propõe elevar o teto do ITCMD para até 16%, o que daria aos estados maior flexibilidade para ajustar a tributação de acordo com o valor das heranças e doações.

A inclusão da progressividade no ITCMD pela EC n. 132/2023 deve ser celebrada, pois representa um avanço importante no sistema tributário, particularmente em um contexto como o brasileiro, marcado pela regressividade. Na prática, a progressividade no ITCMD, ao impor alíquotas mais altas para maiores transferências de riqueza, colabora para reduzir a concentração de renda, respeitando a capacidade econômica dos contribuintes, tributando com mais eficiência maiores patrimônios e aproximando o Brasil das práticas tributárias adotadas em países onde a progressividade é elemento fundamental para combater desigualdades.

No entanto, mesmo com a progressividade introduzida pela EC n. 132/2023, o Brasil ainda figura entre os países que menos tributam transferências de bens por doação e herança. Em outros países, as alíquotas sobre esse tipo de transmissão patrimonial são significativamente mais elevadas, atingindo patamares que chegam a 30%, 40% ou até mais em determinadas jurisdições.

ITCMD E NOVAS IMUNIDADES

Outra nova previsão trazida pela EC n. 132/2023 diz respeito às imunidades tributárias instituídas para o ITCMD, ampliando as hipóteses em que esse imposto não incidirá sobre determinadas transmissões.

Nos termos do art. 155, § 1º, VII,[13] da CF, as novas imunidades incluem transmissões patrimoniais voltadas para projetos com finalidades sociais e

---

12 Lei estadual n. 3.804/2006, "Art. 9º O imposto observa as seguintes alíquotas: I – 4% sobre a parcela da base de cálculo que não exceda a R$ 1.000.000,00; II – 5% sobre a parcela da base de cálculo que exceda R$ 1.000.000,00 até R$ 2.000.000,00; III – 6% sobre a parcela da base de cálculo que exceda R$ 2.000.000,00".

13 "Art. 155. [...] § 1º O imposto previsto no inciso I: [...] VII – não incidirá sobre as transmissões e as doações para as instituições sem fins lucrativos com finalidade de rele-

ambientais de alta relevância. Dessa forma, doações ou legados destinados a iniciativas voltadas à preservação ambiental e ao combate às mudanças climáticas, além de projetos com propósito socioambiental, por exemplo, passam a ser imunes ao ITCMD.

Essas imunidades reforçam o papel do sistema tributário como ferramenta de incentivo a ações de impacto positivo, permitindo que recursos sejam direcionados a áreas de interesse público sem a carga adicional do imposto. Com isso, a EC n. 132/2023 contribui para um modelo de tributação mais alinhado com o desenvolvimento sustentável e a justiça social, incentivando que contribuintes direcionem bens e recursos para iniciativas que beneficiem o meio ambiente e a sociedade de forma ampla.

Além dessa medida específica quanto ao ITCMD, outras passagens da EC n. 132/2023 demonstram a intenção do legislador constituinte de integrar a questão ambiental ao sistema tributário, refletindo uma preocupação que se alinha com tendências globais. A ênfase no incentivo a projetos ambientais revela uma resposta às demandas mundiais por políticas sustentáveis e pela proteção do ecossistema, incluindo a mitigação dos impactos das mudanças climáticas e a preservação de recursos naturais.

Ao internalizar essas preocupações, a EC n. 132/2023 insere o Brasil no debate internacional sobre a importância de um sistema tributário comprometido com causas socioambientais. Esse movimento atende a um apelo crescente mundial por práticas que associem a arrecadação tributária ao fomento de atividades sustentáveis e que garantam o uso responsável dos recursos.

CONCLUSÃO

Diante de todo exposto, tem-se que as mudanças trazidas pela EC n. 132/2023 foram importantes para a modernização do ITCMD, embora sua plena efetividade ainda dependa da regulamentação complementar e de novos ajustes legislativos estaduais. A introdução dessas novas regras constitucionais inaugura uma nova etapa no sistema de tributação de heranças e doações de bens ou direitos no Brasil.

Entre as inovações, destacam-se as regras transitórias para o ITCMD-Exterior em casos de transmissões por doação ou *causa mortis* que envolvem elementos de conexão com o exterior. Essas regras, apesar de serem provisórias,

---

vância pública e social, inclusive as organizações assistenciais e beneficentes de entidades religiosas e institutos científicos e tecnológicos, e por elas realizadas na consecução dos seus objetivos sociais, observadas as condições estabelecidas em lei complementar. [...]"

ainda necessitam da edição de uma lei complementar, essencial para garantir a estabilidade definitiva desse imposto.

A alteração do critério de competência para cobrança do ITCMD, agora vinculada ao domicílio do *de cujus*, elimina a escolha de estados com alíquotas menores para a abertura do inventário, promovendo maior rigor aos arranjos sucessórios. Além disso, a progressividade das alíquotas, baseada no valor dos bens transmitidos, permite ajustar a tributação conforme a capacidade econômica dos contribuintes, mitigando a regressividade do sistema.

As imunidades concedidas a doações para fins socioambientais também representam um avanço importante, incentivando o direcionamento de recursos para projetos de interesse público e alinhando o Brasil às práticas de tributação sustentável.

BIBLIOGRAFIA

AMAZONAS. *Lei Complementar estadual n. 19, de 29 de dezembro de 1997.* Institui o Código Tributário do Estado do Amazonas e dá outras providências. Disponível em: https://sistemas.sefaz.am.gov.br/get/Normas.do?metodo=viewDoc&uuidDoc=ac5497ab-4fbd-4bc8-a51b-32405f-61dc30. Acesso em: 5 nov. 2025.

BRASIL. Ato das Disposições Constitucionais Transitórias. Disponível em: https://www.planalto.gov.br/ccivil_03/constituicao/constituicao.htm. Acesso em: 5 nov. 2025.

BRASIL. Constituição da República Federativa do Brasil, promulgada em 5 de outubro de 1988. Disponível em https://www.planalto.gov.br/ccivil_03/constituicao/constituicaocompilado.htm. Acesso em: 5 nov. 2025.

BRASIL. *Emenda Constitucional n. 132, de 20 de dezembro de 2023.* Altera o Sistema Tributário Nacional. Disponível em: https://www.planalto.gov.br/ccivil_03/constituicao/emendas/emc/emc132.htm. Acesso em: 5 nov. 2025.

BRASIL. *Lei estadual n. 3.804, de 08 de fevereiro de 2006.* Dispõe quanto ao Imposto sobre a Transmissão Causa Mortis e Doação de Quaisquer Bens ou Direitos – ITCD, e dá outras providências. Disponível em: https://www.sinj.df.gov.br/sinj/Norma/51724/Lei_3804_2006.html#:~:text=LEI%20N%C2%BA%203.804%2C%20DE%2008%20DE%20FEVEREIRO%20DE%202006&text=Disp%C3%B5e%20quanto%20ao%20Imposto%20sobre,Art. Acesso em: 5 nov. 2025.

BRASIL. *Projeto de Lei Complementar n. 68, de 2024.* Institui o Imposto sobre Bens e Serviços – IBS, a Contribuição Social sobre Bens e Serviços – CBS e o Imposto Seletivo – IS e dá outras providências. Disponível em: https://www.planalto.gov.br/CCIVIL_03/Projetos/Ato_2023_2026/2024/PLP/plp-068.htm. Acesso em: 5 nov. 2025.

BRASIL. *Projeto de Lei Complementar n. 108, de 2024.* Institui o Comitê Gestor do Imposto sobre Bens e Serviços – CG-IBS e dá outras providências. Disponível em: https://www.planalto.gov.br/CCIVIL_03/Projetos/Ato_2023_2026/2024/PLP/plp-108.htm. Acesso em: 5 nov. 2025.

BRASIL. *Resolução do Senado Federal n. 9*, de 05 de maio de 1992. Disponível em: https://legis.senado.leg.br/norma/590017. Acesso em: 5 nov. 2025

BRASIL. Supremo Tribunal Federal. Ação Direta de Inconstitucionalidade por Omissão n. 67 do Processo n. 0053127-26.2021.1.00.0000. Disponível em: https://portal.stf.jus.br/processos/detalhe.asp?incidente=6167952. Acesso em: 5 nov. 2025.

BRASIL. Supremo Tribunal Federal. RE n. 851.108/SP do Processo n. 0020249-90.2011.8.26.0032. Disponível em: https://portal.stf.jus.br/processos/detalhe.asp?incidente=4667945. Acesso em: 5 nov. 2025.

RIO DE JANEIRO. *Lei estadual n. 7.174, de 28 de novembro de 2015.* Dispõe sobre o imposto sobre a transmissão causa mortis e doação de quaisquer bens ou direitos (ITD), de competência do estado do Rio de Janeiro. Disponível em: http://alerjln1.alerj.rj.gov.br/CONTLEI.NSF/c8aa0900025feef6032564ec0060dfff/38c6d405dd5c89fd83257f1f006deb65?OpenDocument. Acesso em: 5 nov. 2025.

Capítulo **33**

O art. 136 do ADCT e o estranho caso da contribuição ao FET do Estado do Tocantins

Alessandra Okuma

INTRODUÇÃO

Trataremos, no presente capítulo, do art. 136 do Ato das Disposições Constitucionais Transitórias (ADCT) examinando-o de acordo com o caso concreto da contribuição ao Fundo Estadual do Tocantins (FET).

Nossa análise envolverá um caso dos mais instigantes, porque envolve conceitos tributários, direito constitucional e direito intertemporal.

A COBRANÇA DA CONTRIBUIÇÃO AO FET NA LEI N. 3.617/2019 E SUA INCONSTITUCIONALIDADE

Em sua versão original, a Lei n. 3.617/2019 do Estado do Tocantins instituiu o Fundo Estadual de Transporte (FET), custeado por:

> Art. 6º Constituem fontes de receitas do FET: [...]
> VI – recursos apurados na forma do art. 7º desta lei; [...]
> Art. 7º **Os contribuintes que promoverem as operações de saídas interestaduais ou com destino a exportação**, bem como nas operações equiparadas a exportação, previstas no parágrafo único do art. 3º da Lei Complementar Federal n. 87, de 13 de setembro de 1996, ainda que não tributadas, de **produtos de origem vegetal, mineral ou animal, deverão recolher o percentual de 0,2%**, sobre o valor da operação destacada no documento fiscal, a conta do FET.
> § 1º A importância devida nos termos deste artigo é recolhida no prazo previsto em regulamento para o pagamento do ICMS quando se tratar de contribuintes localizados no território tocantinense.

> § 2º O disposto neste artigo não se aplica às remessas efetuadas por produtor rural, dentro do território do Estado, com destino a leilão, exposição ou feiras e respectivos retornos.
> § 3º O pagamento da contribuição do FET referente às operações mencionadas no *caput* deste artigo, não dispensa o remetente da mercadoria da observância das demais disposições estabelecidas na legislação tributária estadual.
> § 4º O recolhimento do percentual de que trata este artigo deve ser realizado independentemente da retenção e recolhimento do ICMS, devido em cada operação.
> § 5º Os produtos mencionados no *caput* deste artigo, sujeitos ao recolhimento ao FET, serão elencados em ato expedido pelo Secretário de Estado da Fazenda. [acrescentado pela Lei n. 3.796, de 13.07.2021, *DOE* 5.885]
> Art. 8º Em relação à apuração e ao recolhimento do percentual de que trata o *caput* do art. 7º desta Lei ao FET, compete à Secretaria da Fazenda a administração, fiscalização, arrecadação e eventual aplicação de penalidade. [redação dada pela Lei n. 3.796, de 13.07.2021, *DOE* 5.885]

A contribuição ao FET, nos moldes da Lei n. 3.617/2019, tinha evidente natureza jurídica tributária, pois tem as características estabelecidas no art. 3º do Código Tributário Nacional (CTN). Confira-se: "Art. 3º Tributo é toda prestação pecuniária compulsória, em moeda ou cujo valor nela se possa exprimir, que não constitua sanção de ato ilícito, instituída em lei e cobrada mediante atividade administrativa plenamente vinculada".

O pagamento ao FET exigido pelo Estado do Tocantins era prestação pecuniária compulsória, em moeda, instituída em lei e cobrada pela Secretaria da Fazenda do Estado, que não se confundia com sanção por ato ilícito.[1]

A contribuição ao FET era, portanto, um *verdadeiro imposto*, cujo fato gerador é a saída de mercadorias com destino à exportação e a base de cálculo é o valor da operação. Por isso e por violar a imunidade constitucional prevista no art. 155, § 2º, X, *a*, **o Supremo Tribunal Federal (STF) declarou inconstitucional sua cobrança nos termos da Lei n. 3.617/2019**. Confira-se a ementa da ADI n. 6.365:

> Ação Direta de Inconstitucionalidade. Arts. 6º, VI, 7º (redação original e aquela dada pela Lei Estadual n. 4.029/2022) e 8º da Lei n. 3.617/2019 do Estado do Tocantins. Contribuição ao Fundo Estadual do Transporte – FET incidente

1 "Tributo, sabemos, encontra definição no art. 3º do CTN, definição que se resume em termos jurídicos, no constituir ele uma obrigação, que a lei impõe às pessoas, de entregar uma certa importância em dinheiro ao Estado" (STF, RE n. 138.284/CE, Pleno, rel. Min. Carlos Velloso, j. 01.07.1992).

sobre o valor das operações com produtos de origem vegetal, mineral ou animal, inclusive os destinados à exportação. Legitimidade ativa *ad causam*. Entidade representativa dos produtores de soja. Pertinência temática. Exação que caracteriza adicional do ICMS com receita vinculada. Usurpação da competência do Senado Federal para estabelecer as alíquotas do ICMS aplicáveis às operações interestaduais (art. 155, § 2º, IV, da CRFB/88). Impossibilidade de vinculação da receita de imposto sem autorização constitucional (art. 167, IV, da CRFB/88). Ofensa à imunidade tributária das operações que destinam mercadorias ao exterior (art. 155, § 2º, X, *a*, da CRFB/88). Ação Direta de Inconstitucionalidade conhecida e julgado procedente o pedido. 1. A Associação Brasileira dos Produtores de Soja – APROSOJA BRASIL ostenta legitimidade *ad causam* na presente ação para o ajuizamento de demanda em face dos dispositivos legais que instituíram exação incidente sobre operações com "produtos de origem vegetal, mineral ou animal". 2. Entidades de classe podem provocar o controle abstrato de normas cujo âmbito de incidência extrapole a categoria econômica ou profissional representada (ADI n. 4.203, Plenário, rel. Min. Dias Toffoli, *DJe* 02.02.2015). 3. O art. 7º da Lei n. 3.617/2019 do Estado do Tocantins determina o recolhimento ao Fundo Estadual do Transporte – FET de percentual incidente sobre o valor destacado no documento fiscal relativo a operações de saída de produtos de origem vegetal, mineral ou animal ocorridas em seu território, inclusive com destino à exportação ou equiparadas. O § 5º do referido art. 7º permite a revisão dos produtos submetidos à exação por ato do Secretário de Estado da Fazenda. 4. A exação não caracteriza preço público, vez que exigida em face de fato gerador (operação de saída de mercadoria) que não denota relação negocial entre o Estado e o particular, nem tampouco voluntariedade na submissão à exigência, pois a cobrança independe da utilização de qualquer bem ou serviço público. **A base de cálculo eleita (valor destacado na nota fiscal) não guarda relação com eventuais custos de manutenção das rodovias estaduais porventura utilizadas para o escoamento da produção rural.** Destarte, **a exação consubstancia tributo, porquanto compulsória, estando sujeita às limitações constitucionais ao poder de tributar**. 5. A ADI n. 7.363, rel. Min. Dias Toffoli, cuja medida cautelar deferida pelo Relator não foi referendada pelo Plenário da Corte, não serve de paradigma no caso *sub judice*. É que naquela ação cuida-se de "contribuição no âmbito do ICMS", destinada a fundo de infraestrutura estadual, exigida como condição para a fruição de incentivos e benefícios fiscais e/ou regime especial de fiscalização e técnica de arrecadação (ICMS-ST). Há controvérsia a respeito do caráter compulsório ou facultativo da "contribuição" mercê do contexto normativo em que inserida a exação criada pelo Estado de Goiás, no qual o pagamento de valores ao Fundo Estadual de Infraestrutura – FUNDEINFRA decorre da fruição de um regime especial de controle de exportação (art. 79-A, § 2º, do Decreto n.

> 4.852/97, com redação estabelecida pelo Decreto n. 10.187, de 30 de dezembro de 2022). 6. *In casu*, o recolhimento criado pelo Estado do Tocantins apresenta características de imposto, pois incide sobre situação reveladora de riqueza relacionada exclusivamente aos contribuintes, não vinculada a qualquer atividade estatal. **Ademais, por possuir fato gerador (operações de saída de produtos de origem vegetal) e base de cálculo (valor destacado no documento fiscal) idênticos aos do ICMS, forçoso concluir que se trata de adicional de alíquota do ICMS** com receita vinculada, à semelhança dos adicionais do ICMS destinados aos fundos estaduais de combate à pobreza, porém, *in casu*, sem amparo constitucional.7. O art. 155, § 2º, IV, da Constituição Federal preceitua que "resolução do Senado Federal, de iniciativa do Presidente da República ou de um terço dos Senadores, aprovada pela maioria absoluta de seus membros, estabelecerá as alíquotas aplicáveis às operações e prestações, interestaduais e de exportação". Desse modo, não podem os Estados-membros criar adicionais sobre as alíquotas interestaduais do ICMS. 8. **O art. 167, IV, da Constituição Federal** veda a vinculação da receita de impostos a órgão, fundo ou despesa, salvo nas hipóteses expressamente previstas na Constituição. As exceções à vedação, exaustivamente listadas em normas constitucionais, devem ser interpretadas literalmente, a fim de que possa se viabilizar uma exegese harmonizadora dos dispositivos da Constituição. Assim, qualquer vinculação de parcela da receita de impostos sem amparo no texto constitucional é, pois, inconstitucional. Precedentes: ADI n. 3.550, Plenário, rel. Min. Dias Toffoli, *DJe* 06.03.202 [*sic*, 2020]; ADI n. 422, Plenário, rel. Min. Luiz Fux, *DJe* 09.09.2019; ADI n. 553, Plenário, rel. Min. Cármen Lúcia, *DJe* 14.02.2019; ADI n. 2.529, Plenário, rel. Min. Gilmar Mendes, *DJ* 06.09.2007; ADI n. 3.576, Plenário, rel. Min. Ellen Gracie, *DJ* 02.02.2007; ADI n. 1.750, Plenário, rel. Min. Eros Grau, *DJ* 13.10.2006; ADI n. 1.689, Plenário, rel. Min. Sydney Sanches, *DJ* 02.05.2003. 9. O adicional do ICMS em questão incide inclusive sobre operações de saída de mercadorias com destino à exportação ou equiparadas à exportação, em manifesta afronta ao disposto no art. 155, § 2º, X, *a*, da Constituição Federal, que estabelece **imunidade em relação ao ICMS para as operações que destinem mercadorias ao exterior**. 10. Ação direta de inconstitucionalidade julgada procedente para **declarar a inconstitucionalidade do inciso VI do art. 6º e dos arts. 7º e 8º da Lei n. 3.617/2019 do Estado do Tocantins**. (STF, ADI n. 6.365, Pleno, rel. Min. Luiz Fux, j. 14.02.2024, *DJ* 22.02.2024, v.u.) [grifos nossos]

Como se depreende, o Plenário do STF julgou **inconstitucional** a cobrança do FET, por reconhecer a natureza tributária dessa contribuição, que é um verdadeiro adicional do ICMS destinado a um fundo, em infringência ao art. 167, IV, da CF e viola a imunidade das exportações.

OS EFEITOS DA DECLARAÇÃO DE INCONSTITUCIONALIDADE NA ADI N. 6.365

Todos sabemos que o STF é o órgão máximo de nosso ordenamento jurídico, que exerce duas funções essenciais: (i) no controle difuso, como Corte de recursos, analisa a inconstitucionalidade de leis no caso concreto; (ii) no controle concentrado, como Corte Constitucional, analisa a constitucionalidade de leis em abstrato.

As decisões no controle difuso de constitucionalidade têm efeitos apenas para a questão julgada – salvo quando é reconhecida a repercussão geral – e atingem os sujeitos da relação processual.

As decisões do controle concentrado ou em sede de repercussão geral do STF atingem a todos: particulares e poder público. Ou seja: *erga omnes*. E seus efeitos são retroativos, isto é, *ex tunc*,[2] como bem apontaram Fernando Zilveti e Fabiana Carsoni:[3]

> No Brasil, o controle de constitucionalidade das leis é feito por dois mecanismos: difuso e concentrado. Seja neste, seja naquele mecanismo de controle, tradicionalmente, a declaração de inconstitucionalidade da lei tem eficácia declaratória, e não constitutiva, na medida em que a lei inconstitucional é nula *ab initio*. Ao decidir pela inconstitucionalidade, portanto, o STF declara, em certa medida, a incompatibilidade da norma em razão da Constituição, um paradigma de validade.

A inconstitucionalidade da Lei n. 3.617/2019 torna-a INVÁLIDA, ou INEXISTENTE, na teoria de Pontes de Miranda[4] e Francisco Campos:

---

2 Em face da adoção pelo Judiciário brasileiro do princípio da nulidade da lei inconstitucional, a lei declarada inconstitucional é nula desde sua origem – *ab initio*. Daí se exigir eficácia *ex tunc* à decisão que a declare, porquanto a observância de uma norma inconstitucional importaria na suspensão provisória ou parcial da Constituição. Nesse caso, os termos "inconstitucionalidade" e "nulidade" são empregados como sinônimos, possuindo o caráter de sanção. Leva o ato ferido pela pecha de inconstitucionalidade a ser "declarado nulo *ipso jure* não mais podendo ser aplicado, seja no âmbito do comércio jurídico privado, seja na esfera estatal" (VIEIRA, Guaraci de Souza. *Inconstitucionalidade*: a aplicação do princípio da nulidade da lei inconstitucional, 2007. MENDES, Gilmar Ferreira. *Jurisdição constitucional*: o controle abstrato de normas no Brasil e na Alemanha, 2004, p. 288-9).

3 Algumas notas sobre modulação das decisões das Cortes Constitucionais no Direito Tributário. *Revista Direito Tributário Atual*, n. 51, ano 40, p. 450-83. São Paulo, IBDT, 2º quadrimestre 2022.

4 *Comentários à Constituição de 1946*, tomo VI, 1960, p. 418. Cito-o nos comentários de 1946, pois os posteriores apenas o copiam.

> Um ato ou uma lei inconstitucional é um ato ou uma lei inexistente; uma lei inconstitucional é lei apenas aparentemente, pois que, de fato ou na realidade, não o é. O ato ou lei inconstitucional nenhum efeito produz, pois que inexiste de direito ou é para o Direito como se nunca houvesse existido.[5]

O mesmo fundamento foi adotado pelo STF na ADI n. 2:

> Constituição. Lei anterior que a contrarie. Revogação. Inconstitucionalidade superveniente. Impossibilidade. **A lei ou é constitucional ou não é lei**. Lei inconstitucional é uma contradição em si. A lei é constitucional quando fiel à Constituição; inconstitucional, na medida em que a desrespeita, dispondo sobre o que lhe era vedado. **O vício da inconstitucionalidade é congênito à lei e há de ser apurado em face da Constituição vigente ao tempo de sua elaboração.** [...] Reafirmação da antiga jurisprudência do STF, mais que cinquentenária. (STF, ADI n. 2-DF, rel. Min. Paulo Brossard, j. 06.02.1992, *DJ* 21.11.1997)

Importante observar que o precedente da ADI n. 2-DF foi reiterado pelo STF em diversos julgamentos mais recentes, dentre os quais ressaltamos: RE n. 766.616 Ag. Reg., rel. Min. Rosa Weber, j. 02.12.2014; RE n. 278.710 Ag. Reg., rel. Min. Joaquim Barbosa, j. 20.04.2010; AI n. 813.558 Ag. Reg., rel. Min. Ayres Britto, j. 01.03.2011; ADI n. 4.601, rel. Min. Luiz Fux, j. 25.10.2018; e outras.

Dessas decisões fica claro que uma lei declarada inconstitucional, como foi Lei n. 3.617/2019 é **nula** e **inexistente**. Logo, não poderia ser "constitucionalizada" pela posterior PEC n. 132/2023.

A Lei n. 3.617/2019 somente pode ser analisada à luz da Constituição vigente à época, como foi na ADI n. 6.365, que declarou sua inconstitucionalidade e, apesar do pedido do Estado do Tocantins, **negou modulação dos efeitos** do art. 27 da Lei n. 9.868/99.

Portanto, a inconstitucionalidade da Lei n. 3.617/2019 tem efeitos *ex tunc*, tornando-a inválida desde sua edição.

Atos normativos julgados inconstitucionais pelo Supremo Tribunal Federal em decisão proferida em sede de controle concentrado de constitucionalidade são **nulos** e considerados **inexistentes**. A inconstitucionalidade prejudica as normas jurídicas desde sua promulgação. Nesse sentido foi a decisão do STF na Questão de Ordem na ADI n. 652/MA (*DJ* 04.02.1993), rel. Min. Celso de Mello:

> O repúdio ao ato inconstitucional decorre, em essência, do princípio que, fundado na necessidade de preservar a unidade da ordem jurídica nacional, con-

5 CAMPOS, Francisco. *Direito constitucional*, v. I, 1956, p. 430.

sagra a supremacia da Constituição. Esse postulado fundamental de nosso ordenamento normativo impõe que preceitos revestidos de menor grau de positividade jurídica guardem, necessariamente, relação de conformidade vertical com as regras inscritas na Carta Política, sob pena de ineficácia e de consequente inaplicabilidade. – **Atos inconstitucionais são, por isso mesmo, nulos e destituídos, em consequência, de qualquer carga de eficácia jurídica. – A declaração de inconstitucionalidade de uma lei alcança, inclusive, os atos pretéritos com base nela praticados, eis que o reconhecimento desse supremo vício jurídico, que inquina de total nulidade os atos emanados do Poder Público, desampara as situações constituídas sob sua égide e inibe – ante a sua inaptidão para produzir efeitos jurídicos válidos – a possibilidade de invocação de qualquer direito.** – A declaração de inconstitucionalidade em tese encerra um juízo de exclusão, que, fundado numa competência de rejeição deferida ao Supremo Tribunal Federal, **consiste em remover do ordenamento positivo a manifestação estatal inválida** e desconforme ao modelo plasmado na Carta Política, com todas as consequências daí decorrentes, inclusive a plena restauração de eficácia da lei e das normas afetadas pelo ato declarado inconstitucional. Esse poder excepcional – que extrai a sua autoridade da própria Carta Política – converte **o Supremo Tribunal Federal em verdadeiro legislador negativo**. [...] (STF, ADI n. 652-QO, Pleno, rel. Min. Celso de Mello, j. 02.04.1992, *DJ* 02.04.1993) [grifos nossos]

Na ausência da modulação dos efeitos da ADI n. 6.365, prevalece a regra de que os efeitos da decisão que declarou a inconstitucionalidade da Lei n. 3.617/2019 são *ex tunc*, ou seja, **retroagem desde sua promulgação**, para **remover a norma jurídica inconstitucional e todos seus efeitos.**[6]

Acrescente-se que o art. 28, parágrafo único, da Lei n. 9.868/99 prevê que a declaração de inconstitucionalidade tem eficácia contra todos e **efeito vinculante em relação aos órgãos do Poder Judiciário e à Administração Pública federal, estadual e municipal.**

Assim sendo, a jurisprudência pacífica do STF concluiu pela eficácia *ex tunc* de decisões em controle concentrado de constitucionalidade, ressalvadas

6 "A declaração de inconstitucionalidade, no entanto, que se reveste de caráter definitivo, sempre retroage ao momento em que surgiu, no sistema de direito positivo, o ato estatal atingido pelo pronunciamento judicial (nulidade *ab initio*). É que atos inconstitucionais são nulos e desprovidos de qualquer carga de eficácia jurídica" (*RTJ* 146/461). STF, ADI n. 1.434-MC, rel. Min. Celso de Mello, j. 20.09.1996, *DJ* 22.11.1996; ADI n. 18 QO03-MC, rel. Min. Celso de Mello, j. 25.03.2010, *DJ* 18.06.2010.

as hipóteses excepcionais, quando há modulação de efeitos pelo próprio Tribunal.[7]

Importante observar que o STF rejeita a teoria da constitucionalidade superveniente:

> **Em nosso ordenamento jurídico, não se admite a figura da constitucionalidade superveniente.** Mais relevante do que a atualidade do parâmetro de controle é a constatação de que a inconstitucionalidade persiste e é atual, ainda que se refira a dispositivos da CF que não se encontram mais em vigor. Caso contrário, ficaria sensivelmente enfraquecida a própria regra que proíbe a convalidação. A jurisdição constitucional brasileira não deve deixar às instâncias ordinárias a solução de problemas que podem, de maneira mais eficiente, eficaz e segura, ser resolvidos em sede de controle concentrado de normas. **A Lei estadual n. 12.398/98, que criou a contribuição dos inativos no Estado do Paraná, por ser inconstitucional ao tempo de sua edição, não poderia ser convalidada pela EC n. 41/2003. E, se a norma não foi convalidada, isso significa que a sua inconstitucionalidade persiste e é atual, ainda que se refira a dispositivos da CF que não se encontram mais em vigor, alterados que foram pela EC n. 41/2003**. Superada a preliminar de prejudicialidade da ação, fixando o entendimento de, analisada a situação concreta, não se assentar o prejuízo das ações em curso, para evitar situações em que uma lei que nasceu claramente inconstitucional volte a produzir, em tese, seus efeitos, uma vez revogadas as medidas cautelares concedidas já há dez anos. (ADI n. 2.158 e ADI n. 2.189, rel. Min. Dias Toffoli, j. 15.09.2010, *DJE* 16.12.2010, íntegra anexa; ADI n. 94, rel. Min. Gilmar Mendes, j. 07.12.2011, *DJE* 16.12.2011) [grifos nossos]

É exatamente o que aconteceu no caso presente. A Lei n. 3.617/2019 do Estado do Tocantins, que criou o FET, era **inconstitucional** ao tempo de sua edição, como decidiu o STF na ADI n. 6.365. E, portanto, não poderia ser convalidada pela posterior EC n. 132/2023.

Não obstante, numa tentativa de driblar a decisão do Plenário do STF na ADI n. 6.365 e continuar a cobrar o FET, o Estado do Tocantins editou a Lei n. 4.303/2023, que também é inconstitucional, como veremos a seguir.

---

7 STF, Recl. n. 2.617 Ag. Reg., rel. Cezar Peluzo, j. 23.03.2005, *DJ* 20.05.2025; STF, ADI n. 483-ED, rel. Ilmar Galvão, j. 22.08.2001, *DJ* 05.10.2001; ADI n. 2840-ED, rel. Min. Ellen Gracie, j. 17.11.2005, *DJ* 09.12.2025; AI n. 314.481 Ag. Reg., rel. Min. Sydney Sanches, j. 20.08.2002, *DJ* 01.03.2002; ADI n. 2.639-ED, rel. Min. Luiz Fux, j. 20.10.2011, *DJ* 09.04.2012.

O ART. 136 DO ADCT E A LEI N. 4.303/2024

No dia 20 de dezembro de 2023, houve a promulgação da EC n. 132/2023, que permitiu a cobrança de contribuições sobre produtos primários e semielaborados, como condição para usufruir de incentivos fiscais e regimes especiais, desde que fossem destinadas a fundos para infraestrutura e habitação e já estivessem sendo cobradas em 30 de abril de 2023.

Confira-se o art. 136 do Ato das Disposições Constitucionais Transitórias (ADCT):

> Art. 136. Os Estados que possuíam, **em 30 de abril de 2023**, fundos destinados a investimentos em obras de **infraestrutura e habitação** e financiados por contribuições sobre **produtos primários e semielaborados** estabelecidas como **condição à aplicação de diferimento, regime especial** ou outro tratamento diferenciado, relativos ao imposto de que trata o art. 155, II, da Constituição Federal, poderão instituir contribuições semelhantes, não vinculadas ao referido imposto, observado que:
> I – a alíquota ou o percentual de contribuição não poderão ser superiores e a base de incidência não poderá ser mais ampla que os das respectivas contribuições vigentes em **30 de abril de 2023**;
> II – a instituição de contribuição nos termos deste artigo implicará a extinção da contribuição correspondente, vinculada ao imposto de que trata o art. 155, II, da Constituição Federal, vigente em **30 de abril de 2023**;
> III – a destinação de sua receita deverá ser a mesma das contribuições vigentes em **30 de abril de 2023**;
> IV – a contribuição instituída nos termos do *caput* será extinta em **31 de dezembro de 2043**.
> Parágrafo único. As receitas das contribuições mantidas nos termos deste artigo não serão consideradas como receita do respectivo Estado para fins do disposto nos arts. 130, II, *b*, e 131, § 2º, I, *b*, deste Ato das Disposições Constitucionais Transitórias. [grifos nossos]

O dispositivo constitucional acima transcrito deixou **clara** a natureza **tributária** dos fundos estaduais que são cobrados como "condição para usufruir incentivos fiscais". E prevê, portanto, *quatro requisitos* para a cobrança de contribuições:

(a) O fato gerador seja a saída de produtos primários ou semielaborados.
(b) A destinação seja fundo de *infraestrutura e habitação.*
(c) Essas contribuições sejam a *condição* para usufruir incentivos fiscais de ICMS (diferimento e regimes especiais).

(d) A cobrança esteja em vigor no dia **30 de abril de 2023** e continue com a mesma alíquota e sobre a mesma base de cálculo.

No dia seguinte à promulgação da EC n. 132/2023, o Estado do Tocantins promulgou a Lei n. 4.303/2023, para adequar a cobrança do FET às regras do art. 136 do ADCT. Para tanto, alterou o art. 7º da Lei n. 3.617/2019, a saber:

> Art. 7º A contribuição para o FET será de até 1,2%, aplicada sobre o valor da operação destacada no documento fiscal, recolhida como **condição para**:
> I – **a fruição de benefício ou incentivo fiscal** previstos na legislação do Imposto sobre Operações Relativas à Circulação de Mercadorias e sobre Prestações de Serviços de Transporte Interestadual e Intermunicipal e de Comunicação, conforme definido em regulamento;
> II – **o contribuinte optar pelo regime especial** que vise ao controle das operações destinadas ao exterior, com comprovação futura da efetiva exportação. [...]
> § 3º **O contribuinte fica sujeito à cobrança integral do ICMS, em caso de não recolhimento da contribuição para o FET**, nas hipóteses previstas nos incisos I e II do *caput*. [grifos nossos]

Como se depreende, o Estado do Tocantins pretendeu adequar a cobrança do FET às disposições do art. 136 do ADCT, e com base nessa nova lei, também pretende cobrar o FET até 31 de dezembro de 2043, apesar da declaração de inconstitucionalidade pelo STF.[8]

Na ADI n. 6.365, tanto o Estado do Tocantins quanto a APROSOJA opuseram embargos de declaração para que as alterações introduzidas pela Lei n. 4.303/2023 fossem avaliadas pelo Plenário do Supremo Tribunal Federal.

O STF negou provimento a ambos os embargos de declaração e *negou a modulação*[9] de efeitos pretendida pelo Estado do Tocantins.[10] Confira-se a

---

8 https://www.to.gov.br/sefaz/noticias/decisao-do-stf-ja-estava-contemplada-pela-nova-lei-do-fet/32exxnjsuk33.

9 "No Brasil, quando da declaração de inconstitucionalidade de uma lei, a regra é atribuir-se nulidade absoluta à lei inconstitucional, com a consequente desconstituição de todos os efeitos produzidos por ela. Porém, o ordenamento jurídico brasileiro, art. 27 da Lei n. 9.868/99, permite, em caráter de exceção, a limitação dos efeitos da declaração de inconstitucionalidade, por razões de segurança jurídica ou de excepcional interesse social. Assim, poderá o Supremo Tribunal Federal estabelecer a eficácia da decisão a partir da sua publicação ou de um outro momento posterior que deve ser fixado na decisão" (MARCILIO, Carlos Flavio Venancio. Efeitos das decisões em sede de controle de constitucionalidade: aplicação do artigo 27 da Lei n. 9.868/99, 2009, p. 70 e segs.).

10 Trecho da ementa do julgamento dos ED do Estado do Tocantins: "6. **Não estão presentes os pressupostos da modulação temporal dos efeitos da declaração de inconstitucio-**

ementa da decisão que rejeitou os Embargos de Declaração opostos pelo Governador do Estado:

> Segundos Embargos de Declaração na Ação Direta de inconstitucionalidade. Arts. 6º, VI, 7º (redação original e aquela dada pela Lei estadual n. 4.029/2022) e 8º da Lei n. 3.617/2019 do Estado do Tocantins. Contribuição ao Fundo Estadual do Transporte – FET incidente sobre o valor das operações com produtos de origem vegetal, mineral ou animal, inclusive os destinados à exportação. Exação que caracteriza adicional do ICMS com receita vinculada. Inconstitucionalidade. Omissão quanto à alegada perda do objeto da ação com o advento da Lei estadual n. 4.303/2023, que alterou parte das normas impugnadas. Inexistência. Lei editada após o início do julgamento da ação, com a sinalização da inconstitucionalidade. Fraude à jurisdição da corte. Obscuridade quanto à declaração de inconstitucionalidade do inciso VI do art. 6º, bem como dos §§ 1º e 2º do art. 7º da Lei estadual n. 3.617/2019. Inexistência. Dispositivos que integram o complexo normativo examinado, sem autonomia normativa. Inconstitucionalidade por arrastamento. Modulação dos efeitos da decisão. Ausência dos pressupostos. Instituto que não se presta à convalidação dos efeitos de normas patentemente inconstitucionais, mormente em benefício do responsável pela edição da norma. Embargos de Declaração desprovidos. 1. Inexiste omissão a quanto à alegada perda superveniente do objeto da ação em razão do

---

nalidade, de forma a excluir a possibilidade de os contribuintes pleitearem a restituição dos valores relativos à contribuição ao Fundo Estadual do Transporte (FET) recolhidos nos anos anteriores, vez que não restou demonstrada boa-fé na edição das normas inválidas, nem tampouco comprovado que a eventual restituição dos referidos valores poderia efetivamente inviabilizar a prestação de serviços públicos de interesse da população, havendo apenas ilações genéricas nesse sentido. 7. A necessidade de segurança jurídica permite ao Pretório Excelso valer-se do comando do art. 27 da Lei federal n. 9.868/99 para modular os efeitos de sua decisão quando tal se fizer necessário para evitar consequências excessivamente onerosas para os jurisdicionados. Nada obstante, a modulação é remédio amargo a ser empregado nas hipóteses excepcionais em que a sanatória de uma situação de inconstitucionalidade possa propiciar o surgimento de panorama igualmente inconstitucional, vez que, além da 'inconstitucionalidade útil', que consubstancia o manejo oportunista da postergação dos efeitos da declaração de nulidade da norma, a manutenção de uma situação de reconhecida inconstitucionalidade avilta o ordenamento jurídico, máxime diante da supremacia da Constituição. 8. O instituto da modulação dos efeitos da decisão não se presta à convalidação dos efeitos de normas patentemente inconstitucionais, mormente em benefício dos responsáveis pela edição da norma, sob pena de se tornar instrumento de estímulo a comportamentos contrários à Constituição. Precedentes: ADI n. 6.365-ED, Plenário, rel. Min. Luiz Fux, *DJe* 30.04.2020; ADI n. 4.985-ED, Plenário, rel. Min. Alexandre de Moraes, *DJe* 15.04.2020. 9. Embargos de declaração desprovidos" (ADI n. 6.365-ED-segundos, Pleno, Min. Luiz Fux, j. 22.04.2024, *DJ* 03.05.2024).

> advento da Lei n. 4.303, de 21 de dezembro de 2023, do Estado do Tocantins, que alterou parte das normas impugnadas, vez que a lei foi editada após o início do julgamento da ação, com a ciência do teor do voto do Relator que concluiu pela inconstitucionalidade das normas examinadas. 2. **A revogação superveniente da norma atacada ou o exaurimento de sua eficácia, em regra, impede o prosseguimento da própria ação direta de inconstitucionalidade, vez que objetivo da ação direta é a declaração, em tese, da inconstitucionalidade da norma e o seu consequente expurgo do ordenamento jurídico. Nada obstante, essa regra não se aplica aos casos em que há indícios de fraude à jurisdição da Corte, como na hipótese de revogação da norma com o nítido propósito de evitar a declaração da inconstitucionalidade já sinalizada pelo Tribunal.** 3. A efetividade da jurisdição e a instrumentalidade do processo exigem da Corte uma postura menos preocupada com filigranas processuais e mais comprometida com a proteção aos direitos materiais em jogo, não sendo razoável desperdiçar, sob o confortável pretexto da "perda do objeto", todos os esforços, custos e tempo já despendidos no transcurso da ação de controle abstrato de constitucionalidade. Precedentes: ADI n. 951-ED, Plenário, rel. Min. Roberto Barrosos, *DJe* 21.06.2017; ADI n. 3.306, Plenário, rel. Min. Gilmar Mendes, *DJe* 07.06.2011. 4. Ausente obscuridade no tocante à declaração de inconstitucionalidade do inciso VI do art. 6º, bem como dos §§ 1º e 2º do art. 7º da Lei n. 3.617/2019 do Estado do Tocantins, vez que integram o mesmo complexo normativo examinado na ação, carecendo de autonomia normativa em relação ao *caput* do art. 7º da lei, o que implica a inconstitucionalidade por arrastamento. Precedentes: ADI n. 5.835, Plenário, rel. Min. Alexandre de Moraes, *DJe* 27.07.2023; ADI n. 2.895, Plenário, rel. Min. Carlos Velloso, *DJ* 20.05.2005, a *contrario sensu*. 5. Não prospera a alegação de que o advento da Lei estadual n. 4.303/2023 teria conferido aos referidos dispositivos novo suporte de validade, apto a afastar a declaração de inconstitucionalidade, considerados os indícios de tentativa de fraude à jurisdição desta Corte. [...] (STF, ADI n. 6.365-ED-segundos, Pleno, rel. Min. Luiz Fux, j. 22.04.2024, *DJ* 03.05.2024) [grifos nossos]

O STF manteve, portanto, a decisão que julgou **inconstitucional** a cobrança do FET e os arts. 6º, VI, 7º e 8º da Lei n. 3.617/2019 do Tocantins. E deixou claro que a excepcional modulação dos efeitos "não se presta à convalidação dos efeitos de normas patentemente inconstitucionais, mormente em benefício dos responsáveis pela edição da norma, sob pena de se tornar instrumento de estímulo a comportamentos contrários à Constituição".

Tendo em vista a declaração de inconstitucionalidade na ADI n. 6.365 e seus efeitos típicos, *erga omnes* e *ex tunc*, na data de 30 de abril de 2023, referida no art. 136 do ADCT, o **Estado do Tocantins não possuía um fundo cuja cobrança pudesse ser mantida até 31 de dezembro de 2043.**

Nos termos do art. 37 da CF, nosso sistema jurídico pauta-se pela segurança jurídica, pela proteção da confiança legítima dos contribuintes, pela boa-fé, moralidade administrativa, como bem pontou Misabel Derzi: "paira o fato inegável de que a eticização contemporânea do Direito corresponde à reintrodução da boa-fé como valor (honestidade, crença, fidelidade, lealdade, honra), como princípio, como conceito indeterminado e como cláusula geral".[11]

A promulgação da Lei n. 4.303/2019, imediatamente após a EC n. 132/2023, e todos os atos posteriores de cobrança da contribuição ao FET denotam uma tentativa do Estado do Tocantins de beneficiar-se indevidamente da disposição inserida no art. 136 do ADCT. Desrespeitam a decisão do STF na ADI n. 6.365, ofendem a moralidade administrativa, aviltam a confiança legítima dos contribuintes.

Apesar das alterações da Lei n. 4.303/2019, a contribuição ao FET não pode ser "constitucionalizada" pelo art. 136 do ADCT pois:

(i) A ADI n. 6.365 julgou inconstitucional o art. 7º da Lei n. 3.617/2019 e **não** modulou os efeitos de sua decisão.

(ii) Essa decisão tem efeitos *ex tunc* e *erga omnes*, revogando o art. 7º da Lei n. 3.617/2019 desde sua publicação.

(iii) Logo, em 30 de abril de 2023, o Estado do Tocantins **não** tinha uma lei válida para cobrar a contribuição ao FET.

(iv) Tampouco cobrava, em 30 de abril de 2023, uma contribuição como condição para usufruir regime especial ou diferimento de ICMS como prevê o art. 136 do ADCT.

CONCLUSÃO

A contribuição ao FET cobrada pelo Estado do Tocantins foi julgada inconstitucional pelo Supremo Tribunal Federal, que reconheceu sua natureza tributária na ADI n. 6.365 e julgou-a um verdadeiro adicional do ICMS destinado a um fundo, em infringência ao art. 167, IV, da CF e viola a imunidade das exportações.

Nosso ordenamento jurídico adota a teoria da nulidade da lei inconstitucional. A declaração de inconstitucionalidade da Lei n. 3.617/2019 do Tocantins tem efeitos retroativos, à medida que foi indeferido o pedido de modulação de efeitos.

Assim, a Lei n. 4.303/2019 que a alterou não pode se beneficiar da previsão do art. 136 do ADCT, que exige *quatro requisitos* para a cobrança de contribuições:

11 DERZI, *Modificações da jurisprudência no direito tributário*, 2009, p. 361.

(a) O fato gerador seja a saída de produtos primários ou semielaborados;
(b) A destinação seja fundo de infraestrutura e habitação;
(c) Essas contribuições sejam a condição para usufruir incentivos fiscais de ICMS (diferimento e regimes especiais); e
(d) A cobrança esteja em vigor no dia 30 de abril de 2023 e continue com a mesma alíquota e sobre a mesma base de cálculo.

A contribuição ao FET não podia ser cobrada no dia 30 de abril de 2023 porque era inconstitucional. Logo, o Estado do Tocantins não pode suscitar sua constitucionalidade superveniente com a EC n. 132 e a Lei n. 4.303/2019. Essa tentativa esbarra na moralidade administrativa e desrespeita a confiança legítima dos contribuintes.

Isso porque, como bem apontou o Min. Alexandre de Moraes no julgamento dos EDs da ADI n. 6.365, o

> instituto da modulação dos efeitos da decisão não se presta à convalidação dos efeitos de normas patentemente inconstitucionais, mormente em benefício dos responsáveis pela edição da norma, sob pena de se tornar instrumento de estímulo a comportamentos contrários à Constituição.

BIBLIOGRAFIA

BARROSO, Luís Roberto. *O controle de constitucionalidade no direito brasileiro*. São Paulo: Saraiva, 2006.

BITTENCOURT, Carlos Alberto Lúcio. *O controle jurisdicional da constitucionalidade das leis*. 2.ed. Rio de Janeiro: Forense, 1968.

BRANCO, Paulo Gustavo Gonet. Efeitos da inconstitucionalidade da lei. *Direito público*, Porto Alegre, n. 8, 2005.

CAMPOS, Francisco. *Direito constitucional*. Rio de Janeiro: Freitas Bastos, v. I, 1956.

CANOTILHO, J. J. Gomes. *Direito constitucional*. 4.ed. Coimbra: Almedina, 2000.

DERZI, Misabel. *Modificações da jurisprudência no direito tributário*. São Paulo: Noeses, 2009, p. 361.

MARCILIO, Carlos Flavio Venancio. Efeitos das decisões em sede de controle de constitucionalidade: aplicação do artigo 27 da Lei n. 9.868/99. *DPU* n. 62, mar.-abr./2009, p. 70 e segs.

MENDES, Gilmar Ferreira. *Jurisdição constitucional*: o controle abstrato de normas no Brasil e na Alemanha. 4.ed. São Paulo: Saraiva, 2004.

MIRANDA, Jorge. *Manual de direito constitucional*. Coimbra: Coimbra, t. VI, 2005.

PONTES DE MIRANDA, Francisco Cavalvanti. *Comentários à Constituição de 1946*. 3.ed. Rio de Janeiro: Borsoi, t. VI, 1960.

VIEIRA, Guaraci de Souza. *Inconstitucionalidade*: a aplicação do princípio da nulidade da lei inconstitucional. Brasília: IDP, 2007.

ZILVETI, Fernando Aurelio; FERNANDES, Fabiana Carsoni. Algumas notas sobre modulação das decisões das Cortes Constitucionais no Direito Tributário. *Revista Direito Tributário Atual*, n. 51, ano 40, p. 450-83. São Paulo, IBDT, 2º quadrimestre 2022.

Capítulo **34**

Reforma tributária e meio ambiente: a inconstitucionalidade da imposição do Imposto Seletivo sobre carros elétricos

Angela Vidal Gandra da Silva Martins
Walter Erich Piekny

INTRODUÇÃO

As questões ecológicas levantadas no último século em razão do cuidado com o meio ambiente e da necessária sustentabilidade evocam principalmente um correto embasamento antropológico, tendo em conta que o ser humano é, em realidade, o único real habitante *stricto sensu* de nosso planeta, já que só ele pode, intencionalmente, contribuir, direcionar, preservar e transformar seu hábitat.[1]

Quando a dimensão material infla, pode gerar injustiças, chegando a tornar absoluto valores que são apenas relativos, principalmente no que se refere à natureza humana.

A análise jurídico-tributária deve, portanto, não se distanciar da genuína preocupação científica por preservar o planeta para a nossa geração e as futuras. De fato, as mudanças climáticas são uma preocupação real e é preciso tomar decisões que gerem um impacto eficaz e eficiente, porém, priorizando, como é evidente, o ser humano.

O Direito é um instrumento imprescindível no campo ambiental, tanto que a doutrina cada vez mais consolida as discussões acerca da amplitude do termo "justiça climática", o que, no presente capítulo, está conectado com o tratamento constitucional de energias limpas, mais especificamente, dos carros elétricos. Entretanto, há um longo caminho para uma implementação adequada da direção constitucional e a realidade legislativa ambiental.

---

1 ROCHA, Energias limpas: instalação, manutenção e descomissionamento diante do cenário da transição energética e da justiça climática, 2024.

Nessa linha, é cada vez mais necessário o aprofundamento semântico referente ao conceito de energias limpas no mercado de transição energética, analisando-se a relação ecologia-energia, os desafios da governança ambiental e a ética correlata.

O impacto econômico deve estar alinhado ao ambiental, mas também, principalmente, como já acentuado, ao elemento humano, a curto, médio e longo prazo. Nesse cenário, o Direito deve matizar e equilibrar ambos os aspectos, paralelamente a políticas públicas nacionais e globais, auxiliando na união, de forma científica, entre a política energética e os processos legislativos.

Nesse contexto, a imposição tributária também cumprirá um papel decisivo. Às portas de uma reforma tributária, é necessário elaborar reflexões acerca dos impactos das alterações na tributação dos setores de alta transcendência ambiental, que, de fato, já vêm sendo afetados nesse âmbito, considerando-se especialmente o nível de tributação da energia limpa.

Inicialmente, é preciso relembrar que a tributação é um fenômeno que não visa exclusivamente à arrecadação de recursos para que o Estado tenha a capacidade de se sustentar e, consequentemente, entregar bens e serviços à população em geral, mas, também, cumpre o papel de induzir comportamentos.

O estudo econômico sobre a influência dos tributos na modulação do comportamento social foi amplamente impactado pelas contribuições de Arthur Cecil Pigou, apresentadas em sua obra clássica *The economics of welfare*, publicada em 1920.[2]

O ponto central defendido por Pigou é que o propósito fundamental da economia e dos estudos econômicos é promover a melhoria da qualidade de vida da sociedade. Para isso, é essencial ir além de análises puramente teóricas, adotando uma abordagem realista e ajustada às dinâmicas das interações sociais e à relação entre os cidadãos e o Estado.

Parte-se do princípio de que as atividades realizadas por empresas geram impactos indiretos sobre a sociedade, conhecidos como externalidades.[3] Esses impactos são especialmente relevantes quando afetam grupos que não possuem qualquer relação com a atividade desenvolvida, como no caso de uma empresa que polui um bairro onde os moradores não consomem seus produtos nem trabalham para ela. Essa situação evidencia um desequilíbrio entre os custos sociais e os custos privados, uma lógica que se aplica não apenas às atividades empresariais, mas a todas as iniciativas privadas.

---

2 PIGOU, *The economics of welfare*, 1920, p. 3-30.

3 VARIAN, *Microeconomia – uma abordagem moderna*, 2015, c. 35.

Conforme destaca Martha Leão,[4] a Constituição Federal de 1988 (CF/88) prevê a possibilidade de instituir tributos com efeitos indutores, voltados à regulação da ordem econômica. A promulgação de uma Constituição marcadamente dirigente reflete a intenção do constituinte de estabelecer uma ordem social distinta da anterior, baseada em novos valores e objetivos. Assim, justifica-se o direcionamento social no campo econômico, em contraposição à liberdade econômica irrestrita. Nesse contexto, a tributação no âmbito constitucional não se limita à função arrecadatória, assumindo também papéis de intervenção social e econômica.

Nesse contexto, emerge uma importante dualidade nos efeitos da norma tributária: o efeito indutor e o efeito arrecadatório.[5] Contudo, há uma diferenciação essencial no princípio da arrecadação da norma extrafiscal, uma vez que seu caráter fiscal está intrinsecamente ligado ao objetivo de induzir comportamentos específicos.

A norma tributária sempre gozará de dois distintos caráteres: a função propriamente arrecadatória e a função indutora, que se destaca justamente por transcender o caráter exclusivamente arrecadatório da norma tributária geral. Diego Costa Bonfim[6] enfatiza a relevância das reflexões sobre as diferenças na interpretação dogmática desses dois aspectos simultâneos da norma tributária. A compreensão dessa distinção normativa desempenha papel central na identificação de seus limites de aplicação. Parte-se, assim, da premissa de que a regulação do caráter extrafiscal da norma tributária não pode ser conduzida da mesma forma que a regulação de seu caráter arrecadatório, já que o primeiro configura uma intervenção direta do Estado na esfera econômica e social.

O caráter extrafiscal do tributo, por sua vez, possui a função essencialmente indutora, sem alcançar um efeito proibitivo. Diferentemente de uma norma proibitiva, o direito tributário não detém a prerrogativa de impedir comportamentos sociais por meio da tributação. A competência para regular ou proibir diretamente determinadas condutas pertence a outros ramos do Direito.[7]

A indução por meio da norma tributária não é um fenômeno recente. No entanto, como observa Ruy Barbosa Nogueira,[8] esse conceito ganhou relevância com o declínio do Estado *laissez-faire, laissez-passer* no início do século XX,

---

4 LEÃO, Critérios para o controle das normas tributárias indutoras: uma análise pautada no princípio da igualdade e na importância dos efeitos, 2014, p. 22.

5 SCHOUERI, *Normas tributárias indutoras e intervenção econômica,* 2005, p. 16.

6 BOMFIM, Extrafiscalidade: identificação, fundamentação, limitação e controle, 2014, p. 20.

7 BOMFIM, 2014, *op. cit.*, p. 27-8.

8 NOGUEIRA, *Curso de direito tributário,* 1989, p. 188-90.

um período marcado pela valorização da liberdade econômica e pela intervenção limitada do Estado, que se restringia à proteção do direito de propriedade.

Com o tempo, o Estado passou a assumir também a função de promover objetivos sociais e assegurar o bem-estar geral. Nesse cenário, a norma tributária extrafiscal se configura como uma ferramenta adicional para o alcance de metas públicas específicas. Entretanto, é importante frisar que a norma tributária extrafiscal não deve atender a interesses políticos momentâneos ou preferências pessoais.

Dessa forma, a noção de neutralidade tributária é relativizada,[9] permitindo que o Estado, por meio da função extrafiscal, intervenha diretamente no domínio econômico e social utilizando a tributação para tanto, desde que essa intervenção respeite os limites constitucionais e os princípios do sistema tributário, sem comprometer a ordem constitucional.

Especificamente nessa dualidade arrecadatória e extrafiscal – intrínseca a todos os tributos existentes – é que se insere a tributação com efeito ambiental. É nesse contexto, portanto, que se passa a aceitar e, mais, obrigar que o Estado interfira na proteção ao meio ambiente a partir de induções tributárias. A CF, a partir da edição da EC n. 42/2003, passou a prever, no art. 170, V, de forma expressa, a possibilidade de quebra da neutralidade da ordem econômica para as situações em que se busque preservar o meio ambiente:

> Art. 170. A ordem econômica, fundada na valorização do trabalho humano e na livre iniciativa, tem por fim assegurar a todos existência digna, conforme os ditames da justiça social, observados os seguintes princípios: [...]
> VI – defesa do meio ambiente, inclusive mediante tratamento diferenciado conforme o impacto ambiental dos produtos e serviços e de seus processos de elaboração e prestação.

Ocorre que a reforma tributária do Texto Constitucional implementada pela EC n. 132/2023 trouxe diversas inclusões profundamente relevantes na interpretação da tributação visando à maior proteção ambiental, com a inclusão de importantes determinações no Texto Constitucional, dos quais destacamos:

> Art. 145. A União, os Estados, o Distrito Federal e os Municípios poderão instituir os seguintes tributos: [...]
> **§ 3º O Sistema Tributário Nacional deve observar os princípios** da simplicidade, da transparência, da justiça tributária, da cooperação e **da defesa do meio ambiente**. [...]

---

9 SCHOUERI, *op. cit.*, 2005, p. 15.

> Art. 153. **Compete à União instituir impostos sobre:**
> [...]
> VIII – **produção, extração, comercialização ou importação de bens e serviços prejudiciais à saúde ou ao meio ambiente,** nos termos de lei complementar.
> [...]
> Art. 155. Compete aos Estados e ao Distrito Federal instituir impostos sobre:
> [...]
> III – propriedade de veículos automotores [...].
> **§ 6º O imposto previsto no inciso III:** [...]
> II – **poderá ter alíquotas diferenciadas em função** do tipo, do valor, da utilização e **do impacto ambiental.**

Das referidas inclusões, portanto, passa a existir um mandamento constitucional obrigatório: todo o sistema tributário deve obrigatoriamente seguir a defesa do meio ambiente. O efeito direto dessas inclusões é a impossibilidade flexibilização isolada do novo princípio de proteção ambiental por meio do sistema tributário.

Como todo princípio constitucional, portanto, inicialmente, sua relativização poderia se dar de forma exclusiva em uma situação em que a manutenção da tributação ambiental fosse de encontro a outro princípio também estabelecido na Constituição.[10] Tal sopesamento deve acontecer em situações específicas e nas quais seja possível notar a mínima correspondência hierárquica entre os princípios estabelecidos. É por essa razão, inclusive, que não caberia indicar o sopesamento entre o princípio da defesa ao meio ambiente com outra lei infraconstitucional que o afrontasse sem maiores justificativas.

Essa constatação tem como consequência o fato de que passa a ser possível questionar a constitucionalidade de leis que privilegiem situações que, ao final, tenham por consequência a prejudicialidade ao meio ambiente.

Além disso, é criada a hipótese de um novo tributo, o "Imposto Seletivo", que poderá, caso instituído pela União – como tende a ocorrer –, onerar de forma mais intensa produtos e serviços que sejam prejudiciais ao meio ambiente, levando-se em consideração os mandamentos do § 3º do art. 145 e também do próprio inciso V do art. 170, ambos da CF.

Destacamos, por fim, também a disposição contida no inciso II do § 6º e do inciso III do art. 155, que estabelece a possibilidade de imposição de alíquotas diferenciadas de IPVA em razão do impacto ambiental dos veículos em questão.

10 ALEXY, *Teoria dos direitos fundamentais*, 2008.

De de forma mais específica, com a regulamentação das disposições da reforma tributária por meio da Lei Complementar n. 214/2025, incluiu-se a possibilidade de enquadramento dos veículos movidos à energia elétrica na hipótese de incidência do Imposto Seletivo, no "Livro II – Do Imposto Seletivo" do referido projeto. A inclusão, inicialmente, tende a indicar a existência de possíveis incongruências e inconstitucionalidades no sistema tributário estabelecido, o que será analisado em sequência.

O IMPOSTO SELETIVO SOBRE CARROS ELÉTRICOS

Inicialmente, é necessário estabelecer a premissa de interpretação de que o Imposto Seletivo, conforme determinado no art. 153, VIII, pode ser instituído para desestimular situações fáticas que se enquadrem em alguma das duas situações delimitadas: prejudicialidade à saúde ou prejudicialidade ao meio ambiente.

Nessa linha, dispõe o art. 409 da Lei Complementar n. 214/2025, a possibilidade de incidência do referido tributo, de forma ampla, sobre "veículos":

> Art. 409. Fica instituído o Imposto Seletivo, de que trata o inciso VIII do art. 153 da Constituição Federal, incidente sobre a produção, extração, comercialização ou importação de bens e serviços prejudiciais à saúde ou ao meio ambiente.
> § 1º Para fins de incidência do Imposto Seletivo, consideram-se prejudiciais à saúde ou ao meio ambiente os bens classificados nos códigos da NCM/SH e o carvão mineral, e os serviços listados no Anexo XVII, referentes a:
> I – veículos;

Não há, nesse momento, que se afirmar em instituição do Imposto Seletivo sobre veículos elétricos por suposta prejudicialidade direta à saúde, uma vez que a melhor leitura da LC n. 214/2025, que regulamenta a reforma tributária, mais especificamente a Seção I do Capítulo IV do Título II – "Do Imposto Seletivo sobre Operações" – e do próprio Livro II – "Do Imposto Seletivo" –, há diversas menções à questão ambiental, excluindo-se a análise de prejudicialidade à saúde.

É sabida e não é ignorada a conexão da indústria nacional brasileira com o mercado automobilístico tradicional, sendo conhecidos os receios acerca da possível disseminação de veículos elétricos no país, ainda mais considerando-se a inexistência de produção nacional de veículos elétricos. Entretanto, em uma análise sobre a constitucionalidade da imposição do imposto seletivo, é mandatório observar que a CF não estabelece a possibilidade de imposição do Imposto Seletivo para incentivo ou desincentivo puramente econômico. O sistema tributário nacional estabelece outros mecanismos para tais induções (como benefícios fiscais, Imposto de Importação, Contribuição de Intervenção sobre o Domínio Econômico – CIDE, entre outros).

Restaria, portanto, compreender se os veículos elétricos possuiriam um efeito menos negativo que os meios de transporte semelhantes – veículos à combustão – sobre o meio ambiente. Não cabe, nesse ponto, aos tributaristas a definição do que é ou não prejudicial ao meio ambiente, devendo o tema ser tratado por *experts* da área. Entretanto, cumpre-nos traçar breves indícios que auxiliam na referida reflexão.

Conforme informações disponibilizadas pelo governo brasileiro,[11] 84,78% da matriz elétrica do país provém de fontes renováveis, com produção majoritária de usinas hidrelétricas, eólicas e de biomassa. Tal constatação é de grande relevância ao passo que é tal fonte de energia que alimenta os veículos movidos à energia elétrica, em contraposição aos veículos movidos à combustão, que são movidos a derivados de petróleo ou etanol (álcool).

Ainda que se alegue a vantagem ambiental do etanol sobre derivados de petróleo, é de se relembrar que há indícios da forte pressão ambiental da produção de tal combustível sobre a floresta amazônica, gerando efeitos ambientais contrários à preservação ambiental.[12]

Nessa linha, em amplo e recente estudo comparativo de estudos ambientais sobre a comparação dos efeitos ambientais de veículos elétricos em comparação com veículos à combustão,[13] concluiu-se pela superioridade ambiental do carro elétrico, especialmente em análise da matriz energética, ainda que observados os ainda latentes pontos negativos em sua utilização. No atual momento de desenvolvimento tecnológico, não há amplos indícios de que veículos à combustão seriam ecologicamente superiores a veículos elétricos, razão pela qual a imposição do Imposto Seletivo sobre os veículos elétricos tende a configurar inconstitucionalidade.

Por fim, é de se destacar que a implementação do inciso II do § 6º e do inciso III do art. 155 constitui mais um indicativo de impossibilidade de tributação dos veículos elétricos por meio do Imposto Seletivo.

É pressuposto do sistema jurídico a existência de uma coerência interna.[14] Em uma nação que preconize o *rule of law* e a segurança jurídica mínima aos cidadãos, não é logicamente aceitável que o mesmo sistema de Direito traga

---

11 ANEEL, Expansão da matriz elétrica ultrapassou os 7 GW em 2024, 2024.

12 FERRANTE e FERANSIDE, The Amazon: biofuels plan will drive deforestation, 2020.

13 ARANGUES, Veículos elétricos: um estudo descritivo de seus impactos ambientais, 2022.

14 PECZENIK, *On law and reason*, 2009, p. 132.

duas definições opostas para a mesma situação fática e, por consequência, resulte em duas situações jurídicas opostas.

Nessa linha, realizemos um exercício que demonstrará a possível incongruência sistemática: caso se entenda pela constitucionalidade da imposição do Imposto Seletivo sobre veículos elétricos, seria possível que um mesmo veículo movido integralmente à energia elétrica simultaneamente: i) fosse considerado prejudicial ao meio ambiente e enquadrado na hipótese de incidência do Imposto Seletivo, nos termos do art. 153, VIII, da CF; e ii) fosse considerado um veículo com menor impacto ambiental e gozasse de uma tributação de IPVA reduzida diante dos demais veículos, nos termos do inciso II do § 6º e do inciso III do art. 155, da Constituição Federal – tal alíquota reduzida ou zerada, destaque-se, já é realidade em diversos municípios do país.

Ainda que evidentemente paradoxal, é a possibilidade direta que nasce da possível da tributação dos veículos elétricos por meio do Imposto Seletivo, incoerência interna do sistema tributário que só poderia ser corrigida pela não inclusão dos veículos elétricos na hipótese de incidência do Imposto Seletivo.

CONCLUSÃO

Com base no exposto, fixa-se de forma clara que a EC n. 132/2023 instituiu a proteção do meio ambiente como princípio norteador do sistema tributário brasileiro, devendo, portanto, a tributação seguir esse predicado.

Por essa razão, observados os benefícios dos veículos elétricos ao meio ambiente mediante as informações que a ciência possui até os dias atuais, é de se considerar que, de fato, os veículos elétricos trazem menores impactos negativos para o meio ambiente. A consequência direta desse fato é, a nosso ver, a inconstitucionalidade de eventual legislação que venha a tributar de forma mais gravosa – especialmente com o imposto seletivo – os veículos elétricos.

Não se ignora a existência de fatores econômicos a potencialmente influenciar as decisões quanto à indução econômica para a produção e à manutenção de veículos elétricos ou veículos movidos à combustão, em especial vislumbrando o desafio da concatenação hierárquica e harmônica do enfoque antropológico-ecológico no que se refere ao Direito e às políticas públicas e um de seus principais desdobramentos, que abrange a política tributária.

Entretanto, é necessário que eventuais políticas públicas que busquem privilegiar o mercado automobilístico interno sejam realizadas por outras vias que não a tributária, dada a já ressaltada inconstitucionalidade da tributação de veículos elétricos por meio do Imposto Seletivo.

A energia limpa sempre contou com incentivos fiscais no Brasil, pela óbvia razão de seu benefício ambiental em função do ser humano. É de se cuidar, por fim, que a reforma tributária não desestabilize esse importante estímulo à energia limpa.

BIBLIOGRAFIA

ALEXY, Robert. *Teoria dos direitos fundamentais*. Tradução de Virgílio Afonso da Silva. São Paulo: Malheiros, 2008. (Coleção teoria & direito público.)

AGÊNCIA NACIONAL DE ENERGIA ELÉTRICA (ANEEL). Expansão da matriz elétrica ultrapassou os 7 GW em 2024. 2024. Disponível em: https://www.gov.br/aneel/pt-br/assuntos/noticias/2024/expansao-da-matriz-eletrica-ultrapassou-os-7-gw-em-2024. Acesso em: 5 nov. 2025.

ARANGUES, Igor Rodrigues *et al*. Veículos elétricos: um estudo descritivo de seus impactos ambientais. *Research, Society and Development*, v. 11, n. 11, p. e10111132235-e10111132235, 2022.

BOMFIM, Diego Marcel Costa. Extrafiscalidade: identificação, fundamentação, limitação e controle. Tese de Doutorado, São Paulo: Universidade de São Paulo – USP, 2014.

FERRANTE, Lucas; FEARNSIDE, Philip M. The Amazon: biofuels plan will drive deforestation. *Nature*, v. 577, n. 7789, 2020.

LEÃO, Martha Toribio. Critérios para o controle das normas tributárias indutoras: uma análise pautada no princípio da igualdade e na importância dos efeitos. Dissertação de Mestrado, São Paulo: Universidade de São Paulo – USP, 2014.

NOGUEIRA, Ruy Barbosa. *Curso de direito tributário*. 9. ed. São Paulo: Saraiva, 1989.

PECZENIK, Alexsander. *On law and reason*. Lexington: Springer, 2009.

PIGOU, Arthur Cecil. *The economics of welfare*. London: MacMillan, 1920.

ROCHA, Fabíola de Araújo; POMPEU, Gina Vidal Marcílio. Energias limpas: instalação, manutenção e descomissionamento diante do cenário da transição energética e da justiça climática. Porto Alegre: Fundação Fênix, 2024.

SCHOUERI, Luís Eduardo. *Normas tributárias indutoras e intervenção econômica*. Rio de Janeiro: Forense, 2005.

VARIAN, Hal. R. *Microeconomia – uma abordagem moderna*. 9. ed. Tradução de Regina Célia Simile de Macedo. Rio de Janeiro: Elsevier, 2015.

Capítulo **35**

Imposto seletivo sobre bebidas alcoólicas

Breno Ferreira Martins Vasconcelos
Thais Romero Veiga Shingai

INTRODUÇÃO

A reforma tributária, promovida por meio da Emenda Constitucional n. 132/2023 (EC n. 132/2023), autorizou a União a cobrar imposto sobre "produção, extração, comercialização ou importação de bens e serviços prejudiciais à saúde ou ao meio ambiente, nos termos de lei complementar", nos termos do inciso VIII do art. 153 da Constituição Federal (CF).

Trata-se do imposto seletivo (IS), um tributo extrafiscal, cujos objetivos vão além da simples arrecadação de recursos para o financiamento geral do Estado. Visa onerar o consumo de determinados bens e serviços para tutelar os valores constitucionais da saúde e do meio ambiente, mediante indução de comportamentos de consumo mais saudáveis ou ambientalmente sustentáveis.[1]

No âmbito da tributação do consumo, o IS atua de forma complementar ao imposto sobre o valor adicionado (IVA). Enquanto o IVA incide sobre os bens e serviços da forma mais uniforme possível e deve ser neutro, exercendo o papel de tributo geral sobre o consumo, o IS é propositadamente discriminatório, onerando bens e serviços específicos, em função de sua nocividade, de modo a influenciar os hábitos de consumo da população, razão pela qual costuma ser chamado de tributo *especial* sobre o consumo.

Na Lei Complementar n. 214 (LC n. 214/2025), publicada em 16 de janeiro de 2025 e que regulamenta a reforma tributária, as bebidas alcoólicas foram inseridas no âmbito de incidência do IS. Essa previsão está em linha com a experiência internacional, que costuma considerar esses bens prejudiciais à saúde da população.

1 Cf. VASCONCELOS e SHINGAI, A extrafiscalidade do imposto seletivo, 2024.

Diante desse contexto, o presente capítulo tem o objetivo de avaliar o desenho do IS sobre bebidas alcoólicas na LC n. 214/2025, em comparação à experiência internacional.

MATERIALIDADE DO IMPOSTO SELETIVO E BEBIDAS SUJEITAS À TRIBUTAÇÃO ESPECIAL

O IS é um imposto cuja materialidade, definida por Geraldo Ataliba[2] como a "substância essencial" da hipótese de incidência, corresponde ao consumo. Volta-se ao ato de consumir bens e serviços tidos prejudiciais à saúde ou ao meio ambiente, o que fica claro na justificação original da PEC n. 45, segundo a qual o imposto seletivo "incidirá sobre bens e serviços geradores de externalidades negativas, cujo consumo se deseja desestimular, como cigarros e bebidas alcoólicas", com natureza eminentemente extrafiscal.[3]

Nesse sentido, Rita de La Feria ensina que "o fato gerador [do imposto seletivo] *é o uso dos produtos sujeitos a imposto, mesmo que, para fins de simplificação, a lei utilize um substituto legal, como a venda, importação ou registro do produto sujeito a imposto, para presumir o consumo*".[4]

De acordo com o art. 409, § 1º, IV, da LC n. 214/2025, as bebidas alcoólicas serão tributadas pelo IS por causa de seu potencial prejuízo à saúde. A lei complementar especifica as seguintes categorias para tributação, em seu Anexo XVII: cervejas de malte, vinhos, vermutes, outras bebidas fermentadas e bebidas destiladas com teor alcoólico de até 80%.

Essa regulamentação segue padrões internacionais, como os da União Europeia, que, segundo a Diretiva n. 92/83 (atualizada pela última vez em 2022), também adota classificações semelhantes para bebidas alcoólicas. No entanto, na Europa, a diretiva abrange ainda destilados com mais de 80% de álcool, categoria não comercializada no Brasil.

Em relação às cervejas, a Diretiva Europeia estabelece tributação apenas para aquelas com teor alcoólico superior a 0,5%. Adicionalmente, permite que os Estados-membros ofereçam alíquotas reduzidas para pequenos produtores e para cervejas com teor alcoólico de até 3,5%. Regra semelhante é aplicada aos vinhos, permitindo tributação reduzida para pequenos produtores ou para vinhos com até 8,5% de álcool. Para destilados, a norma é que os países apliquem

2 Hipótese de incidência tributária, p. 106.

3 Cf. CARVALHO e SHINGAI, Imposto seletivo na extração de petróleo e gás natural, 2024, p. 232.

4 DE LA FERIA, Non-(Fully) Harmonised Excise Taxes and Irrebuttable Presumptions, 2024.

a mesma alíquota de IS a todos os produtos, com exceções para pequenos produtores e certas produções ancestrais.[5]

ASPECTO QUANTITATIVO DO IMPOSTO SELETIVO SOBRE BEBIDAS ALCOÓLICAS

Tipos de alíquota

De acordo com o art. 422, § 1º, II, da LC n. 214/2025, a tributação de bebidas alcoólicas será realizada através da combinação de alíquotas *ad valorem* (baseadas no preço do produto) e *ad rem* (baseadas em características específicas do produto, como peso ou volume). O componente *ad rem* do imposto será calculado com base na multiplicação do teor alcoólico pelo volume do produto, sendo, portanto, proporcional a esses dois fatores. Já a alíquota *ad valorem* será progressiva, aumentando conforme o teor alcoólico do produto, conforme o § 4º do mesmo artigo.

A combinação das alíquotas *ad valorem* e *ad rem* é usual na experiência de outros países envolvendo o IS, pois cada tipo de alíquota apresenta vantagens e desvantagens específicas. Conforme o recém-publicado *Consumption Tax Trends 2024* da Organização para Cooperação e Desenvolvimento Econômico (OCDE), a escolha do tipo de alíquota tem implicações relevantes para a administração tributária e depende dos objetivos da política pública na qual se insere a cobrança do IS.[6]

A alíquota *ad rem* é vantajosa por sua precisão, permitindo que o IS seja aplicado exatamente sobre o elemento do produto que causa dano à saúde, como o etanol nas bebidas alcoólicas ou a nicotina nos cigarros. Embora mais complexa, essa abordagem de tributação tende a incentivar a produção e o consumo de produtos menos nocivos à saúde, como bebidas com menor teor alcoólico.

Por outro lado, a tributação *ad valorem* é mais simples de implementar, pois varia apenas com o preço do produto. Contudo, essa simplicidade pode resultar em menor eficiência para desincentivar produtos de maior nocividade, pois pode levar os produtores a evitar melhorias que aumentem o custo do produto.[7]

---

5 As informações sobre a experiência internacional foram extraídas de VASCONCELOS e SHINGAI, *op. Cit.*, 2024, p. 244.

6 OECD, *Consumption Tax Trends 2024: VAT/GST and Excise, Core Design Features and Trends*, 2024.

7 No mesmo sentido, confira-se VASCONCELOS e SHINGAI, *op. cit.*, 2024, p. 244-5.

De acordo com a OCDE, a depender dos objetivos da tributação especial, pode ser vantajoso combinar as alíquotas *ad valorem* e *ad rem* quando há grandes diferenças nos preços de um produto:

> [...] consumidores de renda mais alta, que são mais propensos a consumir produtos de alto valor, podem ser menos responsivos do que os grupos de baixa renda à imposição de um determinado imposto (embora um imposto *ad rem* possa reduzir os diferenciais de preço). Se o objetivo é influenciar o comportamento, a imposição de um imposto agregado mais alto sobre esses produtos caros pode ser necessária. Para alcançar isso, um imposto *ad valorem* pode ser combinado com um imposto *ad rem*, o que é comum na tributação do tabaco [...]. Definir o equilíbrio "**ótimo**" entre os componentes *ad rem* e *ad valorem* do imposto dependerá dos produtos em questão, da estrutura do mercado e do objetivo da política [...].[8]

Nesse contexto, a aplicação combinada das alíquotas *ad valorem* e *ad rem* para bebidas alcoólicas apresenta múltiplas vantagens. Essa estratégia permite a tributação proporcional ao valor de mercado, adequando-se assim ao poder aquisitivo dos consumidores, ao passo que incide sobre elementos específicos do produto, como volume e teor alcoólico, visando mitigar os custos sociais e de saúde relacionados ao seu consumo excessivo. É também uma forma de mitigar os efeitos regressivos da tributação, pois a parcela *ad valorem* da alíquota, que varia de acordo com o preço do produto, garante que consumidores de produtos mais caros paguem mais impostos em termos absolutos e relativos, alinhando-se mais ao seu poder aquisitivo.

Ainda quanto às alíquotas do IS sobre bebidas alcoólicas, merece destaque a previsão da LC n. 214/2025 de que "poderão ser estabelecidas de modo a diferenciar as operações realizadas pelos pequenos produtores, definidos em lei ordinária", podendo, nesses casos, ser "progressivas em função do volume de produção" e "diferenciadas por categoria de produto" (art. 422, §§ 7º e 8º). Há previsão no mesmo sentido na Diretiva da União Europeia sobre a tributação especial de bebidas alcoólicas, citada anteriormente neste capítulo.

Outro ponto relevante, por fim, é a obrigatoriedade de atualização anual das alíquotas *ad rem* do Imposto Seletivo, que, conforme o art. 436 da LC n. 214/2025, deverá observar o IPCA. A previsão de correção anual da alíquota *ad rem* também está alinhada à experiência internacional e representa importante medida para assegurar que a tributação acompanhe a perda de valor do dinheiro no tempo.

---

8 OECD, *op. cit.*, 2024.

Tributação progressiva conforme o teor alcoólico

O § 4º do art. 422 da LC n. 214/2025 estabelece que as alíquotas *ad valorem* para bebidas alcoólicas podem variar conforme a categoria do produto e aumentar progressivamente com o teor alcoólico. Essa estrutura de tributação progressiva baseada no conteúdo alcoólico é comum em diversos países e se alinha ao objetivo do IS de promover comportamentos mais saudáveis. Funciona de maneira complementar a outros instrumentos de política pública, como medidas regulatórias e campanhas de conscientização da população.

Nesse sentido, recentemente o Reino Unido reformou seu sistema de tributação especial do consumo e reafirmou o modelo de alíquotas progressivas conforme o teor alcoólico, para "apoiar a saúde pública, incentivar a inovação de produtos e garantir que o sistema de impostos especiais de consumo reflita as práticas modernas de consumo de bebidas" (tradução livre do *site* do governo britânico).[9]

A União Europeia determina que seus países-membros adotem a tributação progressiva conforme o teor alcoólico, fixando alíquotas mínimas a serem observadas, conforme as Diretivas n. 92/83 e n. 92/84.

Na mesma linha, levantamento recente da Organização Mundial da Saúde (OMS) evidencia a utilização majoritária da tributação progressiva por teor alcoólico.[10] A título exemplificativo, citamos Dinamarca, Estônia, Finlândia, França, Alemanha, Grécia, Hungria e, de forma mais próxima ao Brasil, o México.

Austrália[11] e Nova Zelândia,[12] países com sistemas modernos de tributação do consumo, também adotam tributação progressiva por teor alcoólico, assim como os Estados Unidos,[13] segundo maior consumidor de cerveja no mundo. No México, semelhantemente ao que foi previsto na LC n. 214/2025, a tributação especial das bebidas alcoólicas se dá com base em alíquotas *ad valorem* e progressivas conforme o teor alcoólico do produto.

A tributação progressiva conforme o teor alcoólico é recomendada pela OMS, ao afirmar que "bebidas alcoólicas com concentrações mais altas do

---

9 Disponível em https://www.gov.uk/government/publications/reform-of-the-alcohol-duty-system/reform-of-alcohol-duty-rates-and-reliefs#general-description-of-the-measure. Acesso em: 5 nov. 2025.

10 Idem à nota anterior.

11 Disponível em: https://www.ato.gov.au/businesses-and-organisations/gst-excise-and-indirect-taxes/excise-on-alcohol/excise-duty-rates-for-alcohol. Acesso em: 5 nov. 2025.

12 Disponível em: https://www.customs.govt.nz/about-us/news/important-notices/new-excise-duty-rates-for-alcohol-from-1-july-2023/. Acesso em: 5 nov. 2025.

13 Disponível em: https://taxfoundation.org/research/all/federal/alcohol-tax-modernization-abv-tax/#_ftn1. Acesso em: 5 nov. 2025.

componente prejudicial – etanol – sejam tributadas a alíquotas mais altas".[14] É também nesse sentido a orientação do Fundo Monetário Internacional (FMI), ao afirmar que os prejuízos causados pelo álcool estão diretamente relacionados ao volume, à concentração e à velocidade de seu consumo.[15]

Como se vê, diversos estudos indicam, com base em evidências empíricas robustas, que a tributação progressiva baseada no teor alcoólico é extremamente eficaz para diminuir o consumo de álcool. Esse método de tributação incide diretamente sobre o componente ativo das bebidas, o etanol, cujo uso excessivo se deseja desencorajar. Tal estratégia impacta tanto a demanda como a oferta: ao encorajar o consumo de bebidas com menor concentração alcoólica, o IS induz os hábitos de consumo da população e motiva os produtores a fabricarem produtos com teores mais baixos de álcool, alinhando-se com a meta da OMS de reduzir o consumo *per capita* de álcool por ano.[16]

Breves considerações sobre a base de cálculo

Embora não sejam aplicáveis exclusivamente às bebidas alcoólicas, vale mencionar brevemente as disposições da LC n. 214/2025 que definem a base de cálculo do IS. Segundo o art. 414, ela corresponderá ao valor de venda, o valor de arremate em leilões e o valor de referência, cuja metodologia será fixada em ato do chefe do Poder Executivo da União, em situações específicas, como transações não onerosas e consumo próprio.

O art. 415 estipula que, para produtos sujeitos à alíquota *ad valorem*, como é o caso das bebidas alcoólicas, a base de cálculo é o valor total da operação. Ele abrange ajustes de valor, juros, encargos, descontos condicionais, custos de transporte e outros elementos que façam parte do preço cobrado. Se a operação for realizada em moeda estrangeira, o valor será convertido para o real brasileiro usando a taxa de câmbio oficial.

Já o art. 416 aborda a comercialização entre partes relacionadas e determina que, na falta de um valor de referência, a base de cálculo do IS não deve ser

---

14 Global report on the use of alcohol taxes, 2023, da Organização Mundial da Saúde. Disponível em https://www.who.int/publications-detail-redirect/9789240086104. Acesso em: 5 nov. 2025.

15 *How to design excise tax on alcoholic beverages*, disponível em https://www.imf.org/en/Publications/imf-how-to-notes/Issues/2023/12/04/How-To-Design-Excise-Taxes-on-Alcoholic-Beverages-541086. Acesso em: 5 nov. 2025.

16 Os dados sobre experiência internacional foram extraídos de VASCONCELOS e SHINGAI, *op. cit.*, 2024, p. 245-7. Constam também o seguinte artigo, de mesma autoria: Imposto seletivo sobre bebidas alcoólicas, 2024.

inferior ao valor de mercado, com vistas a evitar manipulações de preço que possam reduzir artificialmente o imposto devido.

Por sua vez, o art. 417 indica os elementos que não compõem a base de cálculo do IS: a Contribuição sobre Bens e Serviços (CBS), o Imposto sobre Bens e Serviços (IBS) e o próprio IS. Descontos incondicionais e bonificações que não dependem de condições futuras, usais entre os produtores de bebidas alcoólicas, também são excluídos da base de cálculo, exceto no que tange à alíquota *ad rem*, que deverá ser recolhida mesmo nessas hipóteses.

Finalmente, o art. 418 trata das devoluções de bens vendidos e permite que o valor do IS cobrado seja abatido do período de apuração em que a devolução ocorre ou nos períodos subsequentes, o que ajuda a ajustar as obrigações fiscais decorrentes de retornos de produtos.

ASPECTO TEMPORAL DO IMPOSTO SELETIVO SOBRE BEBIDAS ALCOÓLICAS

Conforme o art. 409, § 2º, da LC n. 214/2025, as bebidas alcoólicas serão tributadas pelo IS quando acondicionadas em embalagem primária, assim entendida aquela em contato direto com o produto e destinada ao consumidor final. Sua incidência deve ocorrer uma única vez sobre o bem ou o serviço, de forma monofásica, por força do disposto no art. 410.

Significa que a incidência somente ocorrerá sobre produtos acabados e não poderá se repetir na mesma cadeia de produção e distribuição do bem. Ademais, como o art. 412, I, prevê a ocorrência do fato gerador do IS na primeira comercialização do bem, sua incidência ocorrerá, quando a bebida for produzida no Brasil, na primeira venda realizada pelo estabelecimento industrial.

Também na experiência internacional, as bebidas alcoólicas usualmente são tributadas quando liberadas para o consumo, conforme mapeado pela OCDE:

> ao contrário do IVA, que é coletado em etapas por todos os participantes na cadeia até o estágio de consumo final [...], os impostos especiais de consumo normalmente são coletados apenas uma vez, de um operador registrado, quando os bens são liberados para consumo.

Na União Europeia, por exemplo, o movimento de produtos sujeitos ao Imposto Seletivo entre os Estados-membros ocorre sob um regime de suspensão, até o momento em que esses produtos são liberados para circulação livre.[17]

---

17 OECD, *op. cit.*, 2024.

CONCLUSÃO

Como visto ao longo do capítulo, o desenho apropriado do IS é fundamental para que o imposto cumpra sua função de desincentivar o consumo excessivo de bebidas alcoólicas para proteger a saúde da população. A abordagem tributária que combina alíquotas *ad valorem* e *ad rem* reflete um esforço consciente nesse sentido e está alinhada às boas práticas internacionais voltadas a promover a saúde pública.

O *design* progressivo das alíquotas, que aumentam de acordo com o teor alcoólico dos produtos, busca desestimular o consumo excessivo, ao mesmo tempo em que oferece um modelo de tributação mais equitativo e adaptado às dinâmicas de mercado e aos desafios de saúde associados ao consumo de álcool.

Este capítulo demonstra, ainda, como a LC n. 214/2025 se harmoniza com as diretrizes globais e boas práticas de outros países, que utilizam impostos sobre o consumo de maneira eficaz para alcançar objetivos de política pública. A previsão de tratamento diferenciado para os pequenos produtores demonstra a sensibilidade do legislador **às nuances do mercado nacional, procurando equilibrar os interesses econômicos com as necessidades de saúde pública.**

Por fim, vale notar que o regime de tributação do IS delineado pela EC n. 132/2023 representa um avanço significativo na legislação tributária brasileira, alinhando o Brasil com padrões internacionais e reforçando o papel do sistema tributário como um instrumento de política social e econômica. Publicada a LC n. 214/2025, a expectativa é que essas disposições contribuam para uma sociedade mais saudável e justa, demonstrando o papel vital das políticas tributárias bem desenhadas na promoção de mudanças positivas na sociedade.

BIBLIOGRAFIA

ATALIBA, Geraldo. *Hipótese de incidência tributária*. 6. ed. São Paulo: Malheiros, 1991.

CARVALHO, Diane Borges de; SHINGAI, Thais Romero Veiga. Imposto seletivo na extração de petróleo e gás natural. *In*: SANTI, Eurico Marcos Diniz de *et al.* (org.). *Nossa reforma tributária*: análise da EC 132/23, do PLP 68/2024 (CBS/IBS) e do PLP 108/2024 (Comitê Gestor, contencioso do IBS, ITCMD e ITBI). São Paulo: Max Limonad, 2024.

DE LA FERIA, Rita. Non-(Fully) Harmonised Excise Taxes and Irrebuttable Presumptions. *EC Tax Review*, [*s. l.*], v. 33, n. 3, p. 98-108, mar. 2024. Disponível em: https://ssrn.com/abstract=4775842. Acesso em: 5 nov. 2025.

FUNDO MONETÁRIO INTERNACIONAL. How to design excise tax on alcoholic beverages. Disponível em: https://www.imf.org/en/Publications/imf-how-to-notes/Issues/2023/12/04/How-To-Design-Excise-Taxes-on-Alcoholic-Beverages-541086. Acesso em: 5 nov. 2025.

ORGANIZAÇÃO MUNDIAL DA SAÚDE. Global report on the use of alcohol taxes, 2023. Disponível em: https://www.who.int/publications-detail-redirect/9789240086104. Acesso em: 5 nov. 2025.

VASCONCELOS, Breno Ferreira Martins; SHINGAI, Thais Romero Veiga. Imposto seletivo sobre bebidas alcoólicas. *In*: SANTI, Eurico Marcos Diniz de *et al.* (org.). *Nossa reforma tributária*: análise da EC 132/23, do PLP 68/2024 (CBS/IBS) e do PLP 108/2024 (Comitê Gestor, contencioso do IBS, ITCMD e ITBI). São Paulo: Max Limonad, 2024.

VASCONCELOS, Breno Ferreira Martins; SHINGAI, Thais Romero Veiga. Imposto seletivo sobre bebidas alcoólicas. *Jota*, 8 jul. 2024. Disponível em: https://www.jota.info/artigos/imposto-seletivo-sobre-bebidas-alcoolicas. Acesso em: 5 nov. 2025.

VASCONCELOS, Breno Ferreira Martins; SHINGAI, Thais Romero Veiga. A extrafiscalidade do imposto seletivo. *Jota*, 22 jan. 2024. Disponível em: https://www.jota.info/artigos/a-extrafiscalidade-do-imposto-seletivo. Acesso em: 5 nov. 2025.

Capítulo **36**

Complexidade sistêmica da tributação, do meio ambiente e do desenvolvimento na República Federativa do Brasil em um cenário pós-reforma tributária do consumo

Jonathan Barros Vita
Saulo Medeiros da Costa Silva

INTRODUÇÃO

Em que pese a amplitude do título, não é objetivo do presente ensaio exaurir os conceitos de complexidade, a teoria dos sistemas, os modelos presentes e futuros da tributação, o meio ambiente e suas múltiplas facetas, o desenvolvimento e suas correntes, as particularidades do regime republicano de governo, as implicações do modelo federativo da república, tampouco apresentar respostas ou soluções para o Brasil, o país dos contrastes. Assim, o propósito deste trabalho é analisar a reforma tributária e seus "novos" paradigmas ambientais, tendo como ponto de partida a complexidade sistêmica da tributação, do meio ambiente e do desenvolvimento no Brasil.

Holland[1] apresenta a complexidade dos ecossistemas em mutação permanente, exibindo uma enorme panóplia de interações, em que a matéria, a energia e a informação se encontram unidas em laços complexos, tornando "o todo superior à soma das partes" e, "mesmo de posse de um catálogo de atividades da maioria das espécies participantes, estaríamos muito longe de compreendermos o efeito de certas alterações sobre o ecossistema".

Morin,[2] ao tratar da complexidade e da necessidade de uma abordagem holística, aduz que a diversidade dos átomos e moléculas se constitui a partir de combinações entre prótons, nêutrons e elétrons, o que permite a infinita diversidade genética dos seres vivos.

Não sobre prótons, nêutrons e elétrons, mas sobre outros três elementos – fato, valor e norma –, Miguel Reale construiu a teoria tridimensional do Direi-

1 *A ordem oculta*: como a adaptação gera a complexidade, 1997, p. 26.
2 *O método 1*: natureza da natureza, 2005, p. 181-2.

to e, a partir dela, inúmeros resultados podem ser alcançados no plano teórico e experimental do Direito. Reale dispõe que "como fato social e histórico, o Direito se apresenta sob múltiplos campos de interesse, o que se reflete em distintas e renovadas estruturas normativas".[3]

Para ele,[4] o Direito, a partir da sua estrutura tridimensional, na qual fatos e valores se dialetizam, passa por um processo dinâmico que denomina "dialética de implicação-polaridade". Nesse processo, o fato e o valor se correlacionam de tal modo que cada um deles se mantém irredutível ao outro (polaridade), mas se exigindo mutuamente (implicação), ou seja: fatos, valores e normas se implicam e se exigem reciprocamente.

Paralelo à complexidade, a teoria dos sistemas faz parte da nossa compreensão e é um dos trilhos deste capítulo. Ou, pelo menos, tem como pressuposto que o ordenamento jurídico é um sistema e que dentro dele inúmeros outros subsistemas estão conectados, tendo como elemento nuclear a Constituição Federal e, também, que o sistema jurídico se encontra conectado com outros sistemas, como política, economia etc., e que interferem um no outro.

Um dos principais estudiosos do "Sistema e estrutura no direito", professor visitante na Universidade Federal da Paraíba, Mario G. Losano, apresenta um primeiro conceito, elementar, de sistema como uma totalidade coordenada de elementos, externo e interno.

Losano[5] apresenta o sistema externo como a totalidade das proposições jurídicas que descrevem determinado ordenamento jurídico; o nexo lógico – "respeito por certos princípios fundamentais da lógica clássica,[6] que regem qualquer discurso" –, que une essas proposições e os elementos dos quais é formado o sistema externo, são proposições descritivas. Já no sistema interno, a totalidade são as normas jurídicas de determinado ordenamento; o nexo que as une é especificamente jurídico e os elementos dos quais é formado o sistema interno são proposições prescritivas.

Sobre o nexo lógico e o respeito aos princípios fundamentais da lógica clássica, é importante destacar que novas visões da lógica, não clássicas, lógicas intuicionistas, apresentam possível "desvio" relativamente à lógica clássica, por

---

3 *Lições preliminares de direito*, 2002, p. 3.

4 Ibidem, 2022, p. 66.

5 *Sistema e estrutura no direito, volume I*: das origens à escola histórica, 2008, p. 219-25.

6 Os princípios fundamentais da lógica clássica são identidade, não contradição e o terceiro excluído. O princípio do terceiro excluído pode ser visto como a forma disjuntiva do princípio da identidade: uma coisa é ou não é. Entre essas duas possibilidades contraditórias não há possibilidade de uma terceira que, assim, fica excluída. Formalmente, é assim expresso: A é B ou A não é B; como exemplo podemos, alimentados deste princípio, dizer que ou aquilo é árvore ou não é árvore (TENÓRIO, Robinson Moreira. Lógica clássica: um problema de identidade, 1993, p. 15).

exemplo, à lei do terceiro excluído, que é um dos fundamentos da lógica clássica. Costa, Krause e Arenhart destacam que:

> Se considerarmos um problema em aberto em matemática, como a Hipótese de Riemann, para a qual não temos no momento nem uma prova de sua veracidade, nem uma prova de que seja falsa, temos então uma afirmação que não é nem verdadeira nem falsa, violando o terceiro excluído. A lógica mais adequada para se tratar dos métodos de inferência aceitos pelos intuicionistas é uma lógica intricionista, na qual em particular não vale (pV-p) irrestritamente, o Princípio do Terceiro Excluído, em uma de suas formulações.[7]

Com base nessas considerações, elementares de complexidade e sistema, percebe-se que o Direito não é o que se lê (literalmente) das leis, ainda que de forma sistemática com o texto da Constituição Federal. É necessário adentrar no campo da interpretação, o que implica um exercício de ponderação entre o texto normativo, os princípios constitucionais, os valores fundamentais do Estado Democrático de Direito e o ambiente-meio-campo gravitacional do intérprete e do fato social. O que se lê – *com os olhos* – é o texto da lei, o que se interpreta, após processo mental, será uma versão do Direito.

O ambiente, utilizando-se da linguagem da física quântica, é o campo. O ambiente é decisivo para a compreensão dos fenômenos e da realidade social. É a partir da leitura das normas dentro desse universo que o intérprete exercerá o juízo de escolhas para alcançar os valores fundamentais erigidos pela constituinte. Por isso, serão tecidas algumas considerações sobre as desigualdades do Brasil.

Ademais, a tributação e o meio ambiente, numa República Federativa, com tributos e receitas compartilhadas, adicionam uma variável de conflito entre os entes federados, principalmente quando, conforme lições de Liziero:

> [...] algumas instituições políticas foram gestadas durante a formação da sociedade brasileira de modo incorreto como a federação que foi imposta na política brasileira, tal qual um parto apressado cuja criatura nasceu como um Quasímodo, reproduzido imperfeitamente aos moldes da federação estadunidense.[8]

Diante desse cenário multifacetado e estruturalmente desigual, o presente capítulo propõe-se a examinar, a partir de pesquisa bibliográfica e documental,

---

7 Um panorama da lógica atual, 2016, p. 124.

8 *Federalismo e Estado federal*: teoria, história e dogmática constitucional, 2024, p. 23.

com método hipotético-indutivo, a reforma tributária brasileira sob a ótica da complexidade sistêmica, articulando os elementos da tributação, do meio ambiente e do desenvolvimento como dimensões indissociáveis do processo democrático e civilizatório. Longe de defender soluções simplistas para problemas estruturais, a proposta é lançar luz sobre os múltiplos entrelaçamentos entre os subsistemas normativo, político, econômico e ecológico, evidenciando que toda proposta de mudança tributária deve ser lida a partir de seus efeitos concretos sobre a justiça distributiva, a sustentabilidade ambiental e a efetividade dos direitos fundamentais.

Teodorovicz[9] destaca que a perspectiva de investigação do fenômeno interdisciplinar não tem o intuito de excluir a secular construção da Ciência do Direito Tributário, mas reconhecer a existência de zonas de interseção em que é possível o diálogo recíproco entre diferentes disciplinas.

O caminho que se seguirá, portanto, é o da concepção sistêmica e interdisciplinar, fundada nos valores constitucionais, no paradigma da complexidade e no imperativo de justiça fiscal e ambiental para os muitos Brasis que coexistem sob a forma de uma única República.

BRASIL E SUAS DESIGUALDADES

O Brasil é um "país continental" em extensão e diversidade, marcado por brutais desigualdades sociais, econômicas e regionais, o que torna complexa a análise de qualquer tema-problema, seja pelas suas múltiplas variáveis e desdobramentos, seja porque existem "Brasis" dentro do Brasil – com culturas distintas, com disparidades de riqueza e pobreza em suas regiões geográficas e econômicas –, com "Brasis" historicamente privilegiados por maiores investimentos do Governo Federal e outros relegados ao ostracismo, como os sertões do Nordeste e certas regiões do Norte.

Furtado[10] já advertia que o problema da desigualdade no Brasil se manifestava (e ainda se manifesta) com maior transparência e brutal nitidez no Nordeste, onde, sem disfarces, emergem as maiores malformações do "desenvolvimento" brasileiro e, de forma crônica, nos seus estados-membros mais pobres.

O estudo e a implementação de qualquer reforma – incluindo a tributária – não podem ignorar que o Brasil "em 2015, possuía a maior concentração de

---

9 Complexidade, interdisciplinariedade e ciência do direito tributário: caminhos para a função prospectiva no direito tributário brasileiro, 2022, p. 13.

10 *Uma política de desenvolvimento para o Nordeste,* 1981, v. 1.

renda do mundo entre os 1% mais ricos. Estes detinham 27,8% da renda do país"[11] e que "1% (um por cento) da população adulta brasileira detém mais recursos do que 50% (cinquenta por cento) da população adulta mais pobre".[12]

Essa desigualdade abissal decorre do resultado de políticas públicas, de modelos de tributação regressiva com maior incidência sobre a população de baixa renda e classe média, da concessão de incentivos fiscais em descompasso com a justiça fiscal – reflexo da influência dos subsistemas político e econômico sobre o jurídico, entre outras variáveis.

No passado recente, o constitucionalista Paulo Bonavides já advertia quanto à:

> [...] anomalia de um Executivo presidencial atuando como se fora senhor absoluto do poder, ignorando as leis e a Constituição, governando ao livre alvedrio das medidas provisórias, desrespeitando a vontade nacional, esmagando as classes sociais, resultou, já, numa desfiguração do sistema jurídico e que o abuso das Medidas Provisórias provocou corrosão tão grave, tão extensa e tão profunda no princípio da legalidade que as duas Casas do Congresso – a Câmara dos Deputados e o Senado – deixaram de ser os órgãos primaciais do exercício da função legislativa, ora trasladada preponderantemente ao Executivo, cuja ação concentradora nesse domínio não conhece limites.[13] (Bonavides, 1991, p. 41).

Os dados evidenciavam a gravidade da situação: "apenas entre 1995 e 1997 foram editadas 1.779 medidas provisórias entre edições e reedições (das quais 226 sofreram alterações), em média superior a 1,6 por dia, enquanto o próprio Poder Legislativo, usurpado em suas funções, editou número muitíssimo menor de leis no mesmo período".[14]

Diante desse cenário, emergiu um novo direito constitucional brasileiro, caracterizado pela ascensão do Poder Judiciário ao protagonismo jurídico e político, em um fenômeno identificado como ativismo judicial ou realismo jurídico. Barroso[15] antecipava essa transformação ao afirmar que o novo sécu-

---

11 PIKETTY *apud* VALENTIN, Jefferson. *Holding: estudo sobre a evasão fiscal do ITCMD no planejamento sucessório*, 2021.

12 MEDEIROS, Marcelo. *Os ricos e os pobres*: o Brasil e a desigualdade, 2023.

13 *Do país constitucional ao país neoliberal*, 1991, p. 41.

14 BANDEIRA DE MELLO *apud* FISCHER, Octavio Campos. Medidas provisórias no direito tributário brasileiro: uma leitura a partir do princípio do Estado Democrático de Direito, 2012.

15 *A nova interpretação constitucional: ponderação, direitos fundamentais e relações privadas*, 2003, p. 35.

lo se iniciava com a percepção de que o Direito constitui um "sistema aberto de valores" e que as múltiplas possibilidades decorrem da "mutabilidade dos valores jurídicos fundamentais". Tal abertura decorre, segundo o autor, da própria incompletude do conhecimento científico.

Barroso também alertava que "enfraquece e adia o projeto da democratização mais profunda da sociedade brasileira a corrupção disseminada e institucionalizada. [...] No sistema tributário, a cultura da sonegação, estimulada pela voracidade fiscal e por esquemas quase formais de extorsão e composição".[16]

De acordo com Bello,[17] em 2024 o "Brasil registrou melhoras históricas em vários indicadores sociais e econômicos: rendimento médio recorde de R$ 3.057; desigualdade de renda no menor nível da série histórica; desemprego, pobreza extrema em queda; com o melhor índice de Gini da sua história no Brasil", outros indicadores, como taxa de juros, que caminham no sentido oposto.

A título de exemplo, a Taxa Selic – taxa básica da política de juros da economia brasileira – alcançou, em maio de 2025, o patamar de 14,75% ao ano, a maior em quase duas décadas. Esse cenário favorece sobremaneira os detentores de capital, que auferem ganhos substanciais por meio de aplicações financeiras seguras, como Tesouro Selic, CDBs pós-fixados, LCIs, LCAs e fundos de renda fixa, e desestimula o empreendedorismo.

Na outra extremidade do espectro social, observa-se o agravamento da vulnerabilidade econômica dos empregados do setor privado. A Medida Provisória n. 1.292, de 12 de março de 2025, alterou a Lei n. 10.820, de 17 de dezembro de 2003, para permitir operações de crédito consignado por plataformas digitais para empregados celetistas. Apesar de o desconto em folha representar menor risco para as instituições financeiras, o Banco Central divulgou taxas de juros anuais elevadíssimas: BNB (41%), BB (42,15%) e Itaú (45,11%). Em tais condições, um empréstimo pode ter sua dívida dobrada em aproximadamente dois anos e meio, mesmo tratando-se de crédito de risco reduzido.

Agra[18] destaca a dificuldade dos países subdesenvolvidos, por não possuírem autonomia para tomar suas decisões de acordo com seus interesses, suas estruturas sociais, políticas e econômicas. Destacando que:

16 Ibidem, 2003, p. 46.

17 Rendimento *per capita* é recorde e desigualdades caem ao menor nível desde 2012. Editoria: Estatísticas Sociais, 2025. Disponível em: https://agenciadenoticias.ibge.gov.br/agencia-noticias/2012-agencia-de-noticias/noticias/43302-rendimento-per-capita-e-recorde-e-desigualdades-caem-ao-menor-nivel-desde-2012. Acesso: 14.05.2025.

18 AGRA, Walber; CAVALCANTI, Francisco (orgs.). *Desenvolvimento e subdesenvolvimento*, 2022, p. 10.

> As relações econômicas às quais esses países estão submetidos torna impossível a existência de um desenvolvimento voltado para atender as suas demandas internas, no que impossibilitam que esses possam superar as relações de dependência que remontam ao seu passado colonial e possam se industrializar, fazendo com que a maior parte de sua população deixe de exercer atividades econômicas de subsistência. O sistema produtivo desses países é marcado por fortes laços de dependência, em que o processo produtivo não é direcionado para atender as demandas internas, dos interesses nacionais, mas sim responder as necessidades do mercado internacional, que são extremamente contingentes. Devido a essa demanda poder deixar de existir ou ser fornecida por outros países em melhores condições comparativas, a produção econômica fica extremamente vulnerável, não desenvolvendo o mercado interno ou sendo abruptamente interrompido, estiolando todo o instrumental produtivo e a mão de obra empregada.[19]

As considerações supramencionadas são essenciais para a compreensão das dificuldades inerentes à implementação da preservação ambiental por meio da tributação, uma vez que, além do desafio de proteger o meio ambiente – que deveria ser o bem de maior tutela pela humanidade –, existem outras demandas igualmente complexas que recaem sobre a população de baixa renda, como a sua própria capacidade de subsistir frente à inflação, altas taxas de juros, exaustivas jornadas de trabalho, sejam celetistas ou pejotizados etc.[20]

NOTAS SOBRE TEORIAS DO DESENVOLVIMENTO

Existem inúmeras teorias que buscam explicar e apresentar as facetas do desenvolvimento. A teoria do decrescimento, por exemplo, propõe o declínio do produtivismo e o direcionamento das políticas públicas para um desenvolvimento sem crescimento, focado na partilha dos bens disponíveis em vez da

19 Ibidem, 2022, p. 11.

20 A Ministra do STF, Cármen Lúcia Antunes Rocha, nos lembra que "a fome agride a dignidade do ser humano, e não são poucos os famintos, não apenas de pão, mas de justiça e solidariedade, que peregrinam mundo afora, mesmo quando não podem sair do seu canto" (*Direitos de/para todos*, 2024, p. 11).

acumulação.[21] Há ainda a concepção de desenvolvimento como processo endógeno, com a morfogênese social como ponto central[22] etc.

Belo[23] enfatiza que o desenvolvimento está umbilicalmente ligado a um vasto número de forças sociais, econômicas, políticas e culturais que atuam em interações complexas, com concentração no sistema político – núcleo gerador das decisões relativas ao modelo de processo escolhido. O desenvolvimento exige, portanto, estratégias complexas que busquem, no contexto de cada sistema específico, delimitar os meios e os fins necessários à sua concretização.

Sen[24] defende que o desenvolvimento consiste na eliminação de privações de liberdades que limitam as escolhas e oportunidades das pessoas para exercerem sua condição de agentes, como: pobreza e tirania, carência de oportunidades econômicas, destituição social sistemática, negligência dos serviços públicos e interferência excessiva de Estados repressivos. Já Veiga[25] propõe o desenvolvimento sustentável, no qual o crescimento econômico deve ser comedido e equilibrado com a preservação ambiental.

Farias[26] apresenta o conceito de sustentabilidade forte defendido por Konrad Ott, segundo o qual os limites da natureza devem ser o parâmetro para qualquer modelo desenvolvimentista, e o conceito de sustentabilidade fraca, em que o meio ambiente apenas compõe a equação econômica, dado que soluções mais simples e de curto prazo são buscadas.

No ensaio "*El derecho constitucional a un ambiente sano, derechos humanos y su vinculación con el derecho tributario*", Altamirano,[27] salvo melhor juízo, pelo menos naquele momento histórico, se aproximava do conceito de sustentabilidade fraca, dispondo que:

> Será então necessário que o Estado participe ativamente com o objetivo de estabelecer uma política ambiental razoável, voltada para a proteção dos recursos naturais, mas de forma que o cumprimento desse objetivo não dificulte de

---

21 Serge Latouche *apud* FEITOSA, Maria Luiza Pereira de Alencar Mayer; SILVA, Paulo Henrique Tavares da Silva. Indicadores de desenvolvimento humano e efetivação de direitos humanos: da acumulação de riquezas à redução da pobreza, 2012, p. 122.

22 FURTADO, Celso. *Introdução ao desenvolvimento*: enfoque histórico-estrutural, 2000, p. 8.

23 *Política e desenvolvimento*, 2012, p. 72-6.

24 *Desenvolvimento como liberdade*, 2010, p. 58-60.

25 *Desenvolvimento sustentável, o desafio do século XXI*, 2010, p. 115.

26 Desenvolvimento e meio ambiente. In: TAVEIRA, Alex; FARIAS, Talden; Liziero, Leonam. *Democracia e desenvolvimento*: estudos em homenagem a Maria Luiza Alencar Mayer Feitosa, 2024, p. 28.

27 ALTAMIRANO, El derecho constitucional a un ambiente sano, derechos humanos y su vinculación con el derecho tributario, 2003, p. 32.

maneira irrazoável o desenvolvimento industrial, já que este, em grande medida, tem como finalidade a melhoria da qualidade de vida.[28]

A preservação do meio ambiente desde a Constituição Federal de 1988 tem fortes contornos de proteção, que foram ampliados com a reforma tributária de 2023, o que nos leva a crer que se filia ao conceito intermediário de sustentabilidade, nem fraca nem forte, mas com o pêndulo pesando mais para o conceito forte, de maior proteção ambiental.

PRESERVAÇÃO DO MEIO AMBIENTE NA CONSTITUIÇÃO FEDERAL DE 1988

Disposições constitucionais até a EC n. 132

A Carta Magna de 1988, ao constitucionalizar como princípios da ordem econômica, no art. 170, a defesa do meio ambiente e a redução das desigualdades sociais, demonstrou a preocupação socioambiental e a prioridade no desenvolvimento sustentável.

O constitucionalista José Afonso da Silva[29] destaca que a Constituição de 1988 é capitalista com liberdade admitida apenas enquanto exercida no interesse da justiça social e confere prioridade aos valores do trabalho humano sobre todos os demais valores da economia de mercado. Percebe-se, inclusive, nos arts. 1º, III, e 170, *caput*, que a nova ordem constitucional possui como núcleo de proteção a dignidade da pessoa humana, já que a incluiu como fundamento da República Federativa do Brasil e na ordem econômica afirmando que o seu fim é assegurar a todos uma existência digna.

A dignidade da pessoa humana deve ser interpretada de forma ampla, incluindo o direito de gerações presentes e futuras ao meio ambiente ecologicamente sustentável.

Canotilho e Dworkin[30] visualizam no princípio da ordem econômica de defesa do meio ambiente não um princípio como mero norte, e sim como prin-

---

28 Tradução livre de: "*Será entonces necesario que el Estado participe activamente con el fin de fijar una política ambiental razonable, tendiente a la protección de los recursos naturales, pero de forma tal que el cumplimiento de dicho objetivo no trabe irrazonablemente el desarrollo industrial ya que éste, en gran medida, tiene por fin el mejoramiento de la calidad de vida*".

29 *Apud* GRAU, Eros Roberto. *A ordem econômica na Constituição de 1988*, 2010, p. 192.

30 *Apud* GRAU, Eros Roberto. *A ordem econômica na Constituição de 1988*, 2010, p. 255.

cípio impositivo, como diretriz dotada de caráter constitucional conformador que reivindica a realização de políticas públicas.

Além do art. 170, o meio ambiente – ecologicamente equilibrado – também é protegido, e elevado a bem de uso comum do povo e essencial à sadia qualidade de vida, no art. 225 da CF, que dispõe que: "Todos têm direito ao meio ambiente ecologicamente equilibrado, bem de uso comum do povo e essencial à sadia qualidade de vida, impondo-se ao Poder Público e à coletividade o dever de defendê-lo e preservá-lo para as presentes e futuras gerações".

O art. 225 da CF positivou ser direito de todos o meio ambiente ecologicamente sustentável, e não apenas orienta, a Constituição impõe o dever de proteção ao Estado (e a coletividade), bem como prescreve que a preservação é para as presentes e futuras gerações.

Conforme o Min. Celso de Mello, no MS n. 22.164, o direito à integridade do meio ambiente constitui prerrogativa jurídica de titularidade coletiva, refletindo, dentro do processo de afirmação dos direitos humanos, a expressão significativa de um poder atribuído, não ao indivíduo identificado em sua singularidade, mas, num sentido verdadeiramente mais abrangente, à própria coletividade social, consagrando o princípio da solidariedade e fortalecendo o processo de desenvolvimento, expansão e reconhecimento dos direitos humanos, caracterizados, enquanto valores fundamentais indisponíveis, pela nota de uma essencial inexauribilidade.[31]

Se o *caput* do art. 225 previu o direito ao meio ambiente ecologicamente sustentável, seus parágrafos e incisos preveem os instrumentos para sua efetividade, entre eles, a incumbência do poder público de: preservar e restaurar os processos ecológicos essenciais e prover o manejo ecológico das espécies e ecossistemas; preservar a diversidade e a integridade do patrimônio genético do País e fiscalizar as entidades dedicadas à pesquisa e manipulação de material genético; exigir, na forma da lei, para instalação de obra ou atividade potencialmente causadora de significativa degradação do meio ambiente, estudo prévio de impacto ambiental, a que se dará publicidade; controlar a produção, a comercialização e o emprego de técnicas, métodos e substâncias que comportem risco para a vida, a qualidade de vida e o meio ambiente.

Acréscimos constitucionais na preservação do meio ambiente

A EC n. 132 reforçou a matriz epistemológica da Constituição brasileira do desenvolvimento sustentável, na qual o crescimento econômico deve ser conciliado com a preservação ambiental.

---

31 MS n. 22.164, rel. Min. Celso de Mello, j. 30.10.1995, *DJ* 17.11.1995.

A importância da sustentabilidade ambiental é tamanha que o primeiro dispositivo da EC n. 132, de 20 de dezembro de 2023, é a determinação de que, sempre que possível, a concessão dos incentivos regionais deverá considerar os critérios de sustentabilidade ambiental e redução das emissões de carbono. E, na sequência, tornou **princípios expressos** a "simplicidade, transparência, justiça tributária, cooperação e da **defesa do meio ambiente**" (grifos nossos).

Outra contribuição da reforma tributária sobre o meio ambiente se encontra no art. 153, VIII, com a previsão constitucional, no campo de competência da União, de ser instituído **imposto sobre a produção, extração, comercialização ou importação de bens e serviços prejudiciais** à saúde ou **ao meio ambiente**.

Esse novo imposto, previsto no art. 153, VIII, denominado "Imposto Seletivo", não tem, constitucionalmente, feição de imposto com viés fiscal e sim, preponderantemente, extrafiscal para desestimular a produção e consumo de produtos e serviços prejudiciais à saúde e ao meio ambiente. Cavalcanti, no mesmo sentido, dispõe que "o IS é direcionado e tem desígnios regulatórios exclusivamente com o intuito de desestimular o consumo de produtos ou serviços prejudiciais à saúde e ao meio ambiente".[32]

Na competência tributária estadual também houve alteração beneficiando o meio ambiente, já que **o imposto sobre propriedade de veículos automotores poderá ter alíquotas diferenciadas em função** do tipo, do valor, da utilização e **do impacto ambiental**.

Em relação às receitas tributárias pertencentes aos municípios, a partir da repartição prevista no art. 158 da CF, a EC passou a prever que do percentual de 25% do produto da arrecadação do imposto do Estado sobre operações relativas à circulação de mercadorias e sobre prestações de serviços de transporte interestadual e intermunicipal e de comunicação e do produto da arrecadação do imposto previsto no art. 156-A distribuída aos estados, as parcelas de receita pertencentes aos municípios, serão creditadas conforme os seguintes critérios: I – 80% na proporção da população; 10% com base em indicadores de melhoria nos resultados de aprendizagem e de aumento da equidade, considerado o nível socioeconômico dos educandos, de acordo com o que dispuser lei estadual; **5% com base em indicadores de preservação ambiental, de acordo com o que dispuser lei estadual**; 5% em montantes iguais para todos os municípios do estado.

Pela leitura dos dispositivos tributário-ambientais, percebe-se que a preservação ambiental foi um dos pilares da reforma tributária e, conforme destaca Cavalcanti:

32 *Tributação sobre o consumo*: CBS, IBS e imposto seletivo, 2025, p. 277.

> [...] a inclusão na Constituição já é um passo importante para o reconhecimento da necessidade de equilibrar os tributos tradicionais e aqueles destinados a fins ambientais, no pêndulo entre a obtenção de receitas e a promoção de objetivos ecossistêmicos. Para tanto, as decisões de natureza político-tributária devem ser planejadas de maneira a incentivar práticas comportamentais, tanto de indivíduos como de corporações, que favoreçam a preservação ambiental, sobretudo por meio de desonerações fiscais direcionadas à adoção de tecnologias limpas, taxas reduzidas para atividades de baixo impacto ambiental e medidas de repressão e punibilidade tributária a práticas poluentes.[33]

Dessa forma, a EC n. 132/2023 não apenas promoveu uma reestruturação do sistema tributário brasileiro com maior incidência sobre o consumo, mas também reafirmou o compromisso da Constituição com o desenvolvimento sustentável, o que é inegável. Ao incorporar critérios ambientais tanto na concessão de incentivos fiscais quanto na repartição das receitas e na instituição de novos tributos, a reforma fortalece a função extrafiscal dos tributos como instrumentos de transformação socioambiental.

Trata-se de um avanço normativo significativo, que desloca o foco da tributação meramente arrecadatória para uma lógica de indução de comportamentos ecologicamente responsáveis, reafirmando o papel do Estado como promotor de justiça fiscal e ambiental.

RELAÇÃO SISTÊMICA ENTRE DIREITO, MEIO AMBIENTE, TRIBUTAÇÃO E POLÍTICA

As políticas públicas, a ordem econômica, o direito, o meio ambiente etc. estão intrinsecamente relacionados por meio de sistemas, sendo, ao nosso ver, o sistema jurídico, no Brasil, um forte elo entre as instituições, sistemas, subsistemas e a sociedade.

O sistema jurídico é um sistema de direitos e deveres, com diversos sujeitos e relações jurídicas, com múltiplos níveis de interação normativa (local, nacional, internacional, supranacional, transnacional), marcado pela heterogeneidade dos seus sujeitos, a resiliência, a diversidade de relacionamentos não lineares, a adaptabilidade, a assimetria temporal e a ampla conectividade entre as partes, o sistema jurídico é marcado pela complexidade.[34]

---

33 Ibidem, 2025, p. 28-9.

34 Ruhl *apud* FRANCA FILHO, Marcílio Toscano; FRANCA, Alessandra Macedo; DANTAS, Álvaro Jader Lima (orgs.). *Novas arquiteturas das formas jurídicas*, 2024, p. 28.

Dentro desses elos, as normas indutoras tributárias – aquelas com o objetivo de induzir o comportamento do mercado, fornecedor e consumidor, através da extrafiscalidade – podem contribuir com a busca pelo desenvolvimento sustentável, inclusive, o inciso VIII do art. 225 da CF/88 prevê, dentre os instrumentos de políticas públicas, manter regime fiscal favorecido para atividades econômicas sustentáveis, como os biocombustíveis destinados ao consumo final, a fim de assegurar-lhes tributação inferior à incidente sobre os combustíveis fósseis.

As metas constitucionais de preservação ambiental implicam atuação positiva do Estado, que pode dar-se mediante incentivos e desincentivos de toda ordem, inclusive a tributária.[35]

Massignan e Silveira[36] acrescentam que o direito tributário se constitui como instrumento de concretização do "valor e princípio" da sustentabilidade com medidas indutoras de comportamento que valorizem o desenvolvimento sustentável.

O desenvolvimento sustentável, até o momento, não tem se refletido como fenômeno espontâneo do mercado, pelo contrário, aponta para sentido oposto do capitalismo, que é auferir o maior lucro possível com redução dos custos ao máximo. Principalmente no Brasil, país com características peculiares, como apresentado acima, aliado à industrialização e serviços com menor intensidade tecnológica,[37] a redução de custos é uma ferramenta importante para fortalecer o caixa da empresa, principalmente, no mercado competitivo e globalizado.

Por essa e outras razões que "a tributação passou a ser utilizada como um meio de indução de condutas, premiando determinadas condutas e onerando outras. Em consequência, os direitos fundamentais do contribuinte passaram a ser analisados também nessa nova função da tributação".[38] Caso contrário, se o Estado não intervier na economia punindo os agentes poluentes e concedendo benefícios para as atividades sustentáveis, a preocupação social e ambiental não serão prioridades para o empreendedor e sim redução de custos e aumentar a margem de lucro.

---

35 SCHOUERI, Luis Eduardo. *Direito tributário*, 2023, p. 857.

36 Desenvolvimento sustentável e a extrafiscalidade: o dever de intervenção estatal na economia para concretização de valores sustentáveis, 2017, p. 120-37.

37 Pilatti et al. (2018, p. 198): "A estrutura produtiva do Brasil está envolvida principalmente na produção de bens que exigem menor intensidade tecnológica, situando-se mais nos níveis de tecnologias baixas e médias-baixas". Tradução de: "*Brazil's productive structure is involved primarily involves the production of goods which require less technological intensity, more on the level of low and mid-low technologies*" (MCTI, 2012).

38 CALIENDO, Paulo. *Curso de direito tributário*, 2022, p. 268.

No mesmo sentido, Freitas[39] ainda dispõe que as intervenções tributárias são necessárias para a transição fiscal que aperfeiçoe a geração de empregos em áreas da economia de baixo carbono, além de utilizar os tributos com a devida avaliação dos impactos não apenas econômicos, mas socioambientais das atividades econômicas e dos incentivos/desestímulos fiscais.

Os tributos, dentro do ordenamento jurídico brasileiro, salvo melhor juizo, não podem impedir a atividade econômica, todavia, podem (poder-dever) executar políticas públicas tributário-ambientais para controlar a atividade prejudicial ao meio ambiente, desestimulando o empreendedor por meio de alíquotas mais elevadas que não tornem inviável a atividade, mas que a tornem onerosa. Noutro giro, deve-se utilizar a norma tributária extrafiscal desonerando "atividades limpas", por exemplo, produção de energia renovável;[40] veículos movidos a etanol, que devem ter alíquotas incentivadas como forma de incentivar a preservação ao meio ambiente em todas as suas possibilidades.

CONCLUSÃO

A Constituição Federal de 1988, inclusive com os reforços tributário-ambientais da EC n. 132, busca equilibrar o meio ambiente e o desenvolvimento, mas a advertência de Farias, "de que a única porta de saída para a crise ambiental é a economia, que deve ser rediscutida e redesenhada no intuito de levar em consideração o meio ambiente e suas complexas relações"[41] deve ser observada com rigor, não apenas pela constituinte como também pelos Poderes Executivo, Legislativo e Judiciário, além de se potencializar a conscientização da sociedade e das instituições sobre a necessária proteção do meio ambiente.

39 O tributo e o desenvolvimento sustentável, 2016, p. 835.

40 A utilização de energias renováveis é uma necessidade crescente, no Brasil e no mundo, considerando que o sistema energético mundial é responsável por severos impactos ambientais, como derramamentos de óleo, perda de biodiversidade, chuva ácida e a poluição urbana pela utilização, principal, de fonte de energia fóssil e nuclear (não renovável); diferentemente das fontes renováveis de energia, que são repostas imediatamente pela natureza, por exemplo: potencial hidráulico, eólico, solar, biomassa (etanol para automóveis; biodiesel, bagaço de cana para cogeração energética e gás de aterros sanitários para a geração de eletricidade) etc. (Goldemberg e Lucon, 2007, *apud* VITA, Jonathan Barros; VASCONCELOS, João Batista; SILVA, Saulo Medeiros da Costa. Tesla Megapack e direito tributário, 2024, p. 30).

41 A despeito de uma ou outra análise pontual, o fato é que por muito tempo a economia ignorou a ecologia, como se esta não fosse o pano de fundo daquela. Um bom exemplo disso é o Produto Interno Bruto (PIB), que, além de ignorar a dimensão ambiental, pode considerar a degradação como algo positivo (FARIAS, *op. cit.*, 2024, p. 24).

Percebe-se que a intersecção entre tributação, meio ambiente e desenvolvimento no Brasil exige um olhar atento à complexidade sistêmica que estrutura o Estado e a sociedade dos "*Brasis*". Ao longo deste capítulo, buscou-se demonstrar que a tributação é uma ferramenta normativa dotada de potencial transformador, capaz de induzir comportamentos, corrigir distorções históricas e auxiliar na sustentabilidade ambiental com a imposição de tributos sobre atividades prejudiciais ao meio ambiente e desoneração de atividades benéficas.

A inserção de critérios de sustentabilidade na concessão de incentivos regionais e a repartição de receitas com base em indicadores ambientais demonstram que há, ao menos no plano normativo, uma intenção clara de reorientar o sistema tributário para a promoção de valores constitucionais essenciais.

Contudo, a eficácia dessas medidas dependerá de sua concretização por meio de regulamentações adequadas, da atuação coerente com o texto constitucional pelos entes federativos e da consciência dos agentes econômicos e da sociedade, por isso, é "preciso rediscutir e redesenhar não apenas a Economia, mas o Direito e a política, de forma a imprimir fortes mudanças nas instituições e nas relações sociais em geral".[42]

A complexidade do tema exige a articulação coordenada entre os subsistemas jurídico, político, econômico e ambiental, em conformidade com os valores fundantes do Estado Democrático de Direito. Não se trata de escolher entre crescimento econômico e preservação ambiental, mas de harmonizá-los dentro de um projeto de país que seja, ao mesmo tempo, justo, inclusivo e sustentável.

Por fim, é preciso compreender que não há solução isolada para enfrentar as múltiplas crises que afetam o Brasil. O que há é a possibilidade de construir caminhos mais equitativos e duradouros, reconhecendo a tributação como vetor estratégico na promoção de um novo pacto civilizatório, capaz de reconciliar desenvolvimento com justiça social e respeito ao meio ambiente. Em uma República que abriga muitos Brasis, é dever do Direito construir pontes que os conectem – e não muros que os separem.

BIBLIOGRAFIA

AGRA, Walber; CAVALCANTI, Francisco (orgs.). *Desenvolvimento e subdesenvolvimento*. Recife: Editora do Autor, 2022.

ALTAMIRANO, Alejandro C. El derecho constitucional a un ambiente sano, derechos humanos y su vinculación con el derecho tributario. *In*: MARINS, James (coord.). *Tributação e meio ambiente*. 1.ed., 2ª tir. Curitiba: Juruá, 2003.

42 FARIAS, *op. cit.*, 2024, p. 28.

BARROSO, Luís Roberto *et al.* (org.). *A nova interpretação constitucional*: ponderação, direitos fundamentais e relações privadas. Rio de Janeiro: Renovar, 2003.

BELO, Manoel Alexandre Cavalcante. *Política e desenvolvimento*. Curitiba: Juruá, 2012.

BELLO, Luiz. Rendimento *per capita* é recorde e desigualdades caem ao menor nível desde 2012. Editoria: Estatísticas Sociais, 2025. Disponível em: https://agenciadenoticias.ibge.gov.br/agencia-noticias/2012-agencia-de-noticias/noticias/43302-rendimento-per-capita-e-recorde-e-desigualdades-caem-ao-menor-nivel-desde-2012. Acesso: 14.05.2025.

BONAVIDES, Paulo. *Do país constitucional ao país neoliberal*. São Paulo: Malheiros, 1991.

CALIENDO, Paulo. Para uma nova interpretação constitucional em matéria tributária. *Revista Direitos Fundamentais & Justiça*, ano 5, n. 15, p. 230-57, abr./jun. 2011.

CALIENDO, Paulo. *Curso de direito tributário*. 4.ed. São Paulo: SaraivaJur, 2022.

CAVALCANTI, Eduardo Muniz Machado. *Tributação sobre o consumo*: CBS, IBS e imposto seletivo. São Paulo: Forense Jurídico, 2025.

COSTA, Newton C. A. da; KRAUSE, Décio; ARENHART, Jonas R. B. Um panorama da lógica atual. *In*: BRITTO, Lucas Galvão (org.); CARVALHO, Paulo de Barros (coord.). *Lógica e direito*. São Paulo: Noeses, 2016.

FARIAS, Talden. “Desenvolvimento e meio ambiente”. *In*: TAVEIRA, Alex; FARIAS, Talden; LIZIERO, Leonam. *Democracia e desenvolvimento*: estudos em homenagem a Maria Luiza Alencar Mayer Feitosa. Rio de Janeiro: Sankoré, 2024.

FEITOSA, Maria Luiza Pereira de Alencar Mayer; SILVA, Paulo Henrique Tavares da Silva. Indicadores de desenvolvimento humano e efetivação de direitos humanos: da acumulação de riquezas à redução da pobreza. *Revista de Direitos e Garantias Fundamentais*. Vitória, n. 11, p. 119-47, jan./jun. 2012.

FISCHER, Octavio Campos. Medidas provisórias no Direito Tributário brasileiro: uma leitura a partir do princípio do Estado Democrático de Direito. *Revista do Instituto do Direito Brasileiro – RIDB*, ano 1, n. 11, p. 6635-63, 2012. Disponível em: https://www.cidp.pt/publicacao/revista-do-instituto-do-direito-brasileiro-ano-1-2012-n-11/129. Acesso em: 14 maio 2025.

FRANCA FILHO, Marcílio Toscano; FRANCA, Alessandra Macedo; DANTAS, Álvaro Jader Lima (orgs.). *Novas arquiteturas das formas jurídicas*. Rio de Janeiro, Sankoré, 2024.

FREITAS, Juarez. “O tributo e o desenvolvimento sustentável”. *Revista Novos Estudos Jurídicos – eletrônica*, v. 21, n. 3, set.-dez. 2016.

FURTADO, Celso. *Introdução ao desenvolvimento*: enfoque histórico-estrutural. 3.ed. Rio de Janeiro, Paz e Terra, 2000.

FURTADO, Celso. *Uma política de desenvolvimento para o nordeste*. v. 1. Novos Estudos Cebrap, São Paulo, 1981.

GRAU, Eros Roberto. *A ordem econômica na Constituição de 1988*. 14.ed. rev. atual. São Paulo: Malheiros, 2010.

HOLLAND, John H. *A ordem oculta*: como a adaptação gera a complexidade. Lisboa: Gradiva, 1997.

LIZIERO, Leonam. *Federalismo e Estado federal*: teoria, história e dogmática constitucional. Rio de Janeiro: Sankoré, 2024.

LOSANO, Mario G. *Sistema e estrutura no direito, volume I*: das origens à escola histórica. Trad. Carlo Alberto Dastoli. São Paulo: WMF Martins Fontes, 2008.

MASSIGNAN, Fernando Bortolon; SILVEIRA, Paulo Caliendo. Desenvolvimento sustentável e a extrafiscalidade: o dever de intervenção estatal na economia para concretização de valores sustentáveis. *Revista Direito Ambiental e Sociedade*, v. 7, n. 1, 2017.

MEDEIROS, Marcelo. *Os ricos e os pobres*: o Brasil e a desigualdade. Rio de Janeiro: Companhia das Letras, 2023.

MORAES, Denise Bermudez de Oliveira; ARONNE, Ricardo. A valsa do Leviatã pós-moderno: velhos cisnes ônticos sobre novos lagos epistêmicos. *IURISPRUDENTIA: Revista da Faculdade de Direito da Ajes*, Juína/MT, ano 3º, n. 5, jan./jun., 2014.

MORIN, Edgar. *O método 1*: natureza da natureza. Trad. Ilana Heineberg. Porto Alegre: Sulina, 2005.

PILATTI, Luiz; RAIHER, Augusta; PICININ, Claudia; VIDART, Renata. Brazilian industrialization: the influence of technological levels on the Gross Domestic Product and Human Development Index. *International Journal of Business Innovation and Research*, n.16, 2018.

REALE, Miguel. *Lições preliminares de direito*. 26.ed. rev. São Paulo, Saraiva, 2002.

RIBEIRO, Maria de Fátima; FERREIRA, Jussara Suzi Assis Borges Nasser. O papel do Estado no desenvolvimento econômico sustentável: reflexões sobre tributação ambiental como instrumento de políticas públicas. In: TORRES, Heleno Taveira (org.). *Direito tributário ambiental*. São Paulo: Malheiros, 2005.

ROCHA, Cármen Lúcia Antunes. *Direitos de/para todos*. Rio de Janeiro: Bazar do Tempo, 2024.

SCHOUERI, Luis Eduardo. *Direito tributário*. 12.ed. São Paulo: SaraivaJur, 2023.

SEN, Amartya. *Desenvolvimento como liberdade*. Trad. Laura Teixeira Motta. São Paulo: Companhia das Letras, 2010.

TENÓRIO, Robinson Moreira. Lógica clássica: um problema de identidade. *Sitientibus*, Feira de Santana, n. 11, p. 15-19, jan./jun. 1993.

TEODOROVICZ, Jeferson. Complexidade, interdisciplinariedade e ciência do direito tributário: caminhos para a função prospectiva no Direito Tributário Brasileiro. *In*: BASSO, Ana Paula et al. *Direito tributário e suas repercussões socioeconômicas*. Andradina: Meraki, 2022.

VALENTIN, Jefferson. *Holding*: estudo sobre a evasão fiscal do ITCMD no planejamento sucessório. São Paulo: Letras Jurídicas, 2021.

VEIGA, José Eli da. *Desenvolvimento sustentável, o desafio do século XXI*. Rio de Janeiro: Garamond, 2010.

VITA, Jonathan Barros; VASCONCELOS, João Batista; SILVA, Saulo Medeiros da Costa. Tesla Megapack e direito tributário. *In*: MOURA, Arthur; MENDES, Danielle Patrícia Guimarães; SOUSA, Jubevan Caldas de; JALES, Rafaela dos Santos; SILVA, Saulo Medeiros da Costa. *Novo sistema tributário brasileiro*. Belém: RFB, 2024.

Índice remissivo

A

Abuso da personalidade jurídica 87
Alemanha 18
Ambientes de resolução do conflito 403
Atividade bancária 173
  características da tributação 175
  incidência tributária 173
Autonomia 30
  administrativa 1, 32
  federativa 1
  financeira 1, 32
  política 1, 32
Autoria 86
Avaliação fiscal 131
  com perspectiva de gênero 131
Avaliação quinquenal 129
  dos benefícios 168
  objetivos 129
  premissas legais 129

B

Bebidas alcoólicas 454
  tributação especial 455
Benefícios financeiros 279
Benefícios fiscais 277, 279
  característica 277
Benefícios fiscais do ICMS 280
  pressupostos para a concessão 281
  tipologia 280, 282

C

Cadastro do Contribuinte 292
Canadá 15
Capacidade ativa 11
Capacidade tributária ativa 388
Carros elétricos 445
  Imposto Seletivo 450
CBCS
  sujeitos da obrigação tributária 402
CBS 95, 110, 135, 397
  alíquotas 95
  natureza jurídica 135
  pagamento dos tributos 110
  regimes diferenciados 135
Cobrança do IBS 387
Cobrança extrajudicial do IBS 390
Comitê de Harmonização 355
Comitê Gestor do IBS 73, 94, 333
  atribuições gerais 334
  classes 337
  competências 333, 337
  conjuntos 337
  definições 337
Comitê Gestor do Imposto sobre Bens e Serviços 318
  competências 319
  desafios 328
  estrutura 322
  federalismo 324
  financiamento e orçamento 322
  harmonização e integração federativa 321
  natureza 319
  prerrogativas 319
Competência 9
  compartilhada 60
  tributária 9
  tributária compartilhada 388
Complexidade sistêmica da tributação 463
Compras parceladas e adiantamentos a fornecedores 118
Confusão patrimonial 87
Contribuintes 80
Cooperativismo 34
Créditos acumulados 305
Critérios de origem e destino 69

D

Descentralização administrativa 26
Descentralização harmonizada 291
Desigualdade de gênero e raça 156
  perspectiva histórica 157
Desigualdades estruturais 125
Desvio de finalidade 87
Dever(es) instrumental(is) 360, 374

E

Emenda Constitucional n. 132/2023 34

Enterprise Resource Planning 411
Era da cooperação 385
Era do litígio 385
Espanha 19
Estado federativo brasileiro 24
Estados Unidos 18

F

Federação 23, 30
Federações democráticas 15
Federalismo 23
cooperativo 26, 27
Fiscalização 346
Forma federativa 8
de Estado 23
Fórum de Harmonização Jurídica das Procuradorias 355
Fraldas infantis e geriátricas 166
Fraudes tributárias 82
Fundo Estadual de Transporte (FET) 431
cobrança da contribuição 431
inconstitucionalidade 431

G

Guerras fiscais 54

I

IBS 95, 110, 135, 397
alíquotas 95
natureza jurídica 135
pagamento dos tributos 110
regimes diferenciados 135
sujeitos da obrigação tributária 402
ICMS 262, 276
benefícios fiscais 272
extinção dos benefícios fiscais 262
guerra fiscal 268
segurança jurídica 272
Imposto do pecado 4
Imposto seletivo 454
bebidas alcoólicas 454
materialidade 455
Imposto Seletivo sobre bebidas alcoólicas 456
aspecto quantitativo 456
aspecto temporal 460
base de cálculo 459
Imprescindibilidade do dolo 84
Índia 16
Infrator 86
Inventário 424
Itália 19
ITCMD 420
bens localizados no exterior 421
local de abertura do inventário 424
novas imunidades 427
progressividade 426
IVA dual 72
IVA Dual brasileiro 192
empresas optantes 195
opção mista 196
IVA Dual no *spread* 171

J

Joint venture 197
Justiça climática 445
Justiça fiscal interseccional 132

L

Lançamento 346
Litigância fiscal 205

M

Materialidades autorizadoras 92
Medicamentos relacionados à saúde feminina 167
Meio ambiente 463
Meios alternativos de solução de conflitos 393

N

Neutralidade fiscal 136
Neutralidade tributária 98
Normas contábeis e tributárias 410
Nova sistemática tributária 413
demonstrações financeiras 413
escrituração 413
Novas tecnologias 204
incidência tributária 204
tributação sobre o consumo pré-reforma 205
Novo federalismo brasileiro 8
Novo processo tributário 397

O

Obrigação tributária principal 366
Oneração do crédito 183
Operações com bens imóveis 146
proteção constitucional 146
regime específico 147

P

Pacto federativo brasileiro 29
Países unitários descentralizados 15, 19
Partícipe 86
Período de transição 285
benefícios fiscais e financeiro-fiscais de ICMS 300
créditos acumulados de PIS/Cofins e ICMS 297
Plataforma(s) digita(is) 89, 91
Preservação do meio ambiente 471
Constituição Federal de 1988 471
Princípio 41
Princípio da cooperação 53
Princípio da justiça 42
tributária 51
Princípio da neutralidade 95
fiscal 136
Princípio da simplicidade 46, 288
tributária 373
Princípio da transparência 50
Princípio do destino 57, 68
carga tributária 58, 59
CBS 57
competência 58
IBS 57, 68
repartição de receitas 58
sujeito ativo 59
Princípios jurídicos por decisão 43
Princípios jurídicos por natureza 42
Princípios por natureza 42
Princípios tributários 43
Processo qualificado de tributário 401
Processo tributário 403
Produtos de cuidados básicos à saúde menstrual 165

Q

Questão de gênero 161

R

Redutor de ajuste 148
Redutores de ajuste e social 152
  natureza jurídica 152
Redutor social 151
Reforma da tributação sobre o consumo 285
  período de transição 285
Reforma tributária 9, 158, 189, 202, 233, 304, 318, 374, 408, 445
  aspectos contábeis 408
  capacidade ativa 11
  Comitê Gestor do Imposto sobre Bens e Serviços 318
  competência tributária 9
  deveres instrumentais 374
  meio ambiente 445
  questão de gênero 161
  saldos credores de ICMS 304
  Simples Nacional 189
  tributação de novas tecnologias 202
  vieses de gênero 158
  Zona Franca de Manaus 233
Reforma tributária do consumo 1, 156
  desigualdade de gênero e raça 156
Reforma tributária no setor financeiro 171
Reforma tributária sobre o consumo 378
Regime de Tributação do Simples Nacional 189
  empresas optantes 195
  opção exclusiva 196
  opção mista 196
Regime Especial de Fiscalização 353
Regime específico de combustíveis e lubrificantes 248
  cálculo do IBS e da CBS 255
  prescrições constitucionais 249
Regime específico dos bancos 177
Regimes diferenciados
  alimentação e agricultura 138
  cultura e comunicação 138
  educação e acessibilidade 138
  operações com redução de 30% das alíquotas 139
  saúde e bem-estar 138
  segurança e soberania 138
  transporte e mobilidade 138
Regimes diferenciados 137
  operações com redução de 60% das alíquotas 137
Responsabilidade ao valor ocultado da operação 88
Responsáveis tributários 81

S

Saldos credores acumulados de ICMS 304
  meios alternativos para a utilização 312
  potenciais inconstitucionalidades 310
  recuperabilidade 306
Segurança jurídica 378
Simples Nacional 189
  regime de tributação 190
Simplicidade tributária 374
Soberania 30
Split payment 104
  apuração do contribuinte 116
  simplificado 116
  sistema 112
  sistema operacional 106
Sujeição passiva 80
  CBS 80
  IBS 80
Sujeito passivo 80
Sujeitos da obrigação tributária 402

T

Teor alcoólico 458
  tributação progressiva 458
Teoria das classes 333
Teoria das classes das normas jurídicas 335
  conhecimento e prescrição de condutas 335
Teoria dos princípios 40
Teorias do desenvolvimento 469
Transação tributária 378, 381
Tributação 98
  regime diferenciado 99
  regime específico 99
  regime favorecido 99
  regime geral 98
Tributação com perspectiva de gênero 127
Tributação de novas tecnologias 202
Tributação de *softwares* 206
Tributar no destino 57

V

Valor ocultado 87, 89
Vieses de gênero 158

Z

Zona Franca de Manaus 233, 236
  diferencial competitivo 239
  EC n. 132/2023 239
  proteção constitucional 237
Zonas econômicas especiais chinesas 217
Zonas francas 234
  características 234
  definição 234
Zonas Processamento de Exportação 212
  atuação 227
  benefícios do regime aduaneiro brasileiro 223
  impactos da reforma tributária 224
  implementação 218
  marco legal 218
  reformulação 220
  surgimento 215
  transição energética do Brasil 227